U0453468

國家出版基金項目

教育部哲學社會科學研究重大課題攻關項目

「十一五」國家重點圖書出版規劃項目·重大工程出版規劃

國家社會科學基金重大項目

北京大學「九八五工程」重點項目

精華編一〇三册

經部群經總義類

精華編

北京大學《儒藏》編纂與研究中心

《儒藏》精華編第一〇三册

首席總編纂　季羡林

項目首席專家　湯一介

總編纂　湯一介　龐樸　孫欽善　安平秋（按年齡排序）

本册主編　朱維錚

《儒藏》精華編凡例

一、中國傳統文化以儒家思想爲中心。《儒藏》爲儒家經典和反映儒家思想、體現儒家經世做人原則的典籍的叢編。收書時限自先秦至清代結束。

二、《儒藏》精華編爲《儒藏》的一部分，選收《儒藏》中的精要書籍。

三、《儒藏》精華編所收書籍，包括傳世文獻和出土文獻。傳世文獻按《四庫全書總目》經史子集四部分類法分類，大類、小類基本參照《中國叢書綜録》和《中國古籍善本書目》，於個別處略作調整。凡單書已收入入選的個人叢書或全集者，僅存目録，並注明互見。出土文獻單列爲一個部類，原件以古文字書寫者一律收其釋文文本。韓國、日本、越南儒學者用漢文寫作的儒學著作，編爲海外文獻部類。

四、所收書籍的篇目卷次，一仍底本原貌，不選編，不改編，保持原書的完整性和獨立性。

五、對入選書籍進行簡要校勘。以對校爲主，確定内容完足、精確率高的版本爲底本，精選有校勘價值的版本爲校本。出校堅持少而精，以校正誤爲主，酌校異同。校記力求規範、精煉。

六、根據現行標點符號用法，結合古籍標點通例，進行規範化標點。專名號除書名號用角號（《》）外，其他一律省略。

七、對較長的篇章，根據文字内容，適當劃分段落。正文原已分段者，不作改動。千字以内的短文一般不分段。

八、各書卷端由整理者撰寫《校點説明》，簡要介紹作者生平、該書成書背景、主要内容及影響，以及整理時所確定的底本、校本（舉全稱後括注簡稱）及其他有關情況。重複出現的作者，其生平事蹟按出現順序前詳後略。

九、本書用繁體漢字豎排，小注一律排爲單行。

《儒藏》精華編第一〇三册

經部　群經總義類

經學通論〔清〕皮錫瑞 …… 1
經學歷史〔清〕皮錫瑞 …… 485
新學僞經考〔清〕康有爲 …… 567

經學通論

〔清〕皮錫瑞　撰
金曉東　校點

目録

校點説明 …… 一
自序 …… 一
經學通論 …… 一
易 …… 一
論變易、不易皆《易》之大義 …… 一
論伏羲作《易》垂教，在正君臣、父子、夫婦之義 …… 二
論重卦之人當從史遷、楊雄、班固、王充，以爲文王 …… 五
論《連山》、《歸藏》 …… 八
論卦辭文王作、爻辭周公作皆無明據，當爲孔子所作 …… 一〇
論《易》至孔子始著，於是學士大夫尊信其書 …… 一三
論卦辭、爻辭即是繫辭，十翼之説於古無徵 …… 一五
論孔子作卦辭、爻辭，又作《彖》、《象》、《文言》，是自作而自解 …… 一八
論傳經之人惟《易》最詳，經義之亡惟《易》最早 …… 二〇
論漢初説《易》皆主義理、切人事，不言陰陽術數 …… 二二
論陰陽災變爲《易》之別傳 …… 二四
論孟氏爲京氏所託，虞氏傳孟學，亦間出道家 …… 二六
論鄭、荀、虞三家之義，鄭據禮以證《易》，學者可以推補，不必推補爻辰 …… 二八
論費氏《易》傳於馬、鄭、荀、王，而其説不同，王弼以十篇説經，頗得費氏之旨 …… 三一
論王弼多清言，而能一掃術數，瑕瑜不掩，是其定評 …… 三二

論以傳附經始於費直，不始於王弼，亦非本於鄭君……三四
論宋人圖書之學亦出於漢人而不足據……三六
論先天圖不可信，朱子《答袁機仲書》乃未定之説……三八
論胡渭之辨甚確，若知《易》皆孔子所作，更不待辨而明……四〇
論黄宗羲論《易》取王注與程《傳》，漢之焦、京，宋之陳、邵，皆所不取，説極平允，近人復理焦、京之緒，又生一障……四二
論近人説《易》，張惠言爲顓門，焦循爲通學，學者當先觀二家之書……四四
論象數已具於《易》，求象數者不當求象於《易》之外，更不當求數於《易》之先……四六
論焦循《易》學深於王弼，故論王弼得失極允……四八
論焦循以假借説《易》本於《韓詩》，發前人所未發……五〇

論假借説《易》並非穿鑿，學者當援例推補……五二
論《易》説多依託，不當崇信僞書……五四
論《易》爲卜筮作，實爲義理作，孔子作卦爻辭純以理言，實即羲、文本意……五五
論説《易》之書最多，可取者少……五七
論漢人古義多不傳，漢碑可以引證……五八
論筮易之法，今人以錢代蓍，亦古法之遺……六〇
經學通論……六三
書……六三
論《尚書》分今古文最先，而《尚書》之今古文最糾紛難辨……六三
論漢時今古文之分由文字不同，亦由譯語各異……六五
論伏生傳經二十九篇非二十八篇，當分《顧命》、《康王之誥》爲二，不當數《書序》與《大誓》……六七

論古文增多十六篇見《漢志》，增二十四篇爲十六卷見孔疏，篇數分合增減皆有明文 …… 六九
論《尚書》僞中作僞，屢出不已，其故有二，一則因秦燔亡失而篇名多僞，一則因秦燔亡失而文字多僞 …… 七一
論伏生所傳今文不僞，治《尚書》者不可背伏生《大傳》最初之義 …… 七四
論伏《傳》之後以《史記》爲最早，《史記》引《書》多同今文，不當據爲古文 …… 七七
論伏《傳》、《史記》之後惟《白虎通》多引今文，兩《漢書》及漢碑引《書》亦皆漢時通行之本 …… 七九
論古文無師說，二十九篇之古文說亦參差不合，多不可據 …… 八〇
論《禹貢》山川當據經文解之，據漢人古義解之，不得從後起之説 …… 八二
論五福六極明見經文，不得以爲術數；五行配五事，當從伏《傳》、《漢志》 …… 八五
論古文《尚書》説誤以《周官》解唐虞之制 …… 八七
論古文《尚書》説變易今文，亂唐虞三代之事實 …… 八九
論《尚書》義凡三變，學者各有所據，皆不知專主伏生 …… 九三
論衛、賈、馬、鄭尊古文而抑今文其故有二，一則學術久而必變，一則文字久而致譌 …… 九四
論庸生所傳已有脱漏，足見古文不如今文，中古文之説亦不可信 …… 九六
論百篇全經不可見，二十九篇篇篇有義，學者當講求大義，不必攷求逸《書》 …… 九八
論《書序》有今古文之異，《史記》所引《書序》皆今文，可據信 …… 一〇一
論馬、鄭、僞孔古文《書序》不盡可據信，致爲後人所疑，當以《史記》今

文《序》爲斷……一〇四
論二十九篇皆完書，後人割裂補亡殊爲多事……一〇七
論僞孔經傳前人辨之已明，閻若璩、毛奇齡兩家之書互有得失，當分別觀之……一〇九
論焦循稱孔傳之善，亦當分別觀之……一一一
論宋儒體會語氣勝於前人，而變亂事實不可爲訓……一一四
論僞孔《書》相承不廢，以其言多近理，然亦有大不近理者，學者不可不知……一一七
論僞古文多重複，且敷衍不切……一一九
論孔傳盡釋經文之可疑及馬、鄭古文與今文駁異之可疑……一二一
論《尚書》有不能解者當闕疑，不必强爲傅會，漢儒疑辭不必引爲確據……一二三
論僞古文言仁言性言誠，乃僞孔襲孔學，非孔學出僞書……一二五
論王柏《書疑》疑古文有見解，特不應並疑今文……一二七
論劉逢禄、魏源之解《尚書》多臆説，不可據……一二九
論孔子序《尚書》略無年月，《皇極經世》、《竹書紀年》所載共和以前之年皆不足據……一三一
論《尚書》是經非史，史家擬《尚書》之非……一三四
論治《尚書》當先看孫星衍《尚書今古文注疏》、陳喬樅《今文尚書經説攷》……一三六
經學通論……一三九
詩……一三九
論《詩》比他經尤難明，其難明者有八……一三九
論《詩》有正義，有旁義，即古義亦未盡可信……一四一

論《關雎》爲刺康王詩，魯、齊、韓三家同 …………………………… 一四二
論《關雎》刺康王晏朝，詩人作詩之義；《關雎》爲正風之首，孔子定詩之義，漢人已明言之 …………………… 一四五
論四始是孔子所定，《儀禮》亦孔子所定，解此乃無疑於合樂《關雎》、工歌《鹿鳴》…………………… 一四七
論班固云《關雎》哀周道而不傷爲「哀而不傷」之確解 …………………… 一四九
論畢公追詠文王、太姒之事以爲規諫，范處義説得之，非本有是詩而陳古以諷 …………………… 一五一
論魏源以《關雎》、《鹿鳴》爲刺紂王，臆説不可信，三家初無此義 …………… 一五三
論四始之説當從《史記》所引《魯詩》、《詩緯》引《齊詩》，《異義》亦有可推得者 …………………… 一五六
論三家亡而毛傳孤行，人多信毛疑三家，魏源駁辨明快，可爲定論 ………… 一五八
論毛傳不可信而明見《漢志》，非馬融所作 …………………… 一六二
論以世俗之見解《詩》最謬，《毛詩》亦有不可信者 …………………… 一六三
論毛義不及三家，略舉典禮數端可證 …… 一六六
論三家詩大同小異，《史記・儒林列傳》可證 …………………… 一六九
論《詩序》與《書序》同，有可信，有不可信，今文可信，古文不可盡信 ……… 一七一
論朱子不信毛《序》亦有特見，魏源多本其説 …………………… 一七四
論馬端臨駁朱申毛，可與朱説參看，且能發明風人之旨 …………………… 一七七
論《樂記》疏引《異義》説鄭詩，非必出於三家，魏源據以爲三家詩，未可執爲確證 …………………… 一七九

論毛《序》或以爲本之子夏，或以爲續於衛宏，皆無明文可據。即以爲衛宏續作，亦在鄭君之前 …… 一八一
論十五國風之次當從《鄭譜》，世次篇次三家亦不盡同於毛 …… 一八四
論迹熄《詩》亡，説者各異，據三家《詩》，變風亦不終於陳靈 …… 一八七
論《詩》齊、魯、韓説聖人皆無父感天而生，太史公、褚先生、鄭君以爲有父又感天，乃調停之説 …… 一八九
論《生民》、《玄鳥》、《長發》、《閟宮》四詩當從三家，不當從毛 …… 一九二
論《魯頌》爲奚斯作，《商頌》爲正考父作，當從三家，不當從毛 …… 一九五
論正考父與宋襄公年代可以相及，鄭君《六蓺論》從三家《詩》，箋毛亦兼采三家 …… 一九七
論鄭《譜》、鄭箋之義，知聲音之道與政通 …… 一九九
論先魯後殷、新周故宋見《樂緯》，三頌有《春秋》存三統之義 …… 二〇一
論《左氏傳》所歌詩皆傳家據已定録之，非孔子之前已有此義 …… 二〇三
論賦、比、興、豳雅、豳頌皆出《周禮》，古文異説，不必深究 …… 二〇五
論《南陔》六詩與金奏三夏不在三百五篇之内 …… 二〇八
論《詩》無不入樂，《史》、《漢》與《左氏傳》可證 …… 二一〇
論《詩》至晉後而盡亡，開元遺聲不可信 …… 二一二
論《詩》教温柔敦厚，在婉曲不直言，《楚辭》及唐詩宋詞猶得其旨 …… 二一四
論三百篇爲全經，不可增删改竄 …… 二一七
論風人多託意男女，不可以文害辭 …… 二一九
論鳥獸草木之名當攷毛傳、《爾雅》、

陸《疏》，而參以圖説目驗 …… 二二一
論鄭箋、朱傳間用三家，其書皆未盡善 …… 二二三
論孔子删《詩》是去其重，三百五篇已難盡通，不必更求三百五篇之外 …… 二二六

經學通論 …… 二三〇

禮 …… 二三〇
論漢初無「三禮」之名，《儀禮》在漢時但稱《禮經》，今注疏本《儀禮》大題非鄭君自名其學 …… 二三〇
論鄭君分別今之《儀禮》及《大戴禮》、《小戴禮記》甚明，無小戴删大戴之説 …… 二三二
論三禮之分自鄭君始，鄭於《儀禮》十七篇自序皆依劉向《別録》，《禮記》四十九篇皆引《別録》，已有《月令》、《明堂位》、《樂記》三篇，非馬融所增甚明 …… 二三四
論鄭注《禮器》以《周禮》爲經禮、《儀禮》爲曲禮有誤，臣瓚注《漢志》不誤 …… 二三六
論鄭注三禮有功於聖經甚大，注極簡妙，並不失之於繁 …… 二三八
論漢立二戴博士，是《儀禮》，非《禮記》，後世説者多誤，毛奇齡始辨正之 …… 二四〇
論段玉裁謂漢偁《禮》不偁《儀禮》甚確，而回護鄭注，未免强辭 …… 二四二
論禮所以復性節情，經十七篇於人心世道大有關繫 …… 二四五
論《禮》十七篇爲孔子所定，邵懿辰之説最通，訂正《禮運》「射御」之誤，當作「射鄉」，尤爲精確 …… 二四七
論邵懿辰以逸《禮》爲僞，與僞古文《書》同，十七篇並非殘闕不完，能發前人之所未發 …… 二五〇
論古禮情義兼盡，即不能復，而禮不

可廢 …… 二五二
論禮雖繁而不可省，即昏、喪二禮可證 …… 二五四
論古冠、昏、喪、祭之禮，士以上有同有異 …… 二五六
論后倉等推士禮以致於天子乃禮家之通例，鄭注、孔疏是其明證 …… 二五七
論《儀禮》爲經，《禮記》爲傳，當從朱子采用臣瓚之説，《儀禮經傳通解》分節尤明 …… 二六〇
論言理不如言禮之可據，朱子以此推服鄭君，而鄭君之説亦由推致而得 …… 二六二
論鄭樵辨《儀禮》皆誤，毛奇齡駁鄭樵，而攻《儀禮》之説多本鄭樵 …… 二六四
論熊朋來於三禮獨推重《儀禮》，其説甚通 …… 二六六
論《聘禮》與《鄉黨》文合，可證《禮經》爲孔子作 …… 二六八
論讀《儀禮》重在釋例，尤重在繪圖，合以分節，三者備則不苦其難 …… 二七〇
論宋儒掊擊鄭學實本王肅，而襲爲已説以別異於注疏 …… 二七二
論王肅有意難鄭，近儒辨正已詳，《五禮通考》舍鄭從王，俞正燮譏之，甚是 …… 二七四
論古人行禮有一定之例，九拜分別，不厭其繁 …… 二七七
論古禮多不近人情，後儒以俗情疑古禮，所見皆謬 …… 二七九
論古禮最重喪服，六朝人尤精此學，爲後世所莫逮 …… 二八一
論王朝之禮與古異者可以變通，民間通行之禮宜定畫一之制 …… 二八三
論明堂、辟雍、封禪，當從阮元之言爲定論 …… 二八五
論古制不明由於説者多誤，小學、大學皆不知在何處 …… 二八七

論三禮皆周時之禮，不必聚訟，當觀其通 …………………… 二八九
論《周官》改稱《周禮》始於劉歆，武帝盡罷諸儒，即其不信《周官》之證 ……… 二九一
論《周官》當從何休之説，出於六國時人，非必出於周公，亦非劉歆僞作 …… 二九四
論毛奇齡謂《周官》不出周公，並謂《儀禮》不出周公，而不知《儀禮》十七篇乃孔子所定，不可詆毁 ……… 二九六
論《周禮》爲古説，戴《禮》有古有今，當分别觀之，不可合并爲一 ……… 二九八
論鄭君和同古今文，於《周官》古文、《王制》今文力求疏通，有得有失 ……… 二九九
論鄭君以《周禮》爲經，《禮記》爲記，其别異處皆以《周禮》爲正，而《周禮》自相矛盾者仍不能彌縫 ……… 三〇二
論《周禮》在周時初未舉行，亦難行於後世 …………………… 三〇四
論《周官》之法不可行於後世，馬端臨《文獻通考》言之最晰 ……………… 三〇六
論鄭樵解釋《周禮》疑義未可信爲確據 …… 三〇八
論《周官》並非周公未行之書，宋元人强補《周官》，更不足辨 ……………… 三一一
論《禮記》始撰於叔孫通 ………………… 三一三
論《王制》、《月令》、《樂記》非秦漢之書 …… 三一五
論《王制》爲今文大宗，即《春秋》素王之制 ………………………… 三一八
論《禮記》所説之義古今可以通行 ……… 三二〇
《禮記》記文多不次，若以類從，尤便學者，惜孫炎、魏徵之書不傳 ……… 三二三
論鄭注引漢事、引讖緯皆不得不然，習《禮記》者當熟玩注疏，其餘可緩 …… 三二五
論宋明人疑經之失，明人又甚於宋人 …… 三二七
論古宫室衣冠飲食不與今同，習禮者宜先攷其大略，焦循《習禮格》最善 …… 三三〇
論《禮記》義之精者本可單行，《王制》

與《禮運》亦可分篇別出 …………………… 三三二
論六經之義，禮爲尤重，其所關繫爲尤切要 …………………… 三三四
論《大戴禮記》…………………… 三三七
論經學糾纏不明，由專據《左傳》、《周禮》二書輕疑妄駮 …………………… 三三九
論《禮經》止於十七篇，並及羣經當求簡明有用，不當繁雜無用 …………………… 三四一

經學通論 …………………… 三四四

春秋 …………………… 三四四
論《春秋》大義在誅討亂賊，微言在改立法制，孟子之言與《公羊》合，朱子之注深得孟子之旨 …………………… 三四四
論《春秋》是作，不是鈔録，是作經，不是作史，杜預以爲周公作凡例，陸淳駮之甚明 …………………… 三四六
論董子之學最醇，微言大義存於董子之書，不必驚爲非常異義 …………………… 三四八
論存三統明見董子書，並不始於何休，據其説足知古時二帝三王本無一定 …………………… 三五一
論異外内之義與張三世相通，當競爭之時，尤當講明《春秋》之旨 …………………… 三五三
論《春秋》素王不必説是孔子素王，《春秋》爲後王立法，即云爲漢制法亦無不可 …………………… 三五五
論《春秋》改制猶今人言變法，損益四代，孔子以告顔淵，其作《春秋》亦即此意 …………………… 三五八
論《春秋》爲後世立法，惟《公羊》能發明斯義，惟漢人能實行斯義 …………………… 三六〇
論《穀梁》在春秋之後，曾見《公羊》之書，所謂「一傳」即《公羊傳》 …………………… 三六三
論《公羊》、《穀梁》二傳當爲傳其學者所作，《左氏傳》亦當以此解之 …………………… 三六五
論《穀梁》廢興及三傳分別 …………………… 三六六

論《春秋》兼采三傳不主一家始於范甯，而實始於鄭君……三六八

論《春秋》借事明義之旨，止是借當時之事做一樣子，其事之合與不合、備與不備本所不計……三七〇

論三統、三世是借事明義，黜周、王魯亦是借事明義……三七二

論《春秋》有現世主義，有未來主義，義在尊王攘夷，而不盡在尊王攘夷……三七四

論孔子成《春秋》，不能使後世無亂臣賊子，而能使亂臣賊子不能無懼……三七五

論《春秋》一字褒貶之義，宅心恕而立法嚴……三七七

論《春秋》書災異不書祥瑞，《左氏》、《公羊》好言占驗，皆非大義所關……三七九

論獲麟《公羊》與《左氏》說不同，而皆可通，鄭君已疏通之……三八一

論《春秋》本魯史舊名，《墨子》云「百國《春秋》」即百二十國寶書……三八三

論《漢志》《春秋》古經即《左氏》經，《左氏》經長於二傳，亦有當分別觀之者……三八五

論左氏不在七十子之列，不得口受傳指，《左傳疏》引《嚴氏春秋》不可信，引劉向《別録》亦不可信……三八七

論趙匡、鄭樵辨左氏非邱明，《左氏傳》文實有後人附益……三八九

論賈逵奏《左氏》義長於《公羊》，以己所附益之義爲《左氏》義，言多誣妄……三九一

論《左氏傳》不解經，杜、孔已明言之，劉逢禄考證尤詳晰……三九四

論《左氏傳》止可云載記之傳，劉安世已有「經自爲經，傳自爲傳，不可合一」之說……三九六

論杜預解《左氏》始別異先儒，盡棄二傳，不得以杜預之說爲孔子《春秋》之義……三九八

論孔子作《春秋》以闢邪說，不當信劉歆、杜預，反以邪說誣《春秋》……四〇〇
論《左氏》采各國之史以成書，讀者宜加別白，斷以《春秋》之義……四〇二
論《左氏》所謂禮，多當時通行之禮，非古禮，杜預短喪之說，實則《左氏》有以啓之……四〇四
論《春秋》是經，《左氏》是史，必欲强合爲一，反致信傳疑經……四〇七
論《公羊》、《左氏》相攻最甚，何、鄭二家分左右袒，皆未盡得二傳之旨……四〇九
論《春秋》必有例，劉逢禄、許桂林《釋例》大有功於《公羊》、《穀梁》，杜預《釋例》亦有功於《左氏》，特不當以凡例爲周公所作……四一一
論日月時正變例……四一三
論三傳以後說《春秋》者亦多言例，以爲本無例者非是……四一四
論啖助說《左氏》具有特識，說《公》、《穀》得失參半，《公》、《穀》大義散配經文，以傳攷之，確有可徵……四一六
論啖、趙、陸不守家法，未嘗無扶微學之功，宋儒治《春秋》者皆此一派……四一九
論《公》、《穀》傳義，《左氏》傳事，其事亦有不可據者，不得以親見國史而盡信之……四二一
論劉知幾詆毀《春秋》，並及孔子，由誤信杜預、孔穎達，不知從《公》、《穀》以求聖經……四二四
論劉知幾據竹書以詆聖經，其惑始於杜預，唐之陸淳、劉貺已駁正其失……四二六
論《春秋》家、《左傳》家當分爲二，如劉知幾說……四二八
論孔子作《春秋》，增損改易之迹可尋，非徒因仍舊史……四三〇
論宋五子說《春秋》有特見，與《孟子》、

《公羊》合，足正杜預以後之陋見謬解 …… 四三二

論斷爛朝報之説不必專罪王安石，朱子疑胡傳，並疑《公》、《穀》，故於《春秋》不能自信於心 …… 四三四

論據朱子之説，足證《春秋》是經非史，學《春秋》者當重義不重事 …… 四三六

論杜預專主《左氏》，似乎《春秋》全無關繫、無用處，不如啖、趙、陸、胡説《春秋》尚有見解 …… 四三七

論《春秋》一字褒貶不得指爲闕文 …… 四四〇

論經史分别甚明，讀經者不得以史法繩《春秋》，修史者亦不當以《春秋》書法爲史法 …… 四四二

論《春秋權衡》駁《左氏》及杜《解》多精確，駁《公》、《穀》則未得其旨 …… 四四五

論吕大圭以後世猜防之見疑古義，宋儒説經多有此失 …… 四四八

論黄澤、趙汸説《春秋》有可取者，而誤信杜預，仍明昧參半 …… 四五〇

論趙汸説《春秋》策書筆削近是，孔廣森深取其書，而亦不免有誤 …… 四五二

論「王正月」是周正，胡安國夏時冠周月之説，朱子已駁正之 …… 四五五

論三傳皆專門之學，學者宜專治一家，治一家又各有所從入 …… 四五七

論俞正燮説《春秋》最謬，乃不通經義、不合史事，疑誤後學之妄言 …… 四五九

論《春秋》明王道，絀詐力，故特褒宋襄，而借以明仁義行師之義 …… 四六一

校點説明

皮錫瑞（一八五〇—一九〇八），字鹿門，一字麓雲，長沙府善化縣（今屬長沙市）人。錫瑞幼承庭訓，三十二歲中舉，後屢應禮部試不第，遂潛心講學著書，先後主湖南龍潭書院、江西經訓書院。他憫亂憂時，主張變法圖存，參加南學會，被推爲學長。戊戌之變（一八九八）後，皮錫瑞因南學會事，被革褫舉人，交地方管束，遂先後在湖南高等學堂、師範館、中路師範、長沙府中學執教。皮氏治經，主今文經，致力《尚書》，服膺伏生，顔居室曰「師伏堂」，學人尊稱其爲「師伏先生」。皮氏生當晚清，有感於民困時艱，與當時變法志士頗爲同氣相求，但其治學風格樸實平正，實事求是，務求經典之今文派正解，屬公羊學「經生」一派，不事乖張誇誕，亦不視治學爲政治工具。

皮氏治學勤奮，著述頗豐，除《經學通論》五卷外，尚有《經學歷史》一卷、《尚書大傳疏證》七卷、《今文尚書考證》三十卷、《古文尚書冤詞平議》二卷、《尚書中候疏證》一卷、《孝經鄭注疏》二卷、《鄭志疏證》八卷、《聖政論補評》二卷、《六藝論疏證》一卷、《魯禮禘祫義疏證》一卷、《王制箋》一卷、《漢碑引經考》六卷及駢文、詩草、詞章若干，多收入《師伏堂叢書》之中。

《經學通論》成於光緒三十三年（一九〇七）二月，據《自序》云「竊以爲尊孔必先明經，前編《經學歷史》以授生徒，猶恐語焉不詳，學者未能窺治經之門徑，更纂《經學通論》以備參考」，知皮氏欲《經學通論》與《經學歷史》（成於光緒三十一年）相表裏，一則便於教學，一則更加深入地宣揚今文經學。其書大旨「一當知經爲孔子所定，孔子以前不得有經；二當知漢初去古未遠，以爲孔子作經，説必有據；三當知後漢古文説出，乃尊周公以抑孔子；四當知晉宋以下，專信古文《尚書》、《毛詩》、《周官》、《左傳》而大義微言不彰；五當知宋元經學雖衰，而不信古文諸書，亦有特見；六當知國朝經學復盛，乾嘉以後治今文者，尤能窺見聖經微旨」，均係典型今文學主張。

《經學通論》分《易經通論》、《書經通論》、《詩經通論》、《三禮通論》、《春秋通論》五卷，分别做專題研究。首言羣經之名數，次言羣經之要旨，次述解經諸傳記，次考羣經之述作，及其傳授之源流，終論治經之方術，務期端緒昭然，本末畢具，各經重點，均有涉及。皮氏解析問題捫其樞機，正本清源，至諸所稱引，遠稽陳説，近採通人，博綜羣言，研覈經旨，判其異同，求其條貫，故多能後出而轉精。如《春秋》「經」、「史」之爭，皮氏以《春秋》借事明義，寓褒貶於其中，不可單純以記事視之爲論，趙伯雄先生稱贊其爲「『《春秋》是經非史』這一意見最爲明晰透徹的解説」(《春秋學史》)。

《經學通論》有清光緒三十三年湖南思賢書局刻本、光緒中善化皮氏《師伏堂叢書》本，兩本行款、版式、内容、斷板處均無二致。另據《中國叢書綜録》著録《師伏堂叢書》之《經學通論》爲「光緒三十三年思賢書局刊」，可知皮氏《師伏堂叢書》所收即是湖南思賢書局本。一九三四年，商務印書館將《經學通論》列入《國學基本叢書》，出版排印四册本，加舊式句讀；一九五四年中華書局據商務本校正並影印爲一册本。

本次校點，以《師伏堂叢書》本爲底本，因此書刻本僅有一種，故無校本。校勘則主要在有疑問處採取本校、他校方式，標點參考了中華書局本。書中訛誤定所不免，敬祈讀者斧正爲盼。

校點者　金曉東

自序

經學不明，則孔子不尊。孔子不得位，無功業表見，晚定六經以教萬世。尊之者以爲萬世師表。自天子以至於士庶，莫不讀孔子之書，奉孔子之教。天子得之以治天下，士庶得之以治一身，有舍此而無以自立者。此孔子所以賢於堯、舜，爲生民所未有，其功皆在删定六經。孟子稱孔子作《春秋》比禹與周公，爲天下一治，其明證矣。漢初諸儒深識此義，以六經爲孔子所作，且謂孔子爲漢定道。太史公謂：「言六藝者折衷於孔子。可謂至聖。」董仲舒奏武帝表章六經，抑黜百家，諸不在六藝之科、孔子之術者，勿使並進。故其時上無異教，下無異學，君之詔旨，臣之章奏，無不先引經義。所用之士必取經明行修。此漢代人才所以極盛，而治法最近古，由明經術而實行孔教之效也。後漢以降，始有異議，不盡以經爲孔子作。《易》則以爲文王作卦辭，周公作爻辭。《春秋》則以凡例爲出周公。《周禮》、《儀禮》皆以爲周公手定。《詩》、《書》二經，亦謂孔子無删定事。於是孔子無一書傳世，世之尊孔子特名焉而已，不知所以爲萬世師表者安在。唐時乃尊周公爲先聖，降孔子爲先師，配享從祀，與漢《韓勑》、《史晨》諸碑所言大異。豈非經學不明、孔子不尊之過歟。近世異説滋多，非聖無法，至欲以祖龍之一炬施之聖經。在廷儒臣上言尊孔，恭奉諭旨，升孔子爲大祀，尊崇盛典，遠軼百王。錫瑞竊以爲尊孔必先明經，前編《經學歷史》以授生徒，猶恐語焉不詳，學者未能窺治經之門徑，更纂《經學通論》以備參攷。大旨以爲：一當知經爲孔子所定，孔子以前不得有經；二當知漢初去古未遠，以爲孔子作經，説必有據；三當知後漢古文説出，乃尊周公以抑孔子；四當知晉、宋以下專信古文《尚書》、《毛詩》、《周官》、《左傳》而大義微言不彰；五當知宋、元經學雖衰，而不信古文諸書，亦有特見；六當知國朝經學復盛，乾嘉以後治今文者尤能窺見聖經微旨。執此六義以治諸經，乃知孔子爲萬世師表之尊，正以其有萬世不易之經，經之大義微言亦甚易明。治經者當先去其支離不足辨，及其瑣細無大關繫，而用漢人存大體、玩經文之法，勉爲漢時通經致用之才，斯不至以博而寡要與迂而無用疑經矣。錫瑞思殫炳燭之明，用救燔經之禍，鑽仰既竭，不知所裁。尚冀達者諒其僭愚，而匡所不逮，則幸甚。光緒丁未善化皮錫瑞自序。

經學通論

易

論變易、不易皆《易》之大義

治經者當先知此經之大義。以《易》而論，變易、不易皆大義所在。二者當並行不相悖。《周易正義·第一論易之三名》曰：「夫『易』者，變化之總名，改換之殊稱。自天地開闢，陰陽運行，寒暑迭來，日月更出，孚萌庶類，亭毒羣品，新新不停，生生相續，莫非資變化之力，換代之功。然變化運行，在陰陽二氣，故聖人初畫八卦，設剛柔兩畫，象二氣也。布以三位，象三才也。謂之爲『易』，取變化之義。既義總變化，而獨以『易』爲名者，《易緯乾鑿度》云：『易一名而含三義，所謂易也，變易也，不易也。』又云：『易者，其德也，光明四通，簡易立節，天以爛明，日月星辰，布設張列，通精無門，藏神無穴。不煩不擾，澹泊不失，此其易也。變易者，其氣也，天地不變，不能通氣，五行迭終，四時更廢，君臣取象，變節相移，能消者息，必專者敗，此其變易也。不易者，其位也，天在上，地在下，君南面，臣北面，父坐子伏，此其不易也。』鄭玄依此義作《易贊》及《易論》云：『易一名而含三義。易簡，一也；變易，二也；不易，三也。』故《繫辭》云：「乾、坤，其《易》之蘊邪？」又云：「《易》之門户邪？」又云：「夫乾，確然示人易矣。夫坤，隤然示人簡矣。」「易則易知，簡則易從。」此言其易簡之法則也。又云：「爲道也屢遷，變動不居，周流六虛，上下無常，剛柔相易，不可爲典要，唯變所適。」此言順時變易，出入移動者也。又云：「天尊地卑，乾坤定矣。卑高以陳，貴賤位矣。動靜有常，剛柔斷矣。」此言其張設布列，不易者也。』」錫瑞案：孔穎達引證詳明，《乾鑿度》爲說《易》最古之書，鄭君兼通今古文之學，其解《易》之名義，皆兼「變易」、「不易」之説，鄭引《易》尤切實。是易雖有窮變通久之義，亦有不易者在。斯義也，非獨《易》言之，羣經亦多言之，而莫著於《禮記》。《大傳》曰：「改制度，易服色，殊徽號，異器械，別衣服，此其所得與民變革者也。其不可得變革者，則有矣。尊尊也，親親也，長長也，男女有別，此其不可得與民變革者也。」變革即變易也，不可變革即不易也。董仲舒漢初大儒，深得斯旨，其《對策》曰：「道之大原，出於天，天不變，道亦不變。」又曰：「爲政而不行，甚者必變而更化之，乃可理也。」後人讀之，疑其前後矛盾，不知董子《對策》之意，全在變法，以爲舜繼堯後，大治有道，故可無爲而治。漢繼秦後，大亂無道，而漢多襲秦舊，故謂當變更化。不變者，道也；當變者，法也，亦即《易》以變易爲義，而有不變者在也。今之學者，不知窮變通久之義，一聞變法，羣起而争；反其説者，又不知變易之中有不易者在，舉天地、君臣、父子不可變者亦欲變之，又豈可爲訓乎？

論伏羲作《易》垂教，在正君臣、父子、夫婦之義

讀《易》者當先知伏羲爲何畫八卦，其畫八卦有何用處。《正義》曰：「作《易》所

以垂教者，即《乾鑿度》云：『孔子曰：上古之時，人民無別，羣物未殊，未有衣食器用之利，伏羲乃仰觀象於天，俯觀法於地，中觀萬物之宜。於是始作八卦，以通神明之德，以類萬物之情。故《易》者所以繼天地，理人倫而明王道。是以畫八卦，建五氣，以立五常之行；象法乾坤，順陰陽，以正君臣、父子、夫婦之義；度時制宜，作爲罔罟，以佃以漁，以贍民用。於是人民乃治，君親以尊，臣子以順，羣生和洽，各安其性。』此其作《易》垂教之本意也。」又《坤靈圖》曰：「伏羲氏立九部，民易理。」《春秋緯文耀鉤》曰：「伏羲作《易》名官。」《禮緯含文嘉》曰：「虙者，別也；戲者，獻也，法也。伏羲始別八卦，以變化天下，天下法則，咸伏貢獻，故曰伏羲也。」鄭君《六藝論》曰：「虙羲作十言之教，曰乾、坤、震、巽、坎、離、艮、兑、消、息，無文字，謂之《易》，以厚君民之別。」鄭專以厚君民之別爲説，蓋本孔子云「君親以尊，臣子以順」之義。陸賈《新語·道基》篇亦云：「先聖仰觀天文，俯察地理，圖畫乾坤，以定人道，民始開悟，知有父子之親、君臣之義、夫婦之道、長幼之序，於是百官立，王道乃生。」《白虎通》暢其説云：「古之時，未有三綱六紀，民人但知其母，而不知其父，能覆前不能覆後，卧之詓詓，起之吁吁，飢即求食，飽即棄餘，茹毛飲血，而衣皮葦。於是伏羲仰觀象於天，俯察法於地，因夫婦，正五行，始定人道，畫八卦，以治天下。」焦循謂讀陸氏之言，乃恍然悟伏羲所以設卦之故，更推闡其旨曰：「學《易》者，必先知伏羲未作八卦之前是何世界。伏羲作八卦重爲六十四，何以能治天下。神農、堯、舜、文王、周公、孔子何奉此卦畫爲萬古修己治人之道。孔子删《書》始唐虞，治法至唐虞乃備也；贊《易》始伏羲，人道自伏羲始定也。有夫婦然後有父子，有父子然後有君臣。伏羲設卦觀象，定嫁娶以别男女，始有夫婦、有父子、有君臣。然則君臣自伏羲始定，故伏羲爲首出之君。前此無夫婦、父子，即無君臣。凡緯書所載天皇、地皇、人皇，九頭、五龍、攝提、合雒等紀，無容議矣。《莊子·繕性篇》云：『古之人，在混茫之中，與一世而得淡漠焉。當是時也，陰陽和静，鬼神不擾，四時得節，萬物不傷，羣生不夭，人雖有知，無所用之，此之謂至一。當是時也，莫之爲，常自然。逮德下衰，及燧人、伏戲始爲天下，是故順而不一。』按莊子，不知《易》道、不知伏羲之功者也。飲食男女，雖禽獸蟲豸，生而即知。然牝牡無定偶，故有母而無父。自伏羲畫八卦而人道定，有夫婦乃有父子，有父子乃有君臣。孔子贊《易》所以極稱伏羲之功也。人道不定，天下大亂，何以得至一。故無伏羲畫卦，則無夫婦、無父子、無君臣。而以爲陰陽和静，萬物不傷，真妄論矣。阮嗣宗《通易論》云：『《易》者何也？乃昔之玄真，往古之變經也。庖犧氏當天地一終，值人物憔悴，利用不存，法制夷昧，神明之德不通，萬物之情不類，於是始作八卦。引而伸之，觸類而長之，分陰陽，序剛柔，積山澤，連水火，雜而一之，變而通之，終於未濟。六十四卦，盡而不窮。』嗣宗亦莊生之流，而論《易》則稱伏羲之功，不拾漆園唾餘。然謂利用不存，法制夷昧，似謂上古本有法制利用，至伏羲時晦亂，而伏羲氏復之，則無稽耳。」錫瑞案，焦氏發明伏羲畫卦之功尤暢。畫卦之功，首在厚君民之别，故曰：「上天下澤，履。君子以辨上下，定民志。」而地天爲泰，天地爲否，似與此義相反。蓋泰之得在天地交，否之失在天地不交。履以位言，泰、否以情言，所謂言豈一端而已。後世「尊卑闊絶，而上下之情疏；禮節繁多，而君臣之義薄」。四語本蘇子瞻。昧者欲矯其弊，遂議盡去上下之分，豈知作《易》垂教，所以理人倫而明王道之義乎？

論重卦之人當從史遷、楊雄、班固、王充，以爲文王

《易》爲羣經之首，讀《易》當先知作《易》之人。欲知作卦爻辭爲何人，又必先知重卦爲何人。《周易正義·第二論重卦之人》曰：「重卦之人，諸儒不同，凡有四説。王輔嗣等以爲伏犧重卦，鄭玄之徒以爲神農重卦，孫盛以爲夏禹重卦，史遷等以爲文王重卦。其言夏禹及文王重卦者，案《繫辭》，神農之時，已有蓋取益與噬嗑，以此論之，不攻自破。其言神農重卦，亦未爲得。今以諸文驗之，案《説卦》云：『昔者聖人之作《易》也，幽贊於神明而生蓍。』凡言『作』者，創造之謂也。神農以後便是述、修，不可謂之『作』也，則幽贊、用蓍謂伏犧矣。」錫瑞案：解經以最初之説爲主。《史記·儒林傳》曰：「自魯商瞿受《易》孔子，傳六世至齊人田何，字子莊。而漢興，田何傳東武人王同子仲。子仲傳菑川人楊何。言《易》者本於楊何之家。」是楊何上距商瞿，凡八傳。漢初，言《易》皆主楊何，太史公父談亦受《易》於楊何。史公言《易》必用楊何之説。《周本紀》曰：「西伯蓋即位五十年，其囚羑里，蓋益《易》之八卦爲六十四

卦。」《日者傳》曰：「自伏犧作八卦，周文王演三百八十四爻，而天下治。」《正義》謂史遷以爲文王重卦，其説甚明。且非獨史遷之説爲然也，楊子《法言·問神》篇曰：「《易》始八卦，而文王六十四，其益可知也。」《問明》篇曰：「文王淵懿也，重《易》六爻，不亦淵乎？」《漢書·藝文志》曰：「至於殷、周之際，紂在上位，逆天暴物。文王以諸侯順命而行道，天人之占可得而效，於是重《易》六爻。」《論衡·對作篇》曰：「《易》言伏犧作八卦，前是未有八卦，伏犧造之，故曰作也。文王圖八，自演爲六十四，故曰演。」❶《正説篇》曰：「伏犧得八卦，非作之。文王得成六十四，非演也。」是以爲文王重卦者，非獨史遷，更有楊雄、班固、王充，故《正義》以爲「史遷等」。楊雄西漢末人，班固、王充東漢初人，皆與史遷説同。鄭玄東漢末人，已在諸人之後。其説以爲神農重卦，蓋以取益、噬嗑爲據。謂伏犧取諸離，在八卦之内；神農取益、噬嗑，在六十四卦之内也。孔疏亦以神農之時已有蓋取益與噬嗑，爲伏犧重卦之證。案，此説亦太泥。《朱子語類》曰：「十三卦所謂『蓋取諸離，蓋取諸益』者，言結繩而爲網罟，有離之象，非觀離而始有此也。」又云：「不是先有見乎離而後爲網罟，先有見乎益而後爲耒耜。聖人亦只是見魚鼈之屬，欲有以取之，遂做一箇物事去攔截他；欲得耕種，見地土硬，遂做一箇物事去剔起他。卻合於離之象，合於益之意。」沈寓山《寓簡》曰：「《大傳》言蓋取諸益、取諸暌，凡一十

❶「演」，《四部叢刊》景通津草堂本、明刻《漢魏叢書》本《論衡》均作「衍」。

三卦。蓋聖人謂耒耜得益，弧矢得睽耳。非謂先有卦名，乃作某器也。」陳澧曰：「案《繫辭》所言『取諸』者，與《考工記・輪人》『取諸圜也』，『取諸易直也』，『取諸急也』，文義正同。輪人意取諸圜，非因見圜物而取之也；意取易直與急，非因見易直與急之物而取之也。」此三説皆極通，可無疑於神農時已有益與噬嗑，而不得云文王重卦矣。後人猶有疑者，皆疑所不當疑。羅泌《路史餘論》曰：「世以爲文王重卦，因楊雄之説而謬之也。『滿招損，謙受益。』謙與損益，益、稷之言，不自後世。佃漁之離，謂之小成可也。耒耜之益，與交易之噬嗑，豈小成哉？然則不自文王重卦，可識矣。」顧炎武《日知録》曰：「考襄公九年，穆姜遷於東宮。筮之，遇艮之隨。姜曰：『是於《周易》曰隨，元亨利貞，无咎。』獨言『是於《周易》』，則知夏、商皆有此卦。而重八卦爲六十四卦者，不始於文王也。」錫瑞案：羅氏不知「滿招損，謙受益」出僞《古文・大禹謨》，不足據。益與噬嗑，言取諸者，朱子辨之已明。顧氏不知左氏雜取占書，唐啖助已言不可盡信，占筮書多傅會。穆姜説「元亨利貞」之義，全同孔子《文言》。以爲暗合，未必穆姜之學與聖人同。以爲孔子作《文言》勦襲穆姜之説，尤無是理。疑占書取孔子《文言》，傅之穆姜，而左氏載之。不當反據其文，疑重卦不始文王也。丁晏《孝經徵文》云：「邱明博聞，多采孔門精語綴集成文，而後儒反疑聖勦取左氏，必不然矣。」據丁氏説，可爲《左氏傳》引聖經之證。焦循亦云：「左氏生孔子贊《易》之後，剌取《易》義，以飾爲周史之言。」

論《連山》、《歸藏》

《周易正義・第三論三代易名》曰：「案《周禮・太卜》『三易』云：『一曰《連山》，二曰《歸臧》，三曰《周易》。』杜子春云：『《連山》伏羲。《歸藏》黄帝。』鄭玄《易贊》及《易論》云：『夏曰《連山》，殷曰《歸藏》，周曰《周易》。』鄭玄又釋云：『《連山》者，象山之出雲，連連不絶。《歸藏》者，萬物莫不歸藏於其中。《周易》者，言《易》道周普，无所不備。』鄭玄雖有此釋，更無所據之文。先儒因此遂爲文質之義，皆煩而无用，今所不取。案《世譜》等羣書，神農一曰連山氏，亦曰列山氏。黄帝一曰歸藏氏。既連山、歸藏並是代號，則《周易》稱周，取岐陽地名，《毛詩》云『周原膴膴』是也。又文王作《易》之時，正在羑里，周德未興，猶是殷世也，故題周，别於殷。以此文王所演，故謂之《周易》。其猶《周書》、《周禮》，題『周』以别餘代。故《易緯》云『因代以題周』是也。先儒又兼取鄭説云『既指周代之名，亦是普徧之義』，雖欲无所遐棄，亦恐未可盡通。其《易》題『周』，因代以稱周，是先儒更不别解。唯皇甫謐云：『文王在羑里演六十四卦，著七、八、九、六之爻，謂之《周易》。』以此文王安『周』字。其《繫辭》之文，《連山》、《歸藏》无以言也。」《周禮・太卜疏》：「趙商問：『今當從此説以不？❶敢問杜子春何由知之？』答云：『此數者，非無明文，改之無據，故著子春説而已。近師皆以爲夏、殷、周。』鄭既爲此説，故《易贊》

❶「説」，原作「問」，據《周禮疏》改。

云：『夏曰《連山》，殷曰《歸藏》。』又注《禮運》云：『其書存者有《歸藏》。』如是，玉兆爲夏，瓦兆爲殷，可知是皆從近師之説也。按今《歸藏·坤》開筮『帝堯降二女爲舜妃』。又見《節卦》云：『殷王其國，常毋谷。』若然，依子春之説，《歸藏》黄帝，得有帝堯及殷王之事者，蓋子春之意，宓戲、黄帝造其名，夏、殷因其名以作《易》，故鄭云『改之無據』。是以皇甫謐《記》亦云：『夏人因炎帝曰《連山》，殷人因黄帝曰《歸藏》。』雖炎帝與子春黄帝不同，❶是亦相因之義也。」「云『名曰連山，似山内出氣也』者，此《連山易》，其卦以純艮爲首，艮爲山，山上山下，是名《連山》。雲氣出内於山，故名《易》爲連山。『《歸藏》者，萬物莫不歸而藏於其中』者，此《歸藏易》以純坤爲首，坤爲地，故萬物莫不歸而藏於中，故名爲《歸藏》也。鄭雖不解《周易》，其名《周易》者，《連山》、《歸藏》皆不言地號，以義名《易》，則周非地號。以《周易》以純乾爲首，乾爲天，天能周帀於四時，故名《易》爲周也。」錫瑞案：孔、賈二疏不同，孔不從鄭，以爲代號；賈從鄭，以爲以義名。當以鄭説義名爲是。「連山」、「歸藏」若是代號，不應夏、殷襲伏羲、黄帝之舊。且《連山》、《歸藏》不名《易》，若是代號，必下加「易」字乃可通。故鄭皆以義名，與《連山》首艮、《歸藏》首坤正合。鄭以《周易》爲周普，亦以義名，蓋本《繫辭傳》「《易》之爲書也，周流六虚」。孔疏以爲無據，非也。桓譚《新論》曰：「《連山》八萬言，《歸藏》四千三百言。」不應夏

❶「黄帝」，依文意當作「伏羲」，孫詒讓《周禮正義》引此文時已改。

《易》數倍於殷，疑皆出於依託。《連山》劉炫僞作，《北史》明言之。《歸藏》雖出隋、唐以前，亦非可信爲古書。删定六經，始於孔子。孔子以前，《周易》與《連山》、《歸藏》並稱，猶魯之《春秋》與晉之《乘》、楚之《檮杌》並稱也。《周易》得孔子贊之而傳爲經，《連山》、《歸藏》不得孔子贊之而遂亡。猶魯之《春秋》得孔子修之而傳爲經，晉《乘》、楚《檮杌》不得孔子修之而遂亡也。孔子所不贊修者，學者可不措意。况是僞書，何足辨乎？《連山》、《歸藏》之辭，絶不見於古書稱引，蓋止有占法而無文辭。故《周易》當孔子未贊之前，疑亦止有占法而無文辭也。

論卦辭文王作、爻辭周公作皆無明據，當爲孔子所作

《周易正義·第四論卦辭爻辭誰作》曰：「其《周易·繫辭》，凡有二説，一説所以卦辭、爻辭並是文王所作。❶ 知者，案《繫辭》云：『《易》之興也，其於中古乎？作《易》者，其有憂患乎？』又曰：『《易》之興也，其當殷之末世、周之盛德耶？當文王與紂之事耶？』又《乾鑿度》云：『垂皇策者犧，卦道演德者文，成命者孔。』《通卦驗》又云：『蒼牙通靈，昌之成，孔演命，明道經。』準此諸文，伏犧制卦，文王繫辭，孔子作《十

❶「所以」，《周易正義》同，據文意，疑「所」字衍，或二字皆衍文，宋人引此文，無「所」字與無此二字者皆有。

翼》。《易》歷三聖，只謂此也。故史遷云『文王囚而演《易》』，即是『作《易》者，其有憂患乎』。鄭學之徒，並依此説也。二以爲，驗爻辭，多是文王後事。案《升卦》六四：『王用亨于岐山。』武王克殷之後，始追號文王爲王。若爻辭是文王所制，不應云『王用亨于岐山』。又《明夷》六五：『箕子之明夷。』武王觀兵之後，箕子始被囚奴，文王不宜預言『箕子之明夷』。又《既濟》九五：『東鄰殺牛，不如西鄰之禴祭。』説者皆云『西鄰』謂文王，『東鄰』謂紂。文王之時，紂尚南面，豈容自言己德受福勝殷，又欲抗君之國，遂言東西相鄰而已。又《左傳》韓宣子適魯，見《易象》云：『吾乃知周公之德。』周公被流言之謗，亦得爲憂患也。驗此諸説，以爲卦辭文王，爻辭周公。馬融、陸績等並同此説，今依而用之。所以只言三聖，不數周公者，以父統子業故也。」《左傳正義》曰：「《易・繫辭》云：『《易》之興也，其當殷之末世、周之盛德耶？當文王與紂之事耶？』鄭玄云：『據此言，以《易》是文王所作，斷可知矣。』且史傳、讖緯皆言文王演《易》，演謂爲其辭以演説之，《易經》必是文王作也。但《易》之爻辭，有『箕子之明夷，利貞』。又云『王用亨于岐山』，又云『東鄰殺牛，不如西鄰之禴祭，實受其福』。二者之意，皆斥文王。若是文王作經，無容自伐其德。故先代大儒鄭衆、賈逵或以爲卦下之彖辭，文王所作；爻下之象辭，周公所作。雖復紛競大久，無能決當是非。」錫瑞案：據孔疏之説，文王作卦爻辭，及文王作卦辭、周公作爻辭，皆無明文可據，是非亦莫能決。今據西漢古義以斷，則二説皆非是。以卦辭爲文王作者，但據《繫辭傳》

「《易》之興也，其于中古乎」，下有「是故履，德之基也」云云，「當文王與紂之事耶？是故其辭危」云云，遂以爲文王作卦辭。實則「履，德之基也」云云，共引九卦，正是文王重卦之證。則「其辭」云云，當即六十四卦，非必別有卦辭。伏羲在未制文字之先，八卦止有點畫；文王在制文字之後，六十四卦必有文字。有文字即是辭，不必作卦辭而後爲辭也。孔疏云「史傳、讖緯，皆言文王演《易》」，今攷之史傳，《史記》但云文王演三百八十四爻，不云作卦爻辭。讖緯云：「卦道演德者文。」則演《易》即演三百八十四爻之謂，不必爲辭演説乃爲演也。其云周公作爻辭者，但以箕子、岐山、東鄰等文不當屬文王説。惠棟《周易述》用趙賓説而小變之。以「箕子」爲「其子」，又據《禹貢》「冀州，治梁及岐」，《爾雅》「梁山，晉望也」，因謂岐山亦冀州之望。夏都冀州，「王用亨于岐山」者爲夏王。惠氏疏通爻辭，可以解鄭、賈諸人之疑矣。然以爻辭爲文王作，止是鄭學之義，以爻辭爲周公作，亦始於鄭衆、賈逵、馬融諸人，乃東漢古文家異説。若西漢今文家説，皆不如是。史遷、楊雄、班固、王充但云文王重卦，未嘗云作卦辭、爻辭，當以卦爻之辭並屬孔子所作。蓋卦爻分畫於羲、文而卦、爻之辭皆出於孔子。如此則與「《易》歷三聖」之文不背。箕子、岐山、東鄰、西鄰之類，自孔子言之，亦無妨。若以爲文王作爻辭，既疑不應豫言；以爲周公作爻辭，又與「《易》歷三聖」不合。孔疏以爲父統子業，殊屬强辭。韓宣適魯，單文孤證，未可依據。韓宣亦未明説周公作爻辭也。或疑《左氏傳》引筮辭多在孔子之前，不得以卦辭、爻辭爲始於孔子。案占書傅會，前已言之，《困學紀聞》曰：「『八世之後，莫之與京』，其田氏篡齊之後之言乎？『公侯子孫，必復其始』，其三卿分晉之後之言乎？皆非《左氏》之舊也。」姚鼐以爲「畢萬筮仕於晉」一條，吴起增竄以媚魏者。然則懿氏卜妻敬仲云：「有嬀之後，將育于姜。」亦陳氏得政之後，人所增竄。若是當時實事，未必齊人不忌敬仲，而更任用之。晉獻公筮嫁伯姬于秦，有「爲嬴敗姬，姪其從姑，死于高梁」之占。叔孫穆子之生，有「以讒人入，其名曰牛，卒以餒死」之占。應驗如神，疑皆傅會。若是當時實事，獻公未必嫁女于秦，穆子未必用豎牛爲政。《左氏傳》此等處皆不可據。《説苑》泄冶引《易》曰「君子居其室」至「可不慎乎」，泄冶在孔子前，不應引《繫辭》。此等明是後人攙入。《左氏》引《易》，亦猶是也。

論《易》至孔子始著，於是學士大夫尊信其書

《王制》：「樂正崇四術，立四教，順先王《詩》、《書》、《禮》、《樂》以造士。春秋教以《禮》、《樂》，冬夏教以《詩》、《書》。」《文獻通考》：「應氏曰：《易》雖用於卜筮，而精微之理，非初學所可語。《春秋》雖公其記載，而策書亦非民庶所得盡窺。故《易象》、《春秋》，韓宣子適魯始得見之，則諸國之教，未必盡備六者。」錫瑞案：此亦卦辭、爻辭不出於文王、周公之一證。若卦、爻之辭爲文王、周公作，則當如後世欽定、御纂之書，頒之學官以教士子矣。而當時造士，止有《禮》、《樂》、《詩》、《書》，則以《易》但有卦爻

而無文辭，故不可與《禮》、《樂》、《詩》、《書》並立爲教，當時但以爲卜筮之書而已。至孔子闡明其義理，推合於人事，於是《易》道乃著。《史記·孔子世家》曰：「孔子晚而喜《易》，序《彖》、《繫》、《象》、《説卦》、《文言》。讀《易》韋編三絶，曰：『假我數年，若是，我於《易》則彬彬矣。』孔子以《詩》、《書》、《禮》、《樂》教，弟子蓋三千焉。身通六藝者，七十有二人。」蓋《易》與《春秋》，孔門惟高才弟子乃能傳之，於是學士大夫尊信其説，或論作《易》之大旨，或説學《易》之大用，或援《易》以明理，或引《易》以決事，而其教遂大明。如《荀子·大略篇》曰：「善爲《易》者不占。」此以當時之用《易》者專爲占卜，不知天地消長、人事得失，無不可以《易》理推測，故云善《易》不占，以挽其失。又曰：「《易》之咸，見夫婦之道，不可不正也。君臣、父子之本也。咸，感也。以高下下，以男下女，柔上而剛下。聘士之義，親迎之道，重始也。」此本《彖傳》、《序卦》之旨而引申之。《非相篇》曰：「好其實，不恤其文，是以終身不免埤污庸俗。故《易》曰『括囊，無咎無譽』，腐儒之謂也。」此爲當日石隱者流，如沮、溺、丈人，匿跡銷聲，介之推所謂「身將隱，焉用文之」，究非中道。《大略篇》又曰：「復自道，何其咎，以爲能變也。」《吕覽·務本》篇引而申之曰：「以言本無異則動卒有喜。」《荀子》言變，《吕覽》言動，皆取復卦剛反之義。《吕覽·應同》篇曰：「平地注水水流溼，均薪施火火就燥。」闡發經義，簡明不支。《慎大覽》篇引《易》「愬愬，履虎尾，終吉」，可證今本之誤。《召類》篇引史默説「渙羣」之義曰「渙者，賢也。羣者，衆也。元者，吉之始也。渙其羣元吉者，其佐多賢也」，可證注疏以「渙」爲「渙散」之非。元吉與大吉異，元吉以德言，大吉以時言。《彖》曰：❶「大哉乾元，萬物資始。」《文言》曰：「乾元者，始而亨者也。」故曰「元吉者，吉之始」，亦可證舊解「元吉」爲「大吉」之失。周末諸子引《易》具有精義如此。《史記》載蔡澤言亢龍之義：「上而不能下，信而不能詘，❷往而不能自返。」《國策》載春申君言「狐濡其尾」之義，始之易，終之難。皆引《易》文以決時事，其説之精，亦可以補周末諸子之遺也。

論卦辭、爻辭即是繫辭，十翼之説於古無徵

以卦辭、爻辭爲孔子作，疑無明文可據，然亦非盡無據也。古以「繫辭」即爲卦辭、爻辭，漢儒説皆如是。而今之《繫辭》上、下篇，古以爲《繫辭傳》。《釋文》王肅本有「傳」字，蓋古本皆如是。宋吴仁傑《古周易》以爻爲《繫辭》。今攷《繫辭》有云：「聖人設卦、觀象，繫辭焉以明吉凶。」❸又云：「聖人有以見天下之動，❹而觀其會通，以行其典禮，繫辭焉以斷其吉凶，是故謂之爻。」又云：「繫辭焉而命之，動在其中矣。」又云：「繫辭焉以盡其言。」據此諸文，明是指卦爻辭謂之《繫辭》。若謂《繫辭》中四處所云「繫辭」，即是今之《繫辭》，孔子不應屢自稱其所著之書，又自言其作辭之義，且不應

❶「彖」，原作「象」，據《周易正義・上經乾傳》改。
❷「詘」，原作「決」，據《史記・范睢蔡澤列傳》改。
❸「以」，《周易》作「而」。
❹「動」，原作「物」，據《周易正義・繫辭》改。

自稱聖人。蓋《繫辭》即卦辭、爻辭，乃孔子所作；今之《繫辭》，乃《繫辭》之傳，孔子弟子所作。《繫辭》中明有「子曰」，必非出自孔子手筆。《史記·自序》引《繫辭》之文爲《易大傳》，是其明證。凡孔子所作謂之經，弟子所作謂之傳。所云「聖人繫辭焉，以斷其吉凶」，乃孔子弟子作傳稱孔子爲聖人，非孔子作《繫辭》而稱文王、周公爲聖人也。鄭樵《六經奧論》曰：「《易大傳》言繫辭者五，皆指爻辭曰繫辭。如《上繫》曰『繫辭焉而明吉凶』，『繫辭以斷其吉凶』有二，曰『繫辭焉而命之』，孔子專指爻辭以爲《繫辭》。今之《繫辭》，乃孔門七十二子傳《易》於夫子之言，爲《大傳》之文。則《繫辭》者，其古傳《易》之《大傳》歟？」鄭樵以《繫辭傳》爲《易大傳》，正本《史記》。孔疏云：「經文王、周公所作，傳孔子所作。」不知孔子以前不得有經。《漢書·儒林傳》云：「孔子晚而好《易》，讀之，韋編三絶，而爲之傳。」則已誤以孔子所作爲傳，與《史記》之説大異矣。歐陽修不信祥異，以《繫辭》云「河作圖，❶洛出書，聖人作之」，爲非孔子之言。不知《繫辭傳》本非孔子之言，乃孔子弟子所作，以解釋孔子之言者也。《史記·孔子世家》云：「孔子晚而喜《易》，序《彖》、《繫》、《象》、《説卦》、《文言》。」史公既以今之《繫辭》爲《易大傳》，則不以爲孔子所作。《世家》所謂亦必指卦辭、爻辭。而言繫者，屬也。「繫辭」猶云屬辭。據《史記》云，伏戲畫八卦，文王重卦爲六十四，分爲三百八十四爻而無其辭，至孔子乃屬辭以綴其下，

❶「作」，《歐陽文忠公集》之《易童子問》卷第三、《周易》作「出」。

故謂之繫。此其有明文可據而不必疑者也。惟《孔子世家》引《説卦》頗疑有誤。《論衡·正説篇》曰：「至孝宣皇帝之時，河内女子發老屋，得逸《易》、《禮》、《尚書》各一篇，奏之宣帝，❶下示博士，然後《易》、《禮》、《尚書》各益一篇。」所説《易》益一篇，蓋《説卦》也。《隋書·經籍志》曰：「及秦焚書，《周易》獨以卜筮得存，唯失《説卦》三篇，後河内女子得之。」所謂三篇，蓋兼《序卦》、《雜卦》在内。據王充説，《説卦》至宣帝時始出，非史公所得見，故疑《世家》「説卦」二字，爲後人攙入者。《説卦》論八卦方位，與《卦氣圖》合，疑焦、京之徒所爲。程迥《古易考》十二篇，闕《序》、《雜卦》，以爲非聖人之言。李邦直、朱新仲、傅選卿皆疑《序卦》，近儒朱彝尊亦然。戴震云：「昔儒相傳《説卦》三篇，與今文《大誓》同後出，《説卦》分之爲《序卦》、《雜卦》，故三篇詞指不類孔子之言，或經師所記孔門餘論，或別有所傳述，博士集而讀之，遂一歸孔子，謂之《十翼》矣。」據此，則古今人皆疑《説卦》三篇，而「十翼」之説於古無徵。《漢書·藝文志》「《易經》十二篇」。又曰：「孔氏爲之《彖》、《象》、《繫辭》、《文言》、《序卦》之屬十篇。」是已分爲十篇，尚不名爲《十翼》。孔疏以爲鄭學之徒並同此説，是《十翼》出東漢以後，未可信據。歐陽修謂「十翼」之説，不知起於何人，自秦漢以來，大儒君子不論。後人以爲歐陽不應疑經，然「十翼」之説實不知起於何人也。

---

❶「宣」，原作「皇」，據《論衡》改。

論孔子作卦辭、爻辭，又作《彖》、《象》、《文言》，是自作而自解

或疑卦辭、爻辭爲孔子作，《彖》、《象》、《文言》又孔子作。夫《彖》、《象》、《文言》，所以解卦辭、爻辭也，是豈孔子自作之而自解之歟？曰：孔子正是自作之而自解之也。聖人作《易》，幽贊神明，廣大精微，人不易喻。孔子恐人之不能盡喻也，既作卦辭，又自作《彖》以解卦辭；既作爻辭，又自作《象》以解爻辭；乾、坤爲《易》之門，居各卦之首，又特作《文言》以釋之。所謂言之不足，故長言之，所以開愚蒙、導後學也。若疑自作自解，無此文體，獨不觀楊雄之《太玄》乎？《太玄》，準《易》而作者也。《漢書·楊雄傳》曰：「爲其泰曼漶而不可知奂，❶故有《首》、《衝》、《錯》、《測》、《攡》、《瑩》、《數》、《文》、《掜》、《圖》、《告》十一篇，皆以解剥玄體，離散其文，章句尚不存焉。」據此，是雄作《太玄》恐人以爲曼漶不可知，自作十一篇解散其文，以示後人。正猶孔子作《易》，有卦辭、爻辭，恐人不知，自作《彖》、《象》、《文言》，以示後人也。司馬光《説玄》曰：「《易》有《彖》，《玄》有《首》。《彖》者卦辭也，《首》者亦統論一首之義。《易》有爻，《玄》有贊。《易》有《象》，《玄》有《測》，《測》所以解贊也。《易》有《文言》，《玄》有《文》，《文》解五德，并中首九贊，《文言》之類也。」據此，則《太玄》準《易》，《玄》之贊即《易》之爻。若謂自作不當自解，則楊子既作贊矣，何必又有《測》以解贊，復有

❶「奂」，《漢書》無此字，或從注文竄入。

言以解贊乎？當時客有難《玄》太深，雄解之，號曰《解難》，其辭曰：「是以宓犧氏之作《易》也，緜絡天地，經以八卦，文王附六爻，孔子錯其象而彖其辭，然後發天地之藏，定萬物之基。」楊子但以文王爲附六爻，與《法言》所説同。文王但重卦而無辭，則卦爻辭必孔子作。雄以孔子作卦爻辭，又作《彖》、《象》、《文言》而自解之，故準《易》作《太玄》，亦作《首》、贊以法卦爻辭，又作《測》與《文》而自解之。楊雄《太玄》自作自解，人未有疑之者，獨疑孔子不應自作自解，是知二五而不知十也。高貴鄉公以下，多疑《彖》、《象》不當合經，不知《彖》、《象》與卦爻辭皆孔子一人所作。既皆孔子所作，則皆當稱爲經，並無經傳之分，惟《繫辭傳》當稱傳耳。《彖》、《象》合卦爻辭與不合卦爻辭，似可無庸争辨。《太玄》舊本分《玄》之贊辭爲三卷，一方爲上，二方爲中，三方爲下，次列《首》、《衝》、《錯》、《測》、《攡》、《瑩》、《數》、《文》、《掜》、《圖》、《告》凡十一篇。范望散《首》、《測》於贊辭之間，王涯因之。宋惟幹依《易》之序，以《玄·首》準卦辭，《測》準《小象》，《文》準《文言》，《攡》、《瑩》、《掜》、《圖》準《繫辭》，《告》、《數》準《説卦》，《衝》準《序卦》，《錯》準《雜卦》，吳祕因之。司馬光從范本。諸人紛紛改訂，正與改訂《易》文相似。其實一人所作，次序先後可以不拘。阮孝緒稱《太玄經》九卷，雄自作章句。是雄且作章句以自解其《太玄》矣，尚何疑於自作自解之不可乎？章學誠《文史通義》以著書自注爲最善，謂本班固《漢書》，不知楊雄又在班固之前，孔子更在前也。

論傳經之人惟《易》最詳，經義之亡惟《易》最早

孔子刪定六經，傳授之人，惟《易》最詳；而所傳之義，惟《易》之亡最早。《史記·仲尼弟子列傳》曰：「孔子傳《易》於商瞿，瞿傳楚人馯臂子弘，弘傳江東人矯子庸疵，疵傳燕人周子家豎，豎傳淳于人光子乘羽，羽傳齊人田子莊何，何傳東武人王子中同，同傳菑川人楊何，何元朔中以治《易》爲漢中大夫。」《漢書·儒林傳》曰：「自魯商瞿子木受《易》孔子，以授魯橋庇子庸，子庸授江東馯臂子弓，子弓授燕周醜子家，子家授東武孫虞子乘，子乘授齊田何子裝，田何授東武王同子中、雒陽周王孫、丁寬、齊服生。同授淄川楊何，字叔元。寬授同郡碭田王孫，王孫授施讎、孟喜、梁邱賀。繇是《易》有施、孟、梁邱之學。」《史》、《漢》載商瞿以下傳授名字，子弘即子弓，矯疵即橋庇，周醜即周豎，光羽即孫虞。《史記》以爲子弘傳子庸，《漢書》以爲子庸傳子弓，各有所據，而小異大同。孔門傳《易》之源流，在漢固甚明也。《史記》止於楊何，距商瞿八傳，《漢書》下及施、孟、梁邱，距商瞿九傳。《史記·儒林傳》云：「言《詩》於魯則申培公，於齊則轅固生，於燕則韓太傅，言《尚書》自濟南伏生，言《禮》自魯高堂生，言《易》自菑川田生，言《春秋》於齊、魯自胡毋生，於趙自董仲舒。」是皆言漢初傳經諸人，而申公、轅固、韓嬰、伏生、高堂生等，皆不言其所授。蓋史公已不能明，惟於《易》云：「自魯商瞿受《易》孔子。孔子卒，商瞿傳《易》六世，至齊人田何，字子莊。而漢

興，田何傳東武人王同子仲，子仲傳菑川人楊何。」史公父談受《易》於楊何，故於《易》之授受獨詳。史公能詳《易》家授受之人，豈不能知《易經》作卦、爻辭之人？而《周本紀》但云文王重卦，《魯世家》不云周公作爻辭，則文王、周公無作卦爻辭之事。《孔子世家》云「序《彖》、《繫》、《象》」，即卦爻辭在其中矣。《史記》不及丁寬，《漢書》以爲寬授田王孫，王孫授施、孟、梁邱。又云：「至成帝時，劉向校書，考《易》説，以爲諸《易》家説皆祖田何、楊叔、丁將軍，太誼略同。❶唯京氏爲異黨，焦延壽獨得隱士之説，託之孟氏，不相與同。」據《漢書》，則田何、丁寬、楊何之學，本屬一家，傳之施、孟、梁邱，爲《易》之正傳；焦、京之學，明陰陽術數，爲《易》之別傳。乃至於今，不特王同、周王孫、丁寬、服生之《易傳》數篇無一字存，即施、孟、梁邱，漢立博士，授生徒以千萬計，今其書亦無有存者，轉不如伏生《尚書》，齊、魯、韓《詩》，猶可稍窺大旨。豈非事理之可怪，而經學之大可惜者乎？後惟虞翻注《易》，自謂五世傳《孟氏易》，其注見李鼎祚《集解》稍詳，近儒張惠言爲之發明。此則孟氏之學，支與流裔，猶有存者，而漢儒《易》學，幸得存什一於千百也。

論漢初説《易》皆主義理、切人事，不言陰陽術數

西漢《易》學之書雖亡，而其説猶有可攷者。如《淮南子·繆稱訓》曰：「故君子

❶「太」，似當依《漢書》作「大」。

懼失仁義，小人懼失利，觀其所懼，知各殊矣。《易》曰：『即鹿無虞，惟入於林中。君子幾不如舍，往吝。』」又曰：「小人在上位，❶如寢關暴纊，不得須臾寧。❷故《易》曰：『乘馬班如，泣血漣如。』言小人處非其位，不可長也。」又曰：「故至德者，言同略，事同指，上下一心，無歧道旁見者，遏障之於邪，開道之於善，而民鄉方矣。故《易》曰：『同人於野，利涉大川。』」《齊俗訓》曰：「故《易》曰：『履霜堅冰至。』聖人之見，終始微言。」《氾論訓》曰：「自古及今，五帝三王，未有能全其行者也。故《易》曰：『小過，❸亨，利貞。』言人莫不有過而不欲其大也。」《人間訓》曰：「今霜降而樹穀，冰泮而求穫，欲其食則難矣，故《易》曰『潛龍勿用』者，言時之不可以行也。故『君子終日乾乾，夕惕若厲，無咎』。終日乾乾，以陽動也；夕惕若厲，以陰息也。因日以動，因夜以息，惟有道者能行之。」《泰族訓》曰：「《易》曰『豐其屋，蔀其家，窺其户，闃其無人』者，非無衆庶也，言無聖人以統理之也。」賈誼《新書·容經》曰：「亢龍往而不返，故《易》曰『有悔』。悔者，凶也。潛龍入而不能出，故曰『勿用』。勿用者，不可也。龍之神也，其爲蜚龍乎？」《春秋篇》曰：「故愛出者愛反，福往者福來，《易》曰：『鳴鶴在陰，其子和之。』其此之謂乎？」董子《繁露·基義篇》曰：「《易》言『履霜堅冰』，蓋言遜也。」《精華篇》曰：「其在《易》曰：

❶「位」，原脱，據《淮南子·繆稱訓》補。

❷「寧」，原作「安」，或是避清宣宗旻寧諱，據《淮南子·繆稱訓》改。

❸「過」，原作「道」，據《周易》及《淮南子》改。下「過」字同。

『鼎折足，覆公餗。』夫鼎折足者，任非其人也；覆公餗者，國家傾也。」劉向《説苑》：「无咎，有言不信。聖人所與人難言信也。」❶又引孔子曰：「困之爲道，猶寒之及煖，煖之及寒也，惟賢者獨知而難言之也。《易》曰：『困，亨。貞，大人吉。』」《法誡篇》曰：❷「孔子讀《易》至於損、益，則喟然而歎。子夏避席而問曰：『夫子何爲歎？』孔子曰：『自損者益，自益者缺，吾是以歎也。』子夏曰：『然則學者不可以益乎？』孔子曰：『否，夫道成者未嘗得久也，❸夫學者以虛受之，故曰得。』又曰：『謙也者，致恭以存其位者也。夫豐明而動，故能大，苟大則虧矣。吾戒之。』」《奉使篇》曰：「趙簡子將襲衛，使史黯往視之。黯曰：『「渙其羣，元吉。」渙者，賢也；羣者，衆也；元者，吉之始也。渙其羣元吉者，其佐多賢矣。』」《指武篇》曰：「《易》曰：『不威小，不懲大。』此小人之福也。」《列女傳》鄒孟母曰：「《易》曰：『在中饋，无攸遂。』以言婦人無擅制之義，而有三從之道也。」《劉向傳》稱：「《易》有鼎卦。鼎，宗廟之器。主器奉宗廟者，長子也。野鳥自外來，入爲宗廟器主，是繼嗣將易也。一曰鼎三足，三公象，而以耳行。野鳥居鼎耳，小人將居公位，敗宗廟之祀。野木生朝，野鳥入廟，敗亡之異也。」又曰：「於《易》在豐之震，曰：『豐其沛，日中見沬，折其右肱，無咎。』於《詩·十月之交》，則著卿士、司徒，下至趣馬、師氏，咸非其

❶ 「無咎」至「信也」十五字，《説苑·雜言》在下文「困亨貞大人吉」下，此處文字有錯亂。

❷ 「法誡篇」，即《説苑》之「敬慎篇」。因宋人諱「敬」、「慎」二字，曾鞏改名「法誡」。

❸ 「夫」，《説苑》作「天」。

材，同於右肱之所折，協於三務之所擇，明小人乘君子，陰侵陽之原也。」又曰：「讒邪進則衆賢退，邪枉盛則正士消，❶故《易》有否、泰。小人道長，君子道消，則政日亂，故爲否。否者，閉而亂也。君子道長，小人道消，則政日治，故爲泰。泰者，通而治也。」又曰：「《易》『涣汗其大號』，言號令如汗，汗出而不返者也。」又曰：「故賢人在上位，則引其類而聚之於朝。《易》曰：『飛龍在天，大人聚也。』在下位，則思與其類俱進。《易》曰：『拔茅茹，以其彙，征吉。』」又：「《易》曰：『有嘉折首，獲匪其醜。』言誅首惡之人，❷而諸不順者皆來從也。」《彭宣傳》：「宣上書言：『三公鼎足承君，一足不任，則覆亂矣。』」❸宣治《易》事張禹，禹受《易》於施讎者也。劉向治《易》，校書，考《易》説，以爲諸家説皆祖田何、楊叔、丁將軍者也。淮南王，集九師説《易》者也。賈、董，漢初大儒，其説《易》皆明白正大，主義理，切人事，不言陰陽術數，蓋得《易》之正傳。田何、楊叔之遺，猶可考見。

論陰陽災變爲《易》之别傳

經學有正傳，有别傳。以《易》而論，别傳非獨京氏而已，如孟氏之卦氣，鄭氏之爻辰，皆别傳也。又非獨《易》而已，如伏《傳》五行，《齊詩》五際，《禮》月令、明堂陰陽説，《春秋》公羊多言災異，皆别傳也。子貢謂「夫子言性與天道，不可得聞」，則孔子删定

❶「邪」，《漢書·五行志》作「群」。

❷「言」下，《漢書·陳湯傳》有「美」字。

❸「矣」，《漢書·彭宣傳》作「美實」。

六經，以垂世立教，必不以陰陽五行爲宗旨。《漢・蓺文志》陰陽、五行分爲二家，其後二家皆竄入儒家，此亦有所自來。古之王者恐己不能無失德，又恐子孫不能無過舉也，常假天變以示儆惕。《禮記》曰：「王前巫而後史，卜、筮、瞽、侑皆在左右。王中心無爲也，以守至正。」《易》本卜筮之書，其掌卜筮者，必陳祥異占驗以左右王。古卜筮與史通，《周官》馮相、保章司天文者，皆屬太史，故《國語》曰：「吾非瞽史，焉知天道？」《左氏傳》采占書，雖未必皆當時本文，而所載卜筮事，皆屬史官占之，此古卜筮與史通之明證，亦古卜史借天道以儆君之明證。後世君尊臣卑，儒臣不敢正言匡君，於是亦假天道進諫，以爲仁義之説，人君之所厭聞；而祥異之占，人君之所敬畏。陳言既效，遂成一代風氣，故漢世有一種天人之學，而齊學尤盛，伏《傳》、《齊詩》、《公羊春秋》，皆齊人所傳也。孟、京非齊學，其言《易》亦主陰陽災變者，卜筮占驗，本與陰陽災變爲近，故後世之言術數者，多託於《易》。《漢書・儒林傳》曰：「孟喜好自稱譽，得《易》家候陰陽災變書，詐言師田生，且死時枕喜厀，獨傳喜，諸儒以此燿之。博士缺，衆人薦喜。上聞喜改師法，遂不用喜。京房受《易》梁人焦延壽，延壽云嘗從孟喜問《易》。會喜死，房以爲延壽《易》即孟氏學，翟牧、白生不肯，皆曰非也。至成帝時，劉向校書，考《易》説，唯京氏爲異黨。」據班氏説，則《易》家以陰陽災變爲説，首改師法，不出於田何、楊叔、丁將軍者，始於孟而成於京。班氏既謂二家不同，而《蓺文志》又有《孟氏京房》十一篇、《災異孟氏京房》六十六篇，似二家實合爲一者，蓋又京氏託之孟氏，而非孟氏之本然也。孟氏得《易》家書，焦延壽得隱士説，則當時實有此種學，而非其所自創。《漢志》、《易》家有《雜災異》三十五篇，是《易》家本有專言災異一説。而其傳此説者，仍是別傳而非正傳。漢儒藉此以儆其君，揆之《易》義「納約自牖」與「神道設教」之旨，皆相脗合，可見人臣進諫之苦心，亦不背聖人演《易》之宗旨。而究不得爲正傳者，孔子説《易》見於《論語》者二條，一勉無過，一戒無恒，皆切人事而言；戰國諸子及漢初諸儒言《易》，亦皆切人事而不主陰陽災變；至孟、京出而説始異，故雖各有所授，而止得爲《易》之別傳也。《困學紀聞》：「京氏《易》積算法引夫子曰：西伯父子，研理窮通，上下囊括，推爻考象，配卦世應，加乎星宿，局於六十四所，二十四氣，分天地之數，定人倫之理，驗日月之行，尋五行之端，災祥進退，莫不因兹而兆矣。」王應麟曰：「此占候之學，決非孔子之言。」惠棟曰：「如京説，則今占法所謂納甲、世應、游歸、六親、六神之説，皆始於西伯父子也。」案：西漢以前，無以爲文王、周公作卦爻辭者，況納甲、世應之説乎？此不特非孔子之言，並非京氏之説，《京氏易傳》無之，乃後人傅會，不可信。

論孟氏爲京氏所託，虞氏傳孟學，亦間出道家

孟氏之學，以今攷之，有與諸家相出入者。「卦氣」出於孟氏，而其書不傳，其説不詳，詳見於京氏書。《漢書・京房傳》曰：

「分六十卦，❶更直日用事，以風雨寒温爲候。」孟康曰：「分卦直日之法，一爻主一日，六十四卦爲三百六十日。餘四卦震、離、兑、坎，爲方伯、監司之官。所以用震、離、兑、坎者，是二至二分，用事之日。」其説亦見於《易緯稽覽圖》，所云「卦氣起中孚，卦主六日七分」，大誼略同。唐一行《卦議》引之，以爲十二月卦出於《孟氏章句》。漢儒以緯爲孔子作，固未必然；孔疏以讖緯起自哀、平，亦不甚合。緯書之出最古，亦有漢儒傅會者，《稽覽圖》未知與孟、京孰爲先後；或緯竊孟、京，抑或孟、京竊緯，皆不可知。漢儒稱讖緯，宋人斥讖緯而稱圖書，其實皆主陰陽五行。如邵子曰：「卦氣始於中孚。」蔡西山云：「康節亦用六日七分。」是孟、京之説，不僅漢儒宗之，宋儒亦宗之矣。然其説有可疑者。六十四卦直日用事，何以震、離、兑、坎四卦不在内，但主二至二分？乾、坤爲諸卦之宗，何以與諸卦並列？似未免削趾適屨，强合牽附。京氏與孟氏相出入。《漢書》云焦、京「託之孟氏，不相與同」。則「卦氣」之説，或亦焦、京所託，非孟氏本旨歟？《漢書》又云「孟喜得《易》家陰陽災變書」，則卦氣之説，或孟氏得《易》家書本有之歟？皆疑莫能明。焦循云：「六日七分，即所得陰陽災變託之田生者。《藝文志》《章句》二篇，❷此乃得之田王孫者。今《説文》、《釋文》中所引即此。《志》又有《孟氏京房》十一篇、六十六篇，❸則所傳卦氣六日七分之學也。」孟氏今文，

❶「六十卦」，清武英殿刻本《漢書·京房傳》宋祁注云：「别本作六十四卦。」

❷「章句二篇」，《易圖略》作「章句施孟梁邱氏各二篇」。

❸「六十六」上，《易圖略》有「災異孟氏京房」六字。

與費氏古文《易》判然不合，而許慎《説文解字叙》云「《易》孟氏皆古文也」，則孟氏亦有古文矣。荀爽傳費氏《易》而言「升降」。虞翻表獻帝云：「潁川荀諝號爲知《易》，臣得其注，有愈俗儒。」虞氏言「消息」、「旁通」，與荀言「升降」相出入，則荀氏費《易》與虞氏孟《易》相出入矣。張惠言《易義別録》首列孟氏，亦僅能舉《説文》、《釋文》諸書之異字，而不能舉其義。張氏以爲學者求田何之書，則惟孟氏此文；求孟氏之義，惟虞氏注説，故作《虞氏義》與《消息》。阮元稱爲孤家專學，近之漢學家多宗之，而亦有不盡謂然者。王引之謂虞氏以「旁通」説象、象，顯與經違；虞氏釋貞以之正，違失經義，見《經義述聞》。錢大昕論虞仲翔説《易》之卦，有失其義者，有自紊其例者，見《潛研堂答問》。陳澧云：「虞氏《易》注多不可通，所言卦象尤多纖巧。」見《東塾讀書記》。焦循《易圖略》雖取虞義，亦駁其非。張惠言云：「虞氏雖傳孟學，亦斟酌其意，不必盡同。」然則虞氏間有違失，而非必盡出於孟矣。虞氏引《參同契》「日月爲易」，又言夢道士飲以三爻，則其學雜出於道家。故虞氏雖漢《易》大宗，亦有當分別觀之者。

論鄭、荀、虞三家之義，鄭據禮以證《易》，學者可以推補，不必推補爻辰

鄭君用費氏《易》，其注《易》有「爻辰」之説，蓋本費氏《分野》一書。然鄭所長者不在此，鄭學最精者三禮，其注《易》，亦據禮以證《易》義廣大，無所不包。據禮證《易》，以視陰陽術數，實遠勝之。鄭注如嫁

娶、祭祀、朝聘皆合於《禮經》。其餘雖闕而不完，後儒能隅反而意補之，亦顓家之學也。鄭君《自序》：「來至元城，乃注《周易》。」其成書在絶筆之年。晉以後，鄭《易》皆立學。南北朝時，河北用鄭《易》，江左用王弼《易注》。至隋，鄭《易》漸衰。唐定《正義》，《易》主王弼，而鄭《易》遂亡。宋末，王應麟始爲蒐輯古書之學，輯《鄭易注》一卷。近儒惠棟以爲未備，更補正爲三卷。丁杰又以爲有誤入者，復加釐訂，稱爲善本。是鄭君之成《易注》，視諸經爲最後。鄭君書多亡逸，輯《易注》者，視諸書爲最先。張惠言亦輯鄭《易》，而加以發明，《周易鄭荀義叙》曰：「昔者虙犧作十言之教曰：乾、坤、震、巽、坎、離、艮、兑、消、息，鄭氏贊《易》實述之。至其説經，則以卦爻無變動，謂之彖辭。夫七八者彖，九六者變，經稱『用九』、『用六』而辭皆七、八，名與實不相應，非虙犧氏之旨也。爻象之區既隘，則乃求之於天。乾坤六爻，上繫二十八宿，依氣應宿，❶謂之爻辰。若此，則三百八十四爻，其象十二而止，殆猶溓焉，此又未得消息之用也。然其列貴賤之位，辨大小之序，正不易之論。❷經綸創制，吉凶損益，與《詩》、《書》、《禮》、《樂》相表裏，則諸儒未有能及之也。荀氏之説消息，以乾升坤降，萬物始乎泰，終乎否。夫陰陽之在天地，出入上下，故理有易有簡，位有進有退，道有經有權，歸于正而已。而荀氏言陽常宜升而不降，陰常宜降而不升，則姤、遯、否之義大于既濟也。然其推乾坤之本，合于一元，雲行雨施，陰

❶「應宿」，清同治八年刻本《茗柯文編》作「而應」。

❷「論」，原作「倫」，據《茗柯文編》改。

陽和均，而天地成位，則可謂得易之大義者也。虞氏考日月之行以正乾元，原七、九之氣以定六位，❶運始終之紀以叙六十四卦，要變化之居以明吉凶悔吝。六爻發揮，旁通乾元，用九則天下治，以則四德。蓋與荀同源，而閎大遠矣。王弼之説，多本鄭氏，而棄其精微。後之學者習聞之，則以爲費氏之義如此而已。其盈虚消息之次，周流變動之用，不詳於《繫辭》、《彖》、《象》者，概以爲不經。若觀鄭、荀所傳卦氣、十二辰、八方之風、六位、世應、爻互、卦變，❷莫不彰著。劉向有言：『《易》家皆祖田何，大義略同。』豈特楊叔、丁將軍哉？」❸錫瑞案：張氏舉鄭、荀、虞，而斟酌其得失，皆有心得。其於鄭義取其言禮，不取其言爻辰，與李鼎祚《集解》采鄭注，不采其言爻辰者，同一卓識。惟以卦氣、十二辰之類亦祖田何，則未必然。孟、京以前，言《易》無有主卦氣、十二辰之類者，不可以後人之説誣前人，而以《易》之别傳爲正傳也。焦循曰：「爻辰自爲鄭氏一家之學，非本之《乾鑿度》，亦不必本於月律也。然以離九三爲艮爻，位值丑，丑上值弁星，弁星似缶；坎上六爻辰在巳，蛇之蟠屈似徽纆；臨卦斗臨丑，爲殷之正月，以見周改殷正之數，謬悠非經義。至以『焚如』爲不孝之刑，『女壯』爲一女當五男，尤非聖人之義也。余於爻辰，無取焉爾。」

❶「六」，原作「大」，據《茗柯文編》改。

❷「變」，原作「動」，據《茗柯文編》改。

❸「易家」至「軍哉」，《茗柯文編》作「易家皆祖田何楊叔丁將軍大義略同豈不信哉」。

論費氏《易》傳於馬、鄭、荀、王，而其說不同，王弼以十篇說經，頗得費氏之旨

漢《易》立博士者四家，施、孟、梁邱、京氏，並今文說，而皆亡佚。後世所傳者，費氏古文《易》也。而今之《易》又非古文，蓋爲後人變改幾盡。《說文》間載古文，許慎以爲孟氏。《釋文》所載經文異字，惟《易》獨多。然則漢時傳《易》者，尤爲雜而多端，未知田何、楊叔、丁將軍之傳本，究如何也。《漢書·儒林傳》曰：「費直字長翁，東萊人也。治《易》爲郎，至單父令。長於卦筮，亡章句，徒以《彖》、《象》、《繫辭》十篇、《文言》解說上下經。琅邪王璜平中能傳之。」《後漢書·儒林傳》曰：「東萊費直能《易》，授琅邪王橫爲費氏學，本以古字，號古文《易》。陳元、鄭衆皆傳費氏《易》，其後馬融亦爲其傳。融授鄭玄，玄爲《易注》，荀爽又作《易傳》，自是費氏興而京氏遂衰。」錫瑞案：費氏之《易》，不知所自來，考其年當在成、哀間，出孟、京後。王璜即王橫，與王莽同時，爲費氏一傳弟子，則必在西漢之末矣。費氏無章句，故《蓺文志》不載。《釋文》有《費直章句》四卷，當屬後人依託。費氏專以《彖》、《象》、《繫辭》、《文言》解經，與丁將軍訓故舉大誼略同，似屬《易》之正傳。而漢不立學者，漢立學皆今文，而費氏傳古文；漢人重師授，而費氏無師授。故范升曰「京氏既立，費氏怨望」，則東漢初有欲立費《易》者，而卒不立。陳元傳費《易》，或即欲立費《易》之人，正與范升反對者也。陳元、鄭衆、馬融《易》學不傳，鄭、荀二家稍傳其略，王弼亦傳費《易》，而其說各異。費氏亡

章句，止有文字。東漢人重古文，蓋但據其本文，而説解各從其意，此鄭、荀、王所以各異也。劉向以中古文《易經》校施、孟、梁丘經，或脱去「無咎」、「悔亡」，唯費氏經與古文同，此馬、鄭所以皆用費氏。《釋文》以爲費《易》人無傳者，是不知馬、鄭、王之《易》即費《易》也。王弼盡埽象數，而獨標卦爻承應之義，蓋本費氏之以《彖》、《象》、《繫辭》、《文言》解經。後儒多議其空疏，陳澧獨取之，曰：「乾，元亨利貞。初九，潛龍勿用。王輔嗣注云：『《文言》備矣。』九二，見龍在田。注云：『出潛離隱，故曰見龍。處於地上，故曰在田。』此真費氏家法也。『元亨利貞』之義，『潛龍勿用』之義，《文言》已備，故輔嗣不復爲注。至『見龍在田』，《象》曰：『德施普也。』《文言》曰：『龍德而正中者也。』又曰：『時舍也。』皆未釋『見』字、『田』字，故當爲之注，❶而又不可以意而説也。《文言》曰：『潛之爲言也，隱而未見。』潛爲未見，則『見』爲『出潛』矣；潛爲隱，則『見』爲『離隱』矣。故輔嗣云『出潛離隱』，據彼以解此也。《繫辭傳》曰：『兼三才而兩之，故易六畫而成卦。』是五與上爲天，三與四爲人，初與二爲地。初爲地下，二爲地上，故輔嗣云『處於地上』也。此真以十篇解説經文者。若全經之注皆如是，❷則誠獨冠古今矣。」

論王弼多清言，而能一掃術數，瑕瑜不掩，是其定評

王弼《易》注，孔疏以爲獨冠古今。程

❶「當」，原作「皆」，據清光緒刻本陳澧《東塾讀書記》改。

❷「注」，原作「法」，據《東塾讀書記》改。

子謂學《易》先看王弼，《易傳》中不論象，不論卦變，皆用弼説。王應麟謂：「輔嗣之注，學者不可忽也。」《困學紀聞》録王注二十三條。何焯云：「程傳中所取輔嗣之義正多，厚齋則但就其格言録之。」陳澧謂：「厚齋所録，非但尚《易》之辭，并尚輔嗣之辭矣。此孫盛所謂『麗辭溢目』者也。然所録如《大有》六五注云：『不私於物，物亦公焉；不疑於物，物亦誠焉。』《頤》初九注云：『安身莫若不競，修己莫若自保，守道則福至，求禄則辱來。』造語雖精，然似自作子書，不似經注矣。又如《乾》九三注云：『乾三以處下卦之上，故免亢龍之悔；坤三以處下卦之上，故免龍戰之灾。』厚齋所云『乾以惕无咎，震以恐致福』，頗似摹擬輔嗣語也。朱子云：『漢儒解經，依經演繹。❶晉人則不然，舍經而自作文。』輔嗣所爲格言，是其學有心得，然失漢儒注經之體，乃其病也。」錫瑞案：程子之取王弼者，以其説多近理；朱子之不取晉人者，以其文太求工。言非一端，義各有當。陳澧謂其所爲格言，學有心得；予謂弼之所學，得於老氏者深，而得於《易》者淺。魏晉人尚清言，常以《老》、《易》並舉，見於史者，多云某人善説《老》、《易》。是其時之所謂《易》學，不過藉爲談説之助，且與老氏并爲一談。王弼嘗注《老子》，世稱其善。其注《易》亦雜老氏之旨，雖名詞雋句，耐人尋味，實即當時所謂清言。南朝好玄理，重文詞，故弼之書盛行；北人尚樸學，《易》主鄭玄，不主王弼。自隋以後，北學并入南學，唐人以爲獨冠古今，於是《易》專主王弼注及晉韓康伯之補

❶「繹」，原作「釋」，據《東塾讀書記》卷四改。

注矣。宋元嘉時，王、鄭兩立，顔延之爲祭酒，黜鄭置王，而《太平御覽》引顔延之《庭誥》曰：「馬、陸得其象數而失其成理，荀、王舉其正宗而略其象數。」則延之雖以王弼爲正宗，亦疑其於象數太略也。孔子之《易》，重在明義理，切人事。漢末《易》道猥雜，卦氣、爻辰、納甲、飛伏、世應之説，紛然並作。弼乘其敝，埽而空之，頗有摧陷廓清之功。而以清言説經，雜以道家之學，漢人樸實説經之體至此一變。宋趙師秀詩云「輔嗣《易》行無漢學」，可爲定論。范武子謂王弼、何晏罪浮桀、紂，則詆之太過矣。弼注之所以可取者，在不取術數而明義理；其所以可議者，在不切人事而雜玄虚。《四庫提要》曰：「弼之説《易》，源出費直，直《易》今不可見。然荀爽《易》即費氏學，李鼎祚書尚頗載其遺説。大抵究爻位之上下，辨卦德之剛柔，已與弼注略近。但弼全廢象數，又變本加厲耳。平心而論，闡明義理，使《易》不雜於術數者，弼與康伯深爲有功；祖尚虚無，使《易》竟入於《老》、《莊》者，弼與康伯亦不能無過。瑕瑜不掩，是其定評。諸儒偏好偏惡，皆門户之見，不足據也。」

論以傳附經始於費直，不始於王弼，亦非本於鄭君

古本《易經》與今不同，朱子《記嵩山晁氏卦爻彖象説》謂：「古經始變於費氏，而卒大亂於王弼。」顧炎武謂：「此據孔氏《正義》，謂連合經、傳始於輔嗣，不知其實本於康成也。」《漢書·儒林傳》云「費直治《易》無章句，徒以《彖》、《象》、《繫辭》、《文言》解

説上下經」，則以傳附經，又不自康成始。近儒姚配中説尤詳晰，曰：「經傳之合，始自費直。《魏志・高貴鄉公紀》帝問曰：『孔子作《彖》、《象》，鄭氏作注，雖聖賢不同，其所釋經義一也。今《彖》、《象》不與經文相連，而注連之，何也？』《易》博士淳于俊對曰：『鄭氏合《彖》、《象》於經，欲使學者尋省易了也。』據此，則經傳之合，始自鄭矣。然案《儒林傳》云：『費直治《易》，長於卦筮，亡章句，徒以《彖》、《象》、《繫辭》十篇、《文言》解説上下經。』以傳解經，則必以傳合經。經傳之連，實當始自費，非始自鄭也。而高貴鄉公、淳于俊並云鄭者，蓋費氏亡章句，徒以傳解經，則傳即爲其章句。注者因費氏之本，既注經即還注傳，而合傳於經之名，遂獨歸注之者矣。且直以古字號古文《易》，劉向以中古文《易》校諸家，唯費氏經與古文同。費氏經既與中古文同，而又亡章句，非合傳於經，則傳其書者直云傳古文可耳，烏得以直既無章句又無異文，而乃獨以其學歸之費氏耶？《尚書》有今古文之學，此其可證者也。《後漢書・儒林傳》云：『陳元、鄭衆皆傳費氏《易》，其後馬融亦爲其傳。』案：馬融注《周禮》，尚欲省學者兩讀，其爲《易傳》，當亦必仍費氏之舊。高貴鄉公不言馬融獨言鄭連之者，時方講鄭學，據鄭言也。蓋唯費無章句，以傳解經，傳其學者，不過用其本耳。是以注家言人人殊，而俱曰傳費氏《易》，極至王弼之虛言，亦稱爲費氏之學。此其明驗也。」錫瑞案：姚氏此説，可爲定論，其謂傳費氏學者不過用其本，是以注家言人人殊，尤可以見漢時傳古文者之通例。非特《周易》一經，即如《尚書》，傳古文者，衛、賈、馬、鄭皆用杜林本，而鄭不同於馬，馬亦未必同於衛、賈，正與鄭、荀、王皆傳費氏《易》而言人人殊者相似。漢時傳今文者，有師授，有家法；傳古文者，無師授，無家法。其崇尚古文者，以古文之本爲是，今文之本爲非，如《易》則云諸家脱「无咎」、「悔亡」，《書》則云「《酒誥》脱簡一，《召誥》脱簡二」。故好古者以古文經相矜炫，而相傳爲祕本。然古文但有傳本而無師説，當時儒者若但以古文正今文之誤，而師説仍用今文博士所傳，則無鄉壁虚造之譏，亦無多歧亡羊之患。漢之經學，雖至今存可也。乃諸儒名爲慕古，實則喜新，傳本雖用古文，而解經各以意説，以致異議紛雜，言人人殊，學者苦其繁而無由折衷，以致漢末一亂而同歸於盡，不得謂非諸儒之咎矣。《易經》皆孔子作，《彖》、《象》、《文言》亦當稱經，惟今之《繫辭傳》可稱傳耳。據高貴鄉公言，則當時已誤以卦、爻辭爲經，《彖》、《象》、《文言》爲傳矣。

論宋人圖書之學亦出於漢人而不足據

漢人有圖書之學，宋人亦有圖書之學。宋人之圖書亦出於漢人之圖書。《公羊疏》曰：「《六蓺論》言六蓺者，圖所生也。《春秋》言依百二十國史何？答曰：王者依圖書行事，史官録其行事。言出圖書，豈相妨奪？」俞正燮曰：「百二十國史，仍是圖書。古太史書雜處，取《易》于《河圖》，則《河圖》餘九篇；取《洪範》于《洛書》，則《洛書》餘六篇，皆圖書也。」錫瑞案：漢時圖書即是讖緯，讖緯篇多以「圖」名，則當時書中必有圖。《韓勑禮器碑》云：「秦項作亂，不尊圖書。」此碑多引緯書，其稱「圖書」必是讖緯。《易緯》亦或以圖名篇。卦氣出《稽覽圖》則所云坎、離、震、兑爲四正卦，餘六十卦，每月五卦，卦六日七分，當日必有圖以明之。是讖緯即圖書之明證。宋人圖書之學，出於陳摶，摶得道家之圖，創爲「太極」、「河洛」、「先天」、「後天」之説，宋人之言《易》學者多宗之。周子稍變而轉易之，爲《太極圖》説，宋人之言道學者多宗之。邵子精於□□，❶著《皇極經世書》，亦爲學者所宗。程子與邵同時，又屬懿戚，不肯從受數學，其著《易傳》，專言理，不言數。《答張閎中書》云：「得其義，則象數在其中。」故程子於《易》頗推王弼，然其説理非弼所及，且不雜以老氏之旨，尤爲純正。顧炎武謂見《易》説數十家，未見有過於程《傳》者，以其説理爲最精也。朱子作《本義》以補程《傳》，謂程言理而未言數，乃於篇首冠以九圖；又作《易學啓蒙》，發明圖書之義，同時袁樞、薛季宣已有異論。考《宋史·儒林傳》，《易學啓蒙》，朱子本屬蔡元定創稾，非所自撰。《晦菴大全集》中載《答劉君房書》：「《啓蒙》本欲學者且就《大傳》所言卦畫著數推尋，不須過爲浮説。而自今觀之，如論《河圖》、《洛書》亦不免尚有剩語。」❷至於《本義》卷首九圖，王懋竑《白田雜著》以《文集》、《語類》鉤稽參考，多相矛盾，信其爲門人所依附，則九圖亦非朱子所自列也。朱子嘗疑《龍圖》是僞書，以康節之學爲《易》卦別傳，持論至確，特疑程子《易傳》不言象數，以致後來有九圖之附益。宋元明

❶「□□」，疑當作「數學」。

❷「論」，原脱，據朱熹《晦庵集》補。

言《易》者，開卷即及先天、後天，惟元陳應潤作《爻變義藴》，始指《先天》諸圖爲道家借《易》理以爲修煉之術。吴澄、歸有光亦不信圖書。國朝毛奇齡作《圖書原舛篇》、黄宗羲作《易學象數論》、黄宗炎作《圖書辨惑》，争之尤力。胡渭《易圖明辨》引據舊文，足箝依托之口；張惠言《易圖條辨》駁詰精審，足箴先儒之失。今且不必深論，但以「圖書」二字詰之。圖，今所謂畫也；書，今所謂字也。是圖但有點畫，而書必有文字。漢人以《河圖》爲八卦，《洛書》爲九疇。劉歆謂「初一曰五行」以下二十八字，即是《洛書》，其説尚爲近理。宋人所傳《河》《洛》，皆黑白點子，但可云《河圖》、《洛圖》，何云《河圖》、《洛書》？此百喙所不能解者。

論先天圖不可信，朱子《答袁機仲書》乃未定之説

宋人圖書之學，近儒已摧陷廓清，學者可勿道矣。而朱子之説，猶有不得不辨者。《答袁機仲書》曰：「據邵氏説，先天者，伏羲所畫之《易》也；後天者，文王所演之《易》也。伏羲之《易》初無文字，只有一圖以寓其象數，而天地萬物之理，陰陽始終之變具焉。文王之《易》即今之《周易》，而孔子所爲作傳者也。孔子既因文王之《易》以作傳，則其所論固當專以文王之《易》爲主，然不推本伏羲作《易》畫卦之所由，則學者必將誤認文王所演之《易》便爲伏羲始畫之《易》，只從中半説起，不識向上根原矣。故十翼之中，如『八卦成列，因而重之』，太極、

兩儀、四象、八卦與天地、山澤、雷風、水火之類，皆本伏羲畫卦之意。而今新書《原卦畫》一篇，亦分兩儀，伏羲在前，文王在後。必欲知聖人作《易》之本，則當考伏羲之畫；若只欲知今《易》書文義，則但求之文王之經、孔子之傳足矣。兩者初不相妨，而亦不可以相雜。來教乃謂專爲邵氏解釋，而於《易經》無所折衷，則恐考之有未詳也。」《本義圖説》曰：「右《易》之圖九，有天地自然之《易》，有伏羲之《易》，有文王、周公之《易》，有孔子之《易》。自伏羲以上，皆無文字，只有圖畫，最宜深玩，可見作《易》本原精微。❶文王以下，方有文字，即今之《周易》。然讀者亦宜各就本文消息，不可便以孔子之《易》爲文王之説也。」❷錫瑞案：朱子此説與經學大有關礙。六經皆出孔子，故漢初人以爲文王但重卦而無辭，卦辭、爻辭皆孔子作。其後乃謂文王作卦爻辭，又謂文王作卦辭，周公作爻辭，孔疏遂以文王、周公作者爲經，孔子作者爲傳，則已昧於經、傳之别，而奪孔子之制作以歸之文王、周公矣。然《易》歷三聖，道原一揆，猶未始歧而二之也。自宋陳、邵之圖書出，乃有伏羲之《易》與文王之《易》、孔子之《易》，分而爲三。朱子此説，更增以天地自然之《易》，判而爲四，謂不可便以孔子之《易》爲文王之説，又謂不可誤認文王所演之《易》爲伏羲始畫之《易》。則是學《易》者，於孔子之明義理、切人事者，可以姑置勿論，必先索之杳冥之際、混沌之初。即使真爲上古之傳，亦無裨於聖經之學，矧其所

❶ 「微」下，《周易本義》有「之意」二字。
❷ 「易」，《周易本義》作「説」。

明伏羲者非伏羲也，乃陳、邵之書也。且非儒家之言，乃道家之旨也。夫以道家之旨解《易》，固不始於宋人。虞翻明引《參同契》，是道家之旨也；王弼以老氏注《易》，亦道家之旨也。然二人但以道家之旨雜於儒家之中，宋人乃以道家之書加乎孔子之上。以圖書之學説《易》，亦不始於宋人。卦氣、爻辰出於讖緯，亦圖書之學也。然漢人以讖緯爲孔子所作，説雖近誣，尚不失爲尊聖；宋人乃以羲、文列孔子之上，説尤近誣，而聖更不尊矣。學如孔子，亦云至矣，不當更求之於孔子之上；時代如孔子，亦云古矣，不當更推之於孔子之前。世去孔子一二千年，聖學之僅存不過什一千百，乃於其僅存者視爲未足，必遠求之荒渺無徵，飾僞欺人，迭相祖述，怪圖滿紙，迷誤後學。王鳴盛謂宋儒以虞廷十六字爲三聖傳心，此《風俗通》所云「鮑君神」之類，予謂先天諸圖乃真鮑君神之類也。《朱子語類》曰：「先天圖傳自希夷，希夷又自有所傳，蓋方士技術，用以修煉。」則朱子非不知先天圖不可信。《答袁機仲》蓋未定之説，不可不辨。

論胡渭之辨甚確，若知《易》皆孔子所作，更不待辨而明

胡渭《易圖明辨》辨《本義》之説曰：「按《本義》卷首，列九圖於前，而總爲之説，所謂天地自然之《易》，《河圖》、《洛書》也；伏羲之《易》，先天八卦及六十四卦次序方位也；文王之《易》，後天八卦次序方位及六十四卦之卦變也，是皆著爲圖者。伏羲有畫而無辭，文王繫《彖》，周公繫《爻》，孔

子作十翼，皆遞相發揮以盡其義，故曰『聖人之情見乎辭』。辭者，所以明象數之難明者也。而朱子顧以爲三聖人之《易》專言義理，而象數闕焉，是何説與？且《易》之所謂象數，蓍卦焉而已。卦主象，蓍主數，二體六畫剛柔雜居者，象也；大衍五十，四營成《易》者，數也。經文粲然，不待圖而明，若朱子所列九圖乃希夷、康節、劉牧之象數，非《易》之所謂象數也。三聖人之言，胡爲而及此乎？伏羲之世，書契未興，故有畫而無辭。延及中古，情僞漸啓，憂患滋多，故文王繫彖，以發明伏羲未盡之意；周公又繫爻，以發明文王未盡之辭，一脈相承，若合符節。至於孔子，紹聞知之統，集羣聖之大成，論者以爲生民所未有。使伏羲、文王、周公之意，而孔子有所不知，何以爲孔子？既已知之，而别自爲説，以求異於伏羲、文王、周公，非述而不作之旨也。然則伏羲之象，得辭而益彰，縱令深玩圖書而得其精微，亦不外乎文王、周公、孔子所言之理，豈百家衆技之説所得而竄入其中哉？九圖雖妙，聽其爲《易》外别傳，勿以冠經首可也。」錫瑞案：胡氏之辨甚明，以九圖爲《易》外别傳尤確。特猶誤沿前人之説，以爲文王作卦辭、周公作爻辭、孔子作十翼，故但以爲孔子之説不異文王、周公之意，不知卦爻辭亦孔子之説也。自東漢後，儒者誤疑《繫辭傳》云蓋取諸益與噬嗑，以爲神農時已有重卦，則重卦當屬神農。重卦既爲神農，則文王演《易》必當有辭，遂疑卦辭、爻辭爲文王作。其後又疑文王作爻辭不應有岐山、箕子、東鄰諸文，遂又疑爻辭爲周公作。重紕貤繆，悍然以文王、周公加孔子之上，與六經皆孔子作之旨不合矣。宋之陳、邵更加伏羲，此猶許行並耕，上託神農；老莊無爲，高談皇古，乃昌黎所謂「惟怪之欲聞」者。宋儒之學，過求高深，非但漢唐注疏視爲淺近，孔孟遺經亦疑平易，故其解經多推之使高，鑿之使深，有入於二氏而不覺者。其説《易》以孔子之《易》爲未足，而務求之道家；亦猶其解各經，疑孔子之言爲未至，而間雜以二氏也。宋時一代風尚如此，故陳、邵圖書盛行，以朱子之明，猶無定見而爲所惑。元明以其書取士，學者不究《本義》，而先觀九圖，遂使《易》學沈霾數百年，國初諸儒辨之而始熄。若知《易》皆孔子所作，不待辨而明矣。

論黄宗羲論《易》取王注與程《傳》，漢之焦、京，宋之陳、邵，皆所不取，説極平允，近人復理焦、京之緒，又生一障

黄宗羲《象數論序》曰：「夫《易》者，範圍天地之書也，廣大無所不備，故九流百家之學，俱可竄入焉。自九流百家借之以行其説，而於《易》之本意反晦矣。《漢·儒林傳》孔子六傳至菑川田何，《易》道大興，吾不知田何之説何如也。降而焦、京，世應、飛伏、動爻、互體、五行、納甲之變，無不具者。吾讀李鼎祚《集解》，一時諸儒之説，蕪穢康莊，使觀象玩占之理盡入淫瞽方技之流，可不悲夫！有魏王輔嗣出而注《易》，得意忘象，得象忘言，日時歲月，五氣相推，悉皆擯落，多所不關，庶幾潦水盡而寒潭清

矣。顧論者謂其以老莊解《易》，試讀其注，簡當而無浮義，何曾籠絡玄旨，故能遠歷於唐，發爲《正義》，其廓清之功，不可泯也。然而魏伯陽之《參同契》、陳希夷之圖書，遠有端緒。世之好奇者，卑王注之淡薄，未嘗不以別傳私之。逮伊川作《易傳》，收其昆侖旁薄者，散之於六十四卦中，理到語精，《易》道於是而大定矣。其時康節上接种放、穆修、李之才之傳，而創爲《河圖》先天之説，是亦不過一家之學耳。晦菴作《本義》，加之於開卷，讀《易》者從之。後世頒之學官，初猶兼《易傳》並行，久而止行《本義》。於是經生學士信以爲羲、文、周、孔，其道不同；所謂象數者，又語焉而不詳。將夫子之韋編三絶者，須求之賣醬箍桶之徒，而《易》學之榛蕪，仍如焦、京之時矣。晦翁曰：『談《易》者譬之燭籠，添得一條骨子，則障了一路光明。若能盡去其障，使之統體光明，豈不甚好！』斯言是也。奈何添入康節之學，使之統體皆障乎？世儒過視象數，以爲絶學，故爲所欺。余一一疏通之，知其於《易》本了無干涉，而後反求之程《傳》，或亦廓清之一端也。」錫瑞案：黄氏此説，但取王弼注與程《傳》之説理者，而尤推重程《傳》，漢之焦、京，宋之陳、邵，皆所不取，説甚平允。焦、京之《易》，出陰陽家之占驗，雖應在事後，非學《易》之大義；陳、邵之《易》，出道家之修鍊，雖數近巧合，非作《易》之本旨。故雖自成一家之學，而於聖人之《易》，實是別傳而非正傳。俞琰曰：「《先天圖》雖《易》道之緒餘，亦君子養生之切務。」又曰：「丹家之説，雖出於《易》，❶不過

❶「雖」，原作「非」，據《易外別傳》改。

依倣而託之者，初非《易》之本義，因作《易》外別傳以明之。」俞氏深於丹家，明言陳、邵之圖爲《易》外別傳。乃彼道家自認不諱，吾儒家猶據以説《易》，斯可謂大惑矣。近世學者於陳、邵之圖，闢之不遺餘力，而又重理焦、京之説，是去一障又生一障，曷若如黄氏言盡去其障之尤善乎？惟焦循《易圖略》，偏斥納甲、納音、卦氣、爻辰之失，曰：「納甲、卦氣，皆《易》之外道，趙宋儒者闢卦氣而用先天；近人知先天之非矣，而復理納甲、卦氣之説，不亦唯之與阿哉？」

論近人説《易》，張惠言爲顓門，焦循爲通學，學者當先觀二家之書

《四庫提要·易類》曰：「聖人覺世牖民，大抵因事以寓教。《詩》寓於風謡，《禮》寓於節文，《尚書》、《春秋》寓於史，而《易》則寓於卜筮。故《易》之爲書，推天道以明人事者也。《左傳》所記諸占，蓋猶太卜之遺法。漢儒言象數，去古未遠也，一變而爲京、焦，入於禨祥；再變而爲陳、邵，務窮造化，《易》遂不切於民用。王弼盡黜象數，説以老莊，一變而胡瑗、程子，始闡明儒理；再變而李光、楊萬里，又參證史事，《易》遂日啓其論端。此兩派六宗，已互相攻駁。又《易》道廣大，無所不包，旁及天文、地理、樂律、兵法、韻學、算術，以逮方外之爐火，皆可援《易》以爲説，而好異者又援以入《易》，故《易》説愈繁。夫六十四卦大象，皆有『君子以』字，其爻象則多戒占者，聖人之情，見乎詞矣。其餘皆《易》之一端，非其本也。今參校諸家，以因象立教者爲宗，而其

他《易》外别傳者，亦兼收以盡其變。」又惠棟《易漢學》提要曰：「漢學之有孟、京，亦猶宋學之有陳、邵，均所謂《易》外别傳也。」❶錫瑞案：以孟、京、陳、邵均爲《易》外别傳，至明至公。孟、京即所謂天文算術，陳、邵即所謂方外爐火也。漢之孟、京，宋之陳、邵，既經辭闢，學者可以勿道。國朝二黄、毛、胡之闢宋學，可謂精矣。圖書之學，今已無人信之者，則亦可以勿論。惠棟爲東南漢學大宗，然生當漢學初興之時，多采掇而少會通，猶未能成一家之言。其《易漢學》采及《龍虎經》，正是方外爐火之説。故《提要》謂其「掇拾散佚，未能備睹專門授受之全」，則惠氏書亦可從緩。近儒説《易》，惟焦循、張惠言最善，其成書稍後，《四庫》未收，故《提要》亦未及稱許，實皆學《易》者所宜急治。焦氏説《易》，獨闢畦町，以虞氏之「旁通」，兼荀氏之「升降」，意在采漢儒之長而去其短。《易通釋》六通四闢，皆有據依；《易圖略》復演之爲圖，而於孟氏之卦氣、京氏之納甲、鄭氏之爻辰，皆駁正之，以示後學。《易章句》簡明切當，亦與虞氏爲近。學者先玩《章句》，再攷之《通釋》、《圖略》，則於《易》有從入之徑，無望洋之歎矣。張氏著《周易虞氏義》，復有《虞氏消息》、《虞氏易禮》、《易事》、《易言》、《易候》，篤守家法，用功至深，漢學顓門，存此一綫。治顓門者，當治張氏之書，以窺漢《易》之旨。若欲先明義理，當觀王注而折衷於程《傳》，亦不失爲《易》之正傳。

❶「外」，原作「卦」，據《四庫提要》改。

論象數已具於《易》，求象數者不當求象於《易》之外，更不當求數於《易》之先

王注、程《傳》説《易》主理，固不失爲《易》之正傳，而有不盡滿人意者，則以王注言理不言象，程《傳》言理不言數也。《易》本卜筮之書，伏羲畫卦，文王重卦，皆有畫而無辭。其所爲「通神明之德，類萬物之情」者，當時必有口説流傳，卜人筮人世守其業，傳其大義，以用於卜筮。學士大夫，尟有通其説者，但以爲卜筮之書而已。至孔子乃於卦爻各繫以辭，又作《彖》、《象》、《文言》以解其義。而《易》本爲卜筮之用，不得專以空言説之。孔子欲借卜筮以教人，不能不借象數以明義，若但空言説理，孔子自可别撰一書，何必託之於《周易》乎？平心論之，説《易》不可盡埽象數，亦不可過求之象數。象數已具於《易》，《易》之言象，詳於《説卦》，「乾爲馬，坤爲牛」及「乾爲天，坤爲地」之類是也；《易》之言數詳於《繫辭傳》，「天一、地二」、「天數五、地數五」之類是也。《易》之言象已具，則不當求象於《易》之外；《易》之言數已具，則不當求數於《易》之先。所謂不當求象於《易》之外者，顧炎武《日知録》曰：「夫子作傳，傳中更無别象。荀爽、虞翻之徒，穿鑿附會，象外生象，以同聲相應爲震、巽，同氣相求爲艮、兑，水流濕、火就燥爲坎、離，雲從龍則曰乾爲龍，風從虎則曰坤爲虎。「十翼」之中，無語不求其象，而《易》之大指荒矣。」案：漢人於《説卦》言象之外，别有逸象，又有出於逸象之外者，穿鑿誠如顧氏所譏。故王弼盡埽其説，《易略例》曰：「爻苟

合順，何必坤乃爲牛？ 義苟應健，何必乾乃爲馬？ 而或者定馬於乾，案文責卦，有馬無乾，則僞説滋蔓，難可紀矣。 互體不足，遂及卦變，變又不足，推致五行。 一失其原，巧愈彌甚，縱或復值，❶而義無所取。」王氏駁諸家説極明快，而其注有偏矯太過者，如《涣》彖曰：「利涉大川，乘木有功也。」據孔疏，先儒皆以此卦坎下巽上，以爲乘木水上，涉川之象。 坎水巽木明見於《易》，而王注云：「乘木即涉難也。」並明見《易》象者亦不取，故人譏其蹈虚。 李鼎祚《集解序》曰：「集虞翻、荀爽三十餘家，刊輔嗣之野文，補康成之逸象。」李氏蓋以王不取象而多空言，故欲刊其野文，而補以逸象。 然康成注《易》不用逸象，正是謹嚴，又何必補？ 是王矯漢儒之失太過，李矯王氏之失又太過也。 所謂不當求數於《易》之先者，《繫辭傳》曰：「河出圖，洛出書，聖人則之。」又曰：「古者包羲氏之王天下也，仰則觀象於天，俯則觀法於地，觀鳥獸之文與地之宜，近取諸身，遠取諸物，於是始作八卦。」是包羲作八卦，並非專取圖書。 況圖書自古不傳，秦不焚《易》，無獨焚其圖書之理，何以漢儒皆不曾見，乃獨存於道家？ 自宋陳摶創説於前，邵子昌言於後，其傳之者或以《河圖》爲十、《洛書》爲九，或以《河圖》爲九、《洛書》爲十，説又互異，而皆有圖無書。 程子曰：「有理而後有象，有象而後有數，《易》因象以知數，得其義則象在其中矣。 必欲窮象之隱微，盡數之毫忽，乃尋流逐末，術家所尚，非儒者之務也，管輅、郭璞之學是已。」故程《傳》言理不言數，朱子

❶「縱或復值」，通行本王注作「縱復或值」。

曰：「程先生《易傳》義理精，字數足，無一毫欠缺，只是於本義不相合。《易》本是卜筮之書，程先生只説得一理。」朱子以程《傳》不合本義，故作《本義》以補程《傳》，而必兼言數；既知龍圖是僞書，又使蔡季通入蜀求真圖；既知邵子是《易》外別傳，又使蔡季通作《啓蒙》，以九圖冠《本義》之首，未免添蛇足而糞佛頭。且曰有伏羲之《易》，是求數於作《易》之始也；有天地自然之《易》，是並求數於未作《易》之前也，皆未免賢知之過也。

論焦循《易》學深於王弼，故論王弼得失極允

焦循論王弼極允，《周易補疏叙》曰：「《易》之有王弼，説者以爲罪浮桀紂，近之説漢《易》者屏之不論不議者也。歲壬申，余撰《易學三書》漸有成，夏月啓書塾北窗，與一二友人看竹中紅薇白菊，因言《易》。及趙賓解『箕子』爲『荄兹』，或詡其説曰：『非王弼輩所能知也。』余笑而不答。或曰：『何也？』余乃取王弼注示之，曰：『弼之解箕子，正用趙賓説，孔穎達不能申明之也。』衆唯唯退。門人進曰：『《正義》者，奉王弼爲準繩者也，乃不能申弼如是乎？』余曰：『非特此也，如讀彭爲旁，借雍爲甕，通乎爲浮而訓爲務躁，解斯爲厮而釋爲賤役。諸若此，非明乎聲音訓詁，何足以明之？東漢末，以《易》學名家者，稱荀、劉、馬、鄭。荀謂慈明爽，劉謂景升表。表之學受於王暢，暢爲粲之祖父，與表皆山陽高平人。粲族兄凱，爲劉表女壻。凱生業，業生二子，長宏，次弼。粲二子既誅，使業爲粲嗣。然則王弼者，劉表之外曾孫，而王粲之嗣孫，即暢之嗣元孫也。弼之學蓋淵源於劉，而實根本於暢。宏字正宗，亦撰《易義》。王氏兄弟皆以《易》名，可知其所受者遠矣。故弼之《易》雖參以己見，而以六書通借，解經之法，尚未遠於馬、鄭諸儒，特貌爲高簡，故疏者概視爲空論耳。弼天資察慧，通儁卓出，蓋有見於説《易》者支離傅會，思去僞以得其真，而力不能逮。故知卦變之非而用反對，知五氣之妄而用十二，辟唯之於阿，未見其勝也。解『龍戰』以坤上六爲陽之地，因本爻辰之在巳；解『文柔』、『文剛』以乾二坤上言，仍用卦變之自泰來，改換其皮毛，而本無真識也。至局促於乘承、比應之中，顢頇於得象忘言之表，❶道消道長，既偏執於扶陽，貴少貴寡，遂漫推夫卦主。較量於居陰居陽，揣摹於上卦下卦，智慮不出乎六爻，時世謬拘於一卦，洵童稚之藐識，不足與言通變神化之用也。然於觀則會及全蒙，於損亦通諸剥道。聰不明之傳，似明比例之相同；觀我生之爻，頗見升降之有合。機之所觸，原有悟心。倘天假之年，或有由一隙貫通，未可知也。惜乎秀而不實，稱道者徒飫其糠粃，譏刺者莫探其精液。然則弼之《易》未可屏之不論不議也。』」錫瑞案：焦氏《易》學深於王弼，故能攷其得失。弼注「箕子之明夷」曰：「險莫如兹，而在斯中。」焦氏《補疏》曰：「古字『箕』即『其』，『子』通『滋』，『滋』通『兹』。王氏讀『箕子』爲『其兹』，以『兹』字解『子』字，以『斯』字解『其』字。」焦氏《易章句》曰：「箕，

❶「得象忘言」，清道光嶺南節署刻本《雕菰集》作「得意忘象」。

古『其』字，與《中孚》『其子和之』同義。」以「其子」解「箕子」，與王氏意略同。其以假借説《易》，亦與王注讀「彭」爲「旁」，借「雍」爲「甕」相合。故有取於王注，而特爲之補疏也。

論焦循以假借説《易》本於《韓詩》，發前人所未發

焦循以假借説《易》，獨闢畦町，其《易話》「韓氏易」一條引「《韓詩外傳》云：『《易》曰：「困于石，據于蒺藜，入于其宮，不見其妻，凶。」此言困而不見據賢人者。❶昔者秦穆公困於殽，疾據五羖大夫、蹇叔、公孫支而小霸；晉文公困于驪氏，❷疾據咎犯、趙衰、介子推而遂爲君；越王句踐困於會稽，疾據范蠡、大夫種而霸南國；齊桓公困于長勺，疾據管仲、甯戚、隰朋而匡天下。此皆困而知疾據賢人者也。夫困而不知疾據賢人而不亡者，未嘗有也。』以疾據賢人解據于蒺藜，則借蒺爲疾，由此可悟《易》辭之比例。《漢書・儒林傳》稱韓嬰亦以《易》授人，推《易》意而爲之傳，於此可見其一端。余於其以疾解蒺，悟得經文以假借爲引申，如借祇爲底、借豚爲遯、借豹爲約、借鮒爲附、借鶴爲隺、借羊爲祥、借袂爲夬，皆韓氏有以益我也」。又《周易用假借論》曰：「近者學《易》十許年，悟得比例引申之妙。乃知彼此相借，全爲《易》辭而設。假此以就彼處之辭，亦假彼以就此處之辭。如豹、礿爲同聲，與虎連類而言，則借礿爲

❶「見」，原作「疾」，據半九書塾本《易話》改。

❷「公」，原作「以」，據《易話》改。

豹；與祭連類而言，則借豹爲礿。沛、紱爲同聲，以其剛揜於困下，則借沛爲紱；以其成兑於豐上，則借紱爲沛。各隨其文以相貫，而聲近則以借而通。蓋本無此字而假借者，作六書之法也；本有此字而假借者，用六書之法也。古者命名辨物，近其聲即通其義，如天之爲顛、日之爲實、春之爲蠢、秋之爲愁、嶽之爲㮙、岱之爲代、華之爲檴、子之爲滋、丑之爲紐、卯之爲冒、辰之爲振、仁之爲人、義之爲我、禮之爲體、富之爲福、銘之爲名、及之爲汲、桑之爲喪、❶栗之爲慄、蜘蛛之爲踟躕、汍瀾之爲芄蘭，無不以聲之通而爲字形之借。故聞其聲即知其實，用其物即思其義。欲其夷平也，則以雉名官；欲其勼聚也，則以鳩名官；欲其户止也，則以扈名官。以曲文其直，以隱藴其顯，其用本至精而至神，施諸《易辭》之比例引申，尤爲切要矣。是故柏人之過，警於迫人；秭歸之地，原於姊歸。❷髮忽蒜而知算盡，屐露卯而識陰謀，❸即楊之通於揚，娣之通於稊也。梁簡文、沈約等集，有藥名、將軍名、郡名等詩。唐權德輿詩曰：『藩宣秉戎寄，衡石崇位勢。年紀信不留，弛張良自愧。』宣秉、石崇、紀信、張良，即箕子、帝乙之借也。陸龜蒙詩：『佳句成來誰不伏，神丹偷去亦須防。風前莫怪携詩藁，本是吴吟盪槳郎。』伏神、防風、藁本，即蒺藜、莧陸之借也。温庭筠詩：『井底點燈深燭伊，共郎長行莫圍棋。玲瓏骰子安紅豆，入骨相思知不知。』借燭爲屬，借圍棋爲違期，即借

❶「桑」，原作「葬」，據《雕菰集》卷八《周易用假借論》改。

❷「姊」，原作「秭」，據《周易用假借論》改。

❸「屐」，原作「履」，據《周易用假借論》改。

蚌爲邦、借鮒爲附之遺也。相思爲紅豆之名，長行爲雙陸之名，借爲男之行、女之思，即高尚其事爲逸民，匪躬之故爲臣節，借爲當位之高、失道之匪也。合艮手坤母而爲拇，合坎弓艮瓜而爲弧，即孔融之離合也；樽酒爲尊卑之尊，蒺藜爲遲疾之疾，即子夜之雙關也。」

論假借説《易》並非穿鑿，學者當援例推補

焦循《與朱椒堂兵部書》曰：「《易》之道，大抵教人改過，即以寡天下之過。改過全在變通，能變通即能行權，所謂使民宜之，使民不倦，窮則變，變則通，通則久。聖人格致誠正，修齊治平，全於此一以貫之。則《易》所以名易也，《論語》、《孟子》已質言之。而卦畫之所之，其比例齊同，有似九數；其辭則指其所之，亦如句股、割圓用甲、乙、丙、丁、子、丑等字指其變動之跡。吉凶利害，視乎爻之所之，泥乎辭以求之，不啻泥甲、乙、丙、丁、子、丑之義以索算數也。惟其中引申發明，其辭之同，有顯而明者。如「密雲不雨，自我西郊」，《小過》、《小畜》同。「先甲三日」，「先庚三日」，《蠱》與《巽》同。其「冥升」、「冥豫」，「敦復」、「敦艮」、「敦臨」，「同人于郊」、「需于郊」之類，多不勝指數。又多用六書之轉注、假借。轉注如冥即迷，顛即窒，喜即樂；假借如借繻爲需，《説文》。借蒺爲疾，《韓詩外傳》。借豚爲遯，黄穎説。❶ 借祀爲巳。虞翻。推之鶴即隺然之隺，❷ 祥即牽羊之羊，禄即即鹿之鹿，礿

❶「穎」，原作「款」，據《雕菰集》卷十三《與朱椒堂兵部書》改。

❷「隺然之」，原脱，據《與朱椒堂兵部書》補。

即納約之約，拔即寡髮之髮，昧即歸妹之妹，胇即德積之積，沛即朱紱之紱。彼此訓釋，實爲兩漢經師之祖。其聲音相借，亦與三代金石文字相孚，非明九數之齊同比例，不足以知卦畫之行；非明六書之假借、轉注，不足以知象辭、爻辭、十翼之義。」錫瑞案：焦氏自明説《易》之旨，其比例通於九數，其假借、轉注本於六書，而説假借之法尤精，可謂四通六闢。學者能推隅反之義例，爲觸類之引申，凡難通者無不可通，不至如何平叔之不解《易》中七事矣。或疑假借説《易》近於傅會，不知卦名每含數義，不得專執一義以解。專以本義解之，爻辭多不可通。如革卦之義爲改革，初九「鞏用黄牛之革」，則借爲皮革。據《説文》「革，獸皮治去其毛，革更之」，故假借爲改革，是皮革爲革字本義也。九五「大人虎變」，❶上六「君子豹變」，亦取象於虎豹之皮，而取義於皮革之革。《禮記・玉藻》「君羔幦虎犆」，故故曰「大人虎變」。大夫士「鹿幦豹犆」，故曰「君子豹變」。君稱大人，大夫士稱君子。云「小人革面」者，蓋庶人役車，其幦以犬羊之鞟爲之，無虎犆、豹犆，故曰「革面」。若以革面爲改頭换面，古無此文法也。《易》之取象必有其物，有其事，無虚文設言者。如賁卦之義爲賁飾，初九「賁其趾」，趾乃足趾，王注云：「飾其趾。」世豈有文飾其足趾者？正所謂飾粉黛於胸臆，綴金翠於足趾矣。賁當假爲僨，取僨車之義。《左氏傳》：「鄭伯之車僨於濟。」「賁其趾」，謂僨車傷其足，故舍車而徒也。六二「賁其須」，須乃須髯。孔疏云：「似賁飾其須。」世豈

❶「九」，原作「六」，據《周易》改。

有文飾其須髯者？殆有如湘東王子方諸踞鮑泉腹，以五色綵辮其髯矣。賁當假爲斑，謂須髯斑白也。凡此等皆專執一義，必不可通者，必以假借之義通之，而後怡然理順，渙然冰釋。學者試平心静氣以審之，當信其必非傳會矣。

論《易》説多依託，不當崇信僞書

《困學紀聞》云：「經説多依託，《易》爲甚。《子夏傳》，張弧作也。《關子明傳》，阮逸作也。《麻衣正易》，戴師愈作也。」錫瑞案：《關子明傳》、《麻衣正易》，朱子《答李壽翁》明言兩書皆是僞書。《關子明易》是阮逸僞作，《陳無己集》中説得分明；《麻衣易》乃是南康戴師愈作。今兩書已罕見稱述。惟《子夏易傳》見隋唐《志》，劉知幾辨其僞，晁以道以爲唐張弧作，朱彝尊《經義考》證以陸德明、李鼎祚、王應麟所引，皆今本所無，不但非子夏書，並非張弧書。或以爲漢杜子夏作，又或以爲韓嬰、丁寬，皆傳會無據，不足辨。而論《易》之僞託，尚不止此數書。如《連山》、《歸藏》，《漢志》不載。《歸藏》或以爲晉薛正所得，或以爲唐長孫無忌所得。《連山》隋劉炫作，鄭樵信以爲真。不知《連山》、《歸藏》與《易》無關，非由孔子所定，其真其僞，皆可不論。《先天》、《後天》之圖，漢以來所未見，宋陳摶始創爲《龍圖》，朱子以《龍圖》爲僞，更求真圖。不知此皆道家修煉之圖，與《易》無關，非由孔子所定，其真其僞，更可不論。高明好奇之士，不知經皆孔子手定，凡出於孔子之後者，不得爲經；即出於孔子之前者，亦不得爲經。聖人則《河圖》、《洛書》，《繫辭傳》明言之。然聖人既則《圖》、《書》而作《易》，學者但求之於《易》，不必求之《圖》、《書》。猶《春秋》本魯之《春秋》，《孟子》亦明言之，然聖人既據魯史而作《春秋》，學者但求之《春秋》，不必求之魯史。《莊子》云：「筌者所以得魚，得魚而忘筌。蹏者所以得兔，得兔而忘蹏。」《河圖》、《洛書》與《魯春秋》，正《莊子》筌蹏之類也。後儒不明此旨，惜《圖》、《書》不可見，惜未修《春秋》不可見，不思孔子之經且未能明，何暇求之孔子之前？求之不得，或且以僞應之，如《連山》、《歸藏》、河洛之圖，皆無益於經，而反汨經義，豈非高明好奇之過哉？《漢·郊祀志》劉向引《易大傳》曰「誣神者殃及三世」，今見《大戴禮·本命篇》，而子政以爲《易大傳》，與《史記》引《繫辭》爲《易大傳》正同。又《經解》引《易》曰「差若毫釐，繆以千里」，今見《易緯》而引爲《易經》，則漢以前傳本或與今本不同。今本以《彖》、《象》雜經文，《序卦》、《雜卦》蓋出東漢以後，「十翼」之說，亦出鄭學之徒。宋人訂古《周易》，欲復聖經之舊，其意未始不善。然但知經出羲、文，不當以孔子所作之傳雜之；而不知經實出孔子，不當以弟子所作之傳雜之也。

論《易》爲卜筮作，實爲義理作，孔子作卦爻辭純以理言，實即羲、文本意

朱子曰：「《易》爲卜筮作，非爲義理作。伏羲之《易》有占而無文，與今人用《火珠林》起課者相似。文王、周公之《易》，爻辭如籤辭。孔子之《易》，純以理言，已非羲、文本意。某解《易》，只是用虛字去迎過意來便得。」周漁駁之曰：「然則孔子當日

何用三絶韋編，而所稱加年無大過者，豈終日把定一束蓍草耶？」錫瑞案：朱子以《易》爲卜筮作，非爲義理作，其説大誤，然其誤亦有所自來。伏羲畫卦，雖有占而無文，而亦寓有義理在内。《繫辭傳》謂包羲始作八卦，以通神明之德，以類萬物之情。所謂通神明、類萬物者，必有義理口授相傳。焦循曰：「伏羲畫八卦，重爲六十四，其旁通行動之法，當時必口授指示，久而不傳。文王、周公以辭明之，即明其當日口授指示者也。學者舍其辭，但觀其卦，則此三百八十四畫遂成一板而不靈之物。如棋有車、馬、礮、卒、士、相、帥、將，按圖排之，必求之於譜，乃知行動之法，其精微奇妙，存乎其中。若舍去譜而徒排所謂車、馬、礮、卒、士、相、帥、將，不敢動移一步，又何用乎其爲棋也？六十四卦，車、馬、礮、卒、士、相、帥、將也；文王、周公、孔子之辭，譜也。不於辭中求其行動之用，是知有棋而不知有譜者也。」焦氏之説極通，惜猶拘於舊説，以爲伏羲重卦，文王、周公作卦爻辭。若更定之，於「重爲六十四」上加「文王」二字，「文王、周公以辭明之」改爲「孔子以辭明之」，「文王、周公、孔子之辭」去「文王周公」四字，則更合矣。而據其説，可知伏羲作《易》垂教，當時所以正人倫、盡物性者，皆在八卦之内，意必有義説寓於卜筮，必非專爲卜筮而作。文王重卦，其説加詳，卜人筮人口授相傳，以其未有文辭，故樂正不以教士。然其中必有義理，不可誣也。或疑止有畫而無辭，何得有義理在内？既有義理，則必著爲文辭。是又不然。《左氏》雜采占書，其占不稱《周易》者，當是夏、殷之《易》，而亦未嘗不具義理。若無義理，但有占法，何能使人信用？觀夏、殷之《易》如是，可知伏羲、文王之《易》亦如是矣。周衰而卜筮失官，蓋失其義，專言禍福，流爲巫史。《左氏》所載，焦循嘗一一辨其得失，曰：「《易》至春秋，淆亂於術士之口，謬悠荒誕，不足以解聖經，孔子所以韋編三絶而翼贊之也。《昭七年傳》一條，以靈公名元，直以元亨之元爲靈公之名，此與陽虎占泰之需，以帝乙爲宋之祖，同一因文生意。有如市俗神籤妖讖，去古筮法遠矣。」據此，是孔子見當時之人惑於吉凶禍福，而卜筮之史加以穿鑿傅會，故演《易》繫辭，明義理，切人事，借卜筮以教後人，所謂以神道設教，其所發明者，實即羲、文之義理，而非別有義理；亦非羲、文並無義理，至孔子始言義理也。當即朱子之言而小變之曰：「《易》爲卜筮作，實爲義理作。伏羲、文王之《易》，有占而無文，與今人用《火珠林》起課者相似。孔子加卦爻辭如籤辭，純以理言，實即羲、文本意。」則其説分明無誤矣。

論説《易》之書最多，可取者少

《四庫全書》經部，惟《易經》爲最多，《提要》别擇之亦最嚴。《存目》之外，又别出於《術數》，不欲以溷經也。《易》義無所不包，又本卜筮之書，一切術數，皆可依託，或得《易》之一端，而要不足以盡《易》。雖云密合，亦屬强附，如京房卦氣原出歷數，唐一行言歷，引孟喜卦氣。楊雄《太玄》推木渾天，其數雖似巧合於《易》，實是引《易》以强合其數。孔子作《易》，當時並不知有漢歷，謂孔子據漢歷作《易》，斷斷乎不然也。陳摶

《龍圖》，本是丹術；邵子衍數，亦原道家，其數雖似巧合於《易》，實是引《易》以强合其數。孔子作《易》，當時亦不知有道書，謂孔子據道書作《易》，斷斷乎不然也。此兩家，準之孔子作《易》之旨，既皆不然，則其學雖各成一家，皆無關於大義。漢學誤於讖緯，宋學亂於《圖》、《書》，當時矜爲祕傳，後儒不得不加論辨。今辨之已晰，人皆知其不關大義，學者可以不必誦習，亦不必再加論辨矣。其餘一切術數，風角、壬遁，實有徵驗；丹鼎爐火，亦足養生。其書亦或假《易》爲名，要不盡符於《易》之理。《參同契》見引於虞氏，而專言坎、離之旨，已與《易》重乾、坤不同。陰陽、五行、蓍龜、雜占，《漢書·蓺文志》別出之於後，未嘗以溷於《易》。誠以先聖大義，非可以九流衆技參之。即蓍龜十五家，實爲卜筮之書，而但言占法，不言義理，亦不得與《易》十三家並列於前。古人別擇之嚴如此，所以尊經而重道也，又況後世臆造委巷不經之書乎？漢人之書，自《太玄》、《參同契》以外，今皆亡佚。所傳術數，多出唐、宋以後。《提要》既別出於後，不入《易》部，學者更可不必誦習，亦不必再加論辨矣。《存目》諸書，取資甚尠，即收入經部者，亦多節取其長。蓋漢儒之書不傳，自宋至今，能治專家之學如張惠言，通全經之學如焦循者，實不多覯，故後之學《易》者必自此二家始。

論漢人古義多不傳，漢碑可以引證

漢人《易》義，傳世甚尠，惟鄭、荀、虞稍存崖略，而三家皆生於漢末，距魏王弼時代不遠。其前通行之本，❶出於施、孟、梁邱、京氏者，皆不可攷。今惟漢碑引《易》，爲當時通行之本，姑舉數條證之。《博陵太守孔彪碑》云：「《易》建八卦，揆肴毄辭。」《隸釋》云：「碑以肴爲爻，毄即繫字。」案：碑云建卦、揆爻，乃云繫辭，此以卦辭、爻辭即是繫辭之證。所謂繫辭，非今之所謂《繫辭》也。《百石卒史碑》云：「孔子作《春秋》，制《孝經》，删述五經，演《易》繫辭，經緯天地，幽讚神明。」碑以演《易》繫辭屬孔子説，則亦必以繫辭爲卦爻辭，非今之所謂《繫辭》也。今《繫辭傳》曰：「昔者聖人之作《易》也，幽贊乎神明而生蓍。」碑以幽讚神明屬孔子説，則亦必以聖人作《易》屬之孔子。此二碑皆漢人遺説，以卦爻辭爲繫辭爲孔子作之明證也。若其字句與今不同，而與古説合者，如蔡邕《處士圂叔則碑》云「童蒙來求」，與《釋文》「一本作來求我」合，足證今本之誤脱。又云「彪之用文」及《司徒袁公夫人馬氏碑銘》云「蒙昧以彪」、胡廣《徵士法高卿碑》云「彪童蒙」，與《釋文》「鄭曰包當作彪，彪文也」合，足證鄭義之有本。《衛尉卿衡方碑》云：「恩隆乾夳，威肅剥巛。」巛，即坤，則夳亦即泰，與《説文》「夳，古文泰」合，足證漢《易》之古文。《玄儒先生婁壽碑》云：「不可營以禄。」《堂邑令費鳳碑》云：「不營榮禄。」邊韶《老子銘》云：「禄執弗營。」與《虞氏易》作「營」合，足證營訓營惑，而孔疏訓爲榮華之非。《荆州刺史度尚碑》云「暉光日新」，與《釋文》「鄭以日新絶句」合，足證王注以「輝光日新其德」爲句之非。《博陵太守孔彪碑》云「抍馬蹯

❶「本」，原作「木」，據文意改。下一「本」字同。

害」，與《釋文》「子夏作抍」合，足證唐開成後定作「拯」字之非。《太尉橋公廟碑》云「亦用齊斧」，與《釋文》「《子夏傳》及衆家並作齊斧」合，足證今作「資斧」之非。《安平相孫根碑》云：「厥先出自有殷，玄商之系，子湯之苗，至于東吅，大雹戕仁。聖武定周，封干之墓。」《隸釋》引「班孟堅《幽通賦》云：『東厸雹而殲仁。』注云：『厸，古鄰字，謂紂也。仁即三仁也。』碑中之語，蓋出於此。則是以吅爲厸，以戕爲殲，或爲戕也。」與《坊記》引《易》此文，鄭注曰「東鄰謂紂」，孔疏《易》與《左傳》云「説者皆云東鄰謂紂」合，足證王注、孔疏撥棄古義不解東鄰之非。李鼎祚《周易集解》，集子夏、孟喜、京房、馬融、荀爽、鄭康成、劉表、❶何晏、宋衷、虞翻、陸績、干寶、王輔嗣、姚信、王廙、張璠、向秀、王凱沖、❷侯果、蜀才、翟玄、韓伯、劉瓛、何妥、崔憬、沈驎士、盧氏、崔覲、孔穎達三十餘家。《釋文》云：「張璠《易集解》二十二家，鍾會、向秀、庾運、應貞、荀煇、張輝、王宏、阮咸、阮渾、楊乂、王濟、衛瓘、欒肇、鄒湛、杜育、楊瓚、張軌、宣舒、邢融、裴藻、許適、楊藻。」《釋文》所引諸家，於二《集解》之外，又有董遇、黄穎、尹濤三人。張璠書今不傳，但傳《釋文》與李鼎祚書。漢人《易》説亦不多，漢碑可以補其缺也。

論筮易之法，今人以錢代蓍，亦古法之遺

聖人因卜筮而作《易》，乃神道設教之意。《漢·藝文志》曰：「秦燔書，而《易》爲

❶「表」，原作「衷」，據《周易集解》改。

❷「冲」字，原脱，據《周易集解》補。

筮卜之事，傳者不絕。」劉歆《移博士書》曰：「天下但有《易》卜，未有他書。」是《易》以筮卜而幸存。《史記》、《漢書》載漢初經師之傳，惟《易》最詳，蓋以此也。乃至漢後，而漢初説《易》之書無一存者，易卜之法亦失其傳。聖人之經，幸存於秦火之餘；而經義卜法，盡亡於漢代之後。此事理之不可解者。《漢·藝文志》「蓍龜」十五家，龜有《龜書》五十二卷、《夏龜》二十六卷、《南龜》書二十八卷、《巨龜》三十六卷、《雜龜》十六卷，凡五家；蓍止有《蓍書》二十八卷，一家，蓋重龜而輕蓍。古大事用卜，小事用筮。《左氏傳》云「蓍短龜長，不如從長」，《史記·日者列傳》專言卜，云「太卜之起，自漢興而有」，是古重卜輕筮之證。自漢以後，尠有用龜卜者。灼龜占墨之法，雖略見於注疏，其詳不可得聞，唐李華所以有「廢龜」之論也。惟筮法猶傳於世，詳見於朱子書。朱子以韓侂胄專權，欲上書極諫，門人請以蓍決之，是朱子嘗用揲蓍之法，而其法亦不通行。今世通行以錢代蓍，出於《火珠林》。陳振孫《書録解題·卜筮類》，《火珠林》一卷，無名氏。今賣卜擲錢占卦，盡用此書。《朱子語類》云：「《火珠林》猶是漢人遺法。」蓋其法亦有所本。《儀禮·士冠禮》注曰：「所卦者，所以畫地記爻。」疏云：「『所卦者所以畫地記爻』者，筮法依七、八、九、六之爻而記之。但古用木畫地，今則用錢，以三少爲重錢，重錢則九也；三多爲交錢，交錢則六也；兩多一少爲單錢，單錢則七也；兩少一多爲拆錢，拆錢則八也。」項安世《家説》：「今占家以三錢擲之，兩背一面爲拆，此即兩少一多，少陰爻也；兩面一背爲單，此即兩多一少，少陽爻也；

俱面者爲交，交者拆之，此即三多，爲老陰爻也；俱背者爲重，重者單之，此即三少，爲老陽爻也。蓋以錢代蓍，一錢當一揲。」錢大昕曰：「賈公彦疏，本於北齊黄慶、隋李孟悊二家。是則齊、隋與唐初，皆已用錢。重、交、單、拆之名，與今不異也。但古人先揲蓍而後以錢記之，其後術者漸趨簡易，但擲錢得數，不更揲蓍。」錫瑞案：據諸家之説，擲錢占卦，是由揲蓍而變，故朱子以《火珠林》爲漢法之遺也。越人雞卜，載在《史記》；《鼠序卜黄》，列於《漢志》。此等小數，猶可占驗，況擲錢本古人遺法，不能得蓍草者可以此代。用心誠敬，亦足以占吉凶；若心不誠敬，則雖得蓍龜而占之，亦將如《漢志》所云「筮瀆不告，《易》以爲忌；龜厭不告，《詩》以爲刺」矣。

經學通論

善化皮錫瑞

書

論《尚書》分今古文最先，而《尚書》之今古文最糾紛難辨

兩漢經學，有今古文之分，以《尚書》爲最先，亦以《尚書》爲最糾紛難辨。治《尚書》不先攷今古文分別，必至茫無頭緒，治絲而棼。故分別今古文，爲治《尚書》一大關鍵，非徒争門户也。漢時今文先出，古文後出，今文立學，古文不立學。漢立十四博士：《易》，施、孟、梁邱、京氏；《尚書》，歐陽、大小夏侯；《詩》，魯、齊、韓；《禮》，大小戴；《春秋》，嚴、顔，皆今文立學者也。費氏古文《易》、古文《尚書》、《毛詩》、《周官》、《左氏春秋》，皆古文不立學者也。其後今文立學者皆不傳，古文不立學者反盛傳。蓋自東漢以來，異説漸起，非一朝一夕之故矣。謂今古文之分《尚書》最先者，《史記·儒林傳》舉漢初經師，《詩》自申培公、轅固生、韓太傅，《禮》自高堂生，《易》自田何，《春秋》自胡毋生、董仲舒，皆今文無古文。惟於《尚書》云：「孔氏有古文《尚書》，而安國以今文讀之，因以起其家。」是漢初已有古文《尚書》，與今文别出。故曰今古文之分，以《尚書》爲最先也。謂今古文以《尚書》爲最糾紛難辨者，太史公時，《尚書》立學者惟有歐陽。太史公未言受《書》何人，

《史記》引《書》多同今文，而《漢書・儒林傳》云：「司馬遷從安國問故，遷書載《堯典》、《禹貢》、《洪範》、《微子》、《金縢》諸篇，多古文説。」然則《史記》引《書》，爲歐陽今文乎，抑安國古文乎？此難辨者一。《漢書・藝文志》曰：「古文《尚書》者，出孔子壁中，安國獻之，遭巫蠱事，未列於學官。劉向以中古文校歐陽、大小夏侯三家經文。」又《儒林傳》曰：「世所傳百兩篇者，出東萊張霸，分析合二十九篇以爲數十，又采《左氏傳》、《書叙》爲作首尾，凡百二篇。成帝時求其古文者，霸以能爲百兩徵。以中書校之，非是。」《後漢書・儒林傳》曰：「扶風杜林傳古文《尚書》，林同郡賈逵爲之作訓，馬融作傳，鄭玄注解，由是古文《尚書》遂顯于世。」據此，則漢時古文《尚書》已有三本：一孔氏之壁書，一張霸之百兩，一杜林之漆書。此難辨者二。東晉梅頤獻古文《尚書》，孔安國傳，孔穎達作疏，以孔氏經、傳爲真，馬、鄭所注爲張霸僞書。宋儒以孔安國書爲僞。近儒毛奇齡以孔氏經、傳爲真，馬、鄭所注本於杜林漆書者爲僞。閻若璩、惠棟則以孔氏經、傳爲僞，馬、鄭所注本於杜林者，即孔壁真古文。劉逢禄、宋翔鳳、魏源，又以孔氏經、傳與馬、鄭本於杜林者皆僞，逸十六篇亦非孔壁之真。此難辨者三。錫瑞案：張霸書之僞，《漢書》已明辨之。孔安國書之僞，近儒已明辨之。馬、鄭古文《尚書》出於杜林者，是否即孔壁真古文，至今猶無定論。故曰，今古文之分，以《尚書》爲最糾紛難辨也。若唐玄宗詔集賢學士衛包改古文從今文，乃以當時俗書改隸書，與漢時今文不同。《文獻通考》曰：「漢之所謂古文者，科斗書；今文者，隸書也。唐之所謂古文者，隸書；今文者，世所通用之俗字也。」宋時又有古文《尚書》出宋次道家，尤不足據。阮元曰：「衛包以前，未嘗無今文，衛包以後，又別有古文也。」

論漢時今古文之分由文字不同，亦由譯語各異

漢時所謂今文，今謂之隸書，世所傳熹平石經與孔廟等處漢碑是也。漢時所謂古文，今謂之古籀，世所傳鐘鼎、石鼓與《說文》所列古文是也。隸書漢時通行，故謂之今文，猶今人之於楷書，人人盡識者也。古籀漢時已不通行，故謂之古文，猶今人之視篆隸，不能人人盡識者也。《史記·儒林傳》曰：「伏生者，濟南人也，故爲秦博士。秦時焚書，伏生壁藏之，其後兵大起流亡。❶漢定，伏生求其書，亡數十篇，獨得二十九篇，即以教于齊魯之間。」錫瑞案：孔子寫定六經皆用古文，見許氏《說文自敘》。伏生爲秦博士，所藏壁中之書，必與孔壁同爲古文。至漢發藏以教生徒，必易爲通行之隸書，始便學者誦習。江聲《尚書集注音疏》始用篆文書，不通行，後卒改用今體楷書。觀今人不識篆文，不能通行，即知漢人不識古文，不能通行之故。此漢時立學所以皆今文，而古文不立學也。古文《尚書》之名，雖出漢初，尚未別標今文之名，但云歐陽《尚書》、夏侯《尚書》而已。劉歆建立古文《尚書》之後，始以今《尚書》與古《尚書》別異，許慎《五經異義》列古《尚書》說、

❶「兵大起」，宋慶元元年刻本《史記》作「大兵起」。

今《尚書》夏侯、歐陽説，是其明證。龔自珍《總論漢代今文古文名實》曰：「伏生壁中書，實古文也，歐陽、夏侯之徒以今文讀之，傳諸博士，後世因曰伏生今文家之祖，此失其名也。孔壁固古文也，孔安國以今文讀之，則與博士何以異？而曰孔安國古文家之祖，此又失其名也。今文、古文同出孔子之手，一爲伏生之徒讀之，一爲孔安國讀之。未讀之先，皆古文矣；既讀之後，皆今文矣。惟讀者人不同，故其説不同。源一流二，漸至源一流百，此如後世翻譯，一語言也，而兩譯之，三譯之，或至七譯之。譯主不同，則有一本至七本之異。未譯之先，皆彼方語矣；既譯之後，皆此方語矣。其所以不得不譯者，不能使此方之人曉殊方語故；經師之不能不讀者，不能使漢博士及弟子員悉通周古文故。❶然而譯語者未嘗取所譯之本而毀棄之也，殊方語自在也；讀《尚書》者不曰以今文讀後而毀棄古文也，故其字仍散見於羣書及許氏《説文解字》之中，可求索也。又譯字之人，必華夷兩通而後能之；讀古文之人，必古今字盡識而後能之。此班固所謂曉古今語者，必冠世大師，如伏生、歐陽生、夏侯生、孔安國庶幾當之，餘子皆不能也。此今文古文家之大略也。若夫讀之之義，不專指以此校彼而言，又非謂以博士本讀壁中本而言。具如予外王父段先生言，❷詳見段氏《古文尚書撰異》。」案：段氏解「讀」字甚精，龔氏通翻譯，解「讀」字尤確。據此，可知今古文本同末異之故，學者不必震於古文之名而

❶「故」，原脱，據龔自珍《大誓答問》第二十四補。

❷「具」，原作「其」，據《大誓答問》第二十四改。

不敢議矣。

論伏生傳經二十九篇非二十八篇，當分《顧命》、《康王之誥》爲二，不當數《書序》與《大誓》

孔子弟子漆雕開傳《尚書》，其後授受源流皆不可考。漢初傳《尚書》者，始自伏生。伏生傳經二十九篇，見《史記・儒林傳》、《漢書・藝文志》。《儒林傳》亦云：「伏生求得二十九篇。」無所謂二十八篇者。乃孔穎達《正義》云：「《尚書》遭秦而亡，漢初不知篇數。武帝時有太常蓼侯孔臧者，安國之從兄也。與安國書云：時人惟聞《尚書》二十八篇，取象二十八宿，謂爲信然，不知其有百篇也。」錫瑞案：此引《論衡》「法四七宿」之説，而遺「其一曰斗」之文。段玉裁謂孔臧書不可信，王引之謂二十八篇之説見於僞《孔叢子》及《漢書・劉歆傳》臣瓚註，蓋晉人始有此説。據段、王説，則今文二十八篇之説非是，孔臧書即僞《孔叢子》所載也。惟王充《論衡・正説篇》云：「至孝宣皇帝之時，河内女子發老屋，得逸《易》、《禮》、《尚書》各一篇，奏之，宣帝下示博士，然后《易》、《禮》、《尚書》各益一篇，而《尚書》二十九篇始定。」如其説，則益一篇乃有二十九，伏生所傳者止二十八矣。所益一篇是《大誓》。《尚書正義》引劉向《別録》曰：「武帝末，民有得《大誓》書於壁内者，獻之，與博士使讀。説之數月，皆起傳以教人。」《文選註》引《七略》同，且曰：「今《太誓》篇是也。」《論衡》言宣帝時，與《別録》、《七略》言武帝末不合。王引之、陳壽祺皆以《論衡》爲傳聞之誤，則其言《尚書》篇數，亦不可信。而即《論衡》之説考之，亦自有不誤者。《正説篇》云：「傳者或知《尚書》爲秦所燔，而謂二十九篇，其遺脱不燒者也。審若此言，《尚書》二十九篇火之餘也，七十一篇爲炭灰，二十九篇獨遺耶？夫伏生年老，鼂錯從之學時，適得二十餘篇。伏生死矣，故二十九篇獨見，七十一篇遺脱。」據此，則王仲任亦以爲伏生傳鼂錯已有二十九篇，與馬、班説不異。其以爲益一篇而二十九篇始定者，蓋當時傳聞之辭，仲任非必堅持其説，而其説亦有所自來。伏生所傳二十九篇，《堯典》一、《皋陶謨》二、《禹貢》三、《甘誓》四、《湯誓》五、《般庚》六、《高宗肜日》七、《西伯戡耆》八、《微子》九、《牧誓》十、《鴻範》十一、《大誥》十二、葉夢得云：「伏生以《大誥》列《金縢》前。」《金縢》十三、《康誥》十四、《酒誥》十五、《梓材》十六、《召誥》十七、《洛誥》十八、《多士》十九、《毋佚》二十、《君奭》二十一、《多方》二十二、《立政》二十三、《顧命》二十四、《康王之誥》二十五、《鮮誓》二十六、《甫刑》二十七、《文侯之命》二十八、《秦誓》二十九。《釋文》：「『王若曰庶邦侯甸男衛』，馬本從此以下爲《康王之誥》，歐陽、大小夏侯同爲《顧命》。」故或謂今文二十九篇，當合《顧命》、《康王之誥》爲一，而以《大誓》當一篇者，王引之《經義述聞》是也；或以《書序》當一篇者，陳壽祺《左海經辨》是也。案：以《書序》當一篇，《經義述聞》已辨之矣；以《大誓》當一篇，《大誓答問》已辨之矣。當從《大誓答問》，分《顧命》、《康王之誥》爲二，不數《大誓》、《書序》爲是。惟龔氏《論夏侯歐陽無增篇》，無解於《釋文》，所云歐陽、夏侯既無增篇，又并二篇爲一，則仍止二十八，而無二十九矣。《史記・周本紀》云「作《顧命》，作《康誥》」，《康誥》即《康王之誥》。則史公所傳伏生之書，明分二篇。其後歐陽、夏侯乃合爲一，疑因後得《大誓》，下示博士，使讀説以教人，博士乃以《顧命》、《康王之誥》合爲一篇，而攙入《大誓》。此夏侯篇數所以仍二十九，歐陽又分《大誓》爲三，所以篇數增至三十一也。《論衡》所云「益一篇而《尚書》二十九篇始定」，乃據其後言之；云「伏生傳鼂錯適得二十九篇」，乃據其先言之。如此解，則二説皆可通，而伏生所傳篇數與博士所傳篇數名同而實不同之故，亦可考而知矣。若《書正義》謂「司馬遷在武帝之世，見《太誓》出而得行，入於伏生所傳內，故爲史總之，并云伏生所出，不復曲別分析，云民間所得也」，史公不應謬誤至此，其説非是。漢所得《大誓》今殘缺，考其文體，與二十九篇不類。白魚赤烏之瑞，頗近緯書。伏生《大傳》雖載之，似亦説經之文，而非引經之文。故董子但稱爲《書傳》，馬融疑之是也。唐人信僞孔古文，以此《大誓》爲僞，遂致亡佚。近人以爲不僞，復掇拾叢殘而補之，似亦可以不必矣。

論古文增多十六篇見《漢志》，增二十四篇爲十六卷見孔疏，篇數分合增減皆有明文

伏生壁藏之書，漢立學，今傳誦者也；孔氏壁藏之書，漢不立學，今已不傳者也。書既不傳，則真僞不必辨，而既考今文之篇數，不能不并考古文之篇數。《史記・儒林傳》曰：「逸《書》得十餘篇。」《漢書・藝文志》曰：「以考二十九篇，得多十六篇。」皆未列其篇名。《書正義》曰：「案壁内所得、孔爲傳者，凡五十八篇，爲四十六卷。三十三篇與鄭註同，二十五篇增多鄭註也。其二十五篇者，《大禹謨》一、《五子之歌》二、《胤征》三、《仲虺之誥》四、《湯誥》五、《伊訓》六、《太甲》三篇九、《咸有一德》十、《説命》三篇十三、《泰誓》三篇十六、《武成》十七、《旅獒》十八、《微子之命》十九、《蔡仲之命》二十、《周官》二十一、《君陳》二十二、《畢命》二十三、《君牙》二十四、《冏命》二十五。但孔君所傳，值巫蠱不行以終。前漢諸儒知孔本有五十八篇，不見孔傳，遂有張霸之徒於鄭註之外，僞造《尚書》凡二十四篇，以足鄭註三十四篇爲五十八篇。其數雖與孔同，其篇有異。孔則於伏生所傳二十九篇内，無古文《泰誓》，除《序》尚二十八篇，分出《舜典》、《益稷》、《盤庚》二篇、《康王之誥》爲三十三，增二十五篇爲五十八篇。鄭玄則於伏生二十九篇之内，分出《盤庚》二篇、《康王之誥》，又《泰誓》三篇，爲三十四篇，更增益僞書二十四篇爲五十八。所增益二十四篇者，則鄭註《書序》、《舜典》一、《汩作》二、《九共》九篇十一、《大禹謨》十二、《益稷》十三、《五子之歌》十四、《胤征》十五、《湯誥》十六、《咸有一德》十七、《典寶》十八、《伊訓》十九、《肆命》二十、《原命》二十一、《武成》二十二、《旅獒》二十三、《冏命》二十四。以此二十四爲十六卷，以《九共》九篇共卷，除八篇，故爲十六，故《藝文志》、劉向《别録》云五十八篇。」錫瑞案：孔疏以僞孔古文爲真，以鄭註古文爲僞，誠爲顛倒之見。而所數篇目，必有所據。其引鄭註《書序》「益稷」當作「棄稷」，「冏命」當作「畢命」。云「增二十五篇」，據僞孔序文，實當作二十四。蓋作僞孔書者，知伏生二十九篇不數《泰誓》與《序》，遂誤以爲二十八篇，而不知當數《康王之誥》也。桓譚《新論》云：「《古文尚書》舊有四十五卷，爲五十八篇。」《漢書·藝文志》云：「《尚書》古文經四十六卷，爲五十七篇。」二説不同。桓云四十五卷，蓋不數《序》，五十八篇兼數《武成》；班云四十六卷，則并數《序》，五十七篇不數《武成》。《武成》正義引鄭云：「《武成》逸書，建武之際亡，故比桓譚時少一篇矣。」篇數分合增減，皆有明文可據。俞正燮謂：「《藝文志》本注云五十七篇者，與衆本皆不應，『七』是誤文。《正義》引劉向《别録》云五十八篇，『八』亦誤文。」輕詆前人，殊嫌專輒。龔自珍不信《大誓》極是，而必以爲博士無增《大誓》之事，則二十九篇之數不能定，乃謂劉向龔稱五十八、班固龔稱五十七爲誤，則亦未盡得也。

論《尚書》僞中作僞，屢出不已，其故有二，一則因秦燔亡失而篇名多僞，一則因秦燔亡失而文字多僞

孔子所定之經，惟《尚書》真僞難分明。至僞中作僞，屢出不已者，其故有二。一則秦時燔經，《尚書》獨受其害。《漢書·藝文志》曰：「及秦燔書，而《易》爲筮卜之事，傳者不絶。」又曰：「凡三百五篇遭秦而全者，以其諷誦，不獨在竹帛故也。」據此，則《易》、《詩》二經皆全，未嘗受秦害也。《史記·儒林傳》曰：「《禮》固自孔子時而其經不具，及至秦焚書，書散亡益多。」《十二諸侯年表》曰：「孔子次《春秋》，七十子之徒口受其傳，指爲有所刺譏、褒諱、挹損之文辭，不可以書見也。」據此，則《禮》雖因焚書而散亡，其先本不完全；《春秋》本是口傳，今猶完全，亦未嘗受秦害也。獨《尚書》一經，《史記》云：「秦時焚書，亡數十篇。」《漢書》云：「《書》凡百篇，秦燔書禁學，漢興亡失。」《論衡·正說篇》云：「蓋《尚書》本百篇，孔子所授也。❶遭秦用李斯之議，燔燒五經，濟南伏生抱百篇藏於山中。孝景皇帝時始存《尚書》，伏生已出山中，景帝遣鼂錯往從受《尚書》二十餘篇。伏生老死，書殘不竟。鼂錯傳於倪寬。」又云：「至孝景帝時，魯共王壞孔子教授堂以爲殿，得百篇於牆壁中。❷武帝使使者取視，莫能讀者，遂祕於中，外不得見。至孝成皇帝時，徵爲古文《尚書》學。東海張霸案百篇之序，空造百兩之篇，獻之成帝。帝出所祕百篇以較之，皆不相應，於是下霸於吏。吏白霸罪當至死，成帝高其才而不誅，亦惜其文而不滅，故百兩之篇傳在世間者。傳見之人，則謂《尚書》有百兩篇矣。」據此，則以孔子所定本有百篇，遭燔殘缺不全。王充且以爲孔壁所得亦有百篇，因祕於中而不得見。學者既不得見，而徒聞百篇之名，遂有張霸出而作僞。後之作僞孔古文者，正襲張霸之故智也。張霸與孔皆僞，究不知真古文安在。馬、鄭註古文十六篇，世以爲孔壁真古文。而馬融云：「逸十六篇，絶無師說。」既無師說，真僞難明，《史》、《漢》皆不具其篇目。劉逢禄以爲，《逸周書》之類非真古文《尚書》。證以劉歆引《武成》即《逸周書·世俘解》，似亦有據。其書既亡，是非

❶「所」，《四部叢刊》景通津草堂本《論衡》作「以」。

❷「篇」下，《論衡》有「尚書」。

莫決。此因秦燔亡失而篇名多僞者也。一則今文古文《尚書》分别獨早，孔壁古文藏於中祕，劉向以中古文校三家，成帝以祕百篇校張霸，皆必是真古文。後遭新莽赤眉之亂，西京圖籍未必尚存。《後漢書·杜林傳》云：「林前於西州得漆書古文《尚書》一卷，常寶愛之，雖遭難困，握持不離身，出以示衛宏、徐巡曰：『林流離兵亂，常恐斯經將絶，何意東海衛子、濟南徐生復能傳之，是道竟不墜於地也。古文雖不合時務，然願諸生無悔所學。』宏、巡益重之，於是遂行。」案：杜林古文，馬、鄭本之以作傳註，所謂「古文遂行」也。此漆書或是中祕古文，遭亂佚出者。杜林作《蒼頡訓纂》、《蒼頡故》，《漢書》云：「世言小學者由杜公。」杜既精於小學，得古文一卷，可以校刊俗本之譌，故賈逵作訓，馬融作傳，鄭玄註解，皆據以爲善本。許慎師賈逵，《説文》所列古文，當即賈逵所傳杜林漆書一卷，故其字亦無多。或以爲杜林見孔壁全書，固非；或又以漆書爲杜林僞作，亦非也。《説文》「黺」字註引衛宏説。《隋書·經籍志》：「《古文官書》一卷，後漢衛敬仲撰。」《史記·儒林傳》正義、《漢書·儒林傳》註，皆引作「衛宏詔定《古文尚書》」。衛宏傳杜林之學，《官書》一卷，蓋本杜林。東漢諸儒，多壓今文以尊古文，馬融詆爲俗儒，鄭君疾其蔽冒，於是僞孔所謂「隸古定」乃乘虚而入。自唐衛包改爲今文，而隸古定又非其舊，於是宋人之僞古文又繼踵而起。而據《經典釋文叙録》曰：「今齊、宋舊本及徐、李等音所有古字，」❶蓋亦無幾。穿鑿之徒，

❶「齊宋」，《抱經堂叢書》本《經典釋文》作「宋齊」。

務欲立異，依傍字部，改變經文，疑惑後生，不可承用。」段玉裁謂：「按此，則唐以前久有此僞書，蓋集《説文》、《字林》、《魏石經》及一切離奇之字爲之傳。至郭忠恕作《古文尚書釋文》，此非陸德明《釋文》也，徐楚金、賈昌朝、夏竦、丁度、宋次道、王仲至，晁公武、宋公序、朱元晦、蔡仲默、王伯厚皆見之。公武刻石於蜀，薛季宣取爲《書古文訓》，此書僞中之僞，不足深辨。今或以爲此即僞孔序所謂隸古者，亦非也。」又謂：「按《尚書》自有此一種與今本絶異者，如郭氏璞説茂才茂才，賈氏公彦説三岳三海，釋玄應説高宗夢㝵説、砅砥砮丹，陸氏德明説昚徽五典，孔氏穎達説壁内之書治皆作乿，顔氏師古説湯斵奴⿰朋刂，徐氏鍇説才生明、説驩吺，皆在宋次道以前也。」江聲好改字，深信之。段不信，識優於江。

據此，則僞中之僞至於擅造文字，此又因秦燔亡失而文字多僞者也。

論伏生所傳今文不僞，治《尚書》者不可背伏生《大傳》最初之義

篇名、文字多僞，皆屬古文。古文有僞，伏生所傳今文二十九篇，固無僞也。《史》、《漢》皆云伏生得書止二十九篇，《論衡》則云：「伏生老死，書殘不竟。」則伏生所得不止此數。當以《史》、《漢》爲是。晁錯景帝時已大用，受《書》伏生在文帝時。兒寬受書歐陽生、孔安國，非晁錯所傳授，《論衡》多傳聞之失。惟以發孔壁在景帝時，足證《漢書》之誤。《史》、《漢》與《論衡》雖少異，而二十九篇之不僞，固昭昭也。《史》、《漢》皆云：「二十九篇之外，亡數十

篇。」劉歆《移太常博士書》謂博士以《尚書》爲備。臣瓚《漢書註》曰：「當時學者謂《尚書》唯有二十八篇，不知本存百篇也。」《論衡》引：「或説《尚書》二十九篇者，法斗四七宿也。四七二十八篇，其一曰斗矣，故二十九。」漢時謂《尚書》唯有二十九篇，故以爲備。《尚書》不止此數，而秦燔亡失所得止此，則雖不備，而不得不以爲備矣。《史》、《漢》與博士説少異，而二十九篇之不僞，又昭昭也。全經幾燼，一老憖遺，以九十餘歲之人，傳二十九篇之經，又有四十一篇之傳，今雖殘缺，猶存大略。其傳兼明大義，不盡釋經，而釋經者，確乎可據。如大麓之野，必是山林；旋機之星，實爲北極。四方、上下、六宗之義可尋，三才、四時、七政之文具在。禰祖歸假，知事死如事生；鳥獸咸變，見物性通人性。十二州之兆祀，是祭星辰；三千條之肉刑，難解畫象。七始、七律，文猶見於唐山；五服、五章，制豈同於周世？三公紬陟，在巡守之先；重華禪讓，居賓客之位。西伯受命，逮六載而稱王；元公居攝，閲七年而致政。成王抗法，爲世子以迎侯；皇天動威，開金縢而改葬。此皆伏生所傳古義，必不可創新解而背師説者。其後三家之傳，漸失初祖之義。《漢書·于定國傳》：「萬方之事，大録於君。」是用大夏侯説，背伏生「大麓」之説，一矣。《地理志》：「周公封弟康叔，號曰孟侯。」是用小夏侯説，背伏生「迎侯」之説，二矣。《白虎通》以「虞賓在位」爲「不臣丹朱」，亦是用夏侯説，背伏生「舜爲賓客」之説，三矣。歐陽、夏侯説天子服十二章、公卿服九章，背伏生「五服五章」之説，四矣。說詳見後。古文後出，異説尤多。馬、鄭以璿機玉衡爲渾天儀，背伏生「旋機北極」之說，五矣。馬、鄭又以日、月、五星爲七政，背伏生「三才四時」之説，六矣。劉歆以六宗爲水、火、雷、風、山、澤，賈、馬、許以爲日、月、星、河、海、岱，鄭以爲星、辰、司中、司命、風師、雨師，背伏生「上下四方」之說，七矣。馬、鄭訓「肇十二州」之「肇」爲「始」，分置并、幽、營三州，背伏生「兆祭分星」之說，八矣。❶鄭以蓺祖猶周明堂，背伏生「歸假祖禰」之說，九矣。馬以鳥獸爲筍虡，背伏生「鳥獸咸變」之說，十矣。「七始訓」，古文作「在治忽」，鄭本又作「曶」，解爲「笏」，背伏生「七始七律」之說，十一矣。馬、鄭古文以成王感雷雨，迎周公反國，背伏生「公薨改葬」之說，十二矣。說詳見後。劉歆欲立古文，詆博士是末師而非往古。試問傳《尚書》者，有古於伏生者乎？豈伏生《大傳》不足信，末師之說乃足信乎？鄭君爲《大傳》作注，可謂伏生功臣，乃於《虞傳》六宗、《夏傳》三公、《周傳》《多士》之言郊遂，皆引《周禮》爲說。又謂《虞傳》儀當爲羲，以傳合羲仲；《洪範》容當爲睿，而改從古文。則鄭君之於伏書，亦猶注《禮》箋《詩》，雜糅今古，而非篤守伏書者矣。近儒王鳴盛說《牧誓》司徒、司馬、司空，以伏生爲不可解；段玉裁說《金縢》，以今文爲荒謬，彼袒護古文者，猶不足怪。孫星衍始治今文，於《多方》泥於鄭註「踐奄在攝政時」，謂《大傳》不出自伏生。陳喬樅專治今文，乃於文王受命、周公避居兩事，皆詆伏生老耄，記憶不全。此經義所以不明，皆由不守師說，誠無解於孔穎達葉不歸根之誚矣。

❶「八」，原作「七」，據文意改。

論伏《傳》之後以《史記》爲最早，《史記》引《書》多同今文，不當據爲古文

漢武帝立博士，《尚書》惟有歐陽。太史公《尚書》學，不言受自何人。考其年代，未能親受伏生，當是歐陽生所傳者。陳壽祺曰：「司馬子長時，《書》惟有歐陽，所據《尚書》，乃歐陽本也。」臧琳《經義雜記》分別《史記》引《尚書》爲今文，馬、鄭、王本爲古文，已列《堯典》一篇，餘可類推，其説甚是。今攷《史記》一書，如「大麓」是「林麓」，非録《尚書》；「百揆」即「百官」，匪云宰相。堯太祖稱「文祖」，異於禰祖之親；「胤子朱」是「丹朱」，知非胤國之爵。舜年凡百歲，見徵庸三十之譌；帝咨廿二臣，有彭祖一人在內。九官、十二牧，四岳即在十二牧內，合以彭祖，正是二十有二人。「夔曰」八字，本屬衍文；「予乘四載」，更當分列。「戛擊鳴球」以下，記自虞史伯夷；《明良喜起》之歌，義即舜傳大禹。《般庚》屬小辛時作，比於陳古刺今；微子咨樂官乃行，何與剖心胥靡？太師、少師皆樂官，非箕子、比干。《多士》文兼《毋佚》，意在兩義互明；《君奭》告以勿疑，事在初崩居攝。成王開金匱，不因管蔡之言；重耳賜彤弓，乃作《文侯之命》。魯公就國，誓衆征戎；秦伯封殽，懲前悔過。皆與古文不合，而與《大傳》略同。惟文王囚羑里之後，乃出《戡耆》；箕子封朝鮮之前，已先訪範。此二事與《大傳》年代先後稍異耳。司馬貞《索隱》見與僞孔古文不符，謂史公采雜説，非本義，此其謬，人皆知之矣。《漢書》謂「遷從孔安國問故，遷書載《堯典》、《禹貢》、《洪範》、《微子》、《金縢》多古

文説」，其言亦無確證。陳壽祺曰：「今以此五篇考之，如《五帝紀》之載《堯典》『居郁夷曰柳谷』，『便在伏物』，『黎民始飢』，『五品不訓』，『歸至于祖禰廟』，『五流有度，五度三居』；《夏本紀》之載《禹貢》『維箘簬楛』，『滎播既都』；《周本紀》之載《洪範》『毋侮鰥寡』，文字皆與今文脗合，則所謂多古文説者，特指其説義耳。」段玉裁曰：「按此謂諸篇有古文説耳，非謂其文字多用古文也。《五經異義》每云古某説、今某説，皆謂其義，非謂其文字。如説『内于大麓』，云『堯使舜入山林川澤』，不云『大録萬機之政』；説《禹貢》，云天子之國千里以外甸、侯、綏、要、荒，每服五百里，方六千里，不云甸服千里，加侯、綏、要、荒，每服五百里，方五千里；説《洪範》，云『思曰睿』，不云『思心曰容』；説《微子》，云『大師若曰，今誠得治國，死不恨，不得治，不如去』，不云『微子若曰，我舊云孩子王子不出』；説《金縢》，雖用今文説，而亦云『或譖周公，周公奔楚，成王發府見周公禱書，乃泣反周公』，皆古文説之異於今文家，約略可言者也。」錫瑞案：史遷從安國問故，《史記》所未載，不知班氏何據。若《史記》所引《尚書》多同今文，不同古文，班氏所云「惟方六千里」，同於賈、馬古文；「思曰睿」與「曰涕」，同於馬、鄭古文。若「大麓」不作「大録」，是用歐陽説，與夏侯異。「大師」不作「父師」，是今文説，與馬、鄭古文異，特不同於《論衡》一家之説耳。《金縢》在周公薨後，是今文説，與馬、鄭古文異，而又云「或譖周公，周公奔楚」，雖與《論衡》引古文説頗合，而以爲公歸政後，與馬、鄭古文避居之説不同，皆不足爲《史記》用古文説之證。自孫星衍以後，皆誤用班氏說，以爲《史記》一書引《尚書》者盡屬古文，於是《尚書》今古文家法大亂。不知分別家法，確有明徵，非可執疑似之單文，揜昭晰之耳目。孫星衍過信班氏，其解《金縢》，誤分《史記》以居東爲東征，與《毛詩》同者爲古文說；鄭以周公居東在成王禫後者爲今文說；而無以處《論衡》明言古文家，乃曰「王氏充以爲古文者，今文亦古說也」，豈知《論衡》分今古文甚明，乃欲厚誣古人，豈不謬哉？

論伏《傳》、《史記》之後惟《白虎通》多引今文，兩《漢書》及漢碑引《書》亦皆漢時通行之本

《尚書》有今古文之分，人皆知之，而未有一人能分別不誤者。孔壁古文罕傳於世，至東漢衛、賈、馬、鄭古文之學漸盛，其原出於杜林，與孔壁古文是一是二，未有明據。至東晉僞孔古文出，唐以立學，孔穎達見其篇目與馬、鄭異，乃強謂馬、鄭爲今文。近人皆知孔疏之謬矣，而又誤執《班志》「遷書多古文」說，遂以《史記》所載皆屬古文，而無以處馬、鄭與《史記》異者，又強謂馬、鄭爲今文。夫《史記》據歐陽《尚書》，明明屬今文矣，而必以爲古文；馬、鄭據杜林漆書，明明屬古文矣，而必以爲今文，則謂未有一人能分別不誤者，非過論也。經義最久遠難分明者，莫如《尚書》；經義最有確憑據者，亦莫如《尚書》。《尚書》之確憑據，首推伏生《大傳》，次則司馬《史記》，其說已見前矣。又次則《白虎通德論》，多載今《尚書》說。陳壽祺曰：「《白虎通義》用今文《尚書》。」如琮璜五玉，麑鹿二牲。九族親睦，兼列異聞；三考黜陟，不拘一義。放勳非號，説見於郊天；伯夷不名，義彰於敬老。鳴球堂上，尤貴降神之歌；燔柴岱宗，即爲封禪之禮。考績事由二伯，州牧旁立三人。五行衰王之宜，八音方位之别。受銅即位，大斂即可稱王；改朔應天，太平亦須革正。周公薨當改葬，康叔封據平安。皆不背於伏書，亦無違於遷《史》。《白虎通》爲今文各經之總匯，具唐虞三代之遺文，碎璧零珪，均稱瓌寶。雖不專爲《尚書》舉證，而《尚書》之故實典禮，要皆信而有徵。治今文《尚書》者，於伏《傳》、《史記》外，當以此書爲最。他如兩《漢書》紀、志、傳之引《尚書》，漢碑之引《尚書》，以漢家四百年之通行，證伏書二十九篇之古義，雖不能備，而《尚書》之大旨，可以瞭然於心，而不爲異説所惑矣。至於孔壁古文，久已不傳，其餘真僞難明，或且僞中作僞，既無裨於經學，學者可姑置之。與其信疑似難明之古文而鄉壁虚造，不如信確實有據之今文而抱缺守殘。《尚書》本出伏生，不當求《書》義於伏生所傳之外。兒寬受學於歐陽生，又受學於孔安國。歐陽、大小夏侯之學皆出於寬，是安國古文之傳已并入歐陽、夏侯，更不當求《書》義於歐陽、夏侯三家之外也。

論古文無師説，二十九篇之古文説亦參差不合，多不可據

古文《尚書》之名舊矣，今止以今文二十九篇爲斷，古文置之不論，其説似乎駭俗。不知真古文之亡久矣，且真古文亦無師説。凡今文早出有師説，古文晚出無師説，各經皆然，非獨《尚書》。孔安國以今文

讀古文，或略綴以文字，如後之《釋文》、校勘記，亦未可知，要之必無章句訓義。《漢書・孔光傳》曰：「忠生武及安國，武生延年，延年生霸，霸生光焉。安國、延年，皆以治《尚書》爲武帝博士，安國至臨淮太守。霸亦治《尚書》，事太傅夏侯勝，昭帝末年爲博士。」案：此孔安國古文《尚書》但有經而無傳之明證也。漢人重家法，歐陽生至歆八世，皆治歐陽《尚書》。霸爲安國從孫，如安國有師説，霸豈得舍而事夏侯？大夏侯有孔許之學，則孔氏之家學轉在夏侯，而非傳安國矣。蓋古文無師説，博士必以今文師説教授，故夏侯師説有與古文《尚書》相出入者。班氏世習夏侯《尚書》，《漢書》引經，與《史記》引歐陽説頗不同。而《漢書》又間用古字，其異同皆可考而知。孔氏所謂起其家者，不過守此孤本，傳爲家學耳。逸十六篇本之杜林，託之孔壁，衛、賈、馬、鄭，遞相授受。馬融以爲絶無師説，鄭亦不註逸《書》。觀於逸《書》之無師説，又安國古文《尚書》有經無傳之明證也。有經而無師説，與無經同，況並此真經而亡之，乃以贗鼎亂真，奚可哉！二十九篇以外之古文既不可信，二十九篇之中有古文説，蓋創始於劉歆。歆欲建立古文，必有説義方可教授。《周禮》、《左氏傳》，皆由劉歆創通大義，有明文可據，則古《尚書》説出於東漢之初者，亦由劉歆創立可知。如以三公爲太師、太傅、太保，以六宗爲乾坤六子，以父師爲箕子，以文王爲受命九年而崩。歆説至今可考見者，皆不與今《尚書》説同，是其明證。劉歆爲國師，王璜、塗惲皆貴顯，塗惲授桑欽，則《漢書》「《禹貢》」引桑欽説又在劉歆之後。《漢書・地理志》於《禹貢》引古文説，必分別言之，則其餘皆今文可知。《五經異義》引古《尚書》説，蓋出衛宏、賈逵，亦或本之於歆。衛、賈所作訓今不傳。鄭君《書贊》曰：「衛、賈、馬二三君子之業，則雅才好博，既宣之矣。」是鄭注古文《尚書》，多本於衛、賈、馬。今馬、鄭註解，猶存其略，而鄭不同於馬，馬又不同於衛、賈，蓋古文本無師授，所以人自爲説。其説互異，多不可據，不當以衛、賈、馬、鄭後起之説，違伏生最初之義也。

論《禹貢》山川當據經文解之，據漢人古義解之，不得從後起之説

郡縣有時而更，山川終古不易。山川之名自禹始定，《甫刑》曰：「禹平水土，主名山川。」郭璞《爾雅注》曰：「從《釋地》已下至九河，皆禹所名也。」據此，則禹奠高山大川之後，始一一爲之定名，相傳至今。其支峰支流，不必皆禹所定，而大山川之名，終古不易。即或山有崩壞，水道有遷徙，而準其地望，攷其形勢，大致猶可推求。《禹貢》一書，爲後世山經水記之祖，《史記・河渠書》、《漢書・地理志》皆全載其文，《漢志》又於郡縣下備載《禹貢》某山某水在今郡縣某處。漢時去古未遠，其説必有所受。後之治《禹貢》者，吾惑焉。經有明文，習而不察，其數可稽者，乃釋以顓頊之辭，此大惑者一。漢人引經有明文，詆而不信，其地可據者，反傅會不經之説，此大惑者二。試舉數條證之。《禹貢》曰：「九山刊旅，九川滌源，九澤既陂。」經明言九山、九川、九澤，則必數實有九，注疏乃以九州之山、川、澤解之。據《史記》云「道九山」、「道九川」，其

爲實有九數，而非泛説九州可知。今以經文攷之：岍及岐至于荆山，一也；壺口、雷首至于太岳，二也；砥柱、析城至于王屋，三也；太行、恒山至于碣石，四也；西傾、朱圉、鳥鼠至于太華，五也；熊耳、外方桐柏至于陪尾，六也；嶓冢至于荆山，七也；内方至于大别，八也；岷山之陽至于衡山，九也。蓋山之數不止於九，而脈絡相承，數山實是一山，故經言某山至于某山，合之適得九數。《史記索隱》曰：「汧、壺口、砥柱、太行、西傾、熊耳、嶓冢、内方、岐，是九山也。」其説不誤，惟專舉爲首一山言之，未明言一山合數山之故，又誤⿰山攴山爲岐。岷，《史記》作汶，或作⿰山攴。⿰山攴與岐相似致誤。《索隱》岍作汧，岷作⿰山攴，與今文合，蓋出今文遺説。後人不能訂正誤字，又不能按合經文，故《索隱》雖有明文，而莫之遵信矣。九川者，《索隱》曰：「弱、黑、河、瀁、江、沇、淮、渭、洛爲九川。」按之經文，其數適合。漾作瀁，亦與今文合，足見其説皆出今文。九澤，《索隱》無説，以經攷之，雷夏一，大野二，彭蠡三，震澤四，雲夢五，滎波六，菏澤七，孟豬八，豬野九，其數亦適合。雷夏、彭蠡、震澤、菏澤，經明言澤。雲夢、孟豬、大野以澤名，見《周禮·職方》，滎澤見《左氏傳》，都野澤見《水經》。即豬野。豬，今文作都。或一州有二澤、三澤，或一州無一澤，蓋無一定，非若《職方》每一州一澤也。楚人名澤中謂夢中，見王逸《楚辭注》，是雲夢即雲澤。若分爲二，謂雲在江北，夢在江南，則有十澤，非止九澤矣。此大山川明見經者，人且忽而不察，自來説《禹貢》者，無一人能確指其數，何論其他？九河當從許商，以爲古説九河之名，有徒駭、胡蘇、鬲津，見在成平、東光、鬲界中。自鬲以北至徒駭間，相去二百餘里。

《漢志》東光有胡蘇亭；成平虖沱河，❶民曰徒駭河；鬲平當以爲鬲津，皆與許商説同。班固、許商皆習夏侯《尚書》者，若王横言九河之地爲海所漸，乃古文異説，不可從。三江，《漢志》會稽郡吴縣「南江在南」，毗陵「江在北」，丹陽郡蕪湖「中江出西南」。據《水經》「過毗陵縣北，爲北江」，則《漢志》「毗陵江在北」，「江」上脱一「北」字，合南江、北江、中江爲三江。九江，《史記》云：「余登廬山，觀禹疏九江。」《漢志》廬江郡尋陽「《禹貢》九江在南，皆東合爲大江」，又豫章郡「莽曰九江」，有鄱水、餘水、修水、豫章水、盱水、蜀水、南水、彭水，皆入湖漢，合湖漢水爲九，入江，則九江在漢廬江、豫章二郡之地。宋胡旦、毛晃始傅會《山海經》，以九江爲洞庭，近治《禹貢》者多惑之。案：古有雲夢，無洞庭，至戰國時，吴起説魏武侯，始言昔三苗氏左洞庭；蘇秦説楚威王，言南有洞庭、蒼梧；張儀説秦王，言大破荆襲郢，取洞庭五渚；屈子《楚辭》，屢稱洞庭，而雲夢罕見稱述。至漢以巴邱湖爲雲夢，又言雲夢不言洞庭，蓋水道遷徙而異名，要與九江無涉。《山海經》，太史公所不敢言，豈可據以證《禹貢》乎？《山海經》疑戰國人作，必非禹時之書。九河、三江亦多異説。九河或并簡絜爲一，三江或并三江爲一。庚仲初以後各創新説，反疑《漢志》是《職方》三江，非《禹貢》三江。又《漢志》大別在安豐，而或以爲翼際；東陵在金蘭，而或以爲巴陵，皆與古説不同。胡渭《禹貢錐指》有重名，亦多惑於後起之説。惟焦循《禹貢鄭注釋》、成蓉鏡《禹貢班義述》，專明古義，治

❶「沱」，原作「池」，據《漢書·地理志》改。

《禹貢》者當先觀之。鄭引《地記》與《班志》微不同，蓋各有所據。鄭以「九江孔殷」爲「其孔甚多」；「因桓是來」，桓是爲隴坻之名，頗近於新巧，乃古文異説，不必從。

論五福六極明見經文，不得以爲術數；五行配五事，當從伏《傳》、《漢志》

陳澧曰：「《洪範》九疇，天帝不錫鯀而錫禹，此事奇怪，而載在《尚書》，反復讀之乃解。所謂『我聞在昔』者，箕子上距鯀與禹千年矣。天帝之錫不錫，乃在昔傳聞之語也。《洪範》之文，奇古奧博，千年以來，奉爲祕寶，以爲出自天帝。箕子告武王，述其所聞如此耳。至以爲龜文，則尤當存而不論。二劉輩乃或以爲龜背有三十八字，或以爲惟有二十字，徒爲臆度，徒爲辨論而已，孰從而見之乎？《洪範》以庶徵爲五事之應，伏生《五行傳》以五事分配五行，又以皇極與五事爲六，又以五福、六極分配之。《漢書·五行志》云，董仲舒治《公羊春秋》，始推陰陽；劉向治《穀梁春秋》，傳以《洪範》，與仲舒錯。至向子歆治《左氏傳》，其《春秋》意亦已乖矣，言《五行傳》又頗不同。澧謂此漢儒術數之學，其源雖出於《洪範》，然既爲術數之學，則治經者存而不論可矣。」錫瑞案：經學有正傳，有别傳，《洪範》五行，猶《齊詩》五際，專言術數，皆經學之别傳。而《洪範》之五行、五事、皇極、庶徵、五福、六極，明見經文，非比《齊詩》五際存於傳説，尤爲信而有徵，不得盡以爲漢儒術數矣。《繫辭傳》曰：「河出《圖》，洛出《書》，聖人則之。」漢儒以《河圖》爲八卦，《洛書》爲九疇。古時天人本不相遠，龍官鳥紀以命氏，龍圖龜書以授人，所謂天錫，當有是事。三國魏時張掖涌石有牛馬之形，及「大討曹」字，足見祥異之兆，有不可據理以斷有無者。安見三代以前必無石見文字之事乎？豈真如杜鎬附會天書云「聖人以神道設教」乎？陳氏以爲奇怪，不應載在《尚書》，乃以「我聞在昔」爲傳聞之語，殊屬非是。周公曰「君奭，我聞在昔，伊尹格天」之類，並非奇怪之事。以箕子曰「我聞在昔」爲傳聞之怪事，然則周公曰「我聞在昔」，亦爲傳聞之怪事乎？《洪範》自《洪範》，《春秋》自《春秋》，《洪範》言陰陽五行，《春秋》不言陰陽五行。孔子作《春秋經》，但書灾異，藉以示儆，未嘗云某處之灾應某處之事也。伏生作《洪範傳》，但言某事不修則有某灾，亦未嘗引《春秋》某事應《洪範》某灾也。董、劉牽引《洪範》五行以説《春秋》灾異，某灾應在某事，正如《漢志》所譏，淩雜米鹽。董據《公羊》，劉向據《穀梁》，歆據《左氏》，三傳又各不同，尤爲後人所疑。《隋書·經籍志》云：「濟南伏生之傳，唯劉向父子所著《五行傳》是其本法，而又多乖戾。」《隋志》所云乖戾，指向、歆之説不同。而謂伏生之傳惟《五行傳》是其本法，則誤以伏生之學僅有五行，不知《尚書》一經皆出伏生所傳，而五行特其一端。故伏生《大傳》四十一篇，而《洪範五行傳》别出於後，此以《五行傳》爲别傳之證。伏生已明著之，《隋志》祖僞古文，抑今文，故不知伏生之本法何在，其言殊不足據。陳氏云漢儒術數，亦少别白。董、劉强《洪範》合《春秋》，謂之術數可也；伏生以五行配五事，謂之術數不可也。以《洪範傳》爲術數，《洪範經》亦術數乎？五行配五事見《漢志》，曰「視之不明其極疾，順之，其福曰壽；聽之不聰其極貧，順之，其福曰富；言之不從其極憂，順之，其福曰康寧；貌之不恭其極惡，順之，其福曰攸好德；思心之不容其極曰凶短折，順之，其福曰考終命」，皆本《大傳》爲説。《書正義》引鄭注「惟聽聰則致富」，與《漢志》同，餘皆不同，蓋古文異説，孫星衍以爲鄭説皆遜於今文是也。元胡一中《定正洪範圖》，穿鑿支離，與《易》之先後天圖同一怪妄。

論古文《尚書》説誤以《周官》解唐虞之制

子曰：「殷因於夏禮，所損益可知也；周因於殷禮，所損益可知也。」又曰：「行夏之時，乘殷之輅，服周之冕，樂則《韶》舞。」知一代有一代之制度，所謂五帝殊時，不相沿樂；三王異世，不相襲禮，未有唐、虞、夏、商、周一切皆沿襲不變者。强後人以盡遵前人，固不能行；强前人而豫法後人，尤爲乖謬。今文家之説《尚書》也，唐虞之書，即以唐虞之制解之，此其理甚易明，而至當不可易者也；古文家説《尚書》，務創新説，以別異於今文，其所謂新説者，大率本於《周官》一書。《周官》出山巖屋壁，漢人多不信爲周公所作。即使真是周公手定，而唐、虞、夏、商諸帝王，遠在千載以上，安能豫知姬周之代有一周公其人，有一周公手定之書名曰《周官》，而事事效法之？此其理甚易明，而至當不可易者也。乃自劉歆以至馬、鄭，尟知此義，而《尚書》之制度大亂。今試略舉數事言之。如堯命羲、和敬授人時，又分命四子，《史記·天官書》《曆書》、《漢書·成帝紀》《律曆志》《食貨志》

《藝文志》《百官公卿表》《魏相傳》，以及《論衡》、《中論》、《後漢書》、《續漢志》，皆以羲、和專司天文，四子即是羲、和；鄭注《尚書》乃云：「官名。蓋春爲秩宗，夏爲司馬，秋爲士，冬爲共工，通稷與司徒，是六官之名見。」又云：「仲叔羲、和之子，又主方岳之事，是爲四岳。」案：唐虞以羲、和司天文，四岳主方岳，九官治民事，各分其職。鄭乃混而一之，是本《周官》六卿以亂唐虞之官制，其失一矣。「天命有德，五服五章」，《大傳》云：「山龍青也，華蟲黄也，作繪黑也，宗彝白也，藻火赤也。天子服五，諸侯服四，次國服三，大夫服二，士服一。」《續漢·輿服志》「孝明皇帝永平二年初，詔有司采《周官》、《禮記》、《尚書·皋陶篇》，乘輿服從歐陽説，日月星辰十二章。公卿以下從大小夏侯氏説，山龍九章，華蟲七章」，與經五服五章不合。當時詔以《周官》列首，故三家舍伏《傳》而從《周官》，鄭注又本於歐陽、夏侯，是本《周官》十二章，以亂唐、虞之服制，其失二矣。「弼成五服，至於五千」，歐陽、夏侯説中國方五千里，《漢書·賈捐之傳》、《鹽鐵論》、《説苑》、《論衡》、《白虎通》説同。惟《史記》以爲天子之國以外五服各五百里，似爲賈、馬説六千里所本。《異義》：「古《尚書》説五服旁五千里，相距萬里。」鄭云：「五服已五千，又弼成爲萬里，蓋以夏之五服與周九服相同。」是本《周官》九服，以亂唐虞土地之制，其失三矣。「輯五瑞」，《白虎通·瑞贄》篇曰：「何謂五瑞？謂珪、璧、琮、璜、璋也。蓋璜以徵召，璧以聘問，璋以發兵，珪以質信，琮以起土功之事也。」《公羊·定八年傳解詁》曰：「不言璋言玉者，起珪、璧、琮、璜、璋五玉盡亡之也。珪以朝，璧以聘，琮以發兵，璜以發衆，璋以徵召。」與《白虎通》所施略異，而名正同。馬注云：「五瑞，公、侯、伯、子、男取執以爲瑞信也。」案《禮記·王制》鄭注，《白虎通·爵》篇引《禮緯含文嘉》，皆云殷爵三等，則周以前不得有五等之爵。是以周官五等亂唐虞瑞玉之制，其失四矣。他如「六宗」爲天地四方，鄭引《周官》以爲星、辰、司中、司命、風師、雨師。「同律度量衡」，同訓齊同，鄭引《周官·典同》，以爲同是陰呂。「象以典刑，流宥五刑」，《大傳》、《孝經緯》、《公羊注》、《白虎通》、《風俗通》，皆云唐虞象刑，馬融注云：「五刑，墨、劓、剕、宫、大辟。」是以周制説虞制。「大戰于甘，乃召六卿」，《異義》：「今《尚書》夏侯、歐陽説：天子三公、九卿。古《周禮》説：天子立三公，又立三少，冢宰、司徒、宗伯、司馬、司寇、司空，是爲六卿之屬。許君謹案：此周之制。」是周以前不得有六卿。《甘誓》所云，鄭注以爲六軍之將是也，又引「《周禮》六軍將皆命卿，則三代同」，與許義不合。不知一代有一代之制，非可强前人以從後人也。

論古文《尚書》説變易今文，亂唐虞三代之事實

一代有一代之制度，未可據後王而强同之也；一代有一代之事實，尤未可憑胸臆而强易之也。伏生《大傳》、《太史公書》所載事實，大致不異。古來口授相傳，本是如此。兩漢今文，並遵師説。東漢古文，始有異義，所改制度，多本《周官》；所改事實，不知何本。大率采雜説，憑臆斷，爲宋、

明人作僞。自此等臆説出，不僅唐、虞、三代之制度亂，並唐、虞、三代之事實亦亂。今略舉數事以證之。《堯典》「乃命羲、和」，專爲授時；「帝曰，疇咨若時登庸」，别爲一事。張守節《史記正義》云：「言將登用之嗣位。」張説蓋本漢人。楊雄《美新》云：「陛下以至聖之德，龍興登庸。」是漢人以登庸爲登帝位之證。馬、鄭乃連合上文爲一事。馬云：「羲、和爲卿官，堯之末年皆以老死，庶績多闕，故求賢順四時之職，欲用以代羲、和。」鄭注《大傳》云：「堯始得羲、和，命爲六卿，後稍死，驩兜、共工等代之。」馬、鄭以羲、和爲六卿，登庸爲代羲、和，以致孔疏有「求賢而薦太子」之疑。信僞孔以胤子朱爲胤國子爵，而違《史記》「嗣子丹朱」之明證。此亂唐虞之事實者一也。「帝曰，我其試哉」，《史記・五帝本紀》作「堯曰，吾其試哉」。《論衡・正説篇》引「堯曰，我其試哉」。是今文有「帝曰」。孔疏云：「馬、鄭、王本皆無『帝曰』，當時庸生之徒漏之也。」是古文無「帝曰」。如其説，當直以「我其試哉」爲四岳語，四岳如何試舜？必不可通。古文不如今文，即此可證。此亂唐虞之事實者二也。「四罪而天下咸服」，《夏本紀》云：❶「舜攝政巡狩，見鯀治水無狀，請於堯而殛之。」是殛鯀在禹治水成功之前。鄭注云：「禹治水事畢，乃流四凶。」王肅難云：「若待治水功成而後以鯀爲無功殛之，是舜用人子之功而流放其父，則禹之勤勞適足使父致殛。舜失五典克從之義，禹陷三千莫大之罪。進退無據，亦甚迂哉。」如鄭説，誠無以解王肅之難。此亂唐

❶「夏」，原作「五帝」，據《史記》改。

虞之事實者三也。《盤庚》,《殷本紀》:「帝盤庚之時,殷已都河北,盤庚渡河南,復居成湯之故居。乃五遷無定處,帝盤庚崩,弟小辛立,殷復衰。百姓思盤庚,迺作《盤庚》三篇。」鄭云:「陽甲立,盤庚爲之臣,乃謀徙居湯舊都。上篇,盤庚爲臣時事;下篇,盤庚爲君時事。」又云「湯自商徙亳,數商、亳、囂、相、耿爲五」,而不數所遷之殷,與經文「于今五邦」「今」字不符。石經《盤庚》三篇合爲一篇,依鄭説,非一時事,不當合。此亂三代之事實者四也。《微子》,《殷本紀》:「微子數諫不聽,乃與太師、少師謀,遂去。比干强諫紂,紂殺比干,囚箕子。殷之太師、少師乃持其祭樂器奔周。」《宋微子世家》:「微子度紂終不可諫,欲死之。及去,未能自決,乃問於太師、少師。」古文「太師」作「父師」。鄭云:「父師者,三公也,時箕子爲之。少師者,太師之佐孤卿也,時比干爲之。」僞孔傳從鄭義。此亂三代之事實者五也。《金縢》:「周公居東二年,則罪人斯得。」《魯世家》:「周公乃奉成王命,興師東伐,作《大誥》。遂誅管叔,殺武庚,放蔡叔,收殷餘民,❶寧淮夷東土,二年而畢定。」是居東即東征,罪人即武庚、管、蔡甚明。《異義》引古《尚書》説云:「武王崩,時成王年十三。後一年,管、蔡作亂,周公東辟之。王與大夫盡弁,以開金縢之書。」此説當出於劉歆、衛、賈諸人,始以「我之弗辟」爲「弗避」,「居東」爲東辟,不爲東征,開金縢爲周公生前,不在薨後。鄭云:「罪人,周公之屬黨與知居攝者。周公出,皆奔。今二年,盡爲成王所得。」王肅以爲横造。此亂三代

❶「收」,原作「放」,據《史記》改。

之事實者六也。「秋，大熟，未穫，天大雷電以風。」《大傳》曰：「周公死，成王欲葬之於成周。天乃雷雨以風，禾盡偃，大木斯拔。國人大恐。王與大夫開金縢之書，執書以泣。」《魯世家》、《論衡·感類篇》、《白虎通·封公侯篇》《喪葬篇》、❶《漢書·梅福傳》《杜鄴傳》《儒林傳》、《後漢書·周舉傳》《張奐傳》、《公羊何氏解詁》説同。是秋大熟，不知何年秋，在周公薨後。鄭云：「秋謂周公出二年之明年秋也。新逆改先時之心，更自新，以迎周公於東，與之歸，尊任之。」此亂三代之事實者七也。《多士》在前，《多方》在後，《史記》所載今文《書序》，與馬、鄭古文《書序》同。僞孔傳云：「奄再叛再征。」蓋本漢人舊説，按之經文，其説不誤，鄭君誤合爲一。《多方疏》引鄭云：「此伐淮夷與踐奄，是攝政三年伐管蔡時事，其編篇於此未聞。」蓋謂不應編於《多士》、《無逸》、《君奭》之後，遂啓後人《多士》、《多方》先後倒置之疑。此亂三代之事實者八也。《無逸》，石經「肆高宗之饗國百年」下接「自時厥後」，則「其在祖甲」，今文作「昔在殷王太宗以爲太甲」，在「周公曰嗚乎」下，以後乃云「其在中宗」、「其在高宗」。古文《尚書》於前遺太宗，而於後增祖甲。《殷本紀》「帝甲淫亂」，《國語》亦云「帝甲亂之」，則祖甲非賢主，不當在三宗之列。王肅爲調停之説，以祖甲爲太甲，云先中宗後祖甲，先盛德後有過，説尤非是。此亂三代之事實者九也。《君奭》，《史記·燕世家》「成王既幼，周公攝政，當國踐阼，召公疑之，作《君

❶「喪葬篇」，當即指《白虎通·喪服》。疑皮氏轉引自孫星衍《尚書今古文注疏》而誤。

奭》」，與《列子·楊朱篇》「周公攝天子之政，召公不説」相合。《漢書·孫寶傳》《王莽傳》、《後漢書·申屠剛傳》，皆以爲周公攝政時作。古文編列《多士》之後，馬、鄭遂有不説周公貪寵之説。此亂三代之事實者十也。

論《尚書》義凡三變，學者各有所據，皆不知專主伏生

孔廣森《戴氏遺書序》曰：「君以梅、姚售僞，孔、蔡謬悠，妄云壁下之書，猥有航頭之字。乃或誤援《伊訓》，滋元年正月之疑；强執《周官》，推五服一朝之制。❶譬之爭年鄭市，本自兩非；議瓜驪山，良無一是。」孔氏此説，最爲通達，據此可以折衷一是，解釋羣疑。惟戴氏非《尚書》專家，其作《尚書義考》未成，未能發明今文以津逮後學耳。經定自孔子，傳自漢初諸儒，使後世學者能恪遵最先之義，不惑於後起之説，徑途歸一，門户不分，不難使天下生徒皆通經術。況《尚書》一經，傳之者止伏生一老，非若《詩》有齊、魯、韓三家，《春秋》有公羊、穀梁、左氏，各有所受，本不止一師也。歐陽、大小夏侯既分顯門，小有出入，亦未至截然不合如今古文家也。其後古文説出，初不知所自來，衛、賈、馬、鄭所説各異，既無師授，安可據依？後世震於劉歆古文之名，壓於鄭君盛名之下，循用注解，立於學官，古文説盛行，而今文衰歇，於是《尚書》之義一變。王肅學承賈、馬，亦遠本於歐陽，其

❶「制」，清嘉慶十七年孔昭虔刻《顨軒孔氏所著書》本《駢儷文》作「解」。

學兼通古今，又去漢代不遠，使其自爲傳注，原可與鄭並行，乃必託名於孔安國，又僞造《尚書》古文經。後世見其經既增多，孔傳又古於鄭，廢鄭行孔，定於一尊。僞古文説盛行，而今文盡亡，於是《尚書》之義再變。宋儒不信古人，好矜創獲，獻疑孔傳，實爲首庸。惟宋儒但知孔傳之可疑，而不知古義之可信，又專持一「理」字，臆斷唐、虞、三代之事。凡古事與其理合者，即以爲是；與其理不合者，即以爲非。蔡沈、王柏、金履祥之説盛行，編書者至改古事以從之。《綱鑑輯略》一書，改「西伯戡黎」爲武王，「微子奔周」爲武庚，以近儒臆斷之空言，改自古相傳之實事，於是《尚書》之義三變。經義既已屢變，學者各有所據，蔽所不見，遂至相攻。有據孔傳以攻蔡傳者，如毛奇齡《古文尚書冤詞》是也；有據蔡傳以攻孔傳者，如閻若璩《尚書古文疏證》是也；有據馬、鄭而攻孔傳與蔡傳者，如江聲《尚書集注音疏》、王鳴盛《尚書後案》是也。要皆不知導原而上，專主伏生，故不能宗初祖以折服末師，甚且信末師以反攻初祖。其説有得有失，半昧半明，正孔廣森所云「爭年鄭市，本自兩非；議瓜驪山，良無一是」者。此《尚書》一經，所以本極易明，反致糾紛而極不易明也。

論衛、賈、馬、鄭尊古文而抑今文其故有二，一則學術久而必變，一則文字久而致譌

嘗疑衛、賈、馬、鄭皆東漢通儒，豈不知今文遠有師承，乃必尊古文抑今文，誠不解其用意。今細考之，而知其故有二。一則學術久而必變。漢初，《尚書》惟有歐陽而已，後乃增立夏侯。夏侯學出張生，張生與歐陽生皆伏生弟子，所學當無不同。然既別於歐陽而自成一家，則同中必有異。如以「大麓」爲「大録」是。夏侯勝從子建，師事勝及歐陽高，左右采獲，又從五經諸儒問與《尚書》相出入者，牽引以次章句，具文飾説。勝非之曰：「建所謂章句小儒，破碎大道。」建亦非勝爲學疏略，難以應敵。建卒自顓門名經，是小夏侯又異於大夏侯，而增立博士，號爲顓門。此人情好異，學術易變之證。秦恭延君守小夏侯説，又增師法至百萬言。桓譚《新論》：「秦近君即延君。能説《堯典》篇目兩字之誼至十餘萬言，但説『曰若稽古』三萬言。」《漢書·藝文志》云「説五字之文，至於二三萬言」，即指秦恭而言。蓋小夏侯本破碎支離，恭又加以蔓衍，使人憎厭。古文家乘其敝，而別開一門徑，名雖古而實新，喜新者遂靡然從之。此其故一。

一則文字久而致譌。伏生改古文爲今文，以授生徒，取其通俗。古無刊板印本，專憑口授手鈔，譌以傳譌，必不能免。觀熹平石經殘字及孔廟等處漢碑，字多省俗，不合六書，故桓譚、馬融並詆今文家爲俗儒。當時所謂通儒劉歆、楊雄、杜林、衛宏、賈逵、許慎以及馬、鄭皆精小學，以古文正今文之譌俗，其意未始不善。惟諸儒當日但宜校正文字，而不必改易其義訓，則三家之原於伏生者，雖至今存可也。而古文之名既立，嫉今文如仇讐。依據故書，如《周禮》之類。創爲新説。古文本無者，以意補之；今文本有者，以意更之。附和末師，撥棄初祖，如拔趙幟而立漢幟，以爲不如是不能別立一學。義雖新而文古，好古者又靡然從之。此其故二。有此二故，故雖歐陽、夏侯三家立學數百年，徒黨遍天下，爲古文家掊擊，而其勢漸衰歇。重以典午永嘉之亂，而歐陽、夏侯三家皆亡，至東晉而僞古文經傳出，託之於孔安國，年代比馬、鄭爲更古，而篇又增多。馬、鄭不注逸《書》，而此遍注之，故其後孔、鄭並行，鄭學又漸衰歇。唐以僞孔立學，而鄭氏《尚書》亡。向之攻擊三家者，乃與三家同歸於盡，大有積薪之歎。甘售贋鼎之欺，豈非好古與喜新者階之厲哉！夫伏書本藏山之業，而僞孔云失其本經；古文與《史籀》稍殊，而僞孔云字皆科斗，其抑今文而尊古文，誣妄何可勝究？而其説非始於僞孔。衛宏《古文官書序》曰：「伏生老不能正言，言不可曉也。使其女傳言教錯，齊人語多與潁川異，錯所不知者，凡十二三，略以其意屬讀而已。」案：《史》、《漢》無伏生使女傳言之事，古人書皆口授，即伏生老不能口授，使女傳言，亦有藏書可憑，何至以意屬讀？其時山東大師，無不涉《尚書》以教，晁大夫何至不知者凡十二三？宏榮古虐今，意以伏生所傳全不可信。僞孔以爲失其本經，口以傳授，正用衛宏之説，而更加誣。不知《史》、《漢》明言得二十九篇，則失本經之説不可信；鄭君《書贊》已有科斗書之説，亦不可信。説見後。

論庸生所傳已有脱漏，足見古文不如今文，中古文之説亦不可信

劉歆《移太常博士書》云：「考學官所傳，經或脱簡，傳或間編。」《漢書・藝文志》云：「劉向以中古文校歐陽、大小夏侯三家經文，《酒誥》脱簡一，《召誥》脱簡二。率簡二十五字者，脱亦二十五字；簡二十二字者，脱亦二十二字。文字異者七百有餘，脱字數十。」此即歆所云「經或脱簡」也。後之袒古文者每以藉口，據爲今文不如古文之證。案《漢書》，庸生傳古文，爲孔安國再傳弟子，而《堯典》開卷已漏「帝曰」，《般庚》之「心腹腎腸」，《吕刑》之「劓刵椓黥」，古文與今文不同，當即在七百有餘之内，而皆不如夏侯、歐陽本之善。據此，可見古文不如今文，一有師承、一無師承之明證也。龔自珍《説中古文》曰：「中古文之説，余所不信。秦燒天下儒書，漢因秦宫室，不應宫中獨藏《尚書》，一也。蕭何收秦圖籍，乃地圖之屬，不聞收《易》與《書》，二也。叚使中祕有《尚書》，何必遣鼂錯往伏生所，受二十九篇？三也。叚使中祕有《尚書》，不應安國獻孔壁書，始知曾多十六篇，四也。叚使中祕有《尚書》，以宣、武之爲君，諸大儒之爲臣，百餘年間無言之者，不應劉向始知校《召誥》、《酒誥》，始知與博士本異文七百，五也。此中祕書既是古文，外廷所獻古文，遭巫蠱不立，古文亦不亡。叚使有之，則是燒《書》者更始之火、赤眉之火，而非秦火矣，六也。中祕既是古文，外廷自博士以迄民間應奉爲定本，斠若畫一，不應聽其古文家、今文家紛紛異家法，七也。中祕有《書》，應是孔門百篇全經，不但《舜典》、《九共》之文終西漢世具在，而且孔安國之所無者亦在其中，孔壁之文又何足貴？今試考其情事，然邪？不邪？八也。秦火後，千古儒者獨劉向、歆父子見全經，而生平不曾於二十九篇外引用一句，表章一事，九也。亦不傳受一人，斯謂空前，斯謂絶後，此古文者迹過如埽矣。異哉，異至於此！十也。叚使中祕《書》並無百篇，則向作《七略》，當載明是何等篇，其不存者亡於何時，其存者又何所受也。而皆無原委，千古但聞有『中古文』之名，十一也。中祕既有五經，獨《易》、《書》著，其三經何以蔑聞？十二也。當帝之時，以中書校百兩篇，非是。予謂此中古文，亦張霸百兩之流亞，成帝不知而誤收之，或即劉歆所自序之言，託於其父，並無此事。古文《書》如此，古文《易》可知。宜其獨與絶無師承之費直《易》相同，而不與施、孟、梁邱同也。《漢書》劉向一傳，本非班作。歆也博而詐，固也侗而愿。」案：龔氏不信中古文，並疑劉向以中古文校今文《易》、《書》，皆有脱簡，爲劉歆所假託，可謂特見。惟《漢志》所云「中古文」，似即孔壁古文之藏中祕者，非必别有一書。而此中祕書不復見於東漢以後，則亦如龔氏所云，毁於更始、赤眉之火矣。書既不存，可以不辨。顧炎武曰：「不知中古文即安國所獻否。及王莽末，遭赤眉之亂，焚燒無餘。」

論百篇全經不可見，二十九篇篇篇有義，學者當講求大義，不必孜求逸《書》

《史記》云：「伏生得二十九篇，亡數十篇。」未言百篇全數。《漢書·藝文志》曰：「《書》之所起遠矣，至孔子篹焉，凡百篇。」《論衡·正説篇》曰：「蓋《尚書》本百篇，孔子所授也。」始明言《書》有百篇。《尚書璇璣鈐》曰：「孔子求《書》，定可以爲世法者百二十篇，以百二篇爲《尚書》。」則以爲《書》有百二篇，乃張霸百兩所自出。或以古文《尚書》爲百篇，今文《尚書》爲百二篇，伏《傳》、《書緯》及張霸所據皆今文，伏《傳》有《揜誥》，《史記》有《太戊》，即其多出二篇。古無明文，不必深究。漢博士以《尚書》爲備，以二十八篇應二十八宿，則以爲《書》止有此數，不信百篇、百二篇之説。案：二十九篇，篇篇有義，如《堯典》見爲君之義，君之義莫大於求賢審官，其餘巡守朝覲、封山濬川、賞功罰罪皆大事，非大事不書，觀此可以知作史本紀之法矣。《皋陶謨》見爲臣之義，臣之義莫大於盡忠納誨，上下交儆，以致雍熙，故兩篇皆冠以「曰若稽古」，觀此可以知記言問對之體矣。《禹貢》見禹治水之功，並錫土姓，分別五服，觀此可以冠地理水道之書矣。《甘誓》見天子親征，申明約束之義，觀此知仁義之師，亦必兼節制矣。《湯誓》見禪讓變爲征誅，弔民伐罪之義，與《牧誓》合觀，可知暴非桀紂，聖不及湯武，不得以放伐藉口矣。《般庚》見國遷詢萬民，命衆正法度之義，觀此知拓拔宏之譎衆脅遷者非矣。《高宗肜日》見遇災而懼，因事進規之義，觀此知漢以災異求直言，得敬天之意矣。《西伯戡黎》見拒諫速亡，取以垂戒之義，觀此知天命不足恃，而人事不可不勉矣。《微子》見殷之亡，由法度先亡，取以垂戒之義，觀此知爲國當正紀綱，不可使民玩其上矣。《牧誓》見弔民伐罪，兼明約束之義，觀此知步伐整齊乃古兵法，而非迂論矣。《洪範》見天人不甚相遠，禍福足以儆君之義，觀此知人君一言一動，皆關天象，而不可不慎矣。《大誥》見開國時基業未固，防小腆、靖大艱之義，觀此知大臣當國宜挺身犯難，而不宜退避矣。《金縢》見人臣忠孝，足以感天，人君報功，當逾常格之義，觀此知周公所以爲聖，而成王命魯郊非僭矣。《康誥》見用親賢以治亂國，宜慎用刑之義，觀此知父子、兄弟罪不相及，用法似重而實輕矣。《酒誥》見禁酒以絶亂源，宜從重典之義，觀此知作新民必先除舊習矣。《梓材》見宥罪加惠以永保民之義，觀此知王者治天下，一夫一婦必無不得所矣。《召誥》見宅中圖大，祈天永命之義，觀此知王者宜監前朝而疾敬德矣。《洛誥》見營洛復政，留公命後之義，觀此知君臣當各盡其道而不忘交儆矣。《多士》見開誠布公以靖反側之義，觀此知遺民不忘故君，非新主所能遽奪矣。《無逸》見人君當知艱難，毋以太平漸耽樂逸之義，觀此知憂盛危明，當念魏徵所云十漸不克終矣。《君奭》見大臣當和衷共濟，閔天越民之義，《君奭》，據《史記》爲周公居攝時作，當上列於《大誥》、《金縢》之間。觀此知富弼以撤簾與韓琦生意見者，其量褊矣。《多方》見綏靖四方，重言申明之義，觀此知開國之初，人多覬覦，當以德服其心，不當用威服矣。《立政》見爲官擇人，尤當慎選左右之義，觀此知命官當得其人，不當干預其事矣。《顧命》見王者所以正終，當命大臣立嗣子之義，觀此知宦官宮妾擅廢立之禍，由未發大命矣。《康王之誥》見王者所以正始，當命大臣保王室，觀此知成康繼治，幾致刑措，有由來矣。《甫刑》見哀敬折獄，輕重得中之義，觀此知罰即贖刑，不可輕用，其慈祥悱惻，漢人緩刑書不足道矣。《文侯之命》見命方伯安遠邇之義，觀此知襄王時王靈猶赫，惜不能振作矣。《費誓》見諸侯專征，嚴明紀律之義，觀此知用兵不可擾民矣。《秦誓》見穆公悔過，卒伯西戎之義，觀此知人君不可飾非，當改變以救敗矣。知二十九篇之大義，則知《論衡》所引今文家說，獨爲二十九篇立法者，未可據百篇之序而非之也。其餘《左傳》、《國語》及諸子書、《墨子》引《書》不在百篇之內者，蓋非孔子删定之本。《大傳》、《史記》所引逸文，雖非後世僞作，而全篇不可得見，則大義無由而明。至於逸十六篇以及後出《太誓》，真僞既莫能辨，尤不當以魚目混珠。《逸周書》，劉向以爲孔子删《書》之餘，其文不能閎深，亦不可以亂經。洪邁謂「與《尚書》體不相類」。❶陳振孫謂「文體與古書不類，❷似戰國後人放傚爲之者」。近人去僞孔古文，而以《逸周書》入《尚書》，非是。昔人謂讀人間未見書，不如讀人間常見書。二十九篇皆常見書，學者當寶愛而講明之，勿徒惜不見夫全經，而反面牆於大義也。

論《書序》有今古文之異，《史記》所引《書序》皆今文，可據信

西漢馬、班皆云：「孔子序《書》。」東漢馬、鄭皆云：「《書序》，孔子所作。」《論衡·須頌篇》曰：「問説《書》者，『欽明文思』以下誰所言也？曰：篇家也。篇家者誰也？孔子也。」陳喬樅謂：「《論衡》以『欽明文思』以下爲孔子所言者，蓋指《堯典》序。《書序》，實孔子所作也。」據此，則《書序》孔子作，今古文之説同。而今古文之《序》，實有不同。《書正義》曰：「安國既以

❶「體」，原作「辭」，據《容齋續筆》改。

❷「體」，原作「辭」，「書」，原作「文」，據《直齋書録解題》改。

同序爲卷，撿此百篇，凡有六十三序；同序而別篇者三十三篇，通《明居》、《無逸》等四篇不序所由者，爲三十七篇，加六十三，即百篇也。」錫瑞案：僞孔古文《尚書序》即馬、鄭之《書序》，其稍異者見於《釋文》。如《金縢》序「武王有疾」，云馬本作「有疾不豫」；《康王之誥》序「康王既尸天子」，云馬本此句上更有「成王崩」三字；《文侯之命》序，云馬本無「平」字，則其餘皆同矣。《史記》不載典、謨之序，《禹貢》、《甘誓》、《五子之歌》、《胤征》、《帝誥》、《女鳩》、《女房》、《湯誓》、《典寶》、《夏社》、《中𤳳》、《作誥》、《湯誥》、《咸有一德》、《明居》、《伊訓》、《肆命》、《徂后》、《太甲》、《沃丁》、《咸艾》，皆與馬、鄭古文序說略同。惟《典寶》在《夏社》前，《咸有一德》在《明居》前，次序不同。「伊陟讓，作《原命》」與古文序「作《伊陟》、《原命》」異。《仲丁》云：「書闕不具。」《河亶甲》、《祖乙》，亦必有書，史公不云作書，蓋省文。《盤庚》三篇，以爲小辛時作。高宗夢得說，序事與古文同，不言作《說命》，亦省文。《高宗肜日》、《西伯戡耆》、《微子》略同，惟「父師」作「大師」爲異。《大誓》、《牧誓》、《武成》略同，惟「三百」作「三千」、「歸獸」作「歸狩」爲異。《洪範》、《分器》略同。《金縢》無「周公作《金縢》」明文，序事至周公薨後。《大誥》、《微子之命》、《歸禾》、《嘉禾》、《康誥》、《酒誥》、《梓材》、《召誥》、《洛誥》、《多士》、《毋逸》略同。《君奭》以爲「周公攝政，當國踐阼，召公疑之」，則當在《大誥》前後，與古文序次異。《蔡仲之命》雖序事同，無作命明文，其次序亦無考，《書正義》云「鄭以爲在《費誓》前第九十六」，則與孔本又異。《成王政》、《將蒲姑》

序事同，不言作書，「蒲」字作「薄」。《多方》、《立政》、《周官》、《賄肅慎之命》同，「肅」字作「息」。《亳姑》序事同，不言作書，蓋即《亳姑》之序。孫星衍據之，疑《金縢》「秋大熟」以下爲《亳姑》文誤入。《顧命》、《康王之誥》略同，「康王之誥」作「康誥」。《畢命》、《冏命》、《吕刑》、《文侯之命》、《費誓》、《秦誓》略同，惟「冏」作「臩」，「吕」作「甫」，「費」作「肸」爲異。《文侯之命》以爲周襄王命晉文公，《秦誓》以爲封殽尸之後追作。此《史記》引《書序》與馬、鄭、僞孔《書序》不同之大致也。段玉裁曰：「按《書序》亦有古文今文之殊，《漢志》曰『《尚書》古文經四十六卷』，此蓋今文二十八篇爲二十八卷，又逸《書》十六卷，併《書序》，得此數也。伏生教於齊魯之間，未知即用《書序》與否，而太史公臚舉十取其八九，則漢時《書序》盛行，非俟孔安國也。假令孔壁有之，民間絶無，則亦猶逸《書》十六卷絶無師説耳，馬、班安能采録？馬、鄭安能作注？以及妄人張霸安能竊以成百兩哉？《孔叢子》與《連叢子》皆僞書也，臧與安國書曰：『聞《尚書》二十八篇，取象二十八宿，何圖古文乃有百篇耶？』學者因此語，疑百篇《序》至安國乃出。然則其所云『弟素以爲《堯典》雜有《舜典》，今果如所論』者，豈亦可信乎？其亦惑矣！惟內外皆有之，是以《史記》字時有同異，如『女房』、『女方』，『登鼎耳』、『升鼎耳』，『飢』、『𨞲』，『紂』、『受』，『牧』、『坶』，『行狩』、『歸獸』，『異母』、『異畝』，『餽禾』、『歸禾』，『魯天子命』、『旅天子命』，『毋逸』、『無逸』，『息慎』、『肅慎』，『伯臩』、『伯冏』，『肸誓』、『獮誓』、『粊誓』，『甫刑』、『吕刑』之類，皆今文《尚書》、古文《尚書》之異也。」

論馬、鄭、僞孔古文《書序》不盡可據信，致爲後人所疑，當以《史記》今文《序》爲斷

朱彝尊曰：「說《書序》者不一。謂作自孔子者，劉歆、班固、馬融、鄭康成、王肅、魏徵、程顥、董銖諸儒是也；謂歷代史官轉相授受者，❶林光朝、馬廷鸞也；謂齊魯諸儒次第附會而作者，金履祥也。至朱子持論，謂決非夫子之言、孔門之舊，由是九峰蔡氏作《書傳》，從而去之。按古者《書序》自爲一篇，列於全書之後，故陸德明稱馬、鄭之徒，百篇之《序》總爲一卷。至孔安國之傳出，始引小序分冠各篇之首。後人習而不察，遂謂伏生今文無《序》，《序》與孔傳並出。不知漢孝武帝時即有之，此史遷據以作夏殷周《本紀》；而馬氏於《書》小序有註，見於陸氏《釋文》；又鄭氏註《周官》，引《書序》文以證保傅，故許謙云鄭氏不見古文，而見百篇之《序》。考馬、鄭傳註本漆書古文，是孔傳未上之時，百篇之《序》先著於漢代，初不與安國之書同時而出也。」錫瑞案：宋儒疑《書序》與僞孔傳同出，孔傳僞則《書序》亦僞，朱氏已辨之矣。戴震《尚書今文古文考》以《序》爲伏《書》所無，王鳴盛《尚書後案》以《書序》亦從屋壁中得。陳壽祺《今文尚書有序說》列十有七證以明之。以歐陽經三十二卷，西漢經師不爲《序》作訓，故歐陽《章句》仍止三十一卷，其證一。

❶「官」，原作「書」，據《四部叢刊》影清康熙本《曝書亭集》卷五十九《書論二》改。

《史記》於《書序》臚舉十之八九，説義文字，往往與古文異，顯然兼取伏《書》，其證二。張霸案百篇《序》造百二篇，即出今文，非古文也，其證三。《書正義》曰：「伏生二十九卷，而《序》在外。」必見石經《尚書》有百篇之《序》，其證四。《書傳》云「遂踐奄」三字，明出於《成王政》之序，其證五。《書傳》言葬周公事本於《亳姑》序，其證六。《大傳》曰：❶「武丁祭成湯，有雉飛升鼎耳而雊。」此出《高宗肜日》之序，其證七。《大傳》曰：「成王在豐，欲宅洛邑，使召公先相宅。」此述《召誥》之序，其證八。《大傳》曰：「夏刑三千條。」此本《甫刑》之序，其證九。《大傳》篇目有《九共》、《帝告》、《槃命》序，又有《嘉禾》、《揜誥》，在二十九篇外，非見《書序》，何以得此篇名？其證十。《白虎通·誅伐》篇稱《尚書序》曰：「武王伐紂。」此《大誓》序及《武成》序之文，其證十一。《漢書·孫寶傳》曰：「周公大聖，召公大賢，尚猶有不相説，著于經典。」此引《君奭》之序，其證十二。《後漢書·楊震傳》曰：「般庚五遷，殷民胥怨。」此引《般庚》之序，其證十三。《法言·問神篇》曰：「《書》之不備過半矣，而習者不知，惜乎《書序》之不如《易》也。」《書》不備過半，唯今文爲然，其證十四。《法言》又曰：「古之説《書》者，《序》以百，而《酒誥》之篇俄空焉，今亡矣夫。」《酒誥》唯今文有脱簡，❷其證十五。《論衡·正説篇》曰「按百篇之《序》，闕遺者七十一篇」，亦據今文爲説。若古文有逸篇二十四篇，不得云闕遺者七十一篇，其證十

❶「大」，原脱，據道光癸未刻本《左海經辨》補。

❷「簡」，原作「間」，據《左海經辨》改。

六。杜預《春秋左傳後序》曰：「《紀年》與《尚書序》說太甲事乖異，老叟之伏生或致昏忘。」詳預此言，直以《書序》爲出自伏生，其證十七。十七證深切著明，無可再翻之案。惟陳氏但知今文有《序》，而今文《序》之勝於古文者，尚未道及。《史記》引《書序》是今文，馬、鄭、僞孔《序》是古文；今文《序》皆可信，古文不盡可信。崔應榴謂：「《書序》可疑者有數端。《舜典》備載一代政事始終，《序》祇言其歷試諸難，則義有不盡。《伊訓》稱成湯既歿，太甲元年，則與《孟子》及《竹書紀年》不合。《泰誓》惟十有一年武王伐殷，則並不與今文合。《畢命》「康王命作册畢分居里成周郊」，則句意爲難通。又《左傳》祝鮀稱魯曰，命以《伯禽》，稱晉曰，命以《唐誥》，此二篇何以序反無之？」案：百篇《序》無《伯禽》、《唐誥》，孫寶侗、顧炎武已言之，此二篇或在百篇之外，無庸深辨。「作册畢」下脱一「公」字，故難通，據《史記》有「公」字。「十有一年武王伐殷」，與僞《泰誓》不同。僞《泰誓》從劉歆古文說，十一年觀兵，十三年克殷；《泰誓序》從《史記》今文說，九年觀兵，十一年克殷，故年歲兩歧，《序》卻不誤。若《舜典序》祇言歷試諸難，遂開梅、姚分「慎徽五典」以下爲《舜典》之妄說。《伊訓序》云「成湯既没，太甲元年」，中失外丙、仲壬兩朝，遂啓宋人以《孟子》所云二年、四年爲生年之謬論。又如周公東征攝王，成王不親行，古文《序》於「成王既黜殷命」、「成王既伐管蔡」皆冠以「成王」字，後人遂誤執爲周公未攝王之證。周公作《君奭》，《史記》引《序》在踐阼當國時，古文《序》列於復政後，遂有召公疑周公貪寵之言。此皆古文《序》之不可信者。宋人一概疑之，固非；近人一概信之，亦未是。惟一以《史記》引今文《序》爲斷，則得之矣。

論二十九篇皆完書，後人割裂補亡殊爲多事

《尚書》以今文爲斷，經義本自瞭然，即云不見全經，二十九篇皆完書，無缺失也。而後人必自生葛藤，任意割裂，或離其篇次，或攙入僞文，使二十九篇亦無完膚，誠不可解。且其説不僅出於宋以後，並出於漢以前。今舉《堯典》一篇言之。《堯典》本屬完書，舜事即在《堯典》之中，故《大學》引作《帝典》，而漢傳逸《書》十六篇，首列《舜典》之名，意必別有一篇，非《堯典》雜有《舜典》也。《舜典》不傳，僅傳其《序》云「虞舜側微，堯聞之聰明」，即《堯典》之「明明揚側陋」至「帝曰予聞」云云也；「歷試諸難」，即「我其試哉」至「納于大麓」云云也。鄭君親見逸《書》者也，其註《書序》云「入麓伐木」，尤即「納于大麓」之明證。然則逸《書》所謂《舜典》，亦即分裂《堯典》之文，並非別有一篇，或即從「明明揚側陋」分篇，亦未可知。僞孔古文從「慎徽五典」分篇，蓋因馬、鄭之本小變之耳。其後僞中又僞，增入十二字，復增入二十八字。《釋文》：「王氏注。相承云梅頤上孔氏傳古文《尚書》，亡《舜典》一篇，時以王肅注頗類孔氏，故取王注從『慎徽五典』以下爲《舜典》，以續孔傳。『曰若稽古帝舜曰重華協于帝』，此十二字，是姚方興所上，孔氏傳本無，❶阮孝緒亦云然。

❶「無」，原脱，據《經典釋文》補。

方興本或此下更有『濬哲文明，温恭允塞，玄德升聞，乃命以位』，此二十八字異，聊出之，於王注無施也。」夫《堯典》爲二千年前之古籍，開宗明義之第一篇，學者當如何寶愛信從，豈可分裂其篇，加增其字？且序事直至舜崩之年，則舜事已備載，不可再安蛇足。《舜典》既名曰典，必有大典禮，大政事，不可專説遜位。而遜位、歷試已見《堯典》，不可重複再見。乃自僞孔分裂於前，方興加增於後。當時梁武帝爲博士已駮議曰：「孔《序》稱伏生誤合五篇，皆文相承接，所以致誤。《舜典》首有『曰若稽古』，伏生雖昏耄，何容合之？」遂不行用。隋初購求遺典，劉炫復以姚書上之，又撰「濬哲文明」十六字，與《堯典》「欽明文思」四句相配。僞中又僞，實自東漢古文逸《書》啓之，此劉逢禄、宋翔鳳所以不信逸《書》也。趙岐未見逸《書》者也，其注《孟子》曰：「孟子時《尚書》凡百二十篇，逸《書》有《舜典》之叙，亡失其文，孟子諸所言舜事，皆《堯典》當作《舜典》。及逸《書》所載。」自有此説，又開《舜典》補亡一派。閻若璩謂：「『舜往于田』，『祗載見瞽瞍』，與『不及貢，以政接于有庳』等語，安知非《舜典》之文乎？又『父母使舜完廩』一段，文辭古崛，不類《孟子》本文，《史記·舜本紀》亦載其事，其爲《舜典》之文無疑。」毛奇齡作《舜典補亡》，遂斷自「月正元日」以下爲《舜典》，采《史記》本紀之文，列於其前；又取魏高堂隆改朔議引《書》「粤若稽古，帝舜曰重華，建皇授政改朔」，冠於篇首，以代二十八字。朱彝尊《經義考》所説略同。不知高堂所引，乃《中候考河命》文，見《太平御覽·皇天部》引。《史記》本紀載「使舜完廩」一段，或即取之

《孟子》，何以見其爲《舜典》文？聖經既亡，豈末學所能臆補？如以爲可臆補，則僞孔古文固應頒之學官，唐白居易補《湯征》亦可用以教士子矣。《四庫提要》曰：「司馬遷書豈可以補經？即用遷書爲補，亦何可前半遷書，後半忽接以古經，混合爲一？」其駮毛氏之失，深切著明。王柏《書疑》於「舜讓於德，弗嗣」下，補《論語》「堯曰」以下二十四字；「敬敷五教，在寬」下，補《孟子》「勞之來之」以下二十二字；《皋陶謨》、《益稷》、《武成》、《洪範》、《多方》、《立政》，皆更易其文之次序。蘇軾、黃震皆移易《洪範》。蘇軾又改《康誥》篇首四十八字於《洛誥》上。金履祥亦移易《洪範》，疑《洛誥》有缺文。《武成》僞書不在內。不知諸儒何仇於聖經，並二十九篇之完書，而必欲顛倒錯亂，使無完膚也。天下本無事，庸人自擾之，諸儒爲此紛紛，是亦不可以已乎？

論僞孔經傳前人辨之已明，閻若璩、毛奇齡兩家之書互有得失，當分別觀之

歐陽、大小夏侯三家既亡，其後鄭、孔並行，至隋，鄭氏漸微，唐作《正義》，專用孔傳。至宋，吴棫始發其覆。朱子繼之曰：「孔安國解經最亂道，看得只是《孔叢子》等做出來。某嘗疑孔安國書是假書。孔書至東晉方出，前此諸儒皆不曾見，可疑之甚。」錫瑞案：朱子於孔傳直斥其僞，可謂卓識。而於古文經，雖疑之，未敢明斥之，猶爲調停之説曰：「《書》有二體，有極分曉者，有極難曉者。《尚書》諸命皆分曉，蓋如今制

誥是朝廷做底文字；❶諸誥皆難曉，蓋是時與民下説話，後來追録而成之。」據此，是朱子以傳爲僞，於經猶有疑辭。故蔡沈作傳，仍存古文，然猶賴有朱子之疑，故蔡傳能分别今古文之有無。其後吴澄、歸有光、梅鷟愈推愈密。嘗謂僞孔古文上於東晉之梅頤，而攻古文漸有實據者，出於晚明之梅鷟。同一梅氏，而關僞古文之興廢，倘亦天道之循環歟？至閻若璩、惠棟考證更精。至丁晏《尚書餘論》，據《家語後序》定爲王肅僞作。《隋書·經籍志》、孔氏《正義》，皆有微辭。唐初人已疑之，不始於吴才老，朱子可謂搜得真贓實證矣。毛奇齡好與朱子立異，乃作《古文尚書冤詞》，其所執爲左證以鳴冤者，《隋書·經籍志》也。《隋志》作於唐初，其時方尊僞孔，作《義贊》，頒學官。作《志》者即稍有微辭，何敢顯然直斥其僞？《志》所云雖歷歷可據，要皆傳僞書者臆造不經之説。孔《書》經、傳，一手所作，僞則俱僞，閻若璩已明言之。毛乃巧爲飾辭，以爲東晉所上之書是經非傳，專以《隋志》爲證。使斯言出《漢·藝文志》，乃爲可信，若《後漢·儒林傳》，則已不可信矣。以范蔚宗作書之時，僞《書》已出，不免爲所惑也。況《隋志》修於唐初，在古文立學之後哉。《冤詞》一書，相傳爲駁閻若璩《尚書古文疏證》而作。案閻、毛二家，互有得失。閻證古文之僞甚確，特當明末宋學方盛，未免沾染其説。夫據古義以斥孔傳可也，據宋人以斥孔傳則不可。閻引金履祥説，以《高宗肜日》「典祀無豐于昵」爲祖庚繹于高

❶「誥」，原作「詔」，據明成化九年陳煒刻本《朱子語類》改。

宗之廟，其誤一也。引邵子書，以定或十年等年數，其誤二也。引程子説，謂武王無觀兵事，其誤三也。駁《武成篇》，並以文王受命改元爲妄，其誤四也。駁孔傳以居東爲避居，不爲東征，其誤五也。信金履祥以爲武王封康叔，其誤六也。信金履祥以《多方》爲在《多士》前，其誤七也。知九江在尋陽，又引《水經》云九江在長沙、下雋西北，未免騎牆之見，其誤八也。解三江亦以爲有二，與九江同，其誤九也。信蔡氏説，以《康誥》屬武王，其誤十也。移易《康誥》、《大誥》、《洛誥》以就其説，其誤十一也。謂伏生時未得《小序》，其誤十二也。以金履祥更定《洪範》爲文從字順、章妥句適，其誤十三也。閻氏此等處，皆據宋人以駁古義，有僞孔本不誤而閻誤者。蓋孔書雖僞，而去漢未遠，臆説未興，信宋人不如信僞孔。毛不信宋人，篤守孔書之義，以爲：「《尚書》可焚，《尚書》之事實不可焚。今溥天之下，老老大大，皆有一武王戡黎封康叔、周公留後治洛典故在其胸中，此千古大冤大枉事。」是則毛是而閻非者。學者當分别觀之，勿專主一家之説，但以今文之説爲斷，則兩家之得失明矣。

論焦循稱孔傳之善，亦當分别觀之

國朝諸儒自毛奇齡外，尠有祖孔傳者，惟焦循頗右之。其《尚書補疏序》曰：「『曰若稽古帝堯』，『曰若稽古皋陶』，傳皆以『順考古道』解之。鄭以稽古爲『同天』。『同天』二字，可加諸帝堯，不可施於皋陶。若亦以皋陶爲同天，則是人臣可僭天子之稱頌。若以帝堯之稽古爲同天，以皋陶之稽古爲順考古道，則文同義異，歧出無理。此傳之善一也。『四罪而天下咸服』，傳以舜徵用之初即誅四凶，是先殛鯀而後舉禹。鄭以禹治水畢，乃流四凶，故王肅斥之云，是舜『用人子之功而流放其父，則爲禹之勤勞適足使父致殛』。舜失五典克從之義，禹陷三千莫大之罪』。此傳之善二也。堯舍丹朱，以天位授舜，朱雖不肖，不宜自舜歷數其不善，❶《史記》以『無若丹朱傲』上加『帝曰』而傳則以爲禹之言。自禹言之則可，自舜言之則不可。此傳之善三也。《盤庚》三篇，鄭以上篇乃盤庚爲臣時所作。然則陽甲在上，公然以臣假君命，因而即真。此莽、操、師、昭之事，而乃以之誣盤庚，大可怪矣。傳皆以爲盤庚爲王時所作，此傳之善四也。微子問父師、少師，父師答之，不云少師。鄭以爲少師志在必死，蓋以少師指比干。顧大臣徒志於死，遂不謀國以出一言，非可爲忠。傳雖亦以少師指比干，而於此則云，❷『比干不見，明心同，省文』。此傳之善五也。《金縢》『我之不辟』，❸鄭讀爲避，謂周公避居於東，又以『罪人斯得』爲成王收周公之屬官，殊屬謬悠。説者多不以爲然。傳則訓辟爲法，居東即東征，罪人即指禄父、管、蔡。此傳之善六也。《明堂位》以周公爲天子，漢儒用以説《大誥》，遂啓王莽之禍。鄭氏不能辨正，且用以爲《尚書注》，而以周公稱王。自時厥後，歷曹、馬以及陳、隋、唐、宋，無不沿莽之故事。而傳特卓然以周公不自稱王而稱成王之命以

❶「舜」，原脱，據清道光嶺南節署刻本《雕菰集》卷十六補。

❷「於」，原作墨丁，據《雕菰集》補。

❸「辟」，原作墨丁，據《雕菰集》補。

誥，勝鄭氏遠甚。此傳之善七也。爲此傳者，蓋見當時曹、馬所爲。爲之説者，有如杜預之解《春秋》，束皙等之僞造《竹書》，舜可囚堯，啓可殺益，太甲可殺伊尹，上下倒置，君臣易位，邪説亂經，故不憚改《益稷》，造《伊訓》、《太甲》諸篇，陰與《竹書》相齮齕；又託孔氏傳以黜鄭氏，明君臣上下之義，屏僭越抗害之譚，以觸當時之忌，故自隱其姓名。」錫瑞案：近儒江、段、孫、王，皆尊鄭而黜孔，焦氏獨稱孔傳之善，可謂特見。惟未知孔傳實王肅僞作，故所説有得有失。肅之學得之父朗，朗師楊賜，楊氏世傳歐陽《尚書》。洪亮吉《傳經表》以肅爲伏生十七傳弟子，是肅亦今文家之支流。肅又好賈、馬之學，則兼通古文者。雜糅今古與鄭君同，而立意與鄭君爲難。鄭注《書》從今文，則以古文駁之；鄭從古文，則又以今文駁之。肅以今文駁古文，實有勝鄭注者，焦氏所舉以稽古爲考古，以四罪爲禹治水之前，以居東爲東征，以罪人爲禄父、管、蔡，是其明證。至信僞孔疑《史記》、《明堂位》，則其説非是。《史記》引《書》最古，明有「帝曰」，豈可妄去？舜、禹同爲堯臣，禹可直斥丹朱，何以舜獨不可？周公稱王，非獨見於《明堂位》，荀子親見百篇《尚書》，其書中屢言之。伏《傳》、《史記》皆云「周公居攝」，豈可改易古事，强爲迴護？焦氏乃以作傳者以觸時忌，自隱姓名，則尤求之過深。肅與司馬氏昏姻，助晉篡魏，豈能明君臣屏僭越者？若僞作《竹書》者，言啓殺益，太甲殺伊尹，反似改古事以儆亂臣，又何必作僞古文以與《竹書》相齮齕乎？焦循之子廷琥作《尚書申孔篇》，與其父所見同，中有數條，即《補疏序》所説，餘瑣細不足辨，茲不具論。

論宋儒體會語氣勝於前人，而變亂事實不可爲訓

孔傳立學，行數百年，至宋而漸見疑；蔡傳立學，行數百年，至今又漸見廢。陳澧曰：「近儒説《尚書》，考索古籍，罕有道及蔡仲默《集傳》者矣。然僞孔傳不通處，蔡傳易之，甚有精當者，江艮庭《集注》多與之同。《大誥》：『若兄考乃有友伐厥子，民養其勸弗救。』僞孔傳云：『以子惡故。』孔疏云：『民皆養其勸伐之心不救之。』此甚不通。蔡傳云：『蘇氏曰：養，厮養也，謂人之臣僕。言若父兄有友攻伐其子，爲之臣僕者，其可勸其攻伐而不救乎？』江氏注云：『長民者其相勸止不救乎？』《召誥》：『王敬作所，不可不敬德。』僞孔云：『敬爲所不可不敬之德。』蔡云：『所，處所也，猶所其無逸之所。王能以敬爲所，則無往而不居敬矣。』江云：『王其敬爲之所哉？言處置之得所也。』❶《召誥》：『我不敢知曰。』僞孔云：『我不敢獨知，亦王所知。』蔡云：『夏商歷年長短，所不敢知，我所知者惟不敬厥德，即墜其命也。』江云：『夏殷歷年長短，我皆不敢知，惟知其皆以不敬德，故早墜其命。』《君奭》：『襄我二人。』僞孔云：『當因我文武之道而行之。』蔡云：『王業之成，在我與汝而已。』江云：『二人，己與召公也。』❷《多方》：『我惟時其戰要囚之。』僞孔

❶「言」，原作「而」，據《皇清經解續編》本《東塾讀書記》改。

❷「己」，原脱，據《東塾讀書記》補。

云：『謂討其倡亂，執其朋黨。』蔡云：『我惟是戒懼而要囚之。』江云：『戰，懼也。』《康王之誥》：『惟新陟王。』僞孔云：『惟周家新升王位。』蔡云：『陟，升遐也。成王初崩，未葬未謚，故曰新陟王。』江云：『陟，登假也，謂崩也。成王初崩未有謚，故稱新陟王。』《秦誓》：『昧昧我思之。』僞孔云：『惟察察便巧善爲辨佞之言，使君子迴心易辭，我前多有之。以我昧昧思之，不明故也。』蔡云：『昧昧而思者，深潛而静思也。』以『昧昧我思之』屬下文。江云：『昧昧我思者，是穆公自道思此一介臣，非謂前日之昧昧于思也。此文當爲下文緣起。』此皆蔡傳精當，而江氏與之同者。如爲暗合，則於蔡傳竟不寓目，輕蔑太甚矣。如覽其書，取其説而没其名，則尤不可也。」錫瑞案：陳氏取蔡傳，與焦氏取孔傳同一特見。宋儒解經，善於體會語氣，有勝於前人處，而其失在變易事實，以就其説。《尚書》載唐、虞、三代之事，漢初諸儒去古未遠，其説必有所受。宋儒乃以一己所見之義理，懸斷千載以前之故事，甚至憑恃臆見，將古事做過一番。雖其意在維持名教，未爲不善，然維持名教亦只可借古事發論，不得翻前人之成案。孔傳謂周公不稱王，伊尹將告歸，已與古説不符，而蔡傳引宋人之説又加甚焉。「西伯戡黎」，伏《傳》、《史記》皆云文王伐耆，黎即耆，西伯即文王。蔡傳獨爲文王回護，以西伯爲武王，其失一也。《大誥》「王若曰」，鄭注：「王謂攝也，周公居攝命大事，則權代王也。」伏《傳》、《史記》皆云周公居位踐阼，則鄭説有據。蔡傳從孔傳，以爲周公稱成王命以誥，其失二也。《康誥》「王若曰：孟侯，朕其弟，小子封」，《漢書·王莽傳》引《書》解之曰：「此周公居攝稱王之文也。」蔡傳不信周公稱王之事，從蘇氏説，移篇首四十八字於《洛誥》上。又無以解「朕其弟」之語，遂以爲武王封康叔。不知《史記》明言「康叔封、冉季載皆少，未得封」，是武王無封康叔事。《左氏傳》祝鮀言「周公尹天下，封康叔」，鮀以衛人言衛事，豈猶有誤？而横造事實，擅移經文，其失三也。《洛誥》「王命周公後，作册逸誥，在十有二月。惟周公誕保文武受命，惟七年」，言周公七年致政，當歸國，成王留公，命伯禽就國爲公後。蔡傳乃以爲王命周公留後治洛。不知唐置節度使乃有留後，周無此官，周公老於豐，薨於豐，並無治洛之事。其失四也。宋儒習見莽、操，妄託古人，故極力回護，欲使後世不得藉口。不知古人行事，光明磊落，何待後儒回護？王莽託周公，無傷於周公；曹操託文王，無傷於文王。天位無常，惟有德者居之，聖人無闇干非分之心。而天與人歸，則亦不得不受禪讓。易而傳子，又復易爲征誅，事雖不同，其義則一。稷、契同受封於舜、禹，周之先本非商之臣。不窋失官，公劉、太王遷豳，岐，商王未嘗過問。文王始率諸侯事紂，後入朝而被囚，釋歸而諸侯皆從之，受命稱王，何損至德？《詩》、《書》皆言文王受命，伏《傳》言受命六年稱王，《史記》言詩人道西伯蓋受命之年稱王，此漢初古説可信者。必以文王稱王爲非，則湯之伐桀亦非，舜、禹之受禪亦非，必若巢、許而後可也。至周公居攝，尤是常事。古有攝主，見《禮記·曾子問》。君薨而世子未生，則有上卿攝國事，稱攝主。此上卿蓋同姓子弟，世子生則避位，或生非世子，則攝主即真。

觀《左氏傳》：「季孫有疾，命正常曰：南孺子之子，男也，則以告而立之；女也，則肥也可。」賈誼上疏有「植遺腹，朝委裘」之文，是其明證。或世子生而幼，國有大事，亦必有人攝行。鄭注命大事權代王，並無語弊。武王薨而東諸侯皆叛，周之勢且岌岌。成王幼，不能親出，公不權代王以鎮服天下，大局將不可問，事定而稽首歸政，可告無罪於天下萬世矣。後世古義不明，即有親賢處周公之位者，亦多畏首畏尾。如蕭齊竟陵王子良，以此自誤，並以誤國。蓋自馬、鄭訓「我之弗辟」爲避位，已非古義。宋儒以力辨公不稱王之故，臆撰武王封康叔、周朝設留後之事以爲左證，使後世親賢當國者誤信其説，避嫌而不肯犯難，必誤國事，是尤不可不辨。古人事實不可改易，如編小説、演雜劇者，借引古事，做過一番，以就其説，此在彈詞、演劇，可不拘耳。若以此解經，則斷乎不可。

論僞孔《書》相承不廢，以其言多近理，然亦有大不近理者，學者不可不知

僞孔古文《尚書》自宋至今，已灼知其僞矣，而猶相承不廢，是亦有故。宋之不廢者，「人心惟危」四句，❶宋儒以爲道統相傳。而其《進尚書注表》，首以三聖傳心爲説。而四語出僞《大禹謨》，故宋儒雖於僞傳獻疑，而於僞經疑信參半。王鳴盛《蛾術編》戲以虞廷十六字爲《風俗通》所言「鮑君神」之類，此在今日漢學家吐棄宋學，乃敢爲此語，而在當日，固無不尸祝俎豆者也。此其遠因一。且古文雖僞，而言多近理，非止

❶「危」，原作「微」，據《尚書》改。下一「人心惟危」同。

「人心惟危」四句。真德秀曰：「開萬世性學之源，自成湯始。」敬、仁、誠並言始見於此，三者堯、舜、禹之正傳也。此皆出僞古文，爲宋儒言道學所本，故宋儒不敢直斥之而且尊信之。此其遠因二。近儒不尊宋學，斥僞經亦甚於宋儒，而至今仍不廢者，阮元曰：「古文《尚書》孔傳出東晉，漸爲世所誦習，其中名言法語，以爲出自古聖賢，則聞者尊之。故宇文周主視太學，太傅于謹爲三老。帝北面訪道，謹曰：『木從繩則正，后從諫則聖。』帝再拜受言。唐太宗見太子息于木下，誨之曰：『木受繩則正，后從諫則聖。』唐太宗自謂兼將相之事，給事中張行成上書，以爲禹不矜伐，而天下莫與之争，上甚善之。唐總章元年太子上表曰：『《書》曰，與其殺不辜，寧失不經。伏願逃亡之家免其配役。』從之。凡此君臣、父子之間，皆得陳善納言之益。是知其僞，而欲留爲納言之益。」此近因一。龔自珍述莊存與之言曰：「帝胄天孫，不能旁覽雜氏。惟賴幼習五經之簡，長以通於治天下。昔者《大禹謨》廢，人心道心之旨、殺不辜寧失不經之誡亡矣；《太甲》廢，儉德永圖之訓墜矣；《仲虺之誥》廢，謂人莫己若之誡亡矣；《説命》廢，股肱良臣啓沃之誼喪矣；《冏命》廢，左右前後皆正人之美失矣。公乃計其委曲，退直上書房，日著書，曰《尚書既見》如干卷，數數稱《禹謨》、《虺誥》、《伊訓》，是《書》頗爲承學者詬病，而古文竟獲仍學官不廢。」是知其僞而恐廢之無以垂誡，此其近因二。有此四故，故得相承不廢。然而過書舉燭，國賴以治，非郢人之意也；齊求岑鼎，魯應以贋，非柳下所許也。

古文雖多格言，而僞託帝王則可惡。且其言多近理，亦多不近理者。如《大禹謨》「舞干羽于兩階，七旬，有苗格」，爲宋人重文輕武、口不言兵所藉口。《胤征》「威克厥愛，允濟」，爲楊素等用兵好殺之作俑。《仲虺之誥》「若苗之有莠，若粟之有秕，小大戰戰，罔不懼于非辜」，則湯之伐桀爲自全計，非爲弔民。《咸有一德》「伊尹既復政厥辟，將告歸」，則伊尹不曾相太甲，與《君奭》所言及《左氏傳》「伊尹放太甲而相之」義違。《泰誓》三篇數殷紂罪，有「刳剔孕婦，斮朝涉之脛，剖賢人之心」等語，宋人遂疑湯數桀之罪簡，武數紂之罪太甚；而罪人以族，非三代以前所有；「時哉不可失」，亦非弔民伐罪之言。《旅獒》太保訓王云「功虧一簣」，宋人遂疑湯伐桀後，猶有慚德；武伐紂後，一事不做。《君陳》以「爾有嘉謀嘉猷」爲康王語，宋人遂謂康王失言。此皆僞古文之大不近理者。而割裂古書，綴輯成文，詞意亦多牽强不相貫串。如《孟子》引：「王曰：『無畏，寧爾也，非敵百姓也。』若崩厥角稽首。」夾議夾叙，詞意極明。僞孔乃更之曰：「勖哉夫子，罔或無畏，寧執非敵，百姓懔懔，若崩厥角。」無論如何解説，必不可通，似全不識文義者所爲。此等書豈可以教國胄？毛奇齡以祖僞古文之故，至謂《論語》引《書》有四，無不改其詞、篡其句、易其讀者。僞孔擅改古經，顯違孔訓，僭妄已極。奇齡不罪僞孔，反歸罪於孔子改經，可謂悍然無忌憚矣。

論僞古文多重複，且敷衍不切

《尚書》與《春秋》，皆記事之書，所記之

事必有義在。孔子之作《春秋》，非有關繫足以明義者不載，事見於前者不復見於後，所以省繁複也。故孔子之删《書》，亦非有關繫足以明義者不載，事見於前者不復見於後，亦所以省繁複也。古書詳略互見，變化不拘，非同後世印板文字，有一定之例。《堯典》兼言二帝，合爲一篇，聖德則堯詳於舜，政事則舜詳於堯，是詳略互見之法。而作僞者不達此義，别出《舜典》一篇，以爲不應略於舜之聖德，乃於《舜典》篇首僞撰二十八字以配《堯典》。不顧文義，首尾横決，由不曉古書之法也。《盤庚》三篇旨意不同，上篇告親近在位者，中篇告民之弗率，下篇既遷之後申告有衆，未嘗有重複之義。《康誥》、《酒誥》、《梓材》皆言封康叔，《召誥》、《洛誥》皆言營洛都，旨意不同，亦未嘗有重複之義。而僞孔書《太甲》三篇、《説命》三篇皆上、中、下文義略同，且辭多膚泛，非但上、中、下篇可移易，而伊尹之辭可移爲傅説，傅説之辭可移爲伊尹，伊尹、傅説之辭又可移爲《大禹謨》之禹、皋，以皆臣勉其君，而無甚區别也。《泰誓》三篇，皆數紂罪而無甚區别。使真如此文繁義複，古人何必分作三篇？今文《尚書》二十九篇，篇篇有義，初不犯複，其辭亦無複見。若僞古文不但旨意略同，其辭亦多雷同，《太甲下》與《蔡仲之命》雷同尤甚。《太甲下》云：「惟天無親，克敬惟親，民罔常懷，懷于有仁，德惟治，否德亂，與治同道罔不興，與亂同事罔不亡。」《蔡仲之命》云：「皇天無親，惟德是輔，民心無常，惟惠之懷。爲善不同，同歸于治，爲惡不同，同歸于亂。」其文義不謂之雷同，得乎？《太甲下》云：「慎終于始。」《蔡仲之命》云：「慎厥初，惟厥終。」亦雷同語。蓋其書本憑空結撰，其胸中義理又有限，止此敷衍不切之語，説來説去，層見疊出。又文多駢偶，似平正而實淺近，以比《尚書》之渾渾灝灝者，迥乎不同。而雜湊成篇，尤多文不合題之失。姚鼐謂古文《尚書》多不切，文之不切者皆不中於理，可謂知言。漢古文學創通於劉歆，僞古文《書》撰成於王肅，亂經之人，遞相祖述。古天子、諸侯皆五廟，至周始有七廟，劉歆以爲周以上皆七廟。《吕覽》：「五世之廟，可以觀怪。」僞古文《咸有一德》改云：「七世之廟，可以觀德。」後世遂引爲商時七廟之證。此肅本之於歆者也。《異義》：「天子六卿，周制；三公九卿，商以前制；周三公在六卿中，見《顧命》，而無三孤。」僞古文《周官》有三公三孤，本《漢書·百官公卿表》，《表》又出於莽、歆之制，又肅本之於歆者也。古云「相某君」是虚字，不以爲官名，僞古文《説命》「爰立作相」，又誤沿漢制而不覺者。《左氏傳》「仲虺爲湯左相」，亦可疑。

論孔傳盡釋經文之可疑及馬、鄭古文與今文駁異之可疑

《朱子語録》云：「某嘗疑孔安國書是假書，比毛公《詩》如此高簡，大段省事。漢儒訓釋文字多是如此，有疑則闕。今此卻盡釋之，豈有千百年前人説底話，收拾於灰燼屋壁中，與口傳之餘，❶更無一字訛舛？理會不得，如此可疑也。」錫瑞案：朱子之

❶「口」，原作「日」，據明成化九年陳煒刻本《朱子語類》改。

說，具有特見。漢初說《易》者舉大誼，如丁將軍者是；說《詩》者無傳疑，如魯申公者是。毛公之傳未知真出漢初與否，而其文亦簡略，未嘗字字解經。惟僞孔於經盡釋之，此僞孔傳所以可疑。蔡沈曰：「今文多艱澀，而古文反平易。伏生倍文暗誦，乃偏得其所難，而安國考定於科斗古書錯亂摩滅之餘，反專得其所易，則又有不可曉者。」吴澄曰：「伏生書雖難盡通，然詞義古奥，其爲上古之書無疑。梅頤所增，體製如出一手，采輯補綴，雖無一字無所本，而平緩卑弱，殊不類先漢以前之文。夫千年古書，最晚乃出，而字畫略無脱誤，文勢略無齟齬，不亦大可疑乎？」蔡氏、吴氏之說，亦有特見。伏、孔之書難易不同，伏生不應獨記其難，安國不應專得其易，此僞孔經所以可疑。而由二家之說推之，《尚書》之可疑者非直此也。僞孔書無論矣，二十九篇今古文同，而夏侯、歐陽之今文，與馬、鄭、王之古文，其字句又不同。今以熹平石經及兩漢人引用《尚書》之文攷之，其異於馬、鄭古文者亦多，今文艱澀而古文平易，試舉數條以證。《盤庚》「器非求舊」，石經求作救，求、救音近得通，求字易而救字難也。《洪範》「鯀堙洪水」，石經堙作伊，堙、伊音近叚借，堙字易而伊字難也。「保后胥戚」，石經戚作高，戚、高音近叚借，戚字易而高字難也。「無弱孤有幼」，石經弱作流，弱、流音近叚借，弱字易而流字難也。《無逸》「乃諺」，石經作乃憲；「既誕」，石經作「既延」，諺憲、誕延音近得通，諺、誕易而憲、延難也。「無皇」，石經作「毋兄」，皇、兄音近得通，皇字易而兄字難也。「此厥不聽」，石經聽作聖，聽、聖音近得通，聽字易而聖字難也。《立政》「相時憸民」，石經憸作散，憸、散音近叚借，憸字易而散字難也。以此推之，不但世所傳今文多艱澀，而僞孔古文反平易；即漢所傳今文亦多艱澀，而馬、鄭古文反平易；不但僞孔古文可疑，即馬、鄭古文亦不盡可信矣。惜《經典釋文》不列三家《尚書》之異同，使學者無由見。今文真本，所[illegible]以略可攷見者，惟石經殘字十數處及也疏引「優賢揚歷」、「臏宫劓割頭庶剠」數處而已，❶豈不惜哉！竊意東漢諸儒之傳古文，蓋亦多以訓故改經，與太史公《史記》相似。有字異而義相同者，如《般庚》「器非求舊」之類是也；有字異而義選失者，❷如《般庚》「優賢揚歷」之類是也。然則今之僞孔增多古文，固皆撰造，而非安國之真，即僞孔同於馬、鄭二十九篇之古文，亦有之竄而非伏生之舊者。❸僞孔所造古文固當删棄，即僞孔同於馬、鄭之古文，後人以爲真是伏生之所親傳，孔子之所手定，亦豈可盡信哉！《孟子》曰：「盡信書則不如無書。」觀於世所傳之《尚書》，益歎孟子之言爲不妄也。

論《尚書》有不能解者當闕疑，不必强爲傳會，漢儒疑辭不必引爲確據

子曰：「多聞闕疑。」又曰：「君子於其所不知，蓋闕如也。」然則聖人生於今日，其解經必不鄉壁虚造而自欺欺人也明矣。《尚書》最古，文義艱深，伏生易爲今文。而

❶「也」，疑當作「孔」。
❷「選」，疑當作「違」。
❸「之竄」，於意難通，疑有訛誤。

史公著書，多以訓故改經；馬、鄭名傳古文，而與今文駁異者，亦疑多以訓故改經。其必改艱深爲平易者，欲以便學者誦習也。而二十九篇傳於今者，猶未能盡索解人。周《誥》、殷《盤》，詰屈聱牙，韓文公已言之。《尚書》之難解，以諸篇爲尤甚。如《大誥》之「今蠢今翼日」，「乃有友伐厥子，民養其勸勿救」，《盤庚》之「弔由靈」，「用宏兹賁」等語，或由方言之莫識，或由簡策之傳訛，無論如何曲説，終難據爲確解，而孔傳强爲解之，近儒江、王、孫又强爲解之，此皆未敢信爲必然，當從不知蓋闕者也。北魏徐遵明解經，史稱其穿鑿，所據本「八寸策」誤作「八十宗」，遂强以八十宗解之。然則强不知以爲知，非皆八十宗之類乎？漢儒解經，其有明文而能自信者，即用決辭；其無明文而不能自信者，即爲疑辭。如《堯典》之「羲和」，疏引鄭云：「高辛氏之世，命重爲南正司天，黎爲火正司地。堯育重黎之後，羲氏、和氏之子賢者，使掌舊職天地之官，亦紀於近，❶命以民事，其時官名蓋曰稷、司徒。」錫瑞案：鄭以四子分屬四時，羲、和實司天地。地官司徒猶可强附，天官爲稷，並無明文。《國語》云「稷爲大官」，有誤作「天官」者。《緯》云：「稷爲司馬。」又云：「司馬主天。」故鄭君以此傅會之，云：「初堯天官爲稷，禹登用之年，舉棄爲之。時天下賴后稷之功，故以官名通稱。」箋《詩》又云：「堯登用之，使居稷官，民賴其勞。後雖作司馬，天下猶以后稷稱焉。」鄭之彌縫，亦云至矣。然如其説，則棄於堯時已爲天官，其位最尊，若周之冢宰矣，何以

❶「近」下，原衍「氏」字，據賈公彦《周禮正義序》删。

堯舜禪讓皆不及棄？且稷爲天官，司馬爲夏官，天官尊於夏官，后稷有功於民，何以反由天官降爲司馬？舜命九官，並無司馬之名，鄭知其無明文，不能自信，故云「蓋曰稷司徒」。凡言「蓋」者，皆疑辭也。《周禮疏序》又引鄭云：「堯既分陰陽爲四時，命羲仲、和仲、羲叔、和叔等爲之官，又主方岳之事，是爲四岳。掌四時者曰仲叔，則掌天地者，其曰伯乎？」案：鄭以四子即四岳，又別有掌天地之官，與兩漢今文説不同。鄭知其無明文，不能自信，故云「其曰伯乎」。凡言「乎」者，皆疑辭也。其不敢爲決辭，猶見先儒矜慎之意。後之主鄭義者，必强傅會以爲確據，非但不知聖人闕疑之旨，並先儒矜慎之意，亦失之矣。

論僞古文言仁言性言誠，乃僞孔襲孔學，非孔學出僞書

王應麟曰：「《仲虺之誥》，言仁之始也；《湯誥》，言性之始也；《太甲》，言誠之始也；《説命》，言學之始也，皆見於《商書》。『自古在昔，先民有作。温恭朝夕，執事有恪』，亦見於《商頌》。孔子之傳，有自來矣。」錫瑞案：《商書》四篇，皆出僞孔古文，惟《禮記·文王世子》引《兑命》曰：「念終始典于學。」鄭注：「兑，當爲説。《説命》，《書》篇名，殷高宗之臣傅説之所作。」是王氏所舉《商書》四篇之語，惟「學」之一字，實出《説命》，其餘皆未可據。宋儒講性理，故於古文雖知其僞，而不能不引以爲證，其最尊信者「危微精一」十六字之傳。

考「人心之危，道心之微」二語，出《荀子》引《道經》。荀子親見全《書》，若出《尚書》，不當引爲《道經》。既稱《道經》，不出《尚書》可知。僞孔以羼入《大禹謨》，宋儒乃以四語爲傳心祕訣。四語惟「允執厥中」出《論語·堯曰篇》「允執其中」，實有可據。二帝相傳，即此已足。《中庸》稱「舜執其兩端，用其中於民」，正是推闡「允執其中」之義。《論語》云「舜亦以命禹」，足見二帝相傳無異。朱注云：「今見於《虞書·大禹謨》，比此加詳。」如其説，則堯命舜爲寥寥短章，舜命禹爲洋洋大篇，由誤信僞古文，與《論語》「亦」字不合。大凡理愈推而愈密，辭愈衍而愈詳，性理自堯舜至孔孟而後，推衍精詳。前此或有其義而無其文，要其義亦足以盾之。如《堯典》云「欽明文思安安」等語，《史記·堯本紀》譯其文，而代以「其仁如天，其知如神」等語，是當時已有「仁」之義也。孟子曰：「堯舜，性之也。」是當時已有「性」之義也。今文《尚書》「文思」作「文塞」，塞有誠實之義，是當時已有「誠」之義也。古文字簡略，而義已包括於其中，何必謂《虺誥》言仁，《湯誥》言性，《太甲》言誠，至《商書》始發其義乎？典以欽始，謨以欽終，二帝相傳心法，「欽」之一字足以括之，何必十六字乎？僞孔古文出於魏晉孔孟之學大明之時，掇拾闕里緒言，撰成僞書文字，此乃僞孔書襲孔學，非孔學本於僞孔書。王氏不知，乃以此等書爲聖學所自出，豈非顛倒之甚哉！惟《商頌》作於正考父，乃孔子六世祖。以爲孔子之傳有自來，其説尚不誤耳。然亦本於近祖正考父，而非本於遠祖商王也。

論王柏《書疑》疑古文有見解，特不應並疑今文

王柏《書疑》與《詩疑》皆爲人詬病。王氏失在並今文而疑之耳，疑古文不得謂其失也。其疑僞孔尚書序曰：「其一曰：『《三墳》之書言大道，《五典》之書言常道。』所謂《三墳》、《五典》、《八索》、《九邱》者，古人固有此書，歷代相傳，至夫子時已删而去之，則其不足取以爲後世法可知矣。《序》者欲誇人以所不知，遂敢放言以斷之曰，此言大道，此言常道也。使其果有聖人經世治民之道，登載於簡籍之中，正夫子之所願幸，必爲之發揮紀述，傳之方來，必不芟夷退黜，使堙没於後世。夫天下之論，至孔子而定；帝王之書，至《堯典》而始。上古風氣質朴，隨時致治，史官未必得纂紀之要。故夫子定《書》，所以斷自唐虞者，以其立政有綱，制事有法，可以爲萬世帝王之軌範也。唐虞之下，且有存有亡，有脱有誤；唐虞之上，千百年之書，❶孰得其全而傳之，孰得其要而繹之？❷予嘗爲之説曰，凡帝王之事，不出於聖人之經者，皆妄也。學者不當信其説，反引以證聖人之經也。其二曰：『孔壁之書，皆科斗文字。』予嘗求科斗之書體，茫昧恍惚，不知其法。後世所傳夏商鬴鬲盤匜之類，舉無所謂科斗之形。或謂科斗者，顓頊之時書也。序者之言，不過欲耀孔壁所藏之古耳。謂科斗始於顓帝者，亦不

❶「書」，原作「前」，據《通志堂經解》本《書疑·書大序》改。

❷「繹」，原作「詳」，據《書疑·書大序》改。

過因序者之言，實以世代之遠而傅會之。且曰『科斗書廢已久，時人無能知者』，又不知何以參伍點畫，考驗偏傍，而更爲隸古哉？於是遂遁其詞曰『以所聞伏生之書，考論文義，定其可知者』，則是古文之書，初無補於今文，反賴今文而成書。本欲尊古文，而不知實陋古文也。」錫瑞案：王氏辨孔序二條，皆有見解。知《尚書》以孔子所定爲斷，則鄭樵信《三墳》，王應麟輯三皇五帝書，愛奇炫博，皆可不必。知古文科斗之無據，則非惟僞孔序不足信，即鄭君《書贊》曰「《書》初出屋壁，皆周時象形，今所謂科斗書。以形言之爲科斗，指體即周之古文」，亦未可信。晉王隱謂：「科斗文者，其字頭麤尾細，似科斗之蟲，故俗名之焉。」段玉裁據此，以科斗文乃晉人里語，孔叙《尚書》乃有科斗文字之稱，其僞顯然。攷鄭君《書贊》已云科斗書，則段説未確。案：鐘鼎文無頭麤尾細之形，王氏已明言之。《説文》所列古文，亦不似科斗。然則古文科斗之説，乃東漢古文家自相矜炫。鄭君信其説而著之《書贊》，僞孔又信鄭説而著之書序也。王氏知古文之僞，不知今文之真。其並疑今文，在誤以宋儒之義理，準古人之義理；以後世之文字，繩古人之文字。蘇軾疑《顧命》不當陳設吉禮，趙汝談疑《洪範》非箕子作，晁以道疑《堯典》、《禹貢》、《洪範》、《吕刑》、《甘誓》、《盤庚》、《酒誥》、《費誓》諸篇。見《容齋三筆》。《書疑》多本前人，亦非王氏獨創。特王氏於《尚書》篇篇獻疑，金履祥等從而和之，故其書在當時盛行，而受後世之掊擊最甚。平心而論，疑經改經，宋儒通弊，非止王氏，皆由不信經爲聖人手定。王氏《詩疑》，删鄭、衛詩，竄改《雅》、《頌》，僭妄太甚，《書疑》猶可節取。

論劉逢禄、魏源之解《尚書》多臆説，不可據

今古文之興廢，皆由《公羊》、《左氏》爲之轉關。前漢通行今文，劉歆議立《左氏春秋》，於是牽引古文《尚書》、《毛詩》、逸《禮》諸書，以爲之佐。後漢雖不立學，而古文由此興，今文由此廢。以後直至國朝諸儒，昌明漢學，亦止許、鄭古文。及孔廣森專主《公羊》，始有今文之學。陽湖莊氏，乃推今《春秋公羊》義並及諸經，劉逢禄、宋翔鳳、龔自珍、魏源繼之，而三家《尚書》、三家《詩》，皆能紹承絶學。凌曙、陳立師弟，陳壽祺、喬樅父子，各以心得，著爲專書。二千餘年之墜緒，得以復明；十四博士之師傳，不至中絶。其有功於聖經甚大，實亦由治《公羊春秋》，漸通《詩》、《書》、《易》、《禮》之今文義也。常州學派蔚爲大宗，龔自珍詩所謂「祕緯户户知何休」者，蓋《公羊》之學爲最精，而其説《尚書》則有不可據者。劉逢禄《書序述聞》多述莊先生説，不補《舜典》，不信逸《書》，所見甚卓，在江、孫、王諸家之上；而引《論語》、《國語》、《墨子》以補《湯誓》，以《多士》、《多方》爲有錯簡而互易之，自謂非敢蹈宋人改經故轍，而明明蹈其故轍矣。《盤庚》以「咸造勿」爲句，謂勿爲古文笏。《微子》以「刻子」讀爲「亥子」。《洪範》序以「立武庚㠯」爲句，❶謂已當作祀。《洛誥》以「王賓殺禋」爲句，「咸格王」爲句，「入太室祼」爲句，謂殺當爲秉，秉禋即奉璋也。《顧命》「太保命仲桓、南宫毛俾

❶「㠯」，原作「目」，據《皇清經解續編》本《書序述聞》改。

爰」爲句，爰者，扶掖之名。《畢命》序以「康王命作册」爲句，「畢分居里成周郊」爲句，謂畢，終也，周公、成王未竟之業至康王始畢之。皆求新而近鑿。《太誓》序「惟十有一年」爲武王即位之十一年，不蒙文王受命之年數之，與今文、古文皆不合。至於不信周公居攝之説，以孫卿爲誣聖亂經；不取太子孟侯之文，以伏《傳》爲街談巷議；不用孟津觀兵之義，以馬遷爲齊東野人，横暴先儒，任意武斷，乃云「漢儒誣之於前，宋儒亂之於後」，其實莊氏所自矜創獲，皆陰襲宋儒之餘唾，而顯背漢儒之古訓者也。孫卿在焚書之前，伏生爲傳經之祖，太史公去古未遠，其説必有所受。乃以理斷之，謂皆不可信，宋儒之説獨可信乎？宋儒已不可信，莊氏之説又可信乎？劉逢禄雖尊信之，宋翔鳳、龔自珍皆不守其説。魏源尊信劉逢禄，其作《書古微》痛斥馬、鄭，以扶今文，實本莊、劉，更參臆説。補《湯誓》，本莊氏；補《舜典》、《湯誥》、《牧誓》、《武成》，則莊氏所無。《周誥分年集證》將《大誥》至《洛誥》之文，盡竄易其次序，與王柏《書疑》無以異。以管叔爲嗜酒亡國，則雖宋儒亦未敢爲此無據之言。而於《金縢》「未敢訓公」之下，既知必有缺文，又云「後半篇不如從馬、鄭説。西漢今文，千得豈無一失；東漢古文，❶千失豈無一得」，則其解經並無把握，何怪其是末師而非往古乎？解經但宜依經爲訓，莊、劉、魏皆議論太暢，此宋儒説經之文，非漢儒説經之文。解經於經無明文者，必當闕疑，莊、劉、魏皆立論太果，此宋儒武斷之習，非漢儒矜慎之意也。

❶「東」，原作「一」，據光緒四年刻本《書古微》卷九改。

論孔子序《尚書》略無年月，《皇極經世》、《竹書紀年》所載共和以前之年皆不足據

太史公《三代世表》曰：❶「孔子因史文次《春秋》，紀元年，正時日月，蓋其詳哉。至於序《尚書》，則略無年月，或頗有，然多闕，不可録，故疑則傳疑，蓋其慎也。余讀諜記，黄帝以來，皆有年數。稽其歷譜諜終始五德之傳，古文咸不同乖異。夫子之弗論次其年月，豈虛哉？於是以五帝繫諜、《尚書》，集世紀黄帝以來訖共和，爲《世表》。」《十二諸侯年表》曰：「於是譜十二諸侯，自共和訖孔子。」錫瑞案：太史公於共和以前，但表其世，自黄帝始，至共和二伯行政止；共和以後，始表其年，自庚申共和元年以宣王少大臣共和行政始，至甲子周敬王四十三年崩止。蓋史公所據載籍，於共和以前之年歲已不可考。故史公作五帝、夏、商、周《本紀》，但書某帝王崩，某帝王立；周宣王後，始紀崩年，正所謂「疑則傳疑，蓋其慎也」。鄭君《詩譜》曰：「夷、厲以上，歲數不明，太史《年表》，自共和始，歷宣、幽、平王而得春秋次第，以立斯譜。」是鄭君亦不能知共和以前也。《漢書·律曆志》據劉歆三統術曰：「夏后氏繼世十七王，四百三十二歲，自伐桀至武王伐紂六百二十九歲，故傳曰『殷載祀六百』。《殷曆》曰，當成湯方即世用事十三年十一月甲子朔旦冬至，終六府首。❷當周公五年，則爲

❶「史」，原作「平」，據文意改。

❷「終」，原作「於」，據《漢書》改。

距伐桀四百五十八歲，❶少百七十一歲，不盈六百二十九。又以夏時乙丑爲甲子，計其年，迺孟統後五章癸亥朔旦冬至也。以爲甲子府首皆非是。凡殷世繼嗣三十一王，六百二十九歲。《春秋》、《殷曆》皆以殷。魯自周昭王以下亡年數，故據周公、伯禽以下爲紀。」案：劉歆所推據《殷魯曆》，於周僅能舉文、武、成、康之年，昭王以下則不能知。魯則自伯禽至惠公崩年皆具，蓋據曆推之不能備，而亦不盡可信者也。今即《尚書》而論，堯在位七十載雖有明文，然不知從何年數起。舜生三十徵庸，三十在位，五十載陟方乃死，亦有明文，不知從何年數起。鄭本作「徵庸二十」，其年又異。殷中宗七十有五年，高宗五十有九年，祖甲三十有三年，有明文，而今文「祖甲」作「太甲」不同，「高宗饗國百年」，其年又異。文王享國五十年，穆王享國百年，有明文，亦不知從何年數起。故孔子序《書》，略無年月，疑在孔子時，已不盡可考矣。皇甫謐《帝王世紀》載帝王在位之年，不知從何得之。《竹書紀年》據束晳所引，云「夏年多殷」，與《左氏傳》、《漢志》不同。今《紀年》云，自禹至桀十七世，用歲四百七十一年，自成湯滅夏以至於受二十九王，用歲四百九十六年，仍殷年多夏，而與《左氏傳》、《漢志》亦異。疑皆以意爲説，當從不知蓋闕者也。劉恕作《通鑑外紀》，起三皇五帝，止用共和，載其世次而已。起共和至威烈王二十二年丁丑，四百三十八年爲一編。又作《疑年譜》、《年略譜》，謂：「先儒叙包羲、女媧，下逮三代，享國之歲，衆説不同。懼後

❶「八」，原脱，據《漢書》補。

人以疑事爲信書，穿鑿滋甚，故周厲王以前三千五百一十九年爲《疑年譜》，而共和以下至元祐壬申一千九百一十八年爲《年略譜》。」劉氏原本《史記》，猶不失爲矜慎。自邵子作《皇極經世書》，上稽唐堯受命甲辰之元，爲《編年譜》。胡宏《皇王大紀》、張栻《經世紀年》，皆本其説。張氏云：「外丙、仲壬之紀，康節以數知之，乃合於《尚書》『成湯既没，太甲元年』之説。成湯之後，蓋實傳孫。《孟子》所説，特以太丁未立而卒，方是時，外丙生二年，仲壬生四年耳。」又正武王伐商之年，蓋「武王嗣位十一年矣，故《書序》稱十有一年。而復稱十三年者，字之誤也。是類皆自史遷以來傳習之謬，一旦使學者曉然得其真，萬世不可改者也。」錫瑞案：宋儒好武斷，而自相標榜，至此而極。二帝三代相傳之年，孔子所未言，漢儒所不曉。邵子生於數千載之後，全無依據，而以數推知之，豈可信乎？《孟子》云：「外丙二年，仲壬四年。」必是在位之年。若以年爲年歲，古者植遺腹，朝委裘而天下不亂，豈有二歲、四歲之人不可立者？古文《書序》云「成湯既没，太甲元年」，遺卻外丙、仲壬兩朝，正可以見古文《書序》之僞。邵子不能辨，而據以就其所推之數，誤矣。武王伐殷，十一年、十三年有二説。今文説文王受命七年而崩，武王再期觀兵爲九年，又二年伐紂爲十一年；古文説以文王受命九年而崩，武王再期觀兵爲十一年，又二年伐紂爲十三年，皆蒙文王受命之年而言。邵子不能辨，又不蒙文王受命之年，以爲武王十一年，而十三年字誤，其實並非誤也。張氏所引二事，已皆非是，其餘可知。金履祥《通鑑前編》、許謙《讀書叢説·紀年圖》，皆用邵子之說。元明以來，尊崇宋學，臆推之年，遂成鐵案；編年之史，率沿僞說。世所傳《綱鑑易知録》、《歷代帝王年表》諸書，篇首載帝王之年，歷歷可數。唐堯以上，或出於皇甫謐，要皆俗語不實，流爲丹青，而不知其爲嚮壁虚造也。世傳《竹書紀年》，如以外丙、仲壬列入紀年及所推帝王年代，又與《皇極經世》所推多異，而與僞孔古文《尚書》全符，皆由後人依託爲之，並非汲冢之舊，尤不可據。閻若璩云：「邵子出而數明，上下于萬載罔或抵牾。」此閻氏過信宋學之故，不知皆憑臆撰造也。

論《尚書》是經非史，史家擬《尚書》之非

劉知幾《史通》論史有六體，一曰「《尚書》家」。劉氏是史才，是說作史者摹仿《尚書》有此一家，非說《尚書》也，以此說《尚書》則大誤。其說曰：「《書》之所主，本於號令，所以宣王道之正義，發話言於臣下，故其所載，皆典、謨、訓、誥、誓、命之文。至於堯、舜二《典》，直序人事；《禹貢》一篇，唯言地理；《洪範》總述災祥；《顧命》都陳喪禮，兹亦爲例不純者也。」錫瑞案：聖人作經，非可拘以史例。《漢書·蓺文志》曰：「左史記言，言爲《尚書》；右史記事，事爲《春秋》。」荀悦《申鑒》說同。鄭君《六蓺論》曰：「左史所記爲《春秋》，右史所記爲《尚書》。」是以《玉藻》云：「動則左史書之，言則右史書之。」其分左右，言動互異，不知當以何說爲正。即如諸家之說，亦不過借《尚書》、《春秋》作指點語。劉氏所見過泥，遂以《尚書》專主記言，不當記事，敢議聖經爲例不純。此與《惑經》、《申左》諸篇詆斥

《春秋》同一謬妄，由史家未通經學也。其論孔衍《漢魏尚書》、王劭《隋書義例》準《尚書》之非，❶則甚明確，曰：「原夫《尚書》之所記也，若君臣相對，詞旨可稱，則一時之言，累篇咸載；如言無足紀，語無可述，若此故事，雖有脱略，而觀者不以爲非。案：此足證《尚書》非史，不必疑其略而不備。爰逮中葉，文籍大備，必翦截今文，摸擬古法，事非改轍，理涉守株，故舒元孔衍字。所撰《漢魏》等書，不行於代也。若乃帝王無紀，公卿缺傳，則年月失序，爵里難詳，斯並昔之所忽而今之所要。如君懋王劭字。《隋書》，雖欲祖述商周，憲章虞夏，觀其所述，乃似《孔子家語》、臨川《世説》，可謂畫虎不成反類犬也。」案：史家不知《尚書》是經非史，其書不名一體，非後人所敢妄議；其書自成一經，亦非後人所能摸仿。作史者惟宜撰次當代文章，别定義例，以備觀覽，必不可以憲章虞夏、祖述商周自命，蹈《春秋》吴楚僭王之失。王通作《四範》、《七業》以擬《尚書》，或云僞作。朱子謂：「高、文、武、宣之制，豈有精一執中之傳？」漢帝固不能比古帝王，彼擬《尚書》者，亦何敢自比孔子乎？《尚書璇璣鈐》曰：「孔子求書，得黄帝玄孫帝魁之書，迄于秦穆公，凡三千二百四十篇。斷遠取近，定可以爲世法者百二十篇，以百二篇爲《尚書》，十八篇爲《中候》。」案：《中候勑省圖》、《握河紀》、《運衡》、《考河命》、《題期》、《立象》、《儀明》、《禮闕郵》、《苗興》、《契握》、《雒予命》、《稷起》、《我應》、《雒師謀》、《合符后》、《摘雒戒》、《霸免》、《準纖哲》凡十八篇。緯書雖難盡信，然古時書必不少，孔子但取其可爲法者，餘皆删之，猶作《春

❶「劭」，原作「邵」，據史實改，下同。

秋》，但取其可明義者，餘皆削之。聖人删定六經，務在簡明，便學者誦習。後人不知此旨，嫌其簡而欲求多，於是張霸《書》、僞孔書抵隙而出，史家復從而妄續之。不知史可續，經不可續。孔衍、王劭之擬《尚書》，正與沈既濟、孫甫之擬《春秋》同一謬見也。

論治《尚書》當先看孫星衍《尚書今古文注疏》、陳喬樅《今文尚書經説攷》

孔傳至今日，人知僞作而不足信矣，蔡傳又爲人輕蔑而不屑稱矣。然則治《尚書》者當以何書爲主？陳澧曰：「江、王、段、孫四家之書善矣，既有四家之書，則可删合爲一書，取《尚書大傳》及馬、鄭、王注、僞孔傳，與《史記》之采《尚書》者，《爾雅》、《説文》、《釋名》、《廣雅》之釋《尚書》文字、名物者，漢人書之引《尚書》而説其義者，采擇會聚而爲集解。孔疏、蔡傳以下，至江、王、段、孫及諸家説《尚書》之語，采擇融貫而爲義疏。其爲疏之體，先訓釋經意於前，而詳説文字名物禮制於後，如是則盡善矣。」錫瑞案：陳氏説近是而未盡也。江聲《尚書集注音疏》疏解全經，❶在國朝爲最先，有華路藍縷之功。惟今文搜輯未全，立説亦有未定。如解「曰若稽古」兩歧，孫星衍已辨之。又承東吳惠氏之學，好以古字改經，頗信宋人所傳之古《尚書》，此其未盡善者。王鳴盛《尚書後案》主鄭氏一家之學，❷是爲專門之書。專主鄭，故不甚采今文，且間駁伏生，如解司

❶「解」，原作「觧」，不成字，據文意改。

❷「主」，原作「王」，據文意改。

徒、司馬、司空之類。亦未盡善。段玉裁《古文尚書撰異》，於今古文分別具晰，惟多說文字，尟解經義，且意在祖古文而不信伏生之今文，如《金縢》詆今文說之類。亦未盡善。孫星衍《尚書今古文注疏》，於今古說搜羅略備，分析亦明，但誤執《史記》皆古文，致今古文家法大亂，如《論衡》明引《金縢》古文說，孫以其與《史記》不合，乃曰「王氏充以爲古者，今文亦古說也」，豈非遁詞？亦有未盡善者。然大致完善，優於江、王，故王懿榮請以立學。其後又有劉逢祿《尚書今古文集解》、魏源《書古微》、陳喬樅《今文尚書經說攷》三家之書，皆主今文，不取古文。蓋自常州學派以西漢今文爲宗主，《尚書》一經亦主今文。劉氏、魏氏不取馬、鄭，並不信馬、鄭所傳逸十六篇，其識優於前人。惟既不取馬、鄭古文，則當專宗伏生今文，而劉氏、魏氏一切武斷，改經增經，如魏氏改《梓材》爲《魯誥》，且臆增數篇，攙入《尚書》。從宋儒臆說而變亂事實，與伏生之說大背。如劉氏駁周公稱王之類。魏氏尤多新解，如以管叔爲嗜酒亡國之類。皆不盡善。陳氏博采古說，有功今文，惟其書頗似長編，搜羅多而斷制少；又必引鄭君爲將伯，誤執古說爲今文，以致反疑伏生，違棄初祖，如文王受命、周公避居二事，皆詆伏生老耄，記憶不全。亦有未盡善者，但以捃拾宏富，今文家說多存。治《尚書》者，先取是書與孫氏《今古文注疏》悉心研究，明通大義，篤守其說，可不惑於歧趨。今即近人所著書中酌取兩家之說，指明初學所入門徑，以免歧誤，猶《易》取焦、張兩家之說也。若如陳澧所言，撰爲集解、義疏，當先具列伏《傳》、《史記》之說，字字遵信，加以發明，不可誤據後起之詞，輕疑妄駮；次則取《白虎通》及兩《漢書》所引經說，加以漢碑所引之經，此皆當日通行之今文，足備考證；又次則取馬、鄭、僞孔，擇其善者，以今文爲折衷，合於今文者録之，不合於今文者去之；或於疏引而加駁正。至蔡傳與近儒所著，則於義疏擇取其長，兩説相同，則取先出。如取蔡不取江是。不合於今文者，概置不取，以免轇轕。惟其説尤足惑人，及人所誤信者，乃加辨駁，使勿迷眩。後人以此體例勒成一書，斯爲盡善。否則，俱收並蓄，未能别黑白以定一尊，古今雜淆，漢宋兼采，覽者如入五都之市，瞀惑不知所歸，祇是一部類書，無關一經閎旨，豈得爲善本乎？今人王先謙《尚書孔傳參正》，兼疏今、古文，詳明精確，最爲善本。

經學通論

詩

善化皮錫瑞

論《詩》比他經尤難明，其難明者有八

《詩》爲人人童而習之之經，而《詩》比他經尤難明。其所以難明者，詩本諷諭，非同質言，前人既不質言，後人何從推測。就《詩》而論，有作詩之意，有賦詩之意。鄭君云：「賦者或造篇，或述古。」故《詩》有正義，有旁義，有斷章取義。以旁義爲正義則誤，以斷章取義爲本義尤誤。是其義雖並出於古，亦宜審擇，難盡遵從，此《詩》之難明者一也。漢初傳經皆止一家，《易》出田何，《書》出伏生，惟《詩》在漢初已不名一家，申公、轅固生、韓嬰，魯、齊、韓《詩》並號初祖。故漢十四博士，其先止分五經，《書》惟歐陽，《禮》后，《易》楊，《春秋》公羊，其制最善。後又分出家數，《易》有施、孟、梁邱、京氏，《書》有歐陽、大小夏侯，《禮》大、小戴，《春秋》嚴、顏，其實皆不必分。惟《詩》三家同爲今文，所出各異，當時必應分立，後人不可併爲一談。而專家久亡，大義茫昧，此《詩》之難明者二也。三家亡而毛傳孤行，義亦簡略，猶申公傳《詩》，疑者則闕弗傳，未嘗字字解釋。後儒作疏，必欲求詳，毛所不言，多以意測；或毛義與三家不異，而强執以爲異。軌途既別，溝合無由，此《詩》之難明者三也。鄭君作箋，以毛爲

主，若有不同，便下己意。鄭改經字，多因魯、韓，所謂下己意者，或本三家，或創新解。鄭學雜糅今古，難盡剖析源流，此《詩》之難明者四也。他經之疏，專主一家，惟《詩》毛、鄭並行，南北同尚，唐作《正義》，兼主傳、箋。毛無明文，而孔疏云「毛以爲」者，大率本於王肅，名爲申毛，實則申王。王好與鄭立異，或毛意與鄭不異，又强執以爲異，既分門户，未易折衷，此《詩》之難明者五也。歐陽修《詩本義》始不專主毛、鄭。宋人競立新説，至朱子集其成，元、明一概尊崇，近人一概抹摋。案朱子《集傳》間本三家，實亦有勝於毛、鄭者，而漢、宋强争，今古莫辨，此《詩》之難明者六也。宋人疑經，至王柏而猖狂已極，妄删國風，進退孔子。國初崇尚古學，陳啓源等仍主《毛詩》，後有戴震、段玉裁、胡承珙、馬瑞辰諸人，陳奂《毛氏傳疏》尤備。然毛所不言者，仍不能不補以箋、疏，或且强韓同毛。乾嘉崇尚今文，《齊詩》久亡，孤學復振，采輯三家詩者甚夥。陳喬樅《魯齊韓詩遺説考》尤備，然止能搜求斷簡，未能解釋全經。毛既簡略不詳，三家尤叢殘難拾，故於毛、鄭通其故訓，於三家莫證其微言，此《詩》之難明者七也。三家《序》亡，獨存《毛序》，然《序》亦不盡出毛公。沈重云：「案鄭《詩譜》意，《大序》是子夏作，《小序》是子夏、毛公合作。」鄭於《緇衣》又云：「高子之言非毛公，後人著之。」《後漢·儒林傳》：「衛宏作《毛詩序》。」後人遂謂序首句毛公作，以下衛宏續作。或止用首句而棄其餘，或並首句不用。宋王質、鄭樵、朱子，皆不信《毛序》。近人申毛者以序、傳爲一人所作，然序實有不可盡信者，與馬、鄭《古文書序》同。究竟源自西河，抑或出於東海，此《詩》之難明者八也。

論《詩》有正義，有旁義，即古義亦未盡可信

説經必宗古義，義愈近古，愈可信據，故唐、宋以後之説，不如漢人之説，東漢以後之説，又不如漢初人之説。至於説出春秋以前，以經證經，尤爲顛撲不破。惟説《詩》則不盡然，《漢書·藝文志》曰：「漢興，魯申公爲《詩》訓故，齊轅固、燕韓生皆爲之傳。或取《春秋》，采雜説，咸非其本義。與不得已，魯最爲近之。」案《漢書·叙傳》：「班伯少受《詩》於師丹。」《師丹傳》：「治《詩》事匡衡。」是班伯習《齊詩》，固傳家學，亦當是習《齊詩》者，而以齊、韓或采雜説，非本義，魯最爲近，是三家雖所傳近古，而孰爲正義，孰爲旁義，已莫能定，以爲詩人之意如是，亦莫能明。若《左傳》、《國語》、《禮記》、《孟子》、《荀子》諸書所引，又在漢初以前，更近古而可信據矣。而《左氏·襄二十八年傳》明載盧蒲癸之言曰：「賦詩斷章。」則《傳》載當時君臣之賦詩，皆是斷章取義。故杜注皆云「取某句」。《左傳》與《毛詩》同出河間博士，故二書每互相援引。《左傳》如衛人所爲賦《碩人》、許穆夫人賦《載馳》，既有牽引之疑，而毛傳解《詩》亦多誤執引《詩》之説。如《卷耳》執《左傳》「周行官人」一語，以爲后妃求賢審官，《四牡》「懷和周諏」誤執《國語》爲説，皆未免於高叟之固。是以經證經雖最古，而其孰爲作詩之義，孰爲引詩之義，已莫能定，以爲詩人之意如是，亦莫能明。朱子

曰：「古人之詩如今之歌曲，雖閭里童稚，皆習聞之而知其説。」蓋古以《詩》、《書》、《禮》、《樂》造士，人人皆能誦習。《詩》與《樂》相比附，人人皆能絃歌。賓客燕享，賦詩明志，不自陳説，但取諷諭，此爲春秋最文明之事。亦惟其在《詩》義大明之日，詩人本旨無不瞭然於心，故賦詩斷章，無不暗解其意。而引《詩》以證義者，無不如自己出，其爲正義，爲旁義，無有淆混而歧誤也。《詩》三百五篇，遭秦而全者，以其諷誦，不獨在竹帛，而《詩》義經燔書之後，未必盡傳。《史記》載三家以申培、轅固、韓嬰爲初祖，而三家傳自何人，授受已不能詳，三家所以各成一家，異同亦無可考。況今《魯故》、《齊故》、《韓故》無存於世，存於世者，惟《韓詩外傳》。而《外傳》亦引詩之體，而非作詩之義。毛傳晚出，漢人不信，後世以其與《左氏傳》合，信爲古義，豈知毛據《左氏》以斷章爲本義，其可疑者正坐此乎。古義既亡，其僅存於今者又未必皆《詩》之本義。説《詩》者雖以意逆志，亦苦無徵不信，安能起詩人於千載之上而自言其義乎。此《詩》所以比他經尤難分明，即好學深思，亦止能通其所可通，而不能通其所不可通者。申公傳《詩》最早，疑者則闕不傳，況在後儒，可不知闕疑之意乎！

論《關雎》爲刺康王詩，魯、齊、韓三家同

《詩》開卷有一大疑焉，以《關雎》爲周康王時詩是也。《史記·十二諸侯年表序》曰：「周道缺，詩人本之衽席，《關雎》作。」又《儒林傳序》曰：「周室衰而《關雎》作。」《淮南·氾論訓》曰：「王道缺而《詩》作，周

室廢、禮義壞而《春秋》作。《詩》、《春秋》，學之美者也，皆衰世之造也。」又《詮言訓》曰：「《詩》之失僻。」高誘注：「《詩》者，衰世之風也。」《漢書·杜欽傳》上疏曰：「是以佩玉晏鳴，《關雎》歎之。」劉向《列女傳》曰：「周之康王夫人晏出朝，《關雎》豫見，❶思得淑女以配君子。夫雎鳩之鳥，猶未嘗見乘居而匹處也。」楊雄《法言·孝至篇》曰：「周康之時，頌聲作乎下，《關雎》作乎上，習治也，故習治則傷始亂也。」王充《論衡·謝短篇》：「詩家曰，周衰而《詩》作，蓋康王時也。康王德缺於房，大臣刺晏，故《詩》作。」袁宏《後漢紀》：「楊賜上書曰，昔周康王承文王之盛，一朝晏起，夫人不鳴璜，宮門不擊柝。《關雎》之人，見幾而作。」《後漢書·皇后紀》論曰：「康王晚朝，《關雎》作諷。」《楊賜傳》曰：「康王一朝晏起，《關雎》見幾而作。」應劭《風俗通義》曰：「昔周康王一旦晏起，詩人以爲深刺，天子當夜寢蚤作，身省萬機。」張超《誚青衣賦》曰：「周漸將衰，康王晏起，畢公喟然，深思古道，感彼關雎，德不雙侣，願得周公，配以窈窕，防微消漸，諷諭君父。孔氏大之，列冠篇首。」凡此諸説，後人皆以爲《魯詩》，其解《關雎》，皆以爲衰世之詩，康王時作。張超以爲畢公所撰，説尤詳明。且非獨《魯詩》然也，齊、韓二家亦同。《後漢書·明帝紀》曰：「應門失守，《關雎》刺世。」注引《薛君韓詩章句》：「詩人言雎鳩貞潔慎匹，以聲相求，必於河之洲隱蔽無人之處。故人君退朝，入於私宮，后妃御見，去留有度，應

❶「豫見」，元建安余氏刻本、《四部叢刊》影明本《古列女傳》均作「起興」。

門擊柝，鼓人上堂，退反宴處，體安志明。今時大人内傾於色，賢人見其萌，故詠《關雎》，説淑女，正容儀以刺時。」《韓詩》之説同於《魯》而更詳。《齊詩》未見明文，説者疑《齊詩》與魯、韓異。匡衡習《齊詩》者也，其上疏戒妃匹曰：「孔子論《詩》以《關雎》爲始，言太上者民之父母，后夫人之行不侔乎天地，則無以奉神靈之統而理萬物之宜。故《詩》曰：『窈窕淑女，君子好仇。』言能致其貞淑，不貳其操，情欲之感，無介乎容儀。宴私之意，不形乎動静。夫然後可以配至尊而爲宗廟主。」則衡所習《齊詩》，亦與魯、韓義同。「致其貞淑，不貳其操」云云，即張超所云「德不雙侶」，劉向所云「未見乘居匹處」，薛君所云「貞潔慎匹」也。「后夫人之行，不侔乎天地」云云，即劉向所云「夫人晏起」，楊賜所云「夫人不鳴璜」也。且《齊詩》多同緯説，五際、六情皆出於緯。《春秋緯説題辭》曰：「人主不正，應門失守，故歌《關雎》以感之。」宋均曰：「應門，聽政之處也，言不以政事爲務，則有宣淫之心。《關雎》樂而不淫，思得賢人與之共化，修應門之政者也。」以緯證經，正與魯、韓説合。《齊詩》既多同緯説，其不得有異義可知。歐陽修曰：「《關雎》，齊、魯、韓三家皆以爲康王政衰之詩。」❶晁説之《詩説》謂齊、魯、韓三家以《關雎》皆爲康王詩，其説不誤。

❶「詩」，原作「時」，據《四部叢刊三編》影宋本《詩本義》改。

論《關雎》刺康王晏朝，詩人作詩之義；《關雎》爲正風之首，孔子定詩之義，漢人已明言之

《齊詩》魏代已亡，《魯詩》不過江東，《韓詩》雖在，無傳之者，後卒亡於北宋，僅存《外傳》，亦非完帙，於是三家古義盡失。言《詩》者率以《關雎》刺詩爲三家詬病，謂誤以正詩爲刺詩，違詩人之本旨。呂祖謙曰：《關雎》正風之首，三家者乃以爲刺。其意蓋以《關雎》爲正風之首，不得以刺詩當之也。錫瑞案：以漢人之説攷之，三家並非不知《關雎》爲正風之首者。太史公，習《魯詩》者也，《外戚世家》曰：「自古受命帝王，及繼體守文之君，非獨内德茂也，蓋亦有外戚之助焉。夏之興也以塗山，而桀之亡也以妹喜；殷之興也以有娀，紂之殺也嬖妲己；周之興也以姜原及大任，而幽王之禽也淫於褒姒。故《詩》始《關雎》，夫婦之際，人道之大倫也。」劉向，習《魯詩》者也，《列女傳》曰：「自古聖王必正妃匹，妃匹正則興，不正則亂。夏之興也以塗山，亡也以妹喜；殷之興也以有娎，亡也以妲己；周之興也以太姒，亡也以褒姒。周之康王夫人晏出朝，《關雎》豫見，❶思得淑女以配君子。夫雎鳩之鳥，猶未嘗見乘居而匹處也。夫男女之盛，合之以禮，則父子生焉，君臣成焉，故爲萬物始。」據此二説，則《關雎》爲正風之始，習《魯詩》者非不知也。匡衡習《齊詩》者也，其上疏云：「臣又聞之師曰，匹配之際，生民之始，萬福之原，婚姻之禮正，然

❶ 「豫見」，《古列女傳》作「起興」。

後品物遂而天命全，孔子論《詩》以《關雎》爲始。」荀爽，習《齊詩》者也，其對策曰：「夫婦人倫之始，王化之端，陽尊陰卑，蓋乃天性。且《詩》初篇，實首《關雎》，禮始冠婚，先正夫婦。」據此二説，則《關雎》爲正風之始，習《齊詩》者亦非不知也。《韓詩外傳》：「子夏問曰：『《關雎》何以爲國風始也？』孔子曰：『《關雎》至矣乎！夫《關雎》之人，仰則天，俯則地，幽幽冥冥，德之所藏，紛紛沸沸，道之所行，如神龍變化，斐斐文章。大哉《關雎》之道也！萬物之所繫，❶羣生之所懸命也。河、洛出《圖》、《書》，麟鳳翔乎郊，不由《關雎》之道，則《關雎》之事將奚由至矣哉？夫六經之策，皆歸論汲汲，蓋取之乎《關雎》，《關雎》之事大矣哉。馮馮翊翊，自東自西，自南自北，無思不服。子其勉强之，思服之。天地之間，生民之屬，王道之原，不外乎此矣。』子夏喟然歎曰：『大哉《關雎》，乃天地之基也！《詩》曰：鼓鐘樂之。』」案《韓詩》論《關雎》義尤閎大，何以又有《關雎》刺時之説，豈自言之而自背之乎？必以三家爲誤，豈一家誤而兩家亦從而誤乎？《漢志》言「取《春秋》采雜説，非其本義，魯最近之」。然則齊、韓有誤，魯不應誤，何以《魯詩》明言《關雎》爲衰世之詩、康王時作乎？《詩》有本義，有旁義，如《漢志》説，三家容有采雜説，以旁義爲正義者，而開宗明義，必不致誤。然則以爲正風之始，又以爲刺康王晏朝，二者必皆是正義而非旁義。刺康王晏朝，詩人作詩之義也；爲正風之始，孔子定詩之義也。安見

❶「繫」，原作「繁」，據《韓詩外傳》改。

既爲刺詩，遂不可以爲正風而冠全詩乎？張超曰「防微消漸，諷諭君父」，此作詩之義；「孔氏大之，取冠篇首」，此定詩之義。據漢人之遺説，不難一以貫之。後人疑其所不當疑，開章第一義已不能通，又何足與言《詩》。

論四始是孔子所定，《儀禮》亦孔子所定，解此乃無疑於合樂《關雎》、工歌《鹿鳴》

孔子删定六經，則定《詩》之四始，亦必出於孔子。自漢以後，經義湮廢，讀孔子之書者，必不許孔子有定六經之事，而以删定六經之功歸之周公，於是六經之旨大亂而不能理。《詩》之四始，以《關雎》爲風始，《鹿鳴》爲小雅始，《文王》爲大雅始，《清廟》爲頌始，自是定論，必不可不遵者也。《關雎》、《鹿鳴》、《文王》、《清廟》皆歌文王之德，爲後世法，亦是定論，必不可不遵者也。然攷漢以前古義，惟《文王》、《清廟》是言文王，且是周公稱美文王，有明文可據，而《關雎》、《鹿鳴》無明文。《吕氏春秋》曰：「周公作詩云『文王在上，於昭于天，周雖舊邦，其命維新』，以繩文王之德。」《漢書·翼奉傳》曰：「周公作詩，深戒成王，以恐失天下，曰：『殷之未喪師，克配上帝。』」《世説新語》荀慈明曰：「公旦《文王》之詩，不論堯、舜之德，而頌文、武者，親親之義也。」是《文王》詩爲周公作，古有明文。《尚書大傳》曰：「周公升歌《清廟》而弦文武。」王褒《四子講德論》曰：「周公詠文王之德而作《清廟》，建爲頌首。」《劉向傳》曰：「文王既没。周公思慕歌詠文王之德。其詩云：

『肅雍顯相，濟濟多士，秉文之德。』」是《清廟》詩爲周公作，古有明文。而偏攷古書，未有言周公作《關雎》與《鹿鳴》者。惟謝太傅、劉夫人以《關雎》爲周公詩。見於《世説》。魯齊《詩》晉已亡，此非雅言，亦非古義，不可據。太史公曰：「周道缺，詩人本之衽席，《關雎》作。仁義陵遲，《鹿鳴》刺焉。」是《關雎》、《鹿鳴》皆出於衰周，非周公作，亦非周公之所及見。四始之義，至孔子始定。孔子以爲《關雎》貞潔慎匹，如匡衡所謂「情欲之感，無介乎容儀者」，惟文王、太姒足以當之。《鹿鳴》、《四牡》、《皇華》，亦惟文王率殷之叛國足以當之。故推《關雎》、《鹿鳴》爲風與小雅之始，以配《文王》、《清廟》而爲四。四始之義，是孔子所定，非周初所有也。張超曰：「孔氏大之，取冠篇首。」此以《關雎》冠篇首出孔氏之明證。張超又曰：「願得周公，配以窈窕。」此尤《關雎》不出周公之明證。若出周公，周公豈得自言？若《關雎》明指文王、太姒，更豈得爲此言？窈窕淑女屬太姒，乃周公之母，而願得周公配之，非病狂喪心之人，必無此荒謬不通之語。張子並作《誚青衣賦》，以誚蔡伯喈作《青衣賦》爲志蕩辭淫，若先自居於荒謬不通，不反爲伯喈所誚乎？據張超所言，則《關雎》必不作於周公以前，而四始必由於孔子所定矣。或難之曰：「《儀禮》周公之書，而《鄉飲酒》合樂《關雎》之三，《燕禮》工歌《鹿鳴》之三，非周公時已有《關雎》、《鹿鳴》之明證乎？」曰：「以《儀禮》爲周公書，亦是後儒之説，古無明文。『恤由之喪，哀公使孺悲學士喪禮於孔子，《士喪禮》於是乎書』，則《儀禮》十七篇亦孔子所定也。」《列女·太姒傳》引詩曰「大邦有子」，又曰「太姒嗣徽音」，不引《關雎》，是《魯詩》不以《關雎》詩屬太姒之證。

論班固云《關雎》哀周道而不傷爲「哀而不傷」之確解

子曰：「《關雎》樂而不淫，哀而不傷。」稱《關雎》以哀、樂並言，自來莫得其解。《毛序》衍其説曰：「是以《關雎》樂得淑女以配君子，憂在進賢，不淫其色，哀窈窕，思賢才，而無傷善之心焉。」其解樂、哀二字，殊非孔子之旨。自宋程大昌以後多疑之，謂與夫子之語全不相似，當爲衛宏所續，不出毛公。鄭箋知其不可通也，乃云「哀」當爲「衷」字之誤也。然「衷窈窕」仍不可通，且孔子明言「哀」而改爲「衷」，與孔子言「哀」不合。朱注《論語》：「求之未得，則宜其有寤寐反側之憂；❶求而得之，則宜其有琴瑟鐘鼓之樂。」孔子言哀不言憂，朱以「哀」字太重而改爲「憂」，亦與孔子言「哀」不合。近儒劉台拱《論語駢枝》謂兼《關雎》之三而言之，《關雎》、《葛覃》樂而不淫，《卷耳》哀而不傷，引《卷耳》詩「維以不永傷」爲據。魏源駁之曰：「夫反側憂勞，豈得謂專樂無哀？既哀矣，可不紬其所哀何事乎？文王化行二南之日，太姒歸周已數十年，而猶求之不得，寤寐綢繆，何爲乎？若謂后妃求賢，則以文王之聖，又得太姒之助，即未更得賢嬪，豈遂反側堪哀，且哀而恐至於傷乎？岐周國盡於渭地，不至河，而云『在河之洲』，明爲陝以東之風，非周國所采。而謂作於宫人女史，其可通乎？《關雎》房

❶「則宜」句，朱熹《論語集注》原作「則不能無寤寐反側之憂」。

中之樂，后夫人侍御於君，女史歌之以節義，序豈惟有頌美無諷諭乎？」錫瑞案：魏氏駁劉，知《關雎》爲諷諭，又以河洲非屬岐周，正可爲《關雎》非指文王、太姒之證。而猶必以文王、太姒爲説，故仍不得其解。竊嘗以意解之，《關雎》一詩，實爲陳古刺今。「樂而不淫」，屬陳古言，《韓詩外傳》云「人君退朝，入於私宫，后妃御見，去留有度」，此之謂樂而不淫。「哀而不傷」屬刺今言，班固《離騷序》：「《關雎》哀周道而不傷。」馮衍《顯志賦》：「美《關雎》之識微兮，愍王道之將崩。」❶哀即哀王道、愍周道之義；不傷謂婉而多諷，不傷激切，此之謂哀而不傷。班氏於哀而不傷中加「周道」二字，❷義極明晰。樂而不淫，《關雎》詩之義也，可見人君遠色之正；哀而不傷，作《關雎》詩之義也，可見大臣託諷之深。二義本不相蒙，後人併爲一談，又必專屬文王、太姒而言，以致處處窒礙。謂君子求淑女，則必以爲文王求大姒。夫國君十五而生子，文王生武王年止十四，有何汲汲至寤寐反側以求夫人？且「娶妻如之何？必告父母」，文王亦非可結婚自由而自求夫人者。此説之必不可通者也。毛云「后妃之德」，並未明指太姒，序言憂在進賢，則已有后妃求賢女之意。鄭箋遂以爲后妃寤寐求賢女，其義亦本於三家《詩》。《列女·湯妃有㜪傳》引「《詩》云『窈窕淑女，君子好逑』，言賢女能爲君子和好衆妾」。《詩推度災》曰：「《關雎》有原，冀得賢妃正八嬪。」是魯、齊《詩》已與鄭箋意同，乃鄭君之所本。然此亦是

❶ 「王」，原作「周」，據《後漢書》改。

❷ 「周」，原作「王」，據前引班固文改。

旁義而非正義，蓋不妬忌雖爲后妃盛德，要不得爲王化之原，未足以冠全詩。且古諸侯一娶九女，適夫人一姪一娣，左右媵各一姪一娣，是爲九女。貴妾之數早定，不待后妃求之，故止可爲旁義而不得爲正義也。論其正義，是詩人求淑女以配君子；論其旁義，是后妃求淑女以配君子，皆不指定文王、太姒。朱子知其不可通也，以爲宫中之人，於其始至，見其有幽閒貞静之德，爲作是詩。如其説，不知宫人爲何人。以爲文王之宫人，不應適夫人未至而已先有宫妾；以爲王季之宫人，尤不應知世子寤寐反側之隱。且適夫人之得不得，尤非宫人之所能求。是皆求其説而不得，從而爲之辭者。

論畢公追詠文王、太姒之事以爲規諫，范處義説得之，非本有是詩而陳古以諷

范處義《逸齋詩補傳》曰：「《關雎》詠太姒之德，爲文王風化之始。而韓、齊、魯三家，皆以爲康王政衰之詩，故司馬遷、劉向、揚雄、范蔚宗並祖其説。近世説《詩》者，以《關雎》爲畢公作，謂得之張超，或謂得之蔡邕。畢公爲康王大臣，册命尊爲父師，盡規固其職也。而張超、蔡邕皆漢儒，多見古書，必有所據。然則《關雎》雖作於康王之時，乃畢公追詠文王、太姒之事以爲規諫，故孔子定爲一經之首。」錫瑞案：宋以後説《關雎》者，惟范氏此説極通，可謂千古特識。蓋作詩以陳古刺今者畢公，删詩而定爲經首者孔子。在畢公視之爲刺詩，

在孔子視之爲正詩。如此解乃無疑於刺詩之不可爲正詩矣。惟范氏於張、蔡二説尚未能定，王應麟《困學紀聞》亦以爲未詳所出。張超《誚青衣賦》見《藝文類聚》三十五卷。《古文苑》云：「蔡伯喈作《青衣賦》，志蕩詞淫，故張子並作此以規之。」《青衣賦》見蔡集中，無畢公作《關雎》語。是以《關雎》爲畢公作，當屬張而不屬蔡矣。又《詩篇目》論曰：「司馬遷曰：『仁義陵遲，《鹿鳴》刺焉。』蔡邕亦曰：『《鹿鳴》者，周大臣之所作也。王道衰，大臣知賢者幽隱，故彈絃諷諫。』且《鹿鳴》文武治内之政，先聖孔子自衛反魯，雅、頌各得其所，不應以刺詩冠小雅篇首。就如二人之説，其殆《關雎》之類，雖作於文王之後，實則文王之事也。孔子讀《鹿鳴》，見君臣之有禮，則非刺明矣。」案《關雎》、《鹿鳴》同一刺詩，並見《史記》，皆作於文王之後，而追詠文王之事。故雖是刺詩，而可列於四始。孔子讀《鹿鳴》，見君臣之有禮；孔子讀《關雎》，何嘗不以爲生民之屬、王道之原乎？《關雎》刺詩，可冠經首；《鹿鳴》刺詩，何獨不可冠小雅篇首乎？范氏明於《關雎》而昧於《鹿鳴》，所見未諦。蓋《逸齋補傳》專宗毛、鄭，故雖稱引古義，而仍不能釋然於傳、箋也。薛士龍《答何商霖書》曰：「來教謂《詩》之作，起於教化之衰。所引康王晏朝，將以爲據。《魯詩》所道，可盡信哉？求詩名於《禮經》，非後世之作也，又安知《關雎》作刺之説，非賦其詩者乎？」《困學紀聞》曰：「《鹿鳴》在宵雅之首，馬、蔡以爲風刺，蓋齊、魯、韓三家之説，猶《關雎》刺時作諷也。」❶原

❶「時」，原作「詩」，據《困學紀聞》改。

注：「呂元鈞謂陳古以諷，非謂二詩作於衰周。」案此皆調停之説也，不欲違背古義，又不能屏除俗説。乃謂周初本有《關雎》、《鹿鳴》之詩，後人陳古以爲諷刺。據鄭君云：「賦者或造篇，或述古。」則以《關雎》爲畢公作，謂是述古，而非造篇，似亦有可通者；而揆之漢人所引三家《詩》義，則實不然。《史記》兩言「《關雎》作」。《法言》云：「《關雎》作乎上。」《論衡》云：「周衰而《詩》作。」楊賜云：「《關雎》見幾而作。」既皆云作，必是造篇。且《關雎》若本有是詩，女史歌之房中，康王必已飫聞。畢公雖欲託諷，何能使王感悟？未可以召公之《常棣》比畢公之《關雎》也。薛以《禮經》爲疑，不知《禮經》非必出於周公，但知六經皆孔子所定，則於諸經皆豁然無疑矣。歐陽修曰：「《關雎》，周衰之作也。太史公曰『周道缺而《關雎》作』，蓋思古以刺今之詩也。謂此淑女配於君子，不淫其色，而能與其左右勤其職事，則可以琴瑟、鐘鼓友樂之爾，皆所以刺時之不然。先勤其職而後樂，故曰《關雎》樂而不淫；其思古以刺今，而言不迫切，故曰『哀而不傷』。」朱子以《儀禮》已有《周南》疑之，由不知《禮經》亦孔子所定。

論魏源以《關雎》、《鹿鳴》爲刺紂王，臆説不可信，三家初無此義

魏源《詩古微·四始義例篇》曰：「二南及小雅，皆當殷之末季，文王與紂之時，謂誼兼諷刺則可，謂刺康王則不可，並誣三家以正風、雅爲康王時詩，尤大不可。蓋吟詠性情以諷其上者，詩人之本誼也；以文王時諷諭王室之詩施之後王者，國史之旁

誼，非詩人之本誼也。攷《關雎》之爲刺時，❶《魯詩》則見於《史記》、《漢書》、劉向、楊雄、張超之著述，《韓詩》則見於《後漢書》明帝之詔、楊賜之傳、馮衍之賦。《鹿鳴》之爲刺詩，則亦見於《史記》、王符《潛夫論》、蔡邕《琴操》之稱引。其間有本義，有旁義，在善學者分別觀之。三家既以《關雎》、《鹿鳴》與《文王》、《清廟》同爲正始，必非哀周之詩。《韓序》祇云『《關雎》刺時也』，未嘗言刺康王，則是思賢妃以佐君子，即爲諷時之誼。但在文王國中爲正風、正雅者，在商紂國中視之則爲變風、變雅，此《關雎》、《鹿鳴》刺時之本誼也；在盛世歌之爲正風、正雅者，在衰世歌之即爲變風、變雅，此畢公刺康王之旁誼也。」又曰：「太史公讀《春秋歷譜牒》，廢書而歎曰：『師摯見之矣！紂爲象箸而箕子唏。周道缺，自注：「『周』當爲『商』，蒙上文師摯、紂、箕子而言之。」詩人本之衽席，《關雎》作；仁義陵遲，《鹿鳴》刺焉。』西漢今古文說，皆謂師摯以商紂樂官而歸周。《韓詩外傳》曰『有瞽有瞽，在周之庭』，言殷紂之餘民也。故師摯作樂之始，甫聞《關雎》之亂。蓋以《關雎》樂章，作於師摯。洋洋盈耳之日，正靡靡溺音之時。大雅首《文王》，而往復於殷命之靡常；《周頌》首《清廟》，而肇禋於多士之駿奔。四始皆致意於殷周之際，豈獨《關雎》、《鹿鳴》而已乎？故曰，《詩》三百篇，皆仁聖賢人發憤之所爲作也。摯而有別，即樂而不淫；寤寐反側，即哀而不傷。」錫瑞案：以摯而有別爲樂而不淫，寤寐反側爲哀而不傷，前人解《關雎》詩皆如此說。而樂與哀屬何人，說則無以

❶「時」，原作「詩」，據《詩古微》改。

質言之。三家《詩》並無以《關雎》屬文王、太姒之明文。《焦氏易林》云：「《關雎》淑女，賢聖配偶。」未嘗云是文王、太姒。即《毛詩》亦止云「后妃之德也」，未嘗言后妃爲何人。則以屬文王、太姒者，自是推論之辭。若質言之，動多窒礙。范處義云：「作於文王之後，追詠文王之事。」斯爲得之。魏源作《詩古微》意在發明三家，而不知四始定自孔子，非自周公。《關雎》雖屬刺詩，孔子不妨以爲正風，取冠篇首。六經皆孔子手定，並非依傍前人。魏氏惟不知此義，故雖明引三家之說，而與三家全相反對。三家明云周衰時作，魏云必非衰周之詩；三家明云是刺康王，魏云未嘗言刺康王，且改其說，以爲是刺紂王而美文王。試問魏所引魯、韓《詩》，有言及紂王一字者乎？魏謂前人誣三家以正風、雅爲康王詩，前人實未嘗誣，而魏臆造三家以《關雎》爲刺紂王之說，則誣甚矣。太史公明言「周道缺」，魏臆改「周」爲「商」，牽引師摯、紂、箕子而並言之。案三家，皆以《關雎》爲識微，爲豫見，康王晏起，大臣見幾，正與師摯審音、箕子歎象箸相似，非以三事并合爲一。至孔子云「師摯之始」，此師摯又非紂時之師摯，必是孔子同時之人，故聞其歌《關雎》而有洋洋盈耳之歎。若是商、周時人，孔子安得聞之而歎之乎？必不可并合爲一也。《史記·儒林傳》序「周室衰而《關雎》作」，正與「周道缺，《關雎》作」一轍。如魏氏說，將並改「周室」之「周」字爲「商」以就其說乎？劉向、楊雄、王充、楊賜、應劭、張超，皆明云刺康王，如魏氏說，亦將一概抹撥之乎？魏以畢公爲賦詩非作詩，即宋薛士龍、吕元鈞之意。又强牽合師摯與紂，造爲刺紂美文之説，則又宋儒之所未言。不知解經是樸學，不得用巧思；解經須確憑，不得任臆説。魏誣三家而創新解，解《關雎》一詩即大誤。恐其惑世，不得不辨。

論四始之説當從《史記》所引《魯詩》、《詩緯》引《齊詩》，《異義》亦有可推得者

《毛序》：「《關雎》，后妃之德也，風之始也。風，風也，教也。風以動之，教以化之。雅者，正也，言王政之所由廢興也。政有小大，故有小雅焉，有大雅焉。頌者，美盛德之形容，以其成功告於神明者也。是謂四始，《詩》之至也。」《正義》曰：「四始者，鄭答張逸云：『風也，小雅也，大雅也，頌也。此四者，人君行之則爲興，廢之則爲衰。』又箋云：『始者，王道興衰之所由。』然則此四者，是人君興廢之始，故謂之四始也。案《詩緯汎歷樞》云：『《大明》在亥，水始也；《四牡》在寅，木始也；《嘉魚》在巳，火始也；《鴻雁》在申，金始也。』與此不同者，緯文因金、木、水、火有四始之義，以詩文託之。又鄭作《六藝論》，引《春秋緯演孔圖》云『《詩》含五際、六情』者，鄭以《汎歷樞》云：『午亥之際爲革命，卯酉之際爲改正。辰在天門，出入候聽。』卯，《天保》也；酉，《祈父》也；午，《采芑》也；亥，《大明》也。然則亥爲革命，一際也；亥又爲天門出入候聽，二際也；卯爲陰陽交際，三際也；午爲陽謝陰興，四際也；酉爲陰盛陽微，五際也。其六情者，則《春秋》云喜、怒、哀、樂、好、惡是也。《詩》既含此五際、六情，故鄭於《六藝論》言之。」案：孔疏以四始爲人君興廢之始，義殊不瞭。陳啓源謂

風、雅、頌四者即是始，非更有爲風、雅、頌之始者，則何必言四始，《毛序》又何以《關雎》爲風之始乎？攷《史記》曰「《關雎》之亂以爲風始，《鹿鳴》爲小雅始，《文王》爲大雅始，《清廟》爲頌始」，❶義始瞭然。太史公據《魯詩》，毛以《關雎》爲風之始，則亦與《魯詩》不異矣。《詩緯》言四始，乃《齊詩》異義。近儒孔廣森推得其説曰：「始際之義，蓋生於律。《大明》在亥者，應鍾爲均也，《四牡》則太簇爲均，《天保》夾鍾爲均，《嘉魚》仲吕爲均，《采芑》蕤賓爲均，《鴻雁》夷則爲均，《祈父》南吕爲均。漢初古樂未湮者如此。故翼奉曰：『《詩》之爲學，情性而已。五性不相害，六情更興廢。觀性以厤，觀情以律。』律厤迭相治，與天地稽。三朞之變，亦於是可驗。古之作樂，每三詩爲一終，經傳可攷者，有升歌《文王》之三，升歌《鹿鳴》之三，間歌《魚麗》之三。然《采薇》、《出車》、《杕杜》，皆所以勞將士；《常棣》、《伐木》、《天保》，皆所以燕朋友兄弟；《蓼蕭》、《湛露》、《彤弓》，皆所以燕諸侯，亦三篇同奏，確然可信者也。説始際者，則以與三朞相配，如《文王》爲亥孟，《大明》爲亥仲，《緜》爲亥季。其水始獨言《大明》，猶三朞之先仲次季而後孟也。故《鹿鳴》、《四牡》、《皇華》同爲寅宫，舉《四牡》以表之；《魚麗》、《嘉魚》、《南山有臺》同爲巳宫，舉《嘉魚》以表之。卯不言《伐木》而言《天保》，容三家《詩》次不盡與毛同耳。以次推之，《采薇》之三正合辰位。唯《采芑》爲午，似《蓼蕭》之三，彼倒在《六月》、《采芑》、《車攻》之後而爲未也。《吉日》、《鴻雁》、《庭

❶「清廟」，原作「文王」，據《史記》改。

燎》乃申也，《祈父》非酉之中，又篇次之異。且其戌、子、丑爲何等篇，不可推測矣。」錫瑞案：《詩緯》在漢後爲絶學，孔氏所推甚精。惟《采薇》、《杕杜》、《出車》，依三家當爲宣王詩，孔仍《毛詩》，次序稍誤。魏源更正之，以《蓼蕭》、《湛露》、《彤弓》列《魚麗》之前，爲辰；《采薇》、《杕杜》、《出車》列《采芑》之後、《車攻》之前，爲午季、未孟、未仲，次序更合。《齊詩》與緯説合，略見翼奉、郎顗二傳。郎顗曰「四始之缺」，李賢注不引《汎歷樞》，而引《關雎》爲國風之始，《鹿鳴》爲小雅之始，《文王》爲大雅之始，《清廟》爲頌之始以解之。應劭注《漢書》，以君臣、父子、兄弟、夫婦、朋友爲五際；宋均注《演孔圖》，以風、賦、比、興、雅、頌爲六情，皆甚誤。而據《匡衡傳》曰「孔子論《詩》，以《關雎》爲始」，則《齊詩》雖傳異義，亦未嘗不以《關雎》爲始也。翼奉曰：「《易》有陰陽，《詩》有五際，《春秋》有災異。」是《詩》之五際，亦陰陽災異之類。《易》之陰陽，《春秋》之災異，皆是别傳而非正傳，則《詩》之五際四始，亦别傳而非正傳矣。《翼奉傳》孟康注引《詩内傳》曰：「五際，卯、酉、午、戌、亥也。陰陽終始際會之歲，於此則有變改之政也。」《齊詩内傳》五際數戌，而《詩疏》不及戌。據《郎顗傳》注宋均云「天門，戌亥之間」，則亥爲革命，當一際；出入候聽，應以戌當一際也。迮鶴壽《齊詩翼奉學》、陳喬樅《詩緯集證》，發明《齊詩》尤詳，以非正傳，故不備舉。

論三家亡而毛傳孤行，人多信毛疑三家，魏源駁辨明快，可爲定論

魏源《齊魯韓毛異同論》：「程大昌曰：

『三家不見古序，故無以總測篇意。毛惟有古序以該括章旨，故訓詁所及，會全詩以歸一貫。』然攷《新唐書・藝文志》，《韓詩》二卷，卜商序，韓嬰注。而《水經注》引《韓詩周南叙》曰：『其地在南郡、南陽之間。』至諸家所引《韓詩》，如：《關雎》，刺時也；《漢廣》，説人也；《汝墳》，辭家也；《芣苢》，傷夫有惡疾也；《黍離》，伯封作也；《蝃蝀》，刺奔女也；《溱與洧》，説人也；《雞鳴》，讒人也；《夫栘》，燕兄弟也；《伐木》，文王敬故也；《鼓鍾》，刺昭王也；《賓之初筵》，衛武公飲酒悔過也；《抑》，衛武公刺王室以自戒也；《假樂》，美宣王之德也；《雲漢》，宣王遭亂仰天也；《雨無極》，正大夫刺幽王也；《四月》，歎征役也；《閟宮有侐》，公子奚斯作也；《那》，美襄公也。皆與《毛詩》首語一例，則《韓詩》有序明矣。《齊詩》最殘缺，而張揖魏人，習《齊詩》，其《上林賦注》曰：『《伐檀》，刺賢者不遇明王也。』其爲《齊詩》之序明矣。劉向，楚元王孫，世傳《魯詩》，其《列女傳》以《芣苢》爲蔡人妻作，《汝墳》爲周南大夫妻作，《行露》爲召南申女作，《邶・柏舟》爲衛夫人作，《碩人》爲莊姜傅母作，《燕燕》爲定姜送婦作，《式微》爲黎莊夫人及傅母作，《載馳》爲許穆夫人作。視《毛序》之空衍者，尤鑿鑿不誣。且其《息夫人傳》曰：『君子故序之於詩。』《黎莊夫人傳》曰：『君子故序之以編詩。』而向所自著書亦曰《新序》，是《魯詩》有序明矣。且三家遺説，凡《魯詩》如此者，韓必同之；《韓詩》如此者，魯必同之；《齊詩》存什一於千百，而魯、韓必同之。苟非同出一原，安能重規疊矩。三人占則從二人之言，謂毛不見三家古序則有之，三家烏用見《毛序》爲哉。程氏其何説之詞！鄭樵曰：『毛公時《左傳》、《孟子》、《國語》、《儀禮》未盛行，而先與之合。世人未知《毛詩》之密，故俱從三家。及諸書出而證之，諸儒得以攷其異同得失，長者出而短者自廢，故皆舍三家而宗毛。』應之曰：《齊詩》先《采蘋》而後《草蟲》與《儀禮》合，小雅四始、五際次第與樂章合；魯、韓《詩》説《碩人》、《二子乘舟》、《載馳》、《黄鳥》與《左氏》合，説《抑》及《昊天有成命》與《國語》合，説《騶虞》樂官備與《射義》合，説《凱風》、《小弁》與《孟子》合，説《出車》、《采薇》非文王伐玁狁與《尚書大傳》合，《大武》六章次第與樂章合。其不合諸書者安在？而《毛詩》則動與抵牾，其合諸書者又安在？顧謂西漢諸儒未見諸書，故舍毛而從三家，則太史公本《左氏》、《國語》以作《史記》，何以宗《魯詩》而不宗毛？賈誼、劉向博極羣書，何以《新書》、《説苑》、《列女傳》宗魯而不宗毛？謂東漢諸儒得諸書證合，乃知宗毛而舍三家，則班固評論四家《詩》，何以獨許魯近？《左傳》由賈逵得立，服虔作解，而逵撰《齊魯韓毛異同》，服虔注《左氏》，鄭君注《禮》，皆顯用《韓詩》。即鄭箋毛，亦多陰用韓義。許君《説文叙》自言《詩》稱毛氏，皆古文家言，而《説文》引《詩》，什九皆三家。《五經異義》論罍制、論鄭風、論《生民》，亦並從三家説。豈非鄭、許之用毛者，特欲專立古文門户，而意實以魯、韓爲勝乎？若云長者出而短者自廢，則鄭、荀、王、韓之《易》賢於施、孟、梁邱，梅賾當作「頤」，下同。之《書》賢於伏生、夏侯、歐陽，《韓詩外傳》賢於《韓詩内傳》，《左氏》之杜預賢於賈、服，而逸《書》十六篇、逸《禮》七十篇，皆亡所當亡耶？至錢氏大昕據《孟子》『勞於王事，不得養父母』爲孟子之用《小序》，《緇衣篇》『長民者衣服不貳，從容有常』爲公孫尼子之用《小序》，則不如據《論語》『《關雎》樂而不淫，哀而不傷』爲夫子用《小序》之爲愈也。梅賾之僞古文《書》，其亦三代經傳襲用梅氏耶？鄭氏其何説之詞！姜氏炳璋曰：『漢四家《詩》，惟毛公出自子夏，淵源最古。且《魯頌》傳引孟仲子之言，《絲衣》序引高子之言，《北山》序同《孟子》之語，則又出於《孟子》。而大毛公親爲荀卿弟子，故毛傳多用荀子之言，非三家所及。』應之曰：《漢書·楚元王傳》言浮邱伯傳《魯詩》於荀卿，則亦出荀子矣。《唐書》載《韓詩》卜商序，則亦出子夏矣。《韓詩外傳》高子問《載馳》之詩於孟子，孟子曰『有衛女之志則可，無衛女之志則怠』；又載荀卿《非十二子篇》，獨去子思、孟子；且《外傳》屢引七篇之文，則亦出孟子矣。故《漢書》曰：『又有毛公之學，自言子夏所傳。』『自言』云者，人不取信之詞也。至《釋文》引徐整云：三國吳人。『子夏授高行子，高行子授薛倉子，薛倉子授帛妙子，帛妙子授河間人大毛公，毛公爲《詩故訓傳》，以授趙人小毛公，小毛公爲河間獻王博士。一云，子夏授曾申，申傳魏人李克，克傳魯人孟仲子，孟仲子傳根牟子，根牟子傳趙人孫卿子，孫卿子傳魯人大毛公。』夫同一《毛詩》傳授源流，而姓名無一同。且一以爲出荀卿，一以爲不出荀卿；一以爲河間人，一以爲魯人，展轉傳會，安所據依？豈非《漢書》『自言子夏所傳』一語已發其覆乎？以視三家源流，孰傳信，孰傳疑？姜氏其何説之詞！」錫瑞案：三家亡，毛傳孤行，多信毛而疑三家。

魏氏辨駁分明，一埽俗儒之陋。

論毛傳不可信而明見《漢志》，非馬融所作

《史記·儒林傳》述漢初經師，《易》止田生一人，《書》止伏生一人，《禮》止高堂生一人。《春秋》有胡毋生、董仲舒二人，而二人皆傳《公羊》，故漢初立《公羊》博士，不分胡、董。惟《詩》有三人，於魯則申培公，於齊則轅固生，於燕則韓太傅。此三人者，生非一處，學非一師，同爲今文而實不同，故漢初分立三博士，蓋有不得不分別者。《史記》不及毛公，若毛公爲六國時人，所著有《毛詩故訓傳》，史公無緣不知。此毛傳不可信者一。《漢書·藝文志》雖列《毛詩》與《毛詩故訓傳》，而云：「與不得已，魯最爲近之，三家皆列於學官。又有毛公之學，自謂子夏所傳，而河間獻王好之，未得立。」「自謂」者，人不謂然也。《毛詩》始發見於劉歆，《漢志》多本劉歆《七略》，乃以魯最爲近，而於毛有微詞，則班氏初不信毛，《漢志》亦非全用《七略》。此毛傳不可信者二。徐整、陸璣説《毛詩》授受源流，或以爲出荀卿，或以爲不出荀卿，魏源辨之已詳。兩漢以前皆無此説。此毛傳不可信者三。荀卿《非十二子》有「子夏之賤儒」，是荀卿之學非出子夏，判然爲二。毛公之學，自謂子夏所傳，祖子夏不應祖荀卿，祖荀卿不應祖子夏。此毛傳不可信者四。申公受《詩》於浮邱伯，浮邱伯又受之荀卿，則《魯詩》實出荀卿矣。若《毛詩》亦荀卿所傳，何以與《魯詩》不同？此毛傳不可信者五。《漢志》但云毛公之學，不載毛公之名，亦無大、小毛

公之分。鄭君《詩譜》曰：「魯人大毛公爲《訓詁傳》於其家，河間獻王得而獻之，以小毛公爲博士。」陸璣曰：「荀卿授魯國毛亨，毛亨作《詁訓傳》以授趙國毛萇。時人謂亨爲大毛公，萇爲小毛公。」蓋鄭君始言大、小毛公有二，陸璣始著大、小毛公之名。如其説，則作傳者毛亨非毛萇，故孔疏云：「大毛公爲其傳，由小毛公而題毛也。」鄭漢末人，不應所聞詳於劉、班；陸璣吴人，不應所聞又詳於鄭。此毛傳不可信者六。《後漢書·章帝紀》，建元八年，❶詔「令羣儒選高才生，受學左氏、穀梁《春秋》、古文《尚書》、《毛詩》，以扶微學，廣異義焉」。袁宏《後漢紀》遂言：「於是古文《尚書》、《毛詩》、《周官》皆置弟子。」案：古文在漢時無置博士弟子者，惟《左氏》立而旋罷，故顧炎武斷《後漢·儒林傳》「《詩》齊、魯、韓、毛」「毛」字爲衍文。《儒林傳》云：「三家皆立博士，趙人毛萇傳《詩》，是爲《毛詩》，未得立。」顧氏之説是也。《儒林傳》：「馬融作《毛詩傳》。」何焯曰：「後人據此傳，云《詩序》之出於宏，不悟毛傳之出於融，何也？或疑融別有《詩傳》，亦非。范氏明與鄭箋連類言之矣。康成親受經於季長，以箋爲致敬亦得。」案：何氏説雖有據，而《漢志》已列《毛詩詁訓傳》，仍當以融別有《詩傳》爲是。

論以世俗之見解《詩》最謬，《毛詩》亦有不可信者

凡經學愈古愈可信，而愈古人愈不見信。所以愈可信者，以師承有自，去七十子

❶「八」，原作「六」，據《後漢書》改。

之傳不遠也；所以愈不信者，去古日遠，俗説沈溺，疑古説不近人情也。後世説經有二弊，一以世俗之見，測古聖賢；一以民間之事，律古天子諸侯。各經皆有，然而《詩》爲尤甚，姑舉一二言之。如《關雎》，三家以爲詩人求淑女以配君子，毛以爲后妃求賢以輔君子，皆不以寤寐反側屬文王。俗説以爲文王求太姒至於寤寐反側。淺人信之，以爲其説近人情矣，不知獨居求偶，非古聖王所爲。且如其説，則《關雎》與《月出》、《株林》相去無幾，正是樂而淫、哀而傷，孔子何以稱其不淫、不傷，取之以冠篇首？試深思之，則知俗説不可信矣。《卷耳》，三家無明文，荀子以爲卷耳易采，頃筐易盈也，然而不可以貳周行，毛以爲后妃佐君子求賢審官，皆不以采卷耳爲實事。俗説以爲提筐采卷耳，因懷人而置之大道，引唐人詩「提籠忘采葉，昨夜夢漁陽」爲比例，又以二、三章爲登山望夫，酌酒銷愁。淺人信之，以爲其説近人情矣，不知提筐采卷耳，非后妃身分；登山望夫，酌酒銷愁，亦非后妃身分，且不似幽閒淑女行爲。試深思之，則知俗説不可用矣。其他如疑詩人不應多諷刺，是不知古者「師箴、瞍賦、矇誦，百工諫」之義也。疑淫詩不當入國史，是不知古者「男女歌詠，各言其傷，行人獻之太師」之義也。疑陳古刺今不可信，是不知「主文譎諫，言之者無罪，聞之者足戒」之義也。疑作詩不當始衰世，是不知「王道缺而《詩》作，周室壞而《春秋》作」，皆衰世所造之義也。疑康王不應有刺詩，是不知「頌聲作乎下，《關雎》作乎上，習治則傷始亂」之義也。後儒不知詩人作詩之意、聖人編詩之旨，每以世俗委巷之見推測古事，妄議古人。故於近人情而實非者，誤信所不當信；不近人情而實是者，誤疑所不當疑。見毛、鄭之説，已覺齟齬不安；見三家之説，尤爲枘鑿不入，曲彌高而和彌寡矣。或謂大毛公六國時人，安見不比三家更古？曰：毛公六國時人，並無明文可徵，且毛傳實有不可信者。「丕顯」二字，屢見《詩》、《書》，毛傳於《文王》「有周不顯」曰「不顯，顯也」，又於「不顯亦世」曰「不世顯德乎」，是其意以「不」字爲語詞，爲反言，不知「不顯」即「丕顯」也，「不顯亦世」即「丕顯奕世」也，「不顯」、「不時」即「丕顯」、「丕承」，《清廟》之「不顯不承」正「丕顯丕承」之證也。《卷阿》「伴奂爾游矣」，「伴」、「奂」疊韻，連文爲義，與下「優游」一例，即「皇矣」之「畔援」，顔注《漢書》引《詩》正作「畔换」，亦即《閔予小子》之「判换」，所謂「美惡不嫌同辭」也。毛傳乃云「廣大有文章貌」，是其意分「伴」、「奂」爲兩義，「伴」訓「廣大」，「奂」訓「有文章」，不知下句「優游」何以解之，毛何不分「優」、「游」爲兩義乎？《正義》據孔晁引孔子曰：「奂乎其有文章，伴乎其無涯際。」孔晁，王肅之徒，其所引即《孔叢》、《家語》之類，王肅僞作，必非聖言。《蕩》「曾是彊禦」，「彊禦」亦二字連文爲義，《左氏·昭元年傳》曰「彊禦已甚」，《十二年傳》曰「吾軍帥彊禦」，皆二字連文。《繁露·必仁且智篇》曰：「其强足以覆過，其禦足以犯難。」《史記集解》引《牧誓》鄭注曰：「彊禦猶彊暴也。」「彊禦」即《爾雅·釋天》之「彊圉」。漢《石門頌》倒其文曰「綏億衙彊」。惟其義同，故可倒用。毛傳乃云：「彊梁禦善也。」不知二字連文，而望文生義，豈六國時人之書乎？

論毛義不及三家，略舉典禮數端可證

毛傳孤行久矣，謂毛不及三家，人必不信。如《關雎》刺晏朝，《芣苢》傷惡疾之類，人必以爲傳聞各異，事實無徵。今以典禮之實有可徵者，略舉二南數事證之。如《韓詩外傳》五引詩「鼓鍾樂之」，與《毛詩》「鍾鼓樂之」不同。《外傳》一引詩作「鍾鼓」，蓋後人依《毛詩》誤改。《外傳》言「古者天子左五鍾、右五鍾」而不及鼓；侯包《韓詩翼要》曰「后妃房中樂，有鍾磬」，亦不及鼓，是《韓詩》不作「鍾鼓」甚明。《周禮・磬師》「教縵樂、燕樂之鍾磬」。鄭注：「燕樂，房中之樂，所謂陰聲也，二樂皆教其鍾磬。」疏云：「『燕樂房中之樂』者，此即《關雎》二南也。謂之房中者，房中謂婦人，后妃以風喻君子之詩，故謂之房中之樂。」據此，則古《周禮》説與《韓詩》合，皆謂房中樂有鍾磬而無鼓。鍾磬清揚，於房中宜；鼓音重濁，於房中不宜。或據《薛君章句》「鼓人上堂」，謂《韓詩》亦當兼言鼓，不知鼓人上堂，不入房中，不與鍾磬並列，仍不當兼言鼓。「鼓鍾」之「鼓」訓「擊」，是虚字，是一物；「鍾鼓」之「鼓」是實字，是二物。毛作「鍾鼓」，與古禮不合。此《毛》不及《韓詩》者一。《説文》引《詩》「以晏父母」，與《毛詩》「歸甯父母」不同，蓋三家之異文。《春秋・莊二十七年》「杞伯姬來」，何休《公羊解詁》曰：「諸侯夫人尊重，既嫁，非有大故不得反。惟自大夫妻，雖無事，歲一歸寧。」❶疏云：「其大故者，奔喪之謂，《文九年》『夫人

❶「寧」，原作「宗」，據《春秋公羊傳注疏》改。

姜氏如齊』，彼注云『奔父母之喪』是也。自，從也，言從大夫妻以下，即《詩》云『歸寧父母』是也。案詩是后妃之事，而云大夫妻者，何氏不信毛叙故也。」案：「歸寧父母」是《毛詩》。三家不作「歸寧」，亦未必以《葛覃》爲大夫妻。疏引《詩》誤。《左氏傳》曰：「凡諸侯之女，歸寧曰來，出曰來歸，夫人歸寧曰如某，出曰歸于某。」據此，則今《春秋公羊》説夫人不得歸寧，古《春秋左氏》説夫人亦得歸寧。案《詩·竹竿》云：「女子有行，遠父母兄弟。」故《泉水》、《載馳》、《竹竿》皆思歸而不得。《戰國策·左師説趙太后》：「甚愛燕后，飲食必祝曰，必勿使反。」是諸侯女既嫁不得復反，反即大歸，戰國時猶知此義。當從今文説不得歸寧爲正。《毛詩》與《左傳》同出河間博士，故此傳曰：「寧，安也，父母在則有時歸寧耳。」毛以父母在得歸寧，父母終不得歸寧，爲調停之説。鄭箋《泉水》云：「國君夫人，父母在歸寧。」正本毛傳。惠周惕《詩説》謂古無歸寧之禮，毛傳因《左氏》而誤，其説近是。蓋鄭箋又因毛傳而誤也。段玉裁亦疑毛傳，謂方嫁不得遽圖歸寧，此「歸」字作「以」字爲善。是欲改毛以從三家，不知今古文説不同；陳奂謂「父母在」九字爲鄭箋竄入，是欲删毛以歸之鄭，亦不知今古文説不同，皆明見毛義之不安，而不敢駁。即如陳氏强釋毛義，謂歸以安父母，「歸寧」不訓「歸家」，而截「歸」字爲一句，殊近不辭。不如三家作「以晏父母」，文義甚明，不與歸寧相混。此毛不及三家者一。

《困學紀聞》引曹粹中《詩説》「《齊詩》先《采蘋》而後《草蟲》」。據《儀禮》，合樂歌《周南》，則《關雎》、《葛覃》、《卷耳》三篇同奏；歌《召南》，則《鵲巢》、《采蘩》、《采蘋》三篇同奏。古詩篇次，以《采蘋》列《草蟲》之前。三家次第，當與毛異。《齊詩》傳自轅固，夏侯始昌爲轅固弟子。后蒼事始昌，通《詩》、《禮》，爲博士。二戴皆后蒼弟子，則《儀禮》及二戴《禮記》中所引《詩》當爲《齊詩》。曹氏所言，不爲無據。毛失其次，與《儀禮》歌詩不合。此毛不及《齊詩》者三。《五經異義》：「今《詩》韓、魯說：『騶虞，天子掌鳥獸官。』古《毛詩》說：『騶虞，義獸，白虎黑文。』」案賈誼《新書·禮篇》：「騶者，天子之囿也；虞者，囿之司獸者也。」《儀禮·鄉射禮》注：「其詩有『一發五豝、五豵，于嗟騶虞』之言，樂得賢者衆多，歎思至仁之人以充其官。」《禮記·射義》：「騶虞者，樂官備也。」注：「樂官備者，謂騶虞；曰壹發五豝，喻得賢者多也；于嗟乎騶虞，歎仁人也。」皆與韓、魯《詩》合。《文選·魏都賦》注引《魯詩傳》曰：「古有梁騶。梁騶，天子獵之田也。」韓義蓋與魯同。若《山海經》、《逸周書》、《尚書大傳》雖言騶虞，而未嘗明言即《詩》之騶虞。漢初大儒，如申公、韓太傅、賈太傅，必無不見《山海經》、《逸周書》，而不引以解《詩》之騶虞者，知彼所言騶虞非《詩》之所言騶虞也。《毛詩》晚出，見「騶虞」二字偶合，遂據以易三家舊說，撰出「義獸」二字，以配麟之仁獸。《異義》引《毛詩》說：「《周南》終《麟趾》，《召南》終《騶虞》，俱稱嗟歎之，皆獸名。」後人多惑其說，不知《麟趾》爲《關雎》之應，《騶虞》爲《鵲巢》之應。此是毛義，非三家義。且即以毛義論，騶虞與麟亦不相對。《麟之趾序》箋云：「有似麟應之時。」疏引張逸問云：「致信厚未致麟。」孔氏引申之曰：「由此言之，不致明矣。」是文王無致麟之事。若騶虞，據《尚書大傳》散宜生取以獻紂，是文王實致騶虞矣。一實致，一未致，一本事，一喻言，安得以爲相對？至於「于嗟」歎辭，屢見於《詩》，如「于嗟闊兮」，「于嗟洵兮」，「于嗟鳩兮」，「于嗟女兮」，皆詩人常言，豈可以兩處歎辭偶同，强爲牽合？《焦氏易林》云：「陳力就列，騶虞悦喜。」亦以騶虞爲官名。陳喬樅以《易林》爲《齊詩》，是三家之説同。《爾雅》多同《魯詩》，故《釋獸》無騶虞。以騶虞爲獸名，《毛詩》一家之言，與古義不合。此毛不及三家者四。略舉四證，皆二南之關於典禮者，學者可以隅反。

論三家詩大同小異，《史記·儒林列傳》可證

王應麟《詩攷後序》曰：「劉向《列女傳》謂蔡人妻作《芣苢》，周南大夫妻作《汝墳》，申人女作《行露》，衛宣夫人作《邶·柏舟》，定姜送婦作《燕燕》，黎莊夫人及其傅母作《式微》，莊姜傅母作《碩人》，息夫人作《大車》。《新序》謂伋之傅母作《二子乘舟》，壽閔其兄作憂思之詩，《黍離》是也。楚元王受《詩》於浮邱伯，向乃元王之孫，所述蓋《魯詩》也。」王引之《經義述聞》曰：「《列女傳·貞順傳》『蔡人妻傷夫有惡疾而作《芣苢》』，與《文選·辨命論》注所引《韓詩》合。《賢明傳》『周南大夫妻言，仕於亂世者，爲父母在故也，乃作詩曰「魴魚赬尾」』云云，與《後漢書·周磐傳》注所引《韓詩章句》合。《貞順傳》『召南申女以夫家一物不具，一禮不備，守節持義，必死不往，而作詩曰「雖速我獄」』云云，與《韓詩外傳》合。《母儀傳》『衛姑定姜賦《燕燕》之詩』，與《坊記》鄭注合。鄭爲記、注時，多取《韓詩》也。又《上災異封事》引《詩》『密勿從事』，與《文選・爲宋公求加贈劉前軍表》注所引《韓詩》『密勿同心』，皆以『密勿』爲『黽勉』。然則向所述者，乃《韓詩》也。」錫瑞案：二説皆有據。蓋魯、韓義本同。《史記・儒林列傳》曰：「韓生推《詩》之意而爲内、外《傳》數萬言，其語頗與齊、魯間殊，然其歸一也。」以《史記》之説推之，可見魯、齊、韓三家《詩》大同小異。惟其小異，故須分立三家，若全無異，則立一家已足，而不必分立矣。惟其大同，故可並立三家，若全不同，則如《毛詩》大異而不可並立矣。三家《詩》多不傳，今試取其傳者論之。如《黍離》一篇，《新序・節士篇》云：「衛宣公子壽閔其兄伋之且見害，作憂思之詩。」此劉子政所引《魯詩》義也。而《韓詩》曰：「黍離，伯封作也。」陳思王植《令禽惡鳥論》云：「昔尹吉甫信後妻之讒，而殺孝子伯奇，弟伯封求而不得，❶作《黍離》之詩。」後漢郅惲理《韓詩》，光武令惲授皇太子《韓詩》。惲説太子曰：「吉甫賢臣，放逐孝子。」薛君《韓詩注》曰：「詩人求己兄不得。」是《韓詩》以《黍離》爲伯封作，與《魯詩》以爲公子壽作者異。《韓詩外傳》載趙蒼唐爲魏文侯子擊使於文侯曰：「好《黍離》與《晨風》。」文侯曰：「怨乎？」曰：「非敢怨也，時思也。」《説苑・奉使篇》略同。子政據《魯詩》而與《韓詩》同者，蓋論此詩之事，則異國異人並異時；而論此詩之義，則同一孝子之見害，同一悌弟之思

❶「封」，原作「到」，據文意改。「弟伯封」以下非《令禽惡鳥論》之文，《太平御覽》誤引，後多沿用致誤。

兄。此所以小異而大同，《外傳》與《說苑》皆可引爲思親之意也。若其篇次，則《魯詩》當入《衛風》，與《毛詩》異；《韓詩》當入《王風》，與《毛詩》同。而其説解，則魯、韓可合，而與《毛詩》全不合。三家大同小異，可以此詩推之。魏源不知此義，乃欲强合魯、韓爲一，謂伯封乃衛壽之字，反以曹植徵引爲誤，則《御覽》明引《韓詩》伯封作，豈亦誤乎？伯封爲衛壽字，又何據乎？憑臆武斷，詎可爲訓？蓋誤於魯、韓《詩》從無不同之見，而未攷《史記·儒林傳》也。

論《詩序》與《書序》同，有可信，有不可信，今文可信，古文不可盡信

《毛序》有可信、不可信，爲説《詩》者一大疑案。《關雎序》，自「《關雎》后妃之德也」至「《關雎》之義也」。《經典釋文》卷第五：「舊説云：起至『用之邦國焉』，名《關雎序》，謂之『小序』；自『風，風也』訖末，名爲『大序』。沈重云：『案鄭《詩譜》意，《大序》是子夏作，《小序》是子夏、毛公合作。卜商意有不盡，毛更足成之。』」朱子作《詩序辨説》，以「詩者，志之所之」至「詩之至也」爲《大序》，其餘首尾爲《關雎》之《小序》。《詩正義》自《關雎》以後，每詩一篇，即有一序，皆謂之《小序》。此《大序》、《小序》之分也。作序之人，自《詩譜》外，王肅以爲子夏所序《詩》即今《毛詩序》，范蔚宗以爲衛宏受學謝曼卿作《詩序》，魏徵等以爲子夏所創，毛公及衛宏又加潤益。韓愈議子夏不序《詩》有三焉：「知不及一也；暴揚中冓之私，《春秋》所不道，二也；諸侯猶世，不敢以云，三

也。學者欲顯其傳，因藉之子夏。」成伯璵以爲子夏惟裁初句，其下皆是大毛自以《詩》中之意而繫其辭。王安石以爲《序》乃詩人所自製。程子以爲《小序》國史之舊文，《大序》孔子所作。蘇轍以爲衛宏所作，非孔氏之舊，止存其首一言，餘皆删去。王得臣以爲首句孔子所題。曹粹中以爲毛傳初行，尚未有序，門人互相傳授，各記師説。鄭樵、王質以爲村野妄人所作。作《序》之人，説者不一。自唐定《正義》以後，惟宋歐陽修撰《毛詩本義》，爲論以辨毛、鄭之失，猶未甚立異同。迨鄭樵專指毛、鄭之妄，謂《小序》非子夏所作，盡削去之，而以己意爲説。其《詩序辨》曰：「《序》有鄭註而無鄭箋，其不作於子夏明矣。毛公於《詩》，第爲之傳，其不作《序》又明矣。《小序》出於衛宏，有專取諸書之文至數句者，有雜取諸家之説而辭不堅決者，有委曲婉轉附經以成其義者。『情動於中而形於言，言之不足，故嗟歎之』，其文全出於《樂記》。『成王未知周公之志，公乃爲詩以遺王』，其文全出於《金縢》。『自微子至於戴公，其間禮樂廢壞』，其文全出於《國語》。『古者長民，衣服不貳，從容有常，以齊其民』，其文全出於《公孫尼子》。則《詩序》之作，實在於數書既傳之後明矣。此所謂取諸書之文有至數句者此也。案：人多以爲毛《序》與古書合，此則以爲衛《序》取古書。《關雎》之《序》既曰『風之始也，所以風天下而正夫婦也』，意亦足矣，又曰『風，風也，風以動之，上以風化下，下以風刺上』，又曰『一國之事，係一人之本，謂之風』。《載馳》之詩，既曰『許穆夫人閔其宗國顛覆而作』，又曰『衛懿公爲狄所滅』。《絲衣》之詩，既曰『繹賓尸矣』，又曰『靈星之尸也』。此蓋衆説並傳，衛氏得有美辭美意，併録而不忍棄之，此所謂雜諸家之説而辭不堅決者也。《騶虞》之詩，先言『人倫既正，朝廷既治，天下純被文王之化』，而後繼之『蒐田以時，仁如騶虞則王道成』。《行葦》之詩，先言『國家忠厚，仁及草木』，然後繼之以『内睦九族，外尊事黄耇，養老乞言』。❶此所謂委曲宛轉附經以成其義者此也。惟宏《序》作於東漢，故漢世文字未有引《詩序》者。案：近人引《漢廣序》「德廣所及」等語，漢時古書多未見，必是引《序》。惟黄初四年有『曹共公遠君子近小人』之語，蓋魏後於漢，而宏之《序》至是而始行也。使其果知《詩序》出於衛宏，則風雅正變之説，二南分係之説，《羔羊》、《蟋蟀》之説，或鬱而不暢，或巧而不合。如《蕩》以『蕩蕩上帝』發語，而曰『天下蕩蕩，無綱紀文章』；《召旻》以『旻天疾威』發語，而曰『閔天下無如召公之爲臣』；《雨無正》乃大夫刺幽王也，而曰『衆多如雨，非所以爲正』。牽合爲文而取譏於世，此不可不辨也。」《文獻通考》載石林葉氏説略同。程大昌《考古編》曰：「范傳衛宏作《毛詩序》，今傳於世，所序者，毛傳耳。詩之古《序》非宏也。古《序》之與宏《序》，今混并無別，然有可攷者。凡《詩》發序兩語，如『《關雎》后妃之德也』，世人之謂《小序》者，古《序》也；兩語以外，續而申之，世謂《大序》者，宏語也。」錫瑞案：程氏之分《大序》、《小序》，與《釋文》舊説、朱子辨説並異，以發序兩語爲《小序》，兩語以外續而申之者爲《大序》。《小序》出於國史，爲古《序》；《大序》綴於衛宏，非子夏所作。其

❶「乞」，原作「之」，據《毛詩正義》改。

説本於蘇轍，實淵源於成伯璵。近人魏源謂續《序》不得《毛序》之意，正本程説。魏晉以後，毛傳孤行，人多遵信《序》説，以爲真出子夏。至宋則疑信參半。朱子作《詩集傳》，始亦從《序》，後與吕祖謙争辨，乃改用鄭樵説，有《辨説》攻《小序》，而《集傳》未及追改，如《緇衣》、《豐年》等篇者。元延祐科舉法，《詩》用朱子《集傳》，而毛傳幾廢。國朝人治漢學，始尊毛而攻朱。近人治西漢今文學，又尊三家而攻毛。平心論之，今古文之分，猶《書序》有今古文之分也。《詩》之《序》，猶《書》之《序》也。《詩序》有伏生今文《書序》，見於《史記》所引者可信，馬、鄭古文《書序》不可盡信。三家今文《詩序》，見於諸書所引者可信，古《毛詩序》不可盡信。鄭君論緯説云：「不信亦非，悉信亦非。」竊謂古文《詩》、《書》之序，當如鄭君之説。若鄭樵攻《毛序》而以己意爲《序》，則近於妄。魏源《詩古微》主三家，而三家所無者，皆以己意補之爲《序》，是鄭樵之類也。

論朱子不信毛《序》亦有特見，魏源多本其説

朱子曰：「《詩序》之作，説者不同。或以爲孔子，或以爲子夏，或以爲國史，皆無明文可考。惟《後漢·儒林傳》以爲衛宏『作《毛詩序》，今傳於世』，則《序》乃宏作明矣。然鄭氏又以爲諸《序》本自合爲一編，毛公始分以寘諸篇之首，則是毛公之前，其傳已久，宏特增廣而潤色之耳。故近世諸儒，多以《序》之首句爲毛公所分，而其下推説云云者爲後人所益，理或有之。但今考

其首句，則已有不得詩人之本意，而肆爲妄説者矣，況沿襲云云之誤哉。然計其初，猶必自謂出於臆度之私，非經本文，故且自爲一編，列附經後。又以尚有齊、魯、韓氏之説並傳於世，故讀者亦有以知其出於後人之手，不盡信也。及至毛公引以入經，乃不綴篇後而超冠篇端，不爲註而直作經字，不爲疑辭而遂爲決辭。其後三家之傳又絶，而毛説孤行，則其抵牾之迹，無復可見。故此《序》者遂若詩人先所命題，而詩文反爲因《序》而作。於是讀者轉相尊信，無敢擬議。至於有所不通，則必爲之委曲遷就穿鑿而附合之，寧使經之本文繚戾破碎，不成文理，而終不忍明以《小序》爲出於漢儒也。愚之病此久矣，然猶以其所從來也遠，其間容或真有傳授證驗而不可廢者。故既頗采以附傳中，而復併爲一編以還其舊，因以論其得失云。」又論《邶·柏舟》序曰：「《詩》之文意事類可以思而得，其時世名氏則不可以强而推。❶凡《小序》，唯詩文明白，直指其事，如《甘棠》、《定中》、《南山》、《株林》之屬；若證驗的切，見於書史，如《載馳》、《碩人》、《清人》、《黄鳥》之類，決爲可無疑者。其次則詞旨大概可知必爲某事，而不可知其的爲某時某人者，尚多有之。若爲《小序》者姑以其意推尋探索，依約而言，則雖有所不知，亦不害其爲不自欺，雖有未當，人亦當恕其所不及。今乃不然，不知其時者，必强以爲某王某公之時；不知其人者，必强以爲某甲某乙之事，於是傅會書史，依託名謚，鑿空妄語，以誑後人。其所以然者，特以恥其所不知，而惟恐人之不見

❶「名」，原脱，據《詩序辨説》補。

信而已。且如《柏舟》，不知其出於婦人，而以爲男子；不知其不得於夫，而以爲不遇於君，此則失矣。馬端臨引劉向《封事》以駁朱子。案《孟子》已引此詩屬孔子矣，或斷章取義，不必泥看。然有所不及而不自欺，則亦未至於大害理也。今乃斷然以爲衛頃公之時，則其故爲欺罔以誤後人之罪，不可揜矣。蓋其偶見此詩冠於三衛變風之首，是以求之春秋之前。而《史記》所書莊、桓以上衛之諸君事，皆無可考者，謚亦無甚惡者，獨頃公有賂王請命之事，其謚又爲甄心動懼之名，如漢諸侯王，❶必其嘗以罪謫，然後加以此謚，以是意其必有棄賢用佞之失，而遂以此詩予之。若將以衒其多知而必於取信，不知將有明者從旁觀之，則適所以暴其真不知，而啓其深不信也。凡《小序》之失，以此推之，什得八九矣。」錫瑞案：朱子駁《毛序》有特見。古書序皆附末，《毛詩》獨冠篇端，誠有如先有此題而後作此詩者，朱子併爲一編以還其舊，是也。僞孔古文《尚書》以《序》冠篇首，亦非古法，即此可證其僞。《序》所云刺某君，多無明文可據。朱子云：「頃公謚惡，故以《柏舟》爲刺頃公。」今以朱子之說推之，則《序》所云刺某某者，多有可疑。雖未見朱說之必然，亦無以見其必不然也。魏源之駁《毛序》，有朱子已言者。毛有《序》，三家亦有《序》，其《序》說多不同。三家亡而毛義孤行，安見三家《序》皆不是而《毛序》獨是？故朱子深惜三家之傳絕，無以考其抵牾之迹也。

❶「侯」，原脱，據《詩序辨說》補。

論馬端臨駁朱申毛，可與朱説參看，且能發明風人之旨

馬端臨曰：「《書序》可廢，而《詩序》不可廢。就《詩》而論，雅、頌之《序》可廢，而十五國風之《序》不可廢。蓋風之爲體，比興之辭多於叙述，風諭之意浮於指斥。蓋有反覆詠歎，聯章累句，而無一言叙作之之意者。而《序》者乃一言以蔽之，曰爲某事也。苟非其傳授之有源，探索之無舛，則孰能臆料當時指意之所歸，以示千載乎？而文公深詆之，且於《桑中》、《溱洧》諸篇辨析尤至，以爲安有刺人之惡而自爲彼人之辭，以陷於所刺之地。其意蓋謂《詩》之辭如彼，而《序》之説如此，則以詩求詩可也，烏有舍明白可見之詩辭，而必欲曲從臆度難信之《序》説乎。然愚以爲，必若此，則《詩》之難讀者多矣，豈直鄭、衛諸篇哉？夫《芣苢》之序，以婦人樂有子爲后妃之美也，而其詩語不過形容采掇芣苢之情狀而已；《黍離》之《序》，以爲閔周室宫廟之顛覆也，而其詩語不過慨歎禾黍之苗穗而已。此《詩》之不言所作，而賴《序》以明者也。若舍《序》以求之，則其所以采掇者爲何事，而慨歎爲何説乎？《叔于田》之二詩《序》以爲刺鄭莊公，而其詩語則鄭人愛叔段之辭耳；《揚之水》、《椒聊》二詩《序》以爲刺晉昭公，而其詩語則晉人愛桓叔之辭耳。此《詩》之序其事以諷，初不言刺之之意，而賴《序》以明者也。若舍《序》以求之，則如四詩也，非子雲《美新》之賦，則袁宏《九錫》之文耳。《鴇羽》、《陟岵》之詩，見於變風，《序》以爲征役者不堪命而作也；《四牡》、

《采薇》之詩，見於正雅，《序》以爲勞使臣，遣戍役而作也。而深味四詩之旨，則歎行役之勞苦，叙飢渴之情狀，憂孝養之不遂，❶悼歸休之無期，其辭語一耳。此《詩》之辭同意異，而賴《序》以明者也。若舍《序》以求之，則文王之臣民亦怨其上，而《四牡》、《采薇》不得爲正雅矣。《采薇》，三家本不以爲文王詩，馬氏專據《毛詩》。即是數端而觀之，則知《序》之不可廢。《序》不可廢，則《桑中》、《溱洧》何嫌其爲刺奔乎？且夫子嘗刪《詩》矣，所取於《關雎》，謂其樂而不淫，則《詩》之可刪，孰有大於淫者？今以文公《詩傳》考之，其指以爲男女淫泆奔誘而自作詩以序其事者，凡二十有四。如《桑中》、《東門之墠》、《溱洧》、《東方之日》、《東門之池》、《東門之楊》、《月出》，則《序》以爲刺淫，而文公以爲淫者所自作也；如《静女》、《木瓜》、《采葛》、《邱中有麻》、《將仲子》、《遵大路》、《有女同車》、《山有扶蘇》、《蘀兮》、《狡童》、《褰裳》、《丰》、《風雨》、《子衿》、《揚之水》、《出其東門》、《野有蔓草》，則《序》本别指他事，而文公亦以爲淫者所自作也。夫以淫昏不檢之人，發而爲放蕩無耻之辭，其多如此，夫子猶存之，不知所删何等一篇也。❷夫子曰『思無邪』，如《序》者之説，則雖《詩》辭之邪，亦必以正視之；如《桑中》刺奔、《溱洧》刺亂之類是也。如文公之説，則雖《詩》辭之正者，亦必以邪視之，如不以《木瓜》爲美齊桓公，不以《采葛》爲懼讒，不以《遵大路》、《風雨》爲思君子，不以《褰裳》爲思見正，不以《子衿》爲刺學

❶「遂」，原作「逮」，據《文獻通考》改。
❷「一」，原作「之」，據《文獻通考》改。

校廢，不以《揚之水》爲閔無臣，而俱指爲淫奔謔浪、要約贈答之辭是也。且此諸篇者，雖其辭之欠莊重，然首尾無一字及婦人，而謂之淫邪，可乎？《左傳》載列國聘享賦詩，固多斷章取義，然其大不倫者亦以來譏誚，如鄭伯有賦《鶉之奔奔》，楚令尹子圍賦《大明》，及穆叔不拜《肆夏》，甯武子不拜《彤弓》之類是也。然鄭伯如晉，子展賦《將仲子》；鄭伯享趙孟子，太叔賦《野有蔓草》；鄭六卿餞韓宣子，子齹賦《野有蔓草》，子太叔賦《褰裳》，子游賦《風雨》，子旗賦《有女同車》，子柳賦《蘀兮》。此六詩，皆文公所斥以爲淫奔之人所作也。然所賦皆見善於叔向、趙武、韓起，❶不聞被譏，乃知鄭、衛之詩未嘗不施於燕享。而此六詩之旨意訓詁，當如《序》者之説，不當如文公之説也。」錫瑞案：《毛序》不盡可信，《毛詩》與《左氏春秋》同出河間博士，其與《左氏》合者，亦不盡可信。惟三家既亡，《毛詩》猶爲近古，與其信後人之臆説，又不如信《毛詩》。朱子以鄭、衛爲淫詩，且爲淫者自作，不可爲訓。馬駁朱以申毛，能發明風人之旨。

論《樂記》疏引《異義》説鄭詩，非必出於三家，魏源據以爲三家詩，未可執爲確證

解經必遵最初之説，而後起之説不可從；尤必據最古之明文，而疑似之文不可用。《禮記·樂記》疏引「《異義》云：『今論説鄭國之爲俗，有溱、洧之水，男女聚會，謳

❶「皆」，原作「者」，據《文獻通考》改。

歌相感，故云鄭聲淫。《左傳》説「煩手淫聲謂之鄭聲」者，言煩手躑躅之聲使淫過矣。許君謹案：《鄭詩》二十一篇，説婦人者十九矣，故鄭聲淫也。』今案：鄭《詩》説婦人者唯九篇，《異義》云十九者，誤也，無『十』字矣」。錫瑞案：許君《異義》引《詩》之例，必云今韓、魯《詩》説、古《毛詩》説以爲分别。此「謹案」下無引今《詩》、古《詩》字様，則此説必非出於《詩》家，當是許君自爲之説，亦或别有所本。劉寶楠《論語正義》曰：「《魯論》舉《溱洧》一詩，以爲鄭俗多淫之證，非謂鄭詩皆是如此。許錯會此旨，舉鄭詩而悉被以淫名。自後遂以鄭詩混入鄭聲，而謂夫子不當取淫詩。又以《序》所云刺時、刺亂者改爲刺淫，則皆許君之一言誤之矣。」劉氏之説，是以許君爲自爲之説也。《白帖》引《通義》云：「鄭國有溱、洧之水，會聚謳歌相感。今鄭詩二十一篇，説婦人者十九，故鄭聲淫也。」此《通義》未知是劉向《通義》，或即《白虎通義》，當爲許君之所本也。然其説有可疑者。《異義》、《通義》皆云鄭詩二十一篇，説婦人者十九，而鄭詩實無十九篇説婦人者，孔疏以爲今鄭詩説婦人者唯九篇，則其數已不能合矣。以今考之，鄭詩説婦人者《女曰鷄鳴》、《有女同車》、《丰》、《東門之墠》、《出其東門》、《野有蔓草》、《溱洧》，實止七篇。《女曰鷄鳴》，古賢夫婦警戒之詞，雖説婦人，不得謂之淫詩。《野有蔓草》，《韓詩外傳》與《説苑》皆載孔子遭齊程本子，傾蓋而語，孔子引《野有蔓草》之詩，韓、魯義同，以爲邂逅賢士，與毛、朱男女不期而會異，是三家亦不以爲淫詩。除去二篇，止有五篇，其數更不能合矣。疑似之文，既不可解，學者姑置之可也。魏源《詩古微》好創新説，引《白虎通》與《漢書·地理志》「鄭國山居谷浴，男女錯雜，爲鄭聲以相説懌」爲班固《魯詩》説，又引《異義》許君謹案之説爲三家《詩》。不知許君未明引今韓、魯《詩》，何以知爲三家？《白虎通》與《漢志》皆未明引詩説，又何以知爲三家？《後漢書》注引《韓詩章句》：「鄭國之俗，三月上巳之辰，於溱、洧二水之上，執蘭招魂，祓除不祥，故詩人願與所説者俱往也。」《韓詩》惟以《溱洧》爲淫詩，有明文，與毛義同；不以《野有蔓草》爲淫詩，則與毛義異。韋昭《毛詩答問》云：「草始生而云蔓者，女情急欲以促時。」江淹《麗色賦》云「感蔓草於鄭詩」，自是毛義。而江淹《雜詩》云「既傷蔓草別，方知杕杜情」，則同三家遇賢之義。詩人非經學專家，隨手掇拾，不爲典要。魏乃强爲調停之説，謂遇賢而託諸男女，猶《離騷》比君子於美人。舍《韓詩》明文可據者而强同於毛義，又於三家無明文可據者而執《異義》疑似之文以解之，皆非實事求是之義。以申侯爲狡童，以子瑕説《揚之水》，皆無據。

論毛《序》或以爲本之子夏，或以爲續於衛宏，皆無明文可據。即以爲衛宏續作，亦在鄭君之前

陳澧曰：「《釋文》引沈重云：『案鄭《詩譜》意，《大序》是子夏作，《小序》是子夏、毛公合作。卜商意有不盡，毛更足成之。』自注：孔疏所載《詩譜》，不言《序》爲誰作，沈重之説，不知所據。澧案：《儀禮·鄉飲酒禮》賈疏以『《南陔》，孝子相戒以養也』之類，是子夏《序》文；其下云『有其義而亡其辭』，是毛公續

《序》，與沈重足成之説同。今讀《小序》，顯有續作之迹。如《載馳序》云『許穆夫人作也，閔其宗國顛覆，自傷不能救也』，此已説其事矣，又云『衛懿公爲狄人所滅，國人分散，露於漕邑，許穆夫人閔衛之亡，傷許之小，力不能救，思歸唁其兄，又義不得，故賦是詩也』，此以上文三句簡略，故複説其事，顯然是續也。《有女同車序》云『刺忽也，鄭人刺忽之不昏於齊』，此已説其事矣，又云『太子忽嘗有功于齊，齊侯請妻之，齊女賢而不取，卒以無大國之助，至於見逐，故國人刺之』，此以上文二句簡略，故亦複説其事，顯然是續也。鄭君雖無説，讀之自明耳。鄭君非以《小序》皆子夏、毛公合作也。《常棣序》云：『燕兄弟也，閔管蔡之失道，故作《常棣》焉。』孔疏引《鄭志》答張逸云：『此《序》子夏所爲，親受聖人。』是鄭以此《序》三句皆子夏所爲，非獨『燕兄弟也』一句矣。《十月之交》、《雨無正》、《小旻》、《小宛》四篇《序》，皆云刺幽王，《詩譜》則云：『刺厲王，漢興之初，師移其第耳。』孔疏云：『《十月之交》箋云，《詁訓傳》時移其篇第，因改之耳。』則所云『師』者，即毛公也。據此，則鄭君以《序》皆毛公所定，雖首句亦有非子夏之舊者也。或謂《序》之首句傳自毛公以前，次句以下毛公後人續作，尤不然也。如《終風序》云：『衛莊姜傷己也，遭州吁之暴，見侮慢而不能正也。』若毛公時，《序》但有首句，而無『遭州吁之暴』云云，則次章『莫往莫來』傳云『人無子道以來事己，己亦不得以母道往加之』，所謂子者誰乎？以母道加誰乎？又如《考槃序》云：『刺莊公也，不能繼先公之業，使賢者退而窮處。』毛傳云：『考，成；槃，樂也。山夾水曰澗，曲陵曰阿。薖，寬大貌。軸，進也。』若毛公時《序》但有首句，則此傳但釋考、槃、澗、阿、薖、軸六字，不知《序》何以云刺莊公矣。且『永矢弗告』，傳云『無所告』，語尤不知所謂矣。《鄭風·羔裘序》云：『刺朝也，言古之君子以風其朝焉。』毛傳亦但釋字義，不知《序》何以云刺朝矣。」錫瑞案：陳氏引《序》文以證鄭義，可謂明切，但如其説，鄭既以爲子夏、毛公合作，又以《序》爲皆出子夏，又以《序》爲皆出毛公，是鄭君一人之説，已前後歧異。蓋本無明據，故游移無定，安見鄭説可盡信乎？陳引《載馳》、《有女同車》，以爲《序》有續作。陳信《毛詩》者，故以爲毛公續子夏；其不信《毛詩》者，不亦可以爲衛宏續《毛序》乎？陳引《終風》、《考槃》、《羔裘》，以爲作傳時不但有首句，足駁衛宏續《序》之説，不知蘇轍、程大昌何以解之。而邱光庭《兼明書》舉《鄭風·出其東門》篇，謂毛傳與《序》不符；曹粹中《放齋詩説》亦舉《召南·羔羊》、《曹風·鳲鳩》、《衛風·君子偕老》三篇，謂傳意、《序》意不相應。《序》若出於毛，安得自相違戾？又不知陳澧何以解之。平心論之，《毛序》本不知出自何人，尊之者推之毛公之前而屬之子夏，疑之者抑之毛公之後而屬之衛宏，其實皆無明文。三家既亡，無有更古於《毛詩》者，即謂《序》出衛宏，亦在鄭君之前，非後人臆説可比。學者當尊崇爲古義，不必争論爲何人也。《四庫提要》定《序》首二語爲毛萇以前經師所傳，以下續申之詞，萇以下弟子所附，斯爲定論。

論十五國風之次當從《鄭譜》，世次篇次三家亦不盡同於毛

毛義孤行，而《詩》之國次、世次、篇次皆從毛爲定本，其實有不然者。十五國風之次，古説已不同。孔疏於《毛詩》國風云：「《鄭譜》王在豳後者，退就雅、頌，并言王世故耳。諸國之次，當是大師所第，孔子删定，或亦改張。襄二十九年《左傳》，魯爲季札徧歌周樂，齊之下即歌豳、歌秦，然後歌魏。杜預云：『於《詩》，豳第十五，秦第十一，後仲尼删定，故不同。』杜以爲今所第皆孔子之制，孔子之前則如《左傳》之次。鄭意或亦然也。」又於《王城譜》云：「王詩次在鄭上，《譜》退豳下者，欲近雅、頌與王世相次故也。」又於《鄭譜》云：「既譜檜事，然後譜鄭。」又於《檜譜》云：「鄭滅虢、檜而處之，故《譜》先檜而後鄭。」歐陽修曰：「周南、召南、邶、鄘、衛、王、鄭、齊、豳、秦、魏、唐、陳、檜、曹，此孔子未删之前，周太師樂歌之次第也。周、召、邶、鄘、衛、王、鄭、齊、魏、唐、秦、陳、檜、曹、豳，[1]此今《詩》次第也。周、召、邶、鄘、衛、檜、鄭、齊、魏、唐、秦、陳、曹、豳、王，此鄭氏《詩譜》次第也。」魏源曰：「大師舊第，不過以邶、鄘、衛、王東都之地爲一類，豳、秦西都之地爲一類，鄭、齊一類，唐、魏一類，陳、檜、曹小國一類，取其民風相近，初非有大義其間，所謂其文則史者也。夫子挈豳於後，先唐於秦，

[1] 「秦」，原脱，據《吕氏家塾讀詩記》補。案，此處所引歐陽修文，與《歐陽文忠公集》每有不合，似據《吕氏家塾讀詩記》轉引者，故據以校勘。

既皆裁以大義，不事沿襲，則王畿民風，烏有仍厠侯國之理。檜爲鄭并，何獨不援魏、唐畫一之例？乃有夫子舊第，大即乎人心所同然，日在人耳目而不覺者，其説曰：『王在豳後，檜處鄭先。』是説也，鄭《詩譜》著之，孔疏凡四述之。若非夫子舊第，三家同傳，鄭安敢冒不韙，以更毛次？此必因《毛詩》進王退檜，徒欲復大師原第，而大乖夫子古義，故鄭援魯、韓次第以正之。」錫瑞案：三説當從《鄭譜》爲正。魏氏之説近是，以爲夫子舊第，三家同傳，雖無明文可證，然其説必有所授。孔疏臆斷，以爲鄭意亦如杜説，今所第皆孔子之制，則鄭君作《譜》，何敢擅更《毛詩》之次第乎？魏源又謂：「《毛詩》篇次，如後《采蘋》於《草蟲》，後《賚》於《桓》，與樂章不符。增笙詩佚篇於《小雅》，厠宣王《采薇》、《出車》之詩於正雅，與三家詩不符。」案《困學紀聞》：「《詩正義》曰：『《儀禮》歌《召南》三篇，越《草蟲》而取《采蘋》，蓋《采蘋》舊在《草蟲》之前。』曹氏《詩説》謂《齊詩》先《采蘋》而後《草蟲》。」今考《齊詩》，魏代已亡，曹粹中不知何據。而《儀禮》以《鵲巢》、《采蘩》、《采蘋》三篇連奏，《左氏傳》云「風有《采蘩》、《采蘋》」，則《毛詩》以《草蟲》列《采蘩》、《采蘋》之間，實紊其次。《左氏傳》以《賚》爲《大武》之三章，《桓》爲《大武》之六章，杜注曰：「不合於今頌次第，蓋楚樂歌之次第。」孔疏曰：「今頌次第，《桓》八《賚》九。」則《毛詩》與《左傳》不同。六笙詩本不列於《詩》，故《史記》、《漢書》皆云三百五篇。王式云：「以三百五篇當諫書。」《樂緯動聲儀》、《詩緯含神霧》、《尚書璿璣鈐》皆云三百五篇。若加六篇，則三百十一篇，與古説皆不合。蓋笙詩本有聲無辭，如金奏下管，皆樂歌而非詩。以金奏《肆夏》、《樊遏》、《渠》爲《時邁》、《執競》、《思文》，下管《新宫》爲《斯干》，象爲《維清》皆非是。豳雅、豳頌，亦不敢强爲之説。毛以六笙詩入《詩》，非；鄭欲改什，尤非。《采薇》、《出車》、《杕杜》爲宣王詩，見於《漢書·匈奴傳》、《後漢書·馬融傳》、《鹽鐵論》、《潛夫論》。《古今人表》，文王時無南仲，宣王時有南仲，然則《出車》之南仲，即《常武》之南仲也。《出車》云「王命南仲」，即《常武》云「王命卿士，南仲大祖」也。毛以宣王詩列於文王時，尤篇次之誤者。若鄭箋以《十月之交》以下四篇爲刺厲王，疏以爲出《魯詩》；《魯詩》以《黍離》爲衛公子壽所作，當入《衛風》，不入《王風》，足見漢人所傳之詩次序，不盡與《毛詩》同。惜三家已亡，末由考見。至於世次，則孔疏於《衛風》已云「後人不能盡得其次第」，於《鄭風》引「鄭答趙商云『《詩》本無文字，後人不能盡録其第，録者直録其義而已』，如《志》之言，則作《序》乃始雜亂」，是《毛詩》次第之不可據，鄭、孔皆明言之。鄭君時三家俱存，惜不引以正《毛詩》之誤也。《鄭譜》，《大雅·生民》下及《卷阿》，《小雅·南有嘉魚》下及《菁菁者莪》，周公、成王之詩。《左氏·襄二十九年傳》爲季札歌小雅，服虔注云：「自《鹿鳴》至《菁菁者莪》，道文武修小政，定大亂，致太平。」是服氏以小雅無成王之詩。傳又云「爲之歌大雅」，服虔注云：「陳文王之德、武王之功，自《文王》以下至《鳧鷖》，是爲正大雅。」是服氏以《生民》、《行葦》、《既醉》、《鳧鷖》爲武王之詩，與《鄭譜》不同，略可考見三家《詩》之世次。

論迹熄《詩》亡，説者各異，據三家《詩》，變風亦不終於陳靈

孟子曰：「王者之迹熄而《詩》亡，《詩》亡然後《春秋》作。」趙注以頌聲不作爲亡，朱注以《黍離》降爲國風而雅亡爲亡。鄭《詩譜》曰：「於是王室之尊與諸侯無異，其詩不能復雅，故貶之，謂之王國之變風。」《譜》疏引服虔云：「風不稱周而稱王者，猶尊之，猶《春秋》王人列於諸侯之上，在風則已卑矣。」范甯《穀梁集解序》曰：「就大師而正雅、頌，因魯史而作《春秋》，列《黍離》於國風，齊王德於邦君，所以明其不能復雅，政化不足以被羣后也。」陸德明謂：「平王東遷，政遂微弱，詩不能復雅，下列稱風。」孔穎達謂：「王爵雖在，政教纔行於畿内，化之所及與諸侯相似也。風雅繫政廣狹，王爵雖尊，猶以政狹入風。」據此數説，降《王》於國風而雅亡，其説不始於朱子也。而宋人説《詩》亡，多兼風、雅言之。蘇轍曰：「《詩》止於陳靈，而後孔子作《春秋》。」吕祖謙曰：「雅亡而風未亡，清議猶懔懔焉，變風終於陳靈而《詩》遂亡。」王應麟曰：「《詩》、《春秋》相表裏，《詩》之所刺，《春秋》之所貶也。小雅盡廢，有宣王焉，《春秋》可以無作也。王風不復雅，君子絶望於平王矣。然雅亡而風未亡，清議蓋懔懔焉。《擊鼓》之詩，以從孫子仲爲怨，則亂賊之黨猶未盛也。《無衣》之詩，待天子之命然後安，則篡奪之惡猶有懼也。更齊、宋、晉、秦之霸，未嘗無詩，禮義之維持人心如此。魯有頌而周益衰，變風終於陳靈而《詩》遂亡。夏南之亂，諸侯不討而楚討之，

中國爲無人矣。《春秋》所以作與。」據此數説，是《詩》亡兼變風言之，而變風終於陳靈，去《春秋》託始於隱已遠，年代殊不相合。魏源曰：「王朝變雅與王國民風，并亡於平王之末、桓王之初也。何以知之？以《春秋》始平王四十九年知之也。如謂東遷而雅降爲風，則《春秋》胡不始於平王之初年而始於末年？觀《抑》詩作於平王三十餘年之後，《彼都人士》、《王風》皆作於東遷後春秋前，故知變雅、王風一日不亡，❶則《春秋》一日不作。蓋東遷之初，衛武公與晉文侯爲王卿士，『修爾車馬，弓矢戎兵，用戒戎作，用逷蠻方』，王綱尚未解紐，列國陳詩慶讓之典尚存。及衛武、晉文俱殁，平王晚政益衰，僅以守府虚名於上，王迹蕩然不存。故以《春秋》作之年，知《詩》亡之年也。若夫此外列國變風下逮陳靈，是霸者之迹，非王者之迹矣。觀《齊風》終於襄公，《唐風》終於獻公，而桓、文創伯反無一詩，則知桓、文陳其先世之風於王朝。而衛終於《木瓜》，美齊桓者，亦齊伯所陳，以著其存衛之功。秦之《渭陽》，曹之《候人》，皆與晉文相涉，而曹之《下泉》，有思伯之詞，秦之《駟鐵》、《無衣》，又有勤王之烈。陳靈《株林》，則楚莊存陳之盛舉。而鄭則二伯所必争，蓋亦伯者所代陳矣。雖有伯者陳詩之事，而無王朝巡守、述職、慶讓、黜陟之典。陳詩與不陳何異，豈能以伯者虚文當王者之實政乎？故以《王風》居列國之終，《鄭譜》以《王風》居終。示風終於平王，與雅亡同也。故《春秋》始於《王風》、二《雅》所終之年，明王

❶「知」，原脱，據《詩古微》補。

迹已熄，不復以列國之變風爲存亡也。」錫瑞案：魏說近通，但《孟子》云「王迹」，當即「車轍馬迹」之「迹」。天子不巡守，太師不陳詩，則雖有《詩》而若亡矣。魏以霸者之迹與王者之迹對舉，似猶未合。以變風爲伯者所陳，說亦近理。但齊、晉之伯乃天子所命，楚莊之伯非天子所命。楚與周聲教隔絶，陳靈《株林》之詩未必爲楚所陳。且三家以《燕燕》爲衛定姜送婦之詩。《坊記》注。《釋文》曰：「此是《魯詩》。」又在陳靈之後。據《毛詩》則變風終於陳靈，據三家則當云變風終於衛獻。而三家之說多不傳，或更有後於衛獻者，尤未可執變風終於陳靈以斷之也。

論《詩》齊、魯、韓說聖人皆無父感天而生，太史公、褚先生、鄭君以爲有父又感天，乃調停之說

今古文多駮異，三家《詩》與《毛詩》尤多駮異，姑舉一二大者言之。《生民》、《玄鳥》、《長發》、《閟宮》四詩，三家皆主感生之說。《生民》疏引《異義》：「《詩》齊魯韓、《春秋》公羊說，聖人皆無父感天而生。」《列女傳》曰：「棄母姜嫄者，邰侯之女也。當堯之時，見巨人迹，好而履之，歸而有娠。浸以益大，心怪惡之，卜筮禋祀以求無子。終生子，以爲不祥，而棄之隘巷，牛羊避而不踐；乃送之平林之中，後伐平林者咸薦覆之；乃取置寒冰之上，飛鳥傴翼之。姜嫄以爲異，乃收以歸，因命曰棄。《詩》云：

『赫赫姜嫄，其德不回，上帝是依。』此之謂也。」又曰：「契母簡狄者，有娀氏之長女也。當堯之時，與其妹娣浴於玄邱之水，有玄鳥銜卵過而墜之，五色甚好。簡狄與其妹娣競往取之，簡狄得而含之，誤而吞之，遂生契焉。《詩》云：『有娀方將，立子生商。』又曰：『天命玄鳥，降而生商。』此之謂也。」劉向所引蓋《魯詩》。褚少孫補《史記》引《詩傳》曰：「湯之先爲契，無父而生。契母與姊妹浴于玄邱水，有燕銜卵墮之，契母得，故含之，誤吞之，即生契。契生而賢，堯立爲司徒，姓之曰子氏。子者，茲茲益大也。詩人美而頌之曰：『殷社芒芒，天命玄鳥，降而生商。』商質，❶殷號也。文王之先爲后稷，稷亦無父而生。后稷母爲姜嫄，出見大人跡而履踐之，知於身，即生后稷。姜嫄以爲無父，賤而棄之道中，牛羊避不踐也；抱之山中，山者養之；又捐之大澤，鳥覆席食之。姜嫄怪之，於是知其天子，乃取長之。堯知其賢才，立以爲大農，姓之曰姬氏。姬者，本也。詩人美而頌之曰『厥初生民』，深修益成，而道后稷之始也。」褚少孫事博士王式，由是《魯詩》有褚氏之學，所引《詩傳》乃《魯詩傳》，與《列女傳》正同。《索隱》以「史所引出《詩緯》」。《詩》疏引《河圖》云：「姜嫄履大人迹生后稷。」《中候稷起》云：「蒼耀稷生感迹昌。」《苗興》云：「稷之迹乳。」《契握》云：「玄鳥翔水遺卵流，娀簡吞之，生契封商。」《春秋元命苞》：「姜嫄遊閟宮，其地扶桑，履大人迹而生稷。」《齊詩》與緯候多合，則亦與《魯詩》合。董子《繁露·三代改制質文篇》曰：「天將

❶「商」下，《史記》有「者」字。

授湯，主天法質而王，祖錫姓爲子氏，謂契母吞玄鳥卵生契。天將授文王，主地法文而王，祖錫姓姬氏，謂后稷母姜嫄履天之迹而生后稷。」董子述《公羊春秋》義，故《異義》以爲《詩》齊、魯、韓、《春秋》公羊説「聖人皆無父感天而生也」。《異義》又引《左氏》説：「聖人皆有父。」「謹案：《堯典》『以親九族』，即堯母慶都感赤龍而生堯，堯安得九族而親之？《禮讖》云『唐五廟』，知不感天而生。」「鄭君駁曰：諸言感生得無父，有父則不感生，此皆偏見之説也。《商頌》『天命玄鳥，降而生商』，謂娀簡吞乙子生契，是聖人感生，見於經之明文。劉媪是漢太上皇之妻，感赤龍而生高祖，是非有父，感神而生者也。且夫蒲盧之氣，嫗煦桑蟲，成爲己子，況乎天氣，因人之精，就而神之，❶反不使子賢聖乎？是則然矣，又何多怪。」錫瑞案：今文三家《詩》、《公羊春秋》「聖人皆無父感天而生」爲一義，古文《毛詩》、《左氏》「聖人皆有父，不感天而生」爲一義，鄭君兼取二義，爲調停之説，此其説亦有所自來。張夫子問褚先生曰：「《詩》言契、后稷皆無父而生，今案諸傳記，咸言有父，父皆黄帝子也，得無與《詩》繆乎？」褚先生曰：「不然。《詩》言契生於卵，后稷人迹，欲見其有天命精誠之意耳。鬼神不能自成，須人而生，奈何無父而生乎？一言有父，一言無父，信以傳信，疑以傳疑，故兩言之。」褚少孫兩言之，已與鄭意相似。當時《毛詩》未出，所謂「《詩》言」，即三家《詩》；所謂「傳記」，即《五帝德》、《帝繫姓》之類。太史公據之作《三代世表》，自云「不

❶「神」，原作「成」，據《毛詩正義》改。

離古文者近是」。是以稷、契有父，父皆黄帝子，乃古文説，故與《毛詩》、《左氏》合，與三家《詩》、《公羊春秋》不合。太史公作殷、周《本紀》，用三家今文説，以爲簡狄吞玄鳥卵，姜嫄踐巨人迹；而兼用古文説，云殷契母曰簡狄，有娀氏之女，爲帝嚳次妃，后稷母有邰氏女，曰姜嫄，爲帝嚳元妃。是亦合今古文義而兩言之，又在褚少孫之先。若三家《詩》義，實不如是。據褚先生所引《詩傳》及劉向《列女傳》，皆不云簡狄、姜嫄有夫，亦不云爲帝嚳妃。且《列女傳》言稷、契之生，皆當堯之時，則簡狄、姜嫄不得爲帝嚳妃甚明。此等處當分别觀之，不得以《史記》雜采古今，見其與毛傳不同，遂執以爲三家今文義如是也。

論《生民》、《玄鳥》、《長發》、《閟宫》四詩當從三家，不當從毛

《毛詩》與《左氏》相表裏，故《左氏》説聖人皆有父，《毛詩》亦以爲有父。毛傳云：「后稷之母配高辛氏帝。『履帝武敏』，帝，高辛氏之帝也。」此毛以爲有父不感天之義。鄭箋云：「姜嫄當堯之時，爲高辛氏之世妃。『履帝武敏』，帝，上帝也。」此鄭以爲有父又感天之義。錫瑞案：以《詩》義推之，毛傳必不可通。帝既弗無子，生子何又棄之，且一棄、再棄、三棄，必欲置之死地？作此詩者乃周人，尊祖以配天，若非實有神奇，必不自誣其祖。有夫生子，人道之常，何以鋪張生育之奇，乃至連篇累牘？孫毓謂：「自履其夫帝嚳之迹，何足異而神

之？」其説甚通。馬融知毛義不可通，强爲遺腹避嫌之説以解之，王基、馬昭已駁之矣。近人又各創爲新説，有謂帝爲帝摯，諸侯廢摯立堯，姜嫄避亂，生子而棄之者；有謂「先生如達」，稷形似羊，如包羲牛首，以其怪異而棄之者；有謂「不坼不副，居然生子」，稷初生如卵，古人未知翦胞之法而棄之者；有謂「后稷呱矣」，可見初生不哭，以其不哭而棄之者。紛紛異説，無一可通。即解《生民》詩可强通，而解《玄鳥》、《長發》、《閟宫》三詩皆不可通。《玄鳥》詩云：「天命玄鳥，降而生商。」則契生於鳦卵甚明。若但以爲玄鳥至而祀禖生契，何言天命，又何但言「天命玄鳥」？作此詩者近不辭矣。《長發》詩云：「有娀方將，立子生商。」《列女傳》、高誘《呂覽》注引皆無「帝」字。《詩》稱有娀，不及其夫，自不以爲帝嚳，則契非帝嚳所生甚明。鄭解帝爲「黑帝」，不如三家本無「帝」字爲更明也。若《閟宫》詩義尤昭著，云：「赫赫姜嫄，其德不回，上帝是依。無災無害，彌月不遲，是生后稷。」上帝必是天帝，人帝未有稱上帝者。《生民》之帝，可以高辛帝强解之，《閟宫》之上帝，不可以高辛帝强解，故毛傳云：「上帝是依，依其子孫。」此不得已而爲之辭，與詩上下文不相承。箋云：「依，依其身也。天用是憑依。」其解經甚合。後人乃疑不當儕姜嫄爲房后，擬上帝於丹朱。不知周、魯之人作詩以祀祖宗，叙述神奇，並無隱諱，何以後人少見多怪，必欲曲爲掩飾？依古緯説，自華胥生皇羲，以至簡狄、姜嫄，皆有感生之事。許君《異義》早成，《説文》晚定，《異義》從古文説，《説文》仍從今文云：「古之神聖母感天而生子，故稱天子。」蓋帝王之生，皆有神異，豈可偏執一理，以爲必無其事？且據詩而論，無論事之有無，而詩人所言明以爲有，如必斷爲理之所無，則當起周、魯與宋《商頌》宋人作，見後。作詩之人，責以誣祖之罪；不當謂三家説《詩》爲誤，責以誣古之罪也。古文説聖人皆有父，以姜嫄、簡狄皆帝嚳之妃。如其説，則殷周追尊，自當妣祖並重，何以周立先妣姜嫄之廟，不祀帝嚳？《生民》等詩，專頌姜嫄、有娀之德，不及帝嚳？《儀禮》曰：「禽獸知母而不知父。」如古文説，稷、契皆有父，而作詩者但知頌稷、契之母，而不及其父，得毋皆禽獸乎？戴震曰：「《帝繫》曰『帝嚳上妃姜嫄』，本失實之詞，徒以傅會周人禘嚳，爲其祖之所自出。使嚳爲周家祖之所自出，何雅、頌中言姜嫄，言后稷，竟無一語上溯及嚳？且姜嫄有廟，而嚳無廟，若曰履迹感生，不得屬之嚳，則嚳明明非其祖所自出。」古文似正而非，今文似奇而是。學者試取詩文，平心而熟玩之，知此四詩斷然當從三家，而不當從毛傳。鄭箋以毛爲主，而解四詩從三家不從毛。朱子曰：「履巨迹之事有此理，且如契之生，《詩》中亦云：『天命玄鳥，降而生商。』蓋以爲稷、契皆天生之爾，非有人道之感，不可以常理論也。漢高祖之生亦類此。」故其解《生民》亦從鄭不從毛。鄭君、朱子皆大儒，其讀書精審，知不如此解詩不能通也。《論衡·奇怪篇》云：「儒者稱聖人之生，不因人氣，更稟精於天。禹母吞薏苡而生禹，故夏姓曰姒；卨母吞燕卵而生卨，故殷姓曰子；后稷母履大人迹而生后稷，故周姓曰姬。夫薏苡，草也。燕卵，鳥也。大人迹，土也。三者皆形，非氣也。燕之身不過五寸，薏苡之莖不過數尺，二女吞其卵實，安能成七尺之形乎？

今謂大人天神，故其迹巨，使大人施氣於姜嫄，姜嫄之身小，安能盡得其精？不能得其精，則后稷不能成人。蒼頡作書，與事相連，姜嫄履大人迹，迹者，基也，姓當爲其下土，乃爲女旁臣，非基、迹之字，不合本事，疑非實也。以周姬況夏、殷，亦知子之與姒，非燕子、薏苡也。或時禹、卨、后稷之母，適欲懷妊，遭吞薏苡、燕卵，履大人迹也。」案仲任引儒者之言，乃漢時通行今文説。仲任不信奇怪，故加駮詰。其駮詰之語，正所謂癡人前説不得夢。錫瑞嘗謂，後世説經之弊，在以世俗之見律古聖賢，以民間之事擬古天子。仲任生於東漢，已有此等習見。即如其説，亦當以爲詩人之誤，不當以爲儒者説《詩》之誤也。

論《魯頌》爲奚斯作，《商頌》爲正考父作，當從三家，不當從毛

三家與毛，又有大駮異處，如以《魯頌》爲公子奚斯作，以《商頌》爲正考父作是也。《揚子法言》曰：「正考甫嘗睎尹吉甫矣，公子奚斯睎正考甫矣。」《後漢書·曹褒傳》曰：「昔奚斯讚魯，考父詠殷。」班固《兩都賦》序曰：「故皋陶歌虞，奚斯頌魯。」王延壽《魯靈光賦》曰：「故奚斯頌僖，歌其路寢。」曹植《承露盤銘》序曰：「奚斯魯頌。」《蕩陰令張君表頌》曰：「奚斯讚魯，考父頌殷。」《梁相費汎碑》曰：「感奚斯之德。」《太尉楊震碑》曰：「故感慕奚斯之追述。」《沛相楊統碑》曰：「庶考斯之頌儀。」《郃陽令曹全碑》曰：「嘉慕奚斯、考父之美。」《巴郡

太守張納碑》曰：❶「庶慕奚斯缺二字。之義。」《荆州刺史度尚碑》曰：「於是故吏感《清廟》之頌，歎斯父之詩。」《綏民校尉熊君碑》曰：「昔周文公作頌，宋成考父、公子奚斯，追羡遺蹟，紀述前勳。」宋洪适《隸釋》及近人武億《羣經義證》、王昶《金石萃編》皆以漢碑爲誤。❷錫瑞案：《曹褒傳》注引薛君《韓詩章句》曰：「奚斯，魯公子也，言其新廟奕奕然盛，是詩公子奚斯所作也。」正考父，孔子之先也，作《商頌》十二篇。」是奚斯作《魯頌》，考父作《商頌》，義出《韓詩》。而《史記》用《魯詩》，班固用《齊詩》，三家義同，烏得偏據《毛詩》以駮之乎？孔廣森曰：「三家謂詩爲奚斯作者，是也，此與『吉甫作頌，其詩孔碩』文義正同。曼，長也。詩之章句未有長如此篇者，故以曼言之。毛傳謂『奚斯作廟』，則『孔碩』、『且碩』詞意窘複矣。」❸孔氏以三家爲是，是矣，而未盡也。《駉》毛序曰：「季孫行父請命於周，而史克作是頌。」鄭《詩譜》曰：「僖復魯舊制，未徧而薨。國人美其功，季孫行父請命於周而作其頌。」尋毛、鄭之意，蓋謂《魯頌》皆史克作，作於僖公薨後，故解奚斯所作爲作廟，不爲作頌。今案《閟宮》詩多祝壽之語，且云「令妻壽母」，意必僖公在位，其母成風、其妻聲姜皆在，乃宜爲此頌禱之辭。若在僖公薨後，世無其人已死，猶爲之追祝壽且並頌其母與妻者。如毛、鄭之説，可謂一大笑話。史克見《左氏·文十八年傳》，宣公時尚存，見《國語》，其年輩在後；奚斯見

❶「郡」，原作「納」，據《張納碑》改。
❷「适」，原作「邁」，據文意改。
❸「詞」，原脱，據孔廣森《經學卮言》補。

《左氏·閔二年傳》，其年輩在前。則奚斯作頌於僖公之時，時代正合，故當從三家以爲奚斯所作。漢人引《詩》各處相合，以爲誤，必無各處皆誤之理。若毛、鄭之説則誠誤，不必爲之曲諱。段玉裁訂《毛詩故訓傳》，乃强改作「是廟也」之「廟」字爲「詩」字，以傅合漢人所引三家《詩》義；陳奂疏毛氏傳亦從段説，豈非童牛角馬，不今不古者乎？

論正考父與宋襄公年代可以相及，鄭君《六藝論》從三家《詩》，箋毛亦兼采三家

《史記·宋世家》曰：「宋襄公之時，修仁行義，欲爲盟主，其大夫正考父美之，故追道契、湯、高宗，殷所以興，作《商頌》。」史公用《魯詩》説。裴駰《集解》曰：「《韓詩·商頌》亦美襄公。」蓋三家説同。後人不信三家，以考父頌殷爲誤，謂考父與宋襄年代遠不相及。錫瑞案：史公去古未遠，從孔安國問故，何至於孔子先世之事懵然不知。《孔子世家》既載孟釐子言「正考父佐戴、武、宣」矣，《十二諸侯年表》戴、襄相距百有一十六年，則史公非不知考父之年必百三四十歲而後能相及也。百齡以上之壽，古多有之，竇公、張蒼即其明證。或又疑其子見殺，其父不應尚存，則春秋時明有其人，亦即宋國之人。《左氏·文十六年傳》曰：「初，公子蕩卒，公孫壽辭司城，請使意諸爲之。」意諸死昭公之難，歷文十七、十八兩年，宣十八年，成八年，凡二十八年，宋公使公孫壽來納幣，明見於經。蕩意諸見殺，其父公孫壽可來納幣，何獨孔父見殺，其父正考父不可作頌乎？今、古文多駁異，《異義》以齊魯韓《詩》、《公羊春秋》爲一說，《毛詩》、《左氏》爲一說。《公羊》稱宋襄爲「文王不過此」，故三家以《商頌》爲美宋襄。《左氏》於宋襄多貶辭，河間博士治《毛詩》者，以爲宋襄無足頌美，故別創一說。此其蹤跡之可尋者。後人乃據《左氏》殤公即位，君子引《商頌》，以駮三家。無論古文説不足難今文，即如《左氏》之言，左氏作《傳》在春秋末，距春秋初二百餘年，所引「君子曰」或事後追論，豈必殤公同時之人哉？宋襄與魯僖同時，故《商頌》與《魯頌》文體相似。若是商時人作，商質而周文，不應《周頌》簡《商頌》反繁，且鋪張有太過之處。王夫之嘗摘昆吾、夏桀爲失辭矣。魏源《詩古微》列十三證，證《商頌》爲宋詩，可謂深切著明。攷《詩序疏》引鄭君《六蓺論》曰：「文王創基，至於魯僖，則《商頌》不在數矣。」羅泌《路史·後紀》注曰：「《商頌》，宋頌也，宋襄公之詩耳。叙詩者以爲正考父所得商詩，中言湯孫，而毛、鄭遂以爲太甲中宗之詩，❶妄也。夫言『奮伐荆楚』，襄公事也。『萬舞有奕』，非商樂也。蓋宋有商王之廟，而詩爲宋祀之詩，❷此常理爾，故韓嬰、馬遷亦以爲美襄公。然遷以爲考父作，則繆矣。考父佐戴、武、宣，非襄公時，蓋因而誤之。此宋也而謂之商，不忘本也。引《六蓺論》云：『文王創基，至魯僖間，《商頌》不在數矣。』孔子删詩時，録此五章，豈無意哉？『商邑翼翼，四方之極』，『我有嘉客，亦不夷懌』，豈能忘哉？景山，商墳墓

❶ 「詩」，原作「時」，據明萬曆刻本《路史》改。
❷ 「祀」，原作「禮」，據《路史》改。

之所在也。商邑之大，豈無賢才哉？松柏丸丸，在于斲而遷之，方斲而敬承之，以用之爾。松柏小材，有挺而整布；衆楹大材，有閑而静别。既各得施，則寢成而孔安矣。拱成羣材，而任以成國，則人君高拱仰成矣，是綢繆牖户之義也。」案：羅氏以《商頌》爲宋頌，是也，引《六蓺論》甚詳，可以推見鄭君之意。子曰「詩三百」，自《周南》至《魯頌》，適得三百之數，鄭君以爲《商頌》不在數，孔子删《詩》，録此五篇，以寓懷舊之感，其説必有所受。以景山爲商之墳墓，松柏喻商之賢材，且以松柏喻小材，衆楹喻大材，「寢成孔安」喻任羣材成國，皆爲喻言，不爲實事，與箋詩以陟景山、掄材木爲實事者不同，是鄭君作《論》時從三家之明證。鄭箋《殷武》詩云「時楚僭號王位」，亦兼用三家義，以爲宋詩，若商世，不聞楚有僭王之事。孔疏駮馬昭曰：「名曰商頌，是商世之頌，非宋人之詩，安得曰宋郊配契也？馬昭雖出鄭門，其言非鄭意也。」孔穎達但知鄭箋從毛，不知兼采三家。馬昭既出鄭門，其言當得鄭意。羅氏「荆楚」、「萬舞」二證，足明三家之義，而以考父非襄公時爲疑，則猶未知其年代可以相及也。

論鄭《譜》、鄭箋之義，知聲音之道與政通

鄭《詩譜序》曰：「勤民恤功，昭事上帝，則受頌聲宏福如彼。若違而弗用，則被劫殺大禍如此。吉凶之所由，憂娱之萌漸，昭昭在斯，足作後王之鑒，❶於是止矣。」《正義》曰：「此言孔子録《詩》唯取三百之意。

❶「作」，原脱，據《毛詩注疏》補。

宏福如彼，謂如文、武、成王世修其德，致太平也；大禍如此，謂如厲、幽、陳靈惡加於民，被放弒也。違而不用，謂不用《詩》義；則勤民恤功，昭事上帝，是用《詩》義也，互言之也。用《詩》則吉，不用則凶，吉凶之所由，謂由《詩》也。《詩》之規諫，皆防萌杜漸，用《詩》則樂，不用則憂，是爲憂娱之萌漸也。」陳澧案：「《大序》云國史明乎得失之迹，《小序》每篇言美某王、某公，❶鄭君本此意以作《譜》，而於《譜序》大放厥辭，此乃《三百篇》之大義也，此《詩》學所以大有功於世也。鄭箋有感傷時事之語，《桑扈》『不戢不難，受福不那』，箋云『王者位至尊，天所子也，然而不自斂以先王之法，不自難以亡國之戒，則其受福禄亦不多也』，此蓋嘆息痛恨於桓靈也。《小宛》『螟蛉有子，蜾蠃負之』，箋云『喻有萬民不能治，則能治者將得之』，此蓋痛漢室將亡，而曹氏將得之也。又『戰戰兢兢，如履薄冰』，箋云『衰亂之世，賢人君子雖無罪，猶恐懼』，此蓋傷黨錮之禍也。《雨無正》『維曰于仕，孔棘且殆』，箋云『居今衰亂之世，云往仕乎，甚急迮且危』，此鄭君所以屢被徵而不仕乎！鄭君居衰亂之世，其感傷之語有自然流露者，但箋注之體謹嚴，不溢出於經文之外耳。」錫瑞案：鄭君作《譜序》，深知孔子録《詩》之意；陳氏引鄭箋，深知鄭君箋《詩》之意。在心爲志，發言爲詩，言爲心聲，非可勉强，聲音之道，與政相通。故曰：「治世之音安以樂，其政和；亂世之音怨以怒，其政乖；亡國之音哀以思，其民困。」《詩》之世次難以盡知。何楷《世本古義》臆斷某詩爲某人

❶ 下「某」字，原作「美」，據《東塾讀書記》改。

某事作，《提要》以爲大惑不解。即毛《序》某詩刺某君，朱子亦不深信。然今即以詩辭而論，有不待箋釋而知其時之爲盛爲衰，不必主名而見其政之爲治爲亂者。如《魚麗》美萬物衆多，而《苕華》云「人可以食，鮮可以飽」，則其民之貧富可知。《天保》云「羣黎百姓，徧爲爾德」，而《兔爰》云「尚寐無吪」，《苕華》云「不如無生」，則其民之憂樂可知。是即不明言爲何王之詩，而盛衰治亂之象宛然在目；其君之應受宏福與受大禍，亦瞭然於前矣。朱子曰：「周之初興時，『周原膴膴，堇荼如飴』，苦底物亦甜；及其衰也，『牂羊墳首，三星在霤。人可以食，鮮可以飽』，直恁地蕭索。」正得此意。

論先魯後殷、新周故宋見《樂緯》，三頌有《春秋》存三統之義

孔子所定六經，皆有微言大義。自東漢專講章句訓詁，而微言大義置不論，今文十四博士師傳中絶，聖經宗旨闇忽不章。猶有遺文散見於古書者，《文選》潘安仁《笙賦》注引《樂緯動聲儀》曰：「先魯後殷，新周故宋。」此《詩》三頌有通三統之義，與《春秋》存三統大義相通，三家《詩》之遺説不傳而散見於緯書者也。先魯後殷，謂《魯頌》在先，《商頌》在後。所以録《商頌》於後者，即《春秋》新周、故宋之義。三家《詩》以《商頌》爲正考父美宋襄公，當云「宋頌」，而謂爲「商頌」者，宋本商後，春秋時稱宋爲商，《左氏傳》司馬子魚曰「天之棄商久矣」，史

龜曰「利以伐姜，不利子商」，宗人釁夏曰「孝、惠娶於商」，皆稱宋爲商之明證。或云魯定公諱宋，當時改「宋」爲「商」，似未盡然。《樂記》師乙曰：「肆直而慈愛者宜歌《商》，温良而能斷者宜歌《齊》。」《大戴禮記》「七篇商齊可歌也」，商齊即師乙所謂「商」、「齊」，「商」與「齊」對舉，非謂商一代，謂宋一國也。《毛詩》與《國語》皆古文，故據《國語》云：「正考父校商之名頌十二篇於周太師。」以《商頌》爲正考父所校，不以「宋頌」爲正考父所作，與三家《詩》以《商頌》爲美宋襄者判然不合。《毛詩》既據《國語》，又據《左傳》，於宋襄多詆斥之詞故也。自《毛詩》、《左傳》單行，人不信三家《詩》，更不知《詩》有先魯後殷、新周故宋之微言与《春秋》三統之義相通，而孔子删《詩》如徐陵之選《玉臺新詠》、王安石之選《唐百家詩》，不過編輯成書，並無義例之可言矣。三家《詩》所傳微言必多，惜皆不傳於世，僅存《樂緯》八字，猶略可考。其餘與《春秋》相通者，《春秋》元年春王正月，王謂文王，《詩》之四始皆稱文王，其相通者一。《春秋》尊王，褒美桓、文，《詩》風終于《豳》，稱周公，雅終于《召旻》，言召公，《匪風》思王，《下泉》思伯，其相通者二。《孟子》云「《詩》亡然後《春秋》作」，必更有微言大義相合者。惜今文説亡佚，多不可考耳。顧炎武曰：「《詩》之次序，猶《春秋》之年月，夫子因其舊文，述而不作也。頌者，美盛德之形容以告宗廟。魯之《頌》，頌其君而已，而列之《周頌》之後者，魯人謂之頌也。世儒謂夫子尊魯而進之爲頌，是不然。魯人謂之頌，夫子安得不謂之頌乎？爲下不倍也。《春秋》書公、書郊禘，亦同此義。《孟子》曰

『其文則史』，不獨《春秋》也，雖六經皆然。今人以爲聖人作書，必有驚世絶俗之見，此是以私心待聖人。」錫瑞案：顧氏此説，非獨不知《詩》，並不知《春秋》。《孟子》曰「其文則史」，不嘗引孔子曰「其義則某竊取之」乎？義不獨《春秋》，六經皆有之。孟子稱孔子作《春秋》，功繼羣聖，安得無驚世絶俗之見，而謂以私心待聖人乎？信顧氏説，必不信孟子而後可。世儒謂夫子尊魯而進之爲頌，正是先魯後殷之義；宋頌亦謂之頌，正是新周故宋之義。《詩》之次序，《春秋》之年月，皆夫子手定，必有微言大義，而非專襲舊文。述而不作，是夫子謙辭。若必信以爲真，則夫子手定六經，並無大義微言，《詩》、《書》止編輯一過，《春秋》止鈔録一過，所謂萬世師表者安在？成伯璵《毛詩指説》以《魯頌》爲變頌，陳鵬飛《詩解》不解殷、魯二頌，以爲《商頌》當闕，而《魯頌》可廢，皆不知三頌有通三統之義也。阮元曰：「頌」本容皃之「容」，容、養、漾，一聲之轉。「周頌」、「魯頌」、「商頌」猶云周之様子、魯之様子、商之様子耳。風、雅惟歌而已，惟頌有舞，以象成功，如今之演劇。據孔子與賓牟賈論樂可見。

論《左氏傳》所歌詩皆傳家據已定録之，非孔子之前已有此義

子曰：「吾自衛反魯，然後樂正，雅頌各得其所。」然則夫子未正樂之前，雅頌必多失次可知。而《左氏傳》載季札觀樂，在夫子未正樂之前，十五國風、雅、頌，皆秩然不紊。學者多以爲疑，此在漢人已明解之。《周禮·春官·大師》疏引鄭衆《左氏春秋注》云：「孔子自衛反魯，在哀公十一年，當

此時雅、頌未定，而云爲歌大小雅、頌者，傳家據已定録之。言季札之於樂，與聖人同。」又《詩譜序》疏引襄二十九年《左傳》服虔注云：「哀公十一年，孔子自衛反魯，然後樂正，雅、頌各得其所，距此六十二歲。當時雅、頌未定，而云爲之歌小雅、大雅、頌者，傳家據已定録之。」李貽德曰：「是時孔子尚幼，未得正樂，歌者未必秩然如是。傳者從後序其事，則據孔子定之次追録之，故得同正樂後之次第也。」《詩》孔疏以服説爲非，引鄭司農《春官》注，與鄭同，以爲風、雅先定，非孔子爲之。不知《春官》賈疏引鄭司農《左氏》、《周官》兩處之注，明有兩解。服虔以爲傳家據已定録之，正本司農《左氏》之注。是司農雖據《周官》而解《左氏》，知其説不可通，故注《周官》用《周官》義，注《左氏》用《左氏》義。《周官》、《左氏》皆古文，注者皆鄭司農，而不能專持一義解之，以孔子反魯正樂有明文，不敢背其説也。凡古人注經前後不合者，皆於經義有疑，未能決定，意在矜慎，並非矛盾。疏家不明此旨，但主一説而盡棄其餘，即一人之説前後不符，亦專取其一，舉先儒之疑而未定者，臆定以爲決辭，而反相駁難。或且去取乖繆，舍其是者而取其不是者，於是先儒矜慎之意全失。雖有異義，無從考見。其或於他處散見一二，皆學者所宜標出以備參考者也。康成注多歧異，其答弟子，明見《鄭志》。孔疏駁《鄭志》，專取一書之注，非康成之意。鄭司農在東漢之初，服子慎在東漢之末，二人之説遞相祖述，皆以傳家。據孔子所定雅、頌，言「季札之於樂與聖人同」。蓋當時古文雖盛行，猶未敢以《左氏》、《周官》顯違《論語》之義。不若唐以後人之悍，專主一經，而盡廢羣經也。《左傳疏》曰：「此爲季札歌

《詩》，風有十五國，其名皆與《詩》同，唯其次第異耳。則仲尼以前，篇目先具，其所删削，蓋亦無多。記傳引《詩》亡逸甚少，❶知本先不多也。《史記·孔子世家》云：『古者《詩》三千餘篇，孔子去其重，取三百五篇。』蓋馬遷之謬耳。」案，孔疏據季札所歌以駁删《詩》之説，猶之可也。若據季札所歌，而疑孔子以前《詩》與今同，並無定《詩》正樂之事，則斷乎不可。據鄭、服兩説，足見《左氏》一書多以闕里之緒論爲當時之實事。季札歌《詩》既從後定，其餘諸大夫之斷章取義，其義或亦出於孔子之後，而非出於孔子之前，未可盡以《春秋》之斷章爲詩人之本旨也。《左氏》引《易》、《禮》、《論語》皆當作如是觀。《國語》楚子引曹詩「不遂其媾」，乃當時刺曹共公詩，或謂《候人》即爲晉公子作，何以遽傳至楚，而楚子引之，殊不可信。俞正燮强護《國語》，謂晉公子從者挾其詩以示人，尤爲臆説無據。

論賦、比、興、豳雅、豳頌皆出《周禮》，古文異説，不必深究

《詩》有風、雅、頌，人人所知也。而《周禮》：「大師教六詩，曰風，曰賦，曰比，曰興，曰雅，曰頌。」《毛序》據其説，謂《詩》有六義，於是風、雅、頌之外，有賦、比、興。而傳專言興，不言比、賦。孔疏曰：「毛傳特言興也，爲其理隱故也。」又曰：「風、雅、頌者，詩篇之異體；賦、比、興者，詩文之異辭耳。大小不同，而得並爲六義者，賦、比、興是《詩》之所用，風、雅、頌是《詩》之成形。用彼三事，成此三事，是故同稱爲義，非别

❶「引」，原作「與」，據《春秋左傳正義》改。

有篇卷也。」《鄭志》張逸問：「何詩近於比、賦、興？」答曰：「比、賦、興，吴札觀《詩》已不歌也。孔子録《詩》，已合風、雅、頌中，難復摘別，篇中義多興。」據此，則比、賦、興難以摘別，與風、雅、頌大小不同，鄭、孔亦明知之，特以毛義不敢駮。毛又本於《周禮》，是古文異説，今文三家《詩》無是説也。十五國風有《豳風》，人人所知也，而《周禮・籥章》：「掌土鼓、豳籥，歈豳詩，歈豳雅，歈豳頌。」鄭注：「豳詩，《豳風・七月》也。豳雅，亦《七月》也。《七月》又有『于耜』、『舉趾』、『饁彼南畝』之事，是亦歌其類。謂之雅者，以其言男女之正。豳頌，亦《七月》也。《七月》又有『穫稻』、『作酒』、『躋彼公堂，稱彼兕觥，萬壽無疆』之事，是亦歌其類也。謂之頌者，以其言歲終人功之成。」❶鄭箋《詩》，則以「殆及公子同歸」以上是謂豳風，「以介眉壽」以上是謂豳雅，「萬壽無疆」以上是謂豳頌。孔疏云：「《籥章》之注與此小殊，彼又觀《籥章》之文而爲説也。以其歌豳詩以迎寒迎暑，故取寒暑之事以當之；吹豳雅以樂田畯，故取耕田之事以當之；吹豳頌以息老物，故取養老之事以當之。就彼爲説，故作兩解也。諸詩未有一篇之内備有風、雅、頌，而此篇獨有三體。」據此，則分《七月》詩爲風、雅、頌，本無定説。一篇不應分三體，鄭、孔亦明知之，特欲引據《周禮》，不得不强傅會。是古文異説，今文三家《詩》亦無是説也。至宋以後，異説尤多。朱子《詩傳》以興、比、賦分而爲三，摘毛傳不合於興者四十九條，且曰：「《關雎》，興詩也，而兼於比；《緑衣》，比詩

❶「言」，原作「年」，據《周禮注疏》改。

也，而兼於興；《頍弁》一詩，興、比、賦兼之。」愈求精，愈游移無定，究不知比、興如何分別。胡致堂引李仲蒙説「叙物以言情謂之賦，索物以託情謂之比，觸物以起情謂之興」，亦屬空言。王質駁鄭箋，謂：「一詩如何分爲三？《籥章》所謂豳詩，以鼓、鐘、瑟、琴四器之聲合籥也。《禮》『笙師龡竽、笙、壎、籥、簫、篪、篴、管，舂、牘、應、雅』，凡十二器，以雅器之聲合籥也。《禮》『眡瞭播鼗，擊頌磬、笙磬』，凡四器，以頌器之聲合籥也。」朱子有三説，一説豳詩吹之，其調可風，可雅，可頌；一説《楚茨》諸詩是豳之雅，《噫嘻》諸詩是豳之頌；一説王介甫謂豳自有雅、頌，今皆亡矣。黄震謂：「《楚茨》諸詩，於今爲刺幽王之詩；《噫嘻》諸詩，於今爲成周郊社之詩，未易遽指以爲豳。若如介甫謂豳詩別自有雅、頌，則豳乃先公方自奮於戎狄之地，此時安得有天子之雅、頌耶？❶惟前一説得之，以王質考訂爲精詳。」錫瑞案：王質之説尤謬。「舂牘」，先鄭以爲一器，後鄭以爲牘應雅教，其舂則笙師所教，止十一器而無十二。「頌磬笙磬」，鄭注：「在東方曰笙，笙，生也；在西方曰頌，頌或作庸，庸，功也。」引《大射禮》爲據，甚確，則頌磬非頌器之聲。王質引《周禮》，又不用《周禮》之義。改亂古注，以就其説。宋人習氣，固無足怪，而《周禮》亦不可爲據。漢人古説自《周禮》外，無言豳雅、豳頌者；自《周禮》、《毛傳》外，無言賦、比、興者。鄭注、孔疏强爲傅會，而心不能無疑。宋人又不信注疏，而各自爲説，實則皆如孔廣森之論《尚書》，孔、蔡謬悠，議瓜

❶「時」，原作「詩」，據《黄氏日抄》改。

驪山，良無一是者也。《周禮》一書，與諸經本不相通，後人信之，反亂經義。如孔子所定之《易》，《周易》是也，《周禮·太卜》有《連山》、《歸藏》、《周易》爲三《易》，後人不求明《易》，而争論《連山》、《歸藏》，於是有僞《連山》、《歸藏》。孔子所定之《書》，《尚書》是也，《周禮·外史》有三皇五帝之書，❶後人不求明《書》，而争論三皇五帝之書，於是有僞《三墳書》。孔子所定之《詩》，風、雅、頌是也，《周禮》有賦、比、興、豳雅、頌，後人不求明《詩》，而争論賦、比、興、豳雅、頌。此等皆無裨經義，其真其僞，其是其非，可以不論。治經者先埽除一切單文孤證、疑似之文，則心力不分，而經義易晰矣。

論《南陔》六詩與金奏三夏不在三百五篇之内

洪邁《容齋續筆》曰：「《南陔》、《白華》、《華黍》、《由庚》、《崇邱》、《由儀》六詩，毛公爲《詩詁訓傳》，各置其名、述其義而亡其辭。《鄉飲酒》、《燕禮》云：『笙入堂下，磬南北面立。樂奏《南陔》、《白華》、《華黍》，乃間歌《魚麗》，笙《由庚》；歌《南有嘉魚》，笙《崇邱》；歌《南山有臺》，笙《由儀》；乃合樂《周南·關雎》《葛覃》《卷耳》、《召南·鵲巢》《采蘋》《采蘩》。』切詳文意，所謂歌者，有其辭所以可歌，如《魚麗》、《嘉魚》、《關雎》以下是也；亡其辭者不可歌，故以

❶「禮」，原作「易」，據文意改。

笙吹之,《南陔》至于《由儀》是也。有其義者,謂『孝子相戒以養』、『萬物得由其道』之義;亡其辭者,元未嘗有辭也。鄭康成始以爲及秦之世而亡之,又引《燕禮》『升歌《鹿鳴》,❶下管《新宫》』爲比,謂《新宫》之詩亦亡。按《左傳》,宋公享叔孫昭子,賦《新宫》。杜注爲逸詩,則亦有辭,非諸篇比也。陸德明《音義》云:『此六篇蓋武王之詩,周公制禮,用爲樂章,吹笙以播其曲。孔子删定在三百一十一篇内,及秦而亡。』蓋祖鄭説耳。且古《詩》經删及逸不存者多矣,何獨列此六名於《大序》中乎? 束皙《補亡》六篇,不作可也。❷《左傳》叔孫豹如晉,晉侯享之,金奏《肆夏》、《韶夏》、《納夏》,工歌《文王》、《大明》、《緜》、《鹿鳴》、《四牡》、《皇皇者華》。三夏者,樂曲名,擊鐘而奏,亦以樂曲無辭,故以金奏之。若六詩,則工歌之矣,尤可證也。」錫瑞案:洪説是也。漢初史遷、王式諸人皆云《詩》三百五篇,無有云三百十一篇者,是不數六笙詩甚明。《毛詩故訓傳》不以六笙詩列什數,則《序》云「有其義而亡其辭」,「亡」字當讀「有無」之「無」。鄭君以爲「亡逸」之「亡」,箋云:「孔子論《詩》,雅、頌各得其所,時俱在耳,篇第當在於此。遭戰國及秦而亡之,其義則與衆篇之義合編,故存。至毛公爲《詁訓傳》,乃分衆篇之義,各置於其篇端云。又闕其亡者,以見在爲數,故推改什首遂通耳,而下非孔子之舊。」自鄭君爲此説,陸德明、孔穎達、成伯璵皆以爲《詩》三百十一篇,與漢初人云三百五篇不合矣。杜子春《周禮·

❶「鳴」,原作「歌」,據《容齋隨筆》改。

❷「作可」,原作「可作」,據《容齋隨筆》改。

鍾師》注引《春秋傳》「金奏《肆夏》之三」，云：「《肆夏》與《文王》、《鹿鳴》俱稱三，謂其三章也，以此知《肆夏》詩也。《國語》曰：『金奏《肆夏》、《繁遏》、《渠》，天子所以享元侯。』《肆夏》、《繁遏》、《渠》，所謂三夏矣。」呂叔玉云：「《肆夏》、《繁遏》、《渠》皆《周頌》也。《肆夏》，《時邁》也；《繁遏》，《執傹》也；《渠》，《思文》也。肆，遂也；夏，大也。言遂於大位，謂王位也。故《時邁》曰：『肆于時夏，允王保之。』繁，多也；遏，止也。言福禄止於周之多也，故《執傹》曰：『降福穰穰，降福簡簡，福禄來反。』渠，大也，言以后稷配天，王道之大也，故《思文》曰：『思文后稷，克配彼天。』」鄭謂：「以《文王》、《鹿鳴》言之，則九夏皆詩篇名，《頌》之族類也。此歌之大者，載在樂章，樂崩亦從而亡，是以《頌》不能具。」案：呂説蓋以《時邁》、《思文》皆有「時夏」之文，而《執競》一篇在其間，故據以當三夏。其説近傅會，鄭君不從，是也。特以爲「《頌》之族類，樂崩亦從而亡」，則猶未知金奏與工歌不同，本不在三百五篇中，非「《頌》不能具」也。

論《詩》無不入樂，《史》、《漢》與《左氏傳》可證

《史記》曰：「三百五篇，孔子皆弦歌之，以求合《韶》、《武》、雅、頌之音。」則孔子之時，《詩》無不入樂矣。《漢書》曰：「行人振木鐸，徇於路，以采詩獻之，大師比其音律。」則孔子之前，《詩》無不入樂矣。《墨子》曰：「誦《詩》三百，弦《詩》三百，歌《詩》三百，舞《詩》三百。」則孔子之後，《詩》無不

入樂矣。《詩》之入樂有一定者，有無定者，如《鄉飲酒禮》：「間歌《魚麗》，笙《由庚》；歌《南有嘉魚》，笙《崇邱》；歌《南山有臺》，笙《由儀》，合樂《周南·關雎》《葛覃》《卷耳》、《召南·鵲巢》《采蘩》《采蘋》。」《鄉射禮》合樂同。《燕禮》間歌、歌鄉樂與《鄉飲酒禮》同。《大射》歌《鹿鳴》三終，《左氏傳》云：「《湛露》，王所以宴樂諸侯也；《彤弓》，王所以燕獻功諸侯也；《文王》，兩君相見之樂也。亦升歌《清廟》。《鹿鳴》、《四牡》、《皇華》，嘉鄰國君勞使臣也。」此《詩》之入樂有一定者也。「三夏」依鄭說，不取呂叔玉說爲《肆夏》、《執競》、《思文》。❶《鄉飲酒禮》，正歌備後有無算樂，注引《春秋》襄二十九年吴公子札來聘，請觀于周樂，此國君之無算。然則《左氏傳》載列國君卿賦《詩》言志，變風、變雅，皆當在無算樂之中。此《詩》之入樂無一定者也。若惟正風、正雅入樂，而變風、變雅不入樂，吴札焉得而觀之，列國君卿焉得而歌之乎？至宋儒乃有《詩》不入樂之說。程大昌曰：「南、雅、頌，樂名也，若今樂曲之在某宮者也。❷邶、鄘、衛十三國者，詩皆可采，而聲不入樂，則直以徒詩著之本土。」朱子曰：「二南正風，房中之樂也，鄉樂也。二雅之正雅，朝廷之樂也。商周之頌，宗廟之樂也。至變雅，則衰周卿士之作，以言時政之得失，而邶鄘以下，則大師所陳以觀民風者耳，非宗廟燕享之所用也。」顧炎武用其說曰：「夫二南也，《豳》之《七月》也，《小雅》正十六篇，《大雅》正十八篇，頌也，詩之入樂者也。邶以下十二國之附於二南之

❶「肆夏」，依文意當作「時邁」。

❷「某宮」，原作「其官」，據《考古編》改。

後，而謂之風；《鴟鴞》以下六篇之附於豳，而亦謂之豳；《六月》以下五十八篇之附於小雅，《民勞》以下十三篇之附於大雅，而謂之變雅，《詩》之不入樂者也。」錫瑞案：謂《詩》不入樂，與《史》、《漢》皆不合，亦無解於《左氏》之文。古者詩教通行，必無徒詩不入樂者。唐人重詩，伶人所歌，皆當時絶句。宋人重詞，伶人所歌，皆當時之詞。元人重曲，伶人所歌，亦皆當時之曲。有朝脱稾而夕被管弦者。宋歌詞不歌詩，於是宋之詩爲徒詩；元歌曲不歌詞，於是元之詞爲徒詞；明以後歌南曲不歌北曲，於是北曲亦爲徒曲。今並南曲亦失其傳，雖按譜而填，尠有能按節而歌者。如古樂府辭皆入樂，後人擬樂府，則名焉而已。周時《詩》方通行，必不如是。宋人與顧氏之説，竊未敢謂然也。笙入、金奏，本非三百五篇之詩，而説者必强以爲詩；三百五篇，本無不入樂之詩，而説者又謂有徒詩：皆不可據。

論《詩》至晉後而盡亡，開元遺聲不可信

《困學紀聞》曰：「《大戴禮・投壺》云：『凡雅二十六篇，其八篇可歌，歌《鹿鳴》、《貍首》、《鵲巢》、《采蘩》、《采蘋》、《伐檀》、《白駒》、《騶虞》，八篇廢不可歌，七篇商、齊可歌也，三篇閒歌。』《上林賦》『揜羣雅』，張揖注云：『《詩》小雅之材七十四人，大雅之材三十一人。』愚謂八篇可歌者，唯《鹿鳴》、《白駒》在小雅，《貍首》今亡，鄭氏以爲《射義》所引『曾孫侯氏』之詩，餘皆風也。而亦謂之雅，豈風亦有雅歟？劉氏《小傳》：『或曰《貍首》，《鵲巢》也，篆文似之。』此有《貍首》又有《鵲巢》，則或説非矣。張揖言

大雅之材，❶未知所出。」閻若璩按：「小雅除笙詩，自《鹿鳴》至《何草不黄》凡七十四篇，大雅自《文王》至《召旻》凡三十一篇，故曰『小雅之材七十四人，大雅之材三十一人』，以篇數言也。」屠繼序按：「文當云八篇廢不可歌，史辟、史義、史見、史童、史謗、史賓、❷拾聲、叡挾，七篇商、齊可歌也，三篇間歌也，合二十六篇之數。」又按：「《伐檀》即《小雅·伐木》也，意三家必有作『伐檀丁丁』者。《杜夔傳》、《琴操》仍其異文耳。」《困學紀聞》又曰：「漢大樂食舉十三曲，一曰《鹿鳴》。《杜夔傳》：『舊雅樂四曲，一曰《鹿鳴》，二曰《騶虞》，三曰《伐檀》，四曰《文王》，皆古聲辭。』《琴操》曰：『古琴有《詩》歌五曲，曰《鹿鳴》、《伐檀》、《騶虞》、《鵲巢》、《白駒》。』」朱子《儀禮經傳通解》十四《詩樂》：《十二詩譜》，雅詩六，《鹿鳴》、《四牡》、《皇華》、《魚麗》、《嘉魚》、《南山有臺》，黄鍾清宫，俗呼「正宫」；風詩六，《關雎》、《葛覃》、《卷耳》、《鵲巢》、《采蘩》、《采蘋》，無射清商，俗呼「越調」。朱子曰：「今按《大戴禮》頗有闕誤，其篇目都數，皆不可考。至漢末年止存三篇，而加《文王》，又不知其何自來也。其後改作新辭，舊曲遂廢。❸至唐開元鄉飲酒禮，其所奏樂乃有此十二篇之目，而其聲今亦莫得聞矣。此譜乃趙彦肅所傳，曰即開元遺聲也。古聲亡滅已久，不知當時工師何所考而爲此也。竊疑古樂有唱有歎，唱者發歌句也，和者繼其聲也。詩詞之外，應更有疊字散聲以歎

❶「大」，《困學紀聞》作「二」。
❷「賓」，原作「贊」，據《大戴禮記》改。
❸「曲」，原作「典」，據《儀禮經傳通解》改。

發其趣。故漢晉之間，舊曲既失其傳，則其辭雖存，而世莫能補，爲此故也。若但如此譜，直以一聲叶一字，則古詩篇篇可歌，無復樂崩之歎矣。夫豈然哉！又其以清聲爲調，似亦非古法。然古聲既不可考，則姑存此以見聲歌之彷彿，俟知樂者考其得失云。」❶錫瑞案：漢食舉奏《鹿鳴》，則《鹿鳴》猶通行。明帝二年幸辟雍，詔曰：「升歌《鹿鳴》，下管《新宫》。」《新宫》乃逸詩，不知何從得之。《杜夔傳》四曲有《文王》，亦不知何從得之。《伐檀》變風，誠非倫次，屠氏以爲《伐木》則非是。《上林賦》云：「悲《伐檀》，樂《樂胥》。」《伐檀》云悲，當同毛《序》賢者不遇明王之義。若是《伐木》，何悲之有？《夔傳》四曲皆古聲辭，及太和中，左延年改夔《騶虞》、《伐檀》、《文王》，更自作聲節。其名雖存，而聲實異。唯因夔《鹿鳴》全不改易，每正旦大會，東廂雅樂常作者是也。至泰始五年，荀勖乃除《鹿鳴》舊歌，更作行禮詩，於是《鹿鳴》亦亡。若開元所奏趙彦肅所傳十二篇，皆不知所自來。朱子疑之，以一聲叶一字爲非，可謂至論。而《通解》仍載《十二詩譜》，不得已而存餼羊之義耳。今學宫歌詩，正以一聲叶一字者。

論《詩》教温柔敦厚，在婉曲不直言，《楚辭》及唐詩宋詞猶得其旨

《論語》言六經，惟《詩》最詳，可見聖人删《詩》之旨。而不得其解，則反致轇轕。如言「《關雎》樂而不淫，哀而不傷」，《毛序》已糾纏不清，鄭箋改「哀」爲「衷」，朱注《論

❶「樂」，原作「音」，據《儀禮經傳通解》改。

語》又以「憂」易「哀」，後人更各爲臆説矣。言「《詩》三百，一言以蔽之，曰思無邪」，《詩》本託諷，聖人恐人誤會，故以「無邪」正之。毛、鄭解《詩》，於此義已不盡合，朱子以鄭、衛詩爲淫人自言，王柏乃議删鄭、衛矣。惟言「小子何莫學夫《詩》」一章，興、觀、羣、怨，事父事君，多識鳥獸草木之名，本末兼該，鉅細畢舉，得《詩》教之全，而人亦易解。其大者尤在温柔敦厚，長於風諭。《困學紀聞》曰：「子擊好《晨風》、《黍離》而慈父感悟，見《韓詩外傳》。《韓詩》以《黍離》爲伯奇之弟伯封作，言孝子之事，故能感悟慈父，與《毛詩》以爲閔周者不同。周磐誦《汝墳》卒章而爲親從仕，王裒誦《蓼莪》而三復流涕，裴安祖講《鹿鳴》而兄弟同食，可謂興於《詩》矣。」焦循《毛詩補疏序》曰：「夫《詩》，温柔敦厚者也，不質直言之而比興言之，不言理而言情，不務勝人而務感人。自理道之説起，人各挾其是非，以逞其血氣，激濁揚清。本非謬戾，而言不本於性情，則聽者厭倦。至於傾軋之不已，而忿毒之相尋，以同爲黨，即以比爲争。甚而假宫闈、廟祀、儲貳之名，動輒千百人哭於朝門，自鳴忠孝，以激其君之怒。害及其身，禍於其國，全戾乎所以事君父之道。余讀《明史》，每歎《詩》教之亡，莫此爲甚。夫聖人以一言蔽三百曰『思無邪』，聖人以《詩》設教，其去邪歸正奚待言。所教在思，思者容也，思則情得，情得則兩相感而不疑。故示之於民則民從，施之於僚友則僚友協，誦之於君父則君父怡然釋。不以理勝，不以氣矜，而上下相安於正。無邪以思致，思則以嗟歎、永歌、手舞足蹈而致。《管子》曰：『止怒莫如《詩》。』劉向曰：『夫《詩》，思然後積，積然後流，流然後發。』

《詩》發於思，思以勝怒，以思相感，則情深而氣平矣。此詩之所以爲教歟？」又《補疏》曰：「循按《蒹葭》、《考槃》，皆遯世高隱之辭。而《序》則云《考槃》刺莊公，《蒹葭》刺襄公，此説者所以疑《序》也。嘗觀《序》之言刺，如《氓》、《静女》刺時，《簡兮》刺不用賢，《芄蘭》刺惠公，《匏有苦葉》、《雄雉》刺衛宣公，《君子于役》刺平王，《叔于田》、《太叔于田》刺莊公，《羔裘》刺時，《還》刺荒，《著》刺時不親迎，《葛屨》刺褊，《汾沮洳》刺儉，《十畝之間》刺時，《伐檀》刺貪，《蟋蟀》刺晉僖公，《山有樞》、《椒聊》刺晉昭公，《有杕之杜》刺晉武公，《葛生》、《采苓》刺晉獻公，《宛邱》刺陳幽公，《蜉蝣》刺奢，《鳲鳩》刺不壹，《祈父》、《白駒》、《黄鳥》刺宣王，《賓之初筵》衛武公刺時，《魚藻》、《采菽》、《黍苗》、《隰桑》、《瓠葉》刺幽王，《抑》衛武公刺厲王。求之詩文，不見刺意。惟其爲刺詩而詩中不見有刺意，此三百篇所以温柔敦厚，可以興，可以觀，可以羣，可以怨也。後世之刺人，一本於私，雖君父不難於指斥，以自鳴其直。學《詩》三百，於《序》既知其爲刺某某之詩矣，而諷味其詩文，則婉曲而不直言，寄託而多隱語，故其言足以感人，而不以自禍。即如《節南山》、《雨無正》、《小弁》等作，亦惻怛纏綿，不傷於直，所以爲千古事父事君之法也。若使所刺在此詩中即明白言之，不待讀《序》即知其爲刺某人之作，則何以爲主文譎諫而不訐，温柔敦厚而不愚？二語李行修説。『人之多辟，無自立辟』，洩冶所以見非於聖人也。宋明之人不知《詩》教，士大夫以理自持，以倖直抵觸其君，相習成風，性情全失，而疑《小序》者遂相率而起。余謂《小序》之有裨于

《詩》至切至要，特詳論於此。」錫瑞案：《詩》婉曲不直言，故能感人，焦氏所言甚得其旨。三百篇後得風雅之旨者，惟屈子《楚辭》。太史公云：「國風好色而不淫，小雅怨誹而不亂，若《離騷》者可謂兼之。」而《楚辭》未嘗引經，亦未道及孔子。宋玉始引《詩》「素餐」之語。或據以爲當時孔教未行於楚之證。案楚莊王、左史倚相、觀射父、白公子張諸人，在春秋時已引經，不應六國時猶未聞孔教。《楚辭》蓋偶未道及，而實兼有國風、小雅之遺。其後唐之詩人，猶通比興，至宋乃漸失其旨。然失之於詩，而得之於詞，猶《詩》教之遺也。

論三百篇爲全經，不可增删改竄

《漢書・藝文志》曰：「《詩》三百篇，遭秦而全者，以其諷誦，不獨在竹帛故也。」班氏據漢博士之説，《詩》遭秦爲全經，漢時所傳之三百篇，即聖人所謂「詩三百」，非有不完不備、待後人補綴者。漢時，今《尚書》家以二十九篇爲備，古《尚書》家以爲有百篇，二説不同。而《詩》，則三家與毛，今、古文皆以爲全經，無不同也。王柏乃「疑今日之三百五篇豈果爲聖人之三百五篇？秦法嚴密，《詩》無獨全之理。竊意夫子已删去之詩，容有存於閭巷浮薄者之口，蓋雅奥難識，淫俚易傳。漢儒病其亡逸，妄取而攙雜，以足三百篇之數」。柏此説與《漢志》相反，柏以前無爲此説者，果何所據而云然乎？吴師道引「劉歆言《詩》始出時，一人不能獨盡其經，或爲雅、或爲頌，相合而成」，以證王氏之説。案：劉歆但云雅、頌相合，未云攙雜足數。且班固既著此語於歆《傳》，而《藝文志》以《詩》爲全經，是班氏未嘗以歆所云疑《詩》爲不全也。王氏因朱子以鄭、衛爲淫詩，毅然删去三十二篇，且於二南删去《野有死麕》一篇，而退《何彼襛矣》、《甘棠》於王風。聖人手定之經，敢加删改。後人以其淵源於朱子，而莫敢議。金履祥、許謙從而和之，不知朱子之説，證以《左氏》，已難據信。朱子曰：「今若以桑中濮上爲雅樂，當以薦何等鬼神，接何等賓客？」案：《桑中》詩雖未見古人施用，而鄭、衛風三十二篇，朱子所指爲淫詩，王氏所毅然删去者，如《將仲子》、《褰裳》、《風雨》、《有女同車》、《蘀兮》、《野有蔓草》六詩，明見於《左氏傳》，用以宴享賓客。《左氏傳》雖難盡信，然必非出於漢以後。朱子之説，已未可信，王氏所疑，豈可信乎？自漢以後，學者不知聖人作經非後人所敢擬議，王通續《詩》，有四名、五志，或云僞作，朱子曰：「王通欲取曹、劉、沈、謝之詩爲續《詩》，曹、劉、沈、謝又那得一篇如《鹿鳴》、《四牡》、《大明》、《文王》、《關雎》、《鵲巢》？」劉迅取《房中歌》至《後庭鬭百草》、《臨春樂》、《少年子》之類凡一百四十二篇，以擬雅章；又取《巴渝歌》、《白頭吟》、《折楊柳》至《談容娘》，以比國風之流，亦屬僭。邱光庭《兼明書》曰：「大中年中，《毛詩》博士沈朗進《新添毛詩四篇表》云：『《關雎》后妃之德，不可爲三百篇之首，蓋先儒編次不當耳。今别撰二篇爲堯、舜詩，取虞人之箴爲禹詩，❶取《大雅·文王》之篇爲文王詩，請以此四詩置《關雎》之前，❷所以先帝王而後后妃，

❶「詩」，原作「時」，據《兼明書》改。

❷「此」，原脱，據《兼明書》補。

尊卑之義也。』朝廷嘉之。明曰：沈朗論《詩》，一何狂謬。不知沈朗自謂新添四篇，爲風乎，爲雅乎？爲風也，不宜歌帝王之道；爲雅也，則不可置《關雎》之前，非唯首尾乖張，實謂自相矛盾。其爲妄作，無乃甚乎？」案：沈朗妄添《詩》，罪在劉迅之上；王柏妄删《詩》，罪亦不在沈朗之下。《四庫提要》斥之曰：「柏何人斯，敢奮筆以進退孔子哉？」程敏政、茅坤信王柏，二人非經師，毛奇齡已辨之；閻若璩深於《書》而淺於《詩》，亦誤信王柏，皆不足據。

論風人多託意男女，不可以文害辭

《漢書·食貨志》曰：「男女有不得其所者，因相與歌詠，各言其傷。師古曰：怨刺之詩也。孟春之月，❶羣居者將散，行人振木鐸徇于路，以采詩獻之，大師比其音律，以聞于天子。」何休《公羊解詁》曰：「男女有所怨恨，相從而歌，飢者歌其食，勞者歌其事。男年六十、女年五十無子者，官衣食之，使之民間求詩。鄉移於邑，邑移於國，國以聞於天子。」據此二說，則風詩實有民間男女之作。然作者爲民間男女，而其怨刺者不必皆男女淫邪之事。朱子乃以詞意不莊、近於褻狎者皆爲淫詩，且爲淫人所自作。陳傅良謂「以彤管爲淫奔之具，城闕爲偷期之所，竊所未妥」，藏其說不與朱子辨。朱子謂：「陳君舉兩年在家中解《詩》，未曾得見。近有人來說，君舉解《詩》，凡《詩》中所說男女事，不是說男女，皆是說君臣，未可如此一律。今人解經，先執偏見，類如此。」

❶「孟春」，原作「春秋」，據《漢書》改。

錫瑞案：陳止齋《詩説》，今不可得見。據朱子謂其以説男女者爲説君臣，則風人之義，實當有作如是解者。朱子《楚詞集注》曰：「楚人之詞，其寓情草木，託意男女，以極游觀之適者，變風之流也。其叙事陳情，感今懷古，以不忘乎君臣之義者，變雅之類也。其語祀神歌舞之盛，則幾乎頌，而其變也又有甚焉。其爲賦則如《騷經》首章之云也，比則香草惡物之類也，興則託物興詞，❶初不取義，如《九歌》沅芷澧蘭，以興思公子而未敢言之屬也。」朱子以《詩》之六義説《楚詞》，以託意男女爲變風之流，沅芷澧蘭思公子而未敢言爲興。其於《楚詞》之託男女、近於褻狎而不莊者，未嘗以男女淫邪解之，何獨於風詩之託男女、近於褻狎而不莊者，必盡以男女淫邪解之乎？後世詩人得風人之遺者，非止《楚詞》。漢唐諸家近於比興者，陳沆《詩比興箋》已發明之；初唐四子託於男女者，何景明《明月篇序》已顯白之。古詩如傅毅《孤竹》、張衡《同聲》、繁欽《定情》、曹植《美女》，雖未知其於君臣朋友何所寄託，要之必非實言男女。唐詩如張籍「君知妾有夫」一篇，乃在幕中卻李師道聘作，託於節婦而非節婦；朱慶餘「洞房昨夜停紅燭」一篇，乃登第後謝薦舉作，託於新嫁娘而非新嫁娘，皆不待箋釋而明者。即如李商隱之《無題》、韓偓之《香奩》，解者亦以爲感慨身世，非言閨房。以及唐宋詩餘，温飛卿之《菩薩蠻》感士不遇，韋莊之《菩薩蠻》留蜀思唐，馮延巳之《蝶戀花》忠愛纏綿，歐陽修之《蝶戀花》爲韓范作，張惠

❶「物」，原作「興」，據宋嘉定刻本、《古逸叢書》影元刊本《楚辭集註》改。

言《詞選》已明釋之。此皆詞近閨房，實非男女，言在此而意在彼，可謂之接迹風人者。不疑此而反疑風人，豈非不知類乎？《孟子》曰：「故説《詩》者不以文害辭，不以辭害志，以意逆志，是爲得之。」以託意男女而據爲實言，正以文害辭，以辭害志，而不知以意逆志者也。

論鳥獸草木之名當攷毛傳、《爾雅》、陸《疏》，而參以圖説目驗

鳥獸草木之名，雖屬《詩》之緒餘，亦足以資多識。三家既亡，詳見毛傳。毛公之學，自謂子夏所傳。張揖《進廣雅表》云：「周公著《爾雅》一篇，今俗所傳三篇，或言仲尼所增，或言子夏所益，或言叔孫通所補，或言沛郡梁文所考。」據此，則毛傳與《爾雅》同淵源於子夏，故《爾雅》之《釋草》、《釋木》、《釋鳥》、《釋獸》與毛傳略同。曹粹中《放齋詩説》以爲《爾雅》成書在毛公以後。戴震曰：「傳註莫先《毛詩》，其爲書又出《爾雅》後。《爾雅》：『杜甘，棠。梨山，樆。❶榆白，枌。』立文少變。杜澀棠甘，而名類可互見。『杜赤棠，白者棠』，以棠見杜。『杜甘，棠』，以杜見棠。《毛詩》『甘棠，杜也』，誤；『枌，白榆也』，不誤。杜甘曰棠，梨山生曰檎，榆白曰枌。朱子《詩集傳》於《陳·東門之枌》云『枌，白榆也』，本《毛詩》。於《唐·山有蓲》云『榆，白枌也』，殆稽《爾雅》而失其讀。其他《毛詩》誤用《爾雅》者甚多。先儒言《爾雅》往往取諸《毛詩》，非也。」錢大昕曰：「毛公所見《爾雅》，

❶「樆」，原作「檎」，據《答江慎修先生論小學書》改。

勝於今本，如草木蟲魚，增加偏旁，多出於漢以後經師，而毛公猶多存古。夫不、秸鞠、❶脊令、卑居之屬，皆當依毛本改正者也。」陳奐曰：「大毛公生於六國，其作《詩故訓傳》，傳義有具於《爾雅》，有不具於《爾雅》，用依《爾雅》編作義類。」案：諸家説，皆以《爾雅》先於《毛詩》，與曹氏説不同。攷鳥獸草木者，二書之外，陸璣《草木鳥獸蟲魚疏》爲最近古。成伯璵《毛詩指説》曰：「陸璣作《草木疏》二卷，亦論蟲魚鳥獸，然土物所生，耳目不及，相承迷悞，❷明體乖殊，十得六七而已。」據此，則唐人於陸《疏》已不盡信。然十得六七，猶勝後人臆説。宋蔡卞《毛詩名物解》、許謙《集傳名物鈔》、陸佃《爾雅新義》、羅願《爾雅翼》，自矜創獲，求異先儒。而蔡卞、陸佃皆王安石新學，安石《詩經新義》「八月剥棗」不用《毛詩》「剥，扑」之訓，以爲剥其皮以養老。後罷政居鍾山，聞田家「扑棗」之言，乃悟杜詩「東家撲棗任西鄰」及「棗熟從人打」，知毛傳「剥，扑」之訓不誤，奏請刪去《詩義》。宋人新説之不可信如此，所説名物，安可據乎？古今名物不同，未易折衷壹是。然不知雎鳩爲何鳥，則不能辨「摯而有別」言「摯至」與言「鷙猛」之孰優；不知芣苢爲何草，則不能定毛與三家「樂有子」與「傷惡疾」之孰是。多識草木鳥獸，乃足以證《詩》義。動植物學，今方講明，宜攷毛傳、《爾雅》、陸《疏》，證以圖説，參以目驗，審定古之何物爲今之何物。非但取明經義，亦深有裨實用，未可以其瑣而忽之也。

❶「秸」，原作「桔」，據《毛詩正義》改。

❷「悞」，原作「悟」，據《毛詩指説》改。

論鄭箋、朱傳間用三家，其書皆未盡善

自漢以後，經學宗鄭，説《詩》者莫不主鄭箋；自宋以後，經學宗朱，説《詩》者莫不從朱傳。鄭箋，宗毛者也，而間用三家説；朱傳，不宗毛者也，亦間用三家説。惠棟《九經古義》曰：「王伯厚謂鄭康成先通《韓詩》，故注三禮與箋《詩》異。案《鄭志》答炅模云：『爲記注時就盧君，先師亦然，後乃得毛公傳，記古書義又且然，記注已行，不復改之。』盧君謂盧子幹也，先師謂張恭祖也。《續漢書》『盧植與鄭玄俱事馬融，❶同門相友』，玄本傳云『又從東郡張恭祖受《韓詩》』，故記注多依韓説。《六蓺論》云：『注《詩》宗毛爲主，毛義若隱略則更表明，如有不同即下己意。』案：鄭箋宗毛，然亦間有從韓、魯説者，如《唐風》『素衣朱襮』以『繡黼』爲『綃黼』，《十月之交》爲厲王時，❷《皇矣》『侵阮、徂、共』爲三國名，皆從《魯詩》。《衡門》『可以樂飢』，以樂爲瘵；《十月之交》『抑此皇父』，抑讀爲意；《思齊》『古之人無斁』，斁作擇；《泮水》『狄彼東南』，狄作鬄，皆《韓詩》説也。」詳見《毛詩稽古編》、《經義雜記》。此鄭箋間用三家之證也。王應麟《詩考序》曰：「賈逵撰《齊魯韓與毛詩異同》，崔靈恩采三家本爲集注，今唯毛傳、鄭箋孤行，獨朱文公閎意眇指，卓然千載之上。言《關雎》則取康衡，宋人諱「匡」，字改爲「康」。《柏舟》婦人之詩則取劉向，笙詩有聲無辭則取《儀禮》，『上天甚神』則取《戰國

❶ 「續」，原作「讀」，據《九經古義》改。
❷ 「時」，原作「詩」，據《九經古義》改。

策》，『何以恤我』則取《左氏傳》，《抑》『戒自儆』、《昊天有成命》『道成王之德』則取《國語》，『陟降庭止』則取《漢書》注，《賓之初筵》『飲酒悔過』則取《韓詩序》，『不可休思』、『是用不就』、『彼岨者岐』，皆從《韓詩》。『禹敷下土方』，又證諸《楚辭》。一洗末師專己守殘之陋。」此朱傳間用三家之證也。錫瑞案：鄭箋所以間用三家者，當時三家通行，毛不通行，故鄭君注《禮》時，尚未得見毛傳。蓋鄭見毛傳後，以爲孤學，恐致亡佚，故作箋以表明。有不愜於心者，間采三家裨補其義。不明稱三家説者，正以三家通行，人人皆知之故。鄭樵曰：當鄭氏箋《詩》，三家俱存。故鄭氏雖解釋經文，不明言改字之由，亦以學者既習《詩》，則三家之《詩》不容不知也。後世三家既亡，學者惟見其改字，而不見《詩》學之所由異。此鄭氏之所以獲譏也。其後鄭箋既行，而齊、魯、韓三家遂廢，《經典釋文》之説。此鄭君所不及料者。鄭精三禮，以禮解《詩》，頗多紆曲，不得詩人之旨。魏源嘗摘其失，如「亦既覯止」，引男女之搆精；「言從之邁」，殉古人於泉壤；《菀柳》相戒，言王者不可朝事；《四月》怨役，斥先祖爲非人；除《牆茨》之淫昏，反違禮而害國；頌《椒聊》之桓叔，能均平不偏黨。「瞻烏爰止」則教民以貳上；昊天爲政，望更姓而改物。成王省耕，王后與世子偕行；閻妻厲妃，童角乃皇后之斥。取子毁室，誅周公之黨與；屨五緌雙，數姜襄之姆傅。此鄭箋之未盡善也。朱傳所以間用三家者，亦以毛、鄭不愜於心，間采三家裨補其義。據王應麟《詩考序》云：「扶微學，廣異義，亦文公之意。」則其采輯三家，實由朱子《集傳》啓之。後來范家相、馬國翰更加摭拾，至陳喬樅益詳，未始非朱子先路之導。攻朱者不顧朱義有本，並其本於三家者亦攻駮之，過矣。朱子作《白鹿洞賦》用「青衿傷學校」語，門人問之，曰：「古序亦不可廢。」是朱子作《集傳》，不過自成一家之説。後人尊朱，遂廢注疏，亦朱子所不及料者。鄭箋之失，在以禮解《詩》，朱傳之失，則在以理解《詩》。其失不同，皆不得詩人之旨。黄震謂「晦菴先生盡去美刺，探求古始，雖東萊先生不能無疑」，陳傅良謂「竊所未安」，是朱傳在當時人已疑之。元延祐科舉條制，《詩》用朱傳；明胡廣等竊劉瑾之書作《詩經大全》，著爲令典，於是專宗朱傳，漢學遂亡。本《提要》。近陳啓源等乃駮朱申毛，疏證詳明，一一有本。本《提要》。此朱傳之未盡善也。然則學者治《詩》，以何書爲主乎？曰三家既亡，毛又簡略，治《詩》者不得不以唐人《正義》爲本。其書以劉焯《毛詩義疏》、劉炫《毛詩述義》爲藁本，故能融貫羣言，包羅古義。本《提要》。雖或過於護鄭，且有强毛合鄭之處，而名物訓詁，極其該洽，遠勝《周易》、《尚書》疏之空疏。朱子《集傳》，名物訓詁亦多本於孔疏。學者能通其説，不僅爲治《毛詩》之用，且可以通羣經。至於近人之書，則以陳奂《詩毛氏傳疏》能專爲毛氏一家之學，在陳啓源、馬瑞辰、胡承珙之上。陳《疏》惟合明堂、路寢爲一非是，鍾文烝嘗詆爲新奇繆戾。陳喬樅《魯詩遺説考》、《齊詩遺説考》、《韓詩遺説考》，能兼考魯、齊、韓三家之遺，比王應麟、范家相、馬國翰爲詳。學者先觀二書，可以得古《詩》之大義矣。陳氏於三家少發明。魏源發明三家，未能篤守古義，且多武斷。

論孔子删《詩》是去其重，三百五篇已難盡通，不必更求三百五篇之外

《史記·孔子世家》曰：「古者《詩》三千餘篇，及至孔子去其重，取可施於禮義，上采契、后稷，中述殷周之盛，至幽厲之缺，始於衽席。故曰《關雎》之亂以爲風始，《鹿鳴》爲小雅始，《文王》爲大雅始，《清廟》爲頌始。三百五篇，孔子皆弦歌之，以求合《韶》《武》雅頌之音。」案，史公説本《魯詩》，爲西漢最初之義。云「始於衽席」，正與讀《春秋曆譜諜》曰「周道缺，詩人本之衽席，《關雎》作」相合，可知《關雎》實是刺詩，而無妨於列正風、冠篇首矣。云「《關雎》之亂以爲風始」，可知「四始」實孔子所定，而非周公所定，且並非周初所有矣。云「三百五篇」，可知孔子所定之詩止有此數，不得如毛、鄭增入笙詩六篇，而陸、孔遂以爲三百十一篇矣。云「皆弦歌之，以求合《韶》《武》雅頌」，可知三百五篇無淫邪之詩在内，不得如朱子以爲淫人自作，而王柏妄删鄭衛矣。孔子删《詩》之説，孔穎達已疑之，謂：「案《書傳》所引之《詩》，見在者多，亡逸者少，則夫子所録者不容十分去九，馬遷之言未可信。」惟歐陽修以遷説爲然：「以圖推之，有更十君而取其一篇者，又有二十餘君而取其一篇者。由是言之，何啻乎三千？」近人朱彝尊、趙翼、崔述、李惇皆力辯删《詩》之非，惟趙坦用史公之説，曰：「删《詩》之旨可述乎？曰去其重複焉爾。今試舉羣經諸子所引《詩》不見於三百篇者一證之：如《大戴禮·用兵》篇引《詩》云『魚在在藻，厥志在餌』，『鮮民之生矣，不如死

之久矣』，『校德不塞，嗣武于孫子』，❶今小雅之《魚藻》、《蓼莪》，商頌之《玄鳥》等篇辭句有相似者。《左傳·襄八年》引《詩》云『兆云詢多，職競作羅』，今小雅之《小旻》篇句有相似者。《荀子·臣道篇》引《詩》云『國有大命，不可以告人，妨其躬身』，與今《唐風·揚之水》篇亦相似。凡若此類，複見疊出，疑皆爲孔子所刪也。若夫《河水》即《沔水》，《新宮》即《斯干》，昔人論説有足取者。然則史遷所云『去其重，取可施於禮義者』，直千古不易之論。」王崧亦爲之説曰：「《史記》之書繆誤固多，皆有因而然，從無鑿空妄説者。考《漢書·食貨志》『孟春之月，行人振木鐸徇於路，以采詩獻之，太師比其音律，以聞於天子』云云，《史記》所謂『古《詩》三千餘篇』者，蓋太師所采之數。迨比其音律，聞於天子，不過三百餘篇。何以知之？采詩非徒存其辭，乃用以爲樂章也。音律之不協者棄之，即協者尚多，而此三百餘篇於用已足。其餘但存之太史，以備所用之或闕。『《詩》三百』，『誦《詩》三百』，皆孔子之言，前此未有綜計其數者。蓋古《詩》不止三百五篇，東遷以後，禮壞樂崩，《詩》或有句而不成章、有章而不成篇者，無與於弦歌之用。孔子自衛反魯而正樂，釐訂汰黜，定爲此數，以教門人，於是授受不絕。設無孔子，則此三百五篇亦胥歸泯滅矣。故世所傳之逸詩，有太師比音律時所棄者，有孔子正樂時所削者，所采既多，其原作流傳誦習，後人得以引之，是則『古《詩》三千餘篇去其重，取其可施於禮義』，乃太師所爲。司馬遷傳聞孔子正樂時

❶「于」，原作「丁」，據《大戴禮記》改。

於《詩》嘗有所删除，而遂以歸之孔子，此其屬辭之未密，或文字有脱誤耳。然謂孔子皆弦歌之，以求合《韶》《武》雅頌之音，可知非獨取其辭意已。魏源又引三家異文證之曰：「今所奉爲正經章句者，《毛詩》耳。而孔疏謂《毛詩》經文與三家異者，動以百數，故崔靈恩載《般》頌末三家有『於繹思』一語，而毛無之。後漢陳忠疏引詩云：『以雅以南，韎任朱離。』注謂出齊、魯《詩》，而毛無之。《韓詩》北宋尚存，見於《御覽》，乃劉安世述《雨無正》篇首有『雨無其極，傷我稼穡』二語，而毛無之。至《選》注引《韓詩》經文，有『萬人顒顒，仰天告愬』二語；鄭司農《周禮注》述三家《詩》云『敕爾瞽，率爾衆工，奏爾悲誦』，則今并不得其何篇。使不知爲三家經文，必謂夫子筆削之遺無疑矣。至若《緇衣》、《左傳》引《都人士》首章，而鄭君、服虔之注并以爲逸詩。孔疏謂《韓詩》見存，實無首章。然賈誼《新書·等齊篇》引《詩》曰『狐裘黄裳，萬民之望』，是《魯詩》有《都人士》首章，而韓逸之也。《左傳》引《詩》『何以恤我，我其收之』，明是《周頌》之異文，而杜注以爲逸詩。是皆但據《毛詩》之蔽也。夫毛以三家所有爲逸，猶韓以毛所有爲逸，果孰爲夫子所删之本耶？是逸詩之不盡爲逸，有如斯者。推之，《韓詩》，《常棣》作《夫栘》，《齊詩》，《還》作《營》，韋昭謂《鳩飛》即《小宛》，《河水》即《沔水》，是逸篇不盡逸，有如斯者。再推之，則《左傳》澶淵之會引《詩》云『淑慎爾止，無載爾僞』，乃《抑篇》之歧句；《荀子·臣道篇》引《詩》云『國有大命，不可以告人，妨其躬身』，《坊記》引《詩》云『相彼盍旦，尚猶患之』，《緇衣》引《詩》云『誰能秉國成，不自爲政，卒勞百姓』，《漢書》引《詩》云『四牡翼翼，以征不服』，烏知匪《揚之水》、《小弁》、《節南山》、《六月》之文，而謂皆删章、删句、删字之餘耶？」魏説主不删《詩》，而可證《史記》去其重之義，故節取之。案，《詩》三百五篇已不能盡通其義，更何暇求三百五篇之外？删《詩》之説，逸詩之名，學者宜姑置之，但求通其所能通者可也。

經學通論

禮

善化皮錫瑞

論漢初無「三禮」之名，《儀禮》在漢時但稱《禮經》，今注疏本《儀禮》大題非鄭君自名其學

「三禮」之名，起於漢末，在漢初但曰「禮」而已。漢所謂《禮》，即今十七篇之《儀禮》，而漢不名《儀禮》。專主經言，則曰《禮經》；合記而言，則曰《禮記》。許慎、盧植所稱《禮記》，皆即《儀禮》與篇中之記，非今四十九篇之《禮記》也。其後《禮記》之名爲四十九篇之記所奪，乃以十七篇之《禮經》别稱《儀禮》，又以《周官經》爲《周禮》，合稱「三禮」。蓋以鄭君並注三書，後世盛行鄭注，於是三書有「三禮」之名，非漢初之所有也。《史記·儒林傳》曰：「諸學者多言禮，而魯高堂生最。❶禮固自孔子時，而其經不具。及至秦焚書，書散亡益多，於今獨有《士禮》，高堂生能言之。」據《史記》，高堂生所傳《士禮》，即今十七篇之《儀禮》。是史公所云「禮」，止數《儀禮》，不及《周禮》與《禮記》也。《漢書·藝文志》：「《禮古經》五十六卷，《經》七十篇，原注：「后氏、戴氏。」劉敞曰：「七十當作十七。」《記》百三十一篇，《明堂陰

❶「最」下，百衲本影宋慶元刻本、清乾隆武英殿刻本《史記》有「本」字。

陽》三十三篇，《王史氏》二十一篇，《曲臺后倉》九篇，《中庸説》二篇，《明堂陰陽説》二篇，❶《周官經》六篇。」據《漢書》，《經》十七篇，即今十七篇之《儀禮》；《古經》五十六篇，則合逸《禮》言之；《記》百三十一篇，今四十九篇之《禮記》在内；《明堂陰陽》，今《明堂位》、《月令》在内；《中庸説》即今《禮記》之《中庸》，而《志》皆不稱「經」。《周官經》别附於後，是班氏所云經止數《儀禮》，不及《周禮》與《禮記》也。《志》曰：「帝王質文，世有損益。至周曲爲之防，事爲之制，故曰『《禮經》三百，威儀三千』。及周之衰，諸侯將踰法度，惡其害己，皆滅去其籍。自孔子時而不具，至秦大壞。漢興，魯高堂生傳《士禮》十七篇。於孝宣世，后倉最明。戴德、戴聖、慶普皆其弟子，三家立於學官。《禮古經》者，出於魯淹中及孔氏，學七十篇文相似，多三十九篇。及《明堂陰陽》、《王史氏記》多天子、諸侯、卿大夫之制，雖不能備，猶瘉倉等推士禮而致於天子之説。」劉敞曰：「讀當云『《禮古經》者出於魯淹中及孔氏』，孔氏，則安國所得壁中書也。『學七十篇』當作『與十七篇』，文相似，五十六卷除十七，正多三十九也。」《禮記・奔喪》正義曰：「鄭云逸《禮》者，《漢書・藝文志》云：『漢興，始於魯淹中得《古禮》五十七篇，其十七篇與今《儀禮》正同。其餘四十篇藏在祕府，謂之逸《禮》。』其《投壺禮》，亦此類也。又《六藝論》云：『漢興，高堂生得《禮》十七篇，後孔子壁中得《古文禮》五十七篇，其十七篇與前同而字多異。』」孔疏引

❶ 「二」，宋慶元元年刻本、清乾隆武英殿刻本《漢書》作「五」。

《漢志》云「十七篇」，可證今本之誤，與劉氏説正合。而云「《古文禮》五十七篇」，「其餘四十篇」，則又誤多一篇，與《漢志》云「五十六卷」、「多三十九篇」之數不合。古云篇、卷，有同有異，此則五十六卷即五十六篇，蓋篇、卷相同者。《禮記正義序》引《六藝論》作「《古文禮》凡五十六篇」，不誤。下云「其十七篇與高堂生所傳同而字多異，其十七篇外，則逸《禮》是也」，説尤詳明。下又云「《周禮》爲本，則聖人體之；《儀禮》爲末，賢人履之」，蓋孔穎達推論之辭，諸家輯本皆不以爲鄭君之論。丁晏《儀禮釋注叙》據此以爲《儀禮》大題疑鄭君自名其學，非也。

論鄭君分別今之《儀禮》及《大戴禮》、《小戴禮記》甚明，無小戴刪大戴之説

《禮記正義序》又引《六藝論》云：「案《漢書·藝文志》《儒林傳》云：『傳《禮》者十三家，唯高堂生及五傳弟子戴德、戴聖名在也。』五傳弟子者，熊氏云，則高堂生、蕭奮、孟卿、后倉及戴德、戴聖爲五也。」又引《六藝論》云：「今《禮》行於世者，戴德、戴聖之學也。」又云：「戴德傳《記》八十五篇，則《大戴禮》是也；戴聖傳《記》四十九篇，則此《禮記》是也。」鄭君分別今之《儀禮》及《大戴禮》、《小戴禮記》甚明。近人推闡鄭義者，陳壽祺《左海經辨》爲最晰，其説曰：「壽祺案：二戴所傳《記》，《漢志》不別出，以其具於百三十一篇《記》中也。《樂記正

義》引《别録》有《禮記》四十九篇，此即小戴所傳；則大戴之八十五篇，亦必存其目。蓋《别録》兼載諸家之本，視《漢志》爲詳矣。《經典釋文·序録》引陳邵晉司空長史。《周禮論序》云：『戴德删《古禮》二百四篇爲八十五篇，謂之《大戴禮》；聖删《大戴禮》爲四十九篇，是爲《小戴禮》。後漢馬融、盧植考諸家同異，附戴聖篇章，去其繁重及所叙略而行於世，即今之《禮記》是也。』邵言微誤，《隋書·經籍志》因傳會謂戴聖删大戴之書爲四十六篇，馬融足《月令》、《明堂位》、《樂記》爲四十九篇。休寧戴東原辨之曰：『孔穎達《義疏》於《樂記》云：「按《别録》，《禮記》四十九篇。」《後漢書·橋玄傳》：「七世祖仁著《禮記章句》四十九篇，號曰橋君學。」仁，即班固所説「小戴授梁人橋仁季卿」者也。劉、橋所見篇數，已爲四十有九，不待融足三篇甚明。康成受學於融，其《六藝論》亦但曰「戴聖傳《記》四十九篇」，作《隋書》者，徒謂大戴闕篇即小戴所録，而尚多三篇，遂聊歸之融耳。』壽祺案：橋仁師小戴，《後漢書》謂『從同郡戴德學』亦誤。又《曹褒傳》：『父充持慶氏《禮》，褒又傳《禮記》四十九篇，教授諸生千餘人，慶氏學遂行於世。』然則褒所受於慶普之《禮記》，亦四十九篇也。二戴、慶氏皆后倉弟子，惡得謂小戴删大戴之書耶？《釋文·序録》云：『劉向《别録》有四十九篇，其篇次與今《禮記》同。』然則謂馬融足三篇者，妄矣。」又曰：「錢詹事大昕《漢書考異》云：『《小戴記》四十九篇，《曲禮》、《檀弓》、《雜記》皆以簡策重多分爲上下，實止四十六篇。合《大戴》之八十五篇，正協百三十一篇之數。』壽祺案：今二戴《記》有《投壺》、《哀公問》兩篇，篇名同。大戴之《曾子大孝篇》見小戴《祭義》，《諸侯釁廟篇》見小戴《雜記》，《朝事篇》自『聘禮』至『諸侯務焉』見小戴《聘義》，《本命篇》自『有恩有義』至『聖人因殺以制節』見小戴《喪服四制》。❶ 其它篇目尚多同者。《漢書·王式傳》稱《驪駒》之歌在《曲禮》。服虔注云：『在《大戴禮》。』《五經異義》引《大戴·禮器》，《毛詩·豳譜》正義引《大戴禮·文王世子》，唐皮日休有《補大戴禮祭法》，又《漢書·韋玄成傳》引《祭義》，《白虎通·畊桑篇》引《祭義》、《曾子問》，《情性篇》引《閒傳》，《崩薨篇》引《檀弓》、《王制》，蔡邕《明堂月令論》引《檀弓》，其文往往爲《小戴記》所無，安知非出《大戴》亡篇中，如《投壺》、《釁廟》之互存而各有詳略乎？《大戴禮》亡篇四十七，唐人所見已然。《白虎通》引《禮謚法》、《王度記》、《三正記》、《別名記》、《親屬記》、《五帝記》，《少牢饋食禮》注引《禘于太廟禮》，疏云：《大戴禮》文。《周禮》注引《王霸記》，《明堂月令論》引《佋穆篇》，《風俗通》引《號謚記》，《論衡》引《瑞命篇》，皆《大戴》逸篇。其他與《小戴》出入者，略可舉數，豈能彼此相足？竊謂二戴於百三十一篇之《記》各以意斷取，異同參差，不必此之所棄即彼之所録也。」

論三禮之分自鄭君始，鄭於《儀禮》十七篇自序皆依劉向《別録》，《禮記》四十九篇皆引《別録》，已有《月令》、《明堂位》、《樂記》三篇，非馬融所增甚明

《後漢書·儒林傳》：「中興，鄭衆傳

❶ 「命」，原作「事」，據《大戴禮記》改。

《周官經》，後馬融作《周官傳》，授鄭玄，玄作《周官注》。玄本習小戴《禮》，謂今《儀禮》。後以古經校之，取其義長者順，故爲鄭氏學。玄又注小戴所傳《禮記》四十九篇，通爲三禮焉。」案：據此，則禮分爲三，實自鄭君始。《周官》古別爲一書，故《藝文志》附列於後。賈疏謂：「其書既出於山巖屋壁，復入祕府，五家之儒莫得見焉。」五家即高堂、蕭、孟、后、二戴，是西漢禮家無傳《周官》者。二戴所傳《禮記》亦附經，不別行。自鄭兼注三書，通爲三禮，於是《周官》之分經別出者，與禮合爲一途；《禮記》之附經不別出者，與經歧爲二軌。鄭君三禮之學，其閎通在此，其雜糅亦在此。自此以後，阮諶之《三禮圖》、王肅之《三禮音》、崔靈恩之《三禮義宗》，莫不以「三禮」爲定名矣。鄭注諸經，惟三禮有《目録》，《周禮》六篇，依六官次序無異；《儀禮》十七篇，則皆依《別録》。《儀禮疏》曰：「其劉向《別録》，即此十七篇之次是也，皆尊卑吉凶，次第倫叙，故鄭用之。至於《大戴》，即以《士喪》爲第四，《既夕》爲第五，《士虞》爲第六，《特牲》爲第七，《少牢》爲第八，《有司徹》爲第九，《鄉飲酒》第十，《鄉射》第十一，《燕禮》第十二，《大射》第十三，《聘禮》第十四，《公食》第十五，《覲禮》第十六，《喪服》第十七。《小戴》於《鄉飲》、《鄉射》、《燕禮》、《大射》四篇，亦依此《別録》次第，而以《士虞》爲第八，《喪服》爲第九，《特牲》爲第十，《少牢》爲第十一，《有司徹》爲第十二，《士喪》爲第十三，《既夕》爲第十四，《聘禮》爲第十五，《公食》爲第十六，《覲禮》爲第十七，皆尊卑吉凶雜亂，故鄭玄皆不從之矣。」《禮記》四十九篇，鄭《目録》皆引《別録》

曰：「此於《别録》屬某門。」《月令目録》曰：「此於《别録》屬《明堂陰陽記》。」《明堂位目録》曰：「此於《别録》屬《明堂陰陽記》。」《樂記目録》曰：「此於《别録》屬《樂記》。蓋十一篇合爲一篇。」❶據鄭所引，劉向《别録》已有《月令》、《明堂位》、《樂記》三篇。劉與戴聖年輩相近，遠在馬融之前，四十九篇必是《小戴》原書，而非馬融增入可知。且《六藝論》明云：「戴聖傳《記》四十九篇。」鄭受學於馬融，使三篇爲融所增，鄭必不得統同言之，而盡以屬之戴聖矣。鄭《奔喪目録》曰：「實逸《曲禮》之正篇也。」《投壺目録》曰：「實逸《曲禮》之正篇也。」鄭云《曲禮》，即今《儀禮》。鄭以此二篇當爲逸《禮》之正經，而不當入之《禮記》。當時尚無《儀禮》之稱，故云「曲禮」。《儀禮》本「經禮」而謂之「曲禮」，鄭説稍誤。

論鄭注《禮器》以《周禮》爲經禮、《儀禮》爲曲禮有誤，臣瓚注《漢志》不誤

自鄭君以《周禮》爲「經禮」，《儀禮》爲「曲禮」，於是漢代所尊爲《禮經》者反列於後，而《周官》附於《禮經》者反居於前。《禮記正義序》曰：「其《周禮》見於經籍，其名異者，見有七處：案《孝經説》云『禮經三百』，一也；《禮器》云『經禮三百』，二也；《中庸》云『禮儀三百』，三也；《春秋説》云『禮經三百』，四也；《禮説》云『有正經三百』，五也；《周官外題》謂『爲《周禮》』，六也；《漢書·藝文志》云『《周官經》六篇』，七也。七者皆云『三百』，故知俱是《周官》。

❶「合」，原作「今」，據《禮記正義》引鄭玄《三禮目録》改。

《周官》三百六十，舉其大數而云三百也。其《儀禮》之别亦有七處，而有五名：一則《孝經説》、《春秋》及《中庸》並云『威儀三千』，二則《禮器》云『《曲禮》三千』，三則《禮説》云『動儀三千』，四則謂爲『儀禮』，五則《漢書·藝文志》謂《儀禮》爲《古禮經》。凡此七處五名稱謂並承三百之下，故知即《儀禮》也。所以三千者，其履行《周官》五禮之别，其事委曲，條數繁廣，故有三千也。非謂篇有三千，但事之殊别，有三千條耳。或一篇一卷，則有數條之事。今行於世者，唯十七篇而已。」錫瑞案，《禮器》、《中庸》諸書，所言三百、三千，當時必能實指其數，後世則無以實指之。鄭君以《周官》三百六十與三百之數偶合，遂斷以《周官》爲經禮，而强坐《儀禮》爲曲禮。此由鄭君尊崇《周官》太過，而後人尊崇鄭義又太過，一軒一輊，竟成鐵案。如孔疏所列《周官》七名、《儀禮》五名，除所引《漢·藝文志》外，皆不可據。以《周官》爲「經禮三百」，不過仍以其數偶合；以《儀禮》爲「曲禮三千」，則以所引在「經禮三百」下，而强坐爲曲禮。據其説，三千條止存十七篇，即篇有數條，亦比十七篇幾增加百倍。十七篇計五萬餘言，加百倍當有數百萬言，當時如何通行，學者如何誦習？且古書用簡策，必不能如此繁多，此不待辨而知其不然者。《漢志》明以今之《儀禮》爲經，而《周官經》附後，乃强奪經名歸之《周官》，而十七篇不爲「經」而爲「曲」，與《漢志》尤不合。《漢志》引「《禮經》三百，威儀三千」，韋昭曰：「《周禮》三百六十官也，三百，舉成數也。」臣瓚曰：「《禮經》三百，謂冠、婚、吉、凶；《周禮》三百，是官名也。」師古曰：「《禮經》三百，韋説是也。威儀三千，乃謂冠婚吉凶，蓋《儀禮》是也。」韋以《周官》爲《禮經》，顔以《儀禮》爲威儀，是主鄭説。臣瓚以《禮經》爲《儀禮》，非《周官》，是不主鄭説。「經禮」乃禮之綱，「曲禮」乃禮之目。《周官》言官制，不專言禮，不得爲《儀禮》之綱；《儀禮》專言禮，古稱《禮經》，不當爲《周官》之目。自鄭注《禮器》有誤，六朝、唐人皆沿其誤，瓚説獨不主鄭而師古反是韋説，以當時皆從鄭義也。今若改正「三禮」之名，當正名《儀禮》爲《禮經》，以《大戴禮記》、《小戴禮記》附之，而别出《周官》自爲一書，庶經學易分明，而禮家少聚訟矣。

論鄭注三禮有功於聖經甚大，注極簡妙，並不失之於繁

《史記·儒林傳》：「言《禮》自魯高堂生。」《索隱》：「謝承云『秦氏季代有魯人高堂伯』，❶則伯是其字。云生者，自漢以來儒者皆號生，亦先生者省字呼之耳。」《後漢書注》：「高堂生名隆。」不知何據，疑涉魏高堂隆而誤。《史記正義》引阮孝緒《七録》謂：「博士侍其生得十七篇。」侍其生不知何時人，或在高堂之後。漢初立博士，《禮》主后倉，見《漢·藝文志》論。《志》云：「訖孝宣世，后倉最明，戴德、戴聖、慶普皆其弟子，三家立於學官。」蓋三家分立，而后氏不立，猶《書》分立歐陽、夏侯而伏氏不立也。《志》列《曲臺后倉》九篇，如淳曰：「行禮射於曲臺，后倉爲記，故名曰《曲臺記》。」今九篇皆不傳。《志》又列《議奏》三十八篇，原注云：「石渠。」《隋書·經籍志》「《石渠禮

❶「氏」，原作「世」，據《史記索隱》改。

論》四卷，戴聖撰」，即《漢志》之《議奏》，中列蕭望之、韋玄成、聞人通漢、尹更始、劉更生諸人，而題戴聖撰者，蓋小戴所撰集也。今略見於《詩》《禮》疏、杜佑《通典》，共得二十餘條。《大戴喪服變除》一卷，見《唐書·藝文志》，今略見於《禮記》鄭注及疏、杜佑《通典》，共得十餘條。《玉函山房》皆有輯本。二戴之學，猶可考見。漢《禮經》通行，有師授而無注釋，馬融但注《喪服》經傳，鄭君始全注十七篇。鄭於《禮》學最精，而有功於《禮經》最大。向微鄭君之注，則高堂傳《禮》十七篇，將若存若亡，而索解不得矣。《周官》晚出，有杜子春之注，鄭興、鄭衆、賈逵之《解詁》，馬融之《傳》。鄭注《周禮》，多引杜子春、鄭大夫、鄭司農，前有所承，尚易爲力。而十七篇前無所承，比注《周禮》六篇爲更難矣。大小《戴記》亦無注釋，鄭注《小戴禮記》四十九篇，前無所承，亦獨爲其難者。向微鄭君之注，則小戴傳《記》四十九篇亦若存若亡，而索解不得矣。鄭君著書百餘萬言，精力實不可及，《傳》云：「質於辭訓，通人頗譏其繁。」錫瑞案：鄭注《書》箋《詩》，間有過繁之處，而注《禮》文簡義明，實不見其過繁。即如《少牢饋食禮》，經二千九百七十九字，注二千七百八十七字；《有司徹》，經四千七百九十字，注三千四百五十六字；《學記》、《樂記》二篇，經六千四百九十五字，注五千五百三十二字；《祭法》、《祭義》、《祭統》三篇，經七千四百六十字，注五千五百二十三字，皆注少於經。又《檀弓》「司寇惠子之喪，子游爲之麻衰，牡麻絰」，注云：「惠子廢適立庶，爲之重服以譏之。」「文子辭曰：『子辱與彌牟之弟游，又辱爲之服，敢辭。』子游曰：『禮也。』文子退，反哭。」注云：「子游名習禮，文子亦以爲當然，未覺其所譏。」「子游趨而就諸臣之位」，注云：「深譏之，大夫之家臣位在賓後。」「文子退，扶適子南面而立曰：『子辱與彌牟之弟游，又辱爲之服，又辱臨其喪，虎也敢不復位。』」注：「覺所譏也。虎，適子名，文子親扶而辭，敬子游也。」「子游趨而就客位」，注云：「所譏行。」此一節記文，若無鄭君之注，讀者必不解所謂。鄭注止數十字，而連用五「譏」字，使當時情事歷歷如繪，其文法如此簡妙，豈後人所能及哉？《月令》、《明堂位》、《雜記》疏皆云：「禮是鄭學。」兩《漢書·儒林傳》以《易》、《書》、《詩》、《春秋》名家者多，而《禮》家獨少。惟馬融注《周官禮》、《喪服》經傳，《隋》《唐志》皆著録，而無《禮記》。《東漢會要》載有融《禮記注》，《玉函山房》輯本得十六條。盧植注《禮記》二十卷，《隋》《唐志》皆著録，《東漢會要》作《禮記解詁》，《玉函山房》輯本一卷。孔疏云：「鄭附盧植之本而爲之注。」❶鄭《禮記注》或亦有本於盧、馬者，而注中未嘗質言之，如《周禮》稱引杜、鄭，則亦未見其必有所本也。

論漢立二戴博士，是《儀禮》，非《禮記》，後世説者多誤，毛奇齡始辨正之

漢立十四博士，《禮》大、小戴。此所謂《禮》，是大、小戴所受於后倉之《禮》十七篇，非謂《大戴禮記》八十五篇與《小戴禮記》四十九篇。後世誤以大、小戴《禮》爲大、小戴《禮記》，並誤以《后倉曲臺記》爲即

❶ 「植」，《禮記正義》作「馬」。

今之《禮記》。近儒辨之，已家喻户曉矣。而在國初，毛奇齡《經問》早辨其誤，曰：「戴聖受《儀禮》，立戴氏一學，且立一戴氏博士，而於《禮記》似無與焉。今世但知《禮記》爲《曲臺禮》、《容臺禮》，爲《戴記》，而並不知《曲臺》、《容臺》與《戴記》之爲《儀禮》。閒嘗考《曲臺》、《容臺》所由名，❶漢初魯高堂生傳《士禮》十七篇，即《儀禮》也。是時東海孟卿傳《儀禮》之學以授后倉，而后倉受《禮》居於未央宫前之曲臺殿，校書著記，約數萬言，因名其書爲《后氏曲臺記》。至孝文時，魯有徐生善爲頌，頌者容也，不能通經，衹以容儀行禮，爲禮官大夫，因又名習禮之處爲『容臺』。此皆以《儀禮》爲名字者。若其學，則后倉授之梁人戴德及德從兄子聖與沛人慶普三人。至孝宣時，立大小戴、慶氏《禮》，故舊稱《儀禮》爲《慶氏禮》，爲大、小《戴禮》，以是也。宋鄭樵爲《三禮辨》有云：『魯高堂生所傳《士禮》一十七篇，今之《儀禮》是也；《后倉曲臺記》數萬言，今之《禮記》是也。』按前後《漢志》及《儒林傳》，皆以高堂所傳十七篇，瑕邱蕭奮即以授后倉，作《曲臺記》。是時兩漢俱並無《禮記》一書，故孝宣立二戴及慶氏學，皆《儀禮》之學，源流不同。鄭樵著《通考》，❷而六經源流尚未能晰，況其他乎。若《禮記》則《前志》衹云《記》百三十一篇，當是《禮記》未成書時底本。然並不名《禮記》，亦並無二戴傳《禮記》之説。惟《後漢·儒林》有鄭玄所注四十九篇之目，則與今《禮記》篇數相合，故鄭玄作《六藝論》云

❶「容臺」，原誤植在下句「傳」字下，據《經問》改。

❷「考」，據文意疑當作「志」。

『今《禮》行於世者，戴德、戴聖之學也』，此《儀禮》也。又云：『戴德傳《記》八十五篇，則今《大戴禮》是也；戴聖傳《禮》四十九篇，則《禮記》是也。』然其説究無所考。及觀《隋·經籍志》，則明云：『漢初，河閒獻王得仲尼弟子所記一百三十一篇。至劉向校經籍，檢得一百三十篇，因第而叙之。又得《明堂陰陽記》凡五種，共二百十四篇。戴德删其繁重，合而記之爲八十五篇，謂之《大戴禮》；戴聖又删大戴之書爲四十六篇，謂之《小戴記》。』則二戴爲武、宣時人，豈能删哀、平閒向、歆所校之書？荒唐甚矣。且二戴何人，以向、歆所校定二百十四篇，驟删去一百三十五篇，世無是理。況《前漢·儒林》並不載删《禮》之文，而《東漢·儒林》又無其事，則哀、平無幾，陸值莽變，安從删之？又且《大戴》見在，並非與今《禮記》爲一書者。且戴聖所删止四十六篇，相傳三篇爲馬融增入，則與《後漢·儒林》所稱四十九篇之目又復不合。凡此皆當闕疑，以俟後此之論定者。」錫瑞案：毛氏云《士禮》稱《儀禮》不知始於何時，然在漢時即有《容禮》之稱，《容禮》即《儀禮》也，其説頗涉傅會。而分别《儀禮》、《禮記》，辨鄭樵之誤及《隋志》之誤，則極精確。鄭注四十九篇，即今《禮記》；戴聖傳《禮》四十九篇，不待馬融增入，至今説已大著。毛氏猶爲疑辭，蓋在當時經義榛蕪，未能一旦廓清，而據其所辨明，已可謂卓識矣。

論段玉裁謂漢偁《禮》不偁《儀禮》甚確，而回護鄭注，未免强辭

段玉裁《禮十七篇標題漢無儀字説》

曰：「鄭注《儀禮》十七卷，賈公彦爲疏者，每卷標題首云『《士冠禮》第一』，次云『《儀禮》』，次云『鄭氏注』。陸德明《經典釋文·叙録》亦云：『鄭某注《儀禮》十七卷。』《儀禮》之名古矣。今按鄭君本書，但云『禮』，無『儀』字，可考而知也。《禮器》曰：『經禮三百，曲禮三千。』注云：『經禮謂《周禮》，其官有三百六十。曲，猶事也，事禮謂今《禮》也。《禮》篇多亡，本數未聞，其中事儀三千。』按：云『今《禮》』者，謂當漢時所存《禮》十七篇也；不云『禮』，云『今禮』者，恐讀者不了，故加『今』字，便易了也；云『本數未聞』者，對上《周禮》六篇，其官三百六十言。漢時《經》十七篇及《記》百三十一篇，乃殘逸之所餘耳，其未殘逸時，具載事儀有三千也。原注：賈疏、師古《漢書》注皆云「威儀三千，即今《儀禮》」，其説未是。《中庸》曰：『禮儀三百，威儀三千。』易『經禮』爲『禮儀』，易『曲禮』爲『威儀』者，凡禮皆儀，❶故總其綱曰經禮，亦曰禮儀；詳其目曰曲禮，亦曰威儀。《藝文志》亦曰『禮經三百，威儀三千』是也。《禮器注》『今禮』二字，可證鄭本不稱《儀禮》。凡鄭《詩箋》、《三禮注》引用十七篇，多云《士冠禮》、《鄉飲酒禮》、《聘禮》、《燕禮》，每舉篇名，未嘗偁《儀禮》。考《藝文志》曰：『《禮古經》五十六卷，《經》十七篇。《禮古經》者，出於魯淹中及孔氏，與十七篇文相似。』《景十三王傳》：『《周官》、《尚書》、《禮》、《禮記》、《孟子》、《老子》之屬。』❷師古注云：『《禮》者，《禮經》也；《禮記》者，諸儒記《禮》之説也。』《説文序》曰：

❶「禮皆」，原誤倒，據段玉裁《經韻樓集》改。
❷「周官」上，原衍「禮」字，據《經韻樓集》删。

『其偁《禮》、《周官》。』按：《禮》謂十七篇及《記》百三十一篇也，《周官》即《周禮》也。《説文》全書，如『觶』下引《鄉飲酒禮》，『苄』下引《公食大夫禮》，『晢』下引《士冠禮》，『堋』下引《士喪禮》，『鉉』下『禮謂之鼏』，皆曰『禮』，無『儀』字。《景十三王傳》《周官》、《禮》、《禮記》並言，則爲三；《説文序》但言『禮、周官』，則『禮』字實包《禮》、《禮記》。劉子玄《孝經老子注易傳議》據鄭自序云『遭黨錮之事，逃難注《禮》』，此『禮』字實包三禮。《後漢書·儒林傳》曰：『馬融作《周官傳》，授鄭某，某作《周官注》。某本習小戴《禮》，後以古經校之，取其義長者順故，爲鄭氏學。』原注：「順故」猶「訓詁」也。按：此『小戴《禮》』謂小戴之十七篇，鄭《目録》云『大戴第幾，小戴第幾』是也。鄭以古經校之，謂以古經五十六篇校十七篇也。下文云『某又注小戴所傳《禮記》四十九篇，爲三禮焉』，則『某本習小戴《禮》』之爲十七篇無疑。凡漢人於十七篇偁《禮》不偁《儀禮》，甚著。」錫瑞案：段氏謂漢偁《禮》不偁《儀禮》，極確，而回護鄭君，以賈疏、顏注爲未是，不思賈疏、顏注正本鄭君之説。段解「事儀三千」，明有《經》十七篇在内，與賈疏、顏注豈有異乎？段又明以經禮爲綱，曲禮爲目，《周禮》豈得爲《儀禮》之綱乎？後世之偁《儀禮》，正以鄭君誤解威儀、曲禮爲即十七篇之《禮》也。晉元帝時，荀崧請置鄭《儀禮》博士，是《儀禮》之名已著於晉時。段以爲梁、陳以後乃爲此偁，説亦未諦。

論禮所以復性節情，經十七篇於人心世道大有關繫

《漢書·禮樂志》曰：「六經之道同歸，而禮樂之用爲急。治身者斯須忘禮，則暴嫚入之矣。爲國者一朝失禮，則荒亂及之矣。人函天地陰陽之氣，有喜怒哀樂之情，天稟其性而不能節也，聖人能爲之節而不能絶也。故象天地而制禮樂，所以通神明、立人倫、正情性、節萬事者也。人性有男女之情、妬忌之别，爲制婚姻之禮；有交接長幼之序，爲制鄉飲之禮；有哀死思遠之情，爲制喪祭之禮；有尊尊敬上之心，爲制朝覲之禮。哀有哭踊之節，樂有歌舞之容，正人足以副其誠，邪人足以防其失。」淩廷堪本之作《復禮》篇曰：「夫人之所受於天者性也，性之所固有者善也，所以復其善者學也，所以貫其學者禮也。是故聖人之道，一禮而已矣。《孟子》曰：『契爲司徒，教以人倫，父子有親，君臣有義，夫婦有别，長幼有序，朋友有信。』此五者，皆吾性之所固有者也。聖人知其然也，因父子之道，而制爲士冠之禮；以君臣之道，而制爲聘、覲之禮；因夫婦之道，而制爲士昏之禮；因長幼之道，而制爲鄉飲酒之禮；因朋友之道，而制爲士相見之禮。自元士以至於庶人，少而習焉，長而安焉，禮之外别無所謂學也。夫性具於生初，而情則緣性而有者也。性本至中，而情則不能無過不及之偏。非禮以節之，則何以復其性焉？父子當親也，君臣當義也，夫婦當别也，長幼當序也，朋友當信也，五者根於性者，所謂人倫也。而其所以親之、義之、别之、序之、信之，則必由

於情以達焉者也。非禮以節之，則過者或溢於情，不及者或漠焉遇之。是故知父子之當親也，則爲醴醮、祝字之文以達焉，其禮非《士冠》可賅也，而於《士冠》焉始之。知君臣之當義也，則爲堂廉、拜稽之文以達焉，其禮非《聘》、《覲》可賅也，而於《聘》、《覲》焉始之。知夫婦之當别也，則爲笄次、帨鞶之文以達焉，其禮非《士昏》可賅也，而於《士昏》焉始之。知長幼之當序也，則爲盥洗、酬酢之文以達焉，其禮非《鄉飲酒》可賅也，而於《鄉飲酒》焉始之。知朋友之當信也，則爲雉腒、奠授之文以達焉，其禮非《士相見》可賅也，而於《士相見》焉始之。《記》曰：『禮儀三百，威儀三千。』其事蓋不僅父子、君臣、夫婦、長幼、朋友也，即其大者而推之，而百行舉不外乎是矣；其篇亦不僅《士冠》、《聘》、《覲》、《士昏》、《鄉飲酒》、《士相見》也，即其存者而推之，而五禮舉不外乎是矣。」錫瑞案：凌氏作《禮經釋例》，於十七篇用功至深，故能知十七篇足以賅括一切禮文，即有不備，可以推致，與邵懿辰之説相近。凌氏年輩在前，當爲邵所自出，而其實皆本於《漢書》。其論禮所以節情復性，於人心世道尤有關繫。據此，可見古之聖人制爲禮儀，先以洒埽、應對、進退之節，非故以此爲束縛天下之具，蓋使人循循於規矩，習慣而成自然，囂陵放肆之氣，潛消於不覺，凡所以涵養其德，範圍其才者，皆在乎此。後世不明此旨，以爲細微末節可以不拘，其賢者失所遵循，或啓妨貴凌長之漸；不肖者無所檢束，遂成犯上作亂之風。其先由小節之不修，其後乃至大閑之踰越，爲人心世道之大害。試觀兩漢取士必由經明行修，所用皆謹守禮法之人，風俗純厚，最爲近古。晉人高語《莊》、《老》，謂禮豈爲我輩設，酣放嫚易，以子字父，遂有五胡亂華之禍。足見細微末節，所關甚鉅。女叔侯謂「禮所以保國」，晏平仲謂「禮可以已亂」，洵非迂論。漢晉之往事，萬世之明鑑也。漢以十七篇立學，灼見本原。後人以《周禮》爲本，《儀禮》爲末，本末倒亂，朱子已駁正其失矣。又引陳振叔《説儀禮》云：「此乃儀，更有禮書。《儀禮》只載行禮之威儀，所謂『威儀三千』是也。禮書如云『天子七廟』之類，❶説大經處，這是禮，須自有個文字。」❷則猶未知《禮經》關繫之重，更在制度之上也。《儀禮經傳通解》有王朝禮，即是説大經之文字，制度雖不可略，然不如冠、昏、喪、祭之禮可以通行。

論《禮》十七篇爲孔子所定，邵懿辰之説最通，訂正《禮運》「射御」之誤，當作「射鄉」，尤爲精確

《周禮》、《儀禮》，説者以爲並出周公。案：以《周禮》爲周公作固非，以《儀禮》爲周公作，亦未是也。《禮》十七篇，蓋孔子所定。《檀弓》云：「恤由之喪，哀公使孺悲學士喪禮於孔子，《士喪禮》於是乎書。」據此，則《士喪》出於孔子，其餘篇亦出於孔子可知。漢以十七篇立學，尊爲經，以其爲孔子所定也。近人邵懿辰《禮經通論》曰：「漢初，魯高堂生傳《禮經》十七篇，五傳至戴

❶「云」，原脱，據《朱子語類》補。

❷「自」，原作「更」，據《朱子語類》改。

德、戴聖，分爲大戴、小戴之學，皆不言其有闕也。言僅存十七篇者，後人據《漢・藝文志》及劉歆《七略》因多逸《禮》三十九而言耳。夫高堂、后蒼、二戴、慶普，不以十七篇爲不全者，非專己而守殘也。彼有所取證，證之所附之《記》焉耳。《冠義》、《昏義》諸記，本以釋經，爲《儀禮》之傳，先儒無異說。觀《昏義》曰：『夫禮，始於冠，本於昏，重於喪、祭，尊於朝、聘，和於鄉、射。』故有《冠義》以釋《士冠》，有《昏義》以釋《昏禮》，有《問喪》以釋《士喪》，有《祭義》、《祭統》以釋《特牲》、《少牢》、《有司徹》，有《鄉飲酒義》以釋《鄉飲》，有《射義》以釋《鄉射》、《大射》，有《燕義》以釋《燕》、《食》，有《聘義》以釋《聘禮》，有《朝事》以釋《覲禮》，有《四制》以釋《喪服》，而無一篇之義出於十七篇之外者。是冠、昏、喪、祭、朝、聘、鄉、射八者，約十七篇而言之也。更證之《禮運》。《禮運》嘗兩舉八者以語子游，皆孔子之言也，特『射鄉』譌爲『射御』耳。一則曰：『達於喪、祭、射、鄉、（今本作「御」）。冠、昏、朝、聘。』再則曰：『其行之以貨、力、辭、讓、飲、食、冠、昏、喪、祭、射、鄉、（今本作「御」）。朝、聘。』貨、力、辭、讓、飲、食六者，禮之緯也，非貨財、强力不能舉其事，非文辭、揖讓不能達其情，非酒醴、牢羞不能隆其養。冠、昏、喪、祭、射、鄉、朝、聘八者，禮之經也。冠以明成人，昏以合男女，喪以仁父子，祭以嚴鬼神，鄉飲以合鄉里，燕射以成賓主，聘食以睦邦交，朝覲以辨上下，天下之人盡於此矣，天下之事亦盡於此矣。而其證之尤爲明確而可指者，適合於大戴十七篇之次序。大戴《士冠禮》一，《昏禮》二，《士相見禮》三，《士喪禮》四，《既夕》五，《士虞禮》六，

《特牲饋食禮》七，《少牢饋食禮》八，《有司徹》九，《鄉飲酒》十，《鄉射禮》十一，《燕禮》十二，《大射儀》十三，《聘禮》十四，《公食大夫禮》十五，《覲禮》十六，《喪服》十七。是一、二、三篇，冠、昏也；四、五、六、七、八、九篇，喪、祭也；十、十一、十二、十三篇，射、鄉也；十四、十五、十六篇，朝、聘也，而《喪服》之通乎上、下者附焉。小戴次序最爲雜亂，《冠》、《昏》、《相見》而後，繼以鄉、射四篇，忽繼以《士虞》與《喪服》，又繼以《特牲》、《少牢》、《有司徹》，復繼以《士喪》、《既夕》，而後以《聘禮》、《公食》、《覲禮》終焉。今鄭、賈注疏，所用劉向《别録》次序，則以喪、祭六篇居末，而《喪服》一篇移在《士喪》之前，似依吉、凶、人、神爲次。蓋向見《記》云：『吉凶異道，不得相干。』《荀子》云：『吉事尚尊，喪事尚親。』遂以昏、冠、射、鄉、朝、聘十篇爲吉禮，居先；而喪、祭七篇爲凶禮，居後焉。較小戴稍有條理，而要不若大戴之次合乎《禮運》。疑自高堂生、后蒼以來，而聖門相傳篇序，固已如此也。夫『經禮三百，曲禮三千』，《儀禮》，所謂經禮也，周公所制本有三百之多；至孔子時，即禮文廢闕，必不止此十七篇，亦必不止如《漢志》所云五十六篇而已也。而孔子所爲定禮樂者，獨取此十七篇以爲教，配六藝而垂萬世，則正以冠、昏、喪、祭、射、鄉、朝、聘八者，爲天下之達禮耳。」錫瑞案：邵氏此説，犂然有當於人心，以十七篇爲孔子所定，足正後世疑《儀禮》爲闕略不全之誤；以《儀禮》爲經禮，足正後世以《周禮》爲經禮、儀禮爲曲禮之誤。訂正《禮運》兩處「射御」當爲「射鄉」，尤爲一字千金，真乃二千年儒先未發之覆。學者治禮，當知此義，先於冠、昏、喪、祭、射、鄉、朝、聘八者求之。

論邵懿辰以逸《禮》爲僞，與僞古文《書》同，十七篇並非殘闕不完，能發前人之所未發

劉歆《移太常博士》云：「魯共王壞孔子宅，得古文逸《禮》有三十九篇。」《漢・藝文志》「《禮古經》五十六卷」，合十七篇與三十九篇言之。三十九篇無師說，遂致亡佚。朱子曰：「《古禮》五十六篇，班固時其書尚在，鄭康成亦及見之，注疏中多援引，不知何時失之，甚可惜也。」王應麟曰：「逸《禮》三十九，其篇名頗見於他書。若《天子巡狩禮》見《周官・内宰》注，《朝貢禮》見《聘禮》注，《烝嘗禮》見《射人》疏，《中霤禮》見《月令》注及《詩・泉水》疏，《王居明堂禮》見《月令》、《禮器》注，《古大明堂禮》見蔡邕論。又《奔喪》疏引逸《禮》，《王制》疏引逸《禮》云：『皆升合於太祖。』《文選》注引逸《禮》云：『三皇禪云云，五帝禪亭亭。』《論衡》：『宣帝時，河内女子壞老屋，又得《佚禮》一篇，合五十七。』斷珪碎璧，皆可寶也。」吴澄曰：「三十九篇，唐初猶存，諸儒曾不以爲意，遂至於亡，惜哉。」邵懿辰曰：「先儒以三百、三千之語，惜古禮散亡，而因惜三十九篇逸《禮》之亡。因三十九篇之亡，遂視十七篇爲殘闕不完之書，而失聖人定禮之本意。宋、明以來，直廢此經，不以設科取士，則皆劉歆之姦且妄，有以淆其耳目而塞其聰明也。夫即後人所引《禘於太廟禮》、《王居明堂禮》、《烝嘗禮》、《中霤禮》、《天子巡狩禮》、《朝貢禮》，及吴氏所輯

《奔喪》、《投壺》、《遷廟》、《釁廟》、《公冠》之類，厕於十七篇之間，不相比附而連合也。何也？皆非當世通行之禮，常與變不相入，偏與正不相襲也。況其逸文之存，如《太平御覽》引《巡狩禮》，文辭不古；及『三皇禪云云，五帝禪亭亭』，既誕而不足信矣。而《月令》注及《皇覽》引《王居明堂禮》數條，皆在《尚書大傳》第三卷《洪範五行傳》之中。吴氏不知其有全文，而僅引《禮注》合爲一篇。然觀其文意，實與伏生《五行傳》前後相協，必非古《王居明堂禮》而伏生全引入於《大傳》也，則爲劉歆剽取《大傳》以爲《王居明堂禮》明矣。即此一端，而其他可知。亦猶十六篇逸《書》，即僞《武成》之剽《世俘解》，見其他皆作僞也。就令非僞，亦孔子定十七篇時删棄之餘。康成不爲之注，與十六篇僞古文《書》同，大抵秃屑叢殘，無關理要。」丁晏曰：「位西此論，謂逸《禮》不足信，過矣，當依草廬吴氏別存逸《經》爲允。至斥逸《禮》爲劉歆誣僞，頗嫌臆斷。且逸《禮》古經，漢初魯共王得於孔壁，河間獻王得於淹中，《朝事儀》見於《大戴禮》，《學禮》見于賈誼書，皆遠在劉歆以前，未可指爲歆贋作也。」錫瑞案：逸《禮》即非歆贋作，亦不得與十七篇並列。邵氏云「就令非僞，亦孔子定十七篇時删棄之餘，大抵秃屑叢殘，無關理要」，其説最爲確當。逸《禮》三十九篇，猶逸《書》十六篇也，皆傳授不明，又無師説，其真其贋，可以勿論。學者於二十九篇《書》、十七篇《禮》未能發明，而偏好於逸《書》、逸《禮》，拾其殘賸，豈可謂知所先務乎？邵氏據諸書所引而斥其不足信，又謂《王居明堂禮》出於伏《傳》，比於《武成》出於《世俘》，可謂卓識。丁氏能證古文《尚書》之僞，而必信逸《禮》爲真，何也？

論古禮情義兼盡，即不能復，而禮不可廢

聖人制禮，情義兼盡。專主情則親而不尊，必將流於褻慢；專主義則尊而不親，必至失於疏闊。惟古禮能兼盡而不偏重。論君臣之義，《覲禮》：「侯氏入門右，坐，奠圭，再拜稽首。」注云：「入門右，執臣道，不敢由賓客位也。卑者見尊，贄奠而不授。」又曰：「侯氏再拜稽首，以馬出授人，九馬隨之。乃右，肉袒於廟門之東，乃入門右，北面立。」注云：「王不使人受馬者，主于享，❶王之尊益君，侯氏之卑益臣。右肉袒者，❷刑宜施於右也，入更從右者，臣益純也。」蓋古天子諸侯分土而治，故必嚴君臣之分。侯氏稽首，天子不答，而天子負斧依立，亦不坐受其拜。臣盡臣之敬，君不恃君之尊，且燕饗仍迎送獻酬，待以賓客之禮。諸侯與大夫燕禮，使宰夫爲獻主，臣莫敢與君抗禮也，其他皆如賓客。《詩·鹿鳴》《彤弓》皆曰：「我有嘉賓。」臣有疾，君問之；臣死，君親臨其喪。情義兼盡者此其一。論父子之義，《曲禮》：「凡爲人子者，冬温而夏凊，昏定而晨省。」《内則》子事父母之禮尤詳。子之孝敬父母如此。《冠禮》見于母，母拜之，以成人而與爲禮。《特牲饋食禮》嗣舉奠，主人西面再拜，「以先祖有功德，子孫當嗣之」。父母之重其子如此。情義兼盡者又

❶「主」，原作「至」，據《士禮居叢書》影宋嚴州本、《四部叢刊》影明徐氏翻宋刻本《儀禮》改。

❷「右」，原脱，據《儀禮》補。

其一。論夫婦之義，《昏義》：「是以昏禮，納采、問名、納吉、納徵、請期，皆主人筵几於廟，所以敬慎重正昏禮也。父親醮子而命之迎，男先於女也。壻執鴈人，揖讓升堂，再拜奠鴈，蓋親受之於父母也。婦至，壻揖婦以入，共牢而食，合巹而酳，所以合體同尊卑以親之也。敬慎重正而后親之，禮之大體，所以成男女之别，而立夫婦之義也。」情義兼盡者又其一。論長幼之義，「鄉飲酒之禮，六十者坐，五十者立侍以聽政役，所以明尊長也；六十者三豆，七十者四豆，八十者五豆，九十者六豆，所以明養老也。民知尊長養老，而后乃能入孝弟。民入孝弟，出尊長養老，而后成教，成教而后國可安也」。其餘事先生長者之禮，見於《曲禮》、《少儀》甚詳。情義兼盡者又其一。論朋友之義，《士相見禮》，奉摯曰：「某子以命命某見。」主人對曰：「請吾子之就家也，某將走見。」賓請終賜見，主人對「某將走見」。賓固請，主人辭摯。賓對「不以摯不敢見」。主人固辭，賓又固請。主人出迎于門外，再拜，賓答再拜。主人揖，入門右，賓奉摯，入門左。主人再拜受，賓再拜送摯，出。一見如此其敬讓也。其餘凡與客入及坐席飲食，見於《曲禮》、《少儀》亦詳。情義兼盡者又其一。夫父子、夫婦、長幼、朋友，皆情重於義，必有禮以節情。惟君臣則義重於情，當有禮以達情。自秦尊君卑臣，漢雖未能復古，其君於將相大臣猶有在坐爲起、在輿爲下之禮。後世此禮漸廢，至宋並廢坐論之禮，故蘇軾有「禮節繁多，君臣義薄」之言。後世拜跪之禮過繁，誠與古制不合，而矯其弊者，欲盡去拜跪而滅等威，則無以辨上下、定民志矣。父子、夫婦、長幼、朋友之禮，雖不及君臣之嚴，亦非可以不修而聽其廢墜者。

論禮雖繁而不可省，即昏、喪二禮可證

《禮器》：「君子曰：『甘受和，白受采，忠信之人，可以學禮。苟無忠信之人，則禮不虛道，是以得其人之爲貴也。』」而《老子》則曰：「禮者，忠信之薄，而亂之首也。」與禮家之言正相反。《曾子問》孔子引老聃之説有四，守禮如此謹嚴，其自著書則詆毁禮甚至。故或以爲老子是老萊子，非孔子問禮之老聃；或又以爲老子講禮厭煩，而遁入於空虛，正與六朝人講《喪服》厭煩乃變而談《莊》、《老》，同一相激相反之意。二説未知孰是。老子，高言上古者也。上古純樸，本無禮文，即以昏、喪二事證之。古者配偶無定，人知有母而不知有父。古者不葬其親，其親死則舉而委之於壑。伏羲以後，始漸制禮，至周而後大備，郁郁文盛，儀節繁多。如一獻之禮，賓主百拜；一見之禮，賓主五請。執摯必先固讓，執玉必先固辭，入門必每曲揖，洗爵必下堂階。自常情視之，似乎繁而可省。見則竟見之矣，何必三讓？受則竟受之矣，何必三辭？故老子以爲近作僞，而非忠信之道。不知禮已明言之矣，《聘義》曰：「上公七介，介紹而傳命，君子於其所尊弗敢質，敬之至也。」《禮器》曰：「是故七介以相見也，不然則已慤；三辭三讓而至，不然則已蹙。」夫兩君相見，即須介紹，何必七介？而禮以爲不然則已慤，其他三辭三讓之禮，可以類推。《檀弓》曰：「夫禮爲可傳也，爲可繼也，故

哭踊有節。」又曰：「辟踊，哀之至也；❶有算，爲之節文也。」又有子曰：「予壹不知夫喪之踊也，予欲去之久矣。」子游曰：「禮有微情者，有以故興物者，有直情而徑行者，戎狄之道也。禮道則不然。」夫親死，哀痛迫切，似不必言節文，而禮哭踊有節，以無節爲戎狄之道。其他不若喪禮之迫切者，更可以類推。故常情所見爲可省者，皆先王制禮不敢不至者也。今使直情徑行，而欲盡廢繁文縟節，即以昏、喪二禮證之。昏禮盡去六禮之文，納采、問名、納吉、納徵、請期，親迎一切不用，則將「不待父母之命，媒妁之言，鑽穴隙相窺，踰牆相從」矣。可乎？不可乎？喪禮盡去附身附棺、小斂大斂之文，卜兆封壙，一切不用，則將舉而委之於壑，狐狸食之，蠅蚋姑嘬之矣。可乎？不可乎？古無束帛儷皮之儀，有持弓毆禽之弔，配偶無定，不葬其親，皇初榛狉，蓋非得已。由今觀之，非直近於野蠻，亦且比於禽獸。《禮》曰「戎狄之道」，戎狄即今所謂野蠻。《曲禮》曰：「是故聖人作爲禮以教人，使人以有禮，知自别於禽獸。」夫知有母不知有父，親死委之狐狸蠅蚋，非禽獸而何？在古人特限於不知，後世聖人已作爲禮，而别於禽獸矣。伏羲漸近文明，及周爲文明之極。至文明已極，禮節不得不繁。若厭其太繁而矯枉過正，違文明之正軌，從野蠻之陋風，非惟於勢有所不行，亦必於心有所不忍。乃知古禮有繁而不可省者，文明之異於野蠻者在此，人之異於禽獸者亦在此也。古禮在今日不過略存餼羊之遺，而昏姻之六禮，喪葬之大事，猶多合

❶「至」，原作「變」，據《禮記·檀弓下》改。

於古者，蓋天理人情之至，皆知其不可廢。若欲舉此而盡廢之，不將爲野蠻爲禽獸乎？

論古冠、昏、喪、祭之禮，士以上有同有異

有王朝之禮，有民閒通行之禮。論定禮之制，則民閒通行之禮小，而王朝之禮大；論行禮之處，則民閒通行之禮廣，而王朝之禮狹。十七篇古稱《士禮》，其實不皆士禮，純乎士禮者，惟《冠》、《昏》、《喪》、《相見》。若祭禮則《少牢饋食》、《有司徹》爲大夫禮；《鄉飲》、《射》，士大夫所通行；《燕禮》、《大射》、《聘禮》、《公食大夫》爲諸侯禮；《覲禮》爲諸侯見天子禮，並非專爲士設。其通稱「士禮」者，蓋以《士冠》列首，遂並其下通稱爲士，而不復分別耳。若士以上，冠、昏、喪、祭之禮，與士或同或異。不見於十七篇，而見於《記》與他書者，亦略可以考見。《士冠禮・記》曰：「無大夫冠禮，而有其昏禮。古者五十而后爵，何大夫冠禮之有？公侯之有冠禮也，夏之末造也。天子之元子猶士，天下無生而貴者也。」據此，則天子之子冠亦用士禮，其後乃別有諸侯之冠禮。《左氏傳》云：「君冠，必以祼享之禮行之，以金石之樂節之。」正後起之禮。冠禮三加爲度，天子諸侯冠用四加，亦後起之禮也。昏禮，大夫與士異，蓋五十以後或有續娶。其可考者，士當夕成昏，大夫以上三月廟祭而後禮成。士不外娶，無留車反馬；大夫或外娶，有留車反馬。士必親迎至婦家，天子諸侯親迎於館；士納徵儷皮束帛，天子諸侯加以玉，此禮之稍異者。喪禮，《中庸》曰：「三年之喪，達乎天子，父母

之喪，無貴賤一也。」曾子曰：「哭泣之哀，齊斬之情，饘粥之食，自天子達。」《孟子》曰：「三年之喪，齊疏之服，饘粥之食，自天子達於庶人。」「高宗諒陰」，鄭君讀爲「梁闇」，是天子亦居倚廬，而春秋後禮已不行，故子張疑而問。滕人謂「魯先君莫之行」，又其後。則大夫與士亦有異。《雜記》曰：「端衰、喪車皆無等。」是上下本同。又曰：「大夫爲其父母、兄弟之未爲大夫者之服，如士服。」是大夫、士有異。鄭注：「今大夫喪服禮逸，與士異者，未得而備聞也。《春秋傳》曰：『齊晏桓子卒，晏嬰麤衰斬，苴絰、帶、杖、菅屨，食粥，居倚廬，寢苫，枕草。其老曰，非大夫之禮也。曰，惟卿爲大夫。』此平仲之謙也。」王肅曰：「春秋之時，尊者尚輕簡喪服，禮制遂壞。」張融曰：「士與大夫異者，皆是亂世尚輕涼，非王者之達禮。」孔疏曰：「如融之說，是周公制禮之時則上下同，當喪制無等。至後世以來，士與大夫有異。」據此，則大夫以上喪禮之異於士者，皆後起之禮也。祭禮，則廟、祧、壇、墠之數，禘祫、時祭之名，尊彝酒齊之分，冠服牲牢之異，有見於三禮明文者，有注疏家所推得者，難於備舉。蓋天子諸侯之祭禮，與《特牲》、《少牢》本不同，非若喪禮之異爲後來之變也。

論后倉等推士禮以致於天子乃禮家之通例，鄭注、孔疏是其明證

《史記·儒林傳》曰：「禮固自孔子時，而其經不具。」《孟子》曰：「諸侯之禮，吾未之學也。」然則天子諸侯之禮，在孔孟時已不能備。孔子既不得位，又生當禮壞樂崩之後，雖適周而問老聃、萇弘，入太廟而每

事問，委曲詳細必不盡知。所謂「吾學周禮，今用之」者，蓋即冠、昏、喪、祭、射、鄉，當時民間通用之禮。觀孔子射於矍相之圃，有「觀於鄉而知王道易易」之言。漢初，魯儒猶鄉飲、射於孔子冢，則當時民間猶行古禮可知。孔子周流四方，參互考證，晚而定《禮》，約之爲十七篇，以爲學者守此，已足以明君臣、父子、兄弟、夫婦、朋友之倫，雖不能備，亦略具矣。禮由義起，在好學深思、心知其意者，即無明文可據，皆可以意推補。古者「五刑之屬三千」，見於《尚書·呂刑》，「威儀三千」，「曲禮三千」，見於《中庸》、《禮器》。其數皆「三千」者，出乎禮者入於刑，故取其數相準。數至三千，不爲不多，然而事理之變無窮，法制之文有限，必欲事事而爲之制，雖三千有所不能盡。如今之《大清律》，遠本漢唐，繁簡得中，纖悉備具，而律不能盡者，必求之例；甚至例亦不能盡，更須臨時酌議。《大清通禮》、《禮部則例》雖極明備，而承襲之異，服制之殊，亦有不能全載，上煩部議，取決臨時者。以今準古，何獨不然？是即周時三千之禮具在，其不能盡具者，亦須臨時推補。況在諸侯去籍，始皇焚書之後哉？后倉等推士禮以致於天子，乃不得不然之勢，其實是禮家之通例，莫不皆然者也。《漢志》尊崇逸《禮》，謂「雖不能備，猶瘉倉等推士禮以致於天子」之説，其意以爲博考逸《禮》，則天子之禮略備，可以無煩推致。鄭君固親見三十九篇之《禮》者也，其注三禮，於逸《禮》中之《天子巡狩禮》、《朝貢禮》、《烝嘗禮》、《禘于太廟禮》、《王居明堂禮》，引用甚尟。且於古大典禮後儒所聚訟者，未嘗引逸《禮》以爲斷，仍不能不用倉等推致之意。

如《周禮·內司服》「緣衣」注曰：「此緣衣者，實作褖衣也，男子之褖衣黑，則是亦黑也。以下推次其色，則闕狄赤，揄狄青，禕衣玄。」此鄭君自云推次者。《司尊彝》注曰：「王酳尸用玉爵，而再獻者用璧角、璧散可知也。」賈疏云：「以《明堂位》云，爵用玉琖，加用璧角、璧散差之，推次可知也。」《弁師》注曰：「庶人弔者素委貌，一命之大夫，冕而無旒，士變冕爲爵弁。」賈疏云：「鄭云此者，以有大夫已上，因言庶人，且欲從下向上，因推出士變冕爲爵弁之意也。」《掌客》，上公「鉶四十有二」，侯、伯「鉶二十有八」，子、男「鉶十有八」。注曰：「非衰差也。二十八，書或爲二十四，亦非也。其於衰，公又當三十，於言又爲無施。禮之大數，鉶少於豆，推其衰，公鉶四十二宜爲三十八，蓋近之矣。」鄭以推差訂正經文，尤爲精密。而《魯禮禘祫義》曰：「儒家之説禘祫也，通俗不同。或云歲祫終禘，或云三年一祫，五年再禘。學者競傳其聞，是用訩訩争論，從數百年來矣。竊念《春秋》者，書天子諸侯中失之事，得禮則善，違禮則譏，可以發起是非，故據而述焉。從其禘、祫之先後，考其疏數之所由，而粗記注焉。魯禮，三年之喪畢，則祫於太祖，明年春，禘於羣廟。僖也宣也，八年皆有禘。祫祭，則《公羊傳》所云『五年而再殷祭』，祫在六年明矣。《明堂位》曰『魯，王禮也』，以相準況可知也。」夫禘祫乃古大典禮，後儒所聚訟者，鄭君明言訩訩争論，而於逸《禮》《禘於太廟》之類，何不引以爲據，反據《春秋》以相準況？於此足見古文逸《禮》，大都單辭碎義，實無關於宏旨，故鄭不爲之注，亦不多引用。鄭之所謂「準況」，即倉等所謂「推致」也。其後孔、賈之疏經注，亦用推致之法，孔引皇、熊兩家之疏，如《玉藻疏》云：「熊氏更説卿大夫以下，日食及朔食，牲牢及敦數多少，上下差別，並無明據。」《郊特牲疏》引皇氏説，圜丘之祭，燔柴牲玉之類，與宗廟祫同；其祭感生之帝，則當與宗廟禘祭同；其五時迎氣，與宗廟時祭同。孔疏云：「皇氏於此經之首，廣解天地百神，用樂委曲，及諸雜禮制，繁而不要，非此經所須。文隨事曲解，❶無所憑據。」此則推致太過而有得有失者，要皆禮家之通例也。

論《儀禮》爲經，《禮記》爲傳，當從朱子采用臣瓚之説，《儀禮經傳通解》分節尤明

自逸《禮》之書出，而十七篇有不全不備之疑；自「三禮」之名出，而十七篇有非經非傳之疑。以《周禮》爲經禮，《儀禮》爲曲禮，是《周禮》爲經而《儀禮》爲傳矣；謂《儀禮》爲經禮，《禮記》爲曲禮，是《儀禮》爲經而《禮記》爲傳矣。朱子曰：「今按『禮經』、『威儀』，劉向作『禮經』、『曲禮』，而《中庸》以『禮經』爲『儀禮』。鄭玄等皆曰經禮即《周禮》，曲禮即今《儀禮》。臣瓚曰：『《周禮》三百，特官名耳，經禮謂冠、昏、吉、凶。』蓋以《儀禮》爲經禮也。而近世括蒼葉夢得曰：『經禮，制之凡也；曲禮，文之目也。先王之世，二者蓋皆有書藏於有司。祭祀、朝覲、會同，則太史執之以涖事，小史讀之以喻衆，而鄉大夫受之以教萬民。保氏掌之以教國子者，亦此書也。』愚意禮篇

❶ 「文」，《禮記》孔疏作「又」。

三名，《禮器》爲勝；諸儒之説，瓚、葉爲長。蓋《周禮》乃制治立法、設官分職之書，而非專爲禮設也。至於《儀禮》，則其中冠、昏、喪、祭、燕、射、朝、聘，自爲經禮大目，亦不容專以曲禮名之也。又嘗考之，經禮固今之《儀禮》，其存者十七篇，而其逸見於他書者，猶有《投壺》、《奔喪》、《遷廟》等篇。其不可見者，又有古經增多三十九篇，而《明堂陰陽》、《王史氏記》數十篇及河間獻王所輯禮樂古事，多至五百餘篇。倘或猶有逸在其間者，大率且以春官所領『五禮』之目約之，則其初固當有三百餘篇亡疑矣。所謂曲禮，則皆禮之微文小節。如今《曲禮》、《少儀》、《内則》、《玉藻》、《弟子職》篇，所記事親、事長、起居、飲食、容貌、辭氣之法，制器、備物、宗廟、宮室、衣冠、車旂之等，凡所以行乎經禮之中者。其篇之全數雖不可知，然條而析之，亦應不下三千有餘矣。」錫瑞案：分别經、傳，當從朱子之説。朱子既有此分别，遂欲合經傳爲一書。《答李季章書》云：「累年欲修《儀禮》一書，釐析章句，而附以傳説。」《答潘恭叔書》云：「《禮記》須與《儀禮》參，通修作一書，乃可觀。」《乞修三禮劄子》云：「以《儀禮》爲經，而取《禮記》及諸經史雜書所載有及於禮者，皆以附於本經之下，具列注疏諸儒之説。」劄子竟不果上，晚年乃本此意修《儀禮經傳通解》。其書釐析章句，朱子已明言之。其失在釐析《儀禮》諸篇，多非舊次，如《士冠禮》「三屨」本在辭後，乃移入前陳器服章；戒、宿、加冠等辭，本總記在後，乃分入前各章之下之類，未免宋儒割裂經文之習。其功在章句分明，每一節截斷，後一行題云「右某事」，比賈疏分節尤簡明。《答應仁仲書》云：「前賢常患

《儀禮》難讀，以今觀之，只是經不分章，記不隨經，而注疏各爲一書，故使讀者不能遽曉。今定此本，盡去此諸弊，恨不得令韓文公見之也。」近馬驌《繹史》載《儀禮》、張爾岐《儀禮鄭注句讀》、吴廷華《儀禮章句》、江永《禮書綱目》、徐乾學《讀禮通考》、秦蕙田《五禮通考》，分節皆用朱子之法。

論言理不如言禮之可據，朱子以此推服鄭君，而鄭君之説亦由推致而得

漢儒多言禮，宋儒多言理。《仲尼燕居》：「子曰：『禮也者，理也。』」《樂記》：「禮者，理之不可易者也。」禮與理本一貫，然禮必證諸實，合於禮者是，不合於禮者非。是非有定，人人共信者也。理常憑於虚，彼亦一是非，此亦一是非，是非無定，不能人人共信者也。今舉一事明之，《宋史》朱熹《乞討論喪服劄子》曰：「臣聞三年之喪，齊疏之服，饘粥之食，自天子達於庶人，無貴賤之殊。而《禮經》勑令子爲父、適孫承重爲祖父，皆斬衰三年，蓋適子當爲父後，以承大宗之重，而不能襲位以執喪，則適孫繼統而代之執喪，義當然也。間者遺誥初頒，太上皇帝偶違康豫，不能躬就喪次。陛下實以世適之重，仰承大統，則所謂承重之服，著在禮律。所宜一遵壽皇已行之法，易月之外，且以布衣、布冠視朝聽政，以代太上皇帝躬執三年之喪。」《建炎以來朝野雜記》曰：「方文公上議時，門人有疑者，文公未有以折之。後讀《禮記正義·喪服小記》『爲祖後者』條，因自識於本議之末。」其略云：「準五服年月格，斬衰三年，適孫爲祖，法意甚明。而《禮經》無文，但傳

云『父没而爲祖後者服斬』。然而不見本經，未詳何據。但《小記》云『祖父没而爲祖母後者三年』，可以旁照。至『爲祖後者』條下，疏中所引《鄭志》乃有『諸侯父有廢疾，不任國政，不任喪事』之問，而鄭答以『天子諸侯之服皆斬』之文，方見父在而承國於祖之服。向來上此文字時，無文字可檢，又無朋友可問，故大約且以禮律言之。亦有疑父在不當承重者，時無明白證驗，但以禮律人情大意答之。心常不安，歸來稽考，始見此説，方得無疑。乃知學之不講，其害如此。而《禮經》之文，誠有闕略，不無待於後人。向使無鄭康成，❶則此事終未有斷決，不可直謂古經定制，一字不可增損也。」錫瑞案：朱子以此推服鄭君，而鄭君此條實由推致而得。可見禮爲人倫之至，而以推致言禮爲一定之法。必惜逸經之不具，而疑推致爲無憑，非知禮者也。後儒空言理而不講禮，謂「禮吾知敬而已，喪吾知哀而已」，一遇國家有大疑議，則幽冥而莫知其原。宋濮議，明大禮議，舉朝争論，皆無一是，激成朋黨，貽誤國家，尤非知禮者也。即如宋之寧宗，以祖父没而父病不能執喪，代父而立，自應承重，無可疑者。而或疑父在不應承重，亦未嘗不有一偏之理。所謂「彼亦一是非，此亦一是非」也。徒以律法人情爲説，即以朱子之賢，猶不能折服羣疑，必得《鄭志》明文，然後可以自信。此朱子所以服鄭，而並欲修禮，晚年所以有《通解》之作，而直以鄭注補經也。

❶「使」，原作「始」，據《晦菴集》改。

論鄭樵辨《儀禮》皆誤，毛奇齡駁鄭樵，而攻《儀禮》之説多本鄭樵

鄭樵《儀禮辨》曰：「古人造士，以禮、樂、詩、書並言之者，《儀禮》是也。古人六經以《禮》、《樂》、《詩》、《書》、《春秋》與《易》並言者，❶《儀禮》是也。《儀禮》一書，當成王太平之日，周公損益三代之制，作爲冠、婚、喪、祭之儀，朝、聘、饗、射之禮，行於朝廷鄉黨之閒，名曰《儀禮》，而樂寓焉，正如後世禮樂、輿服志之類。漢興，傳《儀禮》者，出於高堂生《士禮》十七篇。而魯徐生善爲容，文帝時以容爲禮大夫。後世之古經出於魯淹中，河閒獻王得之，凡五十六篇，並威儀之事。其十七篇與高堂生所傳《士禮》同，而字尤多略，今三十九篇乃逸《禮》。案班固『九流』、劉歆《七略》並不注《儀禮》，往往漢儒見高堂生所傳十七篇，遂摸倣《禮經》而作之。而范氏作《後漢書》云：『《禮古經》與《周官經》，前世傳其書，未有名家者。中興以後，鄭衆、馬融等爲《周官》作傳。』並不及《儀禮》。則《儀禮》一書，蓋晚出無疑者。故《聘禮》一篇，所記賓介饔餼之物，禾米薪芻之數，籩豆簠簋之實，鉶壺鼎甕之列，考於《周官·掌客》之禮，皆不相合。《喪服》一篇，凡發『傳曰』以釋其義者十有三，又有『問者曰』、『何以』、『何也』之辭，蓋出於講師設爲問難以相解釋，此皆後儒之所增益明矣。《儀禮》之書，作於周公，春秋以來，禮典之書不存，《禮

❶「六」，原作「大」，據文淵閣《四庫全書》本《六經奥論》改。

經》之意已失。三家僭魯，六卿擅晉，禮之大者已不存矣。士大夫略於禮而詳於儀，故殽烝之宴，武子不能識；彝器之薦，籍談不能對。郊勞贈賄，魯昭公非不知禮，而女叔齊以爲儀也，非禮也；揖遜周旋之間，❶趙簡子非不知禮，而子太叔以爲儀也，非禮也。而古人禮意未有能名者，傳至後世，《漢舊儀》有二，即爲此容貌威儀事。❷徐氏、張氏不知經，但能盤辟爲禮容，天下郡國有容吏，皆詣學學之，則天下所學《儀禮》者，僅容貌威儀之末爾。今《儀禮》十七篇，鄭康成、王肅等爲之註，唐貞觀中孔穎達撰《五經正義》，❸疑《周禮》、《儀禮》非周公書，其後賈公彦始爲《儀禮疏》。」錫瑞案：樂史論《儀禮》有可疑者五，鄭氏所説多同樂史之論。其所以誤疑《儀禮》者，一則不知《儀禮》之名始於何時，以爲周公時已名「儀禮」，而漢人未嘗稱道《儀禮》，則今之《儀禮》必晚出，當是漢儒摸倣而作。不知《禮》十七篇原於周公，定於孔子，周公、孔子時但名《禮》，漢以立學，名爲《禮經》。《班志》本於劉歆《七略》，其云《經》十七篇，譌爲「七十篇」者，劉歆已訂正矣，鄭氏或未見。即今《儀禮》。劉、班時無「儀禮」之名，非別有《儀禮》而《志》不及也。鄭君以前雖無注《儀禮》者，而馬融已注《喪服》，其非後儒增益明矣。一則誤執左氏之説，分儀與禮爲二，且重禮而輕儀，不知左氏極重威儀。北

❶「間」，原作「問」，據文淵閣《四庫全書》本《六經奥論》改。

❷「即」，《六經奥論》同，據《漢書・儒林傳》注當作「郎」，從上讀。

❸「貞」，原作「正」，乃鄭樵避宋諱，今逕回改。後文倣此。

宮文子見令尹圍之儀，古本無「威」字，見《經義述聞》。謂其不可以終。於其時君、大夫視下言徐、其容俯仰之類，皆斷其將死亡，何嘗以威儀爲末節？若女叔齊謂魯侯習儀，焉知禮，蓋以借諷晉君子；太叔謂是儀非禮，蓋以此進簡子，言非一端，不必過泥。武子不識殽烝，魯人不辨羔雁，此孔子時經不具之明證。若周公成書具在，列國無緣不知。《聘禮》與《掌客》不同，又《儀禮》、《周禮》不出周公之明證。若二書一手所作，何至彼此歧異？漢雖重徐氏之禮容，當時習《禮經》者，並非專習容禮。十七篇後稱《儀禮》，蓋以其中或稱儀，《大射》，一名《大射儀》。或稱禮而名之，非取容禮爲名。《禮》十七篇，亦非僅容貌威儀之末也。云孔穎達疑《周禮》、《儀禮》非周公書，孔疏中無明文，蓋因不疏二書，遂以爲疑之耳。毛奇齡攻《儀禮》多本其說，故具論之。

論熊朋來於三禮獨推重《儀禮》，其說甚通

熊朋來曰：「《儀禮》是經，《禮記》是傳，儒者恒言之，以《冠義》、《昏義》、《鄉飲酒義》、《射義》、《燕義》、《聘義》與《儀禮·士冠》、《士昏》、《鄉飲酒》、《射》、《燕》、《聘》之禮相爲經傳也。劉氏又補《士相見》、《公食大夫》二義，以爲二經之傳。及讀《儀禮》，則《士冠禮》自『《記》，冠義』以後，即《冠禮》之《記》矣；《士昏禮》自『《記》，士昏禮。凡行事』以後，即《昏禮》之《記》矣；《鄉飲酒》自『《記》，鄉朝服謀賓介』以後，即《鄉飲》之《記》矣；《鄉射禮》自『《記》，大夫與公士爲賓』以後，即《鄉射》之《記》矣；

《燕禮》自『《記》，燕，朝服於寢』以後，即《燕禮》之《記》矣；《聘禮》自『《記》，久無事則聘』以後，即《聘禮》之《記》矣；《公食大夫禮》自『《記》，不宿戒』以後，即《公食大夫》之《記》矣；《覲禮》自『《記》，几俟於東廂』以後，即《覲禮》之《記》矣；《士虞禮》自『《記》，虞，沐浴，不櫛』以後，即《士虞禮》之《記》矣；《特牲饋食禮》自『《記》，特牲』以後，即《特牲》之《記》矣；《士喪禮》則『士處適寢』以後附在《既夕》者，即《士喪禮》之《記》矣；《既夕禮》則『啓之昕』以後，即《既夕》之《記》矣。漢儒稱《既夕禮》即《士喪禮》下篇，故二《記》合爲一也。《喪服》一篇，每章有子夏作傳，而《記》『公子爲其母』以後又別爲《喪服》之《記》。其《記》文亦有傳，是子夏以前有此《記》矣。十七篇惟《士相見》、《大射》、《少牢饋食》、《有司徹》四篇不言《記》，其有《記》者十有三篇。然《冠禮》之《記》有『孔子曰』，其文與《郊特牲》所記《冠義》正同。其餘諸篇，惟《既夕》之《記》略見於《喪大記》之首章，《喪服》之傳與《大傳》中數與疑「處」字誤。相似，餘記自與小戴《冠》、《昏》等六義不同。何二戴不以《禮經》所有之《記》而傳之也？十三篇之後各有《記》，必出於孔子之後，子夏之前，蓋孔子定禮而門人記之，故子夏爲作《喪服傳》，而并其《記》亦作《傳》焉。三禮之中，如《周禮》大綱雖正，其間職掌繁密，恐傳之者不皆周公之舊。《左傳》所引『周公制《周禮》曰』，殊與今《周禮》不相似。大、小戴所記固多格言，而訛僞亦不免。惟《儀禮》爲《禮經》之稍完者。先儒謂其文物彬彬，乃周公制作之僅存者。後之君子，有志於禮樂，勿以其難讀而不加意也。」錫瑞案：熊氏於三禮中推重《儀禮》，以爲孔子所定，周公制作之僅存，自是確論。十七篇爲周公之遺，孔子所定。或本成周之遺制，或參闕里之緒言，久遠難明。而漢稱爲《禮經》，則已定爲孔子之書矣。韓文公苦《儀禮》難讀，又云「於今無所用之」，蓋慨當時《儀禮》不行，非謂《儀禮》真無所用。南北朝《儒林傳》，兼通三禮，猶不乏人，賈公彦疏實本齊黄慶、隋李孟悊。至唐而習此經者殆絶，見李元瓘上奏。舉行冠禮，人皆快鄭尹而笑孫子；見柳宗元書。唐加母喪三年，并加外親服，諸無量歎曰：「俗情膚淺，一紊其制，誰能正之？」故韓公有慨於此。至宋有張淳《儀禮辨誤》，李如圭《儀禮集釋》並《釋宫》，世傳《釋宫》爲朱子作，朱子嘗與如圭訂禮，或取其書入集中。朱子《儀禮經傳通解》，黄榦、❶楊復補《喪》《祭》二禮，復又作《儀禮圖》，元吴澄纂次八經十傳，敖繼公《儀禮集説》，疏解頗暢，惟詆鄭注疵多醇少，近儒褚寅亮、錢大昕、俞正燮已駁正之。熊氏於《儀禮》雖非專家，而所論甚確，由朱子極尊《儀禮》，故宋元諸儒猶知留意此經也。

論《聘禮》與《鄉黨》文合，可證《禮經》爲孔子作

熊朋來曰：「《聘禮》篇末，執圭如重、入門鞠躬、私覿愉如等語，未知《鄉黨》用《聘禮》語，抑《聘禮》用《鄉黨》語？大抵《禮經》多出於七十子之徒所傳。按朱子《鄉黨》集注引晁氏曰：『定公九年，孔子仕魯，至十三年適齊，其閒無朝聘之事。疑使

❶「榦」，原作「幹」，據史實改。

擯、執圭二條，但孔子嘗言其禮如此。』又引蘇氏曰：『孔子遺書，雜記曲禮，非必孔子事也。』見得古有《儀禮》之書，聖門因記其語。」錫瑞案：此正可徵《儀禮》爲孔子作。《鄉黨》之文與《儀禮》多合，蓋有孔子所嘗行者，有孔子未嘗行而嘗言之者。熊氏謂未知《鄉黨》用《聘禮》語，抑《聘禮》用《鄉黨》語，蓋未知《鄉黨》、《聘禮》皆孔子之書。而謂《禮經》多出於七十子之徒所傳，則已明知《禮經》出自孔子，而非出自周公矣。晁氏云「孔子嘗言其禮」，則亦略見及之。蘇氏云「古有《儀禮》之書，聖門因記其語」，則但知有《儀禮》作於周公之説，而不知爲孔子所作。夫《鄉黨》所言禮，既非孔子之事，又非孔子所言，聖門何必記其禮乎？《左氏·襄二十七年傳》：❶「仲尼使舉是禮也，以爲多文辭。」孔疏曰：「服虔云：『以其多文辭，故特舉而用之。後世謂之孔氏聘辭，以孔氏有其辭，故傳不復載也。』所言孔氏聘辭，不知事何所出。實享禮而謂之爲聘，舉舊辭而目以孔氏事，亦不必然也。」案孔氏聘辭今無可攷，服子慎在東漢末，説必有據。《鄉黨》文與《聘禮》合者，當即孔氏聘辭之文。服以爲孔氏有其辭，故傳不復載，則孔氏聘辭文必繁，不止如《鄉黨篇》中所載之略，此亦可爲《聘禮》傳自孔氏之證。後世必以《儀禮》爲周公所作，於是此等文皆失其解。孔疏正以《儀禮》爲周公作者，故於服氏之説既不知何所出，遂謂事不必然，而古義盡湮矣。季札觀樂，與今風、雅、頌次序合，服氏以爲傳者據已定録之，則《左氏》所載當時諸侯大夫行禮與《禮經》合

❶ 「二十七」，原作「三十八」，據《左傳》改。

者，或亦據孔子所定之禮録之。顧棟高《左氏引經不及周官儀禮論》，謂《周禮》爲漢儒傅會，即《儀禮》亦未敢信爲周公之本文。俞正燮《儀禮行於春秋時義》駮顧氏説，謂時行其儀，故不復引其文。據臧孫爲季孫立悼子，爲《儀禮》賓爲苟敬及嗣舉奠法；齊侯飲昭公酒，使宰爲主人而請安，爲《儀禮》請安法；邾莊公與夷射姑飲酒，私出闇乞肉焉，爲《儀禮》取薦脯法。雖其禮相脗合，未可據之以《儀禮》爲周公所作，真出孔子之前也。

論讀《儀禮》重在釋例，尤重在繪圖，合以分節，三者備則不苦其難

《春秋》有凡例，《禮經》亦有凡例。讀《春秋》而不明凡例則亂，讀《禮經》而不明凡例則苦其紛繁。陳澧曰：「《儀禮》有凡例，作記者已發之矣。《鄉飲酒禮·記》云：『以爵拜者不徒作，坐卒爵者拜既爵，立卒爵者不拜既爵。凡奠者於左，將舉於右。』此記文之發凡者也。鄭注發凡者數十條，《士冠禮注》云：『凡奠爵，將舉者於右，不舉者於左。凡醴事，❶質者用糟，文者用清。凡薦出自東房，凡牲皆用左胖。』其餘諸篇注皆有之，若鈔出之，即可爲《儀禮》凡例矣。有鄭注發凡而賈疏辨其同異者；有鄭注不發凡而賈疏發凡者；有經是變例，鄭注發凡而疏申明之者；又有經是變例，注不發凡而疏發凡者；有賈疏不云凡而無異發凡者。文多不載，見《東塾讀書記》。綜而論之，鄭、賈熟於《禮經》之例，乃能作注、作

❶「事」，原作「士」，據《東塾讀書記》及《儀禮》注改。

疏，注精而簡，疏則詳而密。分析常例、變例，究其因由，且經有不具者，亦可以例補之。朱子云：『《儀禮》雖難讀，然卻多是重複。倫類若通，則其先後彼此展轉參照，足以互相發明。』此所謂倫類，即凡例也。近時則淩氏《禮經釋例》，善承鄭、賈之學，大有助於讀此經者矣。」案：陳氏引注、疏甚明，初學猶苦其分散難考，先觀《禮經釋例》，則一目瞭然矣。陳灃又曰：「鄭、賈作注、作疏時，皆必先繪圖。今讀注、疏，觸處皆見其蹤跡。如《士冠禮》：『筮人許諾，右還，即席坐。』注云：『東面受命，右還，北行就席。』疏云：『鄭知東面受命者，以其上文有司在西方東面，主人在門東西面，今從門西東面主人之宰命之，故東面受命可知也。知右還北行就席者，以其主人在門外之東南，席在門中，故知右還北行，乃得西面就席坐也。』如此之類，乃顯而易見者。又如《燕禮》：『主人盥，洗象觚。』注云：『取象觚者東面。』疏云：『以膳篚南有臣之篚，不得北面取，又不得南面背君取。從西階來，不得篚東西面取，以是知取象觚者東面也。』此必鄭有圖，故知東面取；賈有圖，故知不得北面、南面、西面而必東面也。以下文多不載。楊信齋作《儀禮圖》，厥功甚偉，惜朱子不及見也。《通志堂經解》刻此圖，然其書巨帙不易得，故信齋此圖罕有稱述者。張皋文所繪圖更加詳密，盛行於世，然信齋創始之功不可沒也。阮文達公爲張皋文《儀禮圖》序云：『昔漢儒習《儀禮》者必爲容，故高堂生傳《禮》十七篇，而徐生善爲頌，禮家爲頌皆宗之，頌即容也。予嘗以爲讀禮者當先爲頌。昔叔孫通爲緜蕝以習儀，他日亦欲使家塾子弟畫地以肄禮，庶于治經之道，事半而功倍也。然則編修之書，非即徐生之頌乎？』澧案：畫地之法，澧嘗試爲之，真事半而功倍，恨未得卒業耳。若夫宫室器服之圖，則當合三禮爲之。此自古有之，今存於世者，惟聶崇義之圖。至國朝諸儒所繪益精，若取《皇清經解》内諸圖與聶氏圖，考定其是非，而别爲《三禮圖》，則善矣。」錫瑞案：聶氏《三禮圖》，朱子譏其醜怪不經，非古制。今觀其冠制多怪誕，必非三代法物。而據竇儼序稱其博采舊圖，凡得六本，則實原於鄭君及阮諶、梁正、夏侯伏明、張鎰諸家，特非盡出鄭君。而鄭注《儀禮》、賈疏《儀禮》有圖，則自陳氏始發之。楊復圖世罕傳，惟張惠言《儀禮圖》通行，比楊氏更精密。韓文公苦《儀禮》難讀，讀《儀禮》有三法：一曰分節，二曰釋例，三曰繪圖。得此三法，則不復苦其難。分節可先觀張爾岐、吴廷華之書，釋例淩廷堪最詳，繪圖張惠言最密。若胡培翬《儀禮正義》雖詳而太繁，楊大堉所補多違古義，與原書不合，不便學者誦習，姑置之。

論宋儒掊擊鄭學實本王肅，而襲爲己説以别異於注疏

三禮繁難，一人精力難於通貫。漢以十七篇立學，《后倉曲臺記》後並無解義。杜、賈、二鄭止解《周官》，馬融解《周官》與《禮記》，而十七篇止注《喪服》。惟鄭君徧注三禮，至今奉爲圭臬，誠可謂宏覽博物、精力絶人者矣。其後禮書之宏富者，有宋何承天删并《禮論》八百卷爲三百卷，梁孔子袪又續何承天《禮論》一百五十卷，隋《江

都集禮》一百二十卷，牛弘撰《儀禮》百卷，今皆不傳。惟崔靈恩《三禮義宗》四十七卷，猶存其略。宋陳祥道《禮書》一百五十卷，晁公武、陳振孫並稱其精博，《四庫提要》曰：「其中多掊擊鄭學，如論廟制，引《周官》、《家語》、《荀子》、《穀梁傳》，謂天子皆七廟，與康成天子五廟之説異；論禘祫，謂圜丘自圜丘，禘自禘，力破康成禘即圜丘之説；論禘大於祫，並祭及親廟，攻康成禘小祫大、祭不及親廟之説；辨上帝及五帝，引《掌次》文，闢康成上帝即五帝之説。蓋祥道與陸佃亦皆王安石客，安石説經，既創造新義，務異先儒，故祥道與陸佃亦皆排斥舊説。」錫瑞案：祥道之書，博則有之，精則未也。其自矜爲新義，實多原本王肅。漢時禮家聚訟，古今文説不同，鄭君擇善而從，立説皆有所據。如説廟制以爲天子五廟，周合文、武二祧爲七，本《喪服小記》「王者立四廟」，《禮緯稽命徵》「唐虞五廟，夏四廟，至子孫五；殷五廟，至子孫六。周尊后稷、文、武則七」。王肅乃數高祖之父，高祖之祖，與文、武而九，不知古無天子九廟之説。而肅説二祧，亦與《祭法》不合也。鄭説圜丘是禘嚳配天，圜丘本《周官》，周人禘嚳本《國語》、《祭法》。王肅乃謂郊丘是一，引董仲舒、劉向爲據，不知董、劉皆未見《周官》，不知有圜丘，但言郊而不言禘，不足以難鄭也。鄭説三年祫，五年禘，祫大禘小，本於《春秋公羊經》書「有事」爲禘，各於其廟，「大事」爲祫，羣廟主悉升於太祖。而肅引《禘於太廟》逸禮：「昭尸、穆尸，皆升合於太祖。」孔疏已駁之曰：「鄭以《公羊傳》爲正，逸《禮》不可用也。」逸《禮》不足信，即此可見，故鄭不用，亦不爲之注。鄭説五帝爲五天帝，本《周官・司服》，「祀昊天上帝，則服大裘而冕，祀五帝亦如之」。五帝配南郊，祭用夏正月，故服大裘。若五人帝，則迎夏迎秋，不得服裘。又先鄭注《掌次》云：「五帝，五色之帝。」陳祥道據《掌次》駁鄭，即此可證其誤。是鄭義本先鄭。王肅以爲五人帝分主五行，然則大皞、炎、黄之先，無司五行者乎？此與肅駁鄭義，以爲社稷專祀句龍、后稷，不祀土穀之神者，同一謬妄也。王肅所據之書，鄭君無緣不知，其所以不用者，當時去取必自有説。肅乃取鄭所不用者，轉以難鄭，鄭據今文，則以古文駁之，如據逸《禮》以駁《公羊》是也；鄭據古文，則以今文駁之，如據董、劉以駁《周官》是也。其時馬昭、張融下至孔穎達疏，已爲細加分別。宋人寡學，不盡知二家之説所自出。取王説之淺近，疑鄭義之博深。又以其時好立新説，鄭注立學已久，人多知之；王説時所不行，乃襲取之以爲己説。陳氏《禮書》，大率如是，皆上誣前賢，下誤後學，後人不當承其誤。凡此等書，可屏勿觀。朱子曰：「王肅議禮，必反鄭玄。」朱子於禮用功深，故能知鄭康成考禮名數大有功。

論王肅有意難鄭，近儒辨正已詳，《五禮通考》舍鄭從王，俞正燮譏之，甚是

合今、古文説禮，使不分明，始於鄭君而成於王肅。鄭君以前，界限甚嚴。何休解《公羊傳》，據逸《禮》而不據《周官》，以逸《禮》雖屬古文，不若《周官》之顯然立異也。杜、賈、二鄭解《周官》，皆不引博士説。鄭司農注《大司徒》五等封地，皆即本經立説，不牽涉《王制》。惟注「諸男方百里」一

條云:「諸男食者四之一,適方五十里。獨此與五經家説合耳。」五經家説,即《王制》「子男五十里」之説也。鄭君疏通三禮,極具苦心,於其分明者,則分之爲周禮,爲夏、殷禮,不分明者,未免含混説之。或且改易文字,展轉求通。專門家法,至此一變。王肅有意攻鄭,正當返求家法,分别今古,方可制勝。乃肅不惟不知分别,反將今古文説别異不同之處任意牽合。如《王制》廟制今説,《祭法》廟制古説,此萬不能合者,而肅僞撰《家語》、《孔叢子》,所言廟制,合二書爲一説。鄭君以爲《祭法》周禮、《王制》夏、殷禮,尚有蹤跡可尋。至肅乃盡抉其藩籬,蕩然無復門户,使學者愈以迷亂,不復能知古禮之異。尤可笑者,《家語》、《孔叢》,舉禮家聚訟莫決者,盡託於孔子之言以爲折衷,不知禮家所以聚訟,正以去聖久遠,無明文可據。是以石渠、虎觀,至煩天子稱制臨決。若孔子之言如此彰灼,羣言淆亂折諸聖,尚何庸斷斷争辨乎?古人作注,發明大義而已。肅注《家語》,如五帝、七廟、郊丘之類,處處牽引攻鄭之語,殊乖注書之體,而自發其作僞之覆。肅又作《聖證論》以譏短鄭,據唐《元行沖傳》云六十八條,今約存三十條。禮之大者,即五帝、七廟、郊丘、禘祫、社稷之屬,其餘或文句小異,不關大義。肅之所謂「聖證」,即取證於《家語》、《孔叢》,以爲鄭君名高,非託於聖言,不足以奪其席。而鄭學之徒馬昭,已灼知《家語》爲王肅僞作,斯可謂心勞日拙矣。其時鄭、王之徒争辨不已,久而論定。六朝晉武帝,王肅外孫,郊廟典禮,皆從肅説。南北學三禮皆遵鄭氏,至唐而孔疏《禮記》,賈疏《周禮》、《儀禮》,發明鄭義尤詳。宋以後乃舍鄭從王，排斥注疏。國朝昌明鄭學，於王肅之僞撰《家語》、僞撰古文《尚書》經傳，攻之不遺餘力。肅之私竄《毛詩》以難鄭者，亦深窺其癥結。《聖證論》中所説郊廟大典，惠棟、孫星衍辨正尤詳。惟秦蕙田《五禮通考》多蹈陳祥道《禮書》舍鄭從王之失，似即以《禮書》爲藍本。《四庫提要》曰：「較陳祥道等所作，有過之無不及。」僅以爲過祥道，似亦有微辭焉。俞正燮《癸巳存稿》云：「《五禮通考》所采漢以後事皆是。惟周時書籍，廣搜魏晉以後議論附於後，本康莊也，而荆棘榛芒之，可謂宋元人平話經義與帖括經義，日課陋稿，令人憎惡，不可謂之禮書也。據魏晉以後禮制，多本王肅、皇甫謐，其説不可不采，然宜附所引史志後，不宜附經後。引經止存漢傳注本義，魏晉以後野文皆削之。宋元人平話、帖括兩體文，尤不當載。而制度則案年次之。《通考》之體應如此，此書體例非也。」錫瑞案：《五禮通考》網羅浩博，自屬一大著作。而其大書、旁注、低格、附載，體例誠多未善，有如俞氏所譏。舍鄭從王，是宋非漢，尤爲顛倒之見。恐誤後學，不得不辨。秦氏之作《通考》，以徐乾學《讀禮通考》惟詳喪葬，而推廣爲五禮。徐氏專講喪禮，條理不繁，故詳審無可議；秦氏兼及五禮，過於繁博，故體例有未善，足見三禮非一人之力所能及。自鄭君並注三禮後，孔氏止疏《禮記》，且原本於皇、熊；賈氏疏《儀禮》，本黄慶、李孟悊；《周禮》不著所出，亦必前有所承。朱子《儀禮經傳通解》，至歿尚未卒業。若陳氏《禮書》、秦氏《通考》，未免舉鼎絶臏之弊。近人林昌彝《三禮通釋》，有編次而少折衷；林喬蔭《三禮陳數求義》，有折衷而欠精確。惟江永《禮書綱目》本於朱子，足以補正朱子之書。治三禮者，可由此入門，而《五禮通考》，姑置之可也。毛鴻賓序《三禮通釋》云：「《五禮通考》所據者，皆宋元明以下之説，多鄉壁虚造，而漢魏六朝經師之遺言大義尠及之。」可謂知言。

論古人行禮有一定之例，九拜分別，不厭其繁

古人行禮有一定之例。如主人敬賓，取爵，降洗。賓降，辭洗。主人卒洗，揖，讓，升。賓拜洗。主人拜，降盥。賓降。主人卒盥，揖，讓，升。主人實爵，獻賓。賓拜受爵。主人拜送。賓啐酒，拜告旨。主人答拜。賓卒爵，拜。主人答拜。賓酢主人略同，不告旨。注云：「酒，己物也。」主人酬賓略同，酬酒不舉。注云：「君子不盡人之歡。」獻、酢、酬共爲一獻，所謂「一獻之禮，賓主百拜」，在今人視之，必以爲繁文縟節，而古人鄉飲、鄉射、燕禮、大射皆行之。惟燕禮、大射使宰夫爲獻主，臣莫敢與君抗禮也。古人之拜與今異，皆一人先拜，拜畢而後一人答拜。《曲禮》曰：「主人敬客則先拜客，客敬主人則先拜主人。凡非弔喪，非見國君，無不答拜者。」解此可無疑於《士冠禮》之「母答拜」，《昏禮》之「舅姑答拜」矣。古無二人並拜之禮，故昏禮夫婦不交拜，以壻雖爲主人，婦不自居於客。夫婦敵體，不便一人先拜，一人答拜，故不拜。此古禮之與今異者。古臣朝君不拜，以行禮必在堂，而朝在路門外，無堂，不便行禮。朝禮止打一照面，與今屬員站上司出班相似。且古無無事而拜者，及有事而拜，必拜於堂下，君辭之，乃升

成拜，故曰「拜下，禮也」。《周禮》九拜，杜子春、鄭興、鄭衆、鄭康成、賈公彦、孔穎達、陳祥道、顧炎武、閻若璩、毛奇齡、惠棟、江永、方苞、秦蕙田、段玉裁，言人人殊，淩廷堪與陳壽祺、喬樅父子後出，爲最覈。壽祺云：「九拜皆主祭祀而言。稽首、頓首、空首三者，皆吉禮祭祀之拜也；振動、吉拜、凶拜三者，皆喪禮祭祀之拜也。奇拜、褒拜、肅拜，禮之殺也。一曰稽首，鄭注：『頭至地也。』賈疏云：『稽留之字，頭至地多時，則爲稽首也。稽首，臣拜君法。』二曰頓首，《檀弓》疏引鄭曰：『頭叩地不停留也，此平敵以下拜也。』三曰空首，鄭注：『空首，拜頭至手，所謂拜手也。』賈疏云：『空首拜者，君答臣下拜。』四曰振動，杜子春云：『動讀爲哀慟之慟。』壽祺按，此即拜稽顙成踊也。五曰吉拜，六曰凶拜，惠氏云：『皆喪拜也，喪有吉凶，拜亦如之。有兩說。一，小功以下爲吉，大功以上爲凶，其拜也，以吉凶分左右。一，齊衰不杖以下爲吉，齊衰以上爲凶，其拜也，皆稽顙，以吉凶分先後。』七曰奇拜，鄭大夫云：『奇拜謂一拜也。』八曰褒拜，鄭大夫云：『褒讀爲報，報拜謂再拜也。』九曰肅拜，先鄭司農云：『肅拜但俯下手，今時揖是也。』」錫瑞案：古人一拜之禮，而分别如此其繁，非故爲是瑣瑣也。凡人之情，簡則易，易則慢心生，反是則嚴，嚴則畏心生。禮制之行，以文治亦以已亂，以誘賢亦以範不肖，故曰「出於禮者入於刑」，納諸軌物，然後禮明而刑措。若謂委曲繁重之數皆戕賊桎梏之具，率天下而趨於苟且便利，將上下無等而大亂。昔漢高帝去秦苛儀，羣臣飲酒争功，拔劍妄呼，高帝患之，用叔孫通爲緜蕞起朝儀而後定。禮樂不可斯須去身，豈不信乎？

論古禮多不近人情，後儒以俗情疑古禮，所見皆謬

《禮器》：「禮之近人情者，非其至者也。」古人制禮坊民，不以諧俗爲務，故禮文之精意，自俗情視之多不相近。又古今異制，年代愈邈，則隔閡愈甚。漢人去古未遠，疑經尚少。唐、宋以後去古漸遠，而疑經更多矣。今舉數事證之。如《士冠禮》：「北面坐取脯，降自西階，適東壁，北面見于母，母拜受，子拜送，母又拜。」鄭注：「婦人於丈夫，雖其子猶俠拜。」《冠義》：「見于母，母拜之，成人而與爲禮也。」是母之拜子，一爲受脯，一爲成人而與爲禮，猶嗣舉奠，以父拜子，所以重宗嗣。凡此等，皆有深義存焉，杜佑《通典》乃以爲瀆亂人倫，以古禮不近人情也。《昏禮》女家告廟，壻家無告廟之文，《白虎通》明解之曰：「娶妻不告廟者，示不必安也。」蓋古有出妻之事，故恐其不安，不先告廟。後人乃引《曲禮》「齊戒以告鬼神」，《文王世子》「五廟之孫，祖廟未毀，雖爲庶人，冠、娶妻必告」，《左氏傳》「先配而後祖」及「圍布几筵，告於莊共之廟而來」等語，以證告廟，不知「齊戒告鬼神」不云告祖禰，當即卜日、卜吉之類；「冠、娶妻必告」，鄭注明云「告於君也」。五廟乃天子諸侯之制，豈有疏族士庶得自告天子諸侯廟者？楚公子圍因聘而娶，大夫出聘，本應告廟，並非專爲娶妻。「先配後祖」，當從賈、服以祖爲廟見，大夫以上三月廟見乃始成昏，譏先配也。《昏禮》是士禮，當夕成昏，鄭謂大夫以上皆然，不如賈、服之合古

禮。夫娶不告廟，又大夫以上三月廟見乃成昏，皆不近人情之甚者。《喪服》父在爲母期，以父喪妻止於期也。嫂叔之無服也，蓋推而遠之也。婦爲舅姑期，《傳》曰：「何以期也？從服也。」女子子適人者，爲其父母期，《傳》曰：「何以期也？婦人不貳斬也。」然則婦爲舅姑期，亦不貳斬之義。自唐以後，母與舅姑服加至三年，嫂叔亦有服，正緒無量所謂「俗情膚淺」者，蓋疑古禮制服不近情也。古祭禮必有尸，自天子至於士，皆有筮尸、宿尸之禮。杜佑《理道要訣》謂：「周、隋《蠻夷傳》，巴梁間爲尸以祭。今郴道州人祭祀，迎同姓伴神以享。則立尸之遺法，乃本夷狄風俗，至周未改耳。」杜不知外裔猶存古法，反以古法未離夷狄，是疑立尸不近情也。古士大夫無主，以不禘祫，無須分別。《少牢饋食》「束帛依神」，《特牲饋食》「結茅爲菆」，即以代主。許君、鄭君同義，孔疏、賈疏謂大夫士無木主，以幣主其神。徐邈、元懌乃引《公羊》「大夫聞君之喪，攝主而往」，不知何休《解詁》明云「宗人攝行主事而往」，不謂木主；又引逸《禮》「饋食設主」，不知逸《禮》不可據，故鄭不用，亦不爲注。舍許、鄭之明說，從疑似之誤文，是疑無主不近情也。古不祭墓，惟奔喪去國哭於墓。祭是吉禮，必行於廟，故辛有見被髮野祭，歎其將爲戎。後人乃引《周官·冢人》「祭墓爲尸」，曾子曰「椎牛祭墓」，孟子曰「卒之東郭墦閒之祭者」，及魯諸儒歲時上孔子冢，以爲古已祭墓。不知《冢人》「爲尸」，❶後鄭以爲「或禱祈焉」，先鄭以爲「始竁時祭以告后土」，與

❶「知」，原作「如」，據文意改。

墓祭無涉。趙岐注《孟子》，以「卒之東郭墦閒」爲句，亦非墓祭。曾子語見《韓詩外傳》，漢初之書；魯人上孔子冢，亦在秦漢之間，疑當其時世卿宗法既亡，大夫不皆有廟，乃漸移廟祭爲墓祭，不得爲古祭墓之證。而毛奇齡、閻若璩皆曲徇俗説，是以不祭墓爲不近情也。古今異情若此甚夥，今欲反古，勢所難行。然古有明文，非可誣罔。若沈溺俗説，是今人而非古人，不可也；或更傅會誤文，强古人以從今人，更不可也。

論古禮最重喪服，六朝人尤精此學，爲後世所莫逮

古禮最重喪服。《禮經》十七篇，有《子夏喪服傳》一篇在內。《小戴禮記》四十九篇，有《曾子問》、《喪服小記》、《雜記》上下、《喪大記》、《喪服大記》、《奔喪》、《問喪》、《服問》、《閒傳》、《三年問》、《喪服四制》十一篇，《別録》皆屬喪服。《檀弓》亦多言喪禮。「大功廢業，或曰大功誦可也。」疏云：「録記之人，必當明禮，應事無疑，使後世作法。今檢《禮記》，多有不定之辭。仲尼門徒，親承聖旨，子游裼裘而弔，曾子襲裘而弔。又小斂之奠，或云東方，或云西方。同母異父昆弟，魯人或云爲之齊衰，或云大功。其作記之人多云『蓋』，多云『或曰』，皆無指的，並設疑辭者，以周公制禮，永世作法，時經幽厲之亂，又遇齊晉之强，國異家殊，樂崩禮壞，諸侯奢僭，典法譌舛，是以普天率土，不閑禮教。❶故子思聖人之胤，不

❶ 「禮」，原作「異」，據《禮記正義》改。

喪出母；隨武子晉之賢相，不識殽烝。作記之人，隨後撰録，善惡兼載，得失備書。但初制禮之時，文已不具，略其細事，舉其大綱。況乃時經離亂，日月縣遠，數百年後，何能曉達？記人所以不定，止爲失禮者多。推此而論，未爲怪也。」錫瑞案：孔疏所言極其通達。《記》文所以不定者，一則制禮之初，細數不能備具；一則亂離之後，故籍復不盡存。喪服更糾紛難明，故後儒尤多聚訟。漢人禮書最早而略傳於今者，有《大戴·喪服變除》。十七篇《禮經》，馬融獨於《喪服》有注，鄭君亦有《喪服變除》，其後則有王肅《喪服經傳注》、《喪服要記》、射慈《喪服變除圖》、杜預《喪服要集》、袁準《喪服經傳注》、孔倫《集注喪服經傳》、陳銓《喪服經傳注》、劉智《喪服釋疑》、蔡謨《喪服譜》、賀循《喪服要記》、謝徽《喪服要記注》、葛洪《喪服變除》、裴松之《集注喪服經傳》、雷次宗《略注喪服經傳》、崔凱《喪服難問》、周續之《喪服注》、王儉《喪服古今集記》、王逡之《喪服世行要記》，見玉函山房輯本。《釋文·叙録》有蔡超、田僧之、劉道拔，皆不傳。自漢魏至六朝，諸儒多講禮服，《通典》所載，辨析同異，窮極深微。朱子謂：「六朝人多精於禮，當時專門名家有此學，朝廷有禮事，用此等人議之。」顧炎武《日知録》云：「唐《開元四部書目》，《喪服傳》義疏有二十三部。昔之大儒，有專以喪服名家者。故蕭望之爲太傅，以《禮服》、《論語》授皇太子。宋元嘉末，徵隱士雷次宗詣京邑，築室於鍾山西巖下，爲皇太子諸王講《喪服經》。齊初，何佟之爲國子助教，爲諸王講《喪服》。陳後主在東宮，引王元規爲學士，親授《禮記》、《左傳》、《喪服》等義。魏孝文帝親爲羣臣講《喪服》於清徽堂。而《梁書》言始興王憺薨，昭明太子命諸臣共議，從明山賓、朱异之言，以慕悼之辭宜終服月。夫以至尊在御，不廢講求喪禮，異於李義府之言不豫凶事而去《國恤》一篇者矣。」案：六朝尚清言、習浮華之世，講論服制如此謹嚴，所以其時期功去官，猶遵古禮；除服宴客，致罣彈章。足見江左立國，猶知明倫理，重本原，故能以東南一隅，抗衡中原百餘年也。

論王朝之禮與古異者可以變通，民間通行之禮宜定畫一之制

冠、昏、喪、祭之禮，古時民間通行，後世已不盡通行矣。若夫王朝之禮，古今異制，後世尤不能行。即如禘郊祖宗，據鄭君《祭法》注，祖文宗武於明堂，周之受命祖也；郊稷於南郊，周之始封祖有功烈於民者也；禘嚳於圜丘，周之遠祖有聖德帝天下者也。惟皆有功德，故可配天而無慚；惟誠爲其祖，故應崇祀而非妄。後世有天下者，與古大異。秦雖無道，其先猶爲諸侯，有始封祖。若漢高崛起，其先並無功德，亦無始封。在漢惟當以高祖受命，配天南郊，而圜丘、明堂，無人可配。自漢以後，猶夫漢也。若欲仿古典禮，必至如漢之祖堯，魏之祖舜，唐之祖李耳。援引不可考之遥遥華胄，將有神不歆非類之誚。故宋神宗罷禘天之祭，誠以無其人也。此則禘郊祖宗，古禮雖有明文，而難以仿效者也。廟制本於服制，❶服止五，廟亦止五，天子有其

❶「本」，原作「木」，據文意改。

人，則增至七。《禮緯》：「夏四廟，至子孫五；殷五廟，至子孫六；周六廟，至子孫七。」是古時已稍有通變。諸侯五廟，魯有周公大廟，魯公世室，與四親廟而六，《明堂位》有武公世室，則僭天子七廟之制。正與周制相仿，雖稍增而不過七也。過七則應祧遷，如每帝一廟而不祧，商周數百年，廟將無地以容。漢翼奉、貢禹、韋玄成始建祧遷之議，而議久不決，劉歆復以宗無數之妄言亂之。廟所以敬祖先，非所以報功德。有功德即稱宗不祧，爲天子者誰肯謂其祖無功德？如此則無可祧之祖，故東漢遂變爲同堂異室之制。夫廟不二主，若一廟數人，正是祧廟之制。是同堂異室，名爲不祧，而早已祧。王者欲尊其祖，必一代之祖各爲一廟，而親盡即祧。誠以尊祖之義，古今一也。此則七廟祧遷，古禮本有明文，而可以仿效者也。古人祭天一歲凡九，圜丘、南郊、明堂、大雩、五時迎氣；祭祖一歲凡四，禴、禘、嘗、烝，又有三年祫，五年禘。後世車駕難以數動，經費又恐過繁，於是天地合祭，禘祫不行。明知非古，不免徇時，甚或傅會古制，以爲當然。其實古制不如是，而典禮不可廢。惟圜丘、明堂，既無配天之祖，不必强立。此又古禮有明文，而可以斟酌變通者也。其他一切典禮，以及度數儀文之末，皆可因時制宜。後世於王朝之禮，考訂頗詳，民間通行之禮，頒行反略。國異政，家殊俗，聽其自爲風氣，多有鄙俚悖謬之處。官吏既不之禁，士大夫亦相習成風。宜命儒臣定爲畫一之制，原本《儀禮》，參以司馬《書儀》、朱子《家禮》，冠禮鄉飲，古制宜復，並非難行。昏禮喪禮，今亦有與古合者。惟祭禮全異，立尸、交爵之類，後世誠不可行，其他亦有可仿效者。古禮多行於廟，今士大夫不皆有廟，有廟亦與所居隔越，故宜變而通之，期不失夫禮意而已。朱軾《儀禮節略》，撫浙時嘗試行之，未能通行，爲可惜也。

論明堂、辟雍、封禪，當從阮元之言爲定論

古禮有聚訟千年至今日而始明者，明堂、辟雍、封禪是也。阮元曰：「辟雍與封禪，是洪荒以前之大典，禮最古不可廢者。竊以上古未有衣冠，惟用物遮膝前，後有衣冠之制，不肯廢古制，仍留此以爲韍，與冕並重，此即明堂、辟雍之例也。上古未有宮室，聖人制爲棟宇以蔽風雨，帝王有之，民間未必即有，故其制如今之蒙古包帳房，而又周以外水，如今邨居之必有溝繞宅也。古人無多宮室，故祭天、祭祖、軍禮、學禮、布月令、行政、朝諸侯、望星象，皆在乎是。故明堂、太廟、太學、靈臺、靈沼，皆同一地，就事殊名。三代後制度大備，王居在城內，有前朝後市、左祖右社之分，又有大學等皆在城內，而別建明堂於郊外，以存古制，如衣冠之有韍也。鄭康成解爲太學、太廟等各異處，而不知城外原有明堂，泰山下亦有之。蔡伯喈知明堂、太廟等同處，而不知此不過城外別建之處，其實祭祀等事仍在城中。此雖憑虛臆斷，然博綜羣書，究其實之如此也。此明堂之説也。封禪者，亦最古之禮，自漢、唐、宋以來，皆爲腐儒説壞。元以爲：封者，即南郊祭天也；禪者，即北郊祭地也。泰山者，古中國之中也。主此事者，天子也；刻石紀號者，如今之修史也。

何以言之？古帝王七十二代，荒遠無文，其間如蚩尤、共工等，亦皆創霸。大約其威力功德能服諸侯者即爲天子，正天子之號，必至泰山下，諸侯皆來朝，同祭天地，後定天位，然後刻石於泰巔，以紀其號，如夏、商、周之類。其必須刻石者，古結繩而治，非如後世有漆書竹册，可以藏之柱下也，故必須刻石始可知，此管夷吾之所由記憶者。其必在泰山何？古中國地小，以今之齊國爲天下之中，故《爾雅》曰：『齊，中也。』又曰：❶『中有岱岳，與其五穀魚鹽生焉。』《列子》曰：『不知斯（離也。）齊（中也。）國幾千萬里。』皆其證也。夏、商、周以來，禮文大修，諸侯有朝聘之儀，天地有郊澤之祀，太史有國事之書，無須祭泰山、刻石矣。故六經不言封禪，《堯典》『舜巡四岳』即封禪之禮，禹會諸侯如之。」錫瑞案：六經不言封禪，惟《禮器》言「因名山升中于天」，即封禪也。阮以「舜巡四岳」爲封禪之禮，説甚通達。潁容、盧植、蔡邕以明堂與太廟、大學、辟雍、靈臺爲一，而漢立明堂、辟雍不在一處。《後漢紀》注引《漢官儀》曰：「辟雍去明堂三百步。」鄭君習於時王之制，以爲古制亦然。袁準以鄭義駁蔡邕，其實古制當如蔡説，特蔡未能别白其時代，故不免啓後儒之疑。阮云「自漢以來，儒者惟蔡邕、盧植實知異名同地之制，尚昧上古、中古之分」，辨析極精。特以爲太學在城内，與《王制》不合耳。劉歆譏漢儒若立辟雍、封禪、巡狩之儀，則幽冥而莫知其原。今得阮氏之通識，可以破前儒之幽冥矣。（阮元説，見《閲問字堂集贈

❶「又」，原作「文」，據《揅經室集》改。

言》。❶

論古制不明由於説者多誤，小學、大學皆不知在何處

古制存於三禮，而説禮者多誤，古制遂以不明。即以學校一事言之。《王制》云：「小學在公宫南之左，大學在郊。」此自古以來，天子諸侯之通制也。自鄭君以後，説者皆誤，由於不知古人立學竟在何處。錫瑞案：古學皆在門堂之塾，《學記》曰：「古之學者家有塾。」《尚書大傳》曰：「大夫、士七十而致仕，老於鄉里，大夫爲父師，士爲少師。」鄭注：「古者仕焉而已者，歸教於閭里。」又曰：「上老平明坐於右塾，庶老坐於左塾。」鄭注：「上老，父師也；庶老，少師也。」《漢書·食貨志》、《白虎通》、《公羊解詁》，皆與《大傳》文略相合，此鄉學在塾之證也。而小學、大學亦在塾。知小學在塾者，「小學在公宫南之左」。古者左宗廟，右社稷，公宫南之左乃宗廟之地，安得於此立學？《周禮》「師氏以三德教國子」，「居虎門之左，掌國中失之事，以教國之子弟，凡國之貴游子弟學焉」；「保氏養國子以道，教以六藝、六儀」。據此，則公宫南之左，即是虎門之左，乃路門之左塾也。保氏當居右塾，不言者，省文。師氏尊於保氏，記以師氏統保氏，故言左不言右，實則左右塾皆有學。當如《大傳》云「上老坐右塾，庶老坐左塾」也。《大傳》言出學，就出言，故尊右；此《記》言入學，就入言，故尊左。國子小學，與鄉人小學制度相同。蔡邕《明堂月令論》曰：「《周官》

❶ 「閔」，原脱，據孫星衍《問字堂集》卷首補。

有門闈之學，師氏教以三德守王門，保氏教以六藝守王闈。然則師氏居東門、南門，保氏居西門、北門也。」此師氏居左塾，保氏居右塾之證。蔡氏以此證明堂大學則誤，以證路門左右小學則正合矣。小學必在路門左右塾者，王太子、王子八歲入小學，必離宫中不遠，當是古之通制。若如鄭注王者相變，小學或在郊，八歲太子遠入郊學，殊非人情，必不然矣。知大學亦在塾者，蔡邕《明堂月令論》曰：「取其四門之學，則曰大學。」引「《易傳·太初》篇曰：『太子旦入東學，晝入南學，莫入西學。當作「晡入西學，莫入北學」二句。在中央曰太學，天子之所自學也。』《禮記·保傅》篇曰：『帝入東學，上親而貴仁；入西學，上賢而貴德；入南學，上齒而貴信；入北學，上貴而尊爵；入太學，承師而問道。』與《易傳》同。魏文侯《孝經傳》曰：『太學者，中學明堂之位也。』」據蔡説，則東、西、南、北四學即在明堂東、西、南、北四門，四學各有異名。《玉海》引《禮象》曰：「辟雍居中，其南爲成均，北爲上庠，東爲東序，西爲瞽宗。」據此，則太學、中學即辟雍，在明堂中。明堂爲五經之文所藏處，故宜承師問道，爲天子所自學。古稱四學，亦曰五學，其實皆在一處，故《記》文以上下、東西、左右相對言之。若謂一在國，一在郊，相去甚遠，豈得遥遥相對？兩漢諸儒孔牢、馬宫、盧植、潁容，皆謂明堂、辟雍、太學同處，與蔡邕同。《異義》引《韓詩》説：「辟雍者，天子之學，圓如璧，壅之以水，示圓。所以教天下春射、秋饗，尊事三老、五更。在南方七里之内，立明堂於中，五經之文所藏處。」此説與《孝經援神契》言「明堂在國之陽，七里之内」正合，乃明堂、大學同處之確證。四學在四門，即四門之塾，與各鄉小學、虎門小學不異，此亦當是通制。若如鄭注「王者相變，大學或在國」，古者國中地狹，大學人衆，必不能容。《記》曰：「王太子、王子、羣后之太子、卿大夫元士之適子、國之俊秀皆造焉。」是王子、國子由虎門小學，凡民俊秀由各鄉小學，學成之後，皆入大學，非國中所能容，故必在郊，郊即南方七里之内也。人知鄉學在塾，不知小學大學皆在塾。《考工記》「門堂三之一」，則塾之地不狹。明堂四門，門有兩塾，學者雖衆，足以容之。學制所以不明者，由於不信大學在明堂；所以不信大學在明堂者，由於不知四學在明堂四門之塾。袁準駮蔡，正由昧此。孫志祖、段玉裁、顧廣圻、朱大韶互相争辨，其説卒不能定，亦由昧此故耳。

論三禮皆周時之禮，不必聚訟，當觀其通

孔子謂殷因夏禮，周因殷禮，皆有損益。《樂記》云：「三王異世，不相襲禮。」是一代之制度，必不盡襲前代。改制度，易服色，殊徽號，禮有明徵，而非特後代之興必變易前代也，即一代之制度，亦歷久而必變。周享國最久，必無歷八百年而制度全無變易者。三禮所載，皆周禮也。《禮經》十七篇，爲孔子所定，其餘蓋出孔子之後。學者各記所聞，而亦必當時實有此制度，非能憑空撰造。《儀禮》、《周禮》言聘覲之禮不盡合，《禮記·檀弓》言東方西方之奠、齊衰大功之喪亦不盡合，《王制》、《祭法》言廟制祭禮尤不相符。説者推而上之，則以爲兼有夏、殷，鄭君云「《王制》，夏、殷雜」是

也；抑而下之，則以爲雜出秦、漢，鄭君以《月令》爲秦制，盧植以《王制》爲漢法是也。攷其實，皆不然。三禮皆周人之書，所記皆周時之禮。《禮記》所載，或有夏殷禮，而既經周因與損益，則亦即周禮矣。秦漢之禮，又多本之於周。其所以參差抵牾者，由於歷代久遠，漸次變易，傳聞各異，紀載不同，非必上兼夏殷而下雜秦漢也。請以漢唐之禮證之。漢初用叔孫通所定之禮，後漢又使曹褒撰次新禮。既加更定，必與前不盡同。今使因其不同，而謂叔孫所定者爲漢禮，曹褒所定者非漢禮，可乎？唐初用貞觀、顯慶《禮》，玄宗又作《開元禮》，而五禮始備。既經改作，必與前不盡同。今使因其不同，而謂貞觀、顯慶作者爲唐禮，開元所作者非唐禮，可乎？疑三禮之參差抵牾，而謂一是周禮，一非周禮，何以異於是乎？若謂周時變禮無明文可徵，請以官制一事證之。制度以設官爲最重，執政又爲官之最尊。周初成康之時，周公、召公以冢宰執政，故《周官》首天官冢宰。《左氏傳》曰：「鄭武公、莊公爲平王卿士。」又曰：「鄭伯爲王左卿士。」又曰：「虢公忌父始作卿士於周。」則東遷以後，執政者稱「卿士」。《詩・十月之交》曰：「皇甫卿士，番維司徒。」以卿士列司徒之前，是幽王時已稱執政者爲卿士，又不自東遷始。以此推之，官制可改，安見其餘不可改乎？西周之末，必稍變於成康以前；東遷之後，又漸變於西周之末。當時既有改易，後世何能折衷？學者惟宜分別異同，以待人之審擇。若必堅持一說，據爲一定之制，則禮自孔子時而其經不具，又安得有一書可爲定制乎？周公制作，《洛誥》、《立政》所載不詳，《周官》僞古文不可據。鄭衆未見僞古文，以爲《周官》六篇即《尚書·周官篇》，卷帙太多，文法不類，其説亦不可信。周一代典禮，無成書可稽，試舉大者論之。《禮緯》云：「周六廟，至子孫七。」蓋周初以后稷爲始封祖，文王爲受命祖，合四親廟爲六。其後武王親盡，以爲受命祖不可祧，增武世室爲七。此當在共、懿之世，禮無明文。東都有明堂，無宗廟，王入太室祼，即明堂太室。西周亡，宗廟爲禾黍，東遷當更立廟，禮無明文。敬王居成周，别立廟與否，亦無明文。孝王以叔父繼兄子，桓王以孫繼祖，定王、顯王以弟繼兄，如何序昭穆，亦無明文。大典如此，其他可知。更以魯事證之。郊則既耕而卜，禘則未應吉禘而禘，廟則立武宫、立煬宫，桓、僖不毁。甚至公廟立於私家，三家《雍》徹，季氏八佾，朝服以縞，婦人髽而弔，皆變禮之大者。《明堂位》謂禮樂政俗，未嘗相變，且以武公廟比武世室。凡此等，以爲禮則實非禮，以爲非禮則當時實有是事。魯事詳而周事略，以魯推周，則其禮之是非淆亂，記載參差，亦必當時實有是事，而非兼存前朝，誤入後代可知。理本易明，特讀者忽而不察耳。

論《周官》改稱《周禮》始於劉歆，武帝盡罷諸儒，即其不信《周官》之證

「儀禮」非古名，「周禮」亦非古名。漢初名爲《周官》，始見於《史記》，《封禪書》曰：「羣儒采封禪《尚書》、《周官》、《王制》之望祀射牛事。」賈公彦疏序謂：「《周官》孝武之時始出，祕而不傳。《周禮》後出者，以其始皇獨惡之故也，是以馬融傳云：『秦自孝公以下，用商君之法，其政酷烈，與《周

官》相反。故始皇禁挾書，特疾惡，欲絶滅之，搜求焚燒之獨悉，是以隱藏百年。孝武帝始除挾書之律，開獻書之路，既出於山巖屋壁，復入于祕府，五家之儒莫得見焉。至孝成皇帝，達才通人劉向子歆校理祕書，始得列序，著於《録》、《略》，然亡其《冬官》一篇，以《考工記》足之。時衆儒並出共排，以爲非是。唯歆獨識，其年尚幼，務在廣覽博觀，又多鋭精于《春秋》，末年乃知其周公致太平之迹，迹具在斯。奈遭天下倉卒，兵革並起，疾疫喪荒，弟子死喪。徒有里人河南緱氏杜子春尚在，永平之初，年且九十，家于南山，能通其讀，頗識其説，鄭衆、賈逵往受業焉。衆、逵洪雅博聞，又以經書記轉相證明爲解。逵解行於世，衆解不行。兼攬二家爲備，多所遺闕。目瞑意倦，自力補之，謂之《周官傳》也。』鄭玄序云：『世祖以來，通人達士大中大夫鄭少贛名興，及子大司農仲師名衆，故議郎衛次仲，侍中賈君景伯，南郡太守馬季長，皆作《周禮解詁》。二鄭者，同宗之大儒，明理於典籍，觕識皇祖大經《周官》之義，存古字，發疑正讀，亦信多善。徒寡且約，用不顯傳于世。今讚而辨之，庶成此家世所訓也。』」賈公彦曰：「然則《周禮》起於成帝劉歆，而成於鄭玄。附離之者大半，故林孝存以爲武帝知《周官》末世瀆亂不驗之書，故作《十論》、《七難》以排棄之。何休亦以爲六國陰謀之書。唯有鄭玄偏覽羣經，知《周禮》者乃周公致太平之迹，故能答林碩之《論》、《難》，使《周禮》義得條通。故鄭氏傳曰：『玄以括囊大典，網羅衆家。』是以《周禮》大行。」錫瑞案：《周禮》源流，賈氏叙述頗詳。以爲始皇焚書，特惡《周禮》，説本馬融，融説亦不知何據。惠帝已除挾書之律，非始武帝，融蓋以《周官》武帝時出而爲此説。劉歆典祕書在哀帝時，亦非成帝，賈公彦已辨之。當時衆儒共排，以爲非是，其説惜不可考。荀悦《漢紀》曰：「劉歆奏請《周官》六篇列之於經，爲《周禮》。」陸德明《序録》曰：「劉歆始建立《周官經》，以爲《周禮》。」是其明證。武億曰：「班氏於王莽一傳之中，凡莽及臣下施於詔議章奏自號曰《周禮》必大書之，而自爲史文乃更端見例，復仍其本名曰《周官》。《食貨志》『莽乃下詔曰，夫《周禮》有賒貸』，及後云『又以《周官》税民』，是亦一《志》而兩見。由其意觀之，固未有著明於此也。《郊祀志》莽改南北郊祭祀猶稱《周官》，時未居攝，不敢紊易。《莽傳》徵天下通藝及張純等奏之稱《周官》，亦皆在未居攝之時。是則《周官》之易名《周禮》，其在居攝之後可知矣。荀悦之言洵不誣也。」案：《周禮》名始歆、莽，武氏説尤分明。自是之後，《周官》、《周禮》互見錯出。《後漢·儒林傳》言馬融作《周官傳》，鄭玄作《周官注》，蓋以馬、鄭自序原稱《周官》。或據以爲其時尚無《周禮》之名，又謂《周禮》名始鄭君，皆考之未審。鄭自序已稱《周禮》，其注《儀禮》、《禮記》引《周禮》甚多，《後漢·盧植傳》亦有《周禮》之稱，是其名非起於漢末，特在漢初本名爲《周官》耳。《班志》正名《周官》，不從歆、莽之制。或謂《班志》皆本劉歆《七略》，據其稱《周官》不稱《周禮》，與「又有毛公之學，自謂子夏所傳」等語，皆與劉歆尊信《毛詩》、《周禮》不同，似《志》非盡本於《七略》。林孝存謂武帝知《周官》瀆亂不驗，或據《封禪書》駮之，謂武帝知不驗，羣儒何敢采用？不知《封禪書》下文明言「羣儒拘牽古文，上盡罷諸儒不用」，此正武帝知《周官》不驗之證。孝存之説，必有據也。

論《周官》當從何休之説，出於六國時人，非必出於周公，亦非劉歆僞作

《周官》與《左氏》皆晚出，在漢時已疑信參半。後之尊《周官》者，以爲周公手訂，似書出太早；抑之者以爲劉歆僞作，似書出太遲。何休以爲出於六國時人，當得其實。毛奇齡《周禮問》曰：「《周禮》自非聖經，不特非周公所作，且并非孔、孟以前之書。此與《儀禮》、《禮記》，皆同時雜出於周秦之間。此在稍有識者皆能言之，若實指某作，則自坐誣妄，又何足以論此書矣？」又曰：「歆能僞作《周禮》，不能造爲《周禮》出處蹤蹟，以欺當世。假使河間獻王不獻《周禮》，成帝不詔向校理《周禮》，此馬融之説，賈疏已辨之。歆可造此諸事，以欺同朝諸儒臣乎？且《景十三王傳》云：『獻王所獻皆古文先秦舊書，《周官》、《尚書》、《禮記》、《孟子》、《老子》之屬，皆經傳説記。』言有經即有傳與説記也，此必非歆可預造其語者。乃考之《藝文》所志，在當時所有之書，則實有《周官經》六篇、《周官傳》四篇。此班氏所目覩也，此必非襲劉歆語也。使歆既爲經，又復爲傳，此萬無之事。藉曰有之，則偉哉劉歆！東、西二漢，亦安有兩？將所謂博而篤者，必不止論廟一篇書矣。❶且讀

❶「止」，原作「在」，據清康熙版《西河合集》本《周禮問》改。

書當有究竟,《藝文志》於《樂經》云:『六國之君,魏文侯最爲好古。孝文時得其樂人竇公,上獻其書,乃《周官·大宗伯》之《大司樂章》也。』則在六國魏文侯時已有此書,其爲春秋、戰國間人所作無疑,而謂是歆作可乎?且武帝好樂,亦嘗以《周官經》定樂章矣。《藝文志》於竇公獻樂章後,即云『武帝時,河間獻王好儒,與毛生等共采《周官》及諸子言樂事者,以作《樂記》。內史丞王定傳之,以授常山王禹。禹,成帝時爲謁者,獻其書有二十四卷。劉向校書,得《樂記》二十三篇,與禹不同』。則在武帝朝,且有采《周官經》而爲《樂記》者。此不止竇公獻一篇,且必非歆行僞於《周官經》六篇外,又作此二十四卷,斷可知也。且《周官》之出,在東漢人即有詬其非周禮者,林孝存也。孝存以爲武帝知《周官》爲末世瀆亂不驗之書,擯斥不行,因作《十論》、《七難》以排棄之。是闢此書者亦且明明云漢武時早有此書,而效尤而興者反昧所從來,是攻膏肓而不解墨守,曳兵之卒也。若夫《周禮》一書,出自戰國,斷斷非周公所作,予豈不曉?然周制全亡,所賴以略見大意,祇此《周禮》、《儀禮》、《禮記》三經,以其所見者雖不無參臆,而其爲周制則尚居十七。此在有心古學,方護衛不暇,而欲迸絕之,則餼羊盡亡矣。」錫瑞案:毛氏以《周官》爲戰國時書,不信爲周公所作,又力辨非劉歆之僞,而謂周制全亡,賴有《周禮》、《儀禮》、《禮記》三經,有心古學,宜加護衛,最爲持平之論。

論毛奇齡謂《周官》不出周公，並謂《儀禮》不出周公，而不知《儀禮》十七篇乃孔子所定，不可詆毁

《周禮問》又曰：❶「《書》、《詩》、《易》三經，則《禮記》多引之；《周禮》、《儀禮》、《禮記》三經，❷則《詩》、《書》三經並未道及。即孔孟二書，其論經多矣，然未有論及三禮隻字者，何也？答曰：此予之所以疑此書爲戰國人書也。然此書爲戰國人書，而其禮則多是周禮。嘗讀《大戴記·朝事》一篇，其中所載大宗伯、典命、典瑞、大行人、職方、射人諸職，全是《周禮》原文，所差不過一二字。考是時三禮未出，大、小二戴於《儀禮》則直受《后倉曲臺記》，立二戴之學，於《禮記》則尚未有定，當時見於西漢書府者，猶有二百餘篇，而《周官》一經，則未之見也。乃大戴所録，則儼然有《朝事》諸文，在周人言周禮者，與今《周禮》相同，此豈大戴見《周禮》而附會之？抑豈李氏上《周官經》時，竊取此《朝事》諸文而增入之也？然則《周禮》果周制，其爲周末言禮者所通見，當不止《朝事》篇矣。是以《内則》一篇，亦有『凡食視春時』，『凡和春多酸』，及『牛宜稌，羊宜黍』一十四句，又有『春行羔豚，膳膏膷』，及『牛夜鳴則庮』十句，與《周禮》文全同，所差不過古今文一二字。此必當時言禮家所習言習用，故彼此並出，全文不易，斷非一人一意可撰造者。」錫瑞案：汪中《周官徵文》共得六事，於毛氏引樂人竇

❶「周禮」，原作「經」，據下文實引自《周禮問》改。

❷「記」，原脱，據《周禮問》補。

公、大戴《朝事》、《禮記·内則》之外，增入《逸周書·職方》、《禮記·燕義》、《詩·生民》傳三事。陳澧又考得《雜記》鄭注、《郊特牲》孔疏、《考工記》賈疏、《大司馬》注疏四條。然此諸説，亦但可以證《周官》非劉歆作僞，而無以見其必爲周公所定。後人必以爲周公作，又以《儀禮》亦周公作。然則二書何以不符，又何以不見於孔孟書及春秋時人所稱引？使人反疑不信。惟從毛氏之説，以爲戰國人作，方足以解兩家之紛。毛氏云：「鄉遂之官迥異朝廟，其所設諸屬往往有不必計禄食者。《周官》一書總以『官不必備』四字統概全經，雖設多名，而備實無幾。」其説可以解官多而禄不給之疑。又云：「三等分國，固有常制，然不無特設以待非常之典。假若有新封者必需賜國，有大功者必需益地，則不能限以百里，而就其特設約爲之限，大約公不過五，侯不踰四，伯與子男以漸而殺。」又云：「五等分國，本造爲設法之例以統校地數，故曰可以周知天下，非謂一州之中必四公、六侯、十一伯、二十五子、百男也。」其説可以解國多而地不足之疑。毛氏説經多武斷，惟解《周官》心極細，論亦極平。而知《儀禮》不出周公，不知實出孔子，謂《儀禮》亦戰國人作；因朱子《家禮》尊信《儀禮》，乃作《昏禮辨正》、《喪禮吾説篇》、《祭禮通俗譜》詆斥《儀禮》，而自作禮文，致閻若璩有「毛大可私造典禮」之誚，則由不曉《禮經》傳於孔氏，非《周禮》、《禮記》之比也。

論《周禮》爲古説，戴《禮》有古有今，當分別觀之，不可合并爲一

漢今文立學，古文不立學，沿習日久，遂以早出立學者爲今文，晚出不立學者爲古文。許慎《五經異義》有「古周禮説」、「今禮戴説」，或云「今大戴禮説」，或云「戴禮」、「戴説」，其中亦有大、小戴所傳十七篇《禮經》之説，非盡《大戴禮記》、《小戴禮記》也。十七篇禮之説，不盡今文。近人分别十七篇《經》是古文説，經中之《記》是今文説。而十七篇《經》，又有今、古文之分。《鄭君傳》云：「玄本習《小戴禮》，後以古經校之。」是小戴所傳十七篇《禮》，當時通行，字皆今文。鄭以古經之字校之，取其義長者從之，故鄭注十七篇，或經從今，則注云古文某爲某；或經從古，則注云今文某爲某，詳見胡承珙《儀禮古今文疏義》。此特即其古、今文字傳本不同者言之，非必義説之全異也。許君以《戴禮》爲今説，則對《周禮》爲古説言之耳。至若《小戴禮記》，本非一手所成，或同今文，或同古文。《王制》多同《公羊》、《穀梁》，爲今文説；《祭法》出於《國語》，爲古文説。其言祭禮廟制不同，此顯有可證者。近人又分别二戴《記》，以《王制》爲今學之祖，取《祭統》、《千乘》、《虞戴德》、《冠義》、《昏義》、《射義》、《聘義》、《鄉飲酒義》、《燕義》等篇注之。取《祭法》爲古《國語》説，又取《玉藻》、《盛德》、《朝事》等篇，爲古《周禮》説。又以《曲禮》、《檀弓》、《雜記》，爲古《春秋左氏》説。雖未必盡可據，而《王制》爲今文大宗，《周禮》爲古文大宗，則顯有可證者。即以官制言之，《異

義》：「今《尚書》夏侯、歐陽説：天子三公，一曰司徒，二曰司馬，三曰司空；九卿；二十七大夫；八十一元士，凡百二十。古《周禮》説：天子立三公，曰太師、太傅、太保，無官屬，與王同職。故曰：『坐而論道，謂之三公。』又立三少以爲之副，曰少師、少傅、少保，是爲三孤。冢宰、司徒、宗伯、司馬、司寇、司空是爲六卿之屬。大夫士庶人在官者，凡萬二千。謹案：周公爲傅，召公爲保，太公爲師，無爲司徒、司空文。知師、保、傅，三公官名也，五帝三王不同物，此周之制也。」鄭駁無考。而據鄭注《王制》「天子三公、九卿、二十七大夫、八十一元士」曰：「此夏制也。《明堂位》曰『夏后氏之官百』，舉成數也。」鄭以《王制》今文説爲夏制，必以《周禮》説爲周制，其於許君無駁可知。三公九卿，蓋夏殷至周初皆同，據《牧誓》、《立政》，止有司徒、司馬、司空三公，可證六卿則周成王以後之制。《甘誓》六卿，六軍之將。據《顧命》乃同召太保奭、芮伯、彤伯、畢公、衛侯、毛公，六卿兼三公可證。漢主今文，故三公九卿。宇文周行《周禮》，故分設六部。其後沿宇文之制，既設六部，又立九卿，官制複重，議者多云可以裁併，不知《周官》、《王制》古今文説必不相合，乃兼用兩説，多設冗官，皆由經義不明，故官制不善也。

論鄭君和同古今文，於《周官》古文、《王制》今文力求疏通，有得有失

鄭君兼注三禮，調和古今文兩家説，即萬不能合者，亦必勉强求通。論家法固不相宜，而苦心要不可没也。《周官》「公五百

里，侯四百里」，《王制》「公侯田方百里」，言封國大小迥異，此萬不能合者，惟鄭君能疏通證明之。其注《王制》曰：「周武王初定天下，猶因殷之地，以九州之界尚狹也。周公攝政，致太平，斥大九州之界，制禮成武王之意，封王者之後爲公，及有功之諸侯，大者地方五百里，其次侯四百里，其次伯三百里，其次子二百里，其次男百里。所因殷之諸侯，亦以功黜陟之，其不合者，皆益之地爲百里焉。」錫瑞案：鄭注《王制》而引《周官》，能和同古今文，皆不背其説。或以鄭爲牽合無據，亦非盡無據也。即以齊、魯二國言之，二國始封在武王時。《史記·周本紀》曰：「武王封功臣謀士，而師尚父爲首。封尚父於營邱曰齊，封弟周公旦於曲阜曰魯。」其時封地，蓋仍殷制，《孟子》所謂「爲方百里」是也。魯至成王時益封，《明堂位》曰：「地方七百里。」《魯頌譜》疏引《明堂位》以證，曰：「大啓爾宇，魯之封疆，於是始定。」或疑七百里太大，然必不止百里，如仍百里舊封，何云「大啓爾宇」？《史記·漢興以來諸侯王表》曰：「封伯禽、康叔於魯、衛，地各四百里。」與《周官》「侯四百里」合，蓋得其實，七百里或兼山川附庸言之。齊之益封，與魯同時。《史記》又曰：「太公於齊兼五侯地。」鄭《詩譜》曰：「周武王伐紂，封太師吕望於齊，地方百里，都營邱。周公致太平，敷定九畿，復夏禹之舊制。成王用周公之法制，廣大邦國之境，而齊受上公之地，更方五百里。」《王制》「公侯皆方百里」，「五百里」正與「兼五侯地」合，是齊、魯實有益地之事。如鄭説，《周官》、《王制》，皆可通矣。而鄭亦有偶不照者，注《王制》「三年一大聘，五年一朝」，曰：「此大聘與朝，晉文霸時所制也。虞夏之制，諸侯歲朝；周之制，侯、甸、男、采、衛、要服六者，各以其服數來朝。」疏引「鄭《駁異義》云：《公羊》説比年一小聘，三年一大聘，五年一朝，以爲文襄之制。録《王制》者，記文襄之制耳，❶非虞夏及殷法也」。又引「《異義》云：『《公羊》説諸侯比年一小聘，三年一大聘，五年一朝天子；《左氏》説十二年之間，八聘、四朝、再會、一盟。許慎謹案：《公羊》説虞夏制，《左氏》説《周禮》。《傳》曰：三代不同物，明古今異説。』鄭駁之云：『三年聘，五年朝，文襄之霸制。《周禮·大行人》諸侯各以服數來朝，其諸侯歲聘問朝之屬，説無所出。晉文公，强盛諸侯耳，非所謂三代異物也。』」案：鄭注據《周官》而疑《王制》，以爲文襄霸制，蓋據《左氏·昭三年傳》鄭子太叔之言，然《公羊》必不用《左氏傳》文。《王制》之作，鄭以爲在赧王之後，其時《左氏》未出，非必引以爲證。《左氏》又有「歲聘間朝」之説，與《昭三年傳》文不合，鄭以爲不知何代之禮，故不從許案以《左氏》爲《周禮》，遂并不從許案以《公羊》爲虞夏制也。《王制》與《公羊》合，當是古禮有之，即文襄創霸，亦必託於古禮。其後晉法變而益密，故又有歲聘間朝之屬。然則《王制》與《周官》不合，當從許君以爲前代之制，鄭以爲晉霸之制，似未必然。惟歲聘間朝之屬，鄭以爲説無所出，可斷以爲晉霸之制耳。

---

❶「耳」，原作「者」，據《禮記正義》改。

論鄭君以《周禮》爲經,《禮記》爲記,其別異處皆以《周禮》爲正,而《周禮》自相矛盾者仍不能彌縫

鄭《駮異義》曰:「《周禮》是周公之制,《王制》是孔子之後大賢所記先王之事。」是鄭君雖不以《王制》爲漢博士作,而視《周禮》則顯分軒輊。故或據《周官》以疑《王制》,未嘗引《王制》以駮《周官》。所云「先王之事」,即指夏殷之禮,而於朝聘直以爲晉文霸制,並不以爲夏殷之禮矣。《鄭志》:「趙商問:『《膳夫》云「王日一舉,鼎十有二,物皆有俎」,有三牲備。商案《玉藻》,天子之食「日少牢,朔月太牢」,禮數不同,請問其説。』答云:『《禮記》後人所集,據時而言,或諸侯同天子,或天子與諸侯等,所施不同,故難據。《王制》之法,與周異者多,當以經爲正。』」又曰:「《爾雅》之文雜,非一家之註,不可盡據以難《周禮》。」又:「趙商問:『周朝而遂葬,則是殯於宮,葬乃朝廟。按《春秋》晉文公卒,殯於曲沃,是爲去絳就祖殯,與《禮記》義異,未通其説。』答曰:『葬乃朝廟,當周之正禮也。其末世諸侯國,何能同也?傳合不合,當解傳耳,不得難經。』」又:「趙商問:『《祭法》云:「大夫立三廟,曰考廟,曰王考廟,[1]曰皇考廟。」注「非別子」,故知祖考無廟。商按《王制》:「大夫三廟,一昭一穆,與大祖之廟而三。」注云「大祖,別子始爵者。雖非別子,始爵者亦然」。二者不知所定。』答云:『《祭法》,周禮。《王制》之云,或以夏、殷

[1]「曰王考廟」,原脱,據《禮記》疏文補。

雜，不合周制。』」錫瑞案：鄭君答問，可以見其進退諸經之大旨，折衷三禮之苦心。鄭以《周禮》對《禮記》言之，則《周禮》爲經，《禮記》爲記；以《禮記》對《左傳》言之，則《禮記》爲經，《左傳》爲傳。經可以正傳記，傳記不得難經。而以《禮記·祭法》對《王制》言之，則《祭法》爲周禮，《王制》爲夏殷禮。禮家之糾紛難明者，據鄭所分析，已略有明據矣。惟鄭以《周禮》是周公之制，似未必然。《周官》一書，亦自有矛盾之處，鄭君雖極力彌縫之，學者不能無疑。「趙商問：『《巾車》職曰：「建大麾以田。」注云：「田，四時田獵。」商按《大司馬》職曰「四時皆建大常」，今又云「建大麾以田」何？』答曰：『麾，夏之正色，雖習戰，春夏尚生，其時宜入兵。夏本不以兵得天下，故建其正色，以春夏田。至秋冬出兵之時，乃建大常。』」案：《巾車》「建大麾」，《大司馬》「建大常」，兩處之文矛盾，萬無可通之理。鄭既以《周官》爲周公所作，不能加以駁難，故不得不爲之彌縫。其答趙商，皆强詞也。秋冬田建大常，明與《巾車》注「四時田」不合，以麾爲夏之正色，建之以春夏田，亦未有據。《王制》：「天子殺則下大綏，諸侯殺則下小綏。」注云：「綏當爲緌。緌，有虞氏之旌旗也。」《明堂位》：「有虞氏之旂，夏后氏之綏。」注云：「有虞氏當言緌，緌謂注旄牛尾於杠首，所謂大麾，《周禮》『建大麾以田』也。」鄭於此數處之文，互相證明，自圓其説，以《禮記》之「綏」即《周官》之「麾」。鄭云《王制》多雜夏殷，故於解《周官》亦謂大麾是用夏制。如此，則《周官》、《王制》古今文兩不相背，而《周官》兩處之矛盾，仍未能泯其迹也。惠士奇、金榜又不從鄭，而各別爲說，尤傅會不可信。

論《周禮》在周時初未舉行，亦難行於後世

漢今文家張禹、包咸、周生烈、何休、林碩，不信《周禮》者也。賈疏云：張、包、周、何休不信《周禮》爲周公所作。古文家劉歆、杜子春、鄭興、鄭衆、衛宏、賈逵、許慎、馬融、鄭玄，尊信《周禮》者也。自漢至今，於《周禮》一書，疑信各半。《周禮》體大物博，即非周公手筆，而能作此書者自是大才，亦必掇拾成周典禮之遺，非盡憑空撰造。其中即或有劉歆增竄，亦非歆所能獨辦也。惟其書是一家之學，似是戰國時有志之士，據周舊典，參以己意，定爲一代之制，以俟後王舉行之者，蓋即《春秋》素王改制之旨。故其封國之大，設官之多，與各經不相通，所以張、包、周、何休皆不信。古文家即尊信《周禮》，亦但可以《周禮》解《周禮》，不可以《周禮》解各經。而馬、鄭注《尚書》，官制、服制皆引《周禮》爲證。即如其說，以《周禮》爲周公手定，亦不得强虞夏以從周。況《周禮》未必出於周公，豈可據之以易舊說乎？《禮記》七十子之後所作，未知與作《周禮》者孰先孰後。其說禮與《周禮》或異，當各從其說以解之。鄭以《周禮》爲經，《禮記》爲記，一切據《周禮》爲正，未免有武斷之失。《周禮》晚出，本無師授，文字奇古，人多不識。鄭註所引故書，乃其原本。杜、鄭諸儒，始爲正音讀，明通假，鄭君所云「二三君子所變易，灼然如晦之見明」，使山巖屋壁之書得以昭見於世，其有功於《周禮》甚大。而因尊信《周禮》太過，一經明而各經皆亂，則諸儒亦不能無過矣。《周禮》鄭註、

賈疏之外，王安石、王昭禹、王與之、易祓之説，皆有可采。近人沈彤《周官禄田考》、王鳴盛《周禮軍賦説》，皆能自成一家之説，但未能疏全書，治此經者仍以註疏爲主。《考工記》據胡無弓車之類，亦屬戰國人作，文字奥美，在《周官》上，可考古人制器尚象之遺。宋林希逸《鬳齋考工記解》，於古器制度未詳核。近人戴震《考工記圖》、程瑶田《考工創物小記》、阮元《車制圖考》、鄭珍《輪輿私箋》，皆有發明。惟詳於車，而他物尚略。陳澧云：「《記》以輪爲首，有旨哉。古人以輪行地，今外國竟以輪行水，且西洋人《奇器圖説》所載諸器，多以輪爲用。算法之割圜，亦輪之象也。」予謂《易》既濟、未濟皆水火，而爻辭皆云「曳其輪」，亦有微旨。今當振興工藝之日，學者能遠求考工之法，必當大著成效。《周禮》自王莽、蘇綽、王安石試行不驗，後人引以爲戒。王莽篡弑之賊，本非能行官禮之人，其所致亡，亦非因行《周禮》。蘇綽於宇文泰時行《周禮》頗有效，隋唐法制，多本宇文。王安石創新法，非必原本《周禮》，賒貸市易，特其一端，實因宋人恥言富强，不得不上引周公，以箝服異議。後人謂安石以《周禮》亂天下，是爲安石所欺。安石嘗云：「法先王之政者，法其意而已。」此言極其通達。故知其所行法，非事事摹周也。《周禮》在周時初未舉行，如王畿居中，封公五百里之類。何能行於後世？古之治天下至纖至悉，後世尚簡而戒煩苛，無論賒貸市易必不可行，即飲射讀法亦將大擾。然則法《周禮》者，亦但可如安石所云「法其意」而已矣。

論《周官》之法不可行於後世，馬端臨《文獻通考》言之最晰

馬端臨曰：「按《周禮》一書，先儒信者半，疑者半。其所以疑之者，特不過病其官冗事多，瑣碎而繁擾耳。然愚嘗論之，經制至周而詳，文物至周而備，有一事必有一官，無足怪者。有如閽閽卜祝，各設命官；衣膳泉貨，俱有司屬。自漢以來，其規模之瑣碎，經制之煩密，亦復如此，特官名不襲六典之舊耳，固未見其爲行《周禮》，而亦未見其異於《周禮》也。獨與百姓交涉之事，則後世惟以簡易闊略爲便，而以《周禮》之法行之，必至於厲民而階亂，王莽之王田市易，介甫之青苗均輸是也。後之儒者見其效驗如此，於是疑其爲歆、莽之僞書而不可行，或以爲無《關雎》、《麟趾》之意則不能行，愚俱以爲未然。蓋《周禮》者，三代之法也。三代之時，則非直周公之聖可行，雖一凡夫亦能行。三代而後，則非直王莽之矯詐、介甫之執愎不可行，而雖賢哲亦不能行。其故何也？蓋三代之時，寰宇悉以封建，天子所治不過千里，公侯則自百里以至五十里，而卿大夫又各有世食禄邑，分土而治，家傳世守，民之服食日用，悉仰給於公上；而上之人所以治其民者，不啻如祖父之於其子孫，家主之於其臧獲。田土則少而授，老而收，於是乎有鄉遂之官，又從而視其田業之肥瘠，食指之衆寡，而爲之斟酌區晝，俾之均平。貨財則盈而斂，乏而散，於是乎有泉府之官，而從而補其不足，助其不給，或賒或貸而俾之足用，所以養之者如此。司徒之任，則自鄉大夫、州長以至閭

胥、比長，自遂大夫、縣正以至里宰、鄰長，歲終正歲，四時孟月，皆徵召其民，考其德藝，糾其過惡，而加以勸懲。司馬之任，則軍有將，師有帥，卒有長，四時仲月，則有振旅、治兵、茇舍、大閱之法，以旗致民，行其禁令而加以誅賞。所以教之者如此，上下蓋弊弊焉、察察焉，幾無寧日矣。然其事雖似煩擾，而不見其爲法之弊者，蓋以私土子人，痛痒常相關，脈絡常相屬。雖其時所謂諸侯、卿、大夫者未必皆賢，然既世守其地，世撫其民，則自不容不視爲一體。既爲一體，則姦弊無由生，而良法可以世守矣。自封建變而爲郡縣，爲人君者宰制六合，穹然於其上，而所以治其民者，則諉之百官有司、郡守縣令。爲守令者率三歲而終更，雖有龔、黄之慈良，王、趙之明敏，其始至也，茫然如入異境，積日累月，方能諳其土俗而施以政令，往往期月之後，其善政方可紀，纔再期而已及瓜矣。其有疲愞貪鄙之人，則視其官如逆旅傳舍，視其民如飛鴻土梗。發政施令，不過授成於吏手。既授成於吏手，而欲以《周官》行之，則事煩而政必擾，政擾而民必病，教養之恩未孚，而追呼之苛嬈已亟矣。是以後之言善政者，必曰事簡。夫以《周禮》一書觀之，成周之制，未嘗簡也。自土不分胙，官不世守，爲吏者不過年除歲遷，多爲便文自營之計。於是國家之法度，率以簡易爲便，慎無擾獄市之説，治道去大甚之説，遂爲經國庇民之遠猷。所以臨乎其民者，未嘗有以養之也，苟使之自無失其養，斯可矣；未嘗有以教之也，苟使之自無失其教，斯可矣。蓋壤地既廣，則志慮有所不能周；長吏數易，則設施有所不及竟。於是法立而姦生，令下而詐起，處以簡靖猶或庶幾，稍涉繁夥則不勝其瀆亂矣。《周禮》所載，凡法制之瑣碎煩密者，可行之於封建之時，而不可行之於郡縣之後。必知時適變者，而後可以語通經學古之説也。」錫瑞案：馬氏謂《周禮》可行於封建，不可行於郡縣，以壤地既廣，長吏數易之故，最爲通論。今壤地之廣，過於南宋；長吏數易，亦甚於南宋。彼時守吏猶必三歲而更，今且一歲而數易矣。使與百姓交涉，能至纖至悉乎？外國之法，所以纖悉備舉者，以去封建未遠，日本與德意志，皆初合侯國爲一者。壤地不大，官制不同之故。今人作《泰西采風記》、《周禮政要》，謂西法與《周禮》暗合。

論鄭樵解釋《周禮》疑義未可信爲確據

鄭樵曰：「《周禮》所以難通者有五。一曰《職方》之説萬里，與《禹貢》五千里之制不同；二曰封國公五百里，與《孟子》、《王制》公百里之制不同；三曰《載師》田税用十二，與三代什一之制不同；四曰《遂人》溝洫之數，與《匠人》多寡之制不同；五曰比閭族黨之讀法，無乃重擾吾民乎。今案經文分析，合而一之，以釋五者之疑。《禹貢》有五服，各五百里，是禹之時地方五千里；《職方》有九服，亦各五百里，并王畿千里，則周之時地方萬里矣。禹之五服各五百里，自其一面而數之；周職方九服各五百里，自其兩面而數之也。周畿千里，不在九服之內，王畿即禹之甸服，侯、甸即禹之侯服，男、采即禹之綏服，衛、蠻即禹之要服，鎮、夷即禹之荒服，大率二畿當一服。而周人鎮服之外，又有五百里藩服，去王城二千五百里。乃九州之外，地增於《禹貢》

五百里而已。諸侯之地，當如《孟子》所言；至開方之，則如《王制》所説。薛常州開方法，百里之國，開方得百里之國四，是謂侯四百里；七十里之國，開方得七十里之國四，是謂伯三百里，四七二十八，二百八十里，舉成數曰三百里；五十里之國，開方得五十里之國四，是謂子二百里。什一，天下之中正，《孟子》所謂『多則桀，寡則貉』，《周禮·載師之職》曰：『凡任地，國宅無征，園廛二十而一，近郊十一，遠郊二十而三，甸、稍、縣、都皆無過十二，惟其漆林之征二十而五。』康成注《匠人》亦引此，謂田税輕近重遠之失。周公制法，不當於十一之外，又有二十而税三、二十而税五者。今案《載師》文曰『凡任地』，謂之地，則非田矣；又曰『園廛』，謂之園廛，則亦非田矣；又曰『漆林』，則漆林又非田之所植矣，豈得謂之田税？蓋園者不種五穀，其種雜物，所出不貲。廛者工商雜處，百貨所聚，其得必厚。聖人抑末之意，以爲在國之園廛，可輕之而爲二十而一。如自郊以往，每增之不過十二，若以其地植漆林，則非二十而五不可也。《遂人》云：『十夫有溝，百夫有洫，千夫有澮，萬夫有川。』若案文讀，則一同之地有九萬夫，當得九川，而川澮溝洫不幾太多歟？《匠人》云：『井間有溝，成間有洫，同間有澮。』若案文讀，則一同之地，惟有一澮，不幾太少歟？鄭氏求其説而不得，註《遂人》則曰：『此鄉遂法，以千夫萬夫爲制。』註《匠人》則曰：『此畿内之采地制井田，異於鄉遂及公邑。』考尋鄭意，以二處不同，故謂鄉遂制田不用井畫，惟以夫地爲溝洫法；采地制田則以田畫，而爲井田法，是以《遂人》、《匠人》制田之法分而爲二矣。《匠人》之制，舉大概而言；《遂人》之制，舉一端而言。一成之地九百夫，一孔一井，井中有一溝，直一列凡九井，計九箇溝横，通一洫直。是十夫之地有一溝，百夫之地有一洫，九百夫之地有九洫，而爲一成之地。若一同之地有百成，九萬夫，一孔爲一成，中有九洫。直。横一列凡有十成，計九十洫直，通一大澮，横。九澮而兩川周其外，是謂九萬夫之地。合而言之，成間有洫，是一成有九洫；同間有澮，是一同有九澮。《匠人》、《遂人》之制，無不相合。周家井田之法，通行於天下，未嘗有鄉遂、采地之異，但《遂人》以一直言之，故曰以達於畿；《匠人》以四方言之，故止一同耳。《周禮》五家爲比，五比爲閭，四閭爲族，五族爲黨，五黨爲州，五州爲鄉。州長每歲屬民讀法者四，黨正讀法者七，族師讀法者十四，閭胥讀法者無數。或者以爲是日讀法，既於州長，又於黨正，又於閭胥、族師，且將奔命而不暇。予謂此法亦易曉，如正月之吉讀法，州長、黨正、族師咸預焉。至四孟吉日讀法，則族師、黨正預焉，州長不預。到每月讀法，惟族師職焉。此註所謂『彌親民者，其教亦彌數』。正如今之勸農，守倅、令佐皆預焉，其職各帶『勸農』二字，不必謂之更來迭往也。」錫瑞案：鄭氏彌縫牽合，具見苦心。惟《周官》一書，與諸經多不相通，如九服、公五百里之類是；《考工記》亦與《周官》不相通，如匠人、遂人之類是。欲强合之爲一，雖其説近理，未可信爲確據。

論《周官》並非周公未行之書，宋元人强補《周官》，更不足辨

《尚書大傳》曰：「周公攝政，六年，制禮作樂。七年，致政成王。」又曰：「周公將作禮樂，優游之三年不能作。君子恥其言而不見從，恥其行而不見隨。將大作，恐天下莫我知也；將小作，恐不能揚父祖功業德澤。然後營洛，以觀天下之心。於是四方諸侯率其羣黨，各攻位於其庭。周公曰：『示之以力役且猶至，況導之以禮樂乎？』然後敢作禮樂。」《白虎通·禮樂篇》曰：「太平乃制禮作樂何？夫禮樂所以防奢淫，天下人民飢寒，何樂之乎？功成作樂，治定制禮。王者始起，何用正民？以爲且用先代之禮樂。天下太平，乃更制作焉。《書》曰：『肇修稱殷禮，❶祀新邑。』此言太平去殷禮，必復更制者，示不相襲也。」《書·洛誥》疏引鄭注云：「王者未制禮樂，恒用先王之禮樂。伐紂以來，皆用殷之禮樂，非始成王用之也。周公制禮樂既成，不使成王即用周禮，仍令用殷禮者，欲待明年即政，告神受職，然後班行周禮。班訖，始得用周禮，故告神且用殷禮也。」錫瑞案：據此，則周公制禮，極其慎重。既已優游三年，乃敢制作；又待營洛之後，乃始班行。所以不能不慎重者，觀後世如漢賈誼、董仲舒、王吉、劉向，皆請制禮而未能定，曹褒定禮而未能行。唐顯慶、開元禮，宋政和禮，其書具在，迄未行用。周公蓋慮及此，故必

❶「稱」，《四部叢刊》影元大德覆宋監本《白虎通德論》、清《抱經堂叢書》本《白虎通義》作「殷」。

慎之於始。其始既如此慎重，其後必實見施行。今之《周官》，與周時制度多不符，則是當時並未實行，其非周公之書可知。孔子所謂「吾學周禮」，亦非《周官》之書。北宫錡問周室班爵禄，《周官》言班爵禄極詳，《孟子》乃云「其詳不可得聞」，而所謂「嘗聞其略」者，又不同《周官》而同《王制》。若《周官》爲周公手定，必無孔、孟皆未見之理，其書蓋出孔、孟後也。後人知《周官》與周時制度不合，乃以爲未成之書，又以爲未行之書。《困學紀聞》引九峰蔡氏云：「周公方條治事之官，而未及師保之職，《冬官》亦闕，首尾未備，周公未成之書也。」《黄氏日鈔》引孫處之説曰：「《周禮》之作，周公居攝之後，書成歸豐，而實未嘗行。惟其未行，故建都之制，不與《召誥》、《洛誥》合；封國之制，不與《武成》、《孟子》合；設官之制，不與《周官》合；《武成》、《周官》皆僞書，可不引。九畿之制，不與《禹貢》合，凡此皆豫爲之也，而未嘗行也。」許宗彦本其説，謂：「武王既有天下，其命官或由商舊，或仍周初侯國之制。其時未有《周禮》，而官名職掌固已皆定。及夫《周禮》之成，周公蓋將舉其不合者，徐徐更之，以爲有周一代之定制，然而周公則已老矣。傳《尚書》者謂周公居攝，六年制禮，七年致政成王，其間才一年耳。《周禮》之不能遂行，時則然也，故謂《周禮》爲周代未行之書可矣。必以一二事疑之，謂非周公所作，不亦過乎。」案，此欲以《周官》强歸周公，乃以後世苟簡之法例周公。伏《傳》云「制禮方致政」，正是制禮必行之證，何得反據伏《傳》以爲不能遂行？顯慶、開元作禮書，飾太平，而不能實行。後世苟簡之法則然，豈有周公制禮亦如是者？孫處引顯慶、開元爲比，見鄭樵《周禮辨》引，故駁之。雖欲强爲傅會，要無解於孔、孟未見也。若《考工記》本别爲一書，河間獻王以《周官》闕《冬官》一篇，購以千金不得，取《考工記》合成六篇，奏之。宋俞廷椿作《復古篇》，謂司空之屬分寄於五官。王與之又作《周官補遺》，邱葵本俞、王之説，取五官所屬歸於冬官，六屬各得六十，著爲《周禮定本》。吴澄《周禮叙録》，以《尚書·周官》考之，冬官司空掌邦土，而雜於地官司徒掌邦教之中，今取其掌邦土之官列於司空之後，庶乎《冬官》不亡，而《考工記》别爲一卷，附之經後，又與俞、王稍異。要皆宋元人竄易經文之陋習，不足辨。吴氏不信僞古文，此又執僞《周官》爲説，更不可解。

論《禮記》始撰於叔孫通

《周禮》出於山巖屋壁，五家之儒莫見，其授受不明，故爲衆儒所排。《儀禮》傳自高堂生，有五傳弟子，其授受最明，故得立於學官。《禮記》删定，由於二戴，其前授受，亦莫能詳。魏張揖以爲叔孫通撰輯，揖去漢不遠，其説當有所受。陳壽祺曰：「《漢書·藝文志》禮家，《記》百三十一篇，班固本注：『七十子後學者所記。』《景十三王傳》曰：『河間獻王所得書皆古文先秦舊書，《周官》、《尚書》、《禮》、《禮記》、《孟子》、《老子》之屬，❶皆經傳説記，七十子之徒所論。』又曰：『魯恭王壞孔子宅，而得古文

❶ 上「禮」字，原脱，據陳壽祺《左海經辨》及《漢書》補。

《尚書》及《禮記》、《論語》、《孝經》，凡數十篇，皆古字也。』《經典釋文·序録》引鄭君《六藝論》云：『後得孔氏壁中、河間獻王古文《禮》五十六篇，《記》百三十一篇，《周禮》六篇。』又引劉向《别録》云：『古文《記》二百四篇。』壽祺案：孔壁所得書，《魯恭王傳》僅言數十篇，知非全書。《藝文志》依《七略》著録《記》百三十一篇，蓋河間獻王所得者，故《六藝論》兼舉之。百三十一篇之《記》，合《明堂陰陽》三十三篇、《王史氏》二十一篇、《樂記》二十三篇、《孔子三朝記》七篇，凡二百十五篇，並見《藝文志》，而《别録》言二百四篇，未知所除何篇。疑《樂記》二十三篇，其十一篇已具百三十一篇《記》中，除之，故爲二百四篇。《孔子三朝記》亦重出，不除者，篇名不同故也。《大戴禮記》所載七篇，爲《千乘》、《四代》、《虞戴德》、《誥志》、《小辨》、《用兵》、《少閒》，不著《孔子三朝記》之名。《隋志》言劉向考校經籍，檢得一百三十篇，向因第而叙之。又得《明堂陰陽記》、《孔子三朝記》、王氏、史氏《記》、《樂記》五種，合二百十四篇，減少一篇，與《别録》、《藝文志》不符，失之。然百三十一篇之《記》，第之者劉向，得之者獻王，而輯之者蓋叔孫通也。魏張揖《上廣雅表》曰：『周公著《爾雅》一篇，爰暨帝劉，魯人叔孫通撰置《禮記》，文不違古。』通撰輯《禮記》，此其顯證。稚讓之言，必有所據。《爾雅》爲通所採，當在《大戴禮》中。武進臧庸曰：「《白虎通·三綱六紀篇》引《禮·親屬記》見《爾雅·釋親》。《孟子》『帝館甥於貳室』，趙岐注引《禮記》，亦《釋親》文。《風俗通·聲音》引《禮·樂記》，乃《釋樂》文。《公羊·宣十二年》注引《禮》，乃《釋水》文，則《禮記》中有《爾雅》之文矣。」通本秦博士，親見古籍，嘗作《漢儀》十二篇及《漢禮器制度》。而

《禮記》乃先秦舊書，聖人及七十子微言大義，賴通以不墜，功亞河間。《漢志》禮家闕其書，且沒其名，何也？」錫瑞案：《禮記》爲叔孫通所撰，說始見於張揖，揖以前無此說。近始發明於陳壽祺，壽祺以前亦無此說。壽祺引臧庸說以證《禮記》中有《爾雅》，尤爲精確。鄭以孔氏壁中、河間獻王兩事並舉者，孔壁所得書無《周禮》。許氏《說文序》曰「壁中書者，魯恭王壞孔子宅，而得《禮記》、《尚書》、《春秋》、《論語》、《孝經》」，不云有《周禮》。獻王得《周官》，見《漢書》本傳。鄭君不析言之，故並舉之。

論《王制》、《月令》、《樂記》非秦漢之書

陳壽祺曰：「儒者每言《王制》漢博士作，《月令》呂不韋作，或又疑《樂記》出河間獻王，皆非事實也。《禮記·王制》正義引盧植云：『漢孝文皇帝令博士諸生作此書。』《經典釋文》引同。考盧氏說出《史記·封禪書》，《封禪書》曰：『文帝召魯人公孫臣，拜爲博士，與諸生草改曆服色事。明年，使博士諸生刺六經，作《王制》，謀議巡守封禪事。』然今《王制》無一語及封禪，言巡守者，特一端耳。司馬貞《史記索隱》引劉向《別録》云：『文帝所造書，有《本制》、《兵制》、《服制》篇。』以今《王制》參檢，絕不相合。鄭君《三禮目録》云：「名曰『王制』者，以其記先王班爵、授禄、祭祀、養老之法度。」此則博士所作《王制》，或在《藝文志》禮家《古封禪羣祀》二十二篇中，非《禮記》之《王制》也。《月令》正義引鄭《目録》云：『《月令》者，本《呂氏春秋》十二月紀之首章，以禮家好事鈔合之，後人因

題之名曰《禮記》，言周公所作。』壽祺案：《正義》云：『賈逵、馬融之徒，皆云《月令》周公所作，故王肅用焉。』《後漢書・魯恭傳》：『恭議曰：《月令》周世所作，而所據皆夏之時也。』蔡邕《明堂月令論》曰：『《周書》七十一篇，而《月令》第五十三。秦相呂不韋著書，取《月令》爲紀號，淮南王安亦取以爲第四篇，改名曰《時則》。故偏見之徒或云《月令》呂不韋作，或云淮南，皆非也。』《隋書・牛弘傳》：『今《明堂月令》者，蔡邕、王肅云周公所作，《周書》内有《月令》第五十三即此。』《魏鄭公諫録》：『《月令》起於上古，呂不韋止是修古《月令》，未必始起秦代也。』此則《禮記・月令》非呂不韋著審矣。《唐書・大衍曆議》云：『七十二候，原於周公《時訓》。《月令》雖頗有增益，然先後之次則同。』僧一行親見《周書・月令》有七十二候，則與《禮記・月令》無異，益信蔡邕之言不妄也。鄭君以爲禮家抄合，殆失之。又鄭君謂三王官無太尉，秦官則有，以此斷《月令》爲呂氏書。案《月令》『命太尉』，《呂覽》『尉』作『封』，然則《禮記》亦當作『命大封』，即《易通卦驗》所謂『夏至景風至，拜大將，封有功』之義。見《太平御覽》引。其作『太尉』者，《淮南・時則》依漢制改，而禮家從之，非其舊也。《樂記》者，《藝文志》云：『河間獻王與毛生等共采《周官》及諸子言樂事，以作《樂記》，其内史丞王定傳之，以授常山王禹。禹，成帝時爲謁者，獻二十四卷《記》。劉向校書，得《樂記》二十三篇，與禹不同。』而《班志》兩載其書曰：『《樂記》二十三篇，《王禹記》二十四篇。』案《漢書・食貨志》：『王莽下詔曰：《樂語》有五均。』鄧展注曰：『《樂語》，❶《樂元語》，河間獻王所傳，道五均事。』臣瓚曰：『其文云：天子取諸侯之土以立五均，則市無二價而民常均。强者不得困弱，富者不得要貧，則公家有餘恩及小民矣。』《白虎通·禮樂篇》亦屢引《樂元語》，此即獻王所傳《樂記》二十四篇之一篇也。《三禮目録》於《禮記·樂記》云：『此於《别録》屬《樂記》，謂屬二十三篇之《樂記》也。』《禮記正義》云：『蓋十一篇合爲一篇，謂有《樂本》，有《樂論》，有《樂施》，有《樂言》，有《樂禮》，有《樂情》，有《樂化》，有《樂象》，有《賓牟賈》，有《師乙》，有《魏文侯》。劉向所校二十三篇，著於《别録》，今《樂記》斷取十一篇，餘有十二篇，其名猶在。案《别録》十一篇，餘次《奏樂》第十二，《樂器》第十三，《樂作》第十四，《意始》第十五，《樂穆》第十六，《説律》第十七，《季札》第十八，《樂道》第十九，《樂義》第二十，《昭本》第二十一，《昭頌》第二十二，《竇公》第二十三是也。按《别録》，《禮記》四十九篇，《樂記》第十九，則《樂記》十一篇入《禮記》在劉向前矣。』《正義》言如此，則今《禮記》中之《樂記》，非《王禹樂記》甚審。《史記正義》云：『《樂記》者，公孫尼子次撰也。』此言必本之《别録》、《七略》。《樂記》出公孫尼子，而有《竇公篇》者，竇公本魏文侯樂人，年百八十歲，至漢文帝時猶存，此篇或載其在文侯時論樂事也。《别録》於二百四篇稱爲古文《記》，《漢書·河間獻王傳》、《魯恭王傳》，兩稱《禮記》，皆統以古文。《魯恭王傳》又特明之曰：『皆古字也。』《河間獻王傳》且明言『七十子之徒

❶「語」，原作「記」，《左海經辨》同，今據《漢書》改。

所論』，是惡得有秦漢作者之文厠其間邪？後儒動訾《禮記》雜出漢儒，不考甚矣。」

論《王制》爲今文大宗，即《春秋》素王之制

《禮記》非雜出漢儒，陳氏之辨晰矣。而《王制》爲今文大宗，與《周禮》爲古文大宗，兩相對峙。朱子曰「《周禮》、《王制》是制度之書」，已以兩書對舉。一是周時舊法，一是孔子《春秋》所立新法。後人於《周禮》尊之太過，以爲周公手定；於《王制》抑之太過，以爲漢博士作，於是兩漢今、古文家法大亂。此在東漢已不甚晰，至近日而始明者也。鄭君《駮異義》曰：「《王制》是孔子之後大賢所記先王之事。」又答臨碩曰：「孟子在赧王之際，《王制》之作復在其後。」推鄭君意，似以《王制》爲孟子之徒所作，以開卷説班爵禄，略同《孟子》文也。《王制》非特合於《孟子》，亦多合於《公羊》，姑舉數事明之。《公羊·桓十一年傳》：「鄭忽出奔衛，忽何以名？《春秋》伯、子、男一也，辭無所貶。」《解詁》云：「《春秋》改周之文，從殷之質，合伯、子、男爲一。」《王制》曰：「公侯田方百里，伯七十里，子男五十里。」鄭注云：「此地殷所因夏爵三等之制也。《春秋》變周之文，從殷之質，合伯、子、男以爲一，則殷爵三等者公、侯、伯也。」《正義》曰：「何休之意，合伯、子、男爲一，皆稱從子；鄭意合伯、子、男爲一，皆稱伯也。」鄭、何説雖稍異，而《春秋》三等，《王制》亦三等，其相合者一。《公羊·桓四年傳》：「春，公狩於郎。狩者何？田狩也。春曰苗，秋曰蒐，冬曰狩。」《穀梁傳》則「春曰田，夏曰苗，秋

曰蒐，冬曰狩」。何休《廢疾》引《運斗樞》曰：「夏不田。」《穀梁》有夏田，於義爲短。鄭釋之云：「孔子雖有聖德，不敢顯然改先王之法，以教授於世。若其所欲改，其陰書於緯，藏之以傳後王。《穀梁》四時田者，近孔子故也。《公羊》正當六國之亡，讖緯見讀，而《傳》爲三時田。」據鄭説，則三時田乃孔子《春秋》制。《王制》曰：「天子諸侯無事則歲三田。」其相合者二。其他建國之制曰：「凡四海之内九州，州方千里。」又曰：「二百一十國以爲州，州有伯。」立學之制曰：「小學在公宮南之左，大學在郊。」取民之制曰：「古者公田藉而不税。」鄭注皆以殷制改之，正與《春秋》變周之文、從殷之質相合。特鄭君未知即素王之制，故見其與《周禮》不合，而疑爲夏殷禮。孔疏申鄭，雖極詳晰，亦未能釋此疑。同異紛紜，莫衷一是。其「《王制》第五」篇題下疏曰：「案鄭《目録》云：『名曰《王制》者，以其記先王班爵、授禄、祭祀、養老之法度，此於《别録》屬制度。』《王制》之作，蓋在秦漢之際。知者，案下文云：『有正聽之。』鄭云：『漢有正平，承秦所置。』又有『古者以周尺』之言，今以『周尺』之語，則知是周亡之後也。秦昭王亡周，故鄭答臨碩云：『孟子當赧王之際，《王制》之作，復在其後。』盧植云，漢孝文皇帝令博士諸生，作此《王制》之書。」錫瑞案：盧氏説近人已駮正，孔與鄭説並引而不能辨。以正爲秦漢官制，亦未必然。「正」、「長」義同，《尚書·冏命序》已有周太僕正，《周禮》有宮正，《左氏傳》有隧正、鄉正、校正、工正，又云「師不陵正」，注云「正，軍將，命卿」，安知古刑官無正？「周尺」之語，或出周秦之間耳。治經者當先看《禮記》注疏，《禮記》中先看《王制》注疏。注疏中糾纏《周禮》者，可姑置之。但以今文家説解經，則經義瞭然矣。《王制》一書，體大物博，非漢博士所能作，必出孔門無疑。近人俞樾説：「《王制》者，孔氏之遺書，七十子後學者所記也。王者孰謂？謂素王也。孔子將作《春秋》，先脩王法，斟酌損益，具有規條，門弟子與聞緒論，私相纂輯而成此篇。後儒見其與周制不合而疑之，不知此固素王之法也。」俞氏以《王制》爲素王之制，發前人所未發。雖無漢儒明文可據，證以《公羊》、《穀梁》二傳，及《尚書大傳》、《春秋繁露》、《説苑》、《白虎通》諸書所説制度，多相符合。似是聖門學者原本聖人之説，定爲一代之制。其制損益殷周，而不盡同殷周，故與《春秋》説頗相同，而於《周禮》反不相合。必知此爲素王改制，《禮》與《春秋》二經始有可通之機，《王制》與《周官》二書亦無糾紛之患。治經者能得此要訣，可事半功倍也。《王制》據鄭君説，出在赧王之後；《周官》據何劭公説，亦出戰國之時。是其出書先後略同，而爲説不同，皆由聖門各據所聞，著爲成書，以待後世之施行者。《王制》簡便易行，不比《周官》繁重難舉，學者誠能攷定其法，仿用其意，以治今之天下，不必井田、封建，已可以甄殷陶周矣。孔疏解「制，三公一命卷」云：「制謂王者制度。」又云：「此篇之作，皆是王者之制。」則孔穎達已知《王制》名篇之義，特未知爲素王之制，故仍説爲夏殷。

論《禮記》所説之義古今可以通行

朱子曰：「《儀禮》是經，《禮記》是解《儀禮》。且如《儀禮》有《冠禮》，《禮記》便有《冠義》；《儀禮》有《昏禮》，《禮記》便有《昏義》；以至燕、射之禮，莫不皆然。」此朱子所以分別《儀禮》爲經、《禮記》爲傳，而有《儀禮經傳通解》之作也。《郊特牲》「冠義」一節孔疏云：「以《儀禮》有《士冠禮》正篇，此説其義。下篇有《燕義》、《昏義》，與此同。」《鄉飲酒義》孔疏云：「《儀禮》有其事，此記釋其義。」《聘義》孔疏云：❶「此篇總明聘義，各顯聘禮之經於上，以義釋之於下。」據此，則孔穎達已明言諸義是解《儀禮》，非始於朱子矣。《冠義》自爲一篇，《郊特牲》復有「冠義」一節，蓋由解此義者不止一家。「天地合而後萬物生焉」一節，又是昏義。此二節之閒有一節云：「禮之所尊，尊其義也。失其義，陳其數，祝史之事也。故其數可陳也，其義難知也。知其義而敬守之，天子之所以治天下者也。」此記者明言禮以義爲重，乃冠、昏、飲、射、燕、聘、祭義之發凡。治《禮經》者，雖重禮之節文，而義理亦不可少。聖人所定之禮，非有記者發明其義，則精意閎旨，未必人人能解。且節文時有變通，而義理古今不易。十七篇雖聖人所定，後世不盡可行，得其義而通之，酌古準今，期不失乎禮意，則古禮猶可以稍復。後世用《禮記》取士，而不用《儀禮》，誠不免棄經任傳之失。而《禮記》網羅浩博，與十七篇亦當並行。焦循《禮記鄭注補疏序》曰：「《周官》、《儀禮》，一代之書也。《禮記》曰『禮，時爲大』，此一言也，以蔽萬世制禮之法可矣。夫《周官》、《儀禮》固作於聖人，乃亦惟周之時用之。設令周公生宇文周，斷不爲蘇綽、盧辨之建官設令；周公生趙宋，

❶「義」，原作「禮」，據文意改。

必不爲王安石之理財。何也？時爲大也。且夫所謂時者，豈一代爲一時哉？開國之君，審其時之所宜而損之益之，以成一代之典章度數。而所以維持此典章度數者，猶必時時變化之，以掖民之偏而息民之詐。夫上古之世，民苦於不知，其害在愚；中古以來，民不患不知，而其害轉在智。伏羲之時，道在折民之患，❶故通其神明，使知夫婦、父子、君臣之倫；開其謀慮，使知樹藝、貿易之事。生羲農之後者，知識既啓，詐僞百出，其黠者往往竊長上之好惡，以行其奸；假軍國之禁令，以濟其賊。惟聰明睿智，有以鼓舞而消息之。故黄帝、堯、舜氏作，通其變，使民不倦，神而化之，使民宜之。吾於《禮運》、《禮器》、《中庸》、《大學》等篇，得其微焉。」錫瑞案：焦氏於三禮軒輊太過，謂民患在智，近於老氏之旨，與世界進化之理不符。惟發明「禮時爲大」之義甚通，言禮者必知此，乃不至於拘礙難行。《抱朴子·省煩篇》云：「冠、昏、飲、射，何煩碎之甚耶？好古官長，時或脩之，至乃講試累月，猶有過誤。而欲以此爲生民之常事，至難行也。余以爲可命精學洽聞之士，使删定三禮，割棄不要，次其源流，總合其事，類集以相從，務令約儉，無令小碎，條牒各别，令易案用。」《朱子語録》云：「古禮於今，實是難行。後世有大聖人者作，與他整理一過，令人蘇醒，必不一一如古人之繁，但放古人大意，簡而易行耳。」此正得其義而通之，期不失乎禮意之説也。毛奇齡謂：「《禮記》舊謂孔子詔七十子共撰所聞以爲記，《儀禮》則顯

❶ 「折民之患」，清道光嶺南節署刻本《雕菰集》作「哲民之愚」。

然戰國人所爲，《儀禮》遜《禮記》遠矣。」務反朱子之説，亦軒輊太過。

《禮記》記文多不次，❶若以類從，尤便學者，惜孫炎、魏徵之書不傳

《禮記》四十九篇，衆手撰集，本非出自一人一篇之中，雜采成書，亦非專言一事。即如《曲禮》曰：「若夫坐如尸，立如齊。」鄭注云：「若夫言欲爲丈夫也，《春秋傳》：『是謂我非夫。』」其説似近迂曲。劉敞《七經小傳》曰：「案曾子曰：『孝子唯巧變，故父母安之。若夫坐如尸，立如齊，弗訊不言，言必齊色。此成人之善者也，未得爲人子之道也。』此兩『若夫』之文同，疑《曲禮》本取曾子之言，而誤留『若夫』。不然，則全脱一簡，失『弗訊』以下十五字。」朱子《答潘恭叔》曰：「《曲禮》雜取諸書精要之語，集以成編，雖大意相似，而文不連屬。如首章四句乃《曲禮》古經之言；『敖不可長』以下四句，不知是何書語，又自爲一節，皆禁戒之辭也。『賢者』以下六句，又當别是一書；『臨財毋苟得』以下六句又是一書，亦禁戒之辭。『若夫坐如尸，立如齊』，劉原父以爲此乃《大戴記·曾子事父母篇》之辭。『若夫』二字失於删去，❷鄭氏乃謂此二句爲丈夫之事，其説誤矣，此説得之。『禮從宜，使從俗』，當又是一書。」錫瑞案：劉氏與朱子之説是也。《禮記》他篇，亦多類此。故鄭君門人孫炎已有《類鈔》，而書不傳；魏徵

❶ 依皮書例，此篇題之首遺一「論」字。

❷ 「字」，原作「句」，據《四部叢刊》影明嘉靖本《晦菴集》改。

因之以作《類禮》，而書亦不傳。王應麟《困學紀聞》云：「《魏徵傳》曰：『以《小戴禮》綜彙不倫，更作《類禮》二十篇，數年而成。太宗美其書，録寘内府。』《藝文志》云：『《次禮記》二十卷。』《舊史》謂：『採先儒訓注，擇善從之。』《諫録》載詔曰：『以類相從，別爲篇第，並更注解，文義粲然。』《會要》云：『爲五十篇，合二十卷。』《元行沖傳》：開元中，魏光乘請用《類禮》列於經，命行沖與諸儒集義作疏，將立之學，乃采獲刊綴爲五十篇。張説言：『戴聖所録，向已千載，與經並立，不可罷。魏孫炎始因舊書擿類相比，有如鈔撮，諸儒共非之。至徵更加整次，乃爲訓注，恐不可用。』帝然之，書留中不出。行沖著《釋疑》曰：『鄭學有孫炎，雖扶鄭義，乃易前編，條例支分，箴石間起。馬伷增革，向踰百篇；葉遵刪修，僅全十二。魏氏采衆説之精簡，刊正芟礱。』朱文公惜徵書之不復見，此張説文人不通經之過也。行沖謂：『章句之士，疑於知新，果於仍故，比及百年，當有明哲君子，恨不與吾同世者。』觀文公之書，則行沖之論信矣。」錫瑞案：《戴記》不廢，張説有存古之功；《類禮》不傳，説亦有泥古之失。當時若新舊並行，未爲不可。朱子惜《類禮》不復見，是以有《儀禮經傳通解》之作。吴澄作《禮記纂言》，更易次序，各以類從。近人懲於宋儒之割裂聖經，痛詆吴澄，並疑《通解》之雜合經傳。平心而論，《禮記》非聖人手定，與《易》、《書》、《詩》、《春秋》不同。且《禮經》十七篇已有附記，《禮記》文多不次，初學苦其難通，《曲禮》一篇，即其明證。若加分別部居，自可事半功倍。據《隋志》「《禮記》三十卷，魏孫炎注」，則其書唐初尚存。炎學出鄭門，必有依據。魏徵因之，更加整比，若書尚在，當遠勝於《經傳通解》、《禮記纂言》，而大有益於初學矣。陳澧云：「孔疏每篇引鄭《目録》云，此於《别録》屬某某。《禮記》之分類，不始於孫炎、魏徵矣。今讀《禮記》，當略仿《别録》之法，分類讀之，則用志不紛，易得其門徑。」

論鄭注引漢事、引讖緯皆不得不然，習《禮記》者當熟玩注疏，其餘可緩

馬端臨《文獻通考》曰：「三代之禮亡於秦，繼秦者漢。漢之禮書，則前有叔孫通，後有曹褒。然通之禮雜《秦儀》，褒之禮雜讖緯，先儒所以議其不純也。然自古禮既亡，今傳於世者，惟《周官》、《儀禮》、《戴記》，而其說未備。鄭康成於三書皆有註，後世之欲明禮者，每稽之鄭注以求經之意，而鄭注亦多雜讖緯及秦漢之禮以爲說，則亦必本於通、褒之書矣。此二書者，漢、隋、唐三史《藝文志》俱無其卷帙，則其書久亡，故後世無述焉。然魏晉而後所用之禮，必祖述此者也。」錫瑞案：馬氏之說甚通。禮自孔子時而經不具，後世所謂三禮，由孔子及七十子後學者撰集，雖未必與古禮盡合，而欲考古禮者，舍三書無徵焉。通爲秦博士，習《秦儀》，秦之與古異者，惟尊君卑臣爲太過，其他去古未遠，必有所受，觀秦二世時議廟制，引古七廟之文可見。通所定禮，不見於《漢·藝文志》，蓋猶蕭何之律、韓信之軍法，其書各有主者，不在向、歆所校中祕書内。許氏《異義》閒引通說，則鄭君注《禮》亦必采用之矣。褒本習《慶氏禮》，乃高堂生、后倉所授。其引讖緯，東漢風氣實然。緯書多先儒說經之文，觀《禮緯

含文嘉》可見。鄭注禮閒引讖緯，如「耀魄寶」、「靈威仰」之類，或亦本之於褒。古禮失亡，通定禮采《秦儀》，鄭注禮用漢事，褒與鄭又引及讖緯，皆不得不然者。後人習用鄭説，而於通雜《秦儀》、褒雜讖緯則議之，是知二五而不知十也。或且并詆鄭君，如陳傅良謂鄭注《周禮》之誤有三，漢官制皆襲秦，今以比《周官》。王應麟引徐筠微言，亦同此説。歐陽修請删注疏中所引讖緯，張璁且以引讖緯爲鄭君罪案而罷其從祀。如其説，則漢以後之説禮者，不亡於秦火，而亡於宋明諸人矣。朱子曰：「《禮記》有説宗廟朝廷説得遠，復雜亂不切於日用。若欲觀禮，須將《禮記》節出切於日用常行者，如《玉藻》、《内則》、《曲禮》、《少儀》看。」又曰：「鄭康成考禮名數大有功。」又或問：「《禮記》古注外，無以加否？」曰：「鄭注自好看，看注看疏自可了。」朱子推重《禮記》注疏，此至當之論也。孔穎達於三禮惟疏《禮記》，實貫串三禮及諸經，有因《記》一二語而作疏至數千言者。如《王制》「制三公一命卷」云云，疏四千餘字；「比年一小聘」云云，疏二千餘字；《月令》、《郊特牲》篇題疏，皆三千餘字；其餘一千餘字者尤多。元元本本，殫見洽聞，又非好爲繁博也。既於此一經下詳説此事，以後此事再見則不復説，亦猶鄭注似繁而不繁也。學者熟玩《禮記》注疏，非止能通《禮記》，且可兼通羣經。若衛湜《禮記集説》一百六十卷，空衍義理者多；杭世駿《續禮記集説》一百卷，❶亦未免於炫博；陸元輔《陳氏集説補正》，足匡陳澔之失；王夫之《禮記章句》、朱彬

❶「百」，原重，據文意删其一。

《禮記訓纂》、孫希旦《禮記集解》，雖有可采，皆不及孔疏之詳博，亦不盡合古義，此等書皆可緩。鄭註《禮記》，因盧、馬之本而加校正，其所改字必有精意。宋陸佃、方慤、馬晞孟等，以鄭改讀爲非，而强如本字讀之，解多迂曲。又或以後世之見疑古禮之不近人情，不但疑注疏，而並至疑經，足以迷誤後學。陳澔《集説》尤陋，學者仍求之注疏可也。

論宋明人疑經之失，明人又甚於宋人

宋明人疑注疏而並疑經，今略引其説辨之。宋鄭樵曰：「三禮之學，其所以詭異者，大端有四。有出於前人之所行而後人更之者。如墨始於晉，髽始於魯。廟有二主始於齊桓，朝服以縞始於季康。以至古者麻冕、今也純，古者冠縮縫、今也衡縫。同爲一代，而異制如此。幸而遺説尚存，得以推考因革之故。設其不存，則或同或異，無乃滋後人之疑乎？有出於聖人之門而傳之各異者。如曾子襲裘而弔，子游裼裘而弔。小斂之奠，曾子曰『於東方』，子游曰『於西方』。❶異父之服，子游曰『爲之大功』，子夏曰『爲之齊衰』。同師而異説如此，況復傳之羣弟子之門人，則其失又遠也。從而信之，則矛盾可疑；從而疑之，則其説有師承，此文義不能無乖異也。有後世諸儒損益前代而自爲一代之典者。如吕不韋作《月令》，❷蓋欲爲秦典，故祭祀官名

❶「於東方」、「於西方」，《禮記》作「於西方」、「於東方」。

❷「吕」，原作「目」，據文淵閣《四庫全書》本《六經奧論》改。

不純於周；漢博士欲爲漢制，故封爵不純於古。案：二説皆非是，前已引陳壽祺説駁之。後世明知二書出於秦漢，猶且曰《月令》爲周制，《王制》爲商制，況三禮之書所成者非一人，所作者非一時，又烏能使之無乖異也？有專門之學欲自名家而妄以臆見爲先代之訓者。如《春秋》之末執羔執雁，魯人已不自知，則禮之所存，蓋無幾也。案：此孔子時經不具之證。延乎秦世，灰滅殆盡。漢世不愛高爵以延儒生，寧棄黄金以酬斷簡。諸儒各述所聞，雜以臆見，而實未見古人全書，故其説以霍山爲南岳，案：此説甚是。以太尉爲堯官，案：此見緯書，禮無明文。以商之諸侯爲千八百國，以周之封域爲千里者四十九，案：此見《王制》，乃《春秋》素王之法，非必商周。以分陜處内爲三公，案：此《公羊》説，古制當是如此，乃無一國三公之弊。以太宰、太宗、太卜、太士等爲六官。案：此見《曲禮》，鄭以爲殷制。當時信其爲古書而無疑，後世以其傳久遠而不敢辨，又焉能使之無乖異乎？禮學之訛以此。後世議明堂，或以爲五室，或以爲九室，或以爲十二室；案：焦循、陳澧辨之以明。議太學，或以爲五學，或以爲當如辟雝，或以爲當如膠庠，或以爲當如成均、瞽宗。案：太學即辟雝，而膠庠、成均、瞽宗又其異名。五學本同一處。夫明堂一也，而制有三；太學一也，而名有六，此何以使後世無疑哉？」明郝敬曰：「凡禮不可常行者，非禮之經。用於古不宜於今，而猶著之於篇者，非聖人立經之意。即四十九篇中所載，如俎豆、席地、袒衣、行禮，書名用方策，人死三日斂之類，古人用之，今未宜。案：此等古今異宜，可以通變。父在爲母期，出母無服，師喪無服，此等雖古近薄；父母爲子斬衰，妻與母同服，此等失倫。案：

古聖制服，各有精意，俗情膚淺，豈可妄議古人？官士不得廟事祖，支子不祭，此等非人情。案：廟制、祭禮，分尊卑，辨適庶，亦不可妄議。杖不杖視尊卑貴賤，哭死爲位於外，熬穀與魚腊置柩旁。案：杖不杖非止視尊卑，爲位於外所以別嫌疑，熬則小節，可變通。國君饗賓，夫人出交爵，命婦入公宮養子，國君夫人入臣子家弔喪，此等犯嫌疑。案：古人避嫌，未若後人之甚。交爵則因陽侯事已廢矣。祭祀用子弟爲尸，使父兄羅拜，若袷祭則諸孫濟濟一堂爲鬼，此等近戲謔。案：立尸是事死如事生，且古人行禮與今不同，非有尸答拜不能成禮。人死含珠玉以誨盜，壙中藏甕、甒、筲、衡等器，歲久腐敗，陷爲坑谷，此等無益有害。案：此小事，可變通。古人每事不忘本，酒尚玄，冠服用皮，食則祭。至於宗族姓氏，則隨便改易。如司徒、司空、韓氏、趙氏，惟官惟地，數世之後，迷其祖姓，又何其無重本之思也。案：古氏族改，姓不改，男子稱氏，女子稱姓，安有改姓、迷姓之事？廟制，天子至士庶有定數，皆有堂、有室、有寢、有門。大邑巨家，父子世官，兄弟同朝，不多於民居乎？如云皆設於宗子家，則宗子家無地可容。如父爲大夫，子爲士庶，則廟又當改毀。倏興倏廢，祖考席不暇煖。案：古惟宗子有廟，無父子兄弟分立之禮。廟在居室之左，何患無地可居？天子諸侯亦有祧遷，何獨士庶不可興廢？適子繼體，分固當尊，至於抑庶之法，亦似太偏；喪服有等，不得不殺，至於三殤之辨，亦覺太瑣；衰麻有數，不得不異，至於麻葛之易，亦覺太煩。案：古重宗法，故嚴適庶；重本源，故分別喪服，不嫌煩瑣。天子選士觀德用射，射中得爲諸侯，不中不得爲諸侯。案：此猶後世以文字取士。如此之類，雖古禮乎，烏可用也。故凡禮，非一世一端可盡。古帝王不相沿襲，聖人言禮不及器數，惟曰義以爲質，有以也。此四十九篇大都先賢傳聞，後儒補輯，非盡先聖之舊，而鄭康成信以爲仲尼手澤。案：鄭無以《禮記》爲孔子所作之語。遇文義難通，則稱竹簡爛脱，顛倒其序；根據無實，則推殷夏異世，逃遁其説。蓋鄭以《記》爲經，既不敢矯《記》之非，世儒又以鄭爲知禮，不敢議鄭之失，千餘年來所以卒貿貿耳。」錫瑞案：鄭樵、郝敬，皆勇於疑經者。鄭猶以爲詭異，郝乃直攻經傳，足見明人之悍而不學又甚於宋。兹逐條辨之，以釋後儒之疑。

論古宫室衣冠飲食不與今同，習禮者宜先攷其大略，焦循《習禮格》最善

古之宫室不與今同也，古之衣服、飲食不與今同也。惟其不與今同，故俗儒多疑古禮不近人情，即有志於古者，亦苦其扞格不相入。考古禮者，宜先於古之宫室、衣服、飲食等類考其大略，乃有從入之處。古宫室皆南向，外爲大門，門側左右皆有堂室，謂之塾。内爲寢門，中爲庭，再上爲階，有東階，即阼階。西階。升堂爲東西堂，有東西榮，即檐。有東西序，即牆。有兩楹，即柱。有棟，有楣。上爲户牖間，其後爲室，兩旁爲東西房，古之室即今之房，有壁。古之房，今過路屋，無壁。東房後有北堂。宫室之左爲廟，有闈門相通，廟制與宫室略同。觀李如圭《儀禮釋宫》、江永《釋宫注》、張惠言《儀禮圖》，得大略矣。古祭服用絲，朝服用布；祭服用冕，朝服用弁或玄冠。古冠小，如今道士之冠，非若後世之帽。冕服、朝服、玄端，皆上衣下裳，惟深衣連上下無裳，似今之長

衫，惟方領對襟，緣以繢，或青或素爲異，用細白布爲之。喪服用布則麤，又各以輕重分精麤。觀任大椿《弁服釋例》，得大略矣。古食用黍稷，加則有稻粱，黍稷稻粱爲四簋。常食有羹、胾、葸、泊、醢、醬、脯、羞，飲有酒有漿，齊則用糟，醴亦有糟。薦用脯醢。脯以乾牛肉加薑桂鍛治者爲脩，細剉脯加鹽酒爲醢，皆生物。酒新釀冷飲。豕、魚、腊爲三鼎，加羊與腸胃爲五鼎，腊，士用兔，大夫用麋。腸胃用牛羊，不用豕。加牛與膚、豕肉。鮮魚、鮮腊爲九鼎，加膷、臐、膮牛、羊、豕肉。爲十二鼎。籩盛乾物，豆盛濡物。俎以骨爲主。若今之排骨。骨分前足爲肩、臂、臑，共六；長脅、代脅、短脅，共六；正脊、挺脊、横脊，共三；後足髀、肫、胳，共六：二十一體。髀近竅，賤，不升。鄉飲燕射，則牲用狗。燕食有蜩、即蟬。范、即蜂。蚳醢，蝗子。今人所不食者。考飲食無專書，亦可得大略也。

得其大略，再取張惠言《儀禮圖》，如阮元説畫地以習之，不患古禮不明。若用焦循《習禮格》，尤爲事半功倍。焦氏《自序》曰：「於《儀禮》十七篇，去《喪服》、《士喪禮》、《既夕》、《士虞禮》四篇，餘十三篇，爲格以習之。紙方尺五寸，如奕枰，作《朝廟圖》一，《庠圖》一，《大夫朝廟圖》一。若門，若曲，若階，若堂，若室，若房，若夾室，若東西堂，若東西榮，若坫，若牆墉，屏宀，户牖，無不備。削木或石爲棋，若主人，若賓，若介，若僎，若主婦，若宰夫、司馬、樂工之屬，刻之，或以丹墨書。削木或石爲棋，小於前，於諸器物，若聘之圭、璋、皮、馬、錦、幣，若祭之簠、簋、鼎、俎，燕之爵、洗，食之羹、醬，樂工之瑟、笙，射之弓、矢、楅、乏、旌、中、侯、正、豐、觶，冠昏之冠、服，刻之，或以丹墨書。削木或石爲棋，前以圓，此以橢，書若揖，若拜，若再拜，若興，若坐，若立，若飲，若祭之類於上，或用刻。以十三篇爲之譜，習時各任一人，或兼之，按譜而行之。若東西左右升降之度，不容紊也。一揖一讓，不容遺也。否則爲負，負者罰。子弟門人或用心於博奕，思有以易之，爲此格。演之者必先讀經，經熟其文，熟其節。可多人演之，可少人演之，可一人演之。格有定，不容争也，不容詐也。雖戲也，而不詭於正，後之學禮者或有好焉。」

論《禮記》義之精者本可單行，《王制》與《禮運》亦可分篇别出

《禮記》非一人所撰，義之精者可以單行。《漢・藝文志》於《禮記》百三十篇外，已别出《中庸》二篇。梁武帝作《禮記大義》十卷，又作《中庸講疏》一卷。宋仁宗以《大學》賜及第者。表章《中庸》、《大學》，不始朱子。蔡邕作《月令章句》及《問答》。宋太宗令以《儒行篇》刻於版，印賜近臣及新第舉人。司馬光《書儀》云：「《學記》、《大學》、《中庸》、《樂記》，爲《禮記》之精要。」黄道周作《月令明義》、《表記坊記緇衣儒行集傳》。黄宗羲作《深衣考》。江永作《深衣考誤》。邵泰衢作《檀弓疑問》。焦循謂於《禮運》、《禮器》、《中庸》、《大學》得其微。是皆於四十九篇之中，分篇别出者。錫瑞謂《王制》爲今文大宗，用其説可以治天下，其書應分篇别出；《禮運》説禮極精，應亦分篇别出。《黄氏日鈔》云：「《禮運》記五帝三王相變易、陰陽轉移之道，故以『運』名，雖思太古而悲後世，其主意微近於老子，而終

篇混混爲一，極多精語。如論造化，謂天秉陽，垂日星；地秉陰，竅於山川。如論治，謂聖人耐以天下爲一家，中國爲一人。如論人，則謂人者天地之心，謂天地之德，陰陽之交，鬼神之會，五行之秀氣。如論禮，則謂禮者固人肌膚之會，❶筋骸之束。皆千萬世名言。」《困學紀聞》云：「《禮運》，致堂胡氏云子游作。吕成公謂：蜡賓之歎，前輩疑之，以爲非孔子語，不獨親其親，子其子，而以堯、舜、禹、湯爲小康，是老聃、墨氏之論。朱文公謂：程子論堯舜事業，非聖人不能；三王之事，大賢可爲，恐亦微有此意。但《記》中分裂太甚，幾以帝王爲有二道，則有病。」邵懿辰曰：「《禮運》一篇，先儒每歎其言之精而不甚表章者，以不知首章有錯簡，而疑其發端近乎老氏之意也。今以『禹、湯、文、武、成王、周公，由此其選也。此六君子者，未有不謹於禮者也』二十六字，移置『不必爲己』之下，『是故謀閉而不興』之上，則文順而意亦無病矣。就本篇有六證焉：先儒泥一『與』字，以『大道之行』屬大同，『三代之英』屬小康。不知『大道之行』概指治功之盛，『三代之英』切指其治世之人。『與』字止一意，無兩意，而下句『有志未逮』，正謂徒想望焉，而莫能躬逢其盛也。否則『有志未逮』當作何解？證一也。『今大道既隱』，以周爲『今』猶可，以夏商爲『今』可乎？既曰『未逮』，又曰『今』，自相矛盾，證二也。禮爲忠信之薄，則子游宜舉大道爲問，而曰『如此乎，禮之急也』，不承大同而偏重小康，則文義不屬，證三

❶「肌膚」，原作「肌時」，元後至元刻本《黄氏日鈔》作「飢膚」，今據《禮運》本文改。

也。『講信修睦』，後文三見，皆指聖人先王而非遠古，果有重五帝薄三王之意，後文何無一言相應乎？證四也。『五帝官天下，三王家天下』，本戰國時道家之説，而漢人重黄、老者述之，實則五帝不皆與賢，堯、舜以前皆與子也。『天下爲公』，即後文所謂『以天下爲一家，中國爲一人者』。『不獨親其親，子其子』，謂『老吾老以及人之老，幼吾幼以及人之幼』。『老有所終』以下六句，皆人情之所欲，即人情以爲田，而大同即大順也。『天下爲家』，則指東遷以後，政教號令不行於天下，國異政而家殊俗，並無與子與賢之意。『選賢與能』，對『世及』而言。世及者，若《春秋》譏世卿，雖有聖人，無自進身，異於周初『建官惟賢，位事惟能』耳。證五也。『我欲觀夏道』，『我欲觀殷道』，『我觀周道』，三『道』字正承大道而言。果大道既隱，又何觀焉？後文『大柄』、『大端』、『大竇』，即大道也。證六也。」錫瑞案：移易經文，動言錯簡，乃宋明人習氣，不可爲訓。而邵氏説極有理，證據亦明。明乎此，可以釋前人之疑，知《禮運》一篇皆無疵，而其精義益著。故備舉其説，以爲《禮運》可以單行之證。

論六經之義，禮爲尤重，其所關繫爲尤切要

六經之文，皆有禮在其中；六經之義，亦以禮爲尤重。於何徵之？於《經解》一篇徵之。《經解》首節泛言六經，其後乃專歸重於禮。鄭《目録》云：「名曰『經解』者，以其記六義政教之得失也。此於《別録》屬通論。」孔疏曰：「《經解》一篇，總是孔子之

言，記者録之以爲經解者。皇氏云：『解者，分析之名，此篇分析六經體教不同，故名曰《經解》也。六經其教雖異，總以禮爲本，故記者録入於禮。』」陳澧曰：「記文引孔子曰『安上治民莫善於禮』，此篇當録入於禮，其義已明矣。」錫瑞案：陳氏之説未盡。此篇自「禮之於正國也」至引「孔子曰安上治民」云云，皆是説禮。孔疏曰：「從篇首『孔子曰：入其國，其教可知也』至此『長幼有序』，事相連接，皆是孔子之辭，記者録之而爲記。其理既盡，記者乃引孔子所作《孝經》之辭以結之，故云『此之謂也』。言孔子所云者，正此經之謂。」據此，則孔子説六經畢，已特舉禮之重以教人矣。孔疏又曰：「『此之謂也』以後，則是記者廣明安上治民之義，非復孔子之言也。」案記者之文亦極精，能發明《禮經》十七篇之義。曰：「故朝覲之禮，所以明君臣之義也；聘問之禮，所以使諸侯相尊敬也；喪祭之禮，所以明臣子之恩也；鄉飲酒之禮，所以明長幼之序也；昏姻之禮，所以明男女之別也。夫禮，禁亂之所由生，猶坊止水之所自來也。故以舊坊爲無所用而壞之者，必有水敗；以舊禮爲無所用而去之者，必有亂患。故昏姻之禮廢，則夫婦之道苦，而淫辟之罪多矣；鄉飲酒之禮廢，則長幼之序失，而爭鬭之獄繁矣；喪祭之禮廢，則臣子之恩薄，而倍死忘生據《漢書》作「先」。者衆矣；聘覲之禮廢，則君臣之位失，諸侯之行惡，而倍畔侵陵之敗起矣。故禮之教化也微，其止邪也於未形，使人日徙善遠罪而不自知也，是以先王隆之也。」先王隆之，承上孔子所云「隆禮」、「由禮」言之。朝覲聘問，承上「以入朝廷則貴賤有位」言之；喪祭之禮，承上「以奉宗廟則敬」言之；鄉飲酒之禮，承上「以處鄉里則長幼有序」言之；昏姻之禮，承上「以處室家則父子親兄弟和」言之，而皆不出《禮經》十七篇外。鄉飲以飲該射，昏姻以昏統冠，觀此乃知聖人制禮，非故爲是繁文縟節，實所以禁亂止邪。謂禮猶坊，與《坊記》之義相通。《坊記》曰：「君子之道，辟則坊與，坊民之所不足者也。大爲之坊，民猶踰之，故君子禮以坊德。禮者，因人之情而爲之節文，以爲民坊者也。」使民「貧而好樂，富而好禮」，「觴酒豆肉，讓而受惡」，而鬬辨之獄息矣，則鄉飲酒之禮明也。「夫禮者章疑別微，以爲民坊者也。故貴賤有等，朝廷有位」，「示民有君臣之別」，而弑獄不作矣，則聘覲之禮明也。教民追孝，示民不争不貳不疑，以有上下，而不孝之獄罕矣，則喪祭之禮明也。「夫禮坊民所淫，章民之別，使民無嫌，以爲民紀者也」，教民無以色厚於德，而淫亂之獄絶矣，則昏姻之禮明也。《大戴禮・盛德》篇亦云：「凡不孝生於不仁愛，不仁愛生於喪祭之禮不明。喪祭之禮，所以教仁愛也，致愛故能致喪祭，死且思慕饋食，況於生而存乎？故喪祭之禮明，則民孝矣，故有不孝之獄則飾喪祭之禮。凡弑上生於義不明，義者，所以等貴賤，明尊卑，貴賤有序，民尊上敬長，而弑者未有也。朝聘之禮，所以明義也，故有弑獄則飾朝聘之禮。凡鬬辨生於相侵陵，相侵陵生於長幼無序，鄉教以敬讓也，故有鬬辨之獄則飾鄉飲酒之禮。凡淫亂生於男女無別，夫婦無義，昏禮所以別男女，明夫婦之義也，故有淫亂之獄則飾昏禮。」其説與《經解》正合。喪祭、朝聘、鄉飲、昏禮，亦不出十七篇外。觀此諸篇，乃知古禮所存，大有關繫，較之各經，尤爲切要。若必蕩棄禮法，潰決隄防，正所謂「壞國喪家亡人，必先去其禮」與《孟子》所謂「上無禮，下無學，賊民興，喪無日矣」，可不儆懼乎？

論《大戴禮記》

鄭君《六蓺論》曰：「戴德傳記八十五篇，則《大戴禮》是也。」鄭注《小戴》，不注《大戴》，故《小戴禮》合《周禮》、《儀禮》，至今稱爲《三禮》，而《大戴禮》漸至亡佚。八十五篇，《隋志》所録，已佚其四十七篇，盧辨注亦僅存八卷。《四庫提要》：「司馬貞曰，《大戴禮》合八十五篇，其四十七篇亡，存三十八篇。蓋《夏小正》一篇多別行，隋、唐間録《大戴禮》者，或闕其篇，是以司馬貞云然。原書不別出《夏小正》篇，實闕四十六篇，存者宜爲三十九篇。《中興書目》乃言存四十篇，則竄入《明堂》篇題自宋人始矣。書中《夏小正》篇最古，其《諸侯遷廟》、《諸侯釁廟》、《投壺》、《公冠》，皆《禮》古經遺文。又《蓺文志》，《曾子》十八篇久逸，是書猶存其十篇，自《立事》至《天圓》，篇題中悉冠以曾子者是也。」阮元《揅經室集·王實齋大戴禮記解詁序》曰：「南城王君實齋聘珍著《大戴禮記解詁》十三卷，目録一卷。其言曰：大戴與小戴同受業於后倉，各取孔壁古文《記》，非小戴刪大戴、馬融足小戴也。《禮察》、《保傅》，語及秦亡，乃孔襄等所合藏，是賈誼有取於古《記》，非古《記》采及《新書》也。《三朝記》、《曾子》乃劉氏分屬九流，非大戴所裒集也。其校經文也，專守古本爲家法，有懲於近日諸儒妄據他書徑改經文之失。其爲解詁也，義精語潔，恪守漢法，多所發明，爲孔撝約諸家所未及。能使二千年孔壁古文無隱滯之義，無虚造之文，用力勤而爲功鉅矣。」又《孔檢討廣森大戴禮記補注序》曰：「今學者皆治十三經，至兼舉十四經之目，則《大戴禮記》宜急治矣。《夏小正》爲夏時書，《禹貢》惟言地理，兹則言天象，與《堯典》合。《公冠》、《諸侯遷廟》、《釁廟》、《朝事》等篇，足補《儀禮》十七篇之遺。《盛德》明堂之制，爲《考工記》所未備。《孔子三朝記》，《論語》之外，兹爲極重。《曾子》十篇，儒言純粹，在《孟子》之上。《投壺》，儀節較《小戴》爲詳。《哀公問》，字句較《小戴》爲確。然則此經宜急治審矣。顧自漢至今，惟北周盧僕射爲之注，且未能精備。自是以來，章句溷淆，古字更舛，良可慨歎。近時戴東原庶常、盧紹弓學士相繼校訂，蹊逕漸闢。曲阜孔編修顨軒，乃博稽羣書，參會衆説，爲注十三卷，使二千年古經傳復明於世，用力勤而爲功鉅矣。」錫瑞案：《大戴禮記》合十三經爲十四經，見於史繩祖《學齋佔畢》，是宋時常立學。以注者爲北周盧辨，見王應麟《困學紀聞》。近人注此書者，乃有孔廣森、王聘珍二家，阮文達皆以用力勤、爲功鉅許之。序王聘珍書，以爲孔撝約所未及，其稱許又在孔書之上。而《皇清經解》有孔書而無王書，或王書之出差後；《續經解》亦未收，或王書之傳未廣歟？凡考據之書，後出者勝，王書之勝孔書宜也。《大戴》書與三禮多相出入，不可不知其義，故略言之。

論經學糾纏不明，由專據《左傳》、《周禮》二書輕疑妄駁

經學之糾纏不明者，其故有二。一則古之事實不明。《左氏》一書所載事實，與《公羊》、《穀梁》、《國語》、《史記》、《新序》、《説苑》、《列女傳》多不合。《公羊》、《穀梁》今文説，與《左氏》古文不同，《國語》與《左氏》皆古文而不盡同。《史記》、《新序》、《説苑》、《列女傳》皆從今文，故亦不同。後人謂左氏親見國史，於其不同者，以爲諸家事實皆誤，惟左氏不誤。案：《左氏》不可盡信，如君氏卒、暨齊平、衛宣烝夷姜之類，皆失實，説已見前。其餘劉敞《春秋權衡》，辨之尤詳。太史公、劉子政博極羣書，未必不見《左傳》，而其書多與《左傳》不合，《史記》又多前後不符，非故爲是參差也。古人信則傳信，疑則傳疑。漢初古書尚多，傳聞不同，各據所聞記之，意以扶微廣異。後人不明此義，又不曉今古文之别，專據《左氏》以駁羣書，於是事實不備，且多淆亂，此事實不明者一也。二則古之典禮不明。《周官》一書，與《孟子》、《王制》全異，與《儀禮》、《禮記》、《大戴禮》、《春秋》三傳及漢人説禮，亦多不合。後人謂《周官》爲周公手定，於其不合者，以爲諸家典禮皆誤，惟《周官》不誤。鄭君注三禮，於禮與《周官》有異者，或以爲夏殷禮，或以爲晉文襄之制，似惟《周官》爲周制可信矣。而鄭注《職方》「其浸波、溠」、「其浸盧、維」亦駁其誤，豈有周公作書而有誤者？是鄭亦未敢深信也。故自漢及唐宋，多疑非周公作，或謂文王治岐之政，或謂成周理財之書，或謂戰國陰謀

之書，或謂漢儒附會之說。鄭樵爲之解曰：「《周禮》一書有闕文，軍司馬、輿司馬之類。有省文，遂人、匠人之類。有兼官，三公三孤不必備，教官無府史、胥徒，皆兼官。有豫設，凡千里封公四，封侯六，伯十一之類。有不常制，夏采、方相氏之類。有舉其大綱者，四兩爲卒之類。有副相副貳者，自卿至下士，各隨才高下，而同治此事，司馬上下爵禄事食。有常行者，六官分職，各率其屬，正月之吉，垂法象魏之類是也。有不常行者，二至祀方澤，大裘祀上帝，合民詢國遷，珠盤盟諸侯之類是也。注云，圜丘服大裘。方澤之祀，經無其服。周無遷國事，至平王東遷。盟詛不及三王。以上事皆豫爲之，而未經行也。今觀諸經，其措置規模，不徒於弼亮天地，和洽人神，而盟詛讎伐，凡所以待衰世者，無不及也。」鄭氏所説前數條猶可通，惟以盟詛讎伐爲待衰世，則其説殊謬。孔子作《春秋》，欲由撥亂升平，馴致太平。周公作書曰「子孫永保」，曰「萬邦咸休」，惟欲至千萬年爲長治久安之計，豈有聖人作書以待衰世，不期世之盛而期世之衰者？盟詛不及三王，而《周官》有盟諸侯之文，故漢人以爲末世瀆亂不驗之書，又以爲戰國人作，正指此類而言。鄭氏强爲之辭，猶杜預以《春秋凡例》爲出周公，而有滅、入、圍、取之例，爲柳宗元、陸淳所駁。此皆傅會無理，必不可通者也。漢立十四博士，皆今文説，雖有小異，無害大同。其時經義分明，無所用其彌縫牽合。及古文説出，漸至淆雜。後人又偏執其説，如《莊子》所謂暖暖姝姝，守一先生之言，李斯所用别黑白以定一尊之法，以左氏爲親見國史，《周官》爲真出周公，舉一廢百，輕疑妄駁，以致《春秋》事實，周時典禮，皆不分明，學者遂以治經爲極難之事。竊謂《春秋》事實，當兼采三傳及《國語》、《史記》、《新序》、《説苑》、《列女傳》諸書，不必專據《左氏》；周時典禮，當兼采《儀禮》、《禮記》、《大戴禮》、《春秋》三傳及漢人遺説，不必專據《周官》。能折衷者加以折衷，不能折衷者，任其各自爲説，斯可以省枝節而去葛藤矣。

論《禮經》止於十七篇，並及羣經當求簡明有用，不當繁雜無用

邵懿辰曰：「人之心量無窮，而記誦限於其氣質。約而易操，則立心尤固。是故《春秋》萬七千言，《易》二萬四千餘言，《書》二萬五千餘言，《詩》三萬九千餘言，十七篇之《禮經》五萬六千餘言，合十六萬餘言，勢不可以再多，多則不能常存而不滅也。故禮在當時，道、器尚不相離。至於後世，文字存焉耳。然則獨其道存焉耳，有所以爲冠、昏、喪、祭、射、鄉、朝、聘，而道豈有遺焉者乎？而尚存乎？見少乎？此聖人定十七篇爲《禮經》之意也。若夫《周官》，太宰、宗伯之所掌，太史、小史之所執所讀，小行人之所籍，方策之多，可想而知，雖秉禮之宗國有不能備。司鐸火，子服景伯命出禮書，而哀公使孺悲學《士喪禮》於孔子，則魯初無《士喪禮》。執羔、執雁尚不能知，則魯無《士相見禮》。孔子周流列國，就老聃、萇弘識大識小之徒而訪求焉者，但得其大者而已，勢不能傳而致之，盡以教及門之士。與其失之繁多，而終歸於廢墜，不如擇其簡要，而可垂諸永久也。此《禮經》在孔子時，不止十七篇，亦不止五十六篇。而定爲十七篇，舉要推類而盡其餘者，非至當不

易之理歟？」錫瑞案：邵氏不尊《周官》，不信逸《禮》，專據十七篇爲孔子手定，故謂繁多不如簡要。此《禮經》之定論，實亦諸經之通論也。孔子定六經以教萬世，必使萬世可以通行。上智少而中材多，古今之所同然。若書過於繁多，則惟上智之人能通，而中材之人不能通，不受教者多，而受教者少矣。古無紙墨梨印，漆書竹簡，尤不能繁。即如邵氏所推，合六經十六萬餘言，傳誦已苦不易。凡學務精不務博，務實不務名，務簡明有用不務繁雜無用。孔子定六經之旨，曰刪正，曰筆削，皆變繁雜爲簡明之意也。漢人治經，能得此旨，其後乃漸失之。《藝文志》曰：「古之學者耕且養，三年而通一藝，存其大體，玩經文而已。是故用日少而畜德多，三十而五經立也。後世經傳既已乖離，博學者又不思多聞闕疑之義，而務碎義逃難，便辭巧説，破壞形體，説五字之文至於二三萬言，後進彌以馳逐。故幼童而守一藝，白首而後能言。安其所習，毁所不見，終以自蔽。此學者之大患也。」班氏此言，能括漢一代經學之盛衰，而爲萬世治經之龜鑑。經學莫盛於西漢，如《禹貢》治河，《洪範》察變，《春秋》決獄，《詩》當諫書，皆簡明而有用。至西漢末，此風遂變，乃有若秦恭之三萬言説「若稽古」者，章句破碎，繁雜無用，於是古文家起而抵其隙。師説太多，莫知所從，於是鄭君出而集其成。及漢亡而經學遂衰，皆由貪多務博者貽之咎也。今科學尤繁，課程太密，即上智之士，亦不能專力治經，是以大義不明，好新奇者詆毁舊學，至有燒經之説。故作

《通論》，粗發大綱，俾學者有從入之途，而無多歧之患。條舉羣經之旨，冀存一綫之遺。觀者當諒其苦衷，而恕其僭妄，以教初學，或有裨益。若贍學淵聞之士，固無取乎此也。

經學通論

春秋

善化皮錫瑞

論《春秋》大義在誅討亂賊，微言在改立法制，孟子之言與《公羊》合，朱子之注深得孟子之旨

《春秋》有大義，有微言。所謂大義者，誅討亂賊以戒後世是也。所謂微言者，改立法制以致太平是也。此在孟子已明言之曰：「世衰道微，邪說暴行又作。臣弑其君者有之，子弑其父者有之。孔子懼，作《春秋》。《春秋》，天子之事也。是故孔子曰：『知我者其惟《春秋》乎，罪我者其惟《春秋》乎。』」趙注：「設素王之法，謂天子之事也。」朱注引胡氏曰：「罪孔子者，以謂無其位，而託二百四十年南面之權。」朱注又曰：「仲尼作《春秋》以討亂賊，則治世之法垂於萬世，是亦一治也。」孟子又曰：王者之迹熄而詩亡，詩亡然後《春秋》作。晉之《乘》，楚之《檮杌》，魯之《春秋》，一也。其事則齊桓、晉文，其文則史。孔子曰：『其義則丘竊取之矣。』」趙注：「竊取之以爲素王也。」朱注：「此文承上章歷叙羣聖，❶因以孔子之事繼之，而孔子之事莫大於《春秋》，故特言之。」錫瑞案：孟子說《春秋》，義極閎遠。據其說，可見孔子空言垂世，所

❶「文」，《四書章句集注》作「又」。

以爲萬世師表者，首在《春秋》一書。孟子推孔子作《春秋》之功，可謂天下一治，比之禹抑洪水，周公兼夷狄、驅猛獸。又從舜明於庶物，説到孔子作《春秋》，以爲其事可繼舜、禹、湯、文、武、周公。且置孔子删《詩》、《書》，訂《禮》、《樂》，贊《周易》皆不言，而獨舉其作《春秋》，可見《春秋》有大義微言，足以治萬世之天下，故推尊如此之至。兩引孔子之言，尤可據信。是孔子作《春秋》之旨，孔子已自言之。孔子作《春秋》之功，孟子又明著之。孔子懼弑君弑父而作《春秋》，《春秋》成而亂臣賊子懼，是《春秋》大義；天子之事，知我罪我，其義竊取，是《春秋》微言。大義顯而易見，微言隱而難明。孔子恐人不知，故不得不自明其旨。「其事則齊桓、晉文」一節，亦見於《公羊·昭十二年傳》，大同小異，足見孟子《春秋》之學，與《公羊》同一師承，故其表章微言，深得《公羊》之旨。趙岐注《孟子》，兩處皆用《公羊》「素王」之説。朱子注引胡傳，亦與《公羊》「素王」説合。素，空也，謂空設一王之法也，即《孟子》云「有王者起，必來取法」之意，本非孔子自王，亦非稱魯爲王。後人誤以此疑《公羊》，《公羊》説實不誤。胡傳曰：「無其位而託南面之權。」此與素王之説有以異乎？無以異乎？趙岐漢人，其時《公羊》通行，岐引以注《孟子》，固無足怪。若朱子宋人，其時《公羊》久成絶學，朱子非墨守《公羊》者，胡安國《春秋傳》朱子亦不深信，而於此注不能不引胡傳爲説，誠以《孟子》義本如是，不如是則解《孟子》不能通也。後人於《公羊》「素王」之説，羣怪聚駡，並趙岐注亦多詬病，而朱注引胡傳，則尊信不敢議，豈非知二五而不知十乎？

朱子云「孔子之事，莫大乎《春秋》」，深得《孟子》、《公羊》之旨。云「治世之法垂於萬世，是亦一治」，亦與《公羊》撥亂功成、太平瑞應相合。人多忽之而不察耳。

論《春秋》是作，不是鈔録，是作經，不是作史，杜預以爲周公作凡例，陸淳駁之甚明

説《春秋》者，須知《春秋》是孔子作。「作」是做成一書，不是鈔録一過。又須知孔子所作者，是爲萬世作經，不是爲一代作史。經、史體例所以異者，史是據事直書，不立褒貶，是非自見；經是必借褒貶，是非以定制立法，爲百王不易之常經。《春秋》是經，《左氏》是史。後人不知經、史之分，以《左氏》之説爲《春秋》，而《春秋》之旨晦；又以杜預之説誣《左氏》，而春秋之旨愈晦。杜預曰：「《周禮》有史官，掌邦國四方之事，達四方之志。諸侯亦各有國史，大事書之於策，小事簡牘而已。《孟子》曰：『楚謂之《檮杌》，晉謂之《乘》，而魯謂之《春秋》，其實一也。』韓宣子適魯，見《易象》與《魯春秋》，曰：『周禮盡在魯矣。吾乃今知周公之德，與周之所以王。』韓子所見，蓋周之舊典禮經也。周德既衰，官失其守，上之人不能使《春秋》昭明，赴告策書，諸所記注，多違舊章。仲尼因魯史策書成文，考其真僞，而志其典禮，上以遵周公之遺制，下以明將來之法。其教之所存，文之所害，則刊而正之，以示勸戒，其餘則皆即用舊史。」錫瑞案：杜預引《周禮》、《孟子》皆不足據。孟子言魯之《春秋》，止有其事其文而無其義，其義是孔子創立，非《魯春秋》所有，亦非出自周公。若周公時已有義例，孔子豈得不稱周公，而攘爲己作乎？杜引《孟子》之文不全，蓋以其引孔子云云，不便於己説，故諱而不言也。《周禮》雖有史官，未言史有凡例。杜預云：「其發凡以言例，皆經國之常制，周公之垂法。」《正義》曰：「今案《周禮》竟無凡例。」是孔穎達已疑其説，特以疏不駁注，不得不强爲傅會耳。《正義》又曰：「先儒之説《春秋》者多矣，皆云邱明以意作傳，説仲尼之經，『凡』與『不凡』，無新舊之例。」據孔説，則杜預以前如賈逵、服虔諸儒説左氏者，亦未嘗以凡例爲周公作。蓋謂邱明既作傳又作凡例，本是一人所作，故無新例、舊例之别也。至杜預乃專據韓宣疑似之文，盡翻前人成案，以《左氏傳》發凡五十爲周公舊例。周衰史亂，多違周公之舊，仲尼稍加刊正，餘皆仍舊不改。其稱「書」、「不書」、「先書」、「故書」、「不言」、「不稱」、「書曰」之類，乃爲孔子新例。此杜預自謂創獲，苟異先儒，而實大謬不然者也。自孟子至兩漢諸儒，皆云孔子作《春秋》，無攙入周公者。及杜預之説出，乃有周公之《春秋》，有孔子之《春秋》。周公之凡例多，孔子之變例少。若此，則周公之功大，孔子之功小。以故唐時學校，尊周公爲「先聖」，抑孔子爲「先師」，以生民未有之聖人，不得專享太牢之祭，止可降居配享之列。《春秋》之旨晦，而孔子之道不尊，正由此等謬説啓之。據孟子説，孔子作《春秋》是一件絶大事業，大有關繫文字。若如杜預經承舊史、史承赴告之説，止是鈔録一過，並無襃貶義例，則略識文字之鈔胥皆能爲之，何必孔子？即曰據事直書，不虛美，不隱惡，則古來良史如司馬遷、班固等亦優爲之，何必孔子？孔子何以有「知我罪我」、「其義竊取」之言？孟子何以推尊孔子作《春秋》之功，配古帝王，説得如此驚天動地？與其信杜預之説，奪孔子制作之功以歸之周公，曷若信孟子之言，尊孔子制作之功以上繼周公乎？陸淳《春秋纂例》駁杜預之説曰：「杜預云凡例皆周公之舊典禮經。按其傳例云：『弑君稱君，君無道也；稱臣，臣之罪也。』然則周公先設弑君之義乎？又曰：『大用師曰滅，弗地曰入。』又周公先設相滅之義乎？又云：『諸侯同盟，薨則赴以名。』又是周公令稱先君之名以告鄰國乎？雖夷狄之人，不應至此也。」案：陸淳所引後一條，即左氏所謂禮經，杜預所謂常例。陸駁詰明快，不知杜預何以解之，袒杜預者又何以解之。柳宗元亦曰：「杜預謂例爲周公之常法，曾不知侵伐入滅之例，周之盛時，不應預立其法。」與陸氏第二條説同。

論董子之學最醇，微言大義存於董子之書，不必驚爲非常異義

孟子之後，董子之學最醇。朱子稱仲舒爲醇儒。然則《春秋》之學，孟子之後亦當以董子之學爲最醇矣。《史記·儒林列傳》曰：「言《春秋》於齊魯自胡毋生，於趙自董仲舒。董仲舒，廣川人也，以治《春秋》，孝景時爲博士。漢興至于五世之間，惟董仲舒名爲明於《春秋》，其傳公羊氏也。胡毋生，齊人也，孝景時爲博士。齊之言《春秋》者，多受胡毋生。公孫弘亦頗受焉。」錫瑞案：太史公未言董子受學何人，而與胡毋同爲孝景博士，則年輩必相若。胡毋師公羊壽，

董子或亦師公羊壽。何休《解詁序》謂「略依胡毋生《條例》」，疏云「胡毋生以《公羊經傳》傳授董氏，猶自别作《條例》」。太史公但云公孫弘受胡毋，不云董子亦受胡毋。《漢書·儒林傳》於胡毋生云：「與董仲舒同業，仲舒著書稱其德。」云同業，則必非受業。戴宏序、鄭君《六蓺論》皆無傳授之説，未可爲據。何氏云「依胡毋」而不及董，《解詁》與董書義多同，則胡毋、董生之學本屬一家。胡毋書不傳，而董子《春秋繁露》十七卷尚存。國朝儒臣復以《永樂大典》所存樓鑰本詳爲勘訂，凡補一千一百二十一字，删一百二十一字，改定一千八百二十九字。前之譌缺不可讀者，今粗得通，聖人之微言大義，得以復明於世。漢人之解説《春秋》者，無有古於是書，而廣大精微，比伏生《大傳》、《韓詩外傳》尤爲切要，未可疑爲非常異義而不信也。《太史公自序》：「余聞董生曰：『周道衰廢，孔子爲魯司寇，諸侯害之，大夫壅之。孔子知言之不用，道之不行也。是非二百四十二年之中，以爲天下儀表。貶天子，退諸侯，討大夫，以達王事而已矣。』子曰：『我欲載之空言，不如見之行事之深切著明也。』夫《春秋》上明三王之道，下辨人事之紀，别嫌疑，明是非，定猶豫，善善惡惡，賢賢賤不肖，存亡國，繼絶世，補敝起廢，王道之大者也。撥亂世反之正，莫近於《春秋》。《春秋》文成數萬，其指數千。萬物之聚散，皆在《春秋》。《春秋》之中，弒君三十六，亡國五十二，諸侯奔走不得保其社稷者，不可勝數。察其所以，皆失其本已。故《易》曰：『失之毫釐，差以千里。』故曰：『臣弒君，子弒父，非一旦一夕之故也，其漸久矣。』故有國者不可以不知

《春秋》，前有讒而弗見，後有賊而不知。爲人臣者不可以不知《春秋》，守經事而不知其宜，遭變事而不知其權。爲人君父而不通於《春秋》者，❶必蒙首惡之名；爲人臣子而不通於《春秋》之義者，必陷簒弒之誅。死罪之名，其實皆以爲善，爲之不知其義，被之空言而不敢辭。夫不通禮義之旨，至於君不君、臣不臣、父不父、子不子。夫君不君則犯，臣不臣則誅，父不父則無道，子不子則不孝，此四行者，天下之大過也。以天下之大過予之，則受而弗敢辭。故《春秋》者，禮義之大宗也。夫禮禁未然之前，法施已然之後。法之所爲用者易見，而禮之所爲禁者難知。」案：太史公述所聞於董生者，微言、大義兼而有之，以禮説《春秋》尤爲人所未發。《春秋》撥亂反正，道在別嫌明微。學者知《春秋》近於法家，不知《春秋》通於禮家；知《春秋》之法可以治已然之亂臣賊子，不知《春秋》之禮足以禁未然之亂臣賊子。自漢以後，有用《春秋》之法，如誅意，如無將，而引經義以斷獄者矣；未有用《春秋》之禮，別嫌疑，明是非，而明經義以撥亂者也。若宋孫復《尊王發微》，狹隘酷烈，至謂《春秋》有貶無褒，是以《春秋》爲司空城旦書，豈知《春秋》者乎？董子嘗作《春秋決事》，弟子呂步舒等以《春秋》顓斷於外，而其言禮之精如是。是董子之學，當時見之施行者，特其麤觕，而其精者並未嘗見之施行也。然則世但知漢世《公羊》盛行，究之其盛行者，特酷吏藉以濟其酷，致後人爲《公羊》詬病。董子所謂禮義之大宗，漢時已以爲迂而不之用矣。董子之學

❶「者」下，《史記》有「之義」兩字。

不行，後人並疑其書而不信。試觀太史公所述，有一奇辭險語否？何必驚爲非常異義乎！

論存三統明見董子書，並不始於何休，據其説足知古時二帝三王本無一定

何氏《文謚例》：「《春秋》有五始、三科、九旨、七等、六輔、二類之義。」三科九旨尤爲閎大。《文謚例》：「三科九旨者，新周，故宋，以《春秋》當新王，此一科三旨也。所見異辭，所聞異辭，所傳聞異辭，二科六旨也。内其國而外諸夏，内諸夏而外夷狄，是三科九旨也。」宋氏之注《春秋》説三科者，一曰張三世，二曰存三統，三曰異外内，是三科也；九旨者，一曰時，二曰月，三曰日，四曰王，五曰天王，六曰天子，七曰譏，八曰貶，九曰絶。何氏九旨在三科之内，宋氏九旨在三科之外，其説亦無大異。而三科之義，已見董子之書。《楚莊王篇》曰：「《春秋》分十二世以爲三等，有見，有聞，有傳聞。有見三世，有聞四世，有傳聞五世。故哀、定、昭，君子之所見也；襄、成、宣、文，君子之所聞也；僖、閔、莊、桓、隱，君子之所傳聞也。所見六十一年，所聞八十五年，所傳聞九十六年。」此「張三世」之義。《王道篇》曰：「内其國而外諸夏，内諸夏而外夷狄，言自近者始也。」此「異外内」之義。《三代改制質文篇》曰：「《春秋》應天作新王之事，時正黑統，王魯尚黑，絀夏、新周、故宋。」又曰：「《春秋》上絀夏，下存周，以《春秋》當新王。《春秋》當新王者奈何？曰：王者之法必正號，絀王謂之帝，封其後以小國，使奉祀之。下存二王之後以大國，

使服其服，行其禮樂，稱客而朝。故同時稱帝者五，稱王者三，所以昭五端，通三統也。是故周人之王，尚推神農爲九皇，而改號軒轅，謂之黄帝，因存帝顓頊、帝嚳、帝堯之帝號，絀虞而號舜曰帝舜，録五帝以小國。下存禹之後於杞，存湯之後於宋，以方百里，爵號公，皆使服其服，行其禮樂，稱先王客而朝。《春秋》作新王之事，變周之制，當正黑統。而殷、周爲王者之後，絀夏改號禹，謂之帝禹，録其後以小國。故曰絀夏存周，以《春秋》當新王。」此「存三統」之義。錫瑞案：存三統尤爲世所駭怪，不知此是古時通禮，並非《春秋》創舉。以董子書推之，古王者興，當封前二代子孫以大國，爲二王後，並當代之王爲三王。又推其前五代爲五帝，封其後以小國；又推其前爲九皇，封其後爲附庸；又其前則爲民。殷周以上皆然。然則有繼周而王者，當封殷、周爲二王後，改號夏禹爲帝。《春秋》託王於魯，爲繼周者立法，當封夏之後以小國，故曰絀夏；封周之後爲二王後，故曰絀周。此本推遷之次應然。《春秋》存三統，實原於古制，逮漢以後，不更循此推遷之次。人但習見周一代之制，遂以五帝三王爲一定之號，於是《尚書大傳》舜乃稱王，解者不得其説。《周禮》先、後鄭注引九皇六十四民，疏家不能證明。蓋古義之湮晦久矣。晉王接、宋蘇軾、陳振孫皆疑黜周、王魯《公羊》無明文，以何休爲公羊罪人，不知存三統明見董子書，並不始於何休。《公羊傳》雖無明文，董子與胡毋生同時，其著書在《公羊》初著竹帛之時，必是先師口傳大義。據其書，可知古時五帝三王並無一定，猶親廟之祧遷。後世古制不行，人遂不得其説。學者試取董書《三代改制質文篇》深思而熟讀之，乃知《春秋》損益四代，立一王之法，其制度纖悉具備，誠非空言義理者所能解也。

論異外内之義與張三世相通，當競争之時，尤當講明《春秋》之旨

三科惟「張三世」之義明見於《公羊傳》。隱元年：「公子益師卒。何以不日？遠也。所見異辭，所聞異辭，所傳聞異辭。」《解詁》曰：「所見者，謂昭、定、哀，己與父時事也；所聞者，謂文、宣、成、襄，王父時事也；所傳聞者，謂隱、桓、莊、閔、僖，高祖曾祖時事也。所以三世者，禮爲父母三年，爲祖父母期，爲曾祖父母齊衰三月。立愛自親始，故《春秋》據哀録隱，上治祖禰。」與董子書略同，皆以三世爲孔子之三世。據此，足知《春秋》是孔子之書。張三世之義，雖比存三統、異外内爲易解，然非灼知《春秋》是孔子作，必不信張三世之義，而《春秋》書法詳略遠近，皆不得其解矣。張三世有二説。顔安樂以爲從襄二十一年之後，孔子生訖，即爲所見之世。《演孔圖》云：「文、宣、成、襄，所聞之世也。」顔氏分張一公而使兩屬，❶何劭公以爲任意。二説小異，而以三世爲孔子三世則同。異外内之義，與張三世相通。隱元年《解詁》曰：❷「於所傳聞之世，見治起於衰亂之中，用心尚麤觕，故内其國而外諸夏，先詳内而後治外；於所聞之世，見治升平，内諸夏而外夷狄；至所見之世，著治太平，夷狄進至於

❶ 「一」，原作「二」，據《春秋公羊傳注疏》改。

❷ 「年」，原作「羊」，據文意改。

爵，天下遠近，小大若一。」錫瑞案：《春秋》有攘夷之義，有不攘夷之義。以攘夷爲《春秋》義者，但見宣十一年「晉侯會狄于攢函」，《解詁》有「殊夷狄」之文，成十五年「叔孫僑如等會吴于鍾離」，《傳》有「曷爲殊會吴？外吴也」之文，不知宣、成皆所聞世，治近升平，故殊夷狄，若所見世，著治太平，哀四年「晉侯執戎曼子赤歸于楚」，十三年「公會晉侯及吴子于黄池」，夷狄進至于爵，與諸夏同，無外内之異矣。外内無異，則不必攘；遠近小大若一，且不忍攘。聖人心同天地，以天下爲一家，中國爲一人，必無因其種族不同而有歧視之意。而升平世不能不外夷狄者，其時世界程度尚未進於太平，夷狄亦未進化，引而内之，恐其侵擾，故夫子稱齊桓、管仲之功，有被髮左衽之懼，以其能攘夷狄，救中國，而特筆褒予之。然則以《春秋》爲攘夷，聖人非無此意，特是升平主義，而非太平主義，言豈一端而已，夫各有所當也。撥亂之世，内其國而外諸夏，諸夏非可攘者，而亦必異外内，故董子明言自近者始。王化自近及遠，由其國而諸夏而夷狄，以漸進於大同，正如由修身而齊家而治國，以漸至平天下。進化有先後，書法有詳略，其理本極平常。且春秋時夷狄非真夷狄也。吴，仲雍之後；越，夏少康之後；楚，文王師鬻熊之後；而姜戎是四岳裔冑，白狄、鮮虞是姬姓，皆非異種異族。特以其先未與會盟，中國擯之，比於戎狄，故《春秋》有七等進退之義。《公羊·莊十三年傳》曰：「州不若國，國不若氏，氏不若人，人不若名，名不若字，字不若子。」疏云：「言荆不如言楚，言楚不如言潞氏、甲氏，言潞氏不如言楚人，言楚人不如言介葛盧，言介葛盧不如言邾婁儀父，言邾婁儀父不如言楚子、吳子。」春秋設此七等，以進退當時之諸侯。韓文公曰：「諸侯用夷禮則夷之，進於中國則中國之。」是中國夷狄之稱，初無一定。《宣十二年傳》曰：「不與晉，而與楚子爲禮也。」《繁露·竹林篇》曰：「《春秋》之常辭也，不予夷狄而予中國爲禮。❶至邲之戰，偏然反之，晉變而爲夷狄，楚變而爲君子，故移其辭以從其事。」是進退無常，可見《春秋》立辭之變。《定四年傳》曰：「吳何以稱子？夷狄也而憂中國。」吳入楚，《傳》曰：「吳何以不稱子？反夷狄。」是進退甚速，可見《春秋》立義之精，皆以今之所謂文明野蠻爲褒貶予奪之義。後人不明此旨，徒嚴種族之辨，於是同異競爭之禍烈矣。蓋託於《春秋》義而實與《春秋》義不甚合也。

論《春秋》素王不必說是孔子素王，《春秋》爲後王立法，即云爲漢制法亦無不可

《公羊》有《春秋》素王之義，董、何皆明言之。而後世疑之者，因誤以素王屬孔子。杜預《左傳集解序》曰：「說者以仲尼自衛反魯，修《春秋》，立素王，邱明爲素臣。子路欲使門人爲臣，孔子以爲欺天，而云仲尼素王，邱明素臣，又非通論也。」《正義》曰：「麟是帝王之瑞，故有素王之說，言孔子自以身爲素王，故作《春秋》立素王之法；邱明自以身爲素臣，故爲素王作左氏之《傳》。漢魏諸儒，皆爲此說。董仲舒《對策》云：『孔子作《春秋》，先正王而繫以萬事，見素

❶「而予」，原作「而與」，據《春秋繁露》改。

王之文焉。』賈逵《春秋序》云：『孔子覽史記，就是非之説，立素王之法。』鄭玄《六蓺論》云：『孔子既西狩獲麟，自號素王，爲後世受命之君制明王之法。』盧欽《公羊序》云：『孔子自因《魯史記》而修《春秋》，制素王之道。』是先儒皆言孔子立素王也。《孔子家語》稱齊太史子餘歎美孔子，言『天其素王之乎』。素，空也，言無位而空王之也。彼子餘美孔子之深，原上天之意，故爲此言耳，非是孔子自號爲素王。先儒蓋因此而謬，遂言《春秋》立素王之法。左邱明述仲尼之道，故復以爲素臣。其言邱明爲素臣，未知誰所説也。」錫瑞案：據杜、孔之説，則《春秋》素王，非獨《公羊》家言之，《左氏》家之賈逵亦言之，至杜預始疑非通論。杜所疑者是仲尼素王，以爲孔子自王，此本説者之誤。若但云《春秋》素王，便無語弊。孔疏所引云「素王之文」、「素王之法」、「素王之道」，皆不得謂非通論。試以孔疏解「素」爲「空」解之，何不可通？杜預《序》云：「會成王義，垂法將來。」其與素王立法之説，有以異乎？無以異乎？惟《六蓺論》之「自號素王」，頗有可疑。鄭君語質，不加別白，不必以辭害意。孔子作《春秋》以討亂賊，必不自蹈僭妄，此固不待辨者。《釋文》於《左傳序》「素王」字云：「王，于況反。下『王魯』『素王』同。」然則素王之王，古讀爲「王天下」之「王」，並不解爲「王號」之「王」。孔子非自稱素王，即此可證。若邱明自稱素臣，尤爲無理。邱明尊孔子，稱弟子可矣，何必稱臣示敬？孔疏亦不知其説所自出。蓋《左傳》家竊取《公羊》素王之説，張大邱明以配孔子，乃造爲此言耳。漢人又多言《春秋》爲漢制法。《公羊疏》引：

「《春秋説》云：『伏羲作八卦，邱合而演其文，瀆而出其神，作《春秋》以改亂制。』又云：『邱水精治法，爲赤制功。』又云：『黑龍生爲赤，必告之象，使知命。』又云：『經十有四年春，西狩獲麟，赤受命，倉失權，周滅火起，薪采得麟。』以此數文言之，《春秋》爲漢制明矣。」據此，則《春秋》爲漢制法，説出緯書。何氏《解詁》於哀十四年云「木絶火王，制作道備，血書端門」，明引《春秋緯演孔圖》，《史晨》、《韓勑》諸碑亦多引之。東平王蒼曰：「孔子曰『行夏之時，乘殷之輅，服周之冕』，爲漢制法。」王充《論衡》曰：「夫五經，亦漢家之所立，儒生善政大義皆出其中。董仲舒表《春秋》之義，稽合於律，無乖異者。然則《春秋》，漢之經，孔子制作，垂遺於漢。」「孔子曰：『文王既没，文不在兹乎。』文王之文，傳在孔子；孔子爲漢制文，傳在漢也。」仲任發明《春秋》義甚暢，而史公、董子書末有《春秋》爲漢制法之説，故後人不信。歐陽修譏漢儒爲狹陋，云：「孔子作《春秋》，豈區區爲漢而已哉。」不知《春秋》爲後王立法，雖不專爲漢，而漢繼周後，即謂爲漢制法，有何不可？且在漢言漢，推崇當代，不得不然。即如歐陽修生於宋，宋尊孔教，即謂《春秋》爲宋制法，亦無不可。今人生於大清，大清尊孔教，即謂《春秋》爲清制法，亦無不可。歐陽所見，何拘閡之甚乎！漢尊讖緯，稱爲「内學」，鄭康成、何劭公生於其時，不能不從時尚。後人議何氏《解詁》不應引《演孔圖》之文，試觀《左氏·文十三年傳》「其處者爲劉氏」，孔疏明云「《左氏》不顯於世，先儒無以自申。劉氏從秦從魏，其源本出劉累，插注此辭，將以媚世。明帝時，賈逵上疏云：『五經皆無證圖讖明劉氏爲堯後者，而《左氏》獨有明文。』竊謂前世藉此以求道通，故後引之以爲證耳」。據孔疏，足見漢時風氣，不引讖緯不足以尊經。而《左氏》家擅增傳文，《公羊》家但存其說於注，而未敢增傳。相提並論，何氏之罪，不比賈逵等猶可末減乎？

論《春秋》改制猶今人言變法，損益四代，孔子以告顏淵，其作《春秋》亦即此意

《史記·孔子世家》：「子曰：『弗乎弗乎，君子病歿世而名不稱焉。吾道不行矣，吾何以自見於後世哉。』乃因史記作《春秋》，上至隱公，下訖哀公十四年，十二公。據魯，親周，故殷，運之三代，約其辭文而指博。故吴楚之君自稱王，而《春秋》貶之曰『子』。踐土之會實召周天子，而《春秋》諱之曰：『天王狩於河陽。』推此類以繩當世貶損之義，後有王者舉而開之，《春秋》之義行，則天下亂臣賊子懼焉。孔子在位聽訟，文辭有可與人共者，弗獨有也。至於爲《春秋》，筆則筆，削則削，子夏之徒不能贊一辭。弟子受《春秋》，孔子曰：『後世知丘者以《春秋》，而罪丘者亦以《春秋》。』」又《自序》引壺遂曰：「孔子之時，上無明君，下不得任用，故作《春秋》，垂空文以斷禮義，當一王之法。」錫瑞案：此二條，史公未明引董生，不知亦董生所傳否，而其言皆明白正大。云「據魯、親周、故殷」，則知《公羊》家存三統之義古矣；云「有貶損，有筆削」，則知《左氏》家經承舊史之義非矣；云「垂空文，當一王之法」，則知素王改制之義不必疑矣。《春秋》有素王之義，本爲改法而設，

後人疑孔子不應稱王，不知素王本屬《春秋》《淮南子》以《春秋》當一代。而不屬孔子；疑孔子不應改制，不知孔子無改制之權，而不妨爲改制之言。所謂改制者，猶今人之言變法耳。法積久而必變，有志之士，世不見用，莫不著書立説，思以其所欲變之法傳於後世，望其實行。自周秦諸子，以及近之船山、亭林、棃洲、桴亭諸公皆然。亭林《日知録》明云：「立言不爲一時。」船山《黄書》、《噩夢》，讀者未嘗疑其僭妄，何獨於孔子《春秋》反以僭妄疑之？《春秋》變周之文，從殷之質。或疑孔子自言從周，何得變周從殷。不知孔子周人，平日行事必從時王之制，至於著書立説，不妨損益前代。顔子問爲邦，子兼取虞、夏、殷、周以答之，此損益四代之明證。鄭君解《王制》與《周禮》不合者，率以殷法解之，證以爵三等、歲三田，皆與《公羊》義合，此《春秋》從殷之明證。正如今人生於大清，衣冠禮節，必遵時制，若著書言法政，則不妨出入，或謂宜從古制，或謂宜采西法。聖人制法，雖非後學所敢妄擬，然自來著書者莫不如是，特讀者習而不察耳。《春秋》所以必改制者，周末文勝，當救之以質，當時老子、墨子、子桑伯子、棘子成，皆已見及之。《春秋》從殷之質，亦是此意。《檀弓》一篇，三言郲婁，與《公羊》齊學同，而言禮多從殷。《中庸》疏引：「趙商問：『孔子稱「吾學周禮，今用之，吾從周」，《檀弓》云「今邱也，殷人也」，兩楹奠殯，哭師之處，皆所法於殷禮，未必由周，而云「吾從周」者，何也？』答曰：『「今用之」者，魯與諸侯皆用周之禮法，非專自施於己。在宋冠章甫之冠，在魯衣逢掖之衣，何必純用之。』」《儒行》疏：「案《曲禮》云：

『去國三世，唯興之日，從新國之法。』防叔奔魯，至孔子五世，應從魯冠，而猶著殷章甫冠者，以邱爲制法之主，故有異於人。所行之事，多用殷禮，不與尋常同也。且《曲禮》『從新國之法』，祇謂禮儀法用，未必衣服盡從也。」案：鄭、孔所言，足解「從殷」之惑。惟衣冠禮法是一類，冠章甫本周制，故公西華可以相禮。兩楹奠殯，哭師於寢，蓋當時亦可通行。惟作《春秋》，立法以待後王，可自爲制法之主耳。謂《春秋》皆本魯史舊文，孔子何必作《春秋》？謂《春秋》皆用周時舊法，孔子亦何必作《春秋》？

論《春秋》爲後世立法，惟《公羊》能發明斯義，惟漢人能實行斯義

孔子手定六經，以教後世，非徒欲使後世學者誦習其義以治一身，並欲後世王者實行其義以治天下。《春秋》立一王之法，其義尤爲顯著，而惟《公羊》知《春秋》是素王改制，爲能發明斯義；惟漢人知《春秋》爲漢定道，爲能實行斯義。姑舉數事證之。《公羊》之義，大一統。路温舒曰：「臣聞《春秋》正即位，大一統而慎始也。」《公羊》之義，立子以貴不以長。光武詔曰：「《春秋》立子以貴不以長。東海王陽，皇后之子，宜承大統。」《公羊》之義，子以母貴。公孫瓚罪狀袁紹曰：「《春秋》之義，子以母貴，紹母親爲傅婢，無虛退之心。」《公羊》之義，大居正。袁盎曰：「方今漢家法周，周之道，不得立弟，當立子。故《春秋》所以非宋公，死不立子而與弟，弟受國死，復反之與兄之子。弟之子爭之，以爲我當代父。後即刺殺兄子，以故國亂禍不絕。故《春

秋》曰君子大居正。」《公羊》之義，天子嘗娶於紀，故封之百里。《恩澤侯表》：「其餘后父，據《春秋》褒紀之義。」應劭曰：「《春秋》，天子將納后於紀，紀本子爵也，故先褒爲侯，言王者不娶於小國。」《公羊》之義，子尊不加於父母。鄭玄《伏后議》：「帝皇后父屯騎校尉不其亭侯伏完，公庭，完拜如臣禮；及皇后在離宮，拜如子禮。」《公羊》之義，昏禮不稱主人，不稱母，母不通也。杜鄴曰：「禮明三從之義，雖有文母之德，必繫於子。《春秋》不書紀侯之母，陰義殺也。」《公羊》之義，褒儀父，貶無駭。李固曰：「《春秋》褒儀父以開義路，貶無駭以閉利門。」《公羊》之義，三公之職號尊名也。翟方進曰：「《春秋》之義，尊上公謂之宰，海内無不統焉。」《公羊》之義，昭公出奔，國當絶。匡衡曰：「《春秋》之義，諸侯不能守其社稷者絶。」《公羊》之義，善善及子孫。成帝封丙吉孫詔曰：「夫善善及子孫，古今之通義也。」《公羊》之義，臣有大喪，則君三年不呼其門。陳忠曰：「先聖人緣人情以著其節，制服二十五月，是以《春秋》臣有大喪，三年不呼其門。」《公羊》之義，出竟有可以安社稷、利國家者，專之可也。御史大夫張湯劾徐偃矯制大害，法至死，偃以爲：「《春秋》之義，大夫出疆，有可以安社稷、存萬民，顓之可也。」《公羊》之義，譏世卿。樂恢曰：「世卿持禄，《春秋》所戒。」《公羊》之義，原情定罪。霍諝曰：「《春秋》之義，原情定過，赦事誅意，故許止雖弑君而不罪，趙盾以縱賊而見書。」《公羊》之義，人臣無將。膠西王曰：「淮南王安，廢法行邪，《春秋》曰：『臣無將，將而誅。』安罪重於將。」《公羊》之義，三年一祫，五年一禘。張純曰：「《春秋傳》曰：『大祫者何？合祭也。』毀廟及未毀廟之主皆登，合食太祖，五年而再殷。漢舊制，三年一祫，毀廟主合食高廟，存廟主未嘗合祭。元始五年，諸王公列侯朝會，始爲禘祭。」《公羊》之義，未踰年，君不書葬。周舉曰：「北鄉立未踰載，年號未改。孔子作《春秋》，王子猛不稱崩，魯子野不書葬。」《公羊》之義，譏逆祀。質帝詔曰：「昔定公追正順祀，《春秋》善之，其令恭陵次康陵，憲陵次恭陵。」《公羊》之義，不書閏。班固以閏九月爲後九月。《公羊》之義，懷藏以養微，是月不殺。章帝詔曰：「《春秋》於春每月書王者，重三正，慎三微也。律十二月立春，不以報囚。」《公羊》之義，通三統。劉向曰：「王者必通三統，明天命所授者博，非獨一姓。」此皆見於《兩漢書》者，更以漢碑考之。《巴郡太守張納碑》云：「正始順元。」用《公羊》五始之義。《處士嚴發殘碑》云：「蓋孔子作《春秋》，褒儀甫曰中缺。塞利欲之徯。」《成陽令唐扶頌》云：「通天三統。」《楊孟文石門頌》云：「《春秋》記異。」《安平相孫根碑》云：「仲伯撥亂，蔡即「祭」字。足譎權。」《衛尉卿衡方碑》云：「存亡繼絶。」《樊毅修華嶽碑》云：「世室不修，《春秋》作譏。」《郎中郭君碑》云：「爲人後者爲之子。」皆本《公羊》。足見漢時《公羊》通行，故能知孔子作《春秋》爲後世立法之義，非止用之以決獄也。胡安國曰：「武、宣之世，時君信重其書，學士大夫誦説，用以斷獄決事，雖萬目未張，而大綱克正，過於春秋之時，其效亦可見矣。」

論《穀梁》在春秋之後，曾見《公羊》之書，所謂「一傳」即《公羊傳》

鄭君《釋廢疾》曰：「孔子雖有聖德，不敢顯然改先王之法，❶以教授於世。若其所欲改，其陰書於緯藏之，以傳後王。《穀梁》四時田者，近孔子故也。《公羊》正當六國之亡，讖緯見讀，而《傳》爲三時田。作《傳》有先後，雖異，不足以斷《穀梁》也。」鄭君言《春秋》改制之義極精，故鄭云「《公羊》善於讖」，而以《公羊》之出在《穀梁》後，則未知所據。《釋文·序録》云：「公羊高受之於子夏，穀梁赤乃後代傳聞。」陳澧曰：「《釋文·序録》之言是也。莊二年，公子慶父帥師伐於餘邱。《公羊》云：『邾婁之邑也，曷爲不繫乎邾婁？國之也。曷爲國之？君存焉爾。』《穀梁》云：『公子貴矣，師重矣，而敵人之邑，公子病矣。其一曰，君在而重之也。』劉原父《權衡》云：『此似晚見《公羊》之説而附益之。』隱二年『無駭帥師入極』，八年『無駭卒』，《穀梁傳》皆兩説。劉氏亦以爲《穀梁》見《公羊》之書，而竊附益之。澧案：更有可證者。文十二年，子叔姬卒。《公羊》云：『此未適人，何以卒？許嫁矣。』《穀梁》云：『其曰子叔姬，貴也，公之母姊妹也。其一傳曰，許嫁以卒之也。』此所謂『其一傳』，明是《公羊傳》矣。宣十五年，初税畝。冬，蝝生。《穀梁》云：『蝝非災也，其曰蝝，非税畝之災也。』此《穀梁》駁《公羊》之説也。《公羊》以爲宣公税畝，應是而有天災，《穀梁》以爲不然，故曰

❶「王」，原作「生」，據《禮記疏》所引鄭玄語改。

『非災也』，駮其以爲天災也。又云『其曰蝝，非税畝之災也』，駮其以爲應税畝而有此災。其在《公羊》之後，更無疑矣。《公羊》、《穀梁》二傳同者，隱公不書即位，《公羊》云『成公意』，《穀梁》云『成公志』。鄭伯克段于鄢，皆云『殺之』。如此者不可枚舉矣。僖十七年夏，滅項。《公羊》云：『孰滅之？齊滅之。曷爲不言齊滅之？《春秋》爲賢者諱。此滅人之國，何賢爾？君子之惡惡也疾始，善善也樂終。桓公嘗有繼絶存亡之功，故君子爲之諱也。』《穀梁》云：『孰滅之？桓公也。何以不言桓公也？爲賢者諱也。既滅人之國矣，何賢乎？君子惡惡疾其始，善善樂其終。桓公嘗有存亡繼絶之功，故君子爲之諱也。』此更句句相同，蓋《穀梁》以《公羊》之説爲是，而録取之也。《穀梁》在《公羊》之後，研究《公羊》之説，或取之，或不取，或駮之，或與己説兼存之。其傳較《公羊》爲平正者，以此也。」

錫瑞案：以《穀梁》晚出，曾見《公羊》之書，劉原父已言之，陳氏推衍尤晰。治《穀梁》者必謂《穀梁》早出，觀此可以悟矣。晁説之曰：「《穀梁》晚出於漢，因得監省《左氏》、《公羊》之違畔而正之。至其精深遠大者，真得子夏之所傳。范氏又因諸儒而博辯之，申《穀梁》之志也。其於是非，亦少公矣。非若征南一切申傳，汲汲然不敢異同也。」晁氏以爲《穀梁》監省《左氏》、《公羊》，與陳氏所見同，不知陳氏見晁説否。晁以范氏是非爲公，則宋重通學、不守專門之見也。

論《公羊》、《穀梁》二傳當爲傳其學者所作，《左氏傳》亦當以此解之

子夏傳公羊高，至四世孫壽，乃著竹帛，戴宏所言當得其實。《穀梁》則有數説，且有四名。桓譚《新論》云：「《左氏》傳世後百餘年，魯人穀梁赤爲《春秋》，殘亡多所遺失。」應劭《風俗通》云：「穀梁子名赤，子夏弟子。」糜信則以爲秦孝公同時人，阮孝緒則以爲名俶，字元始。《漢書・蓺文志》顔注云：「名喜。」而《論衡・案書篇》又云「穀梁寘」。豈一人有四名乎？抑如《公羊》之祖孫父子相傳，非一人乎？名赤見《新論》，爲最先，故後人多從之。而據《新論》，後《左氏》百餘年，年代不能與子夏相接，而與秦孝公同時頗合。《四庫提要》曰：「其傳則士勛疏稱：『穀梁子名俶，字元始，一名赤。受經於子夏，爲經作傳。』則當爲穀梁子所自作。徐彦《公羊傳疏》又稱：『公羊高五世相授，至胡毋生乃著竹帛，題其親師，故曰《公羊傳》。穀梁亦是著竹帛者題其親師，故曰《穀梁傳》。』則當爲傳其學者所作。案《公羊傳》『定公即位』一條，引『子沈子曰』，何休《解詁》以爲後師。此傳『定公即位』一條，亦稱『沈子曰』。公羊、穀梁既同師子夏，不應及見後師。又『初獻六羽』一條，稱『穀梁子曰』。《傳》既穀梁自作，不應自引己説。且此條又引『尸子曰』，尸佼爲商鞅之師，鞅既誅，佼逃於蜀，其人亦在穀梁後，不應預爲引據。疑徐彦之言爲得其實，但誰著於竹帛，則不可考耳。」錫瑞案：楊疏云「穀梁傳孫卿」，孫卿去子夏甚遠，穀梁如受經於子夏，不得親傳孫卿。

以《傳》爲傳其學者所作，極是。非獨《公》、《穀》二傳，即《左氏傳》亦當以此解之。故其《傳》有後人附益，且及左氏後事。若必以爲左氏自作，反爲後人所疑。趙匡、鄭樵遂以爲左氏非邱明，是六國時人矣。朱子亦云左氏不必解是邱明。《公》、《穀》傳大概皆同，所以林黄中説只是一人，只是看他文字，疑若非一手者。羅璧《識遺》云：「公羊、穀梁，自高、赤作傳外，更不見有此姓。」萬見春謂皆「姜」字切韻脚，疑爲姜姓假託。案：邾婁爲鄒、勃鞮爲披之類，兩音雖可合爲一字，《越絶書》云「以口爲姓，承之以天」，朱子注《楚詞》自署鄒訢，古人著書，亦有自隱其姓名者。而二子爲經作傳，要不應自隱其姓。至謂公羊、穀梁，高、赤外不見有此姓，則尤不然。《禮記·檀弓》明云：❶「鑿巾以飯，公羊賈爲之也。」何得謂公羊高外，不見公羊姓乎？疑公羊賈即《論語》之公明賈，公羊高即《孟子》之公明高。高，曾子弟子，亦可從子夏受經。古讀明如芒，《詩》「以我齊明，與我犧羊」爲韻，「明」、「羊」音近，或亦可通。是説雖未見其必然，而據《禮記》明明有姓公羊者矣。《漢書·古今人表》有公羊、穀梁，列四等，必實有其人可知。近人又疑公羊、穀梁皆「卜商」轉音，更無所據。

論《穀梁》廢興及三傳分别

《史記·儒林傳》曰：「瑕邱江生爲《穀梁春秋》。自公孫弘得用，嘗集比其義，卒用董仲舒。」《漢書·儒林傳》曰：「瑕邱江

❶「檀弓」，查《禮記》，引文出自《雜記下》。

公，受《穀梁春秋》及《詩》於魯申公，傳子至孫爲博士。武帝時，江公與董仲舒並，仲舒通五經，能持論，善屬文。江公吶於口，上使與仲舒議，不如仲舒。而丞相公孫弘本爲《公羊》學，比輯其議，卒用董生。於是上因尊《公羊》家，詔太子受《公羊春秋》，由是《公羊》大興。太子既通，復私問《穀梁》而善之，其後浸微。宣帝即位，聞衛太子好《穀梁春秋》，以問丞相韋賢、長信少府夏侯勝及侍中樂陵侯史高，皆魯人也，言穀梁子本魯學，公羊氏迺齊學也，宜興《穀梁》。由是《穀梁》之學大盛。」故范甯論之曰：「廢興由於好惡，盛衰繼於辨訥。」是漢時不獨《左氏》與《公羊》争勝，《穀梁》亦嘗與《公羊》争勝。武帝好《公羊》而《公羊》之學大興，宣帝好《穀梁》而《穀梁》之學大盛，非奉朝廷之意旨乎？公孫弘齊人，而祖齊學之《公羊》；韋賢魯人，而祖魯學之《穀梁》，非出鄉曲之私見乎？據《漢書》，江公傳子至孫爲博士，周慶、丁姓皆爲博士，申章昌亦爲博士。贊曰：「孝宣世復立《穀梁春秋》。」則《穀梁》在前漢嘗立學官，有博士。而後漢十四博士，止有《公羊》嚴、顔二家而無《穀梁》，則《穀梁》雖暫立於宣帝時，至後漢仍不立，猶《左氏》雖暫立於平帝與光武時，至其後仍不立也。《後漢·賈逵傳》云：「建初八年，乃詔諸儒各選高才生，受左氏、穀梁《春秋》，古文《尚書》，《毛詩》，由是四經遂行於世。」此四經雖行於世，而不立學。觀《左氏》、《毛詩》、古文《尚書》，終漢世不立學，《穀梁春秋》可知。《熹平石經》止有《公羊》無《穀梁》。然則《穀梁》雖暫盛於宣帝之時，而漢以前盛行《公羊》，漢以後盛行《左氏》。蓋《穀梁》之義不及《公羊》之大，事不及《左氏》之詳，故雖監省《左氏》、《公羊》立說，較二家爲平正，卒不能與二家鼎立。鄭樵曰：「《儒林傳》學《公羊》者凡九家，而以《穀梁》名家獨無其人。」此所謂師說久微也。無論瑕邱江公，即尹、胡、申章、房氏之學，今亦無有存者，僅存者惟范氏《集解》。而《集解》所引，亦惟同時江、徐及兄弟子姪諸人。古義淪亡，無可探索。求如《公羊》大師，董子猶傳《繁露》一書，胡毋生《條例》猶存於《解詁》者，渺不可得。今其條理略可尋者，時月日例而已。綜而論之，《春秋》有大義，有微言，大義在誅亂臣賊子，微言在爲後王立法。惟《公羊》兼傳大義微言，《穀梁》不傳微言但傳大義，《左氏》並不傳義，特以記事詳贍，有可以證《春秋》之義者，故三傳並行不廢。特爲斟酌分別，學者可審所擇從矣。

論《春秋》兼采三傳不主一家始於范甯，而實始於鄭君

何休《解詁》專主《公羊》，杜預《集解》獨宗《左氏》，雖義有拘窒，必曲爲解說，蓋專門之學如是。惟范甯范字武子，其名當爲「甯武子」之「甯」。《穀梁集解》，於三傳皆加貶辭，曰：「《左氏》以鬻拳兵諫爲愛君，文公納幣爲用禮；《穀梁》以衛輒拒父爲尊祖，不納子糾爲內惡；《公羊》以祭仲廢君爲行權，妾母稱夫人爲合正。以兵諫爲愛君，是人主可得而脅也；以納幣爲用禮，是居喪可得而婚也；以拒父爲尊祖，是爲子可得而叛也；以不納子糾爲內惡，是仇讎可得而容也；以廢君爲行權，是神器可得而闚也；以妾母爲夫人，是嫡庶可得而齊也。若此

之類，傷教害義，不可强通者也。」又曰：「《左氏》豔而富，其失也巫；《穀梁》清而婉，其失也短；《公羊》辨而裁，其失也俗。」錫瑞案：范氏兼采三傳，不主一家，開唐啖、趙、陸之先聲，異漢儒專門之學派。蓋經學至此一變，而其變非自范氏始。鄭君從第五元先習《公羊》，其解禮多主《公羊》説，而《鍼膏》、《起廢》兼主《左氏》、《穀梁》，嘗云「《左氏》善於禮，《公羊》善於讖，《穀梁》善於經」，已爲兼采三傳之嚆矢。蓋解禮兼采三禮，始於鄭君；解《春秋》兼采三傳，亦始於鄭君矣。晉荀崧曰：「孔子作《春秋》，左邱明、子夏造膝親受，此用劉歆之説。無不精究。邱明撰所聞爲《傳》，其書善禮，多膏腴美辭，張本繼末，以發明經意，信多奇偉。儒者稱公羊高親受子夏，立於漢朝，辭義清俊，斷決明審，多可採用，董仲舒之所善也。穀梁赤師徒相傳，暫立於漢。以爲暫立最是。時劉向父子，猶執一家，莫肯相從。其書文清義約，諸所發明，或《左氏》、《公羊》所不載，亦足訂正。是以三傳並行。」荀崧在東晉初，請立《公羊》、《穀梁》博士，觀其持論，三傳並重，亦在范氏之前。范氏並詆三傳乖違，惟《左氏》兵諫、喪娶二條，何氏《膏肓》已先斥之，誠爲傷教害義，不可强通。若《穀梁》以衛輒拒父爲尊祖，是尊無二上之義；以不納子糾爲内惡，是敵怨不在後嗣之義，皆非不可通者。范解《穀梁》，不以爲是，故於《序》先及之。《公羊》以祭仲廢君爲行權，乃《春秋》借事明義之旨。祭仲未必知權，而借以爲行權之義。仲廢君由迫脅，並非謀篡，范以爲闚神器，未免深文。妾母稱夫人爲合正。《春秋》質家本有母以子貴之義，董子《繁露·三代改制質文篇》言之甚明。范氏主《穀梁》，妾母不得稱夫人，義雖正大，然是文家義，不合於《春秋》質家。劉逢禄治《公羊》，乃於此條必從《穀梁》，以汩《公羊》之義，是猶未曙於質家、文家之别也。

論《春秋》借事明義之旨，止是借當時之事做一樣子，其事之合與不合、備與不備本所不計

借事明義，是一部《春秋》大旨，非止祭仲一事。不明此旨，《春秋》必不能解。董子曰：「孔子知時之不用，道之不行也，是非二百四十二年之中，以爲天下儀表，貶天子，退諸侯，討大夫，以達王事而已矣。曰我欲載之空言，不如見之行事之深切著明也。」錫瑞案：董子引孔子之言，與孟子引孔子之言，皆《春秋》之要旨，極可信據。「載之空言，不如見之行事」，後人亦多稱述，而未必人人能解。《春秋》一書，亦止是載之空言，如何説是見之行事？即後世能實行《春秋》之法，見之行事，亦非孔子之所及見，何以見其深切著明？此二語看似尋常之言，有令人百思而不得其解者，必明於《公羊》借事明義之旨，方能解之。蓋所謂見之行事，謂託二百四十二年之行事，以明襃貶之義也。孔子知道不行而作《春秋》，斟酌損益，立一王之法，以待後世。然不能實指其用法之處，則其意不可見。即專著一書，説明立法之意如何，變法之意如何，仍是託之空言，不如見之行事使人易曉。猶今之《大清律》，必引舊案以爲比例，然後辦案乃有把握。故不得不借當時之事，以明襃貶之義；即襃貶之義，以爲後來之法。

如魯隱非真能讓國也，而《春秋》借魯隱之事，以明讓國之義；祭仲非真能知權也，而《春秋》借祭仲之事，以明知權之義；齊襄非真能復讐也，而《春秋》借齊襄之事，以明復讐之義；宋襄非真能仁義行師也，而《春秋》借宋襄之事，以明仁義行師之義。所謂「見之行事，深切著明」，孔子之意，蓋是如此。故其所託之義，與其本事不必盡合，孔子特欲借之以明其作《春秋》之義，使後之讀《春秋》者，曉然知其大義所存，較之徒託空言而未能徵實者，不益深切而著明乎？三傳惟《公羊》家能明此旨，昧者乃執《左氏》之事以駮《公羊》之義，謂其所稱祭仲、齊襄之類如何與事不合，不知孔子並非不見國史，其所以特筆襃之者，止是借當時之事做一樣子，其事之合與不合、備與不備，本所不計。孔子是爲萬世作經，而立法以垂教；非爲一代作史，而紀實以徵信也。董子曰：「《春秋》文成數萬，其旨數千。」張晏曰：「《春秋》萬八千字。」李仁甫曰「細數之，尚減一千四百二十八字」，與王氏《學林》云萬六千五百餘字合。夫以二百四十二年之事，止一萬六千餘字，計當時列國赴告、魯史著録，必十倍於《春秋》所書。孔子筆削，不過十取其一。蓋惟取其事之足以明義者，筆之於書，以爲後世立法，其餘皆削去不録。或事見於前者，即不録於後；或事見於此者，即不録於彼。以故一年之中，寥寥數事，或大事而不載，或細事而詳書，學者多以爲疑。但知借事明義之旨，斯可以無疑矣。

論三統、三世是借事明義，黜周、王魯亦是借事明義

《春秋》借事明義，且非獨祭仲數事而已也，存三統，張三世，亦當以借事明義解之，然後可通。隱公非受命王，而《春秋》於隱公託始，即借之以爲受命王；哀公非太平世，而《春秋》於哀公告終，即借之以爲太平世。故論春秋時世之漸衰，春秋初年，王迹猶存；及其中葉，已不逮春秋之初；至於定、哀，駸駸乎流入戰國矣。而論《春秋》三世之大義，《春秋》始於撥亂，即借隱、桓、莊、閔、僖爲撥亂世；中於升平，即借文、宣、成、襄爲升平世；終於太平，即借昭、定、哀爲太平世。世愈亂而《春秋》之文愈治，其義與時事正相反。蓋《春秋》本據亂而作，孔子欲明馴致太平之義，故借十二公之行事爲進化之程度，以示後人治撥亂之世應如何，治升平之世應如何，治太平之世應如何。義本假借，與事不相比附。《公羊疏》於注「至所見之世，著治太平」云：「當爾之時，實非太平，但《春秋》之義，若治之太平於昭、定、哀也；猶如文、宣、成、襄之世實非升平，但《春秋》之義，而見治之升平然。」疏之解此，亦甚明矣。昧者乃引當時之事，譏其不合，不知孔子生於昭、定、哀世，豈不知其爲治爲亂？《公羊》家明云世愈亂而《春秋》之文愈治，亦非不知其爲治爲亂也。《孟子》以《春秋》成爲天下一治。黜周王魯，亦是假借，《公羊疏》引：「問曰：『《公羊》以魯隱公爲受命王，黜周爲二王後。案《長義》云：「名不正則言不順，言不順則事不成。」今隱公人臣，而虚稱以王；周天子

見在上，而黜公侯，是非正名而言順也。』答曰：『《春秋》藉位於魯，以託王義。隱公之爵，不進稱王；周王之號，不退爲公，何以爲不正名？何以爲不順言乎？』」賈逵所疑，疏已解之。《左傳疏》引劉炫難何氏云：「新王受命，正朔必改，是魯得稱元，亦應改其正朔。仍用周正，何也？既託王於魯，則是不事文王。仍奉王正，何也？諸侯改元，自是常法，而云託王改元，是妄説也。」錫瑞案：劉炫習見後世諸侯改元之事，不知何氏明言惟王者改元立號。《春秋》王魯，故得改元；託王非真，故雖得改元，不得改正朔。此等疑義，皆甚易解。後之疑《公羊》與董、何者，大率皆如賈逵、劉炫之説，不知義本假託，而誤執爲實事，是以所見拘滯。劉逢禄《釋三科例》曰：「且《春秋》之託王至廣，稱號名義仍繫於周，挫强扶弱常繫于二伯，何嘗真黜周哉？郊禘之事，《春秋》可以垂法，而魯之僭，則大惡也。就十二公論之，桓、宣之弑君宜誅，昭之出奔宜絶，定之盜國宜絶，隱之獲歸宜絶，莊之通讎外淫宜絶，閔之見弑宜絶，僖之僭王禮、縱季姬、禍鄫子，文之逆祀、喪娶、不奉朔，成、襄之盜天牲，哀之獲諸侯、虚中國以事强吴，雖非誅、絶，而免於《春秋》之貶黜者多矣，❶何嘗真王魯哉？」劉氏謂黜周王魯非真，正明其爲假借之義。陳澧乃詆之曰：「言黜周、王魯非真，然則《春秋》作僞歟？」不知爲假借，而疑爲作僞。蓋《春秋》是專門之學，陳氏於《春秋》非專門，不足以知聖人微言也。

❶「而」，原作「不」，據清道光十年思誤齋刻本《劉禮部集》改。

論《春秋》有現世主義，有未來主義，義在尊王攘夷，而不盡在尊王攘夷

董子曰「其旨數千」，即《孟子》所引「其義則邱竊取」者。以《春秋》萬六千餘字，而其旨以千數，則必有兩義並行而不相悖，二意兼用而適相成者。自非專門之學，則但見其顯而不見其隱，知其淺而不知其深。聖人之書，廣大精微，仁者見仁，知者見知，得其一解，已足立義，亦無背於聖人之旨也。特患習於所見而蔽所不見，但見其義之顯而淺者，而於其義之隱而深者素所不解，遂誑而不信，或瞋目扼腕以争之，則所得者少，而所失者多矣。《春秋》之義旨既如此之多，必非據事直書而論者；以爲止於據事直書，且必非止懲惡勸善而論者；以爲止於懲惡勸善，微言大義既已闇而不章。宋儒孫復、胡安國之徒，其解《春秋》又專言尊王攘夷。不知《春秋》有尊王之義，而義不止於尊王；有攘夷之義，而義不止於攘夷。既言尊王，又有黜周王魯之義，似相反矣；而《春秋》爲後王立法，必不專崇當代之王，似相反，實非相反也。既言攘夷矣，又有夷狄進至於爵之義，似相反矣；而聖人欲天下大同，必漸推漸廣，遠近若一，似相反，亦非相反也。成元年，王師敗績於貿戎。《公羊傳》曰：「王者無敵，莫敢當也。」疏云：「《春秋》之義，託魯爲王，而使舊王無敵者，見任爲王，寧可會奪，正可時時内魯見義而已。」陳澧遂據此傳，謂「既以周爲王者無敵，必無黜周、王魯之說。此疏正可以駁黜周之說」。不知疏明言《春秋》王魯，不奪舊王，是《春秋》尊王之義與王魯

之義，本可並行不悖也。僖四年，楚屈完來盟于師，盟于召陵。《公羊傳》曰：「南夷與北狄交，中國不絕若綫。桓公救中國而攘夷狄，卒帖荆，❶以此爲王者之事。」《解詁》曰：「言桓公先治其國以及諸夏，治諸夏以及夷狄，如王者爲之，故云爾。」後人多據此傳，以爲《春秋》攘夷之證，不知《解詁》明言桓公先治其國以及諸夏，治諸夏以及夷狄。僖公當所傳聞世，而漸近於所聞，故有合於《春秋》内其國而外諸夏，内諸夏而外夷狄之義。若至所見世，夷無可攘，是《春秋》攘夷之義，與夷狄進至於爵之義，本是兩意相成也。綜而言之，有現世主義，有未來主義。聖人作《春秋》，因王靈不振，夷狄交横，尊王攘夷，是現世主義，不得不然者也。而王靈不振，不得不爲後王立法；夷狄交横，不能不思用夏變夷。爲後王立法，非可託之子虛烏有，故託王於魯以見義；思用夏變夷，非可限以種族不同，故進至于爵而後止。此未來主義，亦不得不然者也。《春秋》兼此二義，惟《公羊》、董、何能發明，今爲一語道破，亦實尋常易解，並無非常異義可怪之論。而不治《公羊》，則但知其一，不知其二，即尋常之義，亦駭怪以爲非常矣。

論孔子成《春秋》，不能使後世無亂臣賊子，而能使亂臣賊子不能無懼

或曰：「孟子言『孔子成《春秋》而亂臣

❶「帖」，《四部叢刊》影宋建安余氏刊本、宋淳熙撫州公使庫刻紹熙四年重修本《春秋公羊經傳解詁》作「怗」，所附陸德明《釋文》云，一作「貼」，一作「拈」。均非「帖」字。

賊子懼』，何以《春秋》之後，亂臣賊子不絶於世？ 然則孔子作《春秋》之功安在？ 孟子之言殆不足信乎？」曰：孔子成《春秋》，不能使後世無亂臣賊子，而能使亂臣賊子不能全無所懼。自《春秋》大義昭著，人人有一《春秋》之義在其胸中，皆知亂臣賊子人人得而誅之。雖極凶悖之徒，亦有魂夢不安之隱。雖極巧辭飾説，以爲塗人耳目之計，而耳目仍不能塗。邪説雖横，不足以蔽《春秋》大義。亂賊既懼當時義士聲罪致討，又懼後世史官據事直書。如王莽者，多方掩飾，窮極詐僞，以蓋其簒弑者也。如曹丕、司馬炎者，妄託禪讓，褒封先代，簒而未敢弑者也。如蕭衍者，已行簒弑，旋知愧憾，深悔爲人所誤者也。如朱温者，公行簒弑，猶畏人言，歸罪於人以自解者也。他如王敦、桓温，謀簒多年，而至死不敢；曹操、司馬懿，及身不簒，而留待子孫。凡此等，固由人有天良，未盡泯滅，亦由《春秋》之義深入人心，故或遲之久而後發，或遲之又久而卒不敢發。即或冒然一逞，犯天下之不韙，終不能坦懷而自安。如蕭衍見吴均作史，書其助蕭道成簒逆，遂怒而擯吴均；燕王棣使方孝孺草詔，孝孺大書燕賊簒位，遂怒而族滅孝孺。其怒也，即其懼也。蓋雖不懼國法，而不能不懼公論也。或曰：「桓温嘗言『不能流芳百世，亦當貽臭萬年』，彼自甘貽臭者，又豈能懼清議？」曰：桓温雖有此言，亦止敢行廢立，而未敢行簒弑，正由懼清議之故。且彼自知貽臭，則已有清議在其心矣，安能晏然不一動乎？ 是非曲直，世之公理，獨臣子於君父，不得計是非曲直，所謂天下無不是的父母。《春秋》弑君三十六，而弑父者三。文二年楚世子商臣弑其君頵，襄三十年蔡世子般弑其君固，昭十九年許世子止弑其君買。被弑三人，皆兼君父。許止進藥而藥殺，非真弑者，而《春秋》以弑書；蔡侯淫而不父，禍由自取；楚子輕於廢立，機洩致禍，《春秋》亦以弑書。蓋君父雖有過愆，臣子無可解免。以此推之，臣子之於君父，不當論是非曲直，亦不當分別有道無道。臣子既犯弑逆之罪，即人倫之大變，天理所不容。雖其人有恩惠於民，有功勞於國，亦不當稱道其小善，而縱舍其大惡。春秋時，如齊之陳氏，未嘗無恩惠於民；晉之趙盾，亦未嘗無功勞於國。而經一概書「弑」，不使亂臣賊子有所藉口。正如後世曹操、劉裕之類，有功於國，有德於民，而論者不爲末減也。至於但書弑君，而不書弑君爲何人，蓋由所據舊史未有明文。聖人以爲既無主名，自難擅入人罪；雖有傳聞，未可據以增加，不若闕之爲愈。此正罪疑惟輕與不知蓋闕之義。若「弑君稱君，君無道」之例，與《春秋》大義反對，必非聖人作經之旨。杜預姦言誣聖，先儒已加駁正。學者不當更揚其波，使邪説誣民，充塞仁義也。

論《春秋》一字褒貶之義，宅心恕而立法嚴

《春秋》大義，在討亂賊，則《春秋》必褒忠義。經曰：「宋督弑其君與夷及其大夫孔父。」「宋萬弑其君捷及其大夫仇牧。」「晉里克弑其君卓及其大夫荀息。」三大夫皆書「及」，褒其皆殉君難。《公羊傳》曰：「何賢乎孔父？孔父可謂義形於色矣。」「何賢乎仇牧？仇牧可謂不畏强禦矣。」「何賢乎荀

息？荀息可謂不食其言矣。」《春秋》同一書法，《公羊》同一褒辭，足以發明大義。《左氏》序事之書，本不傳義，故不加褒，亦不加貶。惟荀息引君子曰「斯言之玷」，語含譏刺。此林黄中所以謂《左傳》「君子曰」是劉歆增入也。杜預乃有「書名罪之」之例，《釋例》曰：「孔父爲國政，則取怨於民；治其家，則無閨閫之教。身先見殺，禍遂及君。既無所善，仇牧不警而遇賊，又死無忠事；晉之荀息期欲復言，本無大節。先儒皆隨加善例，又爲不安。」孔疏曰：「《公羊》、《穀梁》及先儒，皆以善孔父而書字。知不然者，案宋人殺其大夫司馬，《傳》稱握節以死，故書其官。又宋人殺其大夫，《傳》以爲無罪不書名。今孔父之死，《傳》無善事，故杜氏之意，以父爲名，言若齊侯禄父、宋公兹父之等。」錫瑞案：「大夫書名罪之」之例，本不可信。且《左氏》明云「孔父嘉爲司馬」，是其名嘉甚明。古人名嘉字孔，鄭公子嘉字子孔可證。「父」通「甫」，漢碑稱「孔甫」、「宋甫」可證。甫者，男子之美稱，豈有以父與甫爲名者乎？禄父、兹父，非單名父，不稱齊侯父、宋公父也。穎達曲徇杜預，而毒詈其遠祖，豈自忘其爲孔氏子孫乎？杜、孔之解《春秋》，如此等處，不謂之邪説不可也。陳澧謂：「孔疏覼縷數百言，尤所謂鍛鍊深文，不知孔穎達何以惡其先世孔父至於如此。」錫瑞案：聖人之作《春秋》，其善善也長，其惡惡也短。有一字之褒貶。三大夫之書「及」，所謂一字之褒；弒君之臣，一概書「弒」，所謂一字之貶。聖人以爲其人甘於殉君即是大忠，雖有小過，如《左氏》所書孔父、荀息之事。可不必究；其人忍於弒君即是大惡，雖有小功，如《左氏》所書趙盾之事。亦不足道。蓋宅心甚恕，而立法甚嚴也。《春秋》之法，弑君者於經不復見，以爲其人本應伏誅，雖未伏誅，而削其名不再見經，即與已伏誅等。趙盾弑君，所以復見者，以其罪在不討賊，與親弑者稍有分別。《春秋》之法，弑君賊不討不書葬，以爲君父之仇未報，不瞑目於地下，雖葬與不葬等。許止弑君，未討而君書葬，以其罪在誤用藥，與親弑者稍有分別。是亦立法嚴而宅心恕也。歐陽修謂趙盾弑君，必不止不討賊；許止弑君，必不止不嘗藥，以三傳爲皆不足信。不知如三傳之説，於趙盾見忠臣之至，於許止見孝子之至，未嘗不情真罪當；臣弑君，凡在官者殺無赦，子弑父，凡在宮者殺無赦，未嘗不詞嚴義正。而歐陽修等必不信《傳》，孫復曰：「稱國以弑者，國之人皆不赦也。」然則有王者作，將比一國之人而誅之乎？雖欲嚴春秋誅亂賊之防，而未免過當矣。

論《春秋》書災異不書祥瑞，《左氏》、《公羊》好言占驗，皆非大義所關

胡安國《進春秋傳表》曰：「仲尼制《春秋》之義，見諸行事，垂訓方來。雖祖述憲章，上循堯、舜、文、武之道，而改法創治，❶不襲虞、夏、商、周之迹。蓋『洪水滔天，下民昏墊』，與『《簫韶》九成，百獸率舞』，並載於《虞書》；『大木斯拔』與『嘉禾合穎』，『鄙我周邦』與『六服承德』，同垂乎周史，此上世帝王紀事之例。至《春秋》，則凡慶瑞之符，禮文常事，皆削而不書；而災異之變，

❶「治」，《春秋胡傳·進春秋傳表》作「制」。

政事闕失，則悉書之以示後世，使鑑觀天人之理，有恐懼祇肅之意，乃史外傳心之要典。於以反身，日加修省，及其既久，積善成德，上下與天地同流，自家刑國，措之天下，則麟鳳在郊，龜龍遊沼，其道亦可馴致之也。故始於隱公，終於獲麟，而以天道終焉。比於《關雎》之應，而能事畢矣。」錫瑞案：胡氏此論，深得《春秋》改制馴致太平之義。《春秋》書災異，不書祥瑞，聖人蓋有深意存焉。絶筆獲麟，《公羊》以爲受命制作，有「反袂拭面」，「稱吾道窮」之事，則是災異，並非祥瑞。若以麟至爲太平瑞應，比於《麟趾》之應《關雎》，則又别是一義。胡氏引此以責難於君，非前後矛盾也。《困學紀聞》曰：「《春秋》三書『孛』，文十四年、昭十七年、哀十三年。而昭十七年『有星孛於大辰』，申須曰：『彗所以除舊布新也。』《史記·天官書》劉更生《封事》云：『《春秋》彗星三見。』則彗、孛一也。《晏子春秋》：『齊景公睹彗星，使伯常騫禳之。晏子曰：孛又將出，彗星之出，庸何懼乎？』則孛之爲變，甚於彗矣。星孛東方，哀十三年冬。在於越入吴之後；十三年夏。彗見西方，在衛鞅入秦之前，天之示人著矣。齊桓之將興也，恒星不見，星隕如雨；晉文之將興也，沙鹿崩。自是諸侯無王矣。晉三大夫之命爲侯也，九鼎震。自是大夫無君矣。故董子曰：『天人相與之際，甚可畏也。』」又曰：「『八世之後，莫之與京』，❶莊二十二年。其田氏篡齊之後之言乎？『公侯子孫，必復其始』，閔元年。其三卿分晉之後之言乎？『其處者爲劉

❶「莫之與京」，原脱，據《四部叢刊三編》影元本、明萬曆刻本《困學紀聞》補。

氏』，文十三年。其漢儒欲立《左氏》者所附益乎？皆非《左氏》之舊也。新都之簒，以沙鹿崩爲祥；釋氏之熾，以恒星不見爲證。蓋有作俑者矣。」案：此亦得《春秋》書災異不書祥瑞之旨。書災異，所以示人儆懼；不書祥瑞，所以杜人覬覦。《困學紀聞》前説以爲天人相應，此示人儆懼之意也；後説以爲後人附益，此杜人覬覦之意也。《左氏》好言祥異占驗，故范甯以爲其失也巫。而如懿氏卜妻敬仲，畢萬筮仕于晉之類，又或出於附益，而非《左氏》之舊。《公羊》家與《左氏》異趣，而亦好言祥異占驗。漢儒言占驗者，齊學爲盛。伏《傳》五行、《齊詩》五際，皆齊學，公羊氏亦齊學，故董子書多説陰陽五行。何氏《解詁》説占驗亦詳，要皆《春秋》之别傳，與大義無關。猶《洪範五行傳》與《齊詩》，非《詩》、《書》大義所關也。

論獲麟《公羊》與《左氏》説不同，而皆可通，鄭君已疏通之

臧琳曰：「杜元凱《春秋左氏傳序》：『《春秋》之作，《左傳》及《穀梁》無明文。』《正義》曰：『據杜云《左傳》及《穀梁》無明文，則指《公羊》有其顯説。今驗何注《公羊》，亦無作《春秋》事。案孔舒元《公羊傳》本云：「十有四年，春，西狩獲麟。何以書？記異也。以上何本同。今麟非常之獸，其爲非常之獸奈何？二句何本無。有王者則至，無王者則不至。二句何本同。然則孰爲而至？爲孔子之作《春秋》。」二句何本無。是有成文也。《左傳》及《穀梁》則無明文。』案：孔舒元未詳何時人，《儒林傳》及《六蓺論》

皆無之，《隋志》有《公羊春秋傳》十四卷，孔衍集解，未知是否。杜氏作《序》既所據用，則爲古本可知矣。」錫瑞案：臧氏據孔疏以證《公羊》逸文，能發人所未發；疑舒元即孔衍而未能決，不知舒元即孔衍之字，《晉書・儒林傳》「孔衍字舒元，孔子二十二世孫。中興初，補中書郎，出爲廣陵郡」，亦見劉知幾《史通》。見《書論》。衍雖晉人，其年輩在杜預後，杜所據用非必衍書，或杜所見《公羊》與衍所據本同。漢時《公羊》有嚴、顔二家，何劭公據顔氏，故少數語；杜預、孔衍蓋據嚴氏，故多數語。鄭君注《禮》箋《詩》，引《公羊》與何本不同，如「昉」作「放」，「登來」作「登戾」，「野留」作「鄙留」，「祠兵」作「治兵」，「大瘠」作「大漬」，「已蹙」作「已戚」，「使之將」作「使之將兵」，「羣公稟」作「羣公慊」，「爲周公主」作「爲周公後」，「仡然從乎趙盾」作「疑然從於趙盾」，《考工記》注引子家駒曰「天子僭天」，何本無之，皆《嚴氏春秋》也。獲麟有數說。《異義》：「《公羊》說：『哀十四年獲麟，此受命之瑞，周亡失天下之異。』《左氏》說：『麟是中央軒轅大角獸，孔子備「備」當爲「作」字之誤。《春秋》，禮修以致其子，故麟來爲孔子瑞。』陳欽說：『麟，西方毛蟲；孔子作《春秋》，有立言。西方兑，兑爲口，故麟來。』許慎謹案云：議郎尹更始、劉更生等議，以爲吉凶不並，瑞災不兼。今麟爲周亡天下之異，則不得爲瑞以應孔子。」至玄之聞也：以下鄭駁。《洪範》五事，二曰言，言作從，❶從作乂。乂，治也，言於五行屬金。孔子時，周道衰亡，已有聖德，無所施用，作《春秋》以見志。

❶「作」，《禮記正義》作「曰」。

其言少從，以爲天下法，故應以金獸，性仁之瑞。賤者獲之，則知將有庶人受命而得之。❶受命之徵已見，則於周將亡，事勢然也。興者爲瑞，亡者爲災，其道則然，何吉凶不並，瑞災不兼之有乎？如此，修母致子，不若立言之説密也。」案：如鄭君之義，則《公羊》、《左氏》可通，興者爲瑞，亡者爲災，所見明通，並無拘閡。據孔舒元引《公羊傳》，麟至爲孔子之作《春秋》，與《左氏》家賈逵、服虔、潁容以爲孔子修《春秋》，文成致麟，麟感而至，見《左傳正義》引。本無異義。惟杜預苟異先儒，以爲感麟而作，則與《左氏》義違；又不取「稱吾道窮」之文，則與《公羊》又異。杜預以爲孔子《春秋》鈔録舊文，全無關繫，故爲瑞爲災之説，皆彼所不取也。

論《春秋》本魯史舊名，《墨子》云「百國《春秋》」即百二十國寶書

孔穎達曰：「『春秋』之名，經無所見，惟傳記有之。昭二年，韓起聘魯，稱『見《魯春秋》』。《外傳·晉語》司馬侯對晉悼公云：『羊舌肸習《春秋》。』《楚語》申叔時論傅太子之法云：『教之以《春秋》。』《禮·坊記》云：『《魯春秋》記晉喪曰：「殺其君之子奚齊。」』又《經解》曰：『屬辭比事，《春秋》教也。』凡此諸文所説，皆在孔子之前，則知未修之時，舊有『春秋』之目。其名起遠，亦難得而詳。」鄭樵曰：「今《汲冢瑣語》，亦有《魯春秋》記魯獻公十七年事。諸如此類，

❶ 「得」，《禮記正義》作「行」。

皆夫子未生之前，未經筆削之《春秋》也。西、東周六百年事。《孟子》云：『《詩》亡然後《春秋》作。』又曰：『知我者其惟《春秋》乎！罪我者其惟《春秋》乎！』諸如此類，皆魯史記東遷已後事，已經夫子筆削之《春秋》也。自平王四十九年始。或謂《春秋》之名，取賞以春夏，刑以秋冬；或謂一褒一貶，若春若秋；或謂春獲麟，秋成書，《公羊正義》解獲麟云。謂之《春秋》，皆非也。惟杜預所謂年有四時，故錯舉以爲所記之名，此説得之。《汲冢瑣語》記太丁時事，目爲《夏殷春秋》；見《史通》。墨子曰『吾見百國《春秋》』，以至晏子、虞卿、吕不韋、陸賈著書，皆曰《春秋》。蓋當時述作之流，於正史外，各記其書，皆取『春秋』以名之。然觀其篇第，本無年月，與錯舉春秋以爲所記之名則異矣。」錫瑞案：鄭氏之説，多本劉知幾《史通・六家》篇。劉氏云「《春秋》家者，其先出於三代」，亦引《國語》、《左傳》之文，則《春秋》自是舊名，非夫子始創。或謂春獲麟、秋成書，雖出《公羊》家説，而與傳引《不脩春秋》之文不合。或謂賞刑褒貶，説亦近鑿。當以杜預云「錯舉四時」爲是。晏、吕之書非錯舉四時，而亦名《春秋》，當時百國《春秋》具存，其體例或亦有所本。百國《春秋》即百二十國寶書。《公羊疏》：「案閔因敘云：『昔孔子受端門之命，制《春秋》之義，使子夏等十四人求周《史記》，得百二十國寶書，九月經立。《感精符》、《考異郵》、《説題辭》，具有其文。』問曰：『若然，《公羊》之義，據百二十國寶書以作《春秋》，今經止有五十餘國，通戎、夷、宿、潞之屬僅有六十，何言百二十國乎？』答曰：『其初求也，實得百二十國寶書，但有極美可以訓世，有極惡可以戒俗者取之；若不可爲法者，則棄而不録，是故止得六十國也。』」蘇軾《春秋列國圖説》曰：「《春秋》之國，見於經傳者，總一百二十四國：魯、晉、楚、齊、秦、吴、越、宋、衛、鄭、陳、蔡、邾、曹、許、莒、杞、滕、薛、小邾、息、隨、虞、北燕、紀、巴、鄧、郕、徐、鄫、芮、胡、南燕、州、梁、荀、賈、凡、祭、宿、鄅、原、夔、舒鳩、滑、郯、黄、羅、邢、魏、霍、郜、鄋瞞、向、偪陽、韓、舒庸、焦、楊、夷、申、密、耿、麇、萊、弦、頓、沈、穀、譚、舒、邘、白狄、賴、肥、鼓、戎、唐、潞、江、鄖、權、道、柏、貳、軫、絞、蓼、六、遂、崇、戴、冀、蠻、温、厲、項、英氏、介、巢、廬、根牟、無終、郝、姒、蓐、狄、房、鮮虞、陸渾、桐、鄀、於餘邱、須句、顓臾、任、葛、蕭、牟、鄟、極、鄣。蠻夷戎狄，不在其間。」蘇氏云百二十四國，正合百二十國寶書之數。《公羊疏》但據經言，止得其半；蘇氏兼據《左氏傳》，乃得其全。於餘邱、鄣之類，《公羊》以爲邑，《左氏》以爲國，故知蘇據《左氏》。惟蘇氏計數，亦有疏失，云百二十四國，今數之止百二十一國。二虢及齊所遷之陽，楚所滅之庸，皆失數。《傳》言「毛、聃、雍、邘、應、蔣、茅、胙」，亦不列入。沈、姒、蓐、黄在北，沈、胡、江、黄在南，當有二沈二黄，止列其一。云「蠻夷戎狄，不在其間」，又有鄋瞞、白狄、肥、鼓、戎、蠻、潞、狄、無終、鮮虞、陸渾諸國，此皆夷蠻戎狄，未必有寶書。當去諸國，而以所漏列者補之。數雖稍贏，計其整數，亦與百二十國合也。

論《漢志》《春秋》古經即《左氏》經，《左氏》經長於二傳，亦有當分別觀之者

《漢志》「《春秋》古經，十二篇」，班氏無

注。錢大昕曰：「謂《左氏》經也。漢儒傳《春秋》者，以《左氏》爲古文，《公羊》、《穀梁》爲今文，稱古經，則共知其爲《左氏》矣。《左氏》經傳本各單行，故別有《左氏》傳。」《漢志》「經十一卷」，班氏注云：「《公羊》、《穀梁》二家。」沈欽韓曰：「二家合閔公於莊公，故十一卷。彼師當緣閔公事短，不足成卷，并合之耳。何休乃云：『繫閔公篇於莊公下者，子未三年，無改於父之道。』」錫瑞案：何氏説是也。沈專主《左氏》，故不以何爲然。《漢志》「《左氏傳》三十卷」，班氏注云：「左邱明，魯太史。」案《説文敘》曰：「北平侯張蒼獻《春秋左氏傳》。」《論衡》曰：「《左傳》三十篇，出恭王壁中。」二説不同。班氏無明文，似不信此二説。《漢志》「《公羊傳》十一卷」，注云：「公羊，齊人。」《漢志》「《穀梁傳》十一卷」，注云：「穀梁子，魯人。」不別出公、穀二家之經。馬端臨云：「《公羊》、《穀梁》傳，直以其所作傳文攙入正經，不曾別出，而左氏則經自經，而傳自傳。又杜元凱《經傳集解》序文以爲分經之年與傳之年相附，❶則是左氏作《傳》之時，經文本自爲一書，至元凱始以《左氏傳》附之經文各年之後。是《左氏傳》中之經文，可以言古經矣。」案：漢《熹平石經》《公羊》隱公一段，直載傳文而無經文，是《公羊》經、傳亦自別行，不如馬氏之言。孔疏云：「邱明作傳，與經別行，《公羊》、《穀梁》莫不皆然。」是《公羊》、《穀梁》、《左氏》之經傳，皆自別行。《左氏》經、傳，至杜預始合之。《公》、《穀》經、傳，不知何人始合之也。《漢志》所列古經，即是《左氏》之經，

❶「解」，原作「傳」，據《文獻通考》改。

馬氏不知，乃云：「《春秋》古經，雖《漢・藝文志》有之，然夫子所修之《春秋》，其本文世所不見。而自漢以來所編古經，則俱自三傳中取出經文，名之曰正經耳。」又云：「《春秋》有三傳，亦本與經文爲二，而治三傳者合之。先儒務欲存古，於是取其已合者復析之，命之曰古經。」案：三傳與經皆別行，而後人合之，馬氏乃以爲漢人於三傳中取出經文，不知何據。馬氏所云「先儒」，似指朱子所刻《春秋經》、李燾所定《春秋古經》而言，然不得謂之漢以來。其立説不分明，皆由不知《漢志》之古經即是左氏經也。《四庫提要》曰：「徐彦《公羊傳疏》曰：『左氏先著竹帛，故漢儒謂之古學，則所謂古經十二篇，即《左傳》之經，故謂之古。』刻《漢書》者誤連二條爲一耳。今以《左傳》經文與二傳校勘，皆左氏義長，知手録之本確於口授之經也。」謹案：《左氏》經長於二傳，詳見侯康《春秋古經説》。然則《春秋》經文，三傳不同，如「蔑」、「眛」，「郿」、「微」之類，專據《左氏》可也；而「君氏」、「尹氏」之類，仍當分別觀之。

論左氏不在七十子之列，不得口受傳指，《左傳疏》引《嚴氏春秋》不可信，引劉向《別録》亦不可信

《史記・十二諸侯年表》序曰：「是以孔子明王道，干七十餘君莫能用。故西觀周室，論史記舊聞，興於魯而次《春秋》。上記隱，下至哀之獲麟。約其辭文，去其煩重，以制義法。王道備，人事浹。七十子之徒，口受其傳指，爲有所刺譏、褒諱、挹損之文，不可以書見也。魯君子左邱明，懼弟子人人異端，各安其意，失其真，故因孔子史記具論其語，成《左氏春秋》。」《漢書·劉歆傳》曰：「初《左氏傳》多古字古言，學者傳訓故而已。及歆治《左氏》，引傳文以解經，轉相發明，由是章句義理備焉。」錫瑞案：史公生於劉歆未出之前，其説最爲近古；班氏生於《左氏》盛行之後，其説信而有徵。史公以邱明爲魯君子，别出於七十子之外，則左氏不在弟子之列，不傳《春秋》可知。云七十子之徒口受其傳指，而左氏特因孔子史記具論其語，則左氏未得口授可知。班氏云漢初學《左氏》者，惟傳訓故，則其初不傳微言大義可知。云歆治《左氏》，引傳文以解經，由是備章句義理，則劉歆以前未嘗引傳解經，亦無章句義理可知。據馬、班兩家之説，則漢博士謂左邱明不傳《春秋》，范升謂《左氏》不祖孔子而出於邱明，師徒相傳，又無其人，必是實事，而非誣妄。《左傳疏》據沈氏云：「《嚴氏春秋》引《觀周篇》云孔子將修《春秋》，與左邱明乘如周，觀書於周史，歸而修《春秋》之經，邱明爲之傳，共爲表裏。」案：沈氏謂陳沈文阿，《嚴氏春秋》久成絶學，未必陳時尚存。漢博士治《春秋》者惟嚴、顔兩家，嚴氏若有明文，博士無緣不知。如《左氏傳》與《春秋經》相表裏，何以有邱明不傳《春秋》之言？劉歆博極羣書，又何不引《嚴氏春秋》以駮博士？則沈引《嚴氏春秋》必僞。其不可信者一也。《左傳疏》引劉向《别録》云「左邱明授曾申，申授吴起，起授其子期，期授楚人鐸椒，鐸椒作《鈔撮》八卷，授虞卿，虞卿作《鈔撮》九卷，授荀卿，荀卿授張蒼」。陸德明《經典釋文》略同。蓋皆本於《别録》。案：《左氏》傳授，《史》、《漢》皆無明文，《漢書·

儒林傳》云：「漢興，北平侯張蒼及梁太傅賈誼、京兆尹張敞、太中大夫劉公子，皆修《春秋左氏傳》。」而張蒼、賈誼、張敞《傳》皆不云傳《左氏傳》。若如《别録》，故范升以爲師徒相傳無其人。若如《别録》，傳授源流若此彰灼，范升何得以此抵《左氏》？陳元又何不引以轉抵范升？蓋如《釋文》所引《毛詩》源流，同爲後人附會。則陸、孔所引劉向《别録》必僞。其不可信者二也。趙匡已以《釋文序例》爲妄，謂：「此乃近世之儒欲尊崇《左氏》，妄爲此記。向若傳授分明如此，《漢書》張蒼、賈誼及《儒林傳》何故不書？則其僞可知也。」是唐人已知之而明辨之矣。

論趙匡、鄭樵辨左氏非邱明，《左氏傳》文實有後人附益

劉歆以爲左邱明好惡與聖人同，親見夫子，始以作《傳》之左氏爲《論語》之邱明。漢博士惟争左邱明不傳《春秋》，而作《傳》之邱明與《論語》之邱明是一是二，未嘗深辨。其後桓譚、班固以至啖助，皆同劉歆説，無異議。趙匡始辨之曰：「啖氏依舊説，以左氏爲邱明，受經於仲尼。今觀《左氏》解經，淺於《公》、《穀》，誣謬實繁。若邱明才實過人，豈宜若此？推類而言，皆孔門後之門人。但《公》、《穀》守經，《左氏》通史，故其體異耳。邱明者，蓋夫子以前賢人，如史佚、遲任之流，見稱於當時耳。」王安石《左氏解》，疑左氏爲六國時人者十一

事，其書不傳。葉夢得疑傳及韓魏知伯、趙襄子之事，鄭樵《六經奧論》辨之尤力，曰：「《左氏》終紀韓魏知伯之事，又舉趙襄子之謚，若以爲邱明，自獲麟至襄子卒，已八十年矣。使邱明與孔子同時，不應孔子既没七十有八年之後，邱明猶能著書。此左氏爲六國人明驗一也。《左氏》：『戰於麻隧，秦師敗績，獲不更女父。』又云：『秦庶長鮑、庶長武帥師，及晉師戰于櫟。』秦至孝公時立賞級之爵，乃有不更、庶長之號。明驗二也。《左氏》云：『虞不臘矣。』秦至惠王十二年初臘。明驗三也。左氏師承鄒衍之説而稱帝王子孫。案齊威王時，鄒衍推五德終始之運。明驗四也。左氏言分星皆準堪輿，案韓、魏分晉之後，而堪輿十二次始於『趙分曰大梁』之語。明驗五也。《左氏》云：『左師展將以公乘馬而歸。』案三代時有車戰，無騎兵，惟蘇秦合從六國，始有『車千乘、騎萬匹』之語。明驗六也。《左氏》序吕相絶秦，聲子説齊，當作「楚」，此誤。其爲雄辨狙詐，真游説之士，捭闔之辭。明驗七也。《左氏》之書，序晉楚事最詳，如『楚師熸』、『猶拾瀋』等語，則左氏爲楚人。明驗八也。據此八節，可以知左氏非邱明，是爲六國時人無可疑者。或問伊川曰：『左氏是邱明否？』曰：『《傳》無邱明字，不可考。』真知言歟。」朱子亦謂《左傳》有縱横意思，「不臘」是秦時文字，二條蓋本鄭樵。錫瑞案：《史記》張守節《正義》云：「秦惠文王始效中國爲之。」明古有臘祭，秦至是始用，非至是始創。則以「不臘」爲秦時文字，固未可據。「左師展將以公乘馬而歸」，即「子家子謂公以一乘入於魯師」之意。一乘仍是車乘，亦未可據爲乘馬之證。傳及知伯或後人續增，「不更」、「庶長」之類，或亦後人改竄。《左氏》一書，實有增竄之處。《文十三年傳》：「其處者爲劉氏。」劉炫、孔穎達已明言先儒插此媚世。《僖十五年傳》「上天降災」至「唯君裁之」四十一字，❶服、杜及唐定本皆無。❷林黄中謂《左傳》「君子曰」是劉歆之辭。王應麟曰：「『八世之後，莫之與京』，❸其田氏篡齊之後之言乎？『公侯子孫，必復其始』，其三卿分晉之後之言乎？『其處者爲劉氏』，其漢儒欲立《左氏》者所附益乎？皆非《左氏》之舊也。」近儒姚鼐以「公侯子孫，必復其始」，及季札聞歌《魏》曰「以德輔此，則明主也」，《傳》中盛稱魏絳、魏舒之類，爲吴起附益以媚魏者。陳澧以《左傳》凡例與所記之事有違反者，可見凡例未必盡是，而《傳》文亦有後人所附益。劉逢禄以《左氏》凡例、書法皆出劉歆。雖未見其必然，而《左氏》有後人附益之辭，唐宋人已有此疑矣。

論賈逵奏《左氏》義長於《公羊》，以己所附益之義爲《左氏》義，言多誣妄

《後漢書·賈逵傳》：「帝善逵説，使出《左氏傳》大義長於二傳者。逵於是具條奏之曰：『臣謹擿出《左氏》三十事尤著明，斯皆君臣之正義，父子之紀綱。其餘同《公羊》者，什有八九，❹或文簡小異，無害大體。至如祭仲、紀季、伍子胥、叔術之屬，《左氏》義深於君父，《公羊》多任於權變。』」李賢

❶「五」，原作「六」，據《春秋左傳正義》改。
❷「杜」，原作「柱」，據文意改。
❸「莫之與京」，原脱，據《困學紀聞》補。
❹「八九」，百衲本影宋紹熙刻本《後漢書》作「七八」。

注：「《左傳》，宋人執鄭祭仲曰：『不立突，將死。』祭仲許之，遂出昭公而立厲公。杜預注云：『祭仲之如宋，非會非聘，見誘被拘，廢長立少，故書名罪之。』《公羊傳》曰：『祭仲者何？鄭之相也。何以不名？賢也。何賢乎祭仲？以爲知權也。其知權奈何？宋人執之，謂之曰：「爲我出忽而立突。」祭仲不從其言，則君必死，國必亡；從其言，則君可以生易死，國可以存易亡。古之有權者，祭仲之權是也。』《左傳》：『紀季以酅入于齊，紀侯大去其國。』賈逵以爲紀季不能兄弟同心以存國，乃背兄歸讎，書以譏之。《公羊傳》曰：『紀季者何？紀侯之弟也。何以不名？賢也。何賢乎？服罪也。其服罪奈何？請後五廟以存姑姊妹。』[1]《左傳》：『楚平王將殺伍奢，召伍奢子伍尚、伍員曰：「來，吾免而父。」尚謂員曰：「聞免父之命，不可以莫之奔；親戚爲戮，不可以莫之報。父不可棄，名不可廢。」子胥奔吳，遂以吳師入郢，卒復父讎。』《公羊傳》曰：『父受誅，子復讎，推刃之道也。』《公羊》不許子胥復讎，是不深父也。《左傳》曰：『冬，邾黑肱以濫來奔。賤而書名，重地故也。君子曰：「名之不可不慎。以地叛，雖賤必書，地以名其人，終爲不義，不可滅已。是以君子動則思禮，行則思義。」』《公羊傳》：『冬，黑肱以濫來奔，文何以無邾婁？通濫也。曷爲通濫？賢者子孫宜有地。賢者孰謂？謂叔術也。何賢乎叔術？讓國也。』」錫瑞案：《春秋》大義在誅亂臣賊子，賈逵以義深君父爲重，自是正論。而所舉數事，則無一合者。《公羊》釋

❶「五」，原作「立」，據《後漢書》改。

經者也，經書祭仲、紀季字而不名，故以爲賢；書黑肱不加邾婁，故以爲通濫。《左氏》紀事不釋經者也，序祭仲事，與《公羊》略同，而未加斷語。杜預乃執大夫書名之例，以祭仲書名爲有罪。《左氏》明云「祭封人仲足」，又屢舉「鄭祭足」，是名足字仲甚明，豈有以伯仲叔季爲名者乎？《左氏》曰：「紀侯不能下齊，以與紀季。」則紀季入齊，是受兄命，亦與《公羊》略同。賈責以背兄歸讎，《左氏》有此説乎？《左氏》序子胥亦未加斷語，而鬬辛有「君討臣，誰敢讎之」之言，忠孝不能兩全，二人各行其是。若如賈逵之説，正可以《左氏》載鬬辛語爲不深父矣。《公羊》借子胥明復讎之義，謂「父不受誅，子復讎可也；父受誅，子復讎，此推刃之道」，是泛言人子應復讎不應復讎之通義。子胥之父，以忠獲罪，正不受誅應復讎者。《公羊》未嘗不許子胥復讎，賈逵乃不引其上句與事合者，而引其下句不與事合者，妄斷爲不深父，不猶胥吏之舞文乎？叔術事《左氏》不載，可不必論。何休《解詁序》謂賈逵緣隙奮筆，以爲《公羊》可奪，《左氏》可興。賈逵《春秋左氏長義》二十卷，見於《隋書・經籍志》者，今佚不存，其所擿三十事，亦不可攷。而如所引祭仲、紀季、伍子胥事，皆不足爲《左氏》深君父、《公羊》任權變之證。《公羊》於祭仲之外，未嘗言權，逵乃以緣隙奮筆之私心，逞舞文弄法之謬論，欲抑《公羊》而莫能抑，欲伸《左氏》而莫能伸。乃必以爲《左氏》義長，而此三事《左氏》止紀實，而未嘗發義，不知其長者安在。逵以己所附益之義爲《左氏》義，以難《公羊》，上欺其君，而下欺後世。東漢之治古學貴文章者大率類此，惜李育、何休未能一一駮之。

論《左氏傳》不解經，杜、孔已明言之，劉逢禄考證尤詳晰

晉王接謂《左氏》自是一家書，不主爲經發，此確論也。祖《左氏》者或不謂然，試以《春秋經》及《左氏傳》證之。《莊公二十六年傳》：「秋，虢人侵晉。冬，虢人又侵晉。」杜預《集解》云：「此年經、傳各自言其事者，或經是直文，或策書雖存而簡牘散落，不究其本末，故傳不復申解，但言傳事而已。」孔疏曰：「此年傳不解經，經、傳各自言事。伐戎、日食，體例已舉，或可經是直文，不須傳説。曹殺大夫，宋、齊伐徐，或須説其所以，此去邱明已遠，或是簡牘散落，不復能知故耳。上二十年亦傳不解經，彼經皆是直文，故就此一説，言下以明上。」

劉逢禄《左氏春秋考證》曰：「左氏後於聖人，未能盡見列國寶書，又未聞口授微言大義，惟取所見載籍，如《晉乘》、《楚檮杌》等，相錯編年爲之，本不必比附夫子之經，故往往比年闕事。劉歆强以爲傳《春秋》，或緣經飾説，或緣《左氏》本文前後事，或兼采他書以實其年，如此年之文，或即用《左氏》文而增春、夏、秋、冬之時，遂不暇比附經文，更綴數語。要之皆出點竄，文采便陋，不足亂真也。然歆雖略解經文，❶顛倒《左氏》，二書猶不相合。《漢志》所列《春秋古經》十二篇，經十一卷，《左氏傳》三十卷是也。自賈逵以後，分經附傳，又非劉歆之舊，而附益改竄之跡益明矣。」錫瑞案：劉氏以爲劉

❶「解」，清咸豐十年廣東學海堂《皇清經解》補刻本《左氏春秋考證》作「改」。

歆改竄傳文，雖未見其必然，而《左氏傳》不解經，則杜、孔極祖左氏者，亦不能爲之辨。杜《序》明言：「分經之年與傳之年相附。」孔疏云：「邱明作傳，不敢與聖言相亂，經、傳異處，於省覽爲煩，故杜分年相附。」是分年附傳，實始於杜，非始賈逵，劉氏説猶未諦。劉氏《考證》又舉隱二年「紀子帛、莒子盟于密」，證曰：「如此年《左氏》本文全闕，所書皆附益也。」十年六月「戊申」，證曰：「十年《左氏》文闕。」桓公元年，證曰：「是年《左氏》文闕。」七年「冬，曲沃伯誘晉小子侯，殺之」，證曰：「即有此事，亦不必在此年，是年《左氏》文闕。」九年「冬，曹太子來朝」，證曰：「是年《左氏》文闕，巴子篇年月無考。」十年「冬，齊、衛、鄭來戰于郎，我有辭也」，證曰：「是年《左氏》文闕，虞叔篇年月無考。」十一年，證曰：「楚屈瑕篇年月無考。」十二年，證曰：「是年《左氏》文闕。楚伐絞篇當與屈瑕篇相接，年月亦無考。」十三年，證曰：「是年亦闕。伐羅篇亦與上相接，不必蒙此年也。」十四年，證曰：「是年文亦闕。」十六年，證曰：「是年亦闕。」十七年，證曰：「是年文蓋闕。」莊元年，證曰：「此以下七年文闕。楚荆尸篇、伐申篇年月亦無考。」十三年、十五年、十七年，證曰：「文闕。」二十七年，證曰：「比年《左氏》文闕，每於年終分析晉事，附益之跡甚明。蓋《左氏》舊文之體，如《春秋》前則云惠之二十四年，獲麟以後則云悼之四年，本不必拘拘比附《春秋》年月。」二十九年，證曰：「文闕。」三十年，證曰：「是年亦闕。」三十一年，證曰：「文闕。」僖元年，證曰：「是年文闕。」錫瑞案：自幼讀《左氏傳》，書、不書之類，獨詳於隱公前數年，而其後甚略，疑其不應如此草草。及觀劉氏《考證》，《左氏》釋經之文，闕於隱、桓、莊、閔爲尤甚，多取晉楚之事敷衍，似皆出《晉乘》、《楚檮杌》，尤可疑者。杜、孔皆謂經、傳各自言事，是雖經劉歆、賈逵諸人極力比附，終不能彌縫其迹。王接謂傳不主爲經發，確有所見。以劉氏《考證》爲左驗，學者可以恍然無疑。劉逢祿曰：「左氏以良史之材，博聞多識，本未嘗求附於《春秋》之義。後人增設條例，推衍事蹟，强以爲傳《春秋》，冀以奪《公羊》博士之師法。名爲尊之，實則誣之。左氏不任咎也。余欲以《春秋》還之《春秋》，《左氏》還之《左氏》，而刪其書法、凡例及論斷之謬於大義、孤章絶句之依附經文者，冀以存《左氏》之本真。」近人有駮劉氏者，皆强說，不足據。

論《左氏傳》止可云載記之傳，劉安世已有「經自爲經，傳自爲傳，不可合一」之說

張枃曰：「傳有二義，有訓詁之傳，有載記之傳。訓詁之傳，主於釋經；載記之傳，主於紀事。昔之傳《春秋》者五家，鄒氏無師，夾氏無書，今所傳惟左、公、穀。《公》、《穀》依經立傳，經所不書，更不發義，故康成謂『《穀梁》善於經』。王接亦曰：『《公羊》於文爲儉，通經爲長。』此而例之訓詁之傳，猶或可也。若《左氏》之書，據太史公《十二諸侯年表》，則曰《左氏春秋》而不言『傳』；據嚴彭祖引《觀周篇》之文，則言『爲傳，與《春秋》相表裏』，而不言是釋經；據盧氏植、王氏接，則謂『囊括古今，成一家

之言』，不主爲經發；據高氏祐、賀氏循，則并目之爲史。是漢、晉諸儒言《左氏》者，莫不以爲紀事之書，所謂載記之傳是也。故漢氏《左傳》與《春秋》分行，至杜元凱作《集解》，❶始割傳附經，妄生義例，謂『傳或先經以紀事，或後經以終義，或依經以辨理，或錯經以合異』，一似《左氏》此書專爲解駁經義者，獨不思經止哀十六年，而傳則終於二十七年，如依杜說，此十有一年之傳，爲先後何經，依錯何經耶？甚矣其惑也！後儒不察，乃反依據杜本，妄議《左氏》之書。唐權德輿謂《左氏》有無經之傳，失其根本；宋王晢謂《左氏》貪惑異說，於聖人微旨疏略；明何異孫謂《左氏》疏於義理，理不勝文。凡此狂言，皆杜氏以傳附經，謂《左氏》專爲釋經而作，有以啓之也。昔人謂『三傳作而《春秋》微』，余亦謂杜註行而《左傳》隱。」錫瑞案：《史記》云「《左氏春秋》」，《漢志》云「《左氏傳》」。近人據博士說，左邱明不傳《春秋》，以《漢志》稱「傳」爲沿劉歆之誤。此獨分別有訓詁之傳，有載記之傳，以《左傳》爲載記之傳，其說亦通。《南齊書·陸澄傳》曰：「泰元取服虔而兼取賈逵經，服傳無經，雖在註中，而傳又有無經者故也。今留服而去賈，則經有所闕。」據此，則服子慎知經、傳有別，故但釋傳而不釋經，賈景伯則經、傳並釋。杜從賈，不從服，故《集解序》不及服虔。其後服、杜並行，卒主杜而廢服，蓋以杜解有經、服解無經之故。不知經、傳分行，實古法也。劉安世曰：「《公》、《穀》皆解正《春秋》，《春秋》所無者，《公》、《穀》未嘗言之。

❶「解」，原作「傳」，據光緒刻本《磨甋齋文存》改。

若《左傳》則《春秋》所有者或不解，《春秋》所無者或自爲傳，故先儒以謂《左氏》『或先經以起事，或後經以終義，或依經以辨理，或錯經以合異』，然其説亦有時牽合。要之，讀《左氏》者，當經自爲經，傳自爲傳，不可合而爲一也，然後通矣。」據此，則《左氏》經、傳，當各自爲書，宋人已見及之，可爲劉逢禄先路之導。

論杜預解《左氏》始别異先儒，盡棄二傳，不得以杜預之説爲孔子《春秋》之義

杜預《春秋序》曰：「古今言《左氏春秋》者多矣，今其遺文可見者十數家。大體轉相祖述，進不成爲錯綜經文以盡其變，退不守邱明之傳。於邱明之傳，有所不通，皆没而不説，而更膚引《公羊》、《穀梁》，適足自亂。預今所以爲異，專修邱明之傳以釋經。經之條貫，必出於傳；傳之義例，總歸諸凡。推變例以正襃貶，簡二傳以去異端，蓋邱明之志也。然劉子駿創通大義，❶賈景伯父子、許惠卿皆先儒之美者也。末有潁子嚴者，❷雖淺近，亦復名家。故特舉劉、賈、許、潁之違，以見同異。分經之年與傳之年相附，比其義類，各隨而解之，名曰《經傳集解》。」疏曰：「邱明作傳，不敢與聖言相亂，故與經别行。何止邱明，公羊、穀梁及毛公、韓嬰之爲《詩》作傳，莫不皆爾。經傳異處，於省覽爲煩，故杜分年相附，别其經、傳，聚集而解之。杜言『集解』，謂聚集經、傳爲之作解。」錫瑞案：據杜、孔之説，

❶「駿」，原作「駁」，據杜預《春秋經傳集解》序改。
❷「潁」，原作「穎」，據《春秋經傳集解》序及下文改。

杜之《集解》異於先儒者有數事。古者經自經，傳自傳，漢《熹平石經》《公羊》有傳無經是其證。杜乃分經附傳，取便學者省覽。此異於先儒者一也。《左氏》本不解經，先儒多引《公》、《穀》二傳以釋經義。漢儒家法，尚無臆説。杜乃盡棄二傳，專以己意解傳，並以己意解經。如以周公爲舊例，孔子爲新例是。此異於先儒者二也。鄭注《周禮》，先引杜、鄭，韋注《國語》，明徵賈、唐，言必稱先，不敢掠美。杜乃空舉劉、賈、許、潁，而《集解》中不著其名。此異於先儒者三也。杜解不舉所出，劉與許、潁之説盡亡，賈、服二家尚存崖略。杜舉四家而不及服，孔疏遂云「服虔之徒，劣於此輩」，其説非是。南北分立時代，江南《左傳》則杜元凱，河洛則服子慎。當時有「甯道孔、孟誤，諱言鄭、服非」之語，則服注盛行可知。據《世説新語》云：「鄭君作《左氏傳》注未成，以與子慎。」則鄭、服之學，本是一家。北方諸儒徐遵明傳服注，傳其業者有張買奴、馬敬德、邢峙諸人。衛冀隆申服難杜，劉炫作《春秋述義》，攻昧規過，以規杜氏。惟姚文安排斥服注。南方則崔靈恩申服難杜，虞僧誕又申杜難服以答靈恩，秦道静亦申杜以答衛冀隆。杜預玄孫坦與弟驥爲青州刺史，故齊地多習杜義。蓋服、杜之争二百餘年，至唐始專宗杜。杜作《集解》，別異先儒，自成一家之學。唐作《正義》，埽棄異説，如駁劉炫以申杜是。又專用杜氏一家之學。自是之後，治《春秋》者既非孔子之學，亦非左氏之學，又非賈、服諸儒之學，止是杜預一家。正如元、明以來，治《春秋》者止是胡安國一家，當時所謂經義，實安國之傳義。蓋舍經求傳，而《春秋》之義晦；舍傳求注，而《春秋》之義更晦矣。

論孔子作《春秋》以闢邪説，不當信劉歆、杜預，反以邪説誣《春秋》

《春秋》大義，炳如日星，而討亂臣賊子之明文，仍茫昧不明者，邪説蔽之也。據《孟子》所言「邪説暴行又作，孔子懼，作《春秋》」，是孔子時已有邪説。邪説與暴行相表裏，暴行即謂弒君弒父，邪説謂爲弒君父者多方掩飾，解免其罪。大率以爲君父無道，應遭弒逆之禍，而弒逆者罪可末減。凡人欲弒君父，不能無所顧忌，有人倡爲邪説，以爲有辭可執，乃横行而全無所畏。更有人張大邪説，設爲淫辭助攻，益肆行而相率效尤。後世史書，於被弒之君皆甚言其惡。如秦苻生，史稱好殺。劉裕滅後秦，得一老人，親見苻秦之事，云苻生並不好殺，苻堅篡國，史書誣之，劉知幾《史通》云「秦人不死，驗苻生之厚誣」是也。金完顔亮，史稱淫惡，幾非人類，由世宗得國後，令人以海陵惡事進呈者有賞。史稱宋、齊之主，亦極醜穢不堪，船山史論力辨其不足信。可見亂世無信史，而多助亂之邪説也。此等邪説，《春秋》時已有之，《左氏》一書，是其明據。《傳》載韓厥稱趙盾之忠，士鞅稱欒書之德，弒君之賊，極口贊美。史墨云：「君臣無常位。」逐君之賊極力解免，而反罪其君。可見當時邪説誣民，故《春秋》二百四十二年之中，致有弒君三十六之事。孔子於此畫然傷之，以爲欲治亂賊必先闢邪説，欲闢邪説不得不作《春秋》，此孟子所以極推作《春秋》之功也。《左氏》原本國史，據事直書，當時邪説不得不載。正賴《左氏》載之，孟子言春秋時有邪説益信，孔子作《春秋》闢邪説之功益彰，此《左氏》所以有功於《春秋》也。至於《左氏》凡例，未審出自何人，杜預以爲周公，陸淳、柳宗元已駁之；或以爲孔子，更無所據。據孔疏云「先儒以爲並出邱明」，劉逢禄以爲劉歆竄入。例與傳文不合，實有可疑。「凡弒君，稱君，君無道也；稱臣，臣之罪也」一條，尤與《春秋》大義反對。杜預《釋例》曲暢其説，以爲君無道則應弒，而弒君者無罪。不知君實有道，何至被弒；君而被弒，無道可知。惟無道亦有分别。使如桀紂殘賊，民欲與之偕亡，湯武伐罪弔民，自不當罪其弒。若但童昏兒戲，非有桀紂之暴，如晉靈公、鄭靈公之類，權臣素有無君之心，因小隙而弒之，與湯武之伐罪弔民全然不同，豈得藉口於君無道而弒者無罪乎？

杜預於鄭祝聃射王中肩一事，曲爲鄭伯回護，謂鄭志在苟免王討之非。焦循作《左傳補疏》，序曰：「預爲司馬懿女壻，目見成濟之事，射王中肩即成濟抽戈犯蹕也。將有以爲昭飾，且有以爲懿、師飾，即用以爲己飾，此《左氏春秋集解》所以作也。」錫瑞案：預父恕與司馬懿不合，幽死。預忘父仇而娶懿女，助司馬氏篡魏，正與劉歆父向言劉氏、王氏不並立，而歆助王莽篡漢相似。二人不忠不孝，正《春秋》所討之亂賊。而《左氏》創通於劉歆，昌明於杜預，則《左氏》一書必有爲二人所亂者。故林黄中以「君子曰」爲劉歆之言，劉逢禄以爲歆竄入凡例，焦循以爲預作《集解》將爲司馬氏飾。孔子作《春秋》以闢邪説，後人乃反以邪説誣《春秋》，蓋不特孔子之經爲所誣罔，即左氏之傳亦爲所汩亂，致使學者以《左氏》爲詬病。若歆與預，乃《左氏》之罪人，豈得爲《左氏》之功臣哉？讀《左氏》者於此等當分別觀之，一以孔子之《春秋》大義斷之可也。

論《左氏》采各國之史以成書，讀者宜加別白，斷以《春秋》之義

《左氏》采各國之史以成書，作者意在兼收，讀者宜加別白。或古今異事，各有隱衷；或借儆其君，自有深意；或阿附權臣，實爲邪説，未可一概論也。所謂「古今異事，各有隱衷」者，古者諸侯世爵，大夫世卿，卿命於天子，與諸侯同守社稷，故君臣皆以社稷爲重。如崔子弒齊君，晏子曰：「君爲社稷死則死之，爲社稷亡則亡之，若爲己死而爲己亡，非其私暱，誰敢任之？」與《孟子》「社稷爲重，君爲輕」之義若合符節。《孟子》言諸侯危社稷，❶則君屬諸侯説。《春秋》義國君死社稷，國君亦屬諸侯。或疑《孟子》之言爲過，又疑晏子不死爲無勇，皆未曉古義也。又如晉范文子、魯叔孫昭子，皆使祝宗祈死而卒。杜預以爲因禱自裁。夫二子不惜一死自明，文子何不以死衛君？昭子何不以死討季氏而復君？而二子不爲者，彼自祖宗以來，世有禄位，外雖憂國，内亦顧家，故寧亡其身而不肯亡其家。文子之祈死也，恐與三郤同夷族也；昭子之祈死也，以無季氏是無叔孫氏也。觀於宋公孫壽辭司城，使其子意諸爲之，謂去官則族無所庇，雖亡子，猶不亡族。可知春秋世卿，以族爲重，非如後世大臣起自田間，其位既非受之

❶「危」，原作「違」，據《孟子注疏》改。

祖宗，其死亦無關於家族，忠義奮發，可無内顧。此則古今異事，而古人之隱衷，不盡白於後世者也。所謂「借儆其君，自有深意」者，如衛侯出奔齊，師曠侍於晉侯。晉侯曰：「衛人出其君，不亦甚乎？」對曰：「或者其君實甚。」又曰：「天之愛民甚矣，豈其使一人肆於民上，以縱其淫，而棄天地之性？必不然矣。」危言激論，令人悚然，借儆其君，不嫌過當。孟子有土芥、寇讎之言，有殘賊、一夫之戒，皆對齊王言之。或疑孟子之言未純，蓋不知爲託諷。師曠之意，猶孟子之意也。所謂「阿附權臣，實爲邪説」者，如魯昭公薨于乾侯，趙簡子問於史墨曰：「季氏出其君而民服焉，諸侯與之，君死於外而莫之或罪也。」對曰：「魯君世從其失，季氏世修其勤，民忘君矣，雖死於外，其誰矜之？社稷無常奉，君臣無常位，自古以然。故《詩》曰：『高岸爲谷，深谷爲陵。』三后之姓，於今爲庶，主所知也。在《易》卦，雷乘乾曰大壯，天之道也。」夫簡子，晉之權臣，正猶魯之季氏。爲史墨者，當斥季氏之無君，戒簡子之效尤，乃盛稱季氏而反咎魯君，且以「君臣無常位」爲言，則真助亂之邪説矣。君尊臣卑，比於上天下澤，何得以雷乘乾與陵谷之變爲君臣無常位之比哉？師曠與史墨兩説相似而實不同，一對君言，則不失爲納約自牖；一對臣言，則適足以推波助瀾。國史並記之，《左氏》兼存之，讀者當分别觀之，而是非自見。不當不分黑白，而概執爲《春秋》之義也。

論《左氏》所謂禮，多當時通行之禮，非古禮，杜預短喪之説，實則《左氏》有以啓之

朱大韶《左氏短喪説》曰：「《晉書·杜預傳》議曰：『周景王有后、世子之喪，既葬，除喪而宴。叔向不譏其除喪，而譏其宴樂，則是既葬應除，而違諒闇之節。』按：杜預短喪之説，固爲名教罪人，實則《左氏》有以啓之。諸傳所載，文元年，晉襄公既祥，朝王於温。襄十五年十二月，晉悼公卒；十六年春，平公即位，改服修官，烝於曲沃，會於溴梁；晉侯與諸侯宴，使諸大夫舞，歌詩必類。傳載其事，而無貶刺之文。昭十二年，晉侯享諸侯；子産相鄭伯，請免喪而後聽命，晉人許之，禮也；六月，葬鄭簡公。未葬而請免喪，則既葬即除喪矣。以此爲禮，此杜預所藉口以誣世者也。襄九年五月，穆姜薨；冬十二月同盟於鹹，晉侯以公宴。問公年，曰：『可以冠矣。』季武子對曰：『君冠，必以祼享之禮行之，以金石之樂節之，以先君之祧處之。今寡君在行，請及兄弟之國而假備焉。』公還及衛，冠於成公之廟，假鐘磬焉，禮也。按《雜記》曰：『以喪冠者，雖三年之喪可也。既冠，於次哭踊者三，乃出。』此謂孤子當冠之年，因喪而冠，故《曾子問》曰：『除喪不改冠乎？』明不備禮。穆姜，襄公適祖母，承重三年。公年十二，未及冠，又因喪冠，而用吉冠。此何禮也？文元年，穆伯如齊，始聘焉，禮也。凡君即位，卿出並聘，踐修舊好，要結外援，好事鄰國，以衛社稷，忠信卑讓之道也。襄元年，邾子來朝；冬，衛侯使公孫剽

來聘，《左氏》並曰禮也。凡君即位，小國朝之，大國聘焉，以繼好結信，謀事補闕，禮之大者也。二年春王正月，葬簡王；昭十一年五月，齊歸薨，大蒐於比蒲，非禮也。孟僖子會邾莊公，盟於祲祥，禮也。按《聘禮》，於聘君曰：『宰入告具於君，朝服出門左，南鄉。』於所聘之君曰：『公皮弁，迎賓於大門内。』始即位，必相聘，則兩國之孤，並須釋服即吉禮。經又曰：『聘遭喪，入境則遂。不郊勞，不筵几，不禮賓。遭夫人、世子之喪，❶君不受，使大夫受於廟。其他如遭君喪。』此已入竟而遭所聘君之喪，非因即位而聘。又曰：『聘，句。君若薨於後，入竟則遂。赴者未至，則哭於巷，衰於館；赴者至，則衰而出。』云『入竟則遂』，若未入竟則反奔喪矣。豈有君喪未期，而使大夫朝服出聘乎？喪三年不祭，不以純凶接純吉也。烝嘗之禮尚不行，而要結外援，舍其本而末是圖，此何禮也？昭十年，晉平公既葬，諸侯之大夫送葬者欲因見新君，叔向辭曰：『大夫之事畢矣，而又命孤。孤斬焉在衰絰之中。其以嘉服見，則喪禮未畢；其以喪服見，是重受弔也。大夫將若之何？』皆無辭以對。引彼證此，自相乖剌。而鄭《箴膏肓》曰：『《周禮》邦交世相朝，《左氏》合古禮。』按：父子相繼曰世，非謂三年之中必相朝。依禮，三年喪畢，當先朝天子，不得誣《周官》。《喪服》斬衰章一曰『君』。天王崩未葬，而諸侯自相朝，此何禮也？君母之喪服斬，盟禮非皮弁即朝服，以大蒐爲非禮，而以盟爲禮，此何禮也？

❶「夫人」，原作「大夫」，據《皇清經解續編》本《實事求是齋經義》改。

文二年，襄仲如齊納幣，禮也。凡君即位，好甥舅，修婚姻，取元妃以奉粢盛，孝也。孝，禮之始也。按《公羊》曰：『三年之内不圖昏。』董子曰：『納幣之月在喪分，故謂之喪取。』而《箴膏肓》曰：『僖公母成風主昏，得權宜之禮。』按：禮爲長子三年，無論成風不當主昏，即主昏亦須禫後。凡事可以權，三年之重無所謂權，鄭此説所謂『又從而爲之辭』。《左氏》習於衰世之故，以非禮爲禮，不知《春秋》所書，皆直書其事，不待貶絶，而其惡自見者也。」錫瑞案：鄭君云「《左氏》善於禮」，實則《左氏》之所謂禮，多《春秋》衰世之禮，不盡與古禮合，故《左氏》亦自有矛盾之處。如以大蒐爲非禮，載叔向辭諸大夫欲見新君，非不知吉凶不可並行，而於他處又以爲禮，此矛盾之甚者。朱子曰：「《左氏》説禮皆是周末衰亂不經之禮，無足取者。」陳傅良謂：「『禮也』者，蓋魯史舊文，未必皆合於《春秋》。」其説是也。鄭《駁異義》謂「諸侯歲聘間朝之屬，説無所出，或以爲文襄之制」，則鄭君亦知《左氏》之禮不可盡據。而《箴膏肓》又强爲飾説，至以喪娶爲合權宜，不亦謬乎？朱大韶駁《左氏》可謂辭嚴義正。三年之喪，在春秋時已不通行，故滕人有「魯先君亦莫之行」等語。《左氏》序事之書，據事直書，不加褒貶，自是史家通例。其所云禮，爲當時通行之禮，亦不必爲《左氏》深咎。惟文元年穆伯如齊始聘，文二年襄仲如齊納幣，襄元年邾子來朝之類，乃《左氏》自發之凡。杜預且以凡例皆出周公，是周公已制短喪之禮，且制喪娶之禮矣。此則萬無可解。即祖《左氏》者如沈欽韓等，亦無以申其説。必如劉逢禄以凡例爲劉歆增竄，乃可以爲《左氏》解也。文公喪娶，在三年外，惟納采、問名猶在三年之中，故《左氏》不以爲非。《公羊》授經子夏，子夏作《喪服傳》，講喪禮最嚴，故《公羊》云：「三年之内不圖昏。」此《公羊》有師授、《左氏》無師授之一證。杜、孔乃曲爲《左氏》解，以爲文公納采在爲太子之時。此所謂「又從爲之辭」，亦非《左氏》意也。

論《春秋》是經，《左氏》是史，必欲强合爲一，反致信傳疑經

《左氏》叙事之工，文采之富，即以史論，亦當在司馬遷、班固之上，不必依傍聖經，可以獨有千古。《史記》、《漢書》後世不廢，豈得廢《左氏》乎？且其書比《史》、《漢》近古，三代故實，名臣言行，多賴以存。如納鼎有諫，觀社有諫，申繻名子之對，御孫别男女之贄，管仲辭上卿之饗，魏絳之述夏訓虞箴，郯子之言紀官，子革之誦《祈招》，且有齊虞人之守官，魯宗人之守禮，劉子所云天地之中，子産所云天地之經，胥臣敬德之聚，晏子禮之善物，王應麟《漢制考》序嘗歷舉之，顧棟高、陳澧皆引之，以爲《左氏》之善矣。然《左氏》記載誠善，而於《春秋》之微言大義實少發明，則陸淳《春秋纂例》嘗言之矣：「或問：『無經之傳，有仁義誠節，知謀功業，政理禮樂，讜言善訓多矣，頓皆除之，不亦惜乎？』答曰：『此經，《春秋》也；此傳，《春秋傳》也，非傳《春秋》之旨，❶理自不得録耳，非謂其不善也。且歷代史籍善言多矣，豈可盡入《春秋》乎？其當示於後代者，自可載於史書爾。今《左

❶「旨」，《武英殿聚珍版叢書》本《春秋集傳纂例》作「言」。

氏》之傳見存，必欲耽玩文彩、記事迹者，覽之可也。若欲通《春秋》者，即請觀此傳焉。』」錫瑞案：陸氏自言其所作《集傳》，不取《左氏》無經之傳之義，治《春秋》者皆當知此義，分別《春秋》是經，《左氏》是傳，離之雙美，合之兩傷。經本不待傳而明，故漢代《春秋》立學者止有《公羊》，並無《左氏》，而《春秋經》未嘗不明。其後《左氏》盛行，又專用杜預《集解》，學者遂執《左氏》之說爲《春秋》之義，且據杜氏之說爲《左氏》之義，而《春秋》可廢矣。分別《春秋》、《左氏》最明者，惟唐大中時工部尚書陳商《立春秋左傳學議》，以「孔子修經，褒貶善惡，類例分明，法家流也。左邱明爲魯史，載述時政，惜忠賢之泯滅，恐善惡之失墜，以日繫月，修其職官，本非扶助聖言，緣飾經旨，蓋太史氏之流也。舉其《春秋》，則明白而有實；❶合之《左氏》，則叢雜而無徵。杜元凱曾不思夫子所以爲經，當與《詩》、《書》、《周易》等列，❷邱明所以爲史，當與司馬遷、班固等列，取二義乖剌不侔之語，參而貫之，故微旨有所不周，宛章有所未一」。此議載令狐澄《大中遺事》、孫光憲《北夢瑣言》。陳商在唐代不以經學名，乃能分別夫子修經與《詩》、《書》、《周易》等列，邱明作史與《史記》、《漢書》等列，以杜預參貫經傳爲非，是可謂卓識。其謂《左傳》「非扶助聖言」，即漢博士云「邱明不傳《春秋》」之說也。「非緣飾經旨」，即晉王接云「《左氏》自是一家言，不主爲經發」之說也。經史體例，判然不同，經所以垂世立教，有一字褒

❶ 「實」，原作「識」，據《北夢瑣言》改。

❷ 「與」，原作「以」，據《北夢瑣言》及下文改。

貶之文；史止是據事直書，無特立褒貶之義。杜預、孔穎達不知此意，必欲混合爲一，又無解於經、傳參差之故，故不能據經以正傳，反信傳而疑經矣。

論《公羊》、《左氏》相攻最甚，何、鄭二家分左右袒，皆未盡得二傳之旨

《公羊疏》云：「《左氏》先著竹帛，故漢時謂之古學。《公羊》漢世乃興，故謂之今學。是以許慎作《五經異義》云『古者，《春秋左氏》說；今者，《春秋公羊》說』是也。」又引戴宏《序》云：「子夏傳與公羊高，高傳與其子平，平傳與其子地，地傳與其子敢，敢傳與其子壽。至漢景帝時，壽乃共弟子齊人胡毋子都著於竹帛。」錫瑞案：「戴宏漢人，其言當可信據。《左氏》書先出，而不傳口授之義；《公羊》書後出，而實得口授之傳。此漢所以立《公羊》，而不立《左氏》也。漢今古文家相攻擊，始於《左氏》、《公羊》，而今古文家相攻若仇，亦惟《左氏》、《公羊》爲甚。四家《易》之於費氏《易》，三家《尚書》之於古文《尚書》，三家《詩》之於《毛詩》，雖不並行，未聞其相攻擊。漢博士惟以《尚書》爲備，亦未嘗攻古文。惟劉歆請立《左氏》，則博士以左邱明不傳《春秋》抵之；韓歆請立《左氏》，則范升以《左氏》不祖孔子抵之。鄭衆作《長義》十九條十七事，論《公羊》之短，《左氏》之長。賈逵作《長義》四十條，云《公羊》理短，《左氏》理長。李育讀《左氏傳》，雖樂文采，然謂不得聖人深意，作《難左氏義》四十一事。❶何休與其師羊

❶「義」，原脱，據《後漢書》補。

弼，追述李育意以難二傳，作《公羊墨守》、《左氏膏肓》、《穀梁廢疾》，鄭康成《鍼膏肓》、《發墨守》、《起廢疾》。隗禧謂《左氏》爲相斫書，不足學。鍾繇謂《左氏》爲大官，《公羊》爲賣餅家。各經皆有今古文之分，未有相攻若此之甚者。蓋他經雖義説不同，尚未大相反對，惟《左氏》與《公羊》不止義例不合，即事實亦多不符。《左氏》以文、宣爲父子，昭、定爲兄弟；《公羊》以文、宣爲兄弟，昭、定爲父子。魯十二公倫序，已大不同。《左氏》經作「君氏卒」，以爲魯之聲子；《公羊》經作「尹氏卒」，以爲周之世卿。所傳之經，一字不同，而一以爲婦人，一以爲男子，乖異至此，豈可並立？平心而論，以《左氏》爲相斫書則詆之大過，亦由治《左氏》者專取莫敖采樵、欒枝曳柴之類有以致之。以《左氏》爲大官，《公羊》爲賣餅家，專以繁簡詳略言之，不關大義。鄭衆、賈逵《長義》不傳，賈所舉《左氏》深於君父不可據，已見前。李育、羊弼書亦不傳。何休《墨守》，僅存一二，《廢疾》得失互見，《膏肓》以《左氏》所載之文爲《左氏》之罪，未知國史據事直書之例，且駁論多瑣細，惟兵諫、喪娶數條，於大義有關。鄭《發墨守》亦僅存一二，《起廢疾》亦得失互見，《鍼膏肓》多强説，以文公喪娶爲權制，豈有喪娶可以從權者乎？《後漢書》於鄭康成《鍼膏肓》下云：「自是《左氏》大興。」蓋鄭君雖先習《公羊》，而意重古學，常軒《左氏》而輕《公羊》，重其學者意有偏重，遂至《左氏》孤行。自漢以後，治《公羊》者，如晉之王接、王愆期，已不多見。《北史·儒林傳》云「何休《公羊傳》大行於河北」，而其傳載習《公羊》者，止有梁祚一人。且《傳》又云「《公羊》、《穀梁》多不措意」，則以爲河北行《公羊》，似非實録。《唐志》、《公羊疏》無撰人名氏，《崇文總目》或云徐彦，《郡齋讀書志》引李獻民説同，董逌《廣川藏書志》亦稱世傳徐彦，不知時代，意其在貞元、長慶之後。王應麟《小學紺珠》謂《公羊疏》徐彦撰。《宋志》直云：「徐彦《公羊疏》三十卷。」嚴可均曰：「不知何據。」即徐彦亦不知何代人。東晉有徐彦，與徐衆同時，見《通典》九十五，又九十九有武昌太守徐彦《與征西桓温牋》，而疏中引及劉宋庾蔚之，則非東晉人。今世皆云唐徐彦，尤無所據，蓋涉徐彦伯而譌耳。疏先設問答，與蔡邕《月令章句》相似，唐疏無此體例。所引書百三十許種，❶最晚者郭璞、庾蔚之，餘皆先秦漢魏。開卷疏「司空掾」云「若今三府掾是也」，齊、梁、陳、隋、唐無此官制，惟北齊有之，則此疏北齊人撰也。洪頤煊、姚範之説略同。王鳴盛以爲即《北史》徐遵明，攷其年代，似亦相近。惟據《北史》所載，遵明傳《鄭易》、《尚書》、三禮、《服氏春秋》，未聞傳《何氏公羊》，其弟子亦無治《公羊》學者，則謂彦即遵明，尚在疑似之間。若以「葬桓王」一條同於楊士勛《穀梁疏》，謂徐襲楊疏，當在楊後，又安知楊士勛非襲徐疏乎？

論《春秋》必有例，劉逢禄、許桂林《釋例》大有功於《公羊》、《穀梁》，杜預《釋例》亦有功於《左氏》，特不當以凡例爲周公所作

《禮記·經解》引孔子曰：「屬辭比事，

❶「三」，原作「二」，據嚴可均《鐵橋漫稿》改。

《春秋》教也。」又曰：「《春秋》之失亂。」《經解》引此爲夫子自道，是猶孟子兩引孔子之語，皆聖人自發其作《春秋》之旨，最可憑信。古無「例」字，屬辭比事即比例。《漢書·刑法志》師古曰：「比，以例相比況也。」《後漢書·陳寵傳》注：「比，例也。」夫子以《春秋》口授弟子，必有比例之説，故自言屬辭比事爲《春秋》教。《春秋》文簡義繁，若無比例以通貫之，必至人各異説，而大亂不能理，故曰「春秋之失亂」，亂由於無比例。是後世説經之弊，夫子已豫防之矣。何休《公羊解詁序》曰：「往者略依胡毋生《條例》，多得其正。」是胡毋生以《公羊傳》著於竹帛，已爲之作《條例》。董仲舒曰「《春秋》無達例」，則董子時《公羊春秋》已有例可知。胡毋生《條例》，散見《解詁》，未有專書。何休《文謚例》，僅見於疏所引。《公羊傳條例》見於《七録》，今佚。劉逢禄作《公羊何氏釋例》以發明之。其釋時月日例，引子思贊《春秋》上律天時，以爲《春秋》不待褒譏貶絶，以月日相示，而學之者湛思省悟，推闡甚精。《穀梁》時月日例更密於《公羊》，許桂林作《穀梁釋例》以發明之，其有功於《穀梁》，與劉逢禄有功於《公羊》相等。范甯解《穀梁》亦有例，《四庫提要》曰：「自序有『商略名例』之句，疏稱甯別有『略例』百餘條，此本不載。然注中時有『傳例曰』字，或士勛割裂其文，散入注疏中歟。」陳澧曰：「楊疏有稱『范氏略例』者，有稱『范例』者，有稱『范氏別例』者，皆即《略例》也。范氏注中已有例，又別爲《略例》，故可稱別例。楊疏所引二十餘條，王仁圃《漢魏遺書鈔》已鈔出。」據此，則《公羊》、《穀梁》二家説《春秋》者，皆有例矣。《左氏》之例，始於鄭興、賈徽，其子鄭衆、賈逵各傳家學，亦有條例。潁容已有《釋例》在杜預之前。《左氏傳》本無日月例，孔疏曰：「《春秋》諸事皆不以日月爲例，其以日月爲義例者，唯卿卒、日食二事而已。」陳澧曰：「此説可疑，豈有一書内唯二條有例者乎？且日食不書日，爲官失之，其説通；大夫卒，公不與小斂，不書日，則不可通。孔巽軒云：『九月甲申，公孫敖卒於齊，公豈得與小斂乎？』此無可置辨矣。蓋《左傳》無日月例，後人附益者以《公》、《穀》有之，故亦倣效而爲此二條耳。」錫瑞案：二條爲後人附益，固無可疑，即「五十凡」，亦未知出自何人。然鄭、賈、潁已言例在前，則非杜預所創，特不當以舊例爲周公所定耳。

論日月時正變例

胡安國曰：「《春秋》之文，有事同而辭同者，後人因謂之例；有事同而辭異，則其例變矣。是故正例非聖人莫能立，變例非聖人莫能裁。正例，天地之常經；變例，古今之通誼。惟窮理精義，於例中見法，例外通類者，斯得之矣。」案：《春秋》正、變例以日、月、時爲最著明。正例日則變例時，正例時則變例日，而月在時日之間。《公羊》、《穀梁》説已詳晰，而後人猶疑之者，以解者繁雜，未有簡明之説以括之也。今據《春秋》之例，討賊侵伐常事，與不以日月計者皆例時，以月爲變者，不以月計也。《春秋》以月計時事，以月分尊卑。除二者之外，遂不以日月爲例。《春秋》記事，大事記之詳，如君夫人葬薨，大夫卒，天王崩，外諸侯卒，大異，宗朝災，祭事盟戰，所關者大，重録之則詳，故記其日。小事則從略，如來往，如致朝聘會遇，外盟外戰，一切小事，皆例時。大事日，小事時，一定之例也，亦記事之體應如是也。至於輕事而重之，則變時而日月焉；重事而輕之，則變日而月時焉。事以大小爲準，例以時日爲正，一望而知者也。而月在時日之中，爲消息焉，凡月皆變例。大事例日，如盟例日，而桓盟皆不日而月，變也。柯之盟時者，變之至也。此日爲正，月爲變，時爲尤變之例也。小事例時，如外諸侯葬例時，月爲變，日爲變之甚。此時爲正，月爲變，日爲尤變之例也。又如朝時也，變之則月，尤變則日；用幣時也，謹之則日。因其事之小，知其日月之爲變。外諸侯卒例日，變之則月，尤變則時，因其事之大，知其月時之爲變。凡變則有二等，以差功過淺深，故月皆變例，從時而日，從日而時，皆變之尤甚者。有條不紊，綱目明白。先儒因有記時分早暮二例，遂徧推之，則正例有三等，無以進退，而於二主之間又添一主，則正變不明，端委朦混，治絲而棼，故使人疑之也。淺人以爲經承舊史，或時或月或日，皆無義例，則斷爛朝報，可爲確論矣。

論三傳以後説《春秋》者亦多言例，以爲本無例者非是

洪興祖曰：「《春秋》本無例，學者因行事之迹以爲例，猶天本無度，治厤者因周天之數以爲度。」錫瑞案：洪氏此説，比例正合。聖人作《春秋》，當時嘗自定例與否，誠

未可知。而學者觀聖人之書，譬如觀天，仁者見仁，知者見知，各成義例，皆有可通。治厤者因周天之數以爲度，不得以爲非天之度；學者因行事之迹以爲例，豈得以爲非《春秋》之例乎？朱彝尊《經義考》論崔子方《本例》云：「以例説《春秋》，自漢儒始。曰牒例，鄭衆、劉實也；曰謚例，何休也；曰釋例，潁容、杜預也；曰條例，荀爽、劉陶、崔靈恩也；曰經例，方範也；曰傳例，范甯也；曰詭例，吴略也；曰略例，劉獻之也；曰通例，韓滉、陸希聲、胡安國、畢良史也；曰統例，啖助、丁副、朱臨也；曰纂例，陸淳、李應龍、戚崇增也；曰總例，韋表微、成元、孫明復、周希孟、葉夢得、吴澂也；曰凡例，李瑾、曾元生也；曰説例，劉敞也；曰忘例，馮正符也；曰演例，劉熙也；曰義例，趙瞻、陳知柔也；曰刊例，張思伯也；曰明例，王晳、王日休、敬鉉也；曰新例，陳德甯也；曰門例，王鎡、王炫也；曰地例，余嘉也；曰會例，胡箕也；曰斷例，范氏也；曰異同例，李氏也；曰顯微例，程迥也；曰類例，石公孺、周敬孫也；曰序例，家鉉翁也；曰括例，林堯叟也；曰義例，吴迂也。而梁簡文帝、齊晉安王子懋皆有《例苑》，孫立節有《例論》，張大亨有《例宗》，劉淵有《例義》，刁氏有《例序》，繩之以例，而義益紛綸矣。彦直崔子方字。謂聖人之書，編年以爲體，❶舉時以爲名，著日月以爲例。《春秋》固有例也，而日月之例蓋其本。乃列一十六門，而皆以日、月、時例之，亦一家之言云爾。」案：諸家書多不傳，未能考其得失。惟陸淳《纂例》兼采三傳，崔子方《本例》多

❶「編」，原作「總」，據《曝書亭集》改。

本《公》、《穀》，能成一家之言。其後趙汸《春秋屬辭》爲最著，孔廣森《公羊通義》本之，謂知《春秋》者惟趙汸一人。或謂趙汸、崔子方無「三科九旨」以統貫之，故其例此通而彼窒，左支而右絀。是二家之書，亦未盡善。蓋日月例《公》、《穀》已極詳密，崔子方等更求詳於《公》、《穀》之外，又不盡用《公》、《穀》之義，未免過於穿鑿。然例雖未盡善，猶愈於全不言例者，全無例則必失亂矣。後人矯言例者支離破碎之過，謂《春秋》本無例，例出後儒傅會。鄭樵謂例非《春秋》之法。爲此説者，非獨不明《春秋》之義，並不知著書作文之體例矣。凡修史皆有例，《史記》、《漢書》自序，即其義例所在。後世修史，先定凡例，詳略增損，分別合并，或著録或不著録，必有一定之法。修州郡志亦然。即自著一部書，或注古人之書，其引用書傳，編次子目，亦必有凡例，或自列於簡端。即爲人撰碑志墓銘，其述祖考子孫官爵事實亦有例，故有《墓銘舉例》、《金石三例》等書。惟日録筆記，隨手紀載，乃無義例，再下則胥吏之檔案，市井之簿録耳。聖人作經以教萬世，乃謂其全無例義，同於檔案簿録，比後儒之著書作文者猶不逮焉，誠不知何説也。

論啖助説《左氏》具有特識，説《公》、《穀》得失參半，《公》、《穀》大義散配經文，以傳攷之，確有可徵

《春秋》雜采三傳，自啖助始。《三傳得失議》曰：「古之解説，悉是口傳，自漢以來，乃爲章句。如《本草》皆後漢時郡國，而題以神農；《山海經》廣説殷時，而云夏禹所記。自餘書籍，比比甚多。是知三傳之義，本皆口傳，後之學者，乃著竹帛，而以祖師之目題之。予觀《左氏傳》，自周、晉、齊、宋、楚、鄭等國之事最詳。晉則每一出師，具列將佐；宋則每因興廢，備舉六卿。故知史策之文，每國各異，左氏得此數國之史，以授門人，義則口傳，未形竹帛。後代學者乃演而通之，總而合之，編次年月以爲傳記。又廣采當時文籍，故兼與子產、晏子及諸國卿佐家傳，并卜書、夢書，及雜占書、縱横家、小說、諷諫等，雜在其中。故叙事雖多，釋意殊少，是非交錯，混然難證。其大略皆是《左氏》舊意，故比餘傳，其功最高。博采諸家，叙事尤備，能令百代之下頗見本末，因以求意，經文可知。又況論大義得其本源，解三數條大義，不以原情爲說，❶欲令後人推此以及餘事。而作傳之人不達此意，妄有附益，故多迂誕。又《左氏》本末釋者，抑爲之說，遂令邪正紛糅，學者迷宗也。《公羊》、《穀梁》初亦口授，後人據其大義，散配經文，原注：傳中猶稱「穀梁子曰」，是其證也。故多乖謬，失其綱統。然其大指亦是子夏所傳，故二傳傳經密於《左氏》。《穀梁》意深，《公羊》辭辨，隨文解釋，往往鉤深。但以守文堅滯，泥難不通，比附日月，曲生條例，義有不合，亦復强通，踳駁不倫，或至矛盾，不近聖人夷曠之體也。夫《春秋》之文，一字以爲襃貶，誠則然矣。其文亦有文異而義不異者，原注：詳内以略外、因舊史之文之類是也。二傳穿鑿，悉以襃貶言之，是故繁碎甚於《左氏》。《公羊》、《穀梁》又不知有不告則不書之義，凡不書者皆以義說之。且

❶「不」，《武英殿聚珍版叢書》本《春秋集傳纂例》作「亦」。

列國至多，若盟會征伐喪紀不告亦書，則一年之中可盈數卷。況他國之事，不憑告命，從何得書？但書所告之事，定其善惡，以文褒貶耳。《左氏》言褒貶者又不過十數條，其餘事同文異者，亦無他解，舊解皆言從告及舊史之文。若如此論，乃是夫子寫魯史，何名修《春秋》乎？予故謂二者之説俱不得中。」錫瑞案：啖氏《春秋》之學非專家，故所説有得有失。其説《左氏》具有特見，説《公》、《穀》則得失參半。謂三傳皆後學著竹帛，而以祖師之目題之，與《公羊》徐疏同。徐疏惟言《公羊》、《穀梁》，啖氏並言《左氏》，亦以爲門人乃著竹帛，且有附益，故啖氏兼取三傳，而不盡信三傳也。啖氏不云左氏非邱明，但云傳非邱明自作，比趙匡之論爲更平允。謂《公》、《穀》得子夏口授，後人據其大義，散配經文，所見尤精。既云二傳傳經密於《左氏》，不得疑其繁碎。《春秋》之旨數千，聖人詳示後人，無所謂不夷曠。若其矛盾穿鑿，正由散配經文時致誤，與左氏之徒附益迂誕，正相等耳。《公》、《穀》釋經雖密，亦或有經無傳，經所書者，間無其説，不書者以義説之，實所罕見。啖氏知不告則不書，不知《春秋》即告者亦多不書。聖人筆削，大率筆者一，而削者十。若從舊史赴告全録，則一年之中亦可盈卷矣。以「夫子寫魯史，何名修《春秋》」駮左氏家經承舊史，尤爲明快。知啖氏云「《公》、《穀》大義，散配經文」之説是者，如「君子大居正」一條，《公羊》以之説宋宣，《穀梁》以之説魯隱，是二家據《春秋》「大居正」之大義散配經文而參差不同之明證也；《公羊》傳《春秋》有譏父老子代從政者，未知其爲齊與曹與，是《公羊》家據《春秋》譏世子之大義散配經文，而未知其屬齊世子、屬曹世子，游移莫決之明證也。明乎此，則於傳義之可疑者不必强通。啖氏見及此，可謂卓識矣。

論啖、趙、陸不守家法，未嘗無扶微學之功，宋儒治《春秋》者皆此一派

三傳專門之學，本不相通，而何休《解詁序》云：「援引他經，失其句讀。」疏云：「三傳之理，不同多矣。羣經之義，隨經自合。而顔氏之徒既解《公羊》，乃取他經爲義，猶賊黨入門，主人錯亂，故曰失其句讀。」據此，則漢之治《公羊》者，未嘗不兼采三傳也。杜預《集解序》云：「古今言《左氏春秋》者多矣，膚引《公羊》、《穀梁》，適足自亂。」孔疏云：「《公羊》、《穀梁》口相傳授，因事起問，意與《左氏》不同，故引之以解《左氏》，適足以自錯亂也。」《疏序》又云：「鄭衆、賈逵、服虔、許惠卿之等各爲詁訓，然雜取《公羊》、《穀梁》以釋《左氏》。」據此，則漢之治《左氏》者，未嘗不兼采三傳也。范武子《穀梁集解序》兼及《左氏》、《公羊》，尤爲顯著。惟諸人兼采三傳，仍是專主一家，間取二家之説，裨補其義。晉劉兆作《春秋調人》三萬言，❶又爲《左氏傳》解，名曰《全綜》，《公羊》、《穀梁》解詁，❷皆納經傳中，朱書以别之，似已合三傳爲一書，而其書不傳。今世所傳合三傳爲一書者，自唐陸淳《春秋纂例》始。淳本啖助、趙匡之説，雜采三傳，以意去取，合爲一書，變專門爲

❶「三」，《晉書·儒林傳》作「七」。

❷「公」上，原衍「作」字，據《晉書》删。

通學，是《春秋》經學一大變。宋儒治《春秋》者，皆此一派。如孫復、孫覺、劉敞、崔子方、葉夢得、吕本中、胡安國、高閌、吕祖謙、張洽、程公説、吕大圭、家鉉翁，皆其著者，以劉敞爲最優，胡安國爲最顯。劉敞《春秋傳》本啖、趙、陸之法，删改三傳合爲一傳。陳澧糾其删改不當：「如『鄭伯克段于鄢』，録《左傳》而改之云：『太叔出奔，公追而殺諸鄢。』既信《公》、《穀》殺段之説，乃録《左傳》而删改之，此孔沖遠所謂『方鑿圓枘』者。」胡安國《春秋傳》雜采三傳，參以己意，朱子已駁其王不稱天，以宰咺爲冢宰，桓公不書秋、冬，貶滕稱子之類。其説有本於《公》、《穀》者，有胡氏自爲説出《公》、《穀》之外者。蓋宋人説《春秋》，本啖、趙、陸一派，而不如啖、趙、陸之平允。邵子曰：「《春秋》三傳之外，陸淳、啖助可以兼治。」程子稱其絶出諸家，有攘異端、開正途之功。朱子曰：「趙、啖、陸淳皆説得好。」吴澄曰：「唐啖助、趙匡、陸淳三子，始能信經駁傳，以聖人書法纂而爲例，得其義者十七八，自漢以來，未聞或之先也。」案：吴氏極推三子得聖人之義，勝於漢儒之不合不公。蓋自唐、宋以後，《春秋》無復專門之學，故不知專門之善，而反以爲非。後儒多歸咎於昌黎「三傳束閣」之言，見昌黎《贈玉川子盧仝詩》。詆啖、趙、陸不守家法。而據啖子曰「今《公羊》、《穀梁》二傳殆絶，習《左氏》者皆遺經存傳」，則其時《春秋》之學不講可知。唐開元八年，國子司業李元瓘上言：「《公羊》、《穀梁》殆絶。」十六年楊瑒爲國子祭酒，❶奏言：「今明經習《左氏》者，十無二三，《公

❶「酒」，原作「洒」，據《舊唐書》卷一百八十五下改。

羊》、《穀梁》殆將絶廢。」啖氏正當其時，於經學廢墜之餘，爲舉世不爲之事，使《公》、《穀》二傳復明於世，雖不守家法，不得謂其無扶微學之功也。

論《公》、《穀》傳義，《左氏》傳事，其事亦有不可據者，不得以親見國史而盡信之

自啖助斟酌三傳，各取其長，云：「《左氏》叙事尤備，能令百代之下頗見本末，因以求意，經文可知；二傳傳經，密於《左氏》，《穀梁》意深，《公羊》辭辨。」宋人推衍其説。胡安國曰：「事莫備於《左氏》，例莫明於《公羊》，義莫精於《穀梁》。」葉夢得曰：「《左氏》傳事不傳義，是以詳於史而事未必實；《公羊》、《穀梁》傳義不傳事，是以詳於經而義未必當。」朱子曰：「《左氏》是史學，《公》、《穀》是經學。史學者記得事卻詳，於道理上便差；經學者於義理上有功，然記事多誤。」又曰：「左氏曾見國史，考事頗精，只是不知大義，專去小處理會，往往不曾講學。《公》、《穀》考事甚疏，然義理卻精，二人乃是經生，傳得許多説話，往往不曾見國史。」吕大圭曰：「《左氏》熟於事，《公》、《穀》深於理。蓋左氏曾見國史，而公、穀乃經生也。」吴澄曰：「載事則《左氏》詳於《公》、《穀》，釋經則《公》、《穀》精於《左氏》。」錫瑞案：諸説皆有所見，朱子之説尤晰。惟兼采三傳，亦必有啖、趙諸人之學識方能別擇。初學不守家法，必至茫無把握，而陷於《春秋》之失亂。《公》、《穀》精於義，《左氏》詳於事，誠如諸儒之説。《春秋》重義不重事，治《春秋》者當先求《公》、《穀》之

義，而以《左氏》之事證之，乃可互相發明，不至妄生疑難。即啖助云「因以求意，經文可知」之說。若但攷《左氏》之事，不明《春秋》之義，將並傳之不可信者而亦信之，必至如杜預、孔穎達諸人從傳駁經，非聖無法。正猶齊人知有孟嘗君而不知有王，秦人知有穰侯而不知有王矣。引《左氏》之事，以證《春秋》之義，可也；據《左氏》之義，以爲《春秋》之義，不可也。《左氏》不傳《春秋》，本無義例，劉歆治《左氏》，引《傳》文以解經，始有章句、義理。杜預排斥二傳，始專發《左氏》義。劉歆、杜預之義明，而孔子《春秋》之義隱。《左氏》凡例、書法、君子曰，前人已多疑之。陸淳已駁弒君、滅國、薨赴以名之例矣。朱子曰：「《左傳》『君子曰』最無意思，因舉『芟夷蘊崇之』一段，是關上文甚事？左氏是一箇審利害之幾善避就底人，[1]所以其書有貶死節等事。指孔父、荀息諸人，《左氏》亦無貶諸人明文，惟論荀息有「君子曰」。其間議論有極不是處，如周、鄭交質之類，是何議論？此是實事，史官據事直書，卻不礙。其曰『宋宣公可謂知人矣，立穆公，其子饗之，命以義夫』，只知有利害，不知有義理。此段不如《公羊》說『君子大居正』，卻是儒者議論。」案：朱子說是也，且殤公立而被弒，所謂「其子饗之」安在？非但不明義理，並不合事實。《左氏》於敘事中攙入書法，或首尾橫決，文理難通，如「鄭伯克段于鄢」，傳文「太叔出奔共」下接「書曰，鄭伯克段于鄢」至「不言出奔，難之也」云云，乃曰「遂置姜氏於城潁」，「遂」字上無所承，文理鶻突。若刪去「書曰」十句，但云「太叔出奔共，遂

[1]「氏」，原作「傳」，據《朱子語類》改。

置姜氏於城潁」，則一氣相承矣。其他「書曰」、「君子曰」，亦多類此，爲後人攙入無疑也。諸儒多云左氏親見國史，事必不誤，亦未盡然，姑舉一二證之。如昭七年，「春，王正月，暨齊平」，杜解曰：「暨，與也。燕與齊平。前年冬，齊伐燕，間無異事，故不重言燕，從可知。」孔疏曰：「此直言『暨齊平』，不知誰與齊平。《穀梁傳》云『以外及内曰暨』，謂此爲魯與齊平。賈逵、何休亦以爲魯與齊平。許惠卿以爲燕與齊平。服虔云：『襄二十四年仲孫羯侵齊，二十五年崔杼伐我，自爾以來，齊、魯不相侵伐。且齊是大國，無爲求與魯平。此六年冬齊侯伐北燕，將納簡公。齊侯貪賄，而與之平，故傳言齊求之也。齊次于虢，燕人行成。其文相比，許君近之。』案經例，即燕與齊平，當書『燕』；魯與諸侯平，皆言『暨』。下三月公如楚，叔孫婼如齊涖盟，公不在國，故齊無來者。據經言之，賈君爲得。杜則從許説也。」案：疏舉經例甚明，當從《公》、《穀》，而《左氏》本年傳明云齊、燕平之月，則《左》實以爲燕與齊平。賈解《左氏》仍從《公》、《穀》，孔疏云「賈逵雜采《公》、《穀》」，此其一證。許、服、杜則以《左》解《左》。然《左》實與書法不合。親見聖人、親見國史者，何以有此誤乎？《左氏傳》：「衛宣公烝於夷姜，生急子，爲之妻于齊，而美，公妻之，生壽及朔。」夫宣公烝庶母，必在即位之後；生子能妻，必十六七年；公妻之，生壽及朔，朔能譖兄，壽能代死，必又十六七年。而衛人立晉在隱四年，宣公卒在桓十三年，共止二十年，如何能及？若謂烝夷姜在即位前，桓公不應容其弟濁亂宮闈，石碏未必立此穢德彰聞之公子。《史記》云「愛夫人夷姜」，不云烝淫，則《左氏》未可信。洪邁謂：「十九年之間如何消破，此最爲難曉也。」晉獻公烝齊姜，近人亦有疑之者。蘧伯玉、延陵季子皆年近百，而服官帥師，事亦可疑。是《左氏》之事亦不盡可信也。朱子曰「《左氏》所傳《春秋》事，恐八九分是」，亦不盡信左氏。《公羊傳》惟季姬使鄫子請己、單伯淫子叔姬、叔術妻嫂，事有可疑。董子《繁露》於此數事皆無説，或以不關大義，或亦疑而不信，學者於此等處闕疑可也。《解詁》是章句，不得不解傳；《繁露》説大義，故於此數條皆無説，學者亦不必强説。

論劉知幾詆毁《春秋》，並及孔子，由誤信杜預、孔穎達，不知從《公》、《穀》以求聖經

説《春秋》者，唐劉知幾爲最謬。其作《史通》有《惑經》、《申左》二篇，詆毁《春秋》，並詆孔子曰：「善惡必書，斯爲實録。觀夫子修《春秋》也，多爲賢者諱。狄實滅衛，因桓恥而不書；河陽召王，成文美而稱狩。斯則情兼向背，志懷彼我。哀八年及十三年，公再與吴盟而皆不書；桓二年，公及戎盟則書之。戎實豺狼，非我族類，夫非所諱而仍諱，謂當恥而不恥，求之折衷，未見其宜。如魯之隱、桓戕弑，昭、哀放逐，姜氏淫奔，子般夭酷，斯則邦之孔醜，諱之可也。如公送晉葬，公與吴盟，爲齊所止，爲邾所敗，盟而不至，會而後期，並諱而不書，豈非煩碎之甚？」錫瑞案：劉氏但曉史法，不通經義，專據《左氏》，不讀《公》、《穀》，故不知《春秋》爲尊親諱，其書、不書皆有義例，非可以史法善惡必書繩之。《左氏傳》云，孫、甯出君，名藏在諸侯之策，曰「孫林

父、甯殖出其君」。夫子以爲臣出君不可訓，故更之曰「衛侯衎出奔齊」，以君自出爲文。天王狩于河陽，其義亦然。《左氏》引仲尼曰：「以臣召君，不可以訓。」是隱諱之義，左氏亦知之。而續經云「齊陳恒執其君，寘于舒州」，則與《春秋》不書孫、甯出君之義相背，是左氏於《春秋》隱諱之旨，半明半昧。劉氏則全不知。夫吴爲伯主，故恥不書；公及戎盟，本無庸諱。且及戎盟，隱、桓二年凡兩見，劉舉桓而失隱，知其讀《春秋》不熟矣。劉氏又曰：「齊、鄭及楚國有弑君，各以疾赴，遂皆書卒；反不討賊，藥不親嘗，遂皆被以惡名，播諸來葉。」案：劉氏此説，亦由不解隱諱之義。「鄭伯髡原如會，卒於操」，《公羊傳》明以爲隱，以爲弑，以爲爲中國諱。「楚子卷、齊侯陽生卒」，《公羊》無説。《左氏》亦但於「鄭伯之卒」云「以瘧疾赴於諸侯」。楚郟敖、齊悼公，《左氏》以爲弑，而不云以疾赴。劉云「各以疾赴」，不知何據。「反不討賊」，本晉史之舊文；「藥不親嘗」，由君子之聽止。是二君之弑，初非夫子所加，夫子特因舊文書之，以著忠臣孝子之義。若齊、鄭、楚三君，其國無董狐之直筆，國史本不書弑，夫子豈得信傳聞之説，遽加人以弑逆之罪乎？至鄭伯隱諱，又是一義。劉氏不明其義，而并爲一談，斯惑矣。魯桓弑隱，但書「公薨」，劉氏以爲：「董狐、南史，各懷直筆；孟子言孔子成《春秋》而亂臣賊子懼，無乃烏有之談？」不知南、董非崔、趙之臣，故可直書；孔子是魯臣，於其先君篡弑，不可直書。劉氏在唐曾爲史官，試問其於唐代之事，能直書無隱否？乃以此惑聖經，並疑孟子之言爲烏有，固由讀書粗疏，持論獷悍，亦由誤信杜預、孔穎達，不知從《公》、《穀》以求聖經也。

論劉知幾據竹書以詆聖經，其惑始於杜預，唐之陸淳、劉貺已駁正其失

且劉氏受惑之處，非直此也。曰：「案汲冢竹書《晉春秋》及《紀年》之載事也，如重耳出奔，惠公見獲，書其本國，皆無所隱。唯《魯春秋》之紀其國也，則不然。何者？國家事無大小，苟涉嫌疑，動稱恥諱。」又：「案晉自魯閔公以前，未通於上國，至僖二年，滅下陽已降，漸見於《春秋》。蓋始命行人，自達於魯也。而《瑣語春秋》載魯國閔公時事，言之甚詳，斯則聞見必書，無假相赴者也。蓋當時國史，他皆倣此。至於夫子所修也，則不然。凡書異國，皆取來告。苟有所告，雖小必書；如無其告，雖大必闕。尋兹例之作也，蓋因周禮舊法，魯策成文。夫子既撰不刊之書，爲後王之則，豈可仍其過失，而不中規矩乎？」又：「案古者國有史官，具列時事。觀汲墳出記，皆與魯史符同。至於周之東遷，其説稍備，隱、桓已上，難得而詳。此之煩省，皆與《春秋》不別。又『獲君曰止』，『誅臣曰刺』，『殺其大夫曰殺』，『執我行人』，『鄭棄其師』，『隕石於宋五』，諸如此句，多是古史全文。則知夫子之所修者，但因其成事，就加雕飾，仍舊而已，有何力哉？」錫瑞案：劉氏據《左傳》而疑經，謂經全因舊史，已是大惑。又據竹書而疑經，謂經何以不改舊史，更滋其惑，而其惑實始於杜預。杜預《春秋集解後序》論《汲冢書》云：「其著書文意，大似《春秋經》，推此足見古者策書之常也。文稱

『魯隱公及邾莊公盟於姑蔑』，即《春秋》所書『邾儀父未王命，故不書爵。曰儀父，貴之也』。又稱『晉獻公會虞師伐虢，滅下陽』，即《春秋》所書『虞師、晉師滅下陽，先書虞，賄故也』。又稱『周襄王會諸侯於河陽』，即《春秋》所書『天王狩於河陽，以臣召君，不可以訓也』。諸若此輩甚多，略舉數條，以明國史皆承告據實而書時事，仲尼修《春秋》，以義而制異文也。」胡渭曰：「《竹書紀年》文意簡質，雖頗似《春秋經》，然此書乃戰國魏哀王時人所作，往往稱謚以記當時之事。如魯隱公及邾莊公盟於姑蔑，晉獻公會虞師伐虢滅下陽，周襄王會諸侯於河陽，明係《春秋》後人約《左傳》之文，倣經例而爲之，與身爲國史承告據實書者不同。杜氏《後序》則謂推此足見古者國史策書之常，不亦過乎？」案：胡氏此説足解杜氏之惑，即足解劉氏之惑。《春秋》傳於子夏，子夏退老西河，爲魏文侯師，魏人必有從之受《春秋》者。《紀年》作於魏哀王時，距孔子作《春秋》已百年，其書法明是倣《春秋》。杜氏乃疑古史書法本然，孔子《春秋》是依倣此等書爲之，而益堅其經承舊史、史承赴告之説，不思著書年代先後具有明徵，但有後人襲前人，未有前人襲後人者。孔子作《春秋》在百年前，魏人作《紀年》在百年後，猶之《史記》在《漢書》前，《三國志》在《後漢書》前。若有謂史公襲班書，陳壽襲范書，人未有不啞然笑者。杜氏之惑，何異於是？陸淳《春秋纂例》嘗言之矣：「或曰：『若左氏非授經於仲尼，則其書多與《汲冢紀年》符同，何也？』答曰：『彭城劉惠卿名貺。著書云，《紀年》序諸侯列會，皆舉其謚，知是後人追修，非當世正史也。至於齊人殲於遂，鄭棄其師，皆夫子褒貶之意，而《竹書》之文亦然。其書鄭殺其君某，因釋曰『是子亹』；楚囊瓦奔鄭，因曰『是子常』，率多此類。別有《春秋》一卷，全録《左氏傳》卜筮事，無一字之異。故知此書按《春秋》經、傳而爲之也。』劉之此論當矣。且經書紀子伯、莒子盟於密，《左氏》經改爲紀子帛，傳釋云『魯故也』，以爲是紀大夫裂繻之字，緣爲魯結好，故褒而書字，同之内大夫，序在莒子上。此則魯國褒貶之意。而《竹書》自是晉史，亦依此文而書，何哉？此是明驗。其中有鄭莊公殺公子圣，《春秋》作「段」。魯桓公、紀侯、莒子盟於區蛇，如此等數事，又與《公羊》同。其稱今王者，魏惠成王也。此則魏惠成王時，史官約諸家書，追修此紀，理甚明矣。觀其所記，多詭異鄙淺，殊無條例，不足憑據而定邪正也。」案：劉貺、陸淳皆唐人，曾見《紀年》全書，其説可憑。陸年輩後於劉知幾，其説正可駁劉。以齊人殲於遂、鄭棄其師爲夫子褒貶之特筆，遠勝劉説以爲出《瑣語晉春秋》矣。陸通經學，劉不通經，故優劣判然也。

論《春秋》家、《左傳》家當分爲二，如劉知幾説

劉知幾説《春秋》雖謬，猶知《春秋》、《左傳》之分。其論史體六家：「一曰《尚書》家，二曰《春秋》家，三曰《左傳》家，四曰《國語》家，五曰《史記》家，六曰《漢書》家。」前二家，經也；後二家，史也；中二家，《左傳》、《國語》，則在經史之間。是劉知幾猶知《春秋》家與《左傳》家體例不同，當分爲二，不當合爲一也。古經傳皆別行，據《漢

書・藝文志》與《左傳序》孔疏，具有明證。熹平石經《公羊春秋》，有傳無經。漢時專主《公羊》，故直以《公羊》爲《春秋》；後世孤行《左傳》，又直以《左傳》爲《春秋》。《公羊》字字解經，經傳相附，以《公羊》爲《春秋》可也。《左氏》本不解經，經傳不相附，或有經無傳，或有傳無經，以《左氏》爲《春秋》不可也。唐人作《五經正義》，《春秋》主《左氏傳》，《公羊》、《穀梁》雖在中經、小經之列，而習此二經者殆絶。唐時如啖、趙、陸兼通三傳者甚少，如陳商能分别《春秋》是經、《左氏》是史者更别無其人矣。宋人刊《十三經注疏》，《公》、《穀》稱《公羊》、《穀梁》，《左氏》稱《春秋左傳》，明以《春秋》專屬《左氏》，而屏《公》、《穀》於《春秋》之外。夫以《公》、《穀》之字字解經者，不以《春秋》屬之；《左氏》之本不解經者，獨以《春秋》屬之，宜乎？學者止知有《左氏傳》，不知有《春秋經》，聖人之作經爲萬世法者，付之若存若亡之列。洪邁《容齋續筆》有「紹聖廢《春秋》」一條，云：「五聲本於五行而徵音廢，四瀆源於四方而濟水絶，《周官》六典所以布治而司空之書亡，是固出於無可奈何，非人力所能爲也。乃若六經載道，而王安石欲廢《春秋》。紹聖中，章子厚作相，蔡卞執政，遂明下詔罷此經，誠萬世之罪人也。」如洪氏説，彼悍然廢《春秋》者，罪誠大矣，然亦豈非唐宋以來不尊《春秋》有以階之厲乎？宋人以《春秋》專屬《左傳》，由於唐作《正義》但取《左傳》。漢人以《禮經》專屬《儀禮》，而唐作《正義》但取《禮記》，故後世以《禮記》取士，論者譏其舍經用傳。《禮記》體大物博，雖有解《儀禮》數篇之義，而非盡解《儀禮》，不得全謂之傳。若《左氏》

明明《春秋》之傳，傳又不與經合，而後世《左氏》孤行，舍經用傳，較之舍《儀禮》而用《禮記》者，蓋有甚焉。王應麟《困學紀聞》先列《春秋》，繼以《左傳》、《公羊》、《穀梁》，分别尚晰。學者當知如此分别，則經傳部居不紊，不得以《春秋》專屬《左氏》，而竟以《左氏》冒《春秋》。後之治《左氏》者，能詮擇經義，解説凡例，可附於《春秋》家；若專攷長厤、地名、人名、事實，或參以議論者，止可入《左氏》家。以與聖經大義無關，止可謂之史學，不得謂之經學也。

論孔子作《春秋》，增損改易之迹可尋，非徒因仍舊史

陳壽祺曰：「竊觀孟子言孔子作《春秋》，『作』之云者，雖據舊史之文，必有增損改易之迹。《不修春秋》曰：『雨星，不及地尺而復。』君子修之曰：『星隕如雨。』諸侯之策曰：『孫林父、甯殖出其君。』孔子書之曰：『衛侯衎出奔齊。』晉文公召王而朝之，孔子曰：『以臣召君，不可以訓。』故書曰，天王狩於河陽。』《魯春秋》去夫人之姓曰『吴』，其卒曰『孟子卒』，孔子書『孟子卒』，而不書『夫人吴』。此其增損改易之驗見於經典者也。華督得罪於宋殤公，名在諸侯之策。晉董狐書曰：『趙盾弑其君。』齊太史書曰：『崔杼弑其君。』《魯春秋》記晉喪曰：『弑其君之子奚齊及其君卓。』孔子於《春秋》皆無異辭，此循舊而不改之驗也。太子獨記子同生，而不及子赤、子野、襄公，則知此爲《春秋》特筆，以起不能防閑文姜之失。妾母獨録惠公仲子、僖公成風，而略於敬嬴、定姒、齊歸，則知此亦《春秋》特筆，

以著公妾立廟稱夫人之始。有年、大有年，惟見桓三年及宣十六年，蓋承屢祲之後，書以示幸。王臣書氏，惟見隱三年及昭二十三年、二十六年，蓋兆世卿之亂王室，書以示譏。則其他之删削者夥矣。外大夫奔書字，惟見文十四年宋子哀，蓋褒其不失職。外大夫見殺書字，惟見桓二年孔父，蓋美其死節。公子季友、公弟叔肸稱字，季子、高子稱子，所以嘉其賢。齊豹曰『盜』，三叛人名，所以斥其惡。公薨以不地見弑，夫人以尸歸見殺，師以戰見敗，公夫人奔曰孫，内殺大夫曰刺，天王不言出，凡伯不言執，與王人盟不言公，皆《春秋》特筆也。是知聖人修改之迹，不可勝數。善善惡惡，義踰衮鉞，然後是非由此明，功罪由此定，勸懲由此生，治亂由此正。故曰《春秋》天子之事，苟徒因仍舊史，不立褒貶，則諸侯之策，當時未始亡也，孔子何爲作《春秋》？且使《春秋》直寫魯史之文，則孟子何以謂之『作』？則知我罪我安所徵，亂臣賊子安所懼？」錫瑞案：陳氏引《春秋》書法，兼采三傳，求其增損改易之迹，可謂深切著明。即此足見《左氏》家經承舊史、史承赴告，其説近是而實不是。孔子作《春秋》，非可憑空結撰，其承舊史是應有之事；魯史亦非能憑臆捏造，其承赴告亦是應有之事。《左氏》家説本非全然無理，特後人視之過泥，持之太堅，謂《春秋》止是鈔録舊文，尚不如《漢書》之本《史記》，《後漢書》之襲《三國志》，新《五代史》、《唐書》之因舊《五代史》、《唐書》，猶有增損改易之功。則《春秋》一書，於魯史爲重臺，於《左傳》爲疣贅，宋人廢之，誠不爲過矣。而《春秋經》豈若是乎？

論宋五子説《春秋》有特見，與《孟子》、《公羊》合，足正杜預以後之陋見謬解

宋五子於《春秋》無專書，而説《春秋》皆有特見。周子曰：「《春秋》正王道，明大法也，孔子爲後世王者而修也，亂臣賊子誅死者於前，所以懼生者於後。」邵子曰：「《春秋》者，孔子之刑書也。功過不相揜，聖人先褒其功而貶其罪，故罪人有功，亦必録之。」程子曰：「夫子作《春秋》，爲百王不易之大法。斯道也，惟顔子嘗聞之矣。行夏之時，乘殷之輅，服周之冕，樂則《韶》舞，此其準的也。後世以史視《春秋》，謂褒善貶惡而已，至於經世之大法，則不知也。《春秋》大義，炳如日星，乃易見也。惟其微辭隱義，時措咸宜者，爲難知也。或抑或縱，或予或奪，或進或退，或微或顯，而得乎義理之安，文質之中，寬猛之宜，是非之公，乃制事之權衡，揆道之模範也。」張子曰：「《春秋》之書，在古無有，乃仲尼所自作，惟孟子爲能知之。」朱子曰：「孔子作《春秋》，當時亦須與門人講説，所以《公》、《穀》、《左氏》得一箇源流，只是漸漸訛舛。當初若是全無傳授，如何鑿空撰得？」又曰：「三家皆非親見孔子，左氏不必解是邱明。」又曰：「杜預每到不通處，不云傳誤，云經誤，可怪，是何識見？」錫瑞案：《春秋》始誤於杜預，而極謬於劉知幾，當以宋五子之説正之，其説與《孟子》、《公羊》之旨合。周子曰「《春秋》正王道，明大法」，非即素王改制之旨乎？曰「孔子爲後世王者而修」，非即爲漢定道之旨乎？邵子曰「《春秋》者，孔子之刑書」，非即貶天子，退諸侯，討大夫，以

達王事之旨乎？曰「功過不相揜」，非即善善從長之旨乎？程子曰「作《春秋》爲百王不易之大法」，非即作《春秋》垂空言以斷禮義，當一王之法之旨乎？引「行夏之時」四語爲證，非即損益四代，變周之文，從殷之質之旨乎？張子曰「《春秋》之書，在古無有」，豈得如杜預云周公已有《春秋》凡例乎？曰「乃仲尼所自作」，豈得如杜預云孔子多鈔魯史舊文乎？朱子曰「孔子作《春秋》，與門人講説」，即七十子之徒，口受其傳旨之意，而《史記》以魯君子左邱明列七十子口受傳旨之外，則邱明不得口受，不當如劉歆輕口説而重傳記矣。曰「三家皆非親見孔子」，公、穀皆子夏弟子，未必親見孔子，而作《傳》之邱明與《論語》之邱明，是一是二，古無明文，不必如劉歆云「邱明親見聖人」，荀崧云「邱明造膝親受」矣。程子云「後世以史視《春秋》，謂褒善貶惡而已，至於經世之大法，則不知也」，尤道盡杜預以後諸儒之陋見謬解。《春秋》經世，《莊子》嘗言之矣，其義在《孟子》云「天子之事」、《公羊》云「素王改制」，其大者在三科九旨。杜預以後不明此義，其高者以爲懲惡勸善，僅同良史直書；其下者以爲録舊增新，不過鈔胥校對。其失由於專據《左氏》，不治《公》、《穀》，於孔子所以爲後王立法以馴致太平者，全未夢見；《孟子》所稱爲天下一治，功可繼羣聖者，亦不致思。宋五子非《春秋》專門，未必深求《公》、《穀》二傳，乃獨能知微言大義，不惑於杜預諸人淺陋之見，由其學識超卓，亦由此心此理之同，與古人不謀而合也。程子曰「大義炳如日星」，朱子已引「成宋亂」「宋災故」之類以證之。至於「微辭奥義，時措咸宜」，程朱以爲難知者，學者能研求《公》、《穀》二傳，當知之矣。

論斷爛朝報之説不必專罪王安石，朱子疑胡傳，並疑《公》、《穀》，故於《春秋》不能自信於心

《困學紀聞》引：「王介甫答韓求仁問《春秋》曰：『此經比他經尤難，蓋三傳不足信也。』尹和靖云：『介甫不解《春秋》，以其難之也，廢《春秋》非其意。』」又林希逸曰：「尹和靖言介甫未嘗廢《春秋》，廢《春秋》以爲斷爛朝報，皆後來無忌憚者託介甫之言也。」錫瑞案：此諸説可爲安石平反。然《春秋》之義，具在三傳，安石過爲高論，以三傳不足信，則《春秋》不廢而廢矣。以《春秋經》爲難知，何不深求三傳？至於斷爛朝報，則非特宋人有是言。自《左氏》孤行，杜預謬解，人之視《春秋》者，莫不如是。專信《左氏》家經承舊史之説，一年之中，寥寥數事，信手鈔録，並無義例，則是朝報而已。不信《公》、《穀》家一字褒貶之義，日月、名氏、爵號有不具者，皆爲闕文。萬六千餘字，而闕文百數十條，則是朝報之斷爛者而已。如杜預、孔穎達之説，《春秋》實是斷爛朝報，並不爲誣。若不謂然，則當罪杜、孔，不當罪宋人矣。《困學紀聞》又引朱文公亦曰：「《春秋》義例，時亦窺其一二大者，而終不能自信於心，故未嘗敢措一辭。」王應麟引王介甫、尹和靖二條，繼引朱文公説，蓋謂朱子亦以《春秋》爲難知，與王介甫意同。案：朱子所謂《春秋》義例，窺其一二大者，如「成宋亂」「宋災故」，既引以證程子所云大義，又云「如書會盟侵伐，不過見諸侯擅興自肆耳；書郊禘，不過見魯僭禮耳。

至於三卜、四卜、牛傷、牛死，是失禮之中又失禮也。如不郊猶三望，是不必望而猶望也；如書仲遂卒猶繹，是不必繹而猶繹也。如此等義卻自分明」，此朱子所云「窺其一二」者。朱子學最篤實，故於《春秋》之義但信其分明可據者；若其義稍隱，或不見經而但見傳，則皆不敢信據。當時盛行胡傳，《朱子語録》曰：「胡文定《春秋》非不好，卻不合。這件事，聖人意是如何下字；那件事，聖人意又如何下字。要知聖人只是直筆，據見在而書，豈有許多忉怛？」案胡傳議論苛碎，多出《公》、《穀》之外。朱子懲胡傳之苛碎，遂並不信《公》、《穀》一字褒貶之義，以爲「必於一字一辭之間求褒貶所在，竊恐不然」，「聖人只是直筆據見在而書」，則仍惑於杜預、孔穎達，而與孟子、程子之說不合矣。朱子謂「《春秋》自難理會」，足見朱子矜慎，遠勝强不知爲知者，但亦有矜慎太過處。胡傳不可盡信，而《公》、《穀》近古則可信，能深攷《公羊》之微言大義，參以《穀梁》之例，又參以《左氏》所載事實，亦可以得十之七八。朱子謂「須是己之心果與聖人之心神交心契，始可斷他所書之旨」，則聖人往矣，安得復有聖人？以朱子之賢，猶不敢自信，安得復有自信與聖人神交心契者？《春秋》一經，將沈霾終古矣。

《公羊疏》引閔因叙云：「昔孔子制《春秋》之義，使子夏等十四人求周《史記》，得百二十國寶書。」《莊七年傳》云：「《不修春秋》曰『雨星，不及地尺而復』，君子修之曰：『星霣如雨。』」朱子病二書之不傳，不得深探聖人筆削之意。夫二書不得見，學者無如何也；三傳猶幸存，學者所當信也，亦何必矜慎太過，而不措一辭乎？

論據朱子之說，足證《春秋》是經非史，學《春秋》者當重義不重事

朱子曰：「前輩做《春秋》義，言辭雖粗率，卻說得聖人大意出。如二程未出時，便有胡安定、孫泰山、石徂徠。他們說經，雖是甚有疏略處，觀其推明治道，直是懍懍可畏。《春秋》本是嚴底文字，聖人此書之作，遏人欲於橫流，遂以二百四十二年行事，寓其褒貶，一字不敢胡亂下。」又：「林問：『先生論《春秋》一經，本是正誼明道，權衡萬世典刑之書，如朝聘會盟侵伐等事，皆是因人心之敬肆爲之詳略，或書字，或書名，皆就其事而爲之義理，最是斟酌，毫忽不差。後之學《春秋》，多是較量齊、魯短長。自此以後，如宋襄、晉悼等事，皆是論霸事業。不知當時爲王道作耶？爲霸者作耶？若是爲霸者作，則此書豈足爲義理之書？』曰：大率本爲王道正其紀綱。看以前《春秋》文字雖觕，尚知有聖人明道正誼道理，尚可看。近來止說得伯業權譎底意思，更開眼不得。此義不可不知。」錫瑞案：據朱子之說，可知學者當以《春秋》爲經，不當以《春秋》爲史；當重《春秋》之義，不當重《春秋》之事。謂「以二百四十二年行事，寓其褒貶」，即借事明義也；謂「一字不敢胡亂下」，即一字褒貶也；謂「書字、書名，皆就其事而爲之義理」，亦即一字褒貶之旨。正誼明道，權衡萬世，惟在《春秋》一經。若置經而求傳，舍義而論事，則不過較量齊、魯之短長，宋襄、晉悼之霸事而已。《孟子》曰：「王者之迹熄而《詩》亡，《詩》亡然後《春秋》作。」是《春秋》所以承王者之迹，故

《孟子》斷之曰「天子之事」。若夫魯之舊史，止有「其事則齊桓、晉文」而無其義，故孔子裁之以義，曰「其義則丘竊取之矣」。《春秋》是經不是史，重義不重事，即孔子、孟子之言足以證之。《左氏》叙事詳而釋義略，仍如魯史其事其文之舊，非但侈陳桓、文。《春秋》雖褒桓、文，實與而文不與。孟子深於《春秋》，謂「仲尼之徒，無道桓、文之事」，蓋裁之以義，不當侈陳其事，並晉悼之霸亦侈陳之。何劭公不許晉悼之霸，鄭君以爲鄉曲之學，深可忿疾，不知桓、文之事猶無足道，何論晉悼？以鄭君之學而所見如此，何怪後之學者遺經存傳，談其事迹。用啖助語。或且樂道陰謀詭計，如魏禧作《左傳經世》，又纂《左氏兵謀兵法》，以張其談，與「春秋無義戰」之旨全然相反，正朱子所謂「止説得伯業權譎，更開眼不得」者。試思《春秋》爲王道作，豈專論伯事者哉？朱子云「以前文字雖觕」，即指胡安定、孫泰山諸人。胡書不傳。孫氏《尊王發微》論雖近苛，尚能比附《春秋》之義，以其重義不重事，是經不是史，故文字雖觕，而與聖人之旨猶近也。後來止説伯業權譎，雖由其人識見卑陋，亦由專主《左氏》，不知有《春秋經》，而其流弊遂至於此。以其重事不重義，是史不是經，故議論猥多，而與聖人之旨愈遠也。學《春秋》者，觀朱子之論，可以審所去取矣。

論杜預專主《左氏》，似乎《春秋》全無關繫、無用處，不如啖、趙、陸、胡説《春秋》尚有見解

凡書必有關繫，有用處，然後人人尊信

誦習。若無關繫，無用處，雖間存於一二好古之士，而尊信誦習者尟矣。漢人之尊《春秋》，在《易》、《詩》、《書》之上，一則以爲諸經止是孔子贊修，不如《春秋》爲孔子手作；二則孔子贊修諸經之旨未甚著明，不如孔子所作之《春秋》微言大義顯然可見；三則諸經雖爲後世立法，亦不如《春秋》素王改制之顯，故爲漢定道，多專屬之《春秋》，且多引《春秋》以決時事。是漢人以《春秋》爲有關繫，有用處，人人尊信誦習，由專主《公羊》之故也。及《左氏傳》出而一變。《左氏》自成一家之書，亦未嘗與《公羊》抵牾，而偏護古文者務張大其説，以駮異今文。自劉歆、韓歆欲以《左氏》立學，爲今文博士所排，仇隙愈深，反對愈甚。賈逵已將臆造之説爲《左氏》之説以斥《公羊》，而解《左氏》猶采《公》、《穀》。至杜預出，乃盡棄二傳，專執韓宣「周禮在魯」一語，以《左氏傳》「五十凡例」盡屬周公，孔子止是鈔録成文，並無褒貶筆削，又安得有微言大義與立法改制之旨？故如杜預所説，《春秋》一經，全無關繫，亦無用處。由於力反先儒之説，不信漢儒之論，不顧《孟子》之文，以致聖人所作之經，沈廢擱棄，良可浩歎。啖助在唐時，已云習《左氏》者皆遺經存傳，談其事迹，翫其文采，如覽史籍，不復知有《春秋》微旨。蓋《左氏傳》本是史籍，並無《春秋》微旨在内，止有事實文采可翫。自漢以後，六朝及唐皆好尚文辭，不重經術，故《左氏傳》專行於世，《春秋》經義委之榛蕪。啖、趙、陸始兼采三傳，不專主《左氏》，推明孔子褒貶之例，不以凡例屬周公。雖未能上窺微言，而視杜預、孔穎達以《春秋》爲録成文而無關繫者，所見固已卓矣。

宋儒通學，啖、趙遺風，至程子出，乃於孔子作《春秋》爲後王立法之意有所窺見。其《春秋傳自序》曰：「夫子當周之末，以聖人不復作也，順天應時之治不復有也，於是作《春秋》，爲百王不易之大法。後王知《春秋》之義，則雖德非禹、湯，尚可以法三代之治。自秦而下，其學不傳，予悼夫聖人之志不明於後世也，故作傳以明之，俾後之人通其文而求其義，得其意而法其用，則三代可復也。」自漢以後，論《春秋》者尟知此義，惜其傳作於晚年，略舉大義，襄、昭以後尤略，書止二卷。胡安國師程子，其作傳大綱本《孟子》，而微旨多以程子之説爲據。本鼂、陳二氏之説。其序曰：「孟氏發明宗旨曰『爲天子之事』者，周道衰微，乾綱解紐，亂臣賊子接迹當世，人欲肆而天理滅矣。仲尼天理之所在，不以爲己任而誰可？五典弗惇，己所當叙；五禮弗庸，己所當秩；五服弗章，己所當命；五刑弗用，己所當討。故曰『我欲載之空言，不如見之行事之深切著明也』。空言獨能載其理，行事然後見其用。是故假魯史以寓王法，撥亂世反之正，其大要皆天子之事也。」錫瑞案：胡氏以惇典、庸禮、命德、討罪爲天子之事，又云仲尼以爲己任，足以發明《春秋》素王之義。「空言獨能載其理，行事然後見其用」，尤足證明《春秋》借事明義之旨。「假魯史以寓王法」，即託王於魯也；「撥亂世反之正」，亦《公羊》之文也。胡氏尊《孟子》，故能信《公羊》。惜其傳不能篤守《公羊》，故雖窺見微言，未盡原本古義，間涉穿鑿，不慊人心，而視前儒以《春秋》爲託空言而無用處者，其見爲更卓矣。近漢學家不取通學，啖、趙、陸、胡，皆致不滿。竊謂諸家雖非專門，然猶知《春秋》有關繫、有用處，故其所著之書，體例雖雜，猶於《春秋》有關繫、有用處。若專主《左氏》者，專執杜、孔之說，並不知《春秋》有關繫、有用處，則其所著之書，攷證雖詳，亦於《春秋》無關繫、無用處也。

論《春秋》一字褒貶不得指爲闕文

鄭樵曰：「諸儒之說《春秋》，有以一字爲褒貶者，有以爲有貶無褒者，有以爲褒貶俱無者。謂《春秋》以一字爲褒貶者，意在於推尊聖人，其說出於太史公，曰：『夫子修《春秋》，游、夏之徒不能贊一辭。』故學者因而得是說也。謂《春秋》有貶無褒者，意在於列國之君臣也，其說出於《孟子》，曰：『春秋無義戰，彼善於此則有之矣。』故學者因而得是說也。謂《春秋》無褒貶者，意在於矯漢儒，其說出於《竹書紀年》所書，案：此即劉知幾之說，前已辨之。載鄭棄其師、齊人殲於遂之類，皆孔子未修之前。故學者因而得是說也。雖其意各有所主，然亦不可以泥。泥一字褒貶之說，則是『春秋』二字，皆挾劍戟風霜，聖人之意不如是之勞頓也。泥於有貶無褒之說，則是《春秋》乃司空城旦之書，聖人不如是之慘刻也。泥於無褒貶之說，則是《春秋》爲瑣語小說，聖人又未嘗無故而作經也。」顧棟高曰：「鄭氏之言極是。聖人之心，正大平易，何嘗無褒貶？但不可於一字上求褒貶耳。案：此正同朱子之說。《孟子》明言『其事則齊桓、晉文，其文則史』，孔子曰『其義則丘竊取之』矣，如以爲無褒貶，則是有文事而無義也。如此則但有魯之《春秋》足矣，孔子更何用作《春秋》

乎？近日有厭支離之説，而竟將《春秋》之褒貶抹去者，矯枉過正，亦非聖人之意。有以《春秋》爲有筆無削者，是即無褒貶之説也。夫未修之《春秋》即不可得見，而《左氏》之書具在，於襄公親送葬楚子、❶昭公昏於吴，豈有不遺卿大夫往會吴、楚葬之理？而終《春秋》吴、楚之葬不書，此削之以示義也。襄公葬楚子不書，而於二十九年『春王正月，公在楚』見之；昭公昏於吴不書，而於哀十二年書『孟子卒』見之，此削之以示諱也。又如十二公之納幣、逆夫人，魯史皆書，而《春秋》於僖公、襄公不書，此所謂合禮不書也。世子生皆書，而《春秋》止書子同生，此所謂常事不書也。此皆其顯然可見者。如以爲有筆無削，則《春秋》竟是一部鈔胥，何足以爲經世大典乎？」錫瑞案：以《春秋》爲一字褒貶，《公》、《穀》之古義也；以爲有貶無褒，孫復之新説也；以爲褒貶俱無，後世習《左氏》者之讏言也。鄭樵并三傳皆不信，故於三説皆不取。其不取後二説，是也；不取前一説，非也。《春秋》一字之褒，一字之貶，兩漢諸儒及晉范甯皆明言之。《左氏》孤行，學者不信《公》、《穀》，於是《春秋》或日或不日，四時或具或不具，或州、或國、或氏、或人、或名、或字、或子之類，人皆不得其解。聖人豈故爲是參差以貽後世疑惑乎？《春秋》文成數萬，其旨數千，非字字有褒貶之義，安得有數千之旨？若如杜預、孔穎達説，其不具者概爲闕文，則斷爛朝報之譏誠不免矣。顧氏於《春秋》用功深，《大事表》一書，實出宋章沖、程公説之上。惟其《春秋》之學專主《左

❶「於」，《春秋大事表》作「如」。

氏》，惑於杜、孔之説，故以鄭氏爲是。其《春秋闕文表》於一字褒貶之處，皆以爲偶闕，且謂：「此皆《公》、《穀》倡之，而後來諸儒，如孔氏穎達、啖氏助、趙氏匡、陸氏淳、孫氏復、劉氏敞亦既辨之矣，而復大熾於宋之中葉者，蓋亦有故焉。自諸儒攻擊三傳，王介甫遂目《春秋》爲斷爛朝報，不立學官，文定反之，矯枉過正，遂舉聖經之斷闕不全者，皆以爲精義所存，復理《公》、《穀》之故説，而吕氏東萊、葉氏少藴、張氏元德諸儒俱從之。由是《春秋》稍明於唐以後者，復晦昧於宋之南渡，豈非勢之相激使然哉？夫蔑棄聖人之經與過崇聖人之經，其用心不同，而其未得乎聖人垂世立教之心則一也。」案：顧氏之説非是。斷爛朝報之説起而《春秋》廢，正由説《春秋》者闕文太多之故。南宋諸儒力反其説，如胡文定者，其穿鑿或出《公》、《穀》之外，誠未免求之過深。然文定之深文不可信，而《公》、《穀》之故説則可信。文定反斷爛朝報之説，顧氏以爲矯枉過正；顧氏反文定一字褒貶之説，以聖經爲斷闕不全，則仍是斷爛朝報之説矣，獨不爲矯枉過正乎？《春秋經》惟「夏五」、「伯于陽」實是闕文，其餘後世以爲闕者，皆有説以處之，並非斷闕不全。如文定之説，猶不失爲過崇聖經；如顧氏之説，已不免於蔑棄聖經矣。黄澤曰：「屈經申傳者，杜預輩是也；屈傳申經者，若胡文定諸公是也。」

論經史分别甚明，讀經者不得以史法繩《春秋》，修史者亦不當以《春秋》書法爲史法

劉敞曰：「《傳》曰：『公出復入不書，諱

之也。諱國惡，禮也。』杜氏曰：『掩惡揚善，義存君親，皆當時臣子率意而隱，故無淺深之準。』非也。《傳》所云者，似言仲尼作《春秋》，改舊史，有所不書之意也，非當時史官以諱爲禮也。何以知之邪？按御孫謂莊公曰：『君舉必書，書而不法，後嗣何觀？』此曹劌之言，以爲御孫，誤。以御孫之説論之，君之不法，無所不書也。既無所不書，則是諱國惡者非史官之事，《春秋》之意也。爲之臣子，率意爲君父諱，非也。臣之意莫不欲尊其君，子之意莫不欲美其親，如此國史，爲無有實事，皆虛美也，謂之史可乎？故《春秋》一也，魯人記之則爲史，仲尼修之則爲經。經出於史，而史非經也；史可以爲經，而經非史也。譬如攻石取玉，玉之産於石必也，而石不可謂之玉；披沙取金，金之取於沙必也，而沙不可謂之金。魯國之史，賢人之記，沙之與石也；《春秋》之法，仲尼之筆，金之與玉也。金石必待揀擇追琢而後見，《春秋》亦待筆削改易而後成也。謂《春秋》之文皆舊史所記，無用仲尼者，是謂金石不待揀擇追琢而得，非其類矣。」錫瑞案：劉氏分别經史，義極精確，即以《左氏》傳義駁杜預經出舊史之非，尤足以關其口。《春秋》是爲萬世作經，爲後人立法，聖人特筆，空前絶後，不可無一、不能有二之書。前古未有，本張横渠説。則不得謂前有所承；後莫能繼，則不得云後人可續。乃後之讀經者，既不知聖人所作是經，而誤以史法繩之，於是經義亂。如劉知幾《惑經》、《申左》之類。後之修史者，又不知非聖人不能作經，而誤以史書擬之，於是史法亦亂。如沈既濟之類。司馬遷、班固，世稱良史，所著《史記》、《漢書》，多得《春秋》之義，然其書不敢學一字襃貶，只是據事直書。揚雄準《易》作《太玄》，仿《論語》作《法言》，而不敢擬《春秋》。王通始擬《春秋》作《元經》，論者以爲宋阮逸僞作，蓋隋以前猶知古義，唐宋以下議論始繁。唐沈既濟書中宗曰「帝在房陵」，孫甫、范祖禹用其説，以《春秋》「公在乾侯」爲比。程迥駁之曰：「《春秋》書王在畿內，曰居於狄泉；出王畿，曰出居於鄭。諸侯在境內，曰公居於鄆；出境，曰公在乾侯。《唐鑑》用《春秋》書法，中宗則宜曰帝居房陵，不宜曰在。」案：程氏之駁是矣，而未盡也。敬王與王子朝，雖有東王、西王之稱，士伯問介衆而辭王子朝，則當時皆推戴敬王。襄王之出居鄭，諸侯推戴，更無異説，是《春秋》書天王，據實直書也。昭公出奔在外，魯國未别立君。平子每歲賈馬，具從者之衣屨而歸之於乾侯。士鞅以爲季孫事君如在國，齊晉諸國亦皆以君禮待之，景公曰：「孰君而無稱？」是《春秋》書公，亦據實直書也。若唐中宗已廢爲廬陵王，武后自稱則天皇帝。今書廬陵王曰帝，則唐有兩帝矣。若奪則天之帝以與廬陵，則不據實直書，而變亂當時之事實，雖聖人有所不敢矣。乾侯晉地，故書「在」，與「公在楚」同義；房陵唐地，不當引以爲比。《唐鑑》書「帝在東宫」，尤不可通，非止劉知幾貌同心異之誚，錢大昕已辨之。歐陽修《五代史》、朱子《綱目》亦有此失。《綱目》書「莽大夫楊雄死」，錢大昕亦已辨之。王鳴盛論《五代史》曰：「歐公手筆誠高，學《春秋》卻正是一病。《春秋》出聖人手筆，義例精深，後人去聖久遠，莫能窺測，豈可妄效？」引薛應旂《宋元通鑑義例》云：「《春秋》諸侯而或書其名，大夫而或書其字，或生而書其爵，或卒而去其官，論者以爲夫子之褒貶，於是焉在也。夫《春秋》大義，炳如日星，而其微詞變例，美惡不嫌同辭，有非淺近之所能推測者。後人修史，輒從而擬之，不失之迂妄，則失之鄙陋。」又論孫甫《唐史論斷》云：「觀其自序，欲效《春秋》書法，以褒貶予奪示勸戒。幸其書亡，若存，徒汩亂學者耳目。大抵作史者宜直敘其事，不必弄文法、寓予奪；讀史者宜詳考其事實，不必憑意見、發議論。宋人略通文義，便想著作傳世，一涉史事，便欲法聖人筆削，此一時習氣。」王氏此説，切中作史者妄擬《春秋》之弊，皆由不知《春秋》是經不是史、經非可僭擬者也。黄澤曰：「作史惟當直書爲得體。夫子《春秋》，只是借二百四十二年，以示大經大法於天下，故不可以史法觀之。」

論《春秋權衡》駁《左氏》及杜《解》多精確，駁《公》、《穀》則未得其旨

劉敞曰：「前漢諸儒，不肯爲《左氏》學者，爲其是非謬於聖人也，故曰《左氏》不傳《春秋》，此無疑矣。然爲《左氏》者皆恥之，因共護曰：『邱明受經於仲尼。』此欲以自解免耳，其實非也。何以言之邪？仲尼之時，魯國賢者無不從之游，獨邱明不在弟子之籍。若邱明真受經作傳者，豈得不在弟子之籍哉？豈有受經傳道而非弟子者哉？以是觀之，仲尼未嘗授經於邱明，邱明未嘗受經於仲尼也。然邱明所以作傳者，乃若自用其意説經，汎以舊章凡例通之於史策，可以見成敗耳。其褒貶之意，非邱明所盡也，以其不受經也。學者可勿思之

哉？杜氏《序》曰：『仲尼因魯史策書成文，考其真僞，而志其典禮，上以遵周公之遺制，下以明將來之法。其教之所存，文之所害，則刊而正之，以示勸戒，其餘皆即用舊史。史有文質，辭有詳略，不必改也。』此未盡也。苟唯文之所害則刊而正之，其餘皆因而不改，則何貴於聖人之作《春秋》也？而傳又何以云非聖人莫能修之乎？大凡《左氏》本不能盡得聖人《春秋》之意，故《春秋》所有義同文異者，皆没而不説。而杜氏患苦《左傳》有不傳《春秋》之名，因爲作説云：『此乃聖人即用舊史爾。』觀邱明之意，又不必然。按隱公之初，始入春秋，邱明解經，頗亦殷勤，故『克段于鄢』，《傳》曰『不言出奔，難之也』；『不書城郎，非公命也』。不書之例，一年之中凡七發，明是仲尼作經，大有所删改也，豈專用舊史者乎？」又曰：「大率《左氏》解經之蔽有三：從赴告，一也；用舊史，二也；經闕文，三也。按史雖待赴告而録，然其文非赴告之詞也；《春秋》雖據舊史而作，然其義非舊史之文也；簡牘雖有闕失，其史非聖人所遺也。如謂史之記從赴告而已，則亂臣賊子何由而懼？❶如謂《春秋》用舊史而已，則何貴於聖人之筆削也？且《春秋》書『良霄入於鄭，鄭人殺良霄』，『欒盈入於晉，晉人殺欒盈』，其文同也。至哀十四年，非仲尼所修矣，其記陳宗豎乃曰：『陳宗豎入於陳，陳人殺之。』明史之所記，與仲尼之所修異矣。又仲尼所修，無記内邑叛者，哀十五年獨記成叛，此亦史文不與仲尼相似，仲尼不專用史文驗也。如謂經之闕文，皆聖

❶「懼」，《通志堂經解》本《春秋權衡》作「書」。

人所遺者，苟傳有所説而不與經同，盡可歸過於經，何賴於傳之解經哉？故《春秋》者，出於舊史者也，而《春秋》非舊史之文也；舊史者，出於赴告者也，而舊史非赴告之辭也；傳者，出於經者也，而傳非經之本也。今傳與經違，是本末反矣。」錫瑞案：劉氏《春秋權衡》爲世所稱，以愚觀之，惟駁《左氏傳》及杜預《集解》説多精確。蓋《左氏》傳事不傳義，本無所謂義例，杜氏傅會多不可據，故劉氏所駁多中肯。《公》、《穀》二傳各有義例，非會通全經之旨，必至多所窒礙。誠能融會貫通，則人所見爲窒礙者，皆有説以處，此枚乘曰：「銖銖而積之，至石必差；寸寸而度之，至丈必過。石稱丈量，徑而寡失。」專求字句，則多見窒礙，此所謂「銖銖而積」，「寸寸而度」也；會通全文，則少所窒礙，此所謂「石稱丈量，徑而寡失」也。《春秋》是孔子所作一部全書，其中又有非常異義，若不大通義例，精究微言，則但能見淺而不能見深，凡所爲三科九旨、一字褒貶、時月日例之類，皆以爲横生枝節，妄立異端，不知游、夏不能贊一辭者，義正在此。不達乎此，則雖知經承舊史之謬，而不知聖人作經以教萬世，其異於舊史者，究竟安在。經史之異，豈僅在一字一句間乎？劉氏博學精識，而《春秋》非專門，故雖知左氏、杜預之非，而未曉《公》、《穀》二傳之是。其所駁多字句瑣細，不關大義；其大義明著者，又或誣而不信。故《權衡》一書，駁左氏及杜預者多可取，駁二傳者可取甚尠。其合併三傳爲劉氏傳，尤近童牛角馬。鄭伯克段一事，陳澧已駁其非。

論呂大圭以後世猜防之見疑古義，宋儒説經多有此失

呂大圭曰：「《公羊》論隱桓之貴賤，❶而曰『子以母貴，母以子貴』。夫謂子以母貴可也，謂母以子貴可乎？推此言也，所以長後世妾母陵僭之禍者，皆此言基之也。《穀梁》論世子蒯聵之事則曰：『信父而辭王父，則是不尊王父也。其弗受，以尊王父也。』夫尊王父可也，不受父命可乎？推此言也，所以啓後世父子争奪之禍者，未必不以此言藉口也。晉趙鞅入於晉陽以叛，趙鞅歸於晉，《公》、《穀》皆曰：『其言歸何？以地正國也。』後之臣子，有據邑以叛，而以逐君側之小人爲辭者矣。公子結媵婦遂盟，《公羊》曰：『大夫受命不受辭，出境有可以安社稷利國家，則專之可也。』後之人臣，有事異域，而以安社稷利國家自諉者矣。祭仲執而鄭忽出，其罪在祭仲也，而《公羊》則以爲合於反經之權，後世蓋有廢置其君如奕棋者矣。聖人作經，本以明其理也，自傳者學不知道，妄爲之説，而是非易位，義利無别。其極於下之僭上，卑之陵尊，父子相夷，兄弟爲讐，爲大臣而稱兵以向闕，出境外而矯制以行事，國家易姓，而爲其大臣者，反以盛德自居而無所愧。君如武帝，臣如雋不疑，皆以《春秋》定國論，而不知其非也。此其爲害甚者，不由於叙事失實之過哉？故嘗以爲三傳要皆失實，而失之多者莫如《公羊》。何、范、杜三家各

❶「桓」，原作「公」，據文淵閣《四庫全書》本《春秋五論》改。

自爲説，而説之繆者莫如何休。《公羊》之失，既已略舉其二，而何休之繆爲尤甚。元年春王正月，《公羊》不過曰『君之始年』爾，何休則曰《春秋》紀新王受命於魯；滕侯卒不日，不過曰『滕微國而侯不嫌』也，而休則曰《春秋》王魯，託隱公以爲始。黜周王魯，《公羊》未有明文也，而休乃唱之，其誣聖人也甚矣。《公羊》曰『母弟稱弟，母兄稱兄』，此其言已有失矣，而休從爲之説曰：『《春秋》變周之文，從商之質，質家親親，明當親厚於羣公子也。』使後世有親厚於同母弟而薄於父之枝葉者，未必不由斯言啓之。《公羊》曰：『立適以長不以賢，立子以貴不以長。』此言固有據也，而何休乃爲之説曰：『嫡子有孫而死，質家親親，先立弟；文家尊尊，先立孫。』使後世有惑於質文之異而嫡庶互争者，未必非斯語禍之。其釋會戎之文則曰：『王者不治夷狄，録戎，來者勿拒，去者勿追也。』《春秋》之作，本以正夫夷夏之分，乃謂之『不治夷狄』，可乎？其釋天王使來歸賵之義則曰：『王者據土與諸侯分職，俱南面而治，有不純臣之義。』《春秋》之作，本以正君臣之分，乃謂『有不純臣之義』，可乎？」錫瑞案：宋儒不信古義而好駮難，是一時風氣，不足怪。其最不可訓者，則誤沿當時猜防疑忌之習，反以古訓爲助亂之階，非止上誣古人，且恐下惑後世。胡安國《春秋傳》，發明尊王攘夷之義於南宋初，切中時勢。而解「翬帥師」之類，以權臣主兵爲大戒，王夫之論之曰：「王之尊，非唯喏趨伏之可尊；夷之攘，非一身兩臂之可攘；岳侯之死，其説先中於庸主之心矣。」王氏之駮胡傳，誠非苛論。宋徽黄袍加身之事，首奪將帥之權，子孫傳爲家法，賢者限於習俗。南宋之初，欲雪國恥，正賴師武臣力，乃諸將稍稍振起，秦檜奪其兵而殺之廢之。胡氏與檜薰蕕不同，而誤加推薦，蓋由於議論之偶合，而實因經義之不明。岳侯之死，雖未可以咎胡，而解經不精，以致誤國，亦有不得辭其咎者。呂氏此論，多以後世之亂歸咎漢人，不知漢人但解經義，何能豫防後世之亂？奸人引古藉口，何所不至？曹丕自比舜禹，豈得以舜禹禪讓爲非？王莽自比周公，豈得以周公居攝爲誤？廢君者自比伊尹，豈得疑伊尹爲篡？反上者自比湯武，豈得疑湯武爲弑乎？若以僭上陵尊，相夷爲讎，歸咎《公》、《穀》，孔子作《春秋》時已有弑君父者，亦《公》、《穀》爲之乎？黜周王魯，變文從質，母弟稱弟，母以子貴，親親立弟，尊尊立孫，《公羊》雖不皆有明文，董子當《公羊》初著竹帛之時，其書已有明文。呂氏但責何休，而不知其本於董子。是董子書並未得見，何足以言《春秋》義乎？「來者勿拒，去者勿追」，並無語弊，呂以爲非，將來者拒之，去者追之乎？王者諸侯分土，有不純臣之義，封建時本如是，豈可以一統時世並論乎？《容齋隨筆》有「二傳誤後世」一條，以《左氏》大義滅親、《公羊》母以子貴並論，與呂氏所見同。

論黃澤、趙汸説《春秋》有可取者，而誤信杜預，仍明昧參半

黃澤曰：「春秋以前，禮法未廢，史所書者，不過君即位，君薨葬，逆夫人，夫人薨葬，大夫卒，有年、無年，天時之變，郊廟之禮，諸侯卒葬，交聘會朝，大抵不過如此爾。

無有伐國圍城，入某國某邑等事也。其後禮法既壞，史法始淆亂，如隱公元年除書及邾宋盟、公子益師卒外，其餘皆失禮之事。如不書即位，是先君失禮，爲魯亂之本；鄭伯克段，是兄不兄，弟不弟；天王歸仲子之賵，則失禮顯然。祭伯來則不稱使，舉一年如此，則二百四十二年可知。如此，則夫子《春秋》安得不作？」錫瑞案：黄氏之説甚是。據此，可見《春秋》凡例，必不出自周公。周公時天子當陽，諸侯用命，必不容有伐、滅、圍、入等事，故柳宗元、陸淳皆有此疑。黄氏所見，與柳氏、陸氏同，而説加詳。然則韓宣之單辭，杜預之謬解，不當以汩亂《春秋》明矣。乃黄氏既知此義，又曰：「《春秋》凡例，本周公之遺法，故韓宣子適魯，見《易象》與《魯春秋》曰：『周禮盡在魯矣，吾乃今知周公之德，與周之所以王。』❶此時未經夫子筆削，而韓宣子乃如此稱贊者，見得魯之史與諸國迥然不同故也。」案：黄氏前後之説，大相矛盾。謂凡例本周公遺法，然則伐、滅、圍、入，周公之時已有之乎？魯史與諸國迥然不同，然則《孟子》云「晉之《乘》，楚之《檮杌》，魯之《春秋》，一也」，又何説乎？此等皆由惑於杜預之説，先入爲主，故雖於《春秋》有所窺見，而其説半明半昧。凡經學所以不明者，由爲前人之説所壓，不知前人與前人説各不同，有是有非，所當審擇。其審擇是非之法，當視前人之年代先後，與其人之賢否。如杜預解《春秋》，與孟子全然反對。以年代論，則孟子在五百餘年之前，杜預在五百餘年之後；以賢否論，則孟子爲命世亞聖，

❶「周」下，原衍「公」字，據《左傳》删。

杜預爲黨逆亂臣，其所説之是非，自不待辨而決。而自杜解孤行之後，學《春秋》者誤守其説，盡反孟子之説以從之。黄氏於《春秋》，自謂功力至深，亦未能免此失。所以一知半解，間有所窺，而大義微言終不能喻也。其徒趙汸説《春秋》，亦得失互見，大率本其師説。黄氏謂：「孔子非史官，何由得見國史？蓋魯之史官以孔子是聖人，乃稟君命使其刊正。」又謂：「公羊氏五世傳《春秋》，左氏增年傳文，亦當是其子孫所續，故通謂之《左氏傳》。」二説皆有思想，而無所依據。

論趙汸説《春秋》策書筆削近是，孔廣森深取其書，而亦不免有誤

趙汸《春秋集傳序》曰：「策書之例十有五，而筆削之義有八。策書之例十有五：一曰君舉必書，非君命不書；二曰公即位不行其禮不書；三曰納幣，逆夫人，夫人至，夫人歸，皆書之；四曰君夫人薨，不成喪不書，葬不用夫人禮則書卒，君見弑則諱而書薨；五曰適子生則書之，公子大夫在位書卒；六曰公女嫁爲諸侯夫人，納幣、來逆、女歸、娣歸、來媵、致女、卒葬、來歸皆書，爲大夫妻，書來逆而已；七曰時祀時田，苟過時越禮則書之，軍賦改作踰制，亦書於策，此史氏之録乎内者也；八曰諸侯有命告則書，❶崩卒不赴則不書，禍福不告亦不書，雖及滅國，滅不告敗，勝不告克，不書於策；九曰雖伯主之役，令不及魯，亦不書；十曰凡諸侯之女行，惟王后書，適諸侯，雖告不書；十一曰諸侯之大夫奔，有玉帛之使則告，告則書，此史氏之録乎外者

❶「侯」下，原衍「事」，據趙汸《春秋集傳序》删。

也；十二曰凡天子之命無不書，王臣有事爲諸侯，則以内辭書之；十三曰大夫已命書名氏，未命書名，微者名氏不書，書其事而已，外微者書人；❶十四曰將尊師少稱將，將卑師衆稱師，將尊師衆稱某帥師，君將不言帥師；十五曰凡天災物異無不書，外災告則書之，此史氏之通録乎内外者也。筆削之義有八：一曰存策書之大體。凡策書之大體，曰天道，曰王事，曰土功，曰公即位，曰逆夫人、夫人至、世子生，曰公夫人外如，曰薨葬，曰孫，曰夫人歸，曰内女卒葬，曰來歸，曰大夫公子卒，曰公大夫出疆，曰盟會，曰出師，曰國受兵，曰祭祀蒐狩越禮，軍賦改作踰制，外諸侯卒葬，曰兩君之好，曰玉帛之使，凡此之類，其書於策者，皆不削也。二曰假筆削以行權。《春秋》撥亂經世，而國史有恒體，無辭可以寄文，於是有書有不書，以互顯其義。書者筆之，不書者削之。其筆削大凡有五：或略同以存異，公行不書至之類也；❷或略常以明變，釋不朝正、内女歸寧之類也；或略彼以見此，以來歸爲義則不書歸，以出奔爲義則殺之不書之類也；或略是以著非，諸殺有罪及勤王復辟不書之類也；❸或略輕以明重，非有關於天下之故不悉書是也。三曰變文以示義。《春秋》雖有筆有削，而所書者皆從主人之辭。然有事同而文異者，有文同而事異者，則予奪無章，而是非不著。於是有變文之法焉，將使學者即其文之異同詳略以求之，❹則可别嫌疑，明是非矣。四曰辨名

❶「人」，原脱，據趙汸《春秋集傳序》補。

❷「至」，原作「致」，據《春秋集傳序》改。

❸「殺」，原作「侯」，據《春秋集傳序》改。

❹「異同」，原作「是非」，據《春秋集傳序》改。

實之際，亦變文也。正必書王，諸侯稱爵，大夫稱名氏，四夷大者稱子，此《春秋》之名也。諸侯不王而伯者興，❶中國無伯而夷狄横，大夫專兵而諸侯散，此《春秋》之實也。《春秋》之名實如此，可無辨乎？於是有去名以全實者，征伐在諸侯，則大夫將不稱名氏，中國有伯，則楚君侵伐不稱君；又有去名以責實者，諸侯無王，則正不書王，中國無伯，則諸侯不序，君大夫將，略其恒稱則稱人。五曰謹華夷之辨，亦變文也。楚至東周，强於四夷，僭王猾夏，故伯者之興，以攘卻爲功。然則自晉伯中衰，楚益侵陵中國，俄而入陳，圍鄭平宋，盟於蜀，盟於宋，會於申，甚至伐吴滅陳滅蔡，假討賊之義，號於天下，天下知有楚而已。故《春秋》書楚事，無不一致其嚴者；而書吴越與徐，亦必與中國異辭，所以信大義於天下也。六曰特筆以正名。筆削不足以盡義，而後有變文。然禍亂既極，大分不明，事有非常，情有特異，雖變文猶不足以盡義，而後聖人特筆是正之，所以正其名分也。夫變文雖有損益，猶曰史氏恒辭；若特筆則辭旨卓異，非復史氏恒辭矣。七曰因日月以明類。上下内外之無别，天道人事之反常，六者尚不能盡見，則又假日月之法區而别之。大抵以日爲詳，則以不日爲略；以月爲詳，則以不月爲略。其以日爲恒，則以不日爲變；以不日爲恒，則以日爲變，甚則以不月爲異。其以月爲恒，則以不月爲變；❷以不月爲恒，則以月爲變，甚則以日爲異。將使屬辭比事以求之，則筆削、變文、特筆既各

❶「不」，原作「有」，據《春秋集傳序》改。

❷「不」，原無，據文淵閣《四庫全書》本《春秋集傳》補。

以類明，而日月又相爲經緯，無微不顯矣。八曰辭從主人，主人謂魯君也。《春秋》本魯史成書，夫子作經，唯以筆削見義。自非有所是正，皆從史氏舊文，而所是正亦不多見，故曰辭從主人。此八者，實制作之權衡也。」錫瑞案：趙氏分别策書、筆削，語多近是。《春秋屬辭》本此立説，孔廣森深取其書。惟其書學非專門，仍有未盡是者。如隱公不書即位以成公意，桓公書即位以如其意，公薨以不地見弒，公夫人出奔曰孫，凡此等皆《春秋》特筆，未必魯史有此書法。趙氏以爲存策書之大體，是猶惑於杜預之説。又信其師黄澤臆撰孔子奉君命修國史之文，不知聖人口授微言，實是私修而非官書。不信古義，而臆造不經，故其所著《集傳》、《屬辭》，仍不免有誤也。

論「王正月」是周正，胡安國夏時冠周月之説，朱子已駁正之

《春秋》「王正月」，三傳及三傳之注，皆云周正建子之月。《左氏傳》加一「周」字，云：「元年春王周正月。」孔疏：「言王正月者，王者革前代馭天下，必改正朔，易服色，以變人視聽。夏以建寅之月爲正，殷以建丑之月爲正，周以建子之月爲正，三代異制，正朔不同。正是時王所建，故以『王』字冠之，言是時王之正月也。」《左氏》之增一字，可謂一字千金。孔疏解釋詳明，自宋以前，皆無異義。胡安國《春秋傳》始有「夏時冠周月」之説，云：「以夏時冠月，垂法後世，以周正紀事，示無其位，不敢自專。」朱子曰：「某親見文定家説，文定《春秋》説夫

子以夏時冠周月，以周正紀事，謂如公即位，依舊是十一月，只是孔子改正作春正月，某便不敢信。恁地時，二百四十二年，夫子只證得箇『行夏之時』四箇字。據今《周禮》有正月，有正歲，則周實是元改作春正月。夫子所謂『行夏之時』，只是爲他不順，欲改從建寅。如《孟子》説『七八月之間旱』，這斷然是五六月；『十一月徒杠成，十二月輿梁成』，這分明是九月、十月。」黄澤曰：「近世士大夫多闢《春秋》用周正之説，以爲時不可改，甚者至以爲月亦不可改。如『七八月之間旱』，與『十一月徒杠成，十二月輿梁成』，趙岐釋以周正，晦菴亦從趙岐。而近世説者以趙岐爲非，則是併晦菴皆非之矣。此是本無所見而妄生事端，以疑惑聖經，爲害不細。前世士大夫學問，却未見有如此者。」錫瑞案：《春秋》本魯史舊文，魯史奉周王正朔，王正月之爲周正，無可疑者。孔子作《春秋》，述時事，必不擅改周麻，以致事實不明。《春秋》之書「無冰」皆在春，此周正也，若夏正，則春無冰何足爲異？又書「冬十月隕霜殺菽」，此周正也，若夏正，則十月隕霜何足爲異？十月亦未必有菽。僖公三年，自去冬「十月，不雨」至春書「王正月不雨」，「夏四月不雨」，至「六月雨」，若夏正，則六月建未之月，歷三時不雨，至六月不得耕種矣。惟六月爲周正建巳之月，得雨猶可耕種，故《春秋》是年不書旱，亦不書饑。《傳》曰：「不爲灾也。」此顯有可據者。乃胡氏諸人，好逞異説。此宋人説經，所以多不可從。朱子不以胡傳爲然，此朱子在宋儒之中所以爲最篤實。乃其弟子蔡沈解《尚書》，以爲商、周不改月，不守師説，殊不可解。《春秋》爲後王立法，漢儒以爲素王改制，實有可據，而後人必不信。《春秋》雖爲後王立法，不能擅改時王正朔。宋儒以爲夏時冠周月，實不可據，而後人反信之，是末師而非往古，豈非顛倒之甚？

論三傳皆專門之學，學者宜專治一家，治一家又各有所從入

漢十四博士今文之學，今多不傳。施、孟、梁邱、京《易》，歐陽、夏侯《尚書》，齊、魯、韓《詩》皆已亡佚。惟《公羊春秋》猶存，《穀梁》亦存全書，此天之未喪斯文也。而自《左氏》孤行，二傳雖存若亡。陸德明作《經典釋文》，已云：「二傳近代無講者，恐其學遂絶，故爲音以示將來。」幸而唐人雖以《左氏》列於五經，而《公羊》爲中經，《穀梁》爲小經，亦用之以取士。故士子習者雖少，見李元瓘、楊瑒所奏。而書猶不至亡。啖、趙、陸兼采之以作《纂例》，宋人沿啖、趙、陸之派説《春秋》，多兼采《公》、《穀》，故未至如《韓詩》之亡於北宋。惟宋尚通學，不主專門，合三傳爲一家，是合五金爲一爐而治之，合三牲、魚、腊爲一鼎而烹之也。《春秋》是一部全書，其義由孔子一手所定，比《詩》、《書》、《易》、《禮》不同。學《春秋》必會通全經，非可枝枝節節而爲之者。若一條從《左氏》，一條從《公羊》，一條從《穀梁》，一條從唐宋諸儒，雖古義略傳，必不免於《春秋》失亂之弊。故《春秋》一經，尤重專門之學。國朝稽古，漢學中興，孔廣森作《公羊通義》，阮元稱爲孤家專學。然其書不守何氏義例，多采後儒之説；又不信黜周王魯科旨，以新周比新鄭。雖有華路藍

縷之功，不無買櫝還珠之憾。惟何氏《解詁》與徐疏簡奧難讀，陳立書又太繁，治《公羊》者可從《通義》先入，再觀注疏。常州學派多主《公羊》，莊存與作《春秋正辭》，傳之劉逢禄、宋翔鳳、龔自珍諸人。淩曙作董子《繁露》注，其徒陳立作《公羊義疏》。治《公羊》者，當觀淩曙所注《繁露》，以求董子大義；及劉逢禄所作《釋例》，以求何氏條例；再覽陳立《義疏》以求大備，斯不愧專門之學矣。許桂林作《穀梁釋例》，柳興宗作《穀梁大義述》，鍾文烝作《穀梁補注》，亦成一家之言。《穀梁》不傳「三科九旨」，本非《公羊》之比，惟其時月日例，與《公羊》大同小異，詳略互見，可以補《公羊》所未及。治《穀梁》者，先觀范《解》、楊疏及許桂林釋時月日例。許書簡而有法，如公子益師卒，《傳》云：「大夫日卒，正也。不日卒，惡也。」何休《廢疾》已引公子牙、季孫意如何以書卒難之，鄭君所釋，亦不可通。許據《左氏》公不與小斂，謂不與小斂即是惡，乃得其解。柳興恩、鍾文烝皆據《穀梁》謹始，謂隱公之讓爲不能正始，柳興恩至以亂臣賊子斥隱公。夫以讓國之賢君，而斥爲亂賊，則篡弑之桓公，將何以處之乎？《春秋》善善從長，必不如此深刻。《穀梁》惡桓而善隱，其義亦不如此之刻也。《穀梁》義例，多比附《公羊》，故治《穀梁》不如治《公羊》。治《公羊》乃可兼采《穀梁》，如《穀梁·桓二年傳》：「或曰，其不稱名，蓋爲祖諱也。孔子，故宋也。」是比附《公羊》「故宋」而失其旨之證。《成九年傳》：「不言戰，以鄭伯也。爲尊者諱恥，爲賢者諱過，爲親者諱疾。」是比附《公羊》「爲親者諱」而失其旨之證。《春秋》爲親者諱惟魯。《昭二十一年傳》：「東者，東國也。曰東，惡之而貶之也。」是比附《公羊》「譏二名」而失其旨之證。若《左氏》不傳《春秋》，亦有譏二名之説，云先名武庚，乍名禄父，則尤不知而强説者。治《左氏》者，先觀杜《解》、孔疏，再及李貽德《賈服輯述》，以參攷古義；顧棟高《春秋大事表》，以綜覽事實。然亦只是《左氏》一家之學，於《春秋》之微言大義，無甚發明。

論俞正燮説《春秋》最謬，乃不通經義、不合史事、疑誤後學之妄言

近人説《春秋》者，俞正燮爲最謬。其《公羊傳及注論》曰：「《公羊傳》者，漢人所致用，所謂漢家自有法度，奈何言王道？《公羊》集酷吏佞臣之言，謂之經義；漢人便之，謂之通經致用。」錫瑞案：漢家自有制度，乃宣帝之言。宣帝好《穀梁》，非尊《公羊》者。通經致用，乃西漢今文之學，簡明有用，如《禹貢》治河、《洪範》察變之類，非止《春秋》一經。俞云「《公羊》集酷吏佞臣之言」，酷吏似指張湯，佞臣似指公孫弘。《史記·酷吏列傳》曰：「是時，上方鄉文學，湯決大獄，欲傅古義，乃請博士弟子治《尚書》、《春秋》，補廷尉史，亭疑法。」又曰：「依於文學之士，丞相弘數稱其美。」又《平準書》曰：「自公孫弘以《春秋》之義繩臣下，取漢相，張湯用峻文決理爲廷尉，於是見知之法生，而廢格、沮誹、窮治之獄用矣。」據《史記》，則弘、湯希世用事，見《公羊傳》有貶絶之義、無將之誅，傅會之以行慘酷之法，要非《公羊》所能逆料。俞氏以爲《公羊》罪案，則《莊子》云「儒以《詩》、《禮》

發冢」，可以發冢歸罪《詩》、《禮》；王莽動託《周官》，可以王莽歸罪《周官》乎？《公羊傳》由胡毋生著竹帛，公孫弘受學胡毋生，則《公羊》成書必不在弘、湯用事之後。據俞氏説，似作《公羊傳》者集弘、湯之言爲之，年代不符，甚不可通。若酷吏佞臣不指弘、湯，則胡毋生之前酷吏佞臣爲何人，更無可據。《漢書·董仲舒傳》曰：「仲舒在家，朝廷如有大議，使使者及廷尉張湯就其家而問之，其對皆有明法。」《後漢書·應劭傳》曰：「故膠西董仲舒老病致仕，朝廷每有政議，數遣廷尉張湯親至陋巷問得失，於是作《春秋決獄》二百三十三事，❶動以經對。」據此，則張湯用法嘗詢仲舒。《漢·藝文志》董仲舒《治獄》十六篇久亡，《通典》、《六帖》、《御覽》共載六事。引《春秋》義以斷當時之獄，多以爲某人罪不當坐。蓋以漢法嚴酷，持議多歸仁恕，與弘、湯之慘刻異趣。《繁露·郊祀對》仲舒答張湯問鳧鷖之類，亦不盡屬刑法，則不能以張湯之法歸咎仲舒，尤不能歸咎《公羊》矣。「三科九旨」，《繁露》書明言之，俞云：「董仲舒未敢言而心好之，故陷吕步舒之獄。」以俞氏之博，似並未見《繁露》，殊不可解。何休《解詁》曰：「自王者言之，屈遠世子在三公下。」引《禮·喪服》爲證。何氏解《禮》即不當，亦無關《春秋》大義。俞以此爲何氏罪案，謂以己得公府掾之故。論古人當平心靜氣，不當鍛鍊以入人罪，必欲深文鍛鍊，謂何氏因己爲公府掾故崇重三公，亦安知俞氏非因己爲時相所扼，故卑抑三公乎？俞爲董誥所扼，不得進士。《孟子》曰：「《春秋》，

❶「三十三」，《後漢書》作「三十二」。

天子之事也。」又曰：「孔子成《春秋》而亂臣賊子懼。」《公羊》家說與《孟子》合。若《左氏》家說經承舊史，無素王之法，則天子之事安在？曰：「凡弑君稱君，君無道也；稱臣，臣之罪也。」如其說，則君無道，而弑君之臣無罪，傳文於殉君之孔父、荀息並無褒辭，而弑君之趙盾、欒書反加稱許，且有「君臣無常位」之言，《左氏》據事直書，初無成見，杜預張大其說，與《春秋》之義相反。是《春秋》成而亂臣賊子喜矣。如俞氏說，不亦可云《左氏》集亂臣賊子之言，謂之經義乎？俞氏曰：「《左氏》，萬世之書也；《公羊傳》，漢廷儒臣通經致用干祿之書也；何休所說，漢末公府掾致用干祿之書也。」請爲更正之曰：「《公羊傳》，經學也，一字褒貶，孔子作《春秋》之義本如是也；《左氏傳》，史學也，據事直書，不立褒貶，雖不傳《春秋》而書不可廢也。」俞氏所說，乃不通經義，不合史事，疑誤後學之妄言也。

論《春秋》明王道，絀詐力，故特褒宋襄，而借以明仁義行師之義

嘗讀《春秋》而有感焉。《春秋》據亂，而作亂莫甚於戰爭。《孟子》曰：「春秋無義戰，彼善於此則有之矣。」今據《公羊》之傳，推《孟子》之義，而知《孟子》之善說《春秋》也。《春秋》託始於隱，隱二年無駭帥師入極，《傳》曰：「何以不氏？疾始滅也。」然則後之滅人國者，皆《春秋》之所疾矣。四年莒人入杞，取牟婁，《傳》曰：「外取邑不書，此何以書？疾始取邑也。」然則後之取人邑者，皆《春秋》之所疾矣。桓七年焚咸邱，《傳》曰：「以火攻也。何言乎以火

攻？疾始以火攻也。」然則後之以火攻者，皆《春秋》之所疾矣。《春秋》戰例時，偏戰日，詐戰月。《左氏》凡例，凡師敵未陳曰敗某師，即詐戰。皆陳曰戰，即偏戰。桓十年冬十有二月丙午，齊侯、衛侯、鄭伯來戰於郎；僖元年冬十月壬午，❶公子友帥師敗莒師於犂，獲莒拏；僖十五年十一月壬戌，晉侯及秦伯戰於韓，獲晉侯；僖二十二年冬十有一月己巳朔，宋公及楚人戰於泓，宋師敗績；文七年夏四月戊子，晉人及秦人戰於令狐；十二年冬十有二月戊午，晉人秦人戰於河曲，《傳》皆以爲偏戰，是彼善於此者，猶愈於詐戰也。宋楚戰泓，《傳》曰：「偏戰者日爾，此其言朔何？《春秋》辭繁而不殺者正也，❷君子大其不鼓不成列，臨大事而不忘大禮，有君而無臣，以爲雖文王之戰，亦不過此也。」是宋襄戰泓，爲善之善者，故夫子特筆襃之。董子《繁露·王道》《俞序》篇、《史記·宋世家贊》、《淮南·泰族訓》、《白虎通·號篇》、何氏《穀梁廢疾》，皆襃宋襄。錫瑞案：《司馬法》曰：「逐奔不過百步，從綏不過三舍，明其禮也；不窮不能而哀憐傷病，明其仁也；成列而鼓，明其信也；争義不争利，明其義也。」據此，則不鼓不成列，不重傷，不禽二毛，本古軍禮之遺。古禮不行，而《老子》有「以奇用兵」之言，談兵者謂兵不厭詐，宋襄獨行古禮，宜世皆迂之矣。《穀梁》、《左氏》不以宋襄爲是，狃於後世詐力之見。《左氏》書之，善在明典禮，詳事實。而淺人武夫，但以爲善言兵，故隗禧以《左氏》爲相斫書。

❶ 「元」，原作「二」，據《左傳》改。

❷ 「正」，原脱，據《春秋公羊傳解詁》補。

《左氏》述子魚之言，訾宋襄者以爲口實，不知《宋世家》亦載子魚「兵以勝爲功」之言，而史公作《贊》，必褒宋襄之禮讓者，以《春秋》撥亂之旨，具在此也。當其時，戰禍亟矣，獨有一宋襄公能明王道、絀詐力，故《春秋》特褒之，而借以明仁義行師之義，以爲後之用兵者，能如宋襄之言，則戰禍少紓，民命可保矣。春秋時，宋華元、向戌皆主弭兵，其後墨翟、宋牼以禁攻寢兵爲務，似聞宋襄仁義之風而興起者。《左氏》載子罕之言以斥向戌，似亦近正，然不得以弭兵爲非。兵雖不能終弭，弭一日，緩一日之禍也。痛乎何劭公之言火攻也，曰：「征伐之道，不過用兵，服則可以退，不服則不可以進。火之盛炎，水之盛衝，雖欲服罪，不可復禁，故疾其暴而不仁也。」今之戰事，專尚火攻，其暴而不仁，又百倍於東周之世。西人近講公法，開弭兵會，似得《墨子》兼愛、非攻之旨。若進之以《春秋》之義，明王道，絀詐力，戰禍庶少瘥乎。

經學歷史

〔清〕皮錫瑞　撰

袁雯君　校點

目録

校點説明……一
經學歷史……一
經學開闢時代……一
經學流傳時代……九
經學昌明時代……一四
經學極盛時代……二五
經學中衰時代……三五
經學分立時代……四二
經學統一時代……四八
經學變古時代……五六
經學積衰時代……六三
經學復盛時代……六八

校點説明

《經學歷史》，清皮錫瑞著。皮錫瑞（一八五〇——一九〇八），字鹿門，一字麓雲，湖南善化人。十四歲應童子試，補善化縣學生員，三十三歲（光緒八年）中順天鄉試舉人，此後三應會試不中，遂潛心講學著書。一八九〇年起，相繼主講湖南桂陽龍潭書院、江西南昌經訓書院。甲午戰後，同情維新運動，一八九八年受聘爲長沙南學會學長，主講「學派」一科。是年秋，戊戌變法失敗，被革去舉人，交地方官管束。一九〇二年創辦湖南善化小學堂，翌年湖南高等學堂及師範館成立，任倫理經史講席，兼代高等學堂監督。此後曾拒京師大學堂的聘請，留湘講學，歷任中路師範、長沙府中學堂講席，學務公所圖書課長及長沙定王臺圖書館纂修等。光緒三十四年卒，年五十九。

皮錫瑞以經學名於時。早年困於科舉，三十歲始治經，以經今文學爲宗，服膺伏勝，題其居曰「師伏堂」，學者稱爲師伏先生。他在同時代以經今文學著稱的學者中成名較晚，至一八九六年《尚書大傳疏證》刊行後始爲人知。皮氏主張解經當實事求是，不當黨同妒真，並重視經世致用。在南學會主講學術，自稱「其大旨在發明聖教之大，開通漢宋門户之見；次則變法開智，破除守舊拘攣之習」。他一生著述不輟，凡講學必編講義，累計著書百多卷，曾輯印《師伏堂叢書》行世，其中以晚年所著《經學歷史》、《經學通論》二書影響最大。

《經學歷史》，是皮錫瑞晚年在湖南任教時的講義，全書自孔子開始至清末，將經學的歷史分爲十個時代，概述各時代經學的成績和發展，探究經學盛衰的原因。此書雖秉承經今文學的立場，推崇兩漢爲經學之「昌明」和「極盛」時代，清代爲經學「復盛」期，但並非自囿於門户，力求對各家持論公允，對於經古文學乃至宋學的成績亦不抹殺。加之全書眉目清楚，要言不煩，行文曉暢，頗便初學。光緒三十二年（一九〇六）首刊於湖南思賢書局（《師伏堂叢書》所收即此本），後有上海群益書社一九一一年鉛印本，一九二〇年代商務印書館曾多次影印。周予同對此書詳加注釋，一九二八年由商務印書館出版，此後周注本又加修訂並多次重版，由此《經學歷史》流傳益廣，迄今仍然是「經學的入門書籍，可以説是『經學之導言』」（周予同語）。

此次校點，以湖南思賢書局初刊本爲底本，參考中華書局二〇〇四年重印的周予同注釋重訂本，重施標點，改正了若干誤字。原文的避諱字凡涉及人名、書名的一律改正，如人名「公孫宏」改作「公孫弘」，「左邱明」改作「左丘明」，《尚書》篇名「允征」改作「胤征」，其他的酌改，如「元學」改作「玄學」。

校點者　袁雯君

經學歷史

善化皮錫瑞

經學開闢時代

凡學不考其源流，莫能通古今之變；不別其得失，無以獲從入之途。古來國運有盛衰，經學亦有盛衰；國統有分合，經學亦有分合。歷史具在，可明徵也。經學開闢時代，斷自孔子删定六經爲始。孔子以前，不得有經。猶之李耳既出，始著五千之言；釋迦未生，不傳七佛之論也。《易》自伏羲畫卦，文王重卦，止有畫而無辭，史遷、揚雄、王充皆止云文王重卦，不云作卦辭。亦如《連山》、《歸藏》止爲卜筮之用而已。《連山》、《歸藏》不得爲經，則伏羲、文王之《易》亦不得爲經矣。《春秋》，魯史舊名，止有其事其文而無其義，亦如晉《乘》、楚《檮杌》止爲記事之書而已。晉《乘》、楚《檮杌》不得爲經，則魯之《春秋》亦不得爲經矣。古《詩》三千篇，《書》三千二百四十篇，雖卷帙繁多，而未經删定，未必篇篇有義可爲法戒。《周禮》出山巖屋壁，漢人以爲瀆亂不驗，又以爲六國時人作，未必真出周公。《儀禮》十七篇，雖周公之遺，然當時或不止此數而孔子删定，或並不及此數而孔子增補，皆未可知。觀「孺悲學士喪禮於孔子，《士喪禮》於是乎書」，則十七篇亦自孔子始定。猶之删《詩》爲三百篇，删《書》爲百篇，皆經孔子手定而後列於經也。《易》自孔子作卦、爻辭、

《史記·周本紀》不言文王作卦辭，《魯世家》不言周公作爻辭，則卦辭、爻辭亦必是孔子所作。

《彖》、《象》、《文言》，闡發義、文之旨，而後《易》不僅爲占筮之用。《春秋》自孔子加筆削褒貶，爲後王立法，而後《春秋》不僅爲記事之書。此二經爲孔子所作，義尤顯著。漢初舊説，分明不誤。東漢以後，始疑所不當疑。疑《易》有「蓋取諸益」、「蓋取諸噬嗑」，謂重卦當在神農前。疑《易》有「當文王與紂之事邪」，謂卦、爻辭爲文王作。疑爻辭有「箕子之明夷」、「王用亨于岐山」，謂非文王所作，而當分屬周公。於是《周易》一經不得爲孔子作，孔疏乃謂文王、周公所作爲經，孔子所作爲傳矣。疑左氏《傳》韓宣適魯，見《易象》與魯《春秋》，有「吾乃今知周公之德」之言，謂周公作《春秋》。於是《春秋》一經不得爲孔子作。杜預乃謂周公所作爲舊例，孔子所修爲新例矣。或又疑孔子無刪《詩》、《書》之事，《周禮》、《儀禮》並出周公，則孔子並未作一書。章學誠乃謂周公集大成，孔子非集大成矣。

讀孔子所作之經，當知孔子作六經之旨。孔子有帝王之德而無帝王之位，晚年知道不行，退而刪定六經，以教萬世。其微言大義實可爲萬世之準則。後之爲人君者，必遵孔子之教，乃足以治一國；所謂「循之則治，違之則亂」。後之爲士大夫者，亦必遵孔子之教，乃足以治一身，所謂「君子修之吉，小人悖之凶」。此萬世之公言，非一人之私論也。孔子之教何在？即在所作六經之内。故孔子爲萬世師表，六經即萬世教科書。惟漢人知孔子維世立教之義，故謂孔子爲漢定道，爲漢制作。當時儒者尊信六經之學可以治世，孔子之道可爲弘亮洪業、贊揚迪哲之用。朝廷議禮議政，無不引經，公卿大夫士吏無不通一藝以上。雖漢家制度，王霸雜用，未能盡行孔教，而通經致用人才已爲後世之所莫逮。蓋孔子之以六經教萬世者，稍用其學而效已著明如是矣。自漢以後，闇忽不章。其尊孔子，奉以虛名，不知其所以教萬世者安在。其崇經學，亦視爲故事，不實行其學以治世。特以爲歷代相承，莫之敢廢而已。由是古義茫昧，聖學榛蕪。孔子所作之《易》，以爲止有十翼，則孔子於《易》不過爲經作傳，如後世箋注家。陳摶又雜以道家之圖書，乃有伏羲之《易》、文王之《易》加於孔子之上，而《易》義大亂矣。孔子所定之《詩》、《書》，以爲並無義例，則孔子於《詩》、《書》不過如昭明之《文選》、姚鉉之《唐文粹》，編輯一過，稍有去取。王柏又作《詩疑》、《書疑》，恣意删改，使無完膚，而《詩》、《書》大亂矣。孔子所作之《春秋》，以爲本周公之凡例，則孔子於《春秋》，不過如《漢書》之本《史記》，《後漢書》之本《三國志》，鈔録一過，稍有增損。杜注、孔疏又不信一字褒貶，概以爲闕文疑義。王安石乃以《春秋》爲「斷爛朝報」，而《春秋》幾廢矣。凡此皆由不知孔子作六經教萬世之旨，不信漢人之説，横生臆見，詆毁先儒。始於疑經，漸至非聖。或尊周公以壓孔子，如杜預之説《春秋》是。或尊伏羲、文王以壓孔子。如宋人之説《易》是。孔子手定之經，非特不用以教世，且不以經爲孔子手定，而屬之他人。經學不明，孔教不尊，非一朝一夕之故，其所由來者漸矣。故必以經爲孔子作，始可以言經學；必知孔子作經以教萬世之旨，始可以言經學。

孔子以前，未有經名，而已有經説，具

見於左氏內、外《傳》。《內傳》所載元亨利貞之解，黃裳元吉之辨，夏后之九功九歌，文、武之九德七德，《虞書》數舜功之四凶十六相，以及《外傳》之叔向、單穆公、閔馬父、左史倚相、觀射父、白公、子張諸人，或釋《詩》，或徵禮，詳見王應麟《困學紀聞》。非但比漢儒故訓爲古，且出孔子刪訂以前。惟是左氏浮夸，未必所言盡信。穆姜明《隨》卦之義，何與《文言》盡符？季札在正樂之前，豈能雅頌得所？《困學紀聞》引「克己復禮」、「出門如賓」二條云：「左氏粗聞闕里緒言，每每引用，而輒有更易。穆姜於《隨》舉《文言》，亦此類。」三墳、五典、八索、九丘見左氏《昭十二年》。《周禮》外史掌三墳、五典之書，鄭注：「楚靈王所謂三墳、五典。」據此，則三墳、五典乃《書》之類。僞孔安國《尚書傳序》曰：「伏犧、神農、黃帝之書，謂之三墳；少昊、顓頊、高辛、唐、虞之書，謂之五典；八卦之說，謂之八索；九州之志，謂之九丘。」其解三墳、五典，本於鄭注；八索、九丘，本於馬融。據其說，則八索乃《易》之類。皆無明據，可不深究。今所傳惟《帝典》，伏生傳《尚書》，止有《堯典》，而《舜典》即在內。蓋二帝合爲一書，故《大學》稱《帝典》。而宋人僞作三墳書。若夫伏羲十言，義著消息；神農並耕，說傳古初。黃帝、顓頊之道，具在丹書；少皞紀官之名，創於白帝。洪荒已遠，文獻無徵；有裨博聞，無關閎旨。惟伏羲什言之教，於八卦之外，增「消、息」二字，鄭、荀、虞《易》皆本之以立說。

《王制》：「樂正崇四術，立四教，順先王《詩》、《書》、禮、樂以造士。春、秋教以禮、樂，冬、夏教以《詩》、《書》。」《文獻通考》應氏曰：「樂正崇四術以訓士，則先王之《詩》、《書》、禮、樂，其設教固已久。《易》雖用於卜筮，而精微之理，非初學所可語；《春秋》雖公其記載，而策書亦非民庶所得盡窺。故《易象》、《春秋》，韓宣子適魯始得見之。則諸國之教，未必盡備六者。蓋自夫子删定讚修筆削之餘，而後傳習滋廣，經術流行。」案應氏之説近是而未盡也。文王重六十四卦，見《史記・周本紀》，而不云作「卦辭」，《魯周公世家》亦無作「爻辭」事。蓋無文辭，故不可以教士。若當時已有卦、爻辭，則如後世御纂欽定之書，必頒學官以教士矣。觀樂正之不以《易》教，知文王、周公無作卦、爻辭之事。《春秋》，國史相傳，據事直書，有文無義，故亦不可以教士。若當時已有褒貶筆削之例，如朱子《綱目》有《發明》、《書法》，亦可以教士矣。觀樂正之不以《春秋》教，知周公無作《春秋》凡例之事。《論衡・須頌》篇曰：「問説《書》者『欽明文思』以下，誰所言也？曰：篇家也。篇家誰也？孔子也。」匡衡上疏曰：「孔子論《詩》，以《關雎》爲首。」張超《誚青衣賦》曰：「周漸將衰，康王晏起。畢公喟然，深思古道。感彼關雎，德不雙侶。孔氏大之，列冠篇首。」是漢人以爲《詩》、《書》皆孔子所定，而《易》與《春秋》更無論矣。

孔子出而有經之名。《禮記・經解》：「孔子曰：『入其國，其教可知也。其爲人也温柔敦厚，《詩》教也；疏通知遠，《書》教也；廣博易良，《樂》教也；潔净精微，《易》教也；恭儉莊敬，《禮》教也；屬辭比事，《春秋》教也。』」始以《詩》、《書》、《禮》、《樂》、《易》、《春秋》爲「六經」。然篇名《經解》，而孔子口中無「經」字。《莊子・天運》篇：「孔子謂老聃曰：丘治《詩》、《書》、《禮》、《樂》、《易》、《春秋》六經。」孔子始明言「經」。或當删定六經之時，以其道可常行，正名爲「經」。又《莊子·天道》篇：「孔子西藏書於周室，往見老聃，而老聃不許，於是繙十二經以説。」《經典釋文》：「説者云：《詩》、《書》、《禮》、《樂》、《易》、《春秋》，又加六緯，合爲十二經也。一説云：《易》上、下經並十翼，爲十二。又一云：《春秋》十二公經也。」三説不同，皆可爲孔子時正名爲經之證。經名正，而惟皇建極，群下莫不承流；如日中天，衆星無非拱向矣。龔自珍曰：「仲尼未生，先有六經；仲尼既生，自明不作。仲尼曷嘗率弟子使筆其言以自制一經哉！」如龔氏言，不知何以解夫子之作《春秋》。是猶惑於劉歆、杜預之説，不知孔子以前不得有經之義也。

六經之外，有《孝經》，亦稱經。《孝經緯鉤命訣》：「孔子曰：『吾志在《春秋》，行在《孝經》。』」又曰：「《春秋》屬商，《孝經》屬參。」是孔子已名其書爲《孝經》。其所以稱經者，《漢書·藝文志》曰：「夫孝，天之經，地之義，民之行也。舉大者言，故曰《孝經》。」鄭注《孝經序》曰：「《孝經》者，三才之經緯，五行之綱紀。孝爲百行之首；經者，不易之稱。」鄭注《中庸》「大經大本」曰：「大經謂六藝，而指《春秋》也。大本，《孝經》也。」漢人推尊孔子，多以《春秋》、《孝經》並稱。《史晨奏祀孔子廟碑》云：「乃作《春秋》，復演《孝經》。」《百石卒史碑》云：「孔子作《春秋》，制《孝經》。」蓋以《詩》、《書》、《易》、《禮》爲孔子所修，而《春秋》、《孝經》乃孔子所作也。鄭康成《六藝論》云：「孔子以六藝題目不同，指意殊别，恐道離散，後世莫知根源，故作《孝經》以總會之。」據鄭説，是《孝經》視諸經爲最要，故稱經亦最先。魏文侯已有《孝經傳》，是作傳者亦視諸經爲先，與子夏《易傳》同時矣。二書《藝文志》皆不載。

删定六經之旨，見於《史記》。《孔子世家》云：「孔子之時，周室微而禮、樂廢，《詩》、《書》缺。追述三代之禮，序《書》傳，上紀唐、虞之際，下至秦繆，編次其事。曰：『夏禮吾能言之，杞不足徵也；殷禮吾能言之，宋不足徵也。足，則吾能徵之矣。』觀殷、夏所損益，曰：『後雖百世可知也，以一文一質。周監二代，郁郁乎文哉！吾從周。』故《書》傳、《禮》記自孔氏。孔子語魯太師：『樂其可知也。始作，翕如；縱之，純如，皦如，繹如也，以成。』『吾自衛反魯，然後樂正，雅頌各得其所。』古者《詩》三千餘篇，及至孔子，去其重，取可施於禮義，上采契、后稷，中述殷、周之盛，至幽、厲之缺，始於衽席。故曰：『《關雎》之亂，以爲《風》始；《鹿鳴》爲《小雅》始；《文王》爲《大雅》始；《清廟》爲《頌》始。』三百五篇，孔子皆弦歌之，以求合《韶》、《武》雅頌之音。禮樂自此可得而述，以備王道，成六藝。孔子晚而喜《易》，序《彖》、《繫》、《象》、《説卦》、《文言》。讀《易》，韋編三絶。曰：『假我數年，若是，我於《易》則彬彬矣。』孔子以《詩》、《書》、《禮》、《樂》教，弟子蓋三千焉，身通六藝者七十有二人。」據此，則孔子删定六經，《書》與《禮》相通，《詩》與《樂》相通，而《禮》、《樂》又相通。《詩》、《書》、《禮》、《樂》教，弟子三千，而通六藝止七十二人，則孔門設教，猶樂正四術之遺，而《易》、《春秋》非高足弟子莫能通矣。

《史記》以《春秋》别出於後，云：「子曰：『弗乎，弗乎！君子疾殁世而名不稱焉。吾道不行矣，吾何以自見於後世哉？』乃因史記作《春秋》，上至隱公，下訖哀公十四年。據魯，親周，故殷，運之三代。約其文辭而指博。故吳、楚之君自稱王，而《春秋》貶之曰『子』；踐土之會實召周天子，而《春秋》諱之曰『天王狩於河陽』：推此類以繩當世。貶損之義，後有王者舉而開之。《春秋》之義行，則天下亂臣賊子懼焉。孔子在位聽訟，文辭有可與人共者，弗獨有也。至於爲《春秋》，筆則筆，削則削，子夏之徒不能贊一辭。弟子受《春秋》，孔子曰：『後世知丘者以《春秋》，罪丘者亦以《春秋》。』」案《史記》以《春秋》別出於後，而解說獨詳，蓋推重孔子作《春秋》之功比删訂諸經爲尤大，與孟子稱孔子作《春秋》比禹抑洪水、周公兼夷狄相似。其說《春秋》大義，亦與孟子、公羊相合，知有據魯、親周、故殷之義，則知公羊家三科九旨之說未可非矣。知有繩當世貶損之文，則知左氏家經承舊史、史承赴告之說不足信矣。知有後世知丘罪丘之言，則知後世以史視《春秋》，謂褒善貶惡而已者尤大謬矣。程子曰：「後世以史視《春秋》，謂褒善貶惡而已，至於經世之大法，則不知也。」切中漢以後說《春秋》之失。

經學流傳時代

經名昉自孔子，經學傳於孔門。《韓非子·顯學》篇云：「孔子之後，儒分爲八。有子張氏、子思氏、顔氏、孟氏、漆雕氏、仲良氏、公孫氏、樂正氏之儒。」陶潛《聖賢群輔録》云：「顔氏傳《詩》，爲諷諫之儒。孟氏傳《書》，爲疏通致遠之儒。漆雕氏傳《禮》，爲恭儉莊敬之儒。仲良氏傳《樂》，爲移風易俗之儒。樂正氏傳《春秋》，爲屬辭比事之儒。公孫氏傳《易》，爲潔静精微之儒。」諸儒學皆不傳，無從考其家法，可考者惟卜氏子夏。洪邁《容齋隨筆》云：「孔子弟子，惟子夏於諸經獨有書。雖傳記雜言未可盡信，然要爲與他人不同矣。於《易》則有《傳》。於《詩》則有《序》。而《毛詩》之學，一云子夏授高行子，四傳而至小毛公；一云子夏傳曾申，五傳而至大毛公。於『禮』則有《儀禮·喪服》一篇，馬融、王肅諸儒多爲之訓説。於《春秋》所云『不能贊一辭』，蓋亦嘗從事於斯矣。公羊高實受之於子夏。穀梁赤者，《風俗通》亦云子夏門人。於《論語》則鄭康成以爲仲弓、子夏等所撰定也。後漢徐防上疏曰：『《詩》、《書》、《禮》、《樂》定自孔子，發明章句始於子夏。』斯其證云。」朱彝尊《經義考》云：「孔門自子夏兼通六藝而外，若子木之受《易》，子開之習《書》，子輿之述《孝經》，子貢之問《樂》，有若、仲弓、閔子騫、言游之撰《論語》，而傳《士喪禮》者，實孺悲之功也。」

《韓非子》言八儒有顔氏，孔門弟子，顔氏有八，未必即是子淵。八儒有子思氏，

《子思》二十三篇列《漢志》儒家，今亡。沈約謂《禮記・中庸》《表記》《坊記》《緇衣》皆取《子思子》。然則《坊記》、《表記》、《緇衣》之「子言之」、「子曰」，或即子思子之言，故中有引《論語》一條。後人以此疑非孔子之言，解此，可無疑矣。諸篇引《易》、《書》、《詩》、《春秋》，皆可取證古義。劉瓛以《緇衣》爲公孫尼子所作，沈約以《樂記》取公孫尼子，或即八儒之公孫氏歟？《曾子》十八篇，《漢志》列儒家，今存十篇於《大戴禮記》中：《曾子立事》弟一，《曾子本孝》弟二，《曾子立孝》弟三，《曾子大孝》弟四，《曾子事父母》弟五，《曾子制言上》弟六，《曾子制言中》弟七，《曾子制言下》弟八，《曾子疾病》弟九，《曾子天員》弟十。中引經義，皆極純正，《天員》篇尤足見大賢之學無不通云。「單居離問於曾子曰：『天員而地方者，誠有之乎？』曾子曰：『天之所生上首，地之所生下首；上首之謂員，下首之謂方。如誠天員而地方，則是四角之不揜也。』」據曾子説，謂員謂方，謂其道，非謂其形。方員同積，員者不能揜方之四角。今地爲天所揜，明地在天中。天體渾員，地體亦員，與地球之説合。《周髀算經》、《黄帝内經》皆言地員，非發自西人也。

《史記・儒林傳》曰：「孟子、荀卿之列，咸遵夫子之業而潤色之，以學顯於當世。」趙岐謂孟子通五經，尤長於《詩》、《書》。今考其書，實於《春秋》之學尤深。如云「《春秋》，天子之事」，「其義則丘竊取之」，類皆微言大義。惜孟子《春秋》之學不傳。《群輔録》云樂正氏傳《春秋》，不知即孟子弟子樂正克否。其學亦無可考。惟荀卿傳經之功甚鉅。《釋文序録》：《毛詩》，一云「孫卿子傳魯人大毛公」。則《毛詩》爲荀子所傳。《漢書・楚元王交傳》：「少時嘗與魯穆生、白生、申公同受《詩》於浮丘伯，伯者，孫卿之門人。」《魯詩》出於申公，則《魯詩》亦荀子所傳。《韓詩》今存《外傳》，引《荀子》以説《詩》者四十有四，則《韓詩》亦與《荀子》合。《序録》：「左丘明作《傳》以授曾申，申傳衛人吴起，起傳其子期，期傳楚人鐸椒，椒傳趙人虞卿，卿傳同郡荀卿。」則《左氏春秋》荀子所傳。《儒林傳》云：「瑕丘江公受《穀梁春秋》及《詩》於魯申公。」申公爲荀卿再傳弟子，則《穀梁春秋》亦荀子所傳。《大戴・曾子立事》篇載《荀子・修身》《大略》二篇文，《小戴・樂記》《三年問》《鄉飲酒義》篇載《荀子・禮論》《樂論》篇文，則二戴之禮亦荀子所傳。劉向稱荀卿善爲《易》，其義略見《非相》、《大略》二篇。是荀子能傳《易》、《詩》、《禮》、《樂》、《春秋》，漢初傳其學者極盛。

五三六經載籍，見司馬相如《封禪書》。「五三」謂五帝三王。定自尼山；七十二子支流，分於戰國。馯臂子弓之傳《易》，實授蘭陵；《荀子》書稱仲尼、子弓，或即傳《易》之馯臂子弓。高行、孟仲之言《詩》，傳《毛詩》之高行子、孟仲子當即《孟子》書所載者。或師鄒嶧。《王制》在赧王之後，説本鄭君；《周官》爲六國之書，論原何氏。凡今古學之兩大派，皆魯東家之三四傳。《王制》爲今學大宗，《周官》爲古學大宗。鄭君欲和同今古文，以《王制》爲殷制，《周官》爲周制，調停其説。雖云枝葉扶疏，實亦波瀾莫二。是以文侯貴顯，能言大學明堂；蒙吏荒唐，解道《詩》、《書》、《禮》、《樂》。秦廷議禮，援天子七廟之文；見《秦始皇本紀》。汲冢《紀年》，仿《春秋》一王之法。良由祖龍肆虐，博士尚守遺書；獲麟成編，西河能傳舊史。當時環堵之士，遁世之徒，崎嶇戎馬之間，展轉縱横之際，惜年代緜邈，姓氏湮淪。如《公羊》有沈子、司馬子、北宮子、魯子、高子六人，《穀梁》有沈子、尸子二人，皆獨抱遺經，有功後學者。

墨子之引《書傳》，每異孔門；吕氏之著《春秋》，本殊周制。其時九流競勝，❶諸子争鳴；雖有古籍留遺，並非尼山手訂。引《書》間出百篇之外，引《詩》或在三千之中。但可臚爲異聞，不當執證經義。萬章之問井廩，難補《舜典》逸文；鄭君之注南風，不取《尸子》雜説。誣伊尹以嬰戮，據周公之出奔，疑皆處士横議之詞，流俗傳聞之誤。雖魏史出安釐之世，蒙恬見未焚之書，而義異常經，説難憑信。此其授受，本別參商；惜乎辭闢，未經鄒孟。宜有别裁之識，乃無泥古之譏。《竹書》所云堯幽囚，益干啓位、太甲殺伊尹，與咸丘蒙之説何異？蒙恬言周公奔楚，亦戰國人之説。恬非經師，雖古，不足信也。

秦政晚謬，乃致燔燒；漢高宏規，未遑庠序。而叔孫生、伏生皆博士故官，杜田生、申公亦先朝舊學。摭拾秦灰之後，寶藏漢壁之先。豈但禮器歸陳，弦歌懷魯？劉歆《移太常博士書》曰：「漢興，去聖帝明王遐遠，仲尼之道又絶，法度無所因襲。時獨有一叔孫通，略定禮儀。天下但有《易》卜，未有他書。至孝惠之時，乃除挾書之律。然公卿大臣絳、灌之屬，咸介胄武夫，莫以爲意。至孝文皇帝，始使掌故晁錯從伏生受《尚書》。《尚書》初出於屋壁，朽折散絶，今其書見在，時師傳讀而已。《詩》始萌芽。天下衆書往往頗出，皆諸子傳説，猶廣立於

❶「競」，原作「兢」，依周予同説改。

學官，爲置博士。在朝之儒，惟賈生而已。至孝武皇帝，然後鄒、魯、梁、趙頗有《詩》、《禮》、《春秋》先師。當此之時，一人不能獨盡其經，或爲雅，或爲頌，相合而成。《泰誓》後得，博士集而讚之。故詔書曰：『禮壞樂崩，書缺簡脱，朕甚閔焉。』時漢興已七八十年，離於全經，固已遠矣。」案歆欲興古文，故極詆今學，所説不無過當，而亦可見漢初傳經之苦心。

孔子所定謂之經，弟子所釋謂之傳，或謂之記，弟子展轉相授謂之説。惟《詩》、《書》、《禮》、《樂》、《易》、《春秋》六藝，乃孔子所手定，得稱爲經。如釋家以佛所説爲經，禪師所説爲律、論也。《易》之《繫辭》，《禮》之《喪服》，附經最早。而《史記》稱《繫辭》爲傳，以《繫辭》乃弟子作，義主釋經，不使與正經相混也。《喪服傳》，子夏作，義主釋禮，亦不當與喪禮相混也。《論語》記孔子言而非孔子所作，出於弟子撰定，故亦但名爲傳，漢人引《論語》多稱傳。《孝經》雖名爲經，而漢人引之亦稱傳，以不在六藝之中也。漢人以《樂經》亡，但立《詩》、《書》、《易》、《禮》、《春秋》五經博士。後增《論語》爲六，又增《孝經》爲七。唐分三《禮》、三《傳》，合《易》、《書》、《詩》爲九。宋又增《論語》、《孝經》、《孟子》、《爾雅》爲十三經。皆不知經、傳當分別，不得以傳記概稱爲經也。《易》之《繫辭》即卦、爻辭。今之《繫辭》乃《繫辭傳》，蓋商瞿諸人所作，故其中明引子曰。《釋文》王肅本有傳字。《史記》引《繫辭》，謂之《易大傳》。

經學昌明時代

《史記·儒林傳》曰：「今上即位，趙綰、王臧之屬明儒學，而上亦鄉之。於是招方正賢良文學之士。自是之後，言《詩》於魯則申培公，於齊則轅固生，於燕則韓太傅。言《尚書》自濟南伏生。言《禮》自魯高堂生。言《易》自菑川田生。言《春秋》，於齊、魯自胡毋生，於趙自董仲舒。」《申公傳》曰：「申公者，魯人也。獨以《詩經》爲訓以教。無傳疑，疑者則闕不傳。弟子爲博士者十餘人，至於大夫、郎中、掌故以百數。言《詩》雖殊，多本於申公。」《轅固生傳》曰：「轅固生者，齊人也。以治《詩》，孝景時爲博士。齊言《詩》，皆本轅固生也。諸齊人以《詩》顯貴，皆固之弟子。」《韓嬰傳》曰：「韓生者，燕人也。孝文帝時爲博士。推《詩》之意，而爲内、外《傳》數萬言。其語頗與齊、魯間殊，其歸一也。燕、趙間言《詩》者由韓生。」傳言《詩》，止有魯、齊、韓三家，而無《毛詩》。《伏生傳》曰：「伏生者，濟南人也。故爲秦博士。孝文帝時，欲求能治《尚書》者，天下無有，乃聞伏生能治，欲召之。是時伏生年九十餘，老不能行，於是乃詔太常使掌故朝錯往受之。秦時焚書，伏生壁藏之。其後兵大起，流亡。漢定，伏生求其書，亡數十篇，獨得二十九篇，即以教於齊、魯之間。學者由是頗能言《尚書》，諸山東大師無不涉《尚書》以教矣。孔氏有古文《尚書》，而安國以今文讀之，因以起其家，逸《書》得十餘篇，蓋《尚書》滋多於是矣。」傳言《尚書》，止有伏生，雖乃孔氏古文，而不云安國作傳。《高堂生傳》曰：「諸學者多言《禮》，而魯高堂生最本。《禮》固自孔子時，而其經不具，及至秦焚書，書散亡益多。於今獨有《士禮》，高堂生能言之。」傳言《禮》，止有《儀禮》，而無《周官》。《田何傳》曰：「自魯商瞿受《易》孔子，傳六世至齊人田何，字子莊，而漢興。田何傳東武人王同子仲，子仲傳菑川人楊何。言《易》者本於楊何之家。」傳言《易》，止有楊何，而無費氏古文。《董仲舒傳》曰：「董仲舒，廣川人也。以治《春秋》，孝景時爲博士。漢興，至於五世之間，唯董仲舒名爲明於《春秋》，其傳公羊氏也。」《胡毋生傳》曰：「胡毋生，齊人也。孝景時爲博士。齊之爲《春秋》者，多受胡毋生。公孫弘亦頗受焉。瑕丘江生爲《穀梁春秋》。自公孫弘得用，嘗集比其義，卒用董仲舒。」傳言《春秋》，唯公羊董、胡二家；略及穀梁，而不言左氏。史遷當時蓋未有《毛詩》、古文《尚書》、《周官》、左氏諸古文家也。經學至漢武始昌明，而漢武時之經學爲最純正。

《困學紀聞》：「後漢翟酺曰：『文帝始置一經博士。』考之漢史，文帝時申公、韓嬰以《詩》爲博士，五經列於學官者，唯《詩》而已。景帝以轅固生爲博士，而餘經未立。武帝建元五年春，初置五經博士。《儒林傳》贊曰：『武帝立五經博士，《書》唯有歐陽，《禮》后，《易》楊，《春秋》公羊而已。』立五經而獨舉其四，蓋《詩》已立於文帝時，今併《詩》爲五也。」案《史記·儒林傳》，董仲舒、胡毋生皆以治《春秋》，孝景時爲博士，則景帝已立《春秋》博士，不止《詩》一經矣。特至武帝，五經博士始備。此昌明經學一大事，而《史記》不載；但云：「武安侯田蚡爲丞相，絀黄、老、刑名百家之言，延文學儒者數百人，而公孫弘以《春秋》白衣爲天子三公，封以平津侯，天下之學士靡然鄉風矣。公孫弘爲學官，悼道之鬱滯，乃請爲博士官置弟子五十人。郡國縣道邑有好文學、敬長上、肅政教、順鄉里者，詣太常，得受業如弟子。一歲皆輒試，能通一藝以上，補文學掌故缺。其高第可以爲郎中者，太常籍奏。即有秀才異等，輒以名聞。」此漢世明經取士之盛典，亦後世明經取士之權輿。史稱之曰：「自此以來，則公卿大夫士吏彬彬多文學之士矣。」方苞謂古未有以文學爲官者，誘以利禄，儒之途通而其道亡。案方氏持論雖高，而三代以下既不尊師，如漢武使束帛加璧安車駟馬迎申公，已屬曠世一見之事。欲興經學，非導以利禄不可。古今選舉人才之法，至此一變，亦勢之無可如何者也。

劉歆稱先師皆出於建元之間。自建元立五經博士，各以家法教授。據《儒林傳》贊，《書》、《禮》、《易》、《春秋》四經，各止一家；惟《詩》之魯、齊、韓則漢初已分；申公、轅固、韓嬰漢初已皆爲博士。此三人者，生非一地，學非一師，《詩》分立魯、齊、韓三家，此固不得不分者也。其後五經博士分爲十四：《易》立施、孟、梁丘、京四博士，《書》立歐陽、大小夏侯三博士，《詩》立魯、齊、韓三博士，《禮》立大小戴二博士，《春秋》立嚴、顔二博士，共爲十四。《後漢·儒林傳》云：「《詩》，齊、魯、韓、毛。」則不止十四，而數共十五矣。《儒林傳》明云：「又有毛公之學，自謂子夏所傳，而河間獻王好之，未得立。」是漢時《毛詩》不立學。《日知録》以爲衍一「毛」字，考訂甚確。漢人治經，各守家法；博士教授，專主一家。而諸家中，惟魯、齊、韓《詩》本不同師，必應分立；若施讎、孟喜、梁丘賀同師田王孫，大小夏侯同出張生，張生與歐陽生同師伏生，夏侯勝、夏侯建又同出夏侯始昌，戴德、戴聖同師后倉，嚴彭祖、顏安樂同師眭孟，皆以同師共學而各顓門教授，不知如何分門，是皆分所不必分者。

漢人最重師法。師之所傳，弟之所受，一字毋敢出入，背師説即不用。師法之嚴如此。而考其分立博士，則有不可解者。漢初，《書》唯有歐陽，《禮》后，《易》楊，《春秋》公羊，獨守遺經，不參異説，法至善也。《書》傳於伏生，伏生傳歐陽，立歐陽已足矣。二夏侯出張生，而同原伏生，使其學同，不必別立，其學不同，是背師説，尤不應別立也。試舉《書》之二事證之。伏生《大傳》以大麓爲大麓之野，明是山麓；《史記》以爲山林，用歐陽説；《漢書·于定國傳》以爲大録，用大夏侯説，是大夏侯背師説矣。伏生《大傳》以孟侯爲迎侯，《白虎通·朝聘》篇用之，而《漢書·地理志》周公封弟康叔，號曰孟侯，用小夏侯説，是小夏侯背師説矣。小夏侯乃大夏侯從子，從之受學，而謂大夏侯疏略難應敵，大夏侯亦謂小夏侯破碎大道。是小夏侯求異於大夏侯，大夏侯又求異於歐陽。不守師傳，法當嚴禁，而反爲之分立博士，非所謂「大道多歧亡羊」者乎？《史記》云：「言《易》者本於楊何。」立《易》，楊已足矣，施、孟、梁丘師田王孫，三人學同，何分顓門？學如不同，必有背師説者。乃明知孟喜改師法，不用，後又爲立博士，此何説也？京房受《易》焦延壽而託之孟氏，孟氏弟子不肯，皆以爲非，而亦爲立博士，又何說也？施、孟、梁丘今不可考，惟京氏猶存其略，飛伏、世應，多近術數。是皆立所不當立者。二戴、嚴、顔不當分立，亦可以此推之。

劉歆《移太常博士書》曰：「往者，博士《書》有歐陽，《春秋》公羊，《易》則施、孟，然孝宣皇帝猶復廣立穀梁《春秋》、梁丘《易》、大小夏侯《尚書》。義雖相反，猶並置之，何則？與其過廢也，寧過而存之。」《漢書·儒林傳》贊曰：「初，《書》唯有歐陽，《禮》后，《易》楊，《春秋》公羊而已。至孝宣世，復立大小夏侯《尚書》，大小戴《禮》，施、孟、梁丘《易》，穀梁《春秋》。至元帝世，復立京氏《易》。平帝時，又立左氏《春秋》、《毛詩》、逸《禮》、古文《尚書》。所以罔羅遺失，兼而存之，是在其中矣。」案二說於漢立博士，敘述略同，施、孟、梁丘先後少異。劉歆欲立古文諸經，故以增置博士爲例。然義已相反，安可並置？既知其過，又何必存？與其過存，無寧過廢。强詞飾說，宜博士不肯置對也。博士於宣、元之增置，未嘗執争，獨於歆所議立，力争不聽，蓋以諸家同屬今文，雖有小異，尚不若古文乖異之甚。然防微杜漸，當時已少深慮。范升謂：「近有司請置京氏《易》博士，群下執事莫能據正。京氏既立，費氏怨望。左氏《春秋》復以比類，亦希置立。京、費已行，次復高氏。《春秋》之家，又有騶、夾。如今左氏、費氏得置博士，高氏、騶、夾，五經奇異，並復求立。」據范氏說，可見漢時之争請立學者，所見甚陋，各懷其私。一家增置，餘家怨望。有深慮者，當豫絶其萌，而不可輕開其端矣。平帝時，立左氏《春秋》、《毛詩》、逸《禮》、古文《尚書》，王莽、劉歆所爲，尤不足論。光武興，皆罷之。此數經，終漢世不立。趙岐《孟子題辭》云：「孝文皇帝欲廣游學之路，《論語》、《孝經》、《孟子》、《爾雅》皆置博士。」案宋以後，以《易》、《書》、《詩》、三《禮》、三《傳》及《論語》、《孝經》、《孟子》、《爾雅》爲十三經，如趙氏言，則漢初四經已立學矣。後世以此四經並列爲十三經，或即趙氏之言啓之。但其言有可疑者。《史記》、《漢書·儒林傳》皆云：「文帝好刑名，博士具官，未有進者。」既云具官，豈復增置？五經未備，何及傳記？漢人皆無此説，惟劉歆《移博士書》有孝文時諸子傳説立於學官之語，趙氏此説當即本於劉歆，恐非實録。

劉歆《移博士書》又曰：「魯共王得古文，逸《禮》有三十九篇，《書》十六篇，及《春秋》左氏丘明所修，皆古文舊書。」而詆博士「抑此三學，以《尚書》爲備，謂左氏爲不傳《春秋》」。案此乃前漢經師不信古文之明證也。以《尚書》爲備，即王充《論衡》云：「或説《尚書》二十九篇者，法曰疑「北」字誤。斗與七宿。四七二十八篇，其一曰斗矣。故二十九是也。」《尚書》百篇，其《序》略見《史記》。伏生傳篇止二十九，漢人以爲即此已足，故有配斗與二十八宿之説。若逸《書》十六篇，其目見於馬、鄭所傳，絶無師説。馬、鄭本出杜林，未知即劉歆所云孔壁古文否。僞《孔》篇目，與馬、鄭又不符，其僞更不待辨。謂左氏爲不傳《春秋》，即范升云「左氏不祖孔子，而出於丘明，師徒相傳又無其人」是也。《釋文序録》：左丘明作傳，授曾申，遞傳至張蒼、賈誼。傳授如此分明，何得謂相傳無人？而范升云云，足見《序録》乃後出之説，漢人所未見也。《史記》稱《左氏春秋》，不稱《春秋左氏傳》，蓋如《晏子春秋》、《吕氏春秋》之類，别爲一書，不依傍聖經。《漢書·劉歆傳》曰：「初《左氏傳》多古字古言，學者傳訓故而已，及歆治左氏，引傳文以解經，轉相發明，由是章句義理備焉。」據《歆傳》，劉歆以前左氏傳文本不解經，故博士以爲左氏不傳《春秋》。近人劉逢禄以爲《左氏》凡例書法皆劉歆竄入者，由《史》、《漢》之説推之也。《漢書·藝文志》曰：「魯共王得古文《尚書》及《禮記》、《論語》、《孝經》，皆古字也。」據此，則共王得孔壁古文，不止逸《禮》、《尚書》，并有《禮記》、《論語》、《孝經》。《尚書古文經》四十六卷，《論語》古二十一篇，《孝經古孔氏》一篇，皆明見《藝文志》。《志》於《禮》但云：《禮古經》五十六卷，《經》七十篇，當作十七篇，即今《儀禮》。《記》百三十一篇。無《禮記》。而今之《禮記》亦無今古文之分。《志》云《禮》、《記》，即《禮古經》與《記》。《儀禮》有今古文之别，鄭注云「古文作某，今文作某」是也。鄭以古《論語》校《魯論》，見《經典釋文》，云：「《魯》讀某爲某，今從《古》。」《孝經古孔氏》：許慎嘗遣子沖上《説文》，並上其《古文説》。桓譚《新論》以爲今異者四百餘字。其書亡不可考。隋劉炫僞作《古文孝經》，唐、宋人多惑之。淺人但見「古文」二字，即爲所震，不敢置議，不知前漢經師並不信古文也。

兩漢經學有今古文之分。今古文所以分，其先由於文字之異。今文者，今所謂隸書，世所傳《熹平石經》及孔廟等處漢碑是也。古文者，今所謂籀書，世所傳岐陽石鼓及《説文》所載古文是也。隸書，漢世通行，故當時謂之今文，猶今人之於楷書，人人盡識者也。籀書，漢世已不通行，故當時謂之古文，猶今人之於篆、隸，不能人人盡識者也。凡文字，必人人盡識，方可以教初學。許慎謂孔子寫定六經，皆用古文；然則孔氏與伏生所藏書，亦必是古文。漢初發藏以授生徒，必改爲通行之今文，乃便學者誦習。故漢立博士十四，皆今文家。而當古文未興之前，未嘗別立今文之名。《史記·儒林傳》云：「孔氏有古文《尚書》，而安國以今文讀之。」乃就《尚書》之古今文字而言。而魯、齊、韓《詩》，公羊《春秋》，《史記》不云今文家也。至劉歆始增置古文《尚書》、《毛詩》、《周官》、左氏《春秋》。既立學官，必創説解；後漢衛宏、賈逵、馬融又遞爲增補，以行於世，遂與今文分道揚鑣。許慎《五經異義》有古《尚書》説、今《尚書》夏侯、歐陽説，古《毛詩》説、今《詩》韓、魯説，古《周禮》説、今《禮》戴説，古《春秋》左氏説、今《春秋》公羊説，古《孝經》説、今《孝經》説，皆分別言之，非惟文字不同，而説解亦異矣。

治經必宗漢學，而漢學亦有辨。前漢今文説，專明大義微言；後漢雜古文，多詳章句訓詁。章句訓詁不能盡饜學者之心，於是宋儒起而言義理。此漢、宋之經學所以分也。惟前漢今文學能兼義理、訓詁之長。武、宣之間，經學大昌，家數未分，純正不雜，故其學極精而有用。以《禹貢》治河，以《洪範》察變，以《春秋》決獄，以三百五篇當諫書；治一經得一經之益也。當時之書，惜多散失。傳於今者，惟伏生《尚書大傳》，多存古禮，與《王制》相出入，解《書》義爲最古；董子《春秋繁露》，發明《公羊》三科九旨，且深於天人性命之學；《韓詩》僅存《外傳》，推演詩人之旨，足以證明古義。學者先讀三書，深思其旨，乃知漢學所以有用者在精而不在博。將欲通經致用，先求大義微言，以視章句訓詁之學，如劉歆所譏「分文析義，❶煩言碎辭，學者罷老且不能究其一藝」者，其難易得失何如也！古文學出劉歆，而古文訓詁之流弊先爲劉歆所譏，則後世破碎支離之學，又歆所不取者。

太史公書成於漢武帝時經學初昌明、極純正時代，間及經學，皆可信據。云「孔子晚而喜《易》，序《彖》、《繫》、《象》、《説卦》、《文言》」，則以《序卦》、《雜卦》爲孔子作者，非矣。云「文王囚於羑里，重八卦爲六十四卦」，則以爲伏羲重卦，又以爲神農，以爲夏禹者，皆非矣。云「伏生獨得二十九篇」，則二十九篇外無師傳矣。其引《書》義，以大麓爲山麓，旋機玉衡爲北斗，文祖爲堯太祖，丹朱爲胤子朱，二十二人中有彭祖，「夔曰」八字實爲衍文，《盤庚》作於小辛之時，《微子》非告比干、箕子，《君奭》爲居攝時作，《金縢》在周公薨後，《文侯之命》乃命晉重，魯公《費誓》初代守國。凡此故實，具有明徵，則後人臆解《尚書》、變亂事實者，皆非矣。云《詩》三百篇，孔子皆弦歌之，以合《韶》、《武》雅頌之音，則朱子以爲淫人自言，王柏以爲雜有鄭、衛者，非矣。既云《關雎》爲《風》始，《鹿鳴》爲《小雅》始，而又云周道缺，詩人本之衽席，《關雎》作，仁義陵遲，《鹿鳴》刺焉；本《魯詩》以《關雎》、《鹿鳴》爲陳古刺今，則毛、鄭以下皆以《關雎》屬文王，又以爲后妃求淑女，非矣。云正考父善宋襄公，作《商頌》，則毛、鄭以爲正考父得《商頌》於周太師，非矣。云《春秋》筆削，子夏不能贊一辭，則杜預以爲周

❶「義」，《漢書・劉歆傳》作「字」。

公之志，仲尼從而明之者，非矣。云七十子之徒口受其傳指，於後別出魯君子左丘明云云，則知丘明不在弟子之列，亦未嘗口受傳指，荀崧以爲孔子作《春秋》，丘明造膝親受者，非矣。荀悦《申鑒》曰：「仲尼作經，本一而已；古今文不同，而皆自謂真本經。古今先師，義一而已；異家别説，而皆自謂真本説。」案今古文皆述聖經，尊孔教，不過文字説解不同而已，而其後古文家之横決，則有不可訓者。《左氏·昭二年傳》：「韓宣子來聘，見《易象》與魯《春秋》，曰：『周禮盡在魯矣。吾乃今知周公之德與周之所以王也。』」夫魯《春秋》即孟子與《乘》、《檮杌》並稱者，止有其事其文而無其義。既無其義，不必深究。而杜預據此孤證，遂以傳中五十凡例皆出周公，書、不書、先書、故書、不言、不稱、書曰之類，乃爲孔子新例。如此，則周公之例多，孔子之例少；周公之功大，孔子之功小。奪尼山之筆削，上獻先君；飾冢宰之文章，下誣後聖。故唐時以周公爲先聖，孔子爲先師；孔子止配享周公，不得南面專太牢之祭。劉知幾《史通·惑經》《申左》極詆《春秋》之略不如《左氏》之詳。非聖無法，並由此等謬説啓之。孔疏云：「先儒之説《春秋》者多矣，皆以丘明作傳説仲尼之經，凡與不凡無新舊之例。」據此，則杜預以前未有云周公作凡例者。陸淳曰：「按其傳例云：弑君稱君，君無道也。然則周公先設弑君之義乎？」駮難極明，杜之謬説不待辨矣。若《易象》則伏羲畫卦，文王重卦，孔子繫辭，故曰「《易》歷三聖」，而鄭衆、賈逵、馬融等皆以爲周公作爻辭，或亦據韓宣子之説，與《易》歷三聖不合矣。劉歆以《周官》爲周公致太平之迹，《周禮》一書遂巍然爲古文大宗，與今文抗衡，周公亦遂與孔子抗衡，且駕孔子而上之矣。太史公曰：「言六藝者，折衷於孔子。」徐防曰：「《詩》、《書》、《禮》、《樂》定自孔子。」六經皆孔子手訂，無有言周公者。作《春秋》尤孔子特筆，自孟子及兩漢諸儒，皆無異辭。孟子以孔子作《春秋》比禹抑洪水，周公兼夷狄，驅猛獸，又引孔子「其義竊取」之言，繼舜、禹、湯、文、武、周公之後，足見孔子功繼群聖，全在《春秋》一書。尊孔子者，必遵前漢最初之古義，勿惑於後起之歧説；與其信杜預之言，降孔子於配享周公之列，不如信孟子之言，尊孔子以繼禹、周公之功也。

經學極盛時代

經學自漢元、成至後漢，爲極盛時代。其所以極盛者，漢初不任儒者，武帝始以公孫弘爲丞相，封侯，天下學士靡然鄉風。元帝尤好儒生，韋、匡、貢、薛並致輔相。自後公卿之位，未有不從經術進者。青紫拾芥之語，車服稽古之榮。黄金滿籯，不如教子一經。以累世之通顯，動一時之羨慕。後漢桓氏代爲師傅，楊氏世作三公。宰相須用讀書人，由漢武開其端，元、成及光武、明、章繼其軌。經學所以極盛者，此其一。武帝爲博士官置弟子五十人，復其身。昭帝增滿百人。宣帝末，增倍之。元帝好儒，能通一經者，皆復。數年，以用度不足，更爲設員千人，郡國置五經百石卒史。成帝增弟子員三千人。平帝時，增元士之子得受業如弟子，勿以爲員。歲課甲乙丙科，爲郎中、太子舍人、文學掌故。後世生員科舉之法，實本於此。經生即不得大用，而亦得有出身，是以四海之内，學校如林。漢末太學諸生至三萬人，爲古來未有之盛事。經學所以極盛者，又其一。

漢崇經術，實能見之施行。武帝罷黜百家，表章六經，孔教已定於一尊矣。然武帝、宣帝皆好刑名，不專重儒。蓋寬饒謂以法律爲《詩》、《書》，不盡用經術也。元、成以後，刑名漸廢。上無異教，下無異學。皇帝詔書，群臣奏議，莫不援引經義，以爲據依。國有大疑，輒引《春秋》爲斷。一時循吏，多能推明經意，移易風化，號爲以經術飾吏事。漢治近古，實由於此。蓋其時公卿大夫士吏，未有不通一藝者也。後世取士，偏重文辭，不明經義；爲官專守律例，不引儒書。既不用經學，而徒存其名，且疑經學爲無用，而欲並去其實。觀兩漢之已事，可以發思古之幽情。孔子道在六經，本以垂教萬世。惟漢專崇經術，猶能實行孔教。雖《春秋》太平之義，《禮運》大同之象，尚有未逮，而三代後政教之盛，風化之美，無有如兩漢者。降至唐、宋，皆不能及。尊經之效，已有明徵。若能舉太平之義、大同之象而實行之，不益見玄聖綴學立制真神明之式哉！此顧炎武所云「光武、明、章果有變齊至魯之功，而惜其未純乎道」也。

漢有一種天人之學，而齊學尤盛。伏《傳》五行，《齊詩》五際，公羊《春秋》多言災異，皆齊學也。《易》有象數占驗，《禮》有明堂陰陽，不盡齊學，而其旨略同。當時儒者以爲人主至尊，無所畏憚，借天象以示儆，庶使其君有失德者猶知恐懼修省。此《春秋》以元統天、以天統君之義，亦《易》神道設教之旨，漢儒藉此以匡正其主。其時人主方崇經術，重儒臣，故遇日食地震，必下詔罪己，或責免三公，雖未必能如周宣之遇災而懼，側身修行，尚有君臣交儆遺意。此亦漢時實行孔教之一證。後世不明此義，謂漢儒不應言災異，引讖緯，於是天變不足畏之說出矣。近西法入中國，日食、星變皆可豫測，信之者以爲不應附會災祥，然則孔子《春秋》所書日食星變，豈無意乎？言非一端，義各有當，不得以今人之所見輕議古人也。

漢儒言災異，實有徵驗。如昌邑王時，夏侯勝以爲久陰不雨，臣下有謀上者，而應在霍光。昭帝時，眭孟以爲有匹夫爲天子者，而應在宣帝。成帝時，夏賀良以爲漢有再受命之祥，而應在光武。王莽時讖云「劉秀當爲天子」，尤爲顯證。故光武以赤伏符受命，深信讖緯。五經之義，皆以讖決。賈逵以此興《左氏》，曹褒以此定漢禮。於是五經爲外學，七緯爲内學，遂成一代風氣。光武非愚闇妄信者，實以身試有驗之故。天人本不相遠，至誠可以前知。解此則不必非光武，亦不必非董、劉、何、鄭矣。且緯與讖有別。孔穎達以爲「緯候之書，僞起哀、平」，其實不然。《史記·趙世家》云「秦讖於是出」，《秦本紀》云「亡秦者胡也」，「明年祖龍死」，皆讖文。圖讖本方士之書，與經義不相涉。漢儒增益祕緯，乃以讖文牽合經義。其合於經義者近純，其涉於讖文者多駁。故緯，純駁互見，未可一概詆之。其中多漢儒説經之文，如六日七分出《易緯》，周天三百六十度四分度之一出《書緯》，夏以十三月爲正云云出《樂緯》，後世解經，不能不引。三綱大義，名教所尊，而經無明文，出《禮緯含文嘉》，馬融注《論語》引之，朱子注亦引之，豈得謂緯書皆邪説乎？歐陽修不信祥異，請刪五經注疏所引讖緯，幸當時無從其説者。從其説，將使注疏無完書。其後魏了翁編《五經要義》，略同歐陽之説，多去實證而取空言。當時若刪注疏，其去取必如《五經要義》，浮詞無實，古義盡亡，即惠、戴諸公起於國朝，亦難乎其爲力矣。

觀漢世經學之盛衰而有感焉。《後漢書·儒林傳》曰：「光武中興，愛好經術。建武五年，修起太學，中元元年，初建三雍。明帝即位，親行其禮。天子始冠通天，衣日月。備法物之駕，盛清道之儀。坐明堂而朝群后，登靈臺以望雲物。祖割辟雍之上，尊事三老五更。饗射禮畢，帝正坐自講，諸儒執經問難於前。冠帶搢紳圜橋門而觀聽者，蓋億萬計。其後復爲功臣子孫四姓末屬別立校舍，搜選高能，以授其業。自期門羽林之士，悉令通《孝經》章句。匈奴亦遣子入學。濟濟乎，洋洋乎！盛於永平矣。」案永平之際，重熙累洽，千載一時，後世莫逮。至安帝以後，博士倚席不講。順帝更修黌宇，增甲乙之科。梁太后詔大將軍下至六百石，悉遣子入學。自是遊學增盛，至三萬餘生。古來太學人才之多，未有多於此者。而范蔚宗論之曰：「章句漸疏，多以浮華相尚，儒者之風蓋衰。」是漢儒風之衰，由於經術不重。經術不重，而人才徒侈其衆多；實學已衰，而外貌反似乎極盛。於是游談起太學，而黨禍遍天下。人之云亡，邦國殄瘁，實自疏章句、尚浮華者啓之。觀漢之所以盛與所以衰，皆由經學之盛衰爲之樞紐。然則立學必先尊經，不尊經者必多流弊。後世之立學者可以鑒矣。

非天子不議禮，不制度，不考文；議禮、制度、考文，皆以經義爲本。後世右文之主，不過與其臣宴飲賦詩，追《卷阿》矢音之盛事，未有能講經議禮者，惟漢宣帝博徵群儒，論定五經於石渠閣。章帝大會諸儒於白虎觀，考詳同異，連月迺罷。親臨稱制，如石渠故事。顧命史臣，著爲《通義》，爲曠世一見之典。《石渠議奏》今亡，僅略見於杜佑《通典》；《白虎通義》猶存四卷，集今學之大成。十四博士所傳，賴此一書稍窺崖略。國朝陳立爲作《疏證》，治今學者當奉爲瓌寶矣。章帝時已詔高才生受古文《尚書》、《毛詩》、穀梁、左氏《春秋》，而《白虎通義》采古文説絶少，以諸儒楊終、魯恭、李育、魏應皆今學大師也。靈帝熹平四年，詔諸儒正定五經，刊於石碑。蔡邕自書丹，使工鐫刻，立於太學門外。後儒晚學，咸取則焉。尤爲一代大典。使碑石尚在，足以考見漢時經文，惜六朝以後漸散亡，僅存一千九百餘字於宋洪氏《隸釋》，有《魯詩》、小夏侯《尚書》、《儀禮》、公羊《春秋》、《魯論語》，蓋合《易》爲六經。而五經外增《論語》，公羊《春秋》有傳無經，漢時立學官本如此。宋蓬萊閣刻石又壞，今江西南昌、浙江紹興兩府學重刻，止有六百七十五字，與世傳古文經字多不同。漢石經是隸書，非魏三體石經；是立於太學門外，非鴻都門。前人説者多誤，詳見杭世駿《石經考異》、馮登府《石經補考》。

王充《論衡》曰：「夫五經亦漢家之所立，儒生善政大義皆出其中。董仲舒表《春秋》之義，稽合於律，無乖異者。然則《春秋》，漢之經，孔子制作，垂遺於漢。」案王仲任以孔子制作垂遺於漢，此用公羊《春秋》説也。《韓勑碑》云：「孔子近聖，爲漢定道。」《史晨碑》云：「西狩獲麟，爲漢制作。」歐陽修以漢儒爲狹陋，孔子作《春秋》，豈區區爲漢而已哉，不知聖經本爲後世立法，雖不專爲漢，而繼周者漢，去秦閏位不計，則以聖經爲漢制作，固無不可。且在漢當言漢，推崇當代，即以推崇先聖。如歐陽修生於宋，宋尊孔子之教，讀孔子之經，即謂聖經爲宋制法，亦無不可；今人生於大清，大清尊孔子之教，讀孔子之經，即謂聖經爲清制法，亦無不可。歐公之言何拘閡之甚乎！漢經學所以盛，正以聖經爲漢制作，故得人主尊崇。此儒者欲行其道之苦衷，實聖經通行萬世之公理。或疑獲麟制作，出自讖緯家言；赤鳥端門，事近荒唐，詞亦鄙俚，《公羊傳》並無明說，何休不應載入《解詁》。然觀《左氏傳》「其處者爲劉氏」，孔疏云：「插注此辭，將以媚世。明帝時，賈逵上疏云：『五經皆無證圖讖明劉氏爲堯後者，而《左氏》獨有明文。』竊謂前世藉此欲求道通，故後引之以爲説耳。」據疏，是後漢尚讖記，不引讖記，人不尊經。而左氏家增竄傳文，公羊家但存其説於注，則公羊家引讖之罪視左氏家當末減矣。

後漢取士，必經明行修，蓋非專重其文，而必深考其行。前漢匡、張、孔、馬皆以經師居相位，而無所匡救。光武有鑒於此，故舉逸民，賓處士，褒崇節義，尊經必尊其能實行經義之人。後漢三公，如袁安、楊震、李固、陳蕃諸人，守正不阿，視前漢匡、張、孔、馬大有薰蕕之别。《儒林傳》中所載，如戴憑、孫期、宋登、楊倫、伏恭等，立身皆可有觀。范蔚宗論之，以爲：「所談者仁義，所傳者聖法也。故人識君臣父子之綱，家知違邪歸正之路。自桓、靈之間，君道秕僻，朝綱日陵，國隙屢啓，自中智以下靡不審其崩離，而權强之臣息其窺盗之謀，豪俊之夫屈於鄙生之議者，人誦先王言也，下畏逆順勢也，跡衰敝之所由致，而能多歷年所者，斯豈非學之效乎？」顧炎武以范氏爲知言，謂三代以下，風俗之美，無尚於東京者。然則國家尊經重學，非直肅清風化，抑可搘拄衰微。無識者以爲經學無益而欲去之，觀於後漢之時，當不至如秦王謂儒無益人國矣。

後漢經學盛於前漢者，有二事。一則前漢多專一經，罕能兼通。經學初興，藏書始出，且有或爲雅、或爲頌，不能盡一經者。若申公兼通《詩》、《春秋》，韓嬰兼通《詩》、《易》，孟卿兼通《禮》、《春秋》，已爲難能可貴；夏侯始昌通五經，更絶無僅有矣。後漢則尹敏習歐陽《尚書》，兼善《毛詩》、穀梁、左氏《春秋》；景鸞能理《齊詩》、施氏《易》，兼受河洛圖緯，又撰《禮内外説》。何休精研六經，許慎五經無雙，蔡玄學通五經。此其盛於前漢者一也。一則前漢篤守遺經，罕有撰述，章句略備，文采未彰。《藝文志》所載者，説各止一二篇，惟《災異孟氏京房》六十六篇，爲最夥。董子《春秋繁露》，《志》不載。韓嬰作内、外《傳》數萬言，今存《外傳》。后倉説《禮》數萬言，號曰《后氏曲臺記》，今無傳者。後漢則周防撰《尚書雜記》三十二篇，四十萬言。景鸞作《易説》及《詩解》，又撰《禮略》，及作《月令章句》，著述五十餘萬言。趙曄著《吴越春秋》、《詩細》、《歷神淵》。程曾著書百餘篇，皆五經通難，又作《孟子章句》。何休作《公羊解詁》，又訓注《孝經》、《論語》，以《春秋》駁漢事六百餘條，作《公羊墨守》、《左氏膏肓》、《穀梁廢疾》。許慎撰《五經異義》，又作《説文解字》十四篇。賈逵集《古文尚書同異》三卷，撰齊、魯、韓《詩》與毛氏異同，并作《周官解故》。馬融著《三傳異同説》，注《孝經》、《論語》、《詩》、《易》、三《禮》、《尚書》。此其盛於前漢者二也。風氣益開，性靈漸啓；其過於前人之質樸而更加恢張者在此，其不及前人之質樸而未免雜糅者亦在此。至鄭君出而徧注諸經，立言百萬，集漢學之大成。

《漢書·儒林傳》贊曰：「自武帝立五經博士，開弟子員，設科射策，勸以官禄，訖於元始，百有餘年。傳業者寖盛，支葉繁滋，一經說至百餘萬言，大師衆至千餘人，蓋祿利之路然也。」案經學之盛，由於祿利，孟堅一語道破。在上者欲持一術以聳動天下，未有不導以祿利而翕然從之者。漢遵《王制》之法，以經術造士，視唐、宋科舉尚文辭者爲遠勝矣。大師衆至千餘人，前漢末已稱盛，而《後漢書》所載張興著録且萬人，牟長著録前後萬人，蔡玄著録萬六千人，樓望諸生著録九千餘人，宋登教授數千人，魏應、丁恭弟子著録數千人，姜肱就學者三千餘人，曹曾門徒三千人，楊倫、杜撫、張玄皆千餘人，比前漢爲尤盛。所以如此盛者，漢人無無師之學，訓詁句讀皆由口授，非若後世之書，音訓備具，可視簡而誦也。書皆竹簡，得之甚難，若不從師，無從寫録，非若後世之書，購買極易，可兼兩而載也。負笈雲集，職此之由。至一師能教千萬人，必由高足弟子傳授，有如鄭康成在馬季長門下，三年不得見者，則著録之人不必皆親受業之人矣。

孟堅云「大師衆至千餘人」，學誠盛矣；「一經說至百餘萬言」，則漢之經學所以由盛而衰者，弊正坐此，學者不可以不察也。孟堅於《藝文志》曰：「古之學者耕且養，三年而通一藝，存其大體，玩經文而已。是故用日少而畜德多，三十而五經立也。後世經傳既已乖離，博學者又不思多聞闕疑之義，而務碎義逃難，便辭巧說，破壞形體，說五字之文至於二三萬言，後進彌以馳逐。故幼童而守一藝，白首而後能言。安其所習，毁所不見，終以自蔽。此學者之大患也。」案兩漢經學盛衰之故，孟堅數語盡之。凡學有用則盛，無用則衰。存大體、玩經文，則有用；碎義逃難、便辭巧說，則無用。有用則爲人崇尚，而學盛；無用則爲人詬病，而學衰。漢初申公《詩》訓，疑者弗傳；丁將軍《易》說，僅舉大誼：正所謂存大體、玩經文者。甫及百年，而蔓衍支離，漸成無用之學，豈不惜哉！一經說至百餘萬言，說五字至二三萬言，皆指秦恭言之。桓譚《新論》云：「秦近君能說《堯典》篇目兩字之誼，至十餘萬言；但說『曰若稽古』，三萬言。」《後漢書》云：「信都秦恭延君守小夏侯說文，增師法至百萬言。」延君、近君是一人，其學出小夏侯。小夏侯師事夏侯勝及歐陽高，左右采獲，又從五經諸儒問與《尚書》相出入者，牽引以次章句，具文飾說，夏侯勝譏其破碎。是小夏侯本碎義逃難之學，恭增師法，益以支蔓。故愚以爲如小夏侯者，皆不當立學也。

前漢重師法，後漢重家法。先有師法，而後能成一家之言。師法者溯其源，家法者衍其流也。師法、家法所以分者，如《易》有施、孟、梁丘之學，是師法；施家有張、彭之學，孟有翟、孟、白之學，梁丘有士孫、鄧、衡之學，是家法。家法從師法分出，而施、孟、梁丘之師法又從田王孫一師分出者也。施、孟、梁丘已不必分，況張、彭、翟、白以下乎！《後漢書・儒林傳》云：「立五經博士，各以家法教授。」《宦者・蔡倫傳》云：「帝以經傳之文多不正定，乃選通儒謁者劉珍及博士良史詣東觀，各校讐家法。」是博士各守家法也。《質帝紀》云：「令郡國舉明經，年五十以上、七十以下，詣太學。自大將軍至六百石，皆遣子受業，四姓小侯先能通經者，各令隨家法。」是明經必守家法也。《左雄傳》云：雄上言郡國所舉孝廉，請皆詣公府，諸生試家法。注曰：「儒有一家之學，故稱家法。」是孝廉必守家法也。《徐防傳》：防上疏云：「伏見太學試博士弟子，皆以意說，不修家法，以遵師爲非義，意說爲得理，誠非詔書實選本意。」漢時不修家法之戒，蓋極嚴矣。然師法別出家法，而家法又各分顓家，如榦既分枝，枝又分枝，枝葉繁滋，浸失其本，又如子既生孫，孫又生孫，雲礽曠遠，漸忘其祖。是末師而非往古，用後說而舍先傳，微言大義之乖，即自源遠末分始矣。

凡事有見爲極盛，實則盛極而衰象見者，如後漢師法之下復分家法，今文之外別立古文，似乎廣學甄微，大有禆於經義，實則矜奇炫博，大爲經義之蠹。師說下復分家法，此范蔚宗所謂經有數家，家有數說，學徒勞而少功，後生疑而莫正也。今文外別立古文，此范升所謂各有所執，乖戾分爭，從之則失道，不從則失人也。蓋凡學皆貴求新，惟經學必專守舊。經作於大聖，傳自古賢。先儒口授其文，後學心知其意。制度有一定而不可私造，義理衷一是而非能臆說。世世遞嬗，師師相承，謹守訓辭，毋得改易。如是，則經旨不雜而聖教易明矣。若必各務創獲，苟異先儒，騁怪奇以釣名，恣穿鑿以標異，是乃決科之法，發策之文，侮慢聖言，乖違經義。後人說經，多中此弊；漢世近古，已兆其端。故愚以爲明、章極盛之時，不加武、宣昌明之代也。

經學中衰時代

經學盛於漢，漢亡而經學衰。桓、靈之間，黨禍兩見，志士仁人多填牢户，文人學士亦扞文網，固已士氣頹喪而儒風寂寥矣。鄭君康成，以博聞彊記之才，兼高節卓行之美，著書滿家，從學盈萬。當時莫不仰望，稱伊雒以東、淮漢以北，康成一人而已；咸言先儒多闕，鄭氏道備，自來經師未有若鄭君之盛者也。然而木鐸行教，卒入河海而逃；蘭陵傳經，無救焚坑之禍；鄭學雖盛，而漢學終衰。《三國志》董昭上疏陳末流之弊云：「竊見當今年少，不復以學問爲本，專更以交游爲業；國士不以孝弟清修爲首，乃以趨勢游利爲先。」杜恕上疏云：「今之學者，師商、韓而上法術，競以儒家爲迂闊，不周世用：此則風俗之流弊。」魚豢《魏略》以董遇、賈洪、邯鄲淳、薛夏、隗禧、蘇林、樂祥七人爲儒宗，其序曰：「正始中，有詔議圜丘，普延學士。是時郎官及司徒領吏二萬餘人，而應書與議者，略無幾人。又是時朝堂公卿以下四百餘人，其能操筆者未有十人，多皆飽食相從而退。嗟夫！學業沈隕，乃至於此。是以私心常區區貴乎數公者，各處荒亂之際，而能守志彌敦者也。」魚豢序見《三國志》注，令人閲之悚然。夫以兩漢經學之盛，不百年而一衰至此，然則文明豈可恃乎！范蔚宗論鄭君：「括囊大典，網羅衆家，删裁繁蕪，刊改漏失，自是學者略知所歸。」蓋以漢時經有數家，家有數説，學者莫知所從，鄭君兼通今古文，溝合爲一，於是經生皆從鄭氏，不必更求各家。鄭學之盛在此，漢學之衰亦在此。鄭君傳云：「凡玄所注《周易》、《尚書》、《毛詩》、《儀禮》、《禮記》、《論語》、《孝經》、《尚書大傳》、《中候》、《乾象曆》，又著《七政論》、《魯禮禘祫義》、《六藝論》、《毛詩譜》、《駮許慎五經異義》、《答臨孝存周禮難》，凡百餘萬言。」案鄭注諸經，皆兼采今古文。注《易》用費氏古文，爻辰出費氏分野，今既亡佚，而施、孟、梁丘《易》又亡，無以考其同異。注《尚書》用古文，而多異馬融，或馬從今而鄭從古，或馬從古而鄭從今，是鄭注《書》兼采今古文也。箋《詩》以毛爲主，而間易毛字，自云「若有不同，便下己意」，所謂己意，實本三家，是鄭箋《詩》兼采今古文也。注《儀禮》並存今古文，從今文則注内疊出古文，從古文則注内疊出今文，是鄭注《儀禮》兼采今古文也。《周禮》古文無今文，《禮記》亦無今古文之分，其注皆不必論。注《論語》，就《魯論》篇章，考之《齊》、《古》爲之注，云「《魯》讀某爲某，今從《古》」，是鄭注《論語》兼采今古文也。注《孝經》多今文説，嚴可均有輯本。

所謂鄭學盛而漢學衰者，漢經學近古可信，十四博士今文家説遠有師承。劉歆創通古文，衛宏、賈逵、馬融、許慎等推衍其説，已與今學分門角立矣。然今學守今學門户，古學守古學門户，今學以古學爲變亂師法，古學以今學爲黨同妒真，相攻若讐，不相混合。杜、鄭、賈、馬注《周禮》、《左傳》，不用今説；何休注《公羊傳》，亦不引《周禮》一字；許慎《五經異義》分今文説、古文説甚晰。若盡如此分別，則傳至後世，今古文不雜厠，開卷可瞭然矣。鄭君先通今文，後通古文。其傳曰：「造太學受業，師事京兆第五元先，始通京氏《易》、公羊《春秋》、《三統曆》、《九章算術》。又從東郡張恭祖受《周官》、《禮記》、左氏《春秋》、《韓詩》、古文《尚書》。以山東無足問者，乃西入關，因涿郡盧植事扶風馬融。」案京氏《易》、公羊《春秋》爲今文，《周官》、左氏《春秋》、古文《尚書》爲古文。鄭君博學多師，今古文道通爲一，見當時兩家相攻擊，意欲參合其學，自成一家之言，雖以古學爲宗，亦兼采今學以附益其義。學者苦其時家法繁雜，見鄭君閎通博大，無所不包，衆論翕然歸之，不復舍此趨彼。於是鄭《易》注行而施、孟、梁丘、京之《易》不行矣；鄭《書》注行而歐陽、大小夏侯之《書》不行矣；鄭《詩》箋行而魯、齊、韓之《詩》不行矣；鄭《禮》注行而大小戴之《禮》不行矣；鄭《論語》注行而齊、魯《論語》不行矣。重以鼎足分争，經籍道息。漢學衰廢，不能盡咎鄭君，而鄭采今古文不復分別，使兩漢家法亡不可考，則亦不能無失。故經學至鄭君一變。

事有不可一概論者，非通觀古今不能定也。《毛詩》、《左傳》乃漢時不立學之書，而後世不可少；鄭君爲漢儒敗壞家法之學，本李兆洛說。而後世尤不可無。漢時《詩》有魯、齊、韓三家，《春秋》有公、穀二《傳》，《毛詩》、《左傳》不立學無害，且不立學而三家二傳更不至淆雜也。漢後三家盡亡，二傳殆絶，若無《毛詩》、《左傳》，學者治《詩》、《春秋》更無所憑依矣。鄭君雜糅今古，使顓門學盡亡，然顓門學既亡，又賴鄭注得略考見。今古之學若無鄭注，學者欲治漢學，更無從措手矣。此功過得失互見而不可概論者也。鄭君徒黨徧天下，❶即經學論，可謂小統一時代。傳云「齊、魯間宗之」，非但齊、魯間宗之，傳列郗慮等五人，《鄭志》、《鄭記》有趙商等十六人。《三國志·姜維傳》云「好鄭氏學」，不知其何所受。昭烈帝嘗自言周旋鄭康成間，蓋鄭君避地徐州，時昭烈爲徐州牧，嘗以師禮事之。然則蜀漢君臣亦鄭學支裔矣。有與鄭君同時而學不盡同者：荀爽、虞翻並作《易》注，荀用費《易》，虞用孟《易》，今略存於李鼎祚《集解》中。虞嘗駁鄭《尚書》注，又以鄭《易》注爲不得。王粲亦駁鄭，而其說不傳。有視鄭稍後而學不盡同者：王弼《易》注盡埽象數，雖亦用費《易》，而說解不同。故李鼎祚云：「刊輔嗣之野文，補康成之逸象。」何晏《論語集解》雖采鄭注，而不盡主鄭。若王肅，尤顯與爲敵者。

鄭學出而漢學衰，王肅出而鄭學亦衰。肅善賈、馬之學，而不好鄭氏。賈逵、馬融皆古文學，乃鄭學所自出；肅善賈、馬而不好鄭，殆以賈、馬專主古文，而鄭又附益以今文乎？案王肅之學，亦兼通今古文。肅父朗師楊賜，楊氏世傳歐陽《尚書》，洪亮吉《傳經表》以王肅爲伏生十七傳弟子，是肅嘗習今文而又治賈、馬古文學。故其駁鄭，或以今文說駁鄭之古文，或以古文說駁鄭之今文。不知漢學重在顓門，鄭君雜糅今古，近人議其敗壞家法，肅欲攻鄭，正宜分別家法，各還其舊，而辨鄭之非，則漢學復明，鄭學自廢矣。乃肅不惟不知分別，反效鄭君而尤甚焉。僞造孔安國《尚書》傳、《論語》《孝經》注、《孔子家語》、《孔叢子》，共五

❶「徧」，原作「偏」，據文義改。

書，以互相證明；託於孔子及孔氏子孫，使其徒孔衍爲之證。不思《史》、《漢》皆云安國早卒，不云有所撰述，僞作三書已與《史》、《漢》不合矣。而《家語》、《孔叢子》二書，取郊廟大典禮兩漢今古文家所聚訟不決者，盡託於孔子之言，以爲定論。不思漢儒議禮聚訟，正以去聖久遠，無可據依，故石渠、虎觀，天子稱制臨決，若有孔子明文可據，群言淆亂折諸聖，尚安用此紛紛爲哉！肅作《聖證論》，以譏短鄭君，蓋自謂取證於聖人之言，《家語》一書是其根據。其注《家語》，如五帝、七廟、郊丘之類，皆牽引攻鄭之語，適自發其作僞之覆。當時鄭學之徒皆云「《家語》，王肅增加」，或云王肅所作，是肅所謂聖證，人皆知其不出於聖人矣。孫志祖《家語疏證》已明著其僞。

兩漢經學極盛，而前漢末出一劉歆，後漢末生一王肅，爲經學之大蠹。歆，楚元王之後，其父向極言劉氏、王氏不並立，歆黨王莽篡漢，於漢爲不忠，於父爲不孝。肅父朗，漢會稽太守，爲孫策虜，復歸曹操，爲魏三公，肅女適司馬昭，黨司馬氏篡魏，但早死不見篡事耳。二人黨附篡逆，何足以知聖經！而歆創立古文諸經，汨亂今文師法；肅僞作孔氏諸書，並鄭氏學亦爲所亂。歆之學行於王莽。肅以晉武帝爲其外孫，其學行於晉初，《尚書》、《詩》、《論語》、三《禮》、《左氏》解及撰定父朗所作《易》傳，皆立學官。晉初郊廟之禮，皆王肅說，不用鄭義。其時孔晁、孫毓等申王駁鄭，孫炎、馬昭等又主鄭攻王，齗齗於鄭、王兩家之是非，而兩漢顓門無復過問。重以永嘉之亂，《易》亡梁丘、施氏、高氏，《書》亡歐陽、大小夏侯，《齊詩》在魏已亡，《魯詩》不過江東，

《韓詩》雖存，無傳之者，孟、京、費《易》亦無傳人，《公》、《穀》雖在若亡。晉元帝修學校，簡省博士，置《周易》王氏，《尚書》鄭氏，古文《尚書》孔氏，《毛詩》鄭氏，《周官》、《禮記》鄭氏，《春秋左傳》杜氏、服氏，《論語》、《孝經》鄭氏博士各一人。太常荀崧上疏，請增置鄭《易》、《儀禮》及《春秋公羊》、《穀梁》博士各一人，時以爲《穀梁》膚淺不足立，王敦之難，復不果行。晉所立博士無一爲漢十四博士所傳者，而今文之師法遂絶。

世傳十三經注，除《孝經》爲唐明皇御注外，漢人與魏、晉人各居其半。鄭君箋《毛詩》，注《周禮》、《儀禮》、《禮記》，何休注《公羊傳》，趙岐注《孟子》：凡六經，皆漢人注。孔安國《尚書》傳，王肅僞作；王弼《易》注，何晏《論語集解》：凡三經，皆魏人注。杜預《左傳集解》，范甯《穀梁集解》，郭璞《爾雅注》：凡三經，皆晉人注。以注而論，魏、晉似不讓漢人矣。而魏、晉人注卒不能及漢者，孔傳多同王肅，孔疏已有此疑；宋吴棫與朱子及近人閻若璩、惠棟歷詆其失，以爲僞作；丁晏《尚書餘論》考定其書實出王肅。據《晉書·荀崧傳》，崧疏稱武帝時置博士，已有孔氏，是晉初已立學，永嘉之亂亡失，東晉時梅頤復獻之，非梅頤僞作也。王弼、何晏祖尚玄虚，范甯常論其罪浮於桀、紂。王弼《易》注空談名理，與漢儒樸實説經不似，故宋趙師秀云：「輔嗣《易》行無漢學。」何晏《論語集解》合包、周之《魯論》，孔、馬之《古論》，而雜糅莫辨。所引孔注，亦是僞書，如「孰謂鄹人之子知禮乎」，孔注「鄹，孔子父叔梁紇所治邑」，不自稱幾世祖，此大可疑者。丁晏謂孔注亦王肅僞作。杜預《左傳集解》多據前人説解，而没其名，後人疑其杜撰。諒闇短喪，倡爲邪説。《釋例》於「凡弒君稱君，君無道也」一條，亟揚其波。鄭伯射王中肩之類，曲爲出脱。焦循論預背父黨篡之罪，謂爲司馬氏飾，其注多傷名教，不可爲訓。范甯《穀梁集解》，雖存《穀梁》舊説，而不專主一家；序於三《傳》皆加詆諆。宋人謂其最公，此與宋人門徑合耳，若漢時三《傳》各守顓門，未有兼采三《傳》者也。郭璞《爾雅》注亦没前人説解之名，余蕭客謂爲攘善無耻。此皆魏、晉人所注經，準以漢人著述體例，大有逕庭，不止商、周之判。蓋一壞於三國之分鼎，再壞於五胡之亂華，雖緒論略傳，而宗風已墜矣。

經學分立時代

自劉、石十六國并入北魏，與南朝對立，爲南北朝分立時代，而其時説經者亦有南學、北學之分。此經學之又一變也。《北史·儒林傳》序曰：「江左，《周易》則王輔嗣，《尚書》則孔安國，《左傳》則杜元凱。河洛，《左傳》則服子慎，《尚書》、《周易》則鄭康成。《詩》則並主於毛公，《禮》則同遵於鄭氏。」案南北學派，《北史》數言盡之。夫學出於一，則人知依歸；道紛於歧，則反致眩惑。鄭君生當漢末，未雜玄虛之習、僞撰之書，箋注流傳，完全無缺，欲治漢學，舍鄭莫由。北學《易》、《書》、《詩》、《禮》皆宗鄭氏，《左傳》則服子慎。鄭君注《左傳》未成，以與子慎，見於《世説新語》，是鄭、服之學本是一家，宗服即宗鄭，學出於一也。南學則尚王輔嗣之玄虛、孔安國之僞撰、杜元凱之臆解，此數家與鄭學枘鑿，亦與漢儒背馳。乃使涇渭混流，薰蕕同器，以致後世不得見鄭學之完全，並不得存漢學之什一，豈非談空空覈玄玄者階之厲乎！南方玄學不行於北魏。李業興對梁武帝云：「少爲書生，止習五典，素不玄學，何敢仰酬。」此北重經學不雜玄學之明證。南學之可稱者，惟晉、宋間諸儒善説禮服。宋初雷次宗最著，與鄭君齊名，有雷、鄭之稱。當崇尚老、莊之時，而説禮謹嚴，引證詳實，有漢石渠、虎觀遺風，此則後世所不逮也。其説略見於杜佑《通典》。

《北史》又云：「漢世鄭氏並爲衆經注解，服虔、何休各有所説。鄭《易》、《詩》、

《書》、《禮》、《論語》、《孝經》，虔《左氏春秋》，休《公羊傳》，大行於河北。」案漢儒經注，當時存者止此三家，河北大行，可謂知所宗尚。而據《北史》，河洛主服氏《左傳》外，不聞更有何氏《公羊》，且云：「《公羊》、《穀梁》，多不措意。」《儒林傳》載習《公羊春秋》者，止有梁祚一人，而劉蘭且排毀《公羊》。則此所云《公羊》大行，似非實録。《公羊傳何氏解詁疏》二十八卷，《唐志》不載，《崇文總目》始著録，稱不著撰人名氏，或云徐彦，而徐彦亦不知何代人。近人王鳴盛謂即《北史》之徐遵明，以其文氣似六朝人，不似唐人所爲。洪頤煊引疏「司空掾」云：「『若今之三府掾』，三府掾，六朝時有之，至唐以後則無此稱矣。此疏爲梁、齊間舊帙無疑。」姚範云：「隋、唐間不聞有三府掾，亦無三府之稱，意者在北齊、蕭梁之間乎？」❶據此二説，則以爲徐遵明，不爲無見。惟據《北史》，遵明傳鄭《易》、《尚書》、三《禮》、服氏《春秋》，不聞傳何氏《公羊》，其弟子亦無傳《公羊》學者，則謂彦即遵明，尚在疑似之間。《公羊》疏設問答，梁有《公羊傳問》九卷，荀爽問，魏安平太守徐欽答，又晉車騎將軍庾翼問、王愆期答，其書在隋並亡，或即徐疏所引。王愆期注《公羊》，以爲《春秋》制文王指孔子，見《書·泰誓》疏引，兩漢人無此説，亦未可據。

《北史》又云：「南人約簡，得其英華；北學深蕪，窮其枝葉。」蓋唐初人重南輕北，故定從南學，而其實不然。説經貴約簡，不貴深蕪，自是定論，但所謂約簡者，必如漢人之持大體，玩經文，口授微言，篤守師説，

❶ 「間」，姚範《援鶉堂筆記》作「前」。

乃爲至約而至精也。若唐人謂南人約簡得其英華，不過名言霏屑，騁揮麈之清談；屬詞尚腴，侈雕蟲之餘技。如皇侃之《論語義疏》，名物制度，略而弗講，多以老、莊之旨，發爲駢儷之文，與漢人説經相去懸絶。此南朝經疏之僅存於今者，即此可見一時風尚。江藩以其得自日本，疑爲足利贋鼎，不知此等文字非六朝以後人所能爲也。《禮記》疏本皇、熊二家，熊安生北學，皇侃南學。孔穎達以爲熊違經，多引外義，釋經唯聚難義。此正所謂北學深蕪者。又以皇雖章句詳正，微稍繁廣，以熊比皇，皇氏勝矣。此則皇氏比熊爲勝，正所謂南人約簡者。而《郊特牲》疏云：「皇氏於此經之首，廣解天地百神用樂委曲，及諸雜禮制，繁而不要，非此經所須。又隨事曲解，無所憑據。今皆略而不載。」此又孔穎達之所謂繁廣者。説《禮》本宜詳實，不嫌稍繁，皇氏之解《禮記》，視《論語義疏》爲遠勝矣。《南史・皇侃傳》：「所撰《論語義》、《禮記義》，見重於世，學者傳焉。」今《論語義》佚而復存，《禮記義》略見孔疏。

《南史・儒林傳》序：「宋、齊國學，時或開置，而勸課未博，建之不能十年，蓋取文具而已。是時鄉里莫或開館，公卿罕通經術。朝廷大儒，獨學而弗肯養衆；後生孤陋，擁經而無所講習。至梁武創業，深愍其弊。天監四年，乃詔開五館，建立國學，總以五經教授，置五經博士各一人。於是以平原明山賓、吳郡陸璉、吳興沈峻、建平嚴植之、會稽賀瑒補博士，各主一館。館有數百生，給其餼廩，其射策通明經者，即除爲吏。於是懷經負笈者雲會矣。又選學生遣就會稽雲門山，受業於廬江何胤；分遣博士、祭酒到州郡立學。七年，又詔皇太子宗室王侯始就學受業，武帝親屈輿駕，釋奠於先師先聖，申之以讌語，勞之以束帛。濟濟焉，洋洋焉，大道之行也如是！及陳武創業，時經喪亂，敦獎未遑，稍置學官，成業蓋寡。」案南朝以文學自矜，而不重經術，宋、齊及陳，皆無足觀。惟梁武起自諸生，知崇經術，崔、嚴、何、伏之徒，前後並見升寵，四方學者靡然向風，斯蓋崇儒之效。而晚惑釋氏，尋遘亂亡，故南學仍未大昌。姚方興得《舜典》篇首二十八字於大航頭，梁武時爲博士，議駮，有漢宣、章二帝稱制臨決之風，而至今流傳；僞中之僞，是又梁武所不料也。

《北史·儒林傳》序：「魏道武初定中原，始建都邑，便以經術爲先。立太學，置五經博士，生員千有餘人。天興二年春，增國子太學生員至三千人。明元時，改國子爲中書學，立教授、博士。太武始光三年春，起太學於城東。後徵盧玄、高允等，而令州郡各舉才學，於是人才砥尚儒術。❶天安初，詔立鄉學。太和中，改中書學爲國子學，建明堂辟雍，尊三老五更，又開皇子之學。及遷都洛邑，詔立國子太學，四門小學。劉芳、李彪諸人以經術進。❷宣武時，復詔營國學，樹小學於四門，大選儒生，以爲小學博士員四十人。雖黌宇未立，而經術彌顯。時天下承平，學業大盛，燕、齊、趙、魏之間，橫經著録，不可勝數，大者千餘人，小者猶數百。周文受命，雅重經典；明皇纂歷，敦尚學藝。內有崇文之觀，外重成

❶「才」，《北史·儒林傳》作「多」。

❷「術」，《北史·儒林傳》作「書」。

均之職。徵沈重於南荆，待熊安生以殊禮。是以天下慕嚮，文教遠覃。」案北朝諸君，惟魏孝文、周武帝能一變舊風，尊崇儒術。考其實效，亦未必優於蕭梁。而北學反勝於南者，由於北人俗尚樸純，未染清言之風、浮華之習，故能專宗鄭、服，不爲僞孔、王、杜所惑。此北學所以純正勝南也。焦循曰：「正始以後，人尚清談。迄晉南渡，經學盛於北方。大江以南，自宋及齊，遂不能爲儒林立傳。梁天監中，漸尚儒風，於是《梁書》有《儒林傳》。《陳書》嗣之，仍梁所遺也。魏儒學最隆，歷北齊、周、隋以至唐武德、貞觀，流風不絕，故《魏書・儒林傳》爲盛。」

「北方戎馬，不能屏視月之儒；南國浮屠，不能改經天之義。」此孔廣森以爲經學萬古不廢，歷南北朝之大亂，異端雖熾，聖教不絕也。而南北諸儒抱殘守缺，其功亦未可没焉。夫漢學重在明經，唐學重在疏注；當漢學已往，唐學未來，絕續之交，諸儒倡爲義疏之學，有功於後世甚大。南如崔靈恩《三禮義宗》、《左氏經傳義》，沈文阿《春秋》、《禮記》、《孝經》、《論語》義疏，皇侃《論語》、《禮記》義，戚衮《禮記》義，張譏《周易》、《尚書》、《毛詩》、《孝經》、《論語》義，顧越《喪服》、《毛詩》、《孝經》、《論語》義，王元規《春秋》、《孝經》義記。北如劉獻之三《禮》大義，徐遵明《春秋義章》，李鉉撰定《孝經》、《論語》、《毛詩》、三《禮》義疏，沈重《周禮》、《儀禮》、《禮記》、《毛詩》、《喪服》經義，熊安生《周禮》《禮記》義疏、《孝經義》。皆見南、北史《儒林傳》。今自皇、熊二家見采於《禮記》疏外，其餘書皆亡佚。然淵源有自，唐人五經之疏，未必無本於諸家者。

論先河後海之義，亦豈可忘篳路藍縷之功乎！

《北史》又云：「自魏末大儒徐遵明門下講鄭玄所注《周易》，遵明以傳盧景裕，景裕傳權會、郭茂，能言《易》者多出郭茂之門。河南及青、齊之間儒生多講王輔嗣所注，師訓蓋寡。齊時儒士罕傳《尚書》之業，徐遵明兼通之。遵明受業於屯留王聰，傳授浮陽李周仁及勃海張文敬、李鉉、河間權會，並鄭康成所注，非古文也。下里諸生，略不見孔氏注解。武平末，劉光伯、劉士元始得費甝《義疏》，乃留意焉。其《詩》、《禮》、《春秋》，尤爲當時所尚，諸生多兼通之。三《禮》並出遵明之門。徐傳業於熊安生，其後生能通《禮經》者，多是安生門人。諸生盡通《小戴禮》，於《周》、《儀禮》兼通者，十二三焉。通《毛詩》者，多出於魏朝劉獻之，其後能言《詩》者多出二劉之門。河北諸儒能通《春秋》者，並服子慎所注，亦出徐生之門。姚文安、秦道静初亦學服氏，後兼更講杜元凱所注。其河外儒生，俱伏膺杜氏。」案史言北學極明晰，而北學之折入於南者，亦間見焉。青、齊之間，多講王輔嗣《易》、杜元凱《左傳》，蓋青、齊居南北之中，故魏、晉經師之書，先自南傳於北。北學以徐遵明爲最優，擇術最正。鄭注《周易》、《尚書》、三《禮》，服注《春秋》，皆遵明所傳，惟《毛詩》出劉獻之耳。其後則劉焯、劉炫爲優，而崇信僞書，擇術不若遵明之正。得費甝《義疏》，傳僞孔古文，實始於二劉。二劉皆北人，乃傳南人費甝之學，此北學折入於南之一證。蓋至隋，而經學分立時代變爲統一時代矣。

經學統一時代

學術隨世運爲轉移，亦不盡隨世運爲轉移。隋平陳而天下統一，南北之學亦歸統一，此隨世運爲轉移者也。天下統一，南并於北，而經學統一，北學反并於南，此不隨世運爲轉移者也。《北史·儒林傳》序：「自正朔不一，將三百年；師訓紛綸，無所取正。隋文平一寰宇，頓天網以掩之，於是四海九州强學待問之士靡不畢集。齊、魯、趙、魏，學者尤多。負笈追師，不遠千里；講誦之聲，道路不絶。中州之盛，自漢、魏以來，一時而已。及帝暮年，不悦儒術，遂廢天下之學，唯存國子一所，弟子七十二人。煬帝即位，復開庠序，國子郡縣之學盛於開皇之初。徵辟儒生，遠近畢至，使相與講論得失於東都之下，納言定其差次，一以聞奏焉。於時舊儒多已彫亡，惟信都劉士元、河間劉光伯拔萃出類，學通南北，博極古今，後世鑽仰，所製諸經議疏，搢紳咸師宗之。既而外事四夷，其風漸墜。方領矩步之徒，亦轉死溝壑，凡有經籍，因此湮没於煨燼矣。」案史於隋一代經學盛衰及南北學統一，説皆明晰，而北學所以并入於南之故，尚未瞭然。南朝衣冠禮樂，文采風流，北人常稱羨之。高歡謂江南蕭衍老公專事衣冠禮樂，中原士大夫望之，以爲正朔所在。是當時北人稱羨南朝之證。經本樸學，非顓家莫能解，俗目見之，初無可悦。北人篤守漢學，本近質樸；而南人善談名理，增飾華詞，表裏可觀，雅俗共賞。故雖以亡國之餘，足以轉移一時風氣，使北人舍舊而從之。正如王褒入關，貴游並學褒書，趙文深之書遂被遐棄，文深知好尚難反，亦改習褒書。庾信歸周，群公碑志多出其手，信有「韓陵一片石可共語，餘皆驢鳴犬吠」之言。此皆北人重南、南人輕北之證。北方經學折入於南，亦猶是也。

經學統一之後，有南學，無北學。南學北學，以所學之宗主分之，非以其人之居址分之也。當南北朝時，南學亦有北人，北學亦有南人。如崔靈恩本北人，而歸南；沈重本南人，而歸北。及隋并陳，褚暉、顧彪、魯世達、張沖皆以南人見重於煬帝，南方書籍如費甝《義疏》之類，亦流入於北方。人情既厭故喜新，學術又以華勝樸。當時北人之於南學，有如「陳相見許行而大悦，盡棄其學而學焉」矣。《隋書·經籍志》於《易》云：「梁、陳，鄭玄、王弼二注，列於國學。齊代唯傳鄭義。至隋，王注盛行，鄭學浸微。」於《書》云：「梁、陳所講，有鄭、孔二家。齊代唯傳鄭義。至隋，孔、鄭並行，而鄭氏甚微。」於《春秋》云：「《左氏》唯傳服義。至隋，杜氏盛行，服義浸微。」是僞孔、王、杜之盛行，鄭、服之浸微，皆在隋時。故天下統一之後，經學亦統一，而北學從此絶矣。隋之二劉，冠冕一代，唐人作疏，《詩》、《書》皆本二劉。而孔穎達《書》疏序云：「焯乃組織經文，穿鑿孔穴，使教者煩而多惑，學者勞而少功。炫嫌焯之煩雜，就而删焉。義既太略，辭又過華，雖爲文筆之善，乃非開獎之路。」據孔氏説，是二劉以北人而染南習，變樸實説經之體，蹈華腴害骨之譏。蓋爲風氣所轉移，不得不俯從時尚也。

唐太宗以儒學多門，章句繁雜，詔國子祭酒孔穎達與諸儒撰定五經義疏，凡一百七十卷，名曰《五經正義》。穎達既卒，博士馬嘉運駁其所定義疏之失，有詔更定，未就。永徽二年，詔諸臣復考證之，就加增損。永徽四年，頒孔穎達《五經正義》於天下，每年明經依此考試。自唐至宋，明經取士，皆遵此本。夫漢帝稱制臨決，尚未定爲全書；博士分門授徒，亦非止一家數，以經學論，未有統一若此之大且久者。此經學之又一變也。其所定五經疏，《易》主王注，《書》主孔傳，《左氏》主杜解，鄭注《易》、《書》，服注《左氏》，皆置不取。論者責其朱紫無別，真贋莫分，唐初編定諸儒誠不得辭其咎，而據《隋經籍志》，鄭注《易》、《書》，服注《左氏》，在隋已浸微將絶，則在唐初已成《廣陵散》矣。北學既并於南，人情各安所習，諸儒之棄彼取此，蓋亦因一時之好尚，定一代之規模。猶之唐行詩賦，本煬帝科舉之遺；明用時文，沿元人經疑之式。名爲新義，實襲舊文。《尚書·舜典》疏云：鞭刑「大隋造律，方始廢之」。《吕刑》疏云：「大隋開皇之初，始除男子宮刑。」以唐人而稱大隋，此沿襲二劉之明證。是則作奏雖工，葛龔之名未去；建國有制，節度之榜猶存。疏失可嗤，不能爲諸儒解矣。

議孔疏之失者，曰彼此互異，曰曲徇注文，曰雜引讖緯。案著書之例，注不駁經，疏不駁注，不取異義，專宗一家，曲徇注文，未足爲病。讖緯多存古義，原本今文，雜引釋經，亦非巨謬。惟彼此互異，學者莫知所從，既失刊定之規，殊乖統一之義。即如讖緯之説，經疏並引，而《詩》、《禮》從鄭，則以爲是，《書》不從鄭，又以爲非，究竟讖緯爲是爲非，矛盾不已甚歟！官修之書不滿人意，以其雜出衆手，未能自成一家。唐修

《晉書》，大爲子玄呵詆；梁撰《通史》，未見一字留遺。《正義》奉敕監修，正中此弊。穎達入唐年已耄老，豈盡逐條親閱，不過總攬大綱。諸儒分治一經，各取一書以爲底本，名爲創定，實屬因仍。書成而穎達居其功，論定而穎達尸其過。究之功過非一人所獨擅，義疏並非諸儒所能爲也。其時同修《正義》者，《周易》則馬嘉運、趙乾叶，《尚書》則王德韶、李子雲，《毛詩》則王德韶、齊威，《春秋》則谷那律、楊士勛，《禮記》則朱子奢、李善信、賈公彦、柳士宣、范義頵、張權。標題孔穎達一人之名者，以年輩在先，名位獨重耳。

朱子謂五經疏，《周禮》最好，《詩》、《禮記》次之，《書》、《易》爲下。《困學紀聞》云：「考之《隋志》，王弼《易》，孔安國《書》，齊、梁始列國學，故諸儒之説不若《詩》、《禮》之詳實。」其説亦未盡然。《正義》者，就傳注而爲之疏解者也。所宗之注不同，所撰之疏亦異。《易》主王弼，本屬清言。王注，河北不行。「江南義疏十有餘家，皆辭尚虚玄，義多浮誕」，《正義》序已明言其失，而疏文仍失於虚浮，以王注本不摭實也。《書》主僞孔，亦多空詮。孔《傳》，河北不行。《正義》專取二劉，序又各言其失，由僞傳本無足徵也。《詩》、《禮》、《周禮》皆主鄭氏，義本詳實，名物度數，疏解亦明，故於諸經《正義》爲最優。朱子分别次序極當。竊謂《周禮》是一代之制，猶不如《禮記》可以通行，學術治術無所不包。《王制》一篇，體大物博，與《孟子》、《公羊》多合。用其書，可以治天下。比之《周禮》，尤爲簡明。治注疏者，當從此始。《左氏傳》，朱子所未言者。案《左氏正義》，雖詳亦略，盡棄賈、服舊解，專宗杜氏一家。劉炫規杜，多中杜失，乃駁劉申杜，强爲飾説。嘗讀《正義》，怪其首尾横決，以爲必有譌脱，考各本皆如是，疑莫能釋。後見劉文淇《左傳舊疏考證》，乃知劉炫規杜，先申杜而後加規，《正義》乃翦截其文，以劉之申杜者列於後，而反以駁劉，又不審其文義，以致不相承接。首尾横決，職此之由。《易》、《書》之疏，間亦類此，特未若《左傳》疏之甚耳。劉文淇謂：「唐人删定者僅駁劉炫説百餘條，餘皆光伯述議也。」劉毓崧又作《周易》、《尚書》舊疏考正。

唐人義疏，其可議者誠不少矣；而學者當古籍淪亡之後，欲存漢學於萬一，窺鄭君之藩籬，舍是書無徵焉。是又功過互見，未可概論者也。前乎唐人義疏，經學家所寶貴者，有陸德明《經典釋文》。《經典釋文》亦是南學。其書創始於陳後主元年，成書在未入隋以前，而《易》主王氏，《書》主僞孔，《左》主杜氏，爲唐人義疏之先聲。中引北音，止一再見。《序録》於王曉《周禮音》，注云：「江南無此書，不詳何人。」於《論語》云：「北學有杜弼注，世頗行之。」北方大儒，如徐遵明，未嘗一引。陸本南人，未通北學，固無怪也。與義疏同時並出者，唐初又有「定本」，出顔師古，五經疏嘗引之。師古爲顔之推後人。之推本南人，晚歸北，其作《家訓》，引江南、河北本，多以江南爲是。師古定本從南，蓋本《家訓》之説。而《家訓》有不盡是者。如《詩》「興雲祁祁」，《家訓》以爲當作「興雨」，《詩正義》即據定本作「興雨」，以或作「興雲」爲誤。不知古本作「興雲」，漢《無極山碑》可證，《毛詩》亦當與三家同。古無虛實兩讀之分，下云「雨我公田」，若上句又作「興雨」，則文義重複。《家訓》據班固《靈臺詩》「祁祁甘雨」，不知班氏是合「興雲祁祁，雨我公田」爲一句。班作《漢書·食貨志》，引《詩》正作「興雲」，尤可證也。自《正義》定本頒之國胄，用以取士，天下奉爲圭臬。唐至宋初數百年，士子皆謹守官書，莫敢異議矣。故論經學，爲統一最久時代。

唐以《易》、《書》、《詩》、三《禮》、三《傳》合爲九經，取士。《禮記》、《左傳》爲大經，《毛詩》、《周禮》、《公羊》爲中經，《周易》、《尚書》、《儀禮》、《穀梁》爲小經。以經文多少分大、中、小三等，取士之法，不得不然。開元八年，國子司業李元瓘上言：❶「三《禮》、三《傳》及《毛詩》、《尚書》、《周易》等，並聖賢微旨，生人教業。今明經所習，務在出身。咸以《禮記》文少，人皆競讀。《周禮》，經邦之軌則；《儀禮》，莊敬之楷模；《公羊》、《穀梁》，歷代宗習；今兩監及州縣，以獨學無友，四經殆絕。事資訓誘，不可因循。」開元十六年，楊瑒爲國子祭酒，奏言：「今明經習《左氏》者十無一二，又《周禮》、《儀禮》、《公羊》、《穀梁》殆將絕廢，請量加優獎。」據此二說；則唐之盛時，諸經已多束閣。蓋大經，《左氏》文多於《禮記》，故多習《禮記》，不習《左氏》。中、小經，《周禮》、《儀禮》、《公羊》、《穀梁》難於《易》、《書》、《詩》，故多習《易》、《書》、《詩》，不習《周禮》、《儀禮》、《公羊》、《穀梁》。此所以四經殆絕也。唐帖經課試之法，以其所習經掩其兩端，中間惟開一行，裁紙爲帖，凡帖三字，隨時增損，可否不一，或得四，或得五，或得六，爲通。專考記誦，而不求其義，故

❶「瓘」，杜佑《通典》卷十五「選舉三」作「璀」。

明經不爲世重，而偏重進士。宋初因唐明經之法。王安石改用墨義，是爲空衍義理之始，元、明經義時文之濫觴。

漢熹平刊石經之後，越五百餘年而有唐《開成石經》。此一代之盛舉，群經之遺則也。惟唐不重經術，故以文宗右文之主，鄭覃以經術位宰相，而所刊石經，不滿人意，史臣以爲名儒不窺。當時並無名儒，窺不窺無足論，而自《熹平石經》散亡之後，惟《開成石經》爲完備，以視兩宋刻本尤爲近古。雖校刊不盡善，豈無佳處足證今本之譌脱者。顧炎武考監本《儀禮》，脱誤尤多，《士昏禮》脱「壻授綏」一節十四字，賴有長安石經可據以補。此《開成石經》有功經學之一證也。顧又考出唐石經誤字甚夥，實不盡屬開成原刻。一經乾符之修造，再經後梁之補刊，三經北宋之添注，四經堯惠之謬作，其中誤字未可盡咎唐人。精審而詳究之，亦治經之一助也。唐人經説傳今世者，惟陸淳本啖助、趙匡之説，作《春秋纂例》、《微旨》、《辨疑》，謂左氏六國時人，非《論語》之丘明，雜采諸書，多不可信。《公》、《穀》口授，子夏所傳，後人據其大義散配經文，故多乖謬，失其綱統。此等議論頗能發前人所未發。惟三《傳》自古各自爲説，無兼采三《傳》以成一書者，是開通學之途，背顓門之法矣。史徵《周易口訣》，成伯璵《毛詩指説》，韓、李《論語筆解》，皆寥寥短篇，無關閎旨。惟李鼎祚《周易集解》多存古義，後人得以窺漢《易》之大略，考荀、虞之宗旨，賴有此書。

唐人經學有未可抹摋者，《説郛》令狐澄《大中遺事》云：「大中時，工部尚書陳商立《春秋左傳》學議，以孔子修經，褒貶善惡，類例分明，法家流也；左丘明爲魯史載述時政，惜忠賢之泯滅，恐善惡之失墜，以日繫月，修其職官，本非扶助聖言，緣飾經旨，蓋太史氏之流也。舉其《春秋》，則明白而有識；合之《左氏》，則叢雜而無徵。杜元凱曾不思夫子所以爲經，當以《詩》、《書》、《周易》等列；丘明所以爲史，當與司馬遷、班固等列。取二義乖剌不侔之語，參而貫之。故微旨有所不周，宛章有所未一。」孫光憲《北夢瑣言》亦載此説。案自漢後，《公羊》廢擱，《左氏》孤行，人皆以《左氏》爲聖經，甚且執杜解爲傳義。不但《春秋》一經，汩亂已久，而《左氏》之傳受誣亦多。孔疏於經傳不合者，不云傳誤，反云經誤。劉知幾《史通》，詆毀聖人，尤多狂悖。皆由不知《春秋》是經，《左氏》是史。經垂教立法，有一字褒貶之文；史據事直書，無特立褒貶之義。體例判然不合，而必欲混合爲一，又無解於經傳參差之故，故不能據經以正傳，反信傳而疑經矣。陳商在唐時無經學之名，乃能分別夫子是經，丘明是史，謂杜元凱參貫二義非是，可謂千古卓識。謂《左傳》非扶助聖言，即博士云左氏不傳《春秋》之意也；非緣飾經旨，即范升云左氏不祖孔子之説也。治《春秋》者誠能推廣陳商之言，分別經是經，《左氏》是史，離之雙美，毋使合之兩傷，則不至誤以史視《春秋》，而《春秋》大義微言可復明於世矣。

經學變古時代

經學自唐以至宋初，已陵夷衰微矣。然篤守古義，無取新奇，各承師傳，不憑胸臆，猶漢、唐注疏之遺也。宋王旦作試官，題爲「當仁不讓於師」，不取賈邊解「師」爲「衆」之新説，可見宋初篤實之風。乃不久而風氣遂變。《困學紀聞》云：「自漢儒至於慶曆間，談經者守訓故而不鑿。《七經小傳》出而稍尚新奇矣。至《三經義》行，視漢儒之學若土梗。」據王應麟説，是經學自漢至宋初未嘗大變，至慶曆始一大變也。《七經小傳》，劉敞作；《三經新義》，王安石作，或謂《新義》多剿敞説。元祐諸公排斥王學，而伊川《易傳》專明義理，東坡《書傳》横生議論，雖皆傳世，亦各標新。司馬光《論風俗劄子》曰：「新進後生口傳耳剽，讀《易》未識卦爻，已謂《十翼》非孔子之言；讀《禮》未知篇數，已謂《周官》爲戰國之書；讀《詩》未盡《周南》、《召南》，已謂毛、鄭爲章句之學；讀《春秋》未知十二公，已謂三《傳》可束之高閣。」陸游曰：「唐及國初，學者不敢議孔安國、鄭康成，況聖人乎！自慶曆後，諸儒發明經旨，非前人所及，然排《繫辭》，毁《周禮》，疑《孟子》，譏《書》之《胤征》、《顧命》，黜《詩》之序，不難於議經，況傳注乎！」案宋儒撥棄傳注，遂不難於議經。排《繫辭》謂歐陽修，毁《周禮》謂修與蘇軾、蘇轍，疑《孟子》謂李覯、司馬光，譏《書》謂蘇軾，黜《詩序》謂晁説之。此皆慶曆及慶曆稍後人，可見其時風氣實然，亦不獨咎劉敞、王安石矣。

孔子以《易》授商瞿，五傳而至田何，又三傳爲施讎、孟喜、梁丘賀，此《易》之正傳也。京房受《易》於焦延壽，託之孟氏，不相與同，多言卦氣占驗，此《易》之别傳也。鄭注言爻辰，虞注言納甲，不過各明一義，本旨不盡在此。鄭與荀爽皆費氏《易》。惟虞翻言家傳孟氏，而注引《參同契》，又言夢道士使吞三爻，則間本於道家。王弼亦費氏《易》，而旨近老氏，則亦涉道家矣。然諸儒雖近道家，或用術數，猶未嘗駕其説於孔子之上也。宋道士陳摶乃本太乙下行九宫之法，作先天、後天之圖，託伏羲、文王之説，而加之孔子之上。三傳得邵子，而其説益昌。邵子精數學，亦《易》之别傳，非必得於《河》、《洛》。程子不信邵子之數，其識甚卓；《易傳》言理，比王弼之近老氏者，爲最純正。朱子以程子不言數，乃取《河》、《洛》九圖冠於所作《本義》之首。於是宋、元、明言《易》者，開卷即説先天後天。不知圖是點畫，書是文字，故漢人以《河圖》爲八卦，《洛書》爲九疇。宋人所傳《河圖》、《洛書》，皆黑白點子，是止可稱圖，不可稱書。而乾南坤北之位，是乾爲君，而北面朝其臣。此皆百喙不能解者。是以先天後天説《易》者，皆無足觀。

《尚書》傳自伏生，今存《大傳》，而《洪範五行傳》專言祥異，則《書》之别傳也。太史公當武帝立歐陽《尚書》之時，所引《尚書》必歐陽説，與伏傳多脗合。大小夏侯出，始小異。古文説出，乃大不同。今考《五經異義》引《古尚書》説，《五經疏》引馬、鄭遺説，如六卿、六宗、廣地萬里、服十二章之類，多援《周禮》以解唐、虞。夫《周禮》即屬周公手定之書，亦不可强堯、舜下從成周之制，是古文說已不可信矣。僞孔《傳》出王肅，雜采今古，與馬、鄭互有得失。諸儒去古未遠，雖間易其制度，未嘗變亂其事實也。至宋儒乃以義理懸斷數千年以前之事實，謂文王不稱王，戡黎是武王，武王但伐紂，不觀兵，周公惟攝政，未代王，無解於「王若曰孟侯朕其弟小子封」之文，乃以爲武王封康叔，《君奭》是周公留召公，「王命周公後」是留後治洛：並與古說不合。考之《詩》、《書》，皆言文王受命。伏《傳》、《史記》皆言文王稱王，以戡黎爲文王事，非武王事。武王既可伐紂，何以必不可觀兵。伏《傳》言周公居攝；《史記》言周公踐位，又言武王時康叔幼未得封；《左氏傳》祝鮀明言周公封康叔，鮀以衛人說衛事，豈猶有誤！《史記》言《君奭》作於周公居攝時，非留召公。又言周公老於豐，薨於豐，未嘗留後治洛。唐置節度留後，古無此官名。皆變亂事實之甚者。孔《傳》尚無此說，故孔《傳》雖僞，猶愈於蔡《傳》也。疑孔《傳》始於宋吳棫。朱子繼之，謂：「某嘗疑孔安國《書》是假書，《序》是魏、晉間人作。《書》凡易讀者皆古文，伏生所傳皆難讀，如何偏記其所難而易者全不能記？」朱子所疑，真千古卓識。蔡《傳》不從師說，殆因其序以傳心爲說，傳心出虞廷十六字，不敢明著其僞乎？閻若璩作《古文疏證》，攻僞《書》、僞《傳》，毛奇齡爲《古文》作《冤詞》。人多是閻非毛，實亦未可概論。閻攻僞《書》、僞《傳》極精，而據蔡《傳》則誤；毛不信宋儒所造事實，而一從孔《傳》，此則毛是而閻非者。學者當分別觀之。

《詩》魯、齊、韓三家，《藝文志》以爲魯最近之。《齊詩》五際六情，獨傳異義，則

《詩》之别傳也。《韓詩》唐時尚存，惜無傳人而亡。毛傳孤行，鄭箋間采魯、韓。自漢以後，説《詩》皆宗毛、鄭。宋歐陽修《本義》始辨毛、鄭之失，而斷以己意。蘇轍《詩傳》始以毛《序》不可盡信，止存其首句，而删去其餘。南宋鄭樵《詩傳辨妄》始專攻毛、鄭，而極詆《小序》。當時周孚已反攻鄭樵。朱子早年説《詩》，亦主毛、鄭，吕祖謙《讀詩記》引朱氏曰，即朱子早年之説也。後見鄭樵之書，乃將大小《序》别爲一編而辨之，名《詩序辨説》，其《集傳》亦不主毛、鄭，以鄭、衛爲淫詩，且爲淫人自言。同時陳傅良已疑之，謂以城闕爲偷期之所、彤管爲淫奔之具，竊所未安。馬端臨《文獻通考》辨之尤詳，謂夫子嘗删詩，取《關雎》樂而不淫，今以文公《詩傳》考之，其爲男女淫泆而自作者，凡二十有四，何夫子猶存之不删？又引鄭六卿餞韓宣子所賦詩，皆文公所斥以爲淫奔之人所作，而不聞被譏，乃知當如序者之説，不當如文公之説也。是朱子《詩集傳》，宋人已疑之。而朱子作《白鹿洞賦》，引青衿傷學校語，門人疑之而問，朱子答以《序》亦不可廢。是朱子作《集傳》，不過自成一家之言，非欲後人盡廢古説而從之也。王柏乃用其説而删《詩》，豈朱子之意哉！

《春秋》公羊、穀梁，漢後已成絶學。左氏傳事不傳義，後人專習左氏，於《春秋》一經多不得其解。王安石以《春秋》爲「斷爛朝報」而廢之，後世以此詬病安石。安石答韓求仁問《春秋》曰：「此經比他經尤難，蓋三《傳》不足信也。」尹和静云：「介甫不解《春秋》，以其難之也。廢《春秋》非其意。」據尹氏説，安石本不欲廢《春秋》者，然不信三《傳》，則《春秋》已廢矣。若以《春秋》爲斷爛朝報，則非特安石有是言，專執《左氏》爲《春秋》者皆不免有此意。信左氏家經承舊史、史承赴告之説，是《春秋》如朝報矣；不信公、穀家日月褒貶之例，而概以爲闕文，是《春秋》者多，而不治顓門，皆沿唐人啖、趙、陸一派。如孫復、孫覺、劉敞、崔子方、葉夢得、吕本中、胡安國、高閌、吕祖謙、程公説、張洽、吕大圭、家鉉翁，皆其著者，以劉敞爲最優，胡安國爲最顯。元、明用胡《傳》取士，推之太高，近人又詆之太過，而胡《傳》卒廢。平心而論，胡氏《春秋》大義本孟子，一字褒貶本公、穀，皆不得謂其非。而求之過深，務出公、穀兩家之外；鍛鍊太刻，多存託諷時事之心。其書奏御經筵，原可藉以納約。但尊王攘夷雖《春秋》大義，而王非唯諾趨伏之可尊，夷非一身兩臂之可攘。胡《傳》首戒權臣，習藝祖懲艾黄袍之非，啓高宗猜疑諸將之意。王夫之謂岳侯之死，其説先中於庸主之心。此其立言之大失，由解經之不明也。崔子方《春秋本例》以日月爲本，在宋儒中獨能推明公、穀，而所作《經解》並糾三《傳》，未能專主一家。朱子云：《春秋》義例不能自信於心，故未嘗敢措一辭。此朱子矜慎之處，亦由未能專信公、穀，故義例無所依據也。

三《禮》本是實學，非可空言。故南北學分，而三《禮》皆從鄭注；皇、熊説異，而皆在鄭注範圍之中。宋時三《禮》之學，講習亦盛。王安石以《周禮》取士。後有王昭禹、易祓、葉時，皆可觀。《儀禮》有李如圭《集釋》、《釋宮》，張淳《識誤》，並實事求是之學。《禮記》，衛湜《集説》一百六十卷，采摭宏富，可比李鼎祚之集《周易》。而陳祥道之《禮書》一百五十卷，貫通經傳，晁公武、陳振孫服其精博。竊謂祥道之書，博則有之，精則未也。宋人治經，務反漢人之説。以《禮》而論，如謂郊禘是一，有五人帝，無五天帝，魏王肅之説也。禘是以祖配祖，非以祖配天，唐趙匡之説也。此等處，前人已有疑義，宋人遂據以詆漢儒。三代之禮久亡，漢人去古未遠，其説必有所受。古時宮室制度，至漢當有存者，如周之靈臺，漢時猶在，非後人臆説所能奪也。若古禮之不宜於今者：郊禘一歲屢行，天子難於親出；宗廟四代迭毀，人情必疑不安。後世天則每歲一郊，祖則同堂異室。此皆不必强摹古禮，亦不必以古禮爲非。宋人盡反先儒，一切武斷。改古人之事實，以就我之義理；變三代之典禮，以合今之制度。是皆未敢附和以爲必然者也。朱子《儀禮經傳通解》，以十七篇爲主，取大小戴及他書傳所載繫於禮者附之，僅成家、鄉、邦國、王朝禮，喪、祭二禮未就而朱子歿，黄榦續成之。其書甚便學者，爲江永《禮經綱目》、秦蕙田《五禮通考》所自出。

宋人不信注疏，馴至疑經；疑經不已，遂至改經、删經、移易經文以就己説：此不可爲訓者也。世譏鄭康成好改字，不知鄭箋改毛多本魯、韓之説，尋其依據，猶可徵驗。注《禮記》用盧、馬之本，當如盧植所云「發起紕繆」；注云「某當爲某」，亦必確有憑依。《周禮》故書不同，《儀禮》今古文異，一從一改，即以《齊》、《古》考《魯論》之意。《儀禮》之《喪服傳》，《禮記》之《玉藻》、《樂記》，雖明知爲錯簡，但存其説於注，而不易其正文。先儒之説經，如此其慎，豈有擅改經字者乎！唐魏徵作《類禮》，改易《禮記》

次序，張説駁之，不行，猶得謹嚴之意。乃至宋而風氣大變。朱子注《論語》，不删重出之章；「與其進也」三句，不鈎轉其文，但存其説於注。注《詩》「爰其適歸」，云《家語》作「奚」，而不改爲「奚」；據古本。「上帝甚蹈」，云《國語》作「神」，而不改爲「神」。體例猶未失也。獨於《大學》，移其文又補其傳，《孝經》分經、傳，又删經文：未免宋人習氣。而移《大學》先有二程子，删《孝經》云本胡侍郎、汪端明，則未可盡爲朱子咎。若王柏作《書疑》，將《尚書》任意增删，《詩疑》删鄭、衛《風》，《雅》、《頌》亦任意改易，可謂無忌憚矣。《四庫提要》斥之曰：「柏何人斯，敢奮筆以進退孔子哉！」經學至斯，可云一阨。他如俞廷椿《復古編》，割裂五官，以補《冬官》；吴澄《禮記纂言》，將四十九篇顛倒割裂，私竄古籍，使無完膚。宋、元、明人説經之書，若此者多，而實宋人爲之倆始。

經學積衰時代

唐、宋明經取士，猶是漢人之遺，而唐不及漢，宋又不及唐者，何也？漢以經術造士，上自公卿，下逮掾吏，莫不通經。其進用，或由孝廉茂才，或由賢良對策。若射策中科，止補文學掌故、博士弟子員，非高選也。唐之帖經，猶漢之射策，其學既淺，而視之又不重。所重視者，詩賦之辭、時務之策，皆非經術。援經義對策者，僅一劉蕡，引《春秋》正始之文，發宦侍無君之隱。以直言論，固屬朝陽之鳳；以經義論，亦同獨角之麟。而唐不能用。此其所以不及漢也。宋仁宗始復明經科，神宗變帖經爲墨義。帖經之記誦屬實，非數年不爲功；墨義之文字蹈空，即一時可猝辦。唐時帖括全寫注疏，議者病其不能通經。權德輿謂注疏猶可以質驗；不者，儻有司率情，上下其手，既失其末，又不得其本，則蕩然矣。宋用墨義，正如權德輿所料。又專用王氏新學，不遵古義。蘇軾以爲黄茅白葦，徐禧言竊襲人語、不求心通者相半。此其所以並不及唐也。且宋以後，非獨科舉文字蹈空而已，説經之書，亦多空衍義理，横發議論，與漢、唐注疏全異。朱子答人問胡文定云：❶「尋常亦不滿於胡説，解經不使道理明白，却説其中多使故事，大與做時文答策相似。」夫以胡安國《春秋傳》，後世頒之學官用以取士者，猶不免與時文答策相似，皆由科舉之習深入人心，不可滌除。故論經

❶「文」，原作「安」，據《朱子語類》卷八十三改。

學，宋以後爲積衰時代。

科舉取士之文而用經義，則必務求新異，以歆動試官；用科舉經義之法而成説經之書，則必創爲新奇，以煽惑後學。經學宜述古而不宜標新；以經學文字取人，人必標新以別異於古。一代之風氣成於一時之好尚，故立法不可不慎也。元、明之經義，本於宋熙寧中王安石所立墨義之法，命吕惠卿、王雱等爲之，而安石自撰《周禮義》，使雱撰《詩》、《書義》，名爲《三經新義》，頒行天下。夫既名爲《新義》，則明教人棄古説以從其新説。陳後山《談叢》言：荆公《新義》行，舉子專誦王氏章句而不解義。荆公悔之曰：「本欲變學究爲秀才，不謂變秀才爲學究。」是安石立法不善，當時已自悔其失。而其書至南宋始廢。趙鼎謂安石「設虚無之學，敗壞人才」；陳公輔謂安石使學者習其所爲《三經新義》，皆穿鑿破碎無用之空言也。南宋雖廢《新義》，而仍用其墨義之法。朱子謂經義甚害事，分明是侮聖人之言，詩賦却無害。朱子豈不知經義取士優於詩賦，而其言如是，則當時經義爲經之蠹可知。元人因之，而制爲四書五經疑。明初用四書疑，後乃改四書五經義。其破承原起之法，本於元王充耘《書義矜式》，又本於吕惠卿、王雱之墨義。名爲明經取士，實爲荒經蔑古之最。明時所謂經學，不過蒙存淺達之流，即自成一書者，亦如顧炎武云：明人之書，無非盜竊。弘治以後，經解皆隱没古人名字，將爲己説而已。其見於《四庫存目》者，新奇謬戾，不可究詰。五經埽地，至此而極。

宋人説經之書傳於今者，比唐不止多出十倍，乃不以爲盛而以爲衰者，唐人猶守古義而宋人多矜新義也。唐人經説傳世絶少，此亦有故。考《唐書·經籍志》，唐人自爲之書二萬八千餘卷，五經義説著於録者，凡數十種，則亦未爲尠矣。而今所傳不及什一，由於其時刊本未出，傳鈔不易，一遇兵燹，蕩爲煨燼。世傳古籍，唐以前什一二，宋以後什八九，此非特唐人所著之書爲然，亦非特唐人所著經説爲然也。又自宋末、元、明，專用宋儒之書取士，注疏且束高閣，何論注疏之外！於是唐以前古籍之不亡於兵燹者，盡亡於宋以後。所以唐人經説傳世寥寥。宋則刊刻已行，流傳甚易，宜其存多佚少。今所傳宋人文集、説部皆十倍於唐人，非止經説。是未可以經説之多寡判唐、宋之優劣也。五代極亂之時，忽開文明之象，如鋟木一事，實爲藝林之珍。《五代會要》：後唐長興三年始依石經文字刻九經印板。經書之有木板，實始於此。逮兩宋而刻本多，此宋以後之書所以多傳於今日也。

漢學至鄭君而集大成，於是鄭學行數百年；宋學至朱子而集大成，於是朱學行數百年。懿彼兩賢，師法百禩。其巍然爲一代大宗者，非特以學術之閎通，實由制行之高卓也。以經學論，鄭學、朱學皆可謂小統一時代。鄭學統一，惟北學爲然，所謂寧道孔、孟誤，諱言鄭、服非。若南學，則兼用僞孔、王、杜，而不盡宗鄭、服。是猶未得爲統一也。朱學統一，惟南方最早。金、元時，程學盛於南，蘇學盛於北。北人雖知有朱夫子，未能盡見其書。元兵下江漢，得趙復，朱子之書始傳於北。姚樞、許衡、竇默、劉因等翕然從之。於是元仁宗延祐，定科舉法，《易》用朱子《本義》，《書》用蔡沈《集傳》，《詩》用朱子《集傳》，《春秋》用胡安國《傳》，惟《禮記》猶用鄭注，是則可謂小統一矣。尤可異者，隋平陳而南并於北，經學乃北反并於南；元平宋而南并於北，經學亦北反并於南。論兵力之强，北常勝南；論學力之盛，南乃勝北。隋、元前後遥遥一轍，是豈優勝劣敗之理然歟？抑報復循環之道如是歟？

論宋、元、明三朝之經學，元不及宋，明又不及元。宋劉敞、王安石諸儒，其先皆嘗潛心注疏，故能辨其得失。朱子論疏，稱《周禮》而下《易》、《書》，非於諸疏功力甚深，何能斷得如此確鑿？宋儒學有根柢，故雖撥棄古義，猶能自成一家。若元人則株守宋儒之書，而於注疏所得甚淺。如熊朋來《五經説》，於古義古音多所抵牾，是元不及宋也。明人又株守元人之書，於宋儒亦少研究。如季本、郝敬多憑臆説，楊慎作僞欺人，豐坊造《子貢詩傳》、《申培詩説》以行世，而世莫能辨，是明又不及元也。顧炎武論《書傳會選》云：「其傳中用古人姓名、古書名目，必具出處，兼亦考證典故。蓋宋、元以來，諸儒之規模猶在，而其爲此書者，皆自幼爲務本之學，非由八股出身之人，故所著之書雖不及先儒，而尚有功於後學。自八股行而古學棄，《大全》出而經説亡。」其論明之不及宋、元，可謂深切。元、明人之經説，惟元趙汸《春秋屬詞》義例頗明。孔廣森治《公羊》，其源出於趙汸。明梅鷟《尚書考異》，辨古文之僞，多中肯綮，開閻若璩、惠棟之先。皆鐵中錚錚，庸中佼佼者也。

明永樂十二年，敕胡廣等修《五經大全》，頒行天下。此一代之盛事，自唐修《五經正義》後，越八百餘年而再見者也。乃所修之書，大爲人姍笑。顧炎武謂《春秋大全》全襲元人汪克寬《胡傳纂疏》，《詩經大全》全襲元人劉瑾《詩傳通釋》，其三經，後人皆不見舊書，亦未必不因前人也。取已成之書，鈔謄一過，上欺朝廷，下誑士子，唐、宋之時有是事乎！經學之廢，實自此始。《四庫提要》更加考定，謂《周易大全》割裂董楷、董真卿、胡一桂、胡炳文四家之書，餖飣成編；《書傳大全》亦剿襲陳櫟《尚書集傳纂疏》、陳師凱《書蔡傳旁通》；《禮記大全》采諸儒之説凡四十二家，而以陳澔《集説》爲主，澔書之列於學官自此書始。案官修之書，多剿舊説，唐修《正義》，已不免此。惟唐所因者，六朝舊籍，故該洽猶可觀；明所因者，元人遺書，故譾陋爲尤甚。此《五經正義》至今不得不鑽研，《五經大全》入後遂盡遭唾棄也。元以宋儒之書取士，《禮記》猶存鄭注；明並此而去之，使學者全不睹古義，而代以陳澔之空疏固陋，《經義考》所目爲「兔園册子」者。故經學至明爲極衰時代。而剥極生復，貞下起元，至國朝經學昌明，乃再盛而駸駸復古。

經學復盛時代

經學自兩漢後，越千餘年至國朝而復盛。兩漢經學所以盛者，由其上能尊崇經學、稽古右文故也。國朝稽古右文，超軼前代。康熙五十四年，御纂《周易折中》二十二卷；乾隆二十年，御纂《周易述義》十卷；康熙六十年，欽定《書經傳説彙纂》二十四卷，欽定《詩經傳説彙纂》二十卷，序二卷；❶乾隆二十年，御纂《詩義折中》二十卷；乾隆十三年，欽定《周官義疏》四十八卷，欽定《儀禮義疏》四十八卷，欽定《禮記義疏》八十二卷；康熙三十八年，欽定《春秋傳説彙纂》三十八卷；乾隆二十三年，御纂《春秋直解》十六卷；乾隆四十七年，欽定《四庫全書總目》，以經部列首，分爲十類。夫漢帝稱制臨決，未及著爲成書；唐宗御注《孝經》，不聞徧通六藝。今鴻篇鉅製，照耀寰區；頒行學官，開示蒙昧。發周、孔之蘊，持漢、宋之平。承晚明經學極衰之後，推崇實學，以矯空疏，宜乎漢學重興，唐、宋莫逮。乾隆五十八年，詔刊十三經於太學，依《開成石經》，參以善本，多所訂正。嘉慶八年，復命廷臣磨改，以期盡善，尤爲一代盛典，足以別黑白而定一尊。

凡事有近因，有遠因。經學所以衰而復盛者，一則明用時文取士，至末年而流弊已甚。顧炎武謂八股之害甚於焚書，閻若璩謂不通古今至明之作時文者而極。一時才俊之士，痛矯時文之陋，薄今愛古，棄虛

❶「卷」，原誤作「傳」，據周予同注改。

崇實，挽回風氣，幡然一變。王夫之、顧炎武、黄宗羲皆負絶人之姿，爲舉世不爲之學。於是毛奇齡、閻若璩等接踵繼起，考訂校勘，愈推愈密。斯爲近因。一則朱子在宋儒中，學最篤實。元、明崇尚朱學，未盡得朱子之旨。朱子常教人看注疏，不可輕議漢儒。又云：「漢、魏諸儒，正音讀，通訓詁，考制度，辨名物，其功博矣。」後以宋孝宗崩，寧宗應承重，而無明據，未能折服異議。及讀《儀禮》疏，鄭答趙商問父有廢疾而爲其祖服制三年斬，乃大佩服，謂《禮經》之文誠有闕略，不無待於後人，向使無鄭康成，則此事誠未有斷決。朱子晚年修《儀禮經傳通解》，蓋因乎此，惜書未成而殁。元、明乃專取其中年未定之説取士，士子樂其簡易。而元本不重儒，科舉不常行；明亦不尊經，科舉法甚陋。慕宗朱之名，而不究其實，非朱子之過也。朱子能遵古義，故從朱學者，如黄震、許謙、金履祥、王應麟諸儒，皆有根柢。王應麟輯三家《詩》與鄭《易》注，開國朝輯古佚書之派。王、顧、黄三大儒，皆嘗潛心朱學，而加以擴充，開國初漢、宋兼采之派。斯爲遠因。聖人之經，本如日月，光景常新，有此二因，而又恭逢右文之朝，宜其由衰而復盛矣。

由衰復盛，非一朝可至；由近復古，非一蹴能幾。國初諸儒治經，取漢、唐注疏及宋、元、明人之説，擇善而從。由後人論之，爲漢、宋兼采一派，而在諸公當日，不過實事求是，非必欲自成一家也。江藩作《漢學師承記》，以爲梨洲、亭林兩家之學，皆深入宋儒之室，但以漢學爲不可廢，多騎牆之見、依違之言，豈真知灼見者，乃以黄、顧二公附於册後。竊謂如江氏説，國初諸儒無一真知灼見者矣，豈獨黄、顧二公！《師承記》首列閻若璩，江氏必以閻爲真知灼見。案閻氏之功，在考定古文之僞，而其《疏證》信蔡《傳》臆造之事實、邵子意推之年代，其説《詩》以王柏《詩疑》爲然，謂鄭、衛爲可删，乃誤沿宋學，顯背漢儒者。江刻於黄、顧而寬於閻，是並閻氏之書未之考也。當時如胡渭《易圖明辨》，能闢圖、書之謬，而《洪範》並攻漢儒；陳啓源《毛詩稽古編》能駁宋以申毛，而經説間談佛教；萬斯大、方苞等兼通三《禮》，多信宋而疑漢。其不染宋學者惟毛奇齡，而毛務與朱子立異。朱子疑僞孔《古文》，而毛以僞孔爲可信；朱子信《儀禮》，而毛以《儀禮》爲可疑。此則朱是而毛非者。雖由門户之見未融，實以途徑之開未久也。此等處宜分别觀之，諒其求實學之苦心，勿遽責以守顓門之絶業。

雍、乾以後，古書漸出，經義大明。惠、戴諸儒，爲漢學大宗，已盡棄宋詮，獨標漢幟矣。惠周惕、子士奇、孫棟，三世傳經。棟所造尤邃，著《周易述》、《古文尚書考》、《春秋補注》、《九經古義》等書。論者擬之漢儒，在何邵公、服子慎之間。而惠氏紅豆山齋楹帖云：「六經宗孔、孟，百行法程、朱。」是惠氏之學未嘗薄宋儒也。戴震著《毛鄭詩考正》、《考工記圖》、《孟子字義疏證》、《儀禮正誤》、《爾雅文字考》，兼通曆算、聲韻。其學本出江永，稱永學自漢經師康成後，罕其儔匹。永嘗注《朱子近思録》，所著《禮經綱目》，亦本朱子《儀禮經傳通解》。戴震作《原善》、《孟子字義疏證》，雖與朱子説經抵牾，亦只是争辨一理字；《毛鄭詩考正》嘗采朱子説。段玉裁受學於震，議以震配享朱子祠。又跋朱子《小學》云：

「或謂漢人言小學謂六書，非朱子所云，此言尤悖。夫言各有當，漢人之小學，一藝也；朱子之小學，蒙養之全功也。」段以極精小學之人，而不以漢人小學薄朱子小學。是江、戴、段之學未嘗薄宋儒也。宋儒之經説雖不合於古義，而宋儒之學行實不愧於古人。且其析理之精，多有獨得之處。故惠、江、戴、段爲漢學幟志，皆不敢將宋儒抹摋。學求心得，勿争門户；若分門户，必啓詬争。江藩作《國朝漢學師承記》，焦循貽書諍之，謂當改《國朝經學師承記》，立名較爲渾融。江藩不從，方東樹遂作《漢學商兑》，以反攻漢學。平心而論，江氏不脱門户之見，未免小疵；方氏純以私意肆其謾駡，詆及黄震與顧炎武，名爲揚宋抑漢，實則歸心禪學，與其所著《書林揚觶》，皆陽儒陰釋，不可爲訓。

國朝經師，能紹承漢學者，有二事。一曰傳家法。如惠氏祖孫父子，江、戴、段師弟無論矣。惠棟弟子有余蕭客、江聲。聲有孫沅，弟子有顧廣圻、江藩。藩又受學余蕭客。王鳴盛、錢大昕、王昶皆嘗執經於惠棟。錢大昕有弟大昭，從子塘、坫、東垣、繹、侗。段玉裁有壻龔麗正、外孫自珍。金榜師江永。王念孫師戴震，傳子引之。孔廣森亦師戴震。具見《漢學師承記》。他如陽湖莊氏《公羊》之學，傳於劉逢禄、龔自珍、宋翔鳳；陳壽祺《今文尚書》、三家《詩》之學，傳子喬樅。皆淵源有自者。一曰守顓門。阮元云：張惠言之虞氏《易》，孔廣森之《公羊春秋》，皆孤家專學也。阮氏所舉二家之外，如王鳴盛《尚書後案》，專主鄭義；孫星衍《尚書今古文注疏》，兼明今古；陳喬樅《今文尚書經説考》，專考今文；胡承珙《毛詩後箋》、陳奂《毛氏傳疏》，專宗毛《詩》；迮鶴壽《齊詩翼奉學》，發明齊《詩》；陳喬樅《三家詩遺說考》，兼考魯、齊、韓《詩》；淩曙、孔廣森、劉逢禄皆宗《公羊》，陳立《義疏》尤備；柳興宗《穀梁大義述》、許桂林《穀梁釋例》，皆主《穀梁》，鍾文烝《補注》尤備；《周官》有沈彤《禄田考》、王鳴盛《軍賦說》、戴震《考工記圖》；《儀禮》有胡匡衷《釋官》、胡培翬《正義》；《論語》有宋翔鳳《說義》、劉寶楠《正義》；《孟子》有焦循《正義》；《爾雅》有邵晉涵《正義》、郝懿行《義疏》：皆卓然成家者。家法顓門，後漢已絶，至國朝乃能尋墜緒而繼宗風。傳家法則有本原，守顓門則無淆雜。名家指不勝屈，今姑舉其犖犖大者。

國朝經師有功於後學者有三事。一曰輯佚書。兩漢今文家說亡於魏、晉；古文家鄭之《易》，馬、鄭之《書》，賈、服之《春秋》，亡於唐、宋以後。宋王應麟輯三家《詩》、鄭氏《易》注，雖蒐采未備，古書之亡而復存者實爲首庸。至國朝而此學極盛。惠棟教弟子，親授體例，分輯古書。余蕭客《古經解鈎沈》，采唐以前遺說略備。王謨《漢魏遺書鈔》、章宗源《玉函山房叢書》，輯漢、魏、六朝經說尤多。孫星衍輯馬、鄭《尚書》注，李貽德述《左傳》賈、服注，陳壽祺、喬樅父子考《今文尚書》、三家《詩》。其餘間見諸家叢書。抱闕守殘，得窺崖略，有功後學者，此其一。一曰精校勘。校勘之學，始於《顔氏家訓》、《匡謬正俗》等書。至宋有三劉、宋祁之校史。宋、元說部間存校訂，然未極精審，說經亦非顓門。國朝多以此名家，戴震、盧文弨、丁杰、顧廣圻尤精此學，阮元《十三經校勘記》爲經學之淵海。餘亦間見諸家叢書。刊誤訂譌，具析疑滯，有功後學者，又其一。一曰通小學。古人之語言文字與今之語言文字異；漢儒去古未遠，且多齊、魯間人，其説經有長言、短言之分，讀爲、讀若之例。唐人已不甚講，宋以後更不辨，故其解經如冥行擿埴，又如郢書燕説，雖可治國，而郢人之意不如是也。小學兼聲音故訓。宋吴棫、明陳第講求古音，猶多疏失；顧炎武《音學五書》始返於古；江、戴、段、孔益加闡明。是爲音韻之學。段玉裁《説文解字注》昌明許慎之書，同時有嚴可均、鈕樹玉、桂馥，後有王筠、苗夔諸人，益加闡明。是爲音韻兼文字之學。經師多通訓叚借，亦即在音韻文字之中，而經學訓詁以高郵王氏念孫、引之父子爲最精，郝懿行次之。是爲訓詁之學。有功於後學者，又其一。

國朝經學凡三變。國初，漢學方萌芽，皆以宋學爲根柢，不分門户，各取所長，是爲漢、宋兼采之學。乾隆以後，許、鄭之學大明，治宋學者已尟，説經皆主實證，不空談義理，是爲專門漢學。嘉、道以後，又由許、鄭之學導源而上，《易》宗虞氏以求孟義，《書》宗伏生、歐陽、夏侯，《詩》宗魯、齊、韓三家，《春秋》宗公、穀二《傳》。漢十四博士今文説，自魏、晉淪亡千餘年，至今日而復明。實能述伏、董之遺文，尋武、宣之絶軌。是爲西漢今文之學。學愈進而愈古，義愈推而愈高；屢遷而返其初，一變而至於道。學者不特知漢、宋之别，且皆知今、古文之分。門徑大開，榛蕪盡闢。論經學於今日，當覺其易，而不患其難矣。乃自新學出，而薄視舊學，遂有燒經之説。聖人作經以教萬世，固無可燒之理，而學之簡明者有用，繁雜者無用，則不可以不辨。《漢·藝文志》曰：「古者，三年通一藝，用日少而畜德多。」此簡明有用之學也。又曰：「後世便辭巧說，幼童守一藝，白首而後能言。」此繁雜無用之學也。今欲簡明有用，當如《漢志》所云「存大體，玩經文」而已。如《易》主張惠言《虞氏義》，參以焦循《易章句》、《通解》諸書；《書》主伏《傳》、《史記》，輔以兩漢今文家說；《詩》主魯、齊、韓三家遺說，參以毛傳、鄭箋；《春秋》治《公羊》者，主何注、徐疏，兼采陳立之書；治《左氏》者，主賈、服遺說，參以杜《解》；三《禮》主鄭注，孔、賈疏，先考其名物制度之大而可行於今者，細碎者姑置之。後儒臆說，概屏勿觀。則專治一經，固屬易事；兼通各經，亦非甚難。能考其源流而不迷於塗徑，本漢人治經之法，求漢人致用之方，如《禹貢》治河、《洪範》察變之類，兩漢人才之盛必有復見於今日者，何至疑聖經爲無用，而以孔教爲可廢哉！

《皇清經解》、《續皇清經解》二書，於國朝諸家，蒐輯大備，惟卷帙繁富，幾有累世莫殫之疑，而其中卓然成家者，實亦無幾，一知半解，可置不閱。今之治經者，欲求簡易，惟有人治一經，經主一家，其餘各家皆可姑置，其他各經更可從緩。漢注古奥，唐疏繁複，初學先看注疏，人必畏難，當以近人經說先之。如前所列諸書，急宜研究。或猶以爲陳義太高，無從入手，則《書》先看孫星衍《今古文注疏》，《詩》先看陳奂《毛氏傳疏》亦可。但能略通大義，確守古說，即已不愧顓門之學。此古之治經者所以重家法而貴顓門也。國朝諸儒有承家法而守顓門者，亦有無家法而非顓門者，今主一家，當取其有家法與顓門者主之。《國朝漢學師承記》具列家法顓門甚詳，其成書在乾、嘉之間，故後出者未著於録。嘉、道後治今文説者，《師承記》皆不載，《皇清經解》亦未收其書，書具見於《續經解》中，故《續經解》更切要於前《經解》也。學者誠能於經學源流正變研究一過，即知今之經學無論今文古文、專學通學，國朝經師莫不著有成説，津逮後人。以視前人之茫無途徑者，實爲事半功倍。蓋以瞭然於心目，則擇從甚易，不至費日力而增葛藤。惟西漢今文近始發明，猶有待於後人之推闡者，有志之士，其更加之意乎！

《四庫提要·經部總敘》曰：「自漢京以後，垂二千年，儒者沿波，學凡六變。其初專門授受，遞稟師承，非惟訓詁相傳，莫敢同異，即篇章字句，亦恪守所聞。其學篤實謹嚴，及其弊也拘。王弼、王肅，稍持異議；流風所扇，或信或疑。越孔、賈、啖、陸，❶以及北宋孫復、劉敞等，各自論説，不相統攝，及其弊也雜。洛、閩繼起，道學大昌，擺落漢、唐，獨研義理，凡經師舊説，俱排斥以爲不足信。其學務别是非，及其弊也悍。原注：如王柏、吴澄考駁經文，動輒删改之類。學脈旁分，攀援日衆；驅除異己，務定一尊。自宋末以逮明初，其學見異不遷，及其弊也黨。原注：如《論語集注》誤引包咸夏瑚商璉之説，張存中《四書通證》即闕此一條，以諱其誤。又如王柏删三十二篇，❷許謙疑之，吴師道反以爲非之類。」主持太過，勢有所偏；才辨聰明，激而横決。自明正德、嘉靖以後，其學各抒心得，及其弊也肆。原注：如王守仁之末派，皆以狂禪解經之類。空談臆斷，

❶「陸」，《四庫提要》原作「趙」。

❷「删」下，《四庫提要》原有「國風」兩字。

考證必疏，於是博雅之儒，引古義以抵其隙。國初諸家，其學徵實不誣，及其弊也瑣。原注：如一字音訓，動辨數百言之類。」案二千年經學升降得失，《提要》以數十言包括無遺，又各以一字斷之。所謂拘者，兩漢之學也；雜者，魏、晉至唐及宋初之學也；悍者，宋慶曆後至南宋之學也；黨者，宋末至元之學也；肆者，明末王學也；瑣者，國朝漢學也。《提要》之作，當惠、戴講漢學專宗許、鄭之時，其繁稱博引，間有如漢人三萬言説「若稽古」者。若嘉、道以後，講求今文大義微言，並不失之於瑣，學者可以擇所從矣。

新學僞經考

〔清〕康有爲　撰
傅　翀　校點

目録

校點說明……一

新學僞經考卷一……一

秦焚六經未嘗亡缺考第一……四

新學僞經考卷二……一五

史記經說足證僞經考第二……一五

《孔子世家》……一六

《河間獻王世家》……一八

《魯共王世家》……一八

《儒林傳》……一九

《太史公自序》……二六

古文八條……三四

《詩》、《書》六條……三五

《禮》二條……三六

《易》三條……三六

《春秋》九條……三九

新學僞經考卷三上……五〇

漢書藝文志辨僞第三上……五〇

《漢書·禮樂志》附……八六

新學僞經考卷三下……九八

漢書藝文志辨僞第三下……九八

新學僞經考卷四……一二七

漢書河間獻王魯共王傳辨僞第四……一二七

新學僞經考卷五……一三三

漢書儒林傳辨僞第五……一三三

新學僞經考卷六……一五三

漢書劉歆王莽傳辨僞第六……一五三

《劉歆傳》……一五三

《王莽傳》……一五九

新學僞經考卷七……一七一

漢儒憤攻僞經考第七……一七一

新學僞經考卷八……一八〇

僞經傳於通學成於鄭玄考第八……一八〇

張竦……一八一

楊雄……一八二

杜子春 …… 一八五
鄭興 …… 一八五
杜林 …… 一八六
桓譚 …… 一八七
陳元 …… 一八七
賈逵 …… 一八九
徐巡 …… 一九一
張衡 …… 一九二
劉陶 …… 一九二
劉珍、劉騊駼 …… 一九二
馬日磾、楊彪、韓説 …… 一九二
班彪、班固 …… 一九三
王充、王符、仲長統 …… 一九三
崔篆、崔駰、崔瑗 …… 一九三
馬融 …… 一九四
盧植 …… 一九五
蔡邕 …… 一九六
鄭玄 …… 一九七
新學僞經考卷九 …… 二〇三
後漢書儒林傳糾謬第九 …… 二〇三
新學僞經考卷十 …… 二一六
經典釋文糾謬第十 …… 二一六
次第 …… 二一六
《周易》 …… 二一六
《古文尚書》 …… 二一七
《毛詩》 …… 二一八
三《禮》 …… 二一八
《春秋》 …… 二一八
注解傳述人 …… 二一九
新學僞經考卷十一 …… 二四六
隋書經籍志糾謬第十一 …… 二四六
新學僞經考卷十二上 …… 二六四
僞經傳授表第十二上 …… 二六四
新學僞經考卷十二下 …… 三〇九
僞經傳授表第十二下 …… 三〇九
新學僞經考卷十三 …… 三三五
書序辨僞第十三 …… 三三五

《書序》條辨……………………三五五
《尚書》篇目異同真僞表……………………三六八
新學僞經考卷十四……………………三八三
劉向經説足證僞經考第十四……………………三八三
附録：重刻僞經考後序……………………四〇八

校點説明

康有爲(一八五八—一九二七),原名祖詒,字廣夏,先後號長素、明夷、更生、更甡、天遊化人、西樵山人、南海老人,廣東南海人。參與、領導若干影響歷史的事件,其著述論説在當時産生很大波瀾。成書於一八九一年的《新學僞經考》,爲其代表作之一。康有爲痛於「孔教衰、人道廢」,究其緣由,他認爲是古文經學變亂孔子真經,使天下學者「入迷途而苦難」,思以今學革古學、以真經逐僞經,從而變易政俗。是書内容,梁啟超《清代學術概論》括爲五點:「一、西漢經學,並無所謂古文者,凡古文皆劉歆僞作。二、秦焚書,並未厄及六經,漢十四博士所傳,皆孔門足本,並無殘缺。三、孔子時所用字,即秦、漢間篆書,即以『文』論,亦絶無今古之目。四、劉歆欲彌縫其作僞之跡,故校中秘書時,於一切古書多所羼亂。五、劉歆所以作僞經之故,因欲佐莽篡漢,先謀湮亂孔子之微言大義。」並述其影響:「第一,清學正統派之立脚點,根本摇動。第二,一切古書,皆須從新檢查估價。」梁啟超認定《新學僞經考》是思想界「一大颶風」,欲復真經,則必先破除僞經。李瀚章評康有爲有「本意遵聖,乃至疑經」之語。

該書一出,「各省五縮印」,風靡一時。三年之後(一八九四),余晉珊等上書請焚。據康有爲自述,此後分别於一八九八年、一九〇〇年又遭「毁板」,亦可見是書流傳,屢禁不止。

崔適在一九一一年二月二十五日致錢玄同信中説:「《新學僞經考》字字精確,自漢以來未有能及之者。」(見錢玄同:《重論經今古文學問題》)錢玄同同樣「確信《新學僞經考》是一部極精審的辨僞專著」,認爲是書「出世以後,漢古文經之爲僞造已成不易之定論」。也有人指出《新學僞經考》「多臆測」(《續修四庫全書總目提要》)。然而,《新學僞經考》的歷史意義毋庸置疑,置於清今文經學的發展脈絡之中,如非「集大成者」,亦庶幾近之。《新學僞經考》不僅將歷來疑經之説推於極端,還在之後《孔子改制考》的配合之下,爲創立孔教打下了理論基礎。無論是其引導的對千年來所公認經典的根本懷疑,還是對孔子的絶對推崇,或者如梁啟超所論的最終導致思想的「全然解放」,都使得今文經學應對晚清變局,呈現爲一種具有實踐意義的思想。

《新學僞經考》主要版本如下:一、萬木草堂(廣州)光緒十七年(一八九一)初刻本,有翻刻本與石印本。二、一九一七年開雕,一九一九年刊成的萬木草堂(北京)重刻本,改名《僞經考》,改正了初刻本中的一些錯誤,並删改少量語句,亦有翻刻本。三、北平文化學社一九三一年排印本,方國瑜標點,以初刻本爲底本。四、上海商務印書館一九三六年《國學基本叢書》排印本,以重刻本爲底本。五、中華書局一九五六年排印本,以北平文化學社本爲底本,章錫琛校點等。

本書以《續修四庫全書》影印光緒十七年廣州萬木草堂本爲底本,參校一九一九年重刻本,並將《重刻偽經考後序》附録於後。標點參考了排印本。引文與原文出入處,如非相異至影響原意,均不出校。

校點者　傅　翀

新學僞經考卷一❶

南海康祖詒廣夏撰一名有爲❷

秦焚六經未嘗亡缺考第一❸
史記經説足證僞經考第二
漢書藝文志辨僞第三上
漢書藝文志辨僞第三下
漢書河間獻王魯共王傳辨僞第四
漢書儒林傳辨僞第五
漢書劉歆王莽傳辨僞第六
漢儒憤攻僞經考第七
僞經傳於通學成於鄭玄考第八
後漢書儒林傳糾謬第九說文序糾謬附
經典釋文糾謬第十
隋書經籍志糾謬第十一
僞經傳授表第十二上
僞經傳授表第十二下
書序辨僞第十三尚書篇目異同真僞表附
劉向經説足證僞經考第十四

《新學僞經考》凡十四篇，❹敘其目而繫之辭曰：始作僞，亂聖制者，自劉歆；布行僞經，篡孔統者，成於鄭玄。閱二千年歲月日時之綿曖，聚百千萬億衿纓之問學，統二十朝王者禮樂制度之崇嚴，咸奉僞經爲聖法，誦讀尊信，奉持施行，違者以非聖無法論，亦無一人敢違者，亦無一人敢疑者。於

❶「新學」，重刻本無此二字。

❷作者題名，底本僅此處有之，重刻本各卷端皆有，題作「南海康有爲學」。

❸「焚」，重刻本作「漢」。

❹「新學」，重刻本作「吾爲」。

是奪孔子之經以與周公，而抑孔子爲傳。於是掃孔子改制之聖法，而目爲斷爛朝報。六經顛倒，亂於非種；聖制埋瘞，淪於雺霧；天地反常，日月變色。以孔子天命大聖，歲載四百，地猶中夏，蒙難遘閔，乃至此極，豈不異哉！且後世之大禍，曰任奄寺，廣女色，人主奢縱，權臣篡盜，是嘗累毒生民，覆宗社者矣。古無有是而皆自劉歆開之。是上爲聖經之篡賊，下爲國家之鴆毒者也。夫始於盜篡者，終於即真；始稱僞朝者，後爲正統。司馬盜魏，嵇紹忠，曹節矯制張奂賣。習非成是之後，丹黃亂色，甘辛變味。孤鳴而正易之，吾亦知其難也。然提聖法於既墜，明六經於闇曶，劉歆之僞不黜，孔子之道不著。吾雖孤微，烏可以已！竊怪二千年來，通人大儒，肩背相望，而咸爲瞀惑，無一人焉發奸露覆，雪先聖之沈冤，出諸儒於雲霧者，豈聖制赫闇有所待邪？不量緜薄，摧廓僞說，犂庭掃穴，魑魅奔逸，雺散陰豁，日燿星呀，冀以起亡經，翼聖制，其於孔氏之道，庶幾禦侮云爾。光緒十七年夏四月朔，南海康祖詒長素記。❶

述敘既訖，乃爲主客發其例曰：

客問主人曰：「僞經何以名之新學也？《漢・藝文志》號爲古經，《五經異義》稱爲古説，諸書所述古文尤繁。降及隋唐，斯名未改，宜仍舊貫，俾人易昭。」主人听然曰：❷「若客所云，是猶爲劉歆所紿也。夫古學所以得名者，以諸經之出於孔壁，寫以古文也。夫孔壁既虛，古文亦贋僞而已矣，何古之云！後漢之

❶「祖詒長素」，重刻本作「有爲廣厦」。

❷「听」，重刻本作「喟」。

時，學分今古，既託於孔壁，自以古爲尊，此新歆所以售其欺僞者也。今罪人斯得，舊案肅清，必也正名，無使亂實。歆既飾經佐篡，身爲新臣，則經爲新學，名義之正，復何辭焉！後世漢、宋互争，門户水火。自此視之，凡後世所指目爲漢學者，皆賈、馬、許、鄭之學，乃新學，非漢學也。即宋人所尊述之經，乃多僞經，非孔子之經也。新學之名立，學者皆可進而求之孔子，漢、宋二家退而自訟，當自咎其夙昔之眯妄，無爲謬訟者矣。」

客又問主人曰：「别僞文，正新名，既得聞命矣。主人所著《毛詩僞證》、《古文尚書僞證》、《古文禮僞證》、《周官僞證》、《明堂月令僞證》、《費氏易僞證》、《左氏傳僞證》、《國語僞證》、《古文論語僞證》、《古文孝經僞證》、《爾雅僞證》、《小爾雅僞證》、《説文僞證》，既徧攻僞經，何不合作一書，滄海之觀既極，犂軒之幻自祛，發蒙曉然，絶其根株？離而貳之，鄙猶惑諸。」主人曰：「僞經雖攻，然其蔕附深遠，未能盡去也。百詩證王肅之僞《書》，而王《書》自行也；司馬證劉炫之僞《傳》，而劉《傳》自傳也。吾採西漢之説，以定孔子之本經，亦附新學之説，以證劉歆之僞經，真僞相校，黑白昭昭，是非禠禠，雖有蘇、張，口呿舌撟，無事釁聚於此，致啟嘵嘵。」

客又問主人曰：「主人之於文字，既攻許學之僞矣，然三古之真字不傳，後世之野文日增，傳流有緒，無如《説文》。雖亂淄澠，猶有寄君。若舍汶長，將何依因？」主人曰：「文字之别，有户有門，尋端繹緒，承變相因。若欲復篆，中隔漢隸，難逾此關。魏晉爭亂，書體雜越，更難求真。唯開元之定今隸，爲後世之矩繩，於今用之，正極爲衡。《開成石經》、《干禄字書》、《九經字樣》、《五經文字》，依此寫定，是師是承。其張、唐二本，如『桃枇』、『栞刊』，《説文》、《石經》兩體並存。《九經字樣》不言《石經》，然曰「經典相承」，即《石經》之類也。考中郎刊正，本主今文；南閣稽撰，專宗古學。今尊《石經》，其諸雅正歟！」

門人好學，預我玄文。其贊助編檢者，則南海陳千秋、新會梁啟超也；❶校讎譌奪者，則番禺韓文舉、新會林奎也。

秦焚六經未嘗亡缺考第一❷

按：後世六經亡缺，歸罪秦焚，秦始皇遂嬰彌天之罪，不知此劉歆之僞説也。歆欲僞作諸經，不謂諸經殘缺，則無以爲作僞竄入之地，窺有秦焚之間，故一舉而歸之。一則曰「書缺簡脱」，《漢書·藝文志》、《楚元王傳》。一則曰「學殘文缺」，《漢書·楚元王傳》。又曰：「秦焚《詩》、《書》，六藝從此缺焉。」《漢書·儒林傳》、《史記·儒林傳》亦竄入。又曰：「秦焚《詩》、《書》，❸書散亡益多。」《史記·儒林傳》竄入。學者習而熟之，以爲固然，未能精心考校其説之是非，故其僞經得乘虛而入，蔽掩天下，皆假校書之權爲之也。今據《史記》及諸傳記條別證之如左。

❶「新會梁啟超也」，重刻本作「最勤而敏也」。

❷此標題前，重刻本另起一卷，卷題爲「僞經考卷一」，第二行下端署「南海康有爲學」。即重刻本有兩個卷一，疑書首「卷一」當作「卷首」之類。

❸「詩」，重刻本無此字。

三十四年。丞相臣斯昧死言：「臣請史官非秦紀皆燒之。非博士官所職，天下敢有藏《詩》、《書》、百家語者，悉詣守尉雜燒之。令下三十日不燒，黥爲城旦。所不去者，醫藥、卜筮、種樹之書。若欲有學法令，❶《集解》徐廣曰：「一無『法令』二字。」以吏爲師。」制曰：「可。」《史記·秦始皇本紀》。

按：焚書之令，但燒民間之書，若博士所職，則《詩》、《書》、百家自存。夫政、斯焚書之意，但欲愚民而自智，非欲自愚。若并祕府所藏、博士所職而盡焚之，而僅存醫藥、卜筮、種樹之書，是秦并自愚也，何以爲國？《史記》別白而言之，曰「非博士所職藏者悉燒」。則博士所職，保守珍重，未嘗焚燒，文至明也。又云「若欲有學，❷以吏爲師」，吏即博士也。然則欲學《詩》、《書》、六藝者，詣博士受業則可矣。實欲重京師而抑郡國，彊幹弱支之計耳。漢制「郡國計偕，詣太常，受業如弟子」，猶因秦制也。夫博士既有守職之藏書，學者可詣吏而受業，《詩》、《書》之事，尊而方長。然則謂「秦焚《詩》、《書》，六藝遂缺」，非妄言而何？然而二千年之學者遂爲所惑，雖魁儒輩出，無一人細心讀書袪其僞妄者，豈不異哉！

或疑《始皇紀》云：「今天下已定，法令出一。士則學習法令辟禁。今諸生不師今而學古，以非當世。」然則秦焚書之意，蓋深忌士之學古，而專欲其學習法令，豈焚書之後尚有聽習《詩》、《書》之制？則所謂欲學者以吏爲師，必爲學法令明矣。

❶「欲有」，重刻本作「有欲」。
❷「欲有」，重刻本作「有欲」。

釋之曰：秦焚《詩》、《書》，博士之職不焚。是《詩》、《書》，博士之專職。秦博士如叔孫通，有儒生弟子百餘人，諸生不習《詩》、《書》，何爲復作博士弟子？既從博士受業，如秦無以吏爲師之令，則何等腐生，敢公犯詔書，而以私學相號聚乎？「不師今而學古」，乃一時廷議之虚辭；至詣博士受《詩》、《書》，則一朝典制。佐驗顯然，必不能以虚辭顛倒者矣。《朱子語類》亦有「秦只教天下焚書，他朝廷依舊留得」之説，見卷一百三十八。

「古者天下散亂，莫能相一，是以諸侯並作，語皆道古以害今，飾虚言以亂實，人善其所私學，以非上所建立。今陛下并有天下，辨白黑而定一尊，而私學乃相與非法教之制，聞令下，即各以其私學議之，入則心非，出則巷議，非主以爲名，異趣以爲高，率羣下以造謗。如此不禁，則主勢降乎上，黨與成乎下。禁之便。臣請諸有文學、《詩》、《書》、百家語者，蠲除去之。令到，滿三十日弗去，黥爲城旦。所不去者，醫藥、卜筮、種樹之書。若有欲學者，以吏爲師。」始皇可其議，收去《詩》、《書》、百家之語，以愚百姓，使天下無以古非今。明法度，定律令，皆以始皇起。《史記·李斯傳》。

按：《秦始皇本紀》云：「若欲有學法令，以吏爲師。」徐廣曰：「一無『法令』二字。」以《李斯傳》考之，云「若有欲學者，以吏爲師」，無「法令」二字。此爲當時令甲，故史公録之，無一字異。二文互證，然則「法令」二字爲劉歆所竄亂者可見矣。徐廣所見，猶是史公原本。《十二諸侯年表》云：「爲成學治古文者要删焉。」徐廣曰：「一云『治國聞』。」亦是史公原本如此。然則《史記》若是之類，其爲歆所竄者，皆可以此推之矣。

侯生、盧生相與謀曰：「始皇爲人，天性剛戾自用。起諸侯并天下，意得欲從，以爲自古莫能及己。專任獄吏，獄吏得親幸。博士雖七十人，特備員弗用。丞相諸大臣皆受成事，倚辨於上。上樂以刑殺爲威，天下畏罪持禄，莫敢盡忠。上不聞過而日驕，下懾伏謾欺以取容。秦法：『不得兼方，不驗，輒死。』然候星氣者至三百人，皆良士，畏忌諱諛，不敢端言其過。天下之事，無大小皆決於上。上至以衡石量書，日夜有呈，不中呈不得休息。貪於權勢至如此，未可爲求僊藥。」於是乃亡去。始皇聞亡，乃大怒曰：「吾前收天下書不中用者盡去之。悉召文學、方術士甚衆，欲以興太平。方士欲練以求奇藥。今聞韓衆去不報，徐市等費以巨萬計，終不得藥，徒姦利相告日聞。盧生等吾尊賜之甚厚，今乃誹謗我，以重吾不德也。諸生在咸陽者，吾使人廉問，或爲訞言以亂黔首。」於是使御史悉按問諸生。諸生傳相告引，乃自除。犯禁者四百六十餘人，皆阬之咸陽，使天下知之，以懲後。益發謫徙邊。《史記·秦始皇本紀》。

按：秦雖不尚儒術，然博士之員尚七十人，可謂多矣。且召文學甚衆，盧生等尊賜甚厚，不爲薄也。阬者僅咸陽諸生四百六十餘人，誣爲妖言，傳相告引，此亦漢鉤黨之類耳。❶ 鉤黨殺天下高名善士百餘人，然郡國不遭黨禍之士，尚不啻百億萬也。伏生、叔孫通即秦時博士，張蒼

❶「此亦」至「類耳」，重刻本作「且多方士非盡儒者漢」，「漢」從下讀。

即秦時御史。自兩生外，魯諸生隨叔孫通議禮者三十餘人，皆秦諸生，皆未嘗被阬者。其人皆懷蘊六藝，學通《詩》、《書》，逮漢猶存者也。然則以阬儒爲絶儒術者，亦妄言也。

二世皇帝元年，令羣臣議尊始皇廟。羣臣皆頓首言曰：「古者天子七廟，諸侯五，大夫三，雖萬世世不軼毁。今始皇爲極廟，四海之内，皆獻貢職，增犧牲，禮咸備，毋以加。先王廟或在西雍，或在咸陽。天子儀當獨奉酌祠始皇廟。自襄公已下軼毁。所置凡七廟。」《史記·秦始皇本紀》。

此議與《穀梁》、《王制》、《禮器》、《荀子》合。博士之議固存也。

乃從荀卿學帝王之術。太史公曰：「斯知六藝之歸。」《史記·李斯傳》。

沛公至咸陽，諸將皆争走金帛財物之府分之。何獨先入收秦丞相、御史律令圖書藏之。《史記·蕭相國世家》。

按：焚書在始皇三十四年，阬儒在始皇三十五年，始皇崩於三十七年七月。戍卒陳涉反於二世元年七月，李斯誅於二世二年七月，漢高祖入咸陽在二世三年十月。自焚書至陳涉反，凡四年；至高祖入關，凡六年；自阬儒至陳涉反，凡三年；至高祖入關，凡五年。阬、焚之後，尚有荀卿高弟「知六藝之歸」李斯其人者爲丞相，死於陳涉反後。阬、焚至漢興爲日至近，博士具官儒生甚夥，即不焚燒，罪僅城旦，天下之藏書者尤不少，况蕭何收丞相、御史府之圖書哉！丞相府圖書，即李斯所領之圖書也。斯知六藝之歸，何收其府圖書，六藝何從亡缺？何待共王壞壁，忽得異書邪？事理易明，殆不待辨。

後陵遲以至於始皇，天下並争於戰國，儒術既絀焉，然齊、魯之間學者獨不廢也。及高皇帝誅項籍，舉兵圍魯，魯中諸儒尚講誦，習禮樂，絃歌之音不絶。豈非聖人之遺化，好禮樂之國哉？故孔子在陳，曰：「歸歟，歸歟！吾黨之小子狂簡，斐然成章，不知所以裁之。」夫齊、魯之間於文學，自古以來，其天性也。故漢興，然後諸儒始得修其經藝，講習大射、鄉飲之禮。叔孫通作漢禮儀，因爲太常；諸生弟子共定者，咸爲選首，於是喟然歎興於學。然尚有干戈，平定四海，亦未暇遑庠序之事也。孝惠、吕后時，公卿皆武力有功之臣。孝文時頗徵用，然孝文本好刑名之言。及至孝景，不任儒者，而竇太后又好黄老之術。故諸博士具官待問，未有進者。《史記·儒林傳》。

按：《儒林傳》言戰國絀儒，然齊、魯學者不廢；又言高帝圍魯，諸儒講誦習禮樂不絶；又言聖人遺化，好禮樂之國，於文學其天性也；漢興，諸儒修其經藝，習大射、鄉飲之禮，諸生弟子隨稷嗣而定禮儀。高、惠、文、景雖不好儒，而博士之官仍具。以斯而觀，凡抱禮器之孔甲，被圍之諸儒，定禮之諸生，具官之博士，皆生長焚書之前，逃出於阬儒之外。所云「講誦」，所云「經藝」，皆孔子相傳之本。加有口誦，非城旦之刑、數年之間所能磨滅，必不至百篇之《書》亡其大半，逸《禮》、《周官》、《左傳》若罔聞知也。然則焚書阬儒，雖有虐政，無關六經之存亡。而僞經突出哀、平之世，固不足攻，即出共王、安國之時，亦不足攻矣。

魯世世相傳以歲時奉祠孔子冢，而諸儒亦

講禮鄉飲、大射於孔子家。孔子家大一頃，故所居堂弟子内，後世因廟，藏孔子衣、冠、琴、車、書，至於漢二百餘年不絕。《史記·孔子世家》。

按：諸儒講禮於孔子家，不過《鄉飲》、《大射》之篇，《儒林傳》同。皆十七篇所有。孔子之書藏於廟，自子思至漢，凡二百餘年不絕。而孔襄嘗爲孝惠博士，忠、武、延年、安國、霸、光，皆傳《尚書》爲博士，所謂「傳十餘世，學者宗之」也。史遷讀孔氏書，又嘗觀其藏書之廟堂及車服禮器，又講業其都，未嘗言及孔廟所藏之六經有缺脱而歎息痛恨之。獻王、共王、安國所得之古文，自《尚書》外，有《毛詩》、《周官》、《逸禮》、《左傳》，爲孔氏世傳之所無，未嘗一贊美喜幸之。劉歆欲立古文，而孔光不助焉。然則孔氏之本，具在不缺，無古文之名，亦無後出古文之書，至明矣。

楚元王交，字游，高祖同父少弟也。好書，多材藝。少時嘗與魯穆生、白生、申公俱受《詩》於浮丘伯。伯者，孫卿門人也。文帝時，聞申公爲《詩》最精，以爲博士。元王好《詩》，諸子皆讀《詩》，申公始爲《詩》傳，號《魯詩》。元王亦次之《詩》傳，號曰《元王詩》，世或有之。《漢書·楚元王傳》。

陳餘者，亦大梁人也，好儒術。《史記·陳餘傳》。

張丞相蒼者，陽武人也，好書、律、曆。秦時爲御史，主柱下方書。而張蒼乃自秦時爲柱下史，明習天下圖書、計籍。《史記·張丞相傳》。

酈生食其者，陳留高陽人也，好讀書。騎士曰：「沛公不好儒，諸客冠儒冠來者，沛公輒解其冠，溲溺其中。與人言，常大駡，未可以儒生説也。」《史記·酈生傳》。

陸生時時前説，稱《詩》、《書》，高帝罵之曰：「迺公居馬上而得之，安事《詩》、《書》！」陸生曰：「居馬上得之，寧可以馬上治之乎？且湯、武逆取，而以順守之；文武並用，長久之術也。昔者吴王夫差、智伯，極武而亡；秦任刑法不變，卒滅趙氏。鄉使秦已并天下，行仁義，法先聖，陛下安得而有之？」高帝不懌而有慙色，迺謂陸生曰：「試爲我著秦所以失天下，吾所以得之者何，及古成敗之國。」陸生乃粗述存亡之徵，凡著十二篇。每奏一篇，高帝未嘗不稱善。左右呼萬歲。號其書曰《新語》。《史記・陸賈傳》。

劉敬曰：「陛下取天下，與周室異。周之先自后稷，堯封之邰，積德累善，十有餘世。公劉避桀居豳。大王以狄伐故，去豳，杖馬箠居岐，國人争隨之。及文王爲西伯，斷虞、芮之訟，始受命，吕望、伯夷自海濱來歸之。武王伐紂，不期而會孟津之上八百諸侯，皆曰『紂可伐矣』。遂滅殷。成王即位，周公之屬傅相焉，乃營成周洛邑，以此爲天下之中也。諸侯四方納貢職，道里均矣。」《史記・劉敬傳》。

叔孫通者，薛人也。秦時以文學徵，待詔博士。數歲，陳勝起山東，使者以聞。二世召博士諸儒生問曰：「楚戍卒攻蘄入陳，於公如何？」博士諸生三十餘人前曰：「人臣無將，將即反，罪死無赦。願陛下急發兵擊之！」二世怒作色。叔孫通前曰：「諸生言皆非也。夫天下合爲一家，毁郡縣城，鑠其兵，示天下不復用。且明主在其上，法令具於下，使人人奉職，四方輻輳，安敢有反者？此特羣盜鼠竊狗盜耳，何足置之齒牙間？郡守尉今捕論，何足憂？」二世喜曰：「善。」盡問諸生，諸生或言「反」，或言「盜」。於是二世令御史按諸生。言「反」者下吏，非所宜言；諸言「盜」者皆罷之。迺賜叔孫通帛二十匹，衣一襲，拜爲博士。叔孫通已出宮，反舍。諸生曰：「先生何言之諛也？」通曰：「公不知也，我幾不脱於虎口。」乃亡去，之薛，薛已降楚矣。及項梁之薛，叔孫通從之，敗於定陶。從懷王。懷王爲義帝，徙長沙。叔孫通留事項王。漢二年，漢王從五諸侯入彭城，叔孫通降漢王。漢王敗而西，因竟從漢。叔孫通儒服，漢王憎之，乃變其服，服短衣，楚製，漢王喜。叔孫通之降漢，從儒生弟子百餘人，然通無所言進，專言諸故羣盜壯士進之。弟子皆竊駡曰：「事先生數歲，幸得從降漢；今不能進臣等，專言大猾，何也？」叔孫通聞之，迺謂曰：「漢王方蒙矢石争天下，諸生寧能鬭乎？故先言斬將搴旗之士。諸生且待我，我不忘矣。」漢王拜叔孫通爲博士，號稷嗣君。漢五年，已并天下，諸侯共尊漢王爲皇帝於定陶，叔孫通就其儀號。高帝悉去秦苛儀法，爲簡易。羣臣飲酒争功，醉或妄呼，拔劍擊柱，高帝患之。叔孫通知上益厭之也，説上曰：「夫儒者，難與進取，可與守成。臣願徵魯諸生，與臣弟子共起朝儀。」高帝曰：「得無難乎？」叔孫通曰：「五帝異樂，三王不同禮。禮者，因時世人情爲之節文者也。故夏、殷、周之禮所因損益可知者，謂不相復也。臣願頗采古禮與秦儀雜就之。」上曰：「可試爲之。令易知，度吾所能行爲之。」於是叔孫通使徵魯諸生三十餘人。魯有兩生不肯行，曰：「公所事者且十主，皆面諛以得親貴。今天下初定，死者未葬，傷者未起，又欲起禮樂。禮樂所由起，積德百年而後可興也。吾不忍爲公所爲。公所爲不合古，吾不行。公往矣，無汙我。」叔孫通笑曰：「若真鄙儒也。不知時變。」遂與所徵三十人西，及上左右爲學者與其弟子百餘人爲綿蕞野外，習之月餘。叔孫通曰：「上可試觀。」上即觀，使行禮，曰：「吾能爲此。」迺令羣臣習肄，❶會十月。漢七年，長樂宮成。諸侯羣臣皆朝十月。儀：先平明，謁者治禮，引以次入殿門；廷中陳車騎、步卒衛宮，設兵張旗志。傳言「趨」。殿下郎中俠陛，陛數百人。功臣列侯、諸將軍、軍吏以次陳西方，東鄉；文官丞相以下陳東方，西鄉。大行設九賓，臚句傳。於是皇帝輦出房，百官執職傳警，引諸侯王以下至吏六百石以次奉賀。自諸侯王以下，莫不振恐肅敬。至禮畢，復置法酒，諸侍坐殿上，皆伏抑首，以尊卑次起上壽。觴九行，謁者言「罷酒」。御史執法，舉不如儀者，輒引去。竟朝置酒，無敢讙譁失禮者。於是高帝曰：「吾迺今日知爲皇帝之貴也。」迺拜叔孫通爲太常，賜金五百斤。叔孫通因進曰：「諸弟子儒生隨臣久矣，與臣共爲儀。願陛下官之。」高帝悉以爲郎。叔孫通出，皆以五百斤金賜諸生。諸生迺皆喜，曰：「叔孫生誠聖人也！知當世之要務。」《史記·叔孫通傳》。

賈山，潁川人也。祖父祛，故魏王時博士弟子也。山受學祛所。《漢書·賈鄒枚路傳》。

賈生名誼，雒陽人也。年十八，以能誦《詩》屬書聞於郡中。孝文皇帝初立，聞河

❶「肄」，原作「隸」，據重刻本改。

南守吴公治平爲天下第一，故與李斯同邑而常學事焉，乃徵爲廷尉。廷尉乃言賈生年少，頗通諸子百家之書。《史記·賈生傳》。文翁，廬江舒人也。少好學，通《春秋》。景帝末，爲蜀郡太守。《漢書·循吏傳》。

右見《史記》、《漢書》者，并伏生、申公、轅固生、韓嬰、高堂生計之，皆受學秦焚之前，其人皆未阬之儒，其所讀皆未焚之本；博士具官者七十，諸生弟子定禮者百餘；李斯再傳爲賈誼，賈袪一傳爲賈山，皆儒林淵源可考者。統而計之：其一，博士所職六經之本具存，七十博士之弟子，當有數百，則有數百本《詩》、《書》矣，此爲六經監本不缺者一。其二，丞相所藏，李斯所遺，此爲六經官本不缺者二。其三，御史所掌，張蒼所守，此爲六經中祕本不缺者三。其四，孔氏世傳六經本不缺者四。其五，齊、魯諸生六經讀本不缺者五。其六，賈袪、吴公傳六經讀本不缺者六。其七，藏書之禁僅四年，焚之刑僅城旦，則天下藏本必甚多，若伏生、申公之倫，天下六經讀本不缺者七。其八，經文簡約，古者專經在諷誦，不徒在竹帛，則口傳本不缺者八。有斯八證，六藝不缺，可以見孔子遺書復能完，千歲蔀説可以袪。鐵案如山，不能摇動矣。

新學僞經考卷一❶

弟子韓文舉、陳千秋初校。

弟子林　奎、梁啟超覆校。

❶ 卷末題，重刻本作「僞經考卷一終」，以下各卷倣此，不再出校。另，重刻本各卷末亦列有初校、覆校、三校者姓名，與底本不同，亦不一一出校。

新學僞經考卷二❶

史記經説足證僞經考第二

經學紛如亂絲，於今有漢學、宋學之争，在昔有有今學、❷古學之辨。不知古學皆劉歆之竄亂僞撰也。凡今所争之漢學、宋學者，又皆歆之緒餘支派也。經歆亂諸經、作《漢書》之後，凡後人所考證，無非歆説，徵應四布，條理精密，幾於攻無可攻。此歆所以能欺紿二千年，而無人發其覆也。今取西漢人之説證之，乃知其僞亂百出，而司馬遷《史記》統六藝，述儒林，淵源具舉，條理畢備，尤可信據也。察遷之學，得於六藝至深。父談既受《易》於楊何，遷又問《書》故於孔安國，聞《春秋》於董生，講業於齊、魯之都，觀孔子之遺風，鄉射鄒嶧，其於孔門淵源至近。孔子一布衣耳，而於《周本紀》、十二國《世家》，遷皆書「孔子卒」，因尊孔子爲「世家」。《太史公自序》曰：「周室既衰，諸侯恣行。仲尼悼禮廢樂崩，追修經術以達王道，匡亂世反之於正，見於文辭，爲天下制儀法，垂六藝之統紀於後世。」《孔子世家》贊曰：「言六藝者，皆出於夫子。可謂至聖矣。」《自序》曰：「孔子卒後，至於今五百歲，有

❶ 卷題，重刻本無「新學」二字，第二行題「南海康有爲學」，以後各卷倣此，不再出校。

❷ 上「有」字，疑衍。

能紹明世，正《易傳》，繼《春秋》，本《詩》、《書》、《禮》、《樂》之際，意在斯乎！意在斯乎！小子何敢讓焉。」其預聞六藝，至足信矣。雖其書多爲劉歆所竄改，而大體明粹。以其説與《漢書》相校，真僞具見。孔子六經之傳，賴是得存其真。史遷之功於是大矣。《儒林傳》詳傳經之人，今以爲主，而《孔子世家》、《河間獻王》、《魯共王世家》附焉。竄附之説，並辨於後。

《孔子世家》

孔子之時，周室微而禮樂廢，《詩》、《書》缺。追迹三代之禮，序《書傳》，上紀唐、虞之際，下至秦繆，編次其事。曰：「夏禮，吾能言之，杞不足徵也；殷禮，吾能言之，宋不足徵也。足，則吾能徵之矣。」觀殷、夏所損益，曰：「後雖百世可知也，以一文一質。周監二代，郁郁乎文哉！吾從周。」故《書傳》、《禮記》自孔氏。孔子語魯太師：「樂其可知也。始作翕如，縱之純如，皦如，繹如也，以成。吾自衛反魯，然後樂正，《雅》、《頌》各得其所。」古者《詩》三千餘篇，及至孔子，去其重，取可施於禮義，上采契、后稷，中述殷、周之盛，至幽、厲之缺，始於衽席，故曰「《關雎》之亂，以爲《風》始，《鹿鳴》爲《小雅》始，《文王》爲《大雅》始，《清廟》爲《頌》始」。三百五篇，孔子皆弦歌之，以求合《韶》、《武》、《雅》、《頌》之音。禮樂自此可得而述，以備王道，成六藝。孔子晚而喜《易》，序《彖》、《繫》、《象》、《説卦》、《文言》。讀《易》韋編三絶，曰：「假我數年，若是，我於《易》則彬彬矣。」孔子以《詩》、《書》、

《禮》、《樂》教，弟子蓋三千焉。乃因史記作《春秋》，上至隱公，下訖哀公十四年，十二公。據魯，親周，故殷，運之三代，約其文辭而指博。故吳、楚之君自稱王，而《春秋》貶之曰「子」；踐土之會實召周天子，而《春秋》諱之曰「天王狩於河陽」。推此類以繩當世，貶損之義，後有王者舉而開之，《春秋》之義行，則天下亂臣賊子懼焉。孔子在位聽訟，文辭有可與人共者，弗獨有也。至於爲《春秋》，筆則筆，削則削，子夏之徒不能贊一辭。弟子受《春秋》，孔子曰：「後世知丘者以《春秋》，罪丘者亦以《春秋》。」魯世世相傳，以歲時奉祀孔子冢，而諸儒亦講禮、鄉飲、大射於孔子冢。孔子冢大一頃，故所居堂弟子內。後世因廟，藏孔子衣、冠、琴、車、書，至於漢，二百餘年不絶。高皇帝過魯，以太牢祠焉。諸侯卿相至，常先謁，然後從政。孔子生鯉，字伯魚。伯魚年五十，先孔子死。伯魚生伋，字子思，年六十二，嘗困於宋。子思作《中庸》。子思生白，字子上，年四十七。子上生求，字子家，年四十五。子家生箕，字子京，年四十六。子京生穿，字子高，年五十一。子高生子慎，年五十七，嘗爲魏相。子慎生鮒，年五十七，爲陳王涉博士，死於陳下。鮒弟子襄，年五十七，嘗爲孝惠皇帝博士，遷爲長沙太守，❶長九尺六寸。子襄生忠，年五十七。忠生武。武生延年及安國，安國爲今皇帝博士，至臨淮太守，蚤卒。安國生卬，卬生驩。

太史公曰：《詩》有之：「高山仰止，景行行止。」雖不能至，然心鄉往之。余讀孔氏書，

❶「長」，原作「常」，據重刻本改。

想見其爲人。適魯，觀仲尼廟堂、車服、禮器，諸生以時習禮其家，余祇回留之不能去云。天下君王至於賢人衆矣，當時則榮，没則已焉。孔子布衣，傳十餘世，學者宗之。自天子王侯，中國言六藝者，折中於夫子，可謂至聖矣。

史遷所述六經篇章恉義，孔氏世家傳授，齊、魯儒生講習如此。六經完全，皆無缺失，事理至明。史遷去聖不遠，受楊何之《易》於父談，問《書》故於安國，聞《春秋》於董生，講業齊、魯之都，親登孔子之堂，觀藏書禮器。若少有缺失，寧能不言邪？此爲孔子傳經存案，可爲鐵證。

《河間獻王世家》

河間獻王德，以孝景帝前二年用皇子爲河間王。好儒學，被服造次必於儒者。山東之儒，多從之游。二十六年，卒。

《魯共王世家》

魯共王餘，以孝景前二年，用王子爲淮陽王。二年，吴、楚反。破後，以孝景前三年徙爲魯王。好治宫室、苑囿、狗馬。季年好音，不喜辭辯，爲人吃。二十六年，卒。

古文諸僞經，皆託於河間獻王、魯共王，以史遷考之，寥寥僅爾。若有搜遺經之功，立博士之典，史遷尊信六藝，豈容遺忽？若謂其未見，則《左氏》乃其精熟援引者，「天下遺文古事，靡不畢集太史公」，不容不見矣。辨詳於下。此爲無古文之存案。并《儒林傳》考之，古文經之出於僞撰，「鐵案如山摇不動，萬牛回首丘山重」矣。

《儒林傳》

太史公曰：余讀功令，至於廣厲學官之路，未嘗不廢書而歎也。曰：嗟乎！夫周室衰而《關雎》作，幽、厲微而禮樂壞，諸侯恣行，政由彊國。故孔子閔王路廢而邪道興，於是論次《詩》、《書》，修起禮樂。適齊，聞《韶》，三月不知肉味。自衛返魯，然後樂正，《雅》、《頌》各得其所。世以混濁莫能用，是以仲尼干七十餘君無所遇，曰：「苟有用我者，期月而已矣。」❶西狩獲麟，曰：「吾道窮矣！」故因史記作《春秋》，以寓王法，其辭微而指博。後世學者多録焉。

自是之後，言《詩》，於魯則申培公，於齊則轅固生，於燕則韓太傅；言《尚書》自濟南伏生；言《禮》自魯高堂生；言《易》自菑川田生；言《春秋》於齊、魯自胡毋生，於趙自董仲舒。

申公者，魯人也。高祖過魯，申公以弟子從師入見高祖於魯南宮。呂太后時，申公游學長安，與劉郢同師。已而郢爲楚王，令申公傅其太子戊。戊不好學，疾申公。及王郢卒，戊立爲楚王，胥靡申公。申公恥之，歸魯，退居家教，終身不出門，復謝絶賓客，獨王命召之乃往。弟子自遠方至，受業者百餘人。申公獨以《詩經》爲訓以教，無傳疑，疑者則闕不傳。蘭陵王臧既受《詩》，以事孝景帝，爲太子少傅，免去。今上初即位，臧乃上書宿衛上，累遷，一歲中爲郎中

❶「矣」，重刻本作「可也」。

令。及代趙綰亦嘗受《詩》申公，綰爲御史大夫。綰、臧請天子，欲立明堂以朝諸侯，不能就其事，乃言師申公。於是天子使使束帛加璧，安車駟馬迎申公，弟子二人乘軺傳從。至，見天子。天子問治亂之事。申公時已八十餘，老，對曰：「爲治者不在多言，顧力行何如耳。」是時，天子方好文辭，見申公對，默然。然已招致，則以爲太中大夫，舍魯邸，議明堂事。太皇竇太后好老子言，不説儒術，得趙綰、王臧之過以讓上。上因廢明堂事，盡下趙綰、王臧吏，後皆自殺。申公亦疾免以歸，數年卒。弟子爲博士者十餘人。孔安國至臨淮太守，周霸至膠西内史，夏寬至城陽内史，碭魯賜至東海太守，蘭陵繆生至長沙内史，徐偃爲膠西中尉，鄒人闕門慶忌爲膠東内史。其治官民，皆有廉節，稱其好學。學官弟子，行雖不備，而至於大夫、郎中、掌故，以百數。言《詩》雖殊，多本於申公。

清河王太傅轅固生者，齊人也。以治《詩》，孝景時爲博士。與黄生争論景帝前。黄生曰：「湯、武非受命，乃弑也。」轅固生曰：「不然。夫桀、紂虐亂，天下之心皆歸湯、武，湯、武與天下之心而誅桀、紂。桀、紂之民不爲之使而歸湯、武，湯、武不得已而立，非受命爲何？」黄生曰：「冠雖敝，必加於首；履雖新，必關於足，何者？上下之分也。今桀、紂雖失道，然君上也；湯、武雖聖，臣下也。夫主有失行，臣下不能正言匡過以尊天子，反因過而誅之，代立，踐南面，非弑而何也？」轅固生曰：「必若所云，是高帝代秦即天子之位，非邪？」於是景帝曰：「食肉不食馬肝，不爲不知味。言學者無言湯、武受命，不爲愚。」遂罷。是後學者莫敢明受命放殺者。竇太后好老子書，召轅固生問老子書。固曰：「此是家人言耳。」太后怒曰：「安得司空城旦書乎！」乃使固入圈刺豕。景帝知太后怒，而固直言無罪，乃假固利兵。下圈刺豕，正中其心，一刺，豕應手而倒。太后默然，無以復罪，罷之。居頃之，景帝以固爲廉直，拜爲清河王太傅。久之，病免。今上初即位，復以賢良徵固。諸諛儒多疾毁固，曰「固老」。罷歸之。時固已九十餘矣。固之徵也，薛人公孫弘亦徵，側目而視固，固曰：「公孫子，務正學以言，無曲學以阿世。」自是之後，齊言《詩》皆本轅固生也。諸齊人以《詩》顯貴，皆固之弟子也。

韓生者，燕人也。孝文帝時爲博士。景帝時爲常山王太傅。韓生推《詩》之意，而爲《内外傳》數萬言。其語頗與齊、魯間殊，然其歸一也。淮南賁生受之。自是之後，而燕、趙間言《詩》者由韓生。韓生孫商，爲今上博士。

按：申公爲荀卿再傳弟子，高祖至魯，已能從師而見。轅固生至景帝時罷歸，年九十餘，當秦時，年已二十餘矣。韓生爲文帝博士，必爲當時耆儒。三家蓋皆讀秦焚前書者。齊、魯諸儒生千百，而三家所傳，其歸一也。其爲孔子之傳，確矣。三家之外，史公無一字。此爲孔子《詩》學存案。而後有舍三家而言《詩》者，其真僞可引此案決之。

伏生者，濟南人也，故爲秦博士。孝文帝時，欲求能治《尚書》者，天下無有。乃聞伏生能治，欲召之。是時伏生年九十餘，老不能行。於是乃詔太常，使掌故晁錯往受之。秦時焚書，伏生壁藏之，其後兵大起，流亡。

漢定，伏生求其《書》，亡數十篇，獨得二十九篇，即以教於齊、魯之間。學者由是頗能言《尚書》，諸山東大師無不涉《尚書》以教矣。伏生教濟南張生及歐陽生。歐陽生教千乘兒寬。兒寬既通《尚書》，以文學應郡舉，詣博士受業，受業孔安國。兒寬貧無資用，常爲弟子都養，及時時間行傭賃，以給衣食。行常帶經，止息則誦習之。以試第次補廷尉史。是時張湯方鄉學，以爲奏讞掾，以古法議決疑大獄，而愛幸寬。寬爲人温良，有廉智，自持，而善著書、書奏。敏於文，口不能發明也。湯以爲長者，數稱譽之。及湯爲御史大夫，以兒寬爲掾，薦之天子。天子見問，説之。張湯死後六年，兒寬位至御史大夫。九年而以官卒。寬在三公位，以和良承意從容得久，然無有所匡諫。於官，官屬易之，不爲盡力。張生亦爲博士。而伏生孫以治《尚書》徵，不能明也。自此之後，魯周霸、孔安國，雒陽賈嘉，頗能言《尚書》事。

按：伏生當孝文時年九十餘，計當焚書時年已六七十矣。從始皇三十四年焚書之時上推，魯滅於楚，當莊襄王元年，僅三十七年，正值春申君爲相之時。荀卿自齊歸春申君，伏生當其時已二三十歲矣，上距孟子，亦不過數十年。齊、魯諸儒生千百，而治《尚書》者唯伏生爲首，藏書之禁僅數年，藏書之刑僅城旦，不能害也。然則伏生之《書》爲孔子之正傳，確矣。此爲孔子《書》學存案。而後有舍伏生而言《書》者，其真僞可引此案決之。

孔氏有古文《尚書》，而安國以今文讀之，因以起其家，《逸書》得十餘篇，蓋《尚書》兹多

於是矣。❶

諸學者多言《禮》，而魯高堂生最本。《禮》固自孔子時而其經不具，及至秦焚書，書散亡益多，於今獨有《士禮》，高堂生能言之。而魯徐生善爲容。孝文帝時，徐生以容爲禮官大夫，傳子至孫徐延、徐襄。襄，其天姿善爲容，不能通《禮經》。延頗能，未善也。襄以容爲漢禮官大夫，至廣陵内史。延及徐氏弟子公户滿意、桓生、單次，皆常爲漢禮官大夫。而瑕丘蕭奮以《禮》爲淮陽太守。是後能言《禮》爲容者，由徐氏焉。

按：《禮》以高堂生爲最本，而高堂生傳《禮》凡十七篇。《孔子世家》所言諸儒習鄉飲、大射在其中，《王制》所言冠、昏、喪、祭、鄉、相見在其中，《禮運》、《昏義》所言冠、昏、喪、祭、射、鄉、朝、聘在其中。孔子傳十餘世不絶，諸生以時習禮其家，其爲孔子之傳，確矣。此爲孔子《禮》學存案。而後有舍高堂生之《禮》而言《禮》者，其真僞可引此案決之。

自魯商瞿受《易》孔子，孔子卒，商瞿傳《易》，六世至齊人田何，字子莊，而漢興。田何傳東武人王同子仲，子仲傳菑川人楊何。何以《易》，元光元年徵，官至中大夫。齊人即墨成以《易》至城陽相。廣川人孟但以《易》爲太子門大夫。魯人周霸、莒人衡胡、臨菑人主父偃皆以《易》至二千石。然要言《易》者，本於楊何之家。

《易》不經焚，爲完書，上自商瞿爲嫡派，下至田何、楊何。太史遷爲楊何再傳弟子，其爲孔子之傳尤確矣。此爲孔子《易》學存案。而後有舍田何、楊何而言

❶「兹」，《史記》作「滋」。

《易》者，其真僞可引此案決之。

董仲舒，廣川人也。以治《春秋》，孝景時爲博士。下帷講誦，弟子傳以久次相受業，或莫見其面。蓋三年董仲舒不觀於舍園，其精如此。進退容止，非禮不行，學士皆師尊之。今上即位，爲江都相。以《春秋》災異之變推陰陽所以錯行。故求雨閉諸陽，縱諸陰；其止雨反是。行之一國，未嘗不得所欲。中廢爲中大夫，居舍，著《災異之記》。是時，遼東高廟災，主父偃疾之，取其書奏之天子。天子召諸生示其書，有刺譏。董仲舒弟子吕步舒不知其師書，以爲下愚。於是下董仲舒吏，當死，詔赦之。於是董仲舒竟不敢復言災異。董仲舒爲人廉直。是時方外攘四夷，公孫弘治《春秋》不如董仲舒，而弘希世用事，位至公卿。董仲舒以弘爲從諛，弘疾之，乃言上曰：「獨董仲舒可使相膠西王。」膠西王素聞董仲舒有行，亦善待之。董仲舒恐久獲罪，疾免，居家。至卒，終不治産業，以修學著書爲事。故漢興至於五世之間，唯董仲舒爲明於《春秋》。其傳公羊氏也。

胡毋生，齊人也。孝景時爲博士，以老歸教授。齊之言《春秋》者多受胡毋生。公孫弘亦頗受焉。

瑕丘江生爲《穀梁春秋》。自公孫弘得用，嘗集比其義，卒用董仲舒。仲舒弟子遂者，蘭陵褚大、廣川殷忠、温吕步舒。褚大至梁相。步舒至長史，持節使決淮南獄，於諸侯擅專斷，不報，以《春秋》之義正之，天子皆以爲是。弟子通者，至於命大夫，爲郎、謁者、掌故者以百數。而董仲舒子及孫皆以學至大官。

《春秋》但有《公》、《穀》二家。胡毋生，孝景時爲博士，且以老歸矣，其傳《春秋》必在秦前。上述《春秋》云「學者多録焉」，則齊、魯諸生傳《春秋》之盛可知。其爲孔子之傳，確矣。此爲孔子《春秋》學存案。而後有舍《公》、《穀》而言《春秋》者，其真僞可引此案決之。

或疑諸經古文不列學官，以《儒林傳》從功令、依博士敘之，其不列學官者，自不能及。釋之曰：若古文爲真，古文《逸書》亦不列學官，而《儒林傳》已言之。同爲不列學官，於古文《逸書》則詳之，於《毛詩》、《逸禮》、《周官》、《左傳》則略之，豈情理乎？此可一言斷也。

按史遷述六藝之序曰：《詩》、《書》、《禮》、《樂》、《易》、《春秋》。凡西漢以前之説皆然。《論語》曰：「興於《詩》，立於《禮》，成於《樂》。」又曰：「《詩》、《書》、執《禮》，皆雅言也。」《王制》：「順先王《詩》、《書》、《禮》、《樂》以造士。」《經解》：「其爲人也，温柔敦厚，《詩》教也；疏通知遠，《書》教也；絜静精微，《易》教也；❶恭儉莊敬，《禮》教也；廣博易良，《樂》教也；屬辭比事，《春秋》教也。」《莊子・天運篇》：「丘治《詩》、《書》、《禮》、《樂》、《易》、《春秋》。」《徐無鬼篇》：「横説之，則以《詩》、《書》、《禮》、《樂》，縱説之，則以《金板》、《六弢》。」《天下篇》：「《詩》以道志，《書》以道事，《禮》以道行，《樂》以道和，《易》以道陰陽，《春秋》以道名分。」《列子・仲尼篇》：「曩吾修《詩》、《書》，正《禮》、《樂》。」又曰：「吾始知

❶「絜静」至「易教也」，據《禮記・經解》，當在「樂教也」下。

《詩》、《書》、《禮》、《樂》無救於治亂。」《荀子・儒效篇》：「故《詩》、《書》、《禮》、《樂》之歸是矣。《詩》言，是其志也；《書》言，是其事也；《禮》言，是其行也；《樂》言，是其和也；《春秋》言，是其微也。」《商君書・農戰篇》：「《詩》、《書》、《禮》、《樂》。」《春秋繁露・玉杯篇》：「《詩》、《書》，序其志；《禮》、《樂》，純其養；《易》、《春秋》，明其知。」諸所言六藝之序如是，皆以《詩》、《書》爲稱首，無以《易》爲先者，更無以《書》先《詩》者。《王制》：「冬夏教以《詩》、《書》。」《秦本紀》：「天下敢有藏《詩》、《書》、百家語者，悉詣守尉雜燒之；有敢偶語《詩》、《書》者，棄市。」舉《詩》、《書》者至繁，誠不勝數，聊舉數條例之，從無異說。此爲孔門六經之序存案，可爲鐵證。其有舍史遷《儒林傳》而顛倒其序者，其真僞可引此案決之。又按《史記・外戚世家》：「《易》基乾坤，《詩》始《關雎》，《書》美釐降，《春秋》譏不親迎。」《滑稽列傳》：「孔子曰：六藝於治一也。《禮》以節人，《樂》以發和，《書》以道事，《詩》以達意，《易》以神化，《春秋》以道義。」《太史公自序》：「有能紹明世，正《易傳》，繼《春秋》，本《詩》、《書》、《禮》、《樂》之際。」又曰：「《易》著天地、陰陽、四時、五行，故長於變。《禮》經紀人倫，故長於行。《書》記先王之事，故長於政。《詩》記山川谿谷、禽獸草木、牝牡雌雄，故長於風。《樂》樂所以立，故長於和。《春秋》辯是非，故長於治人。」又曰：「伏犧至純厚，作《易》八卦。堯、舜之盛，《尚書》載之，禮樂作焉。湯、武之隆，詩人歌之。《春秋》采善貶惡，推三代之法。」史公於此數條，皆有顛倒，此則行文無定之筆，於傳經體式次敘無關者也。

《太史公自序》

太史公學天官於唐都，受《易》於楊何。

夫儒者以六藝爲法。六藝經傳以千萬數，累世不能通其學，當年不能究其禮。故曰「博而寡要，勞而少功」。

講業齊、魯之都，觀孔子之遺風，鄉射鄒嶧。幽、厲之後，王道缺，禮樂衰。孔子修舊起廢，論《詩》、《書》，作《春秋》，則學者至今則之。

有能紹明世，正《易傳》，繼《春秋》，本《詩》、《書》、《禮》、《樂》之際，意在斯乎！意在斯乎！小子何敢讓焉。

太史公曰：余聞董生曰：「周道衰廢，孔子爲司寇，諸侯害之，大夫壅之。孔子知言之不用，道之不行也，是非二百四十二年之中，以爲天下儀表。貶天子，退諸侯，討大夫，以達王事而已矣。」子曰：「我欲載之空言，不如見之於行事之深切著明也。」夫《春秋》上明三王之道，下辨人事之紀，別嫌疑，明是非，定猶豫，善善惡惡，賢賢賤不肖，存亡國，繼絶世，補敝起廢，王道之大者也。《易》著天地、陰陽、四時、五行，故長於變。《禮》經紀人倫，故長於行。《書》記先王之事，故長於政。《詩》記山川谿谷、禽獸草木、牝牡雌雄，故長於風。《樂》樂所以立，故長於和。《春秋》辯是非，故長於治人。是故《禮》以節人，《樂》以發和，《書》以道事，《詩》以達意，《易》以道化，《春秋》以道義。撥亂世反之正，莫近於《春秋》。《春秋》文成數萬，其指數千。萬物之散聚，皆在《春秋》。

伏犧至純厚，作《易》八卦。堯、舜之盛，《尚書》載之，禮樂作焉。湯、武之隆，詩人歌之。《春秋》采善貶惡，推三代之德，褒周室，非獨刺譏而已也。

昔西伯拘羑里，演《周易》；孔子戹陳、蔡，作《春秋》；屈原放逐，著《離騷》；左丘失明，厥有《國語》；孫子臏脚，而論《兵法》；不韋遷蜀，世傳《吕覽》；韓非囚秦，《説難》、《孤憤》。

按《漢書·司馬遷傳》載遷《報任安書》云：「左丘失明，厥有《國語》；孫子臏脚，《兵法》修列。」下云：「及如左丘明無目，孫子斷足，終不可用，退論書策以舒其憤，思垂空文以自見。」《十二諸侯年表》云：「表見《春秋》、《國語》。」合此三條觀之，如丘明兼作二書，太史公乃舍其《春秋》而稱其外傳，豈理也哉！ 或疑作《國語》者爲左丘，作《春秋傳》者爲左丘明，分爲二人。 則《報任安書》明云「及如左丘明無目」則明明左丘明矣。 二人之説蓋不足疑，《左傳》從《國語》分出，又何疑焉。

於是漢興，蕭何次律令，韓信申軍法，張蒼爲章程，叔孫通定禮儀，則文學彬彬稍進，《詩》、《書》往往間出矣。 自曹參薦蓋公，言黄、老，而賈生、晁錯明申、商，公孫弘以儒顯。 百年之間，天下遺文古事靡不畢集太史公。 太史公仍父子相續纂其職。

厥協六經異傳，整齊百家雜語。

史遷敘六藝之指，兼及其所受六藝之學，著書之由，見書之故。 少則講業齊、魯之都，長則續纂太史之職，天下遺文古事咸集，不言孔氏有古文之逸經，則僞經之證，殆不足辨也。

凡此數條，史遷所傳孔子六藝之源流至足信者。 凡《詩》三百五篇，其四始之義，❶以《關雎》爲《風》始，《鹿鳴》爲《小

❶「其四始之義」，重刻本無此五字。

雅》始，《文王》爲《大雅》始，❶其《詩》，孔子皆絃歌之，以求合《韶》、《武》、《雅》、《頌》之音。傳之有魯、齊、韓三家，無所謂《毛詩》者。其《書》，上紀唐、虞之際，無《舜典》，但有伏生今文二十八篇。其「八」字作「九」字，後人追改，辨見於下。以《魯共王世家》考之，無所謂壁中古文《尚書》者。其《禮》，唯有高堂生所傳十七篇，而無《逸禮》三十九篇、《周官》五篇及《明堂陰陽》、《王史氏記》也。其《易》，則伏犧畫八卦，文王重六十四卦，孔子繫之辭，無以爲周公，亦無《説卦》、《序卦》、《雜卦》三篇，❷亦無十翼之説。傳授人自商瞿至田何，再傳至楊何，無所謂古文費氏也。其《春秋》，唯有《公羊》、《穀梁》二家，無所謂《左氏傳》也。經師皆先秦之遺民，去聖不遠。經次與《經解》相合，證應無分。據以考孔子全經，具著於是，人共熟讀，無由竄亂。故能條章明秩，如日中天，誠經學之象魏，先聖之護法，學士之瓌寶。今據之以攻古學，若發矇焉。知《毛詩》、古文《尚書》、《逸禮》、《周官》、《費氏易》、《左氏春秋》，皆僞經也。於以洗二千年歆、莽之僞氛，復孔聖傳授之微言，皆賴於此。學者知其真者，乃能辨其僞者，悟於此義，思過半矣。《儒林傳》雖粹然完書，然云：「秦時焚書，伏生壁藏之，其後兵大起，流亡。漢定，伏生求其《書》，亡數十篇，獨得二十九篇，即以教於齊、魯之間。」又云：「孔氏有古文《尚

❶「雅始」下，重刻本有「清廟爲頌始」五字。

❷「無以」至「三篇」，重刻本作「無以爲周公作亦無有序卦雜卦二篇」。

書》，而安國以今文讀之，因以起其家，《逸書》得十餘篇，蓋《尚書》滋多於是矣。」又云：「《禮》固自孔子時，而其經不具，及至秦焚書，書散亡益多，於今獨有士禮，高堂生能言之。」此三條，是劉歆竄亂以惑人者。考六經之傳，有書本，有口説。博士所職，孔廟藏書，是傳本也。然吴祐寫書，汗青盈車，其子輒以薏苡之謗爲諫，則當時寫本甚難，頗賴口説。伏生於《尚書》，是其專門，即有百篇，皆所熟誦。當時《春秋》賴口説流傳，《詩》則以其諷誦，皆至公羊壽、申公、轅固生、韓嬰乃著竹帛，以故《公》、《穀》二傳，魯、齊、韓三家《詩》，文字互異，良由口説之故。且古人字僅三千，理難足用，必資通假，重義理而不重文字，多假同音爲之，與今泰西文字相近。譬由繙繹，但取得音，不能定字。一英吉利也，而可作英圭黎。一法蘭西也，而可作佛狼機。一西班牙也，而可作日思巴尼亞。漢儒之尊，以其有專輒之權，得擅繙經之事。《詩》不過三百五篇，《書》不過二十八篇，爲文甚簡，人人熟誦，誠不賴書本也。若專賴壁藏之簡，而後二十九篇得存，則《詩》、《春秋》未聞有壁藏之簡，何以三百五篇之文，二百四十二年之事得全乎？若謂《詩》有韻語，諷誦易存，《書》文聱牙，非簡不存，則《春秋》及二傳豈有韻語乎？故《隋志》之言曰：「至漢，唯濟南伏生口傳二十八篇，又河内女子得《泰誓》一篇獻之。」曰「口傳」，曰「二十八篇」，曰「河内女子得《泰誓》一篇」，其説出《論衡》。此必今學家之説，足以破壁藏流亡失數十篇之謬，并足破伏生得二十九篇之誤矣。今學以《尚書》二十八篇比二十八宿，以後得《泰誓》一篇比北斗，其説可據。且伏生爲秦博士，秦雖焚書而博士所職不焚，則伏生之本無須藏壁而致亡也。知此，則壁藏亡失之説，更不待攻，而二十八篇爲孔子未經秦火之《書》，愈明矣。云「二十九篇」者，蓋《太誓》後得，後人忘其本原，輕改《史記》「八」字爲「九」字，必非史遷原文，并非歆竄原文。猶戴聖《禮記》本四十六篇，馬融增三篇爲四十九篇，而《後漢書》曹褒、橋仁傳《禮記》皆四十九篇，蓋亦後人追改之辭也。

難者曰：若謂孔子傳《書》祇二十八篇，則《史記》所引《書》篇名，《禮記》、《左傳》、《國語》、《孟子》、《管子》、《墨子》、《尚書大傳》所引《書》篇名，非歟？ 釋之曰：《書》經孔子所論定者凡二十八篇，餘則孔子所未定之《書》。猶《春秋》有已修之《春秋》、未修之《春秋》也。《詩》有删定之《詩》已删之《逸詩》，本固不同。夫「血流漂杵」之虐，孟子不信《武成》，孔子豈肯存之乎？ 今所見《逸詩》三百餘條，雜引於《禮記》、《左傳》、諸子，人人皆知其非三百五篇之《詩》，則《史記》及諸傳記所引之《書》，豈可闌入孔子所定二十八篇之列乎？ 不疑《逸詩》而疑删《書》，是知二五而不知十也。且《湯誓》爲今學，而《墨子》引之爲「湯説」，凡三條，則百篇所無之名矣。如以「説」爲文誤，不應三條皆誤。如以爲異篇，何以《書序》無之？ 此類之疑尚多，不能悉數。其詳見《書序辨僞》。二十八篇中，如《堯典》、《禹貢》、《洪範》、《無逸》等文，經緯人天，試問史記《湯誥》、《太誓》之文，厠於其間，能相稱否？《漢志》之《周書》七十一篇，如《世俘解》之爲《武成》等類，其或有孔子已删之《書》存焉，而史遷取之歟？要之，孔子定本之《書》，伏生傳二十八篇，無數十篇之亡，亦無百篇之《序》，可斷斷也。

若云「孔氏有古文《尚書》」，所謂「孔氏」者，《漢志》所謂魯共王壞壁所得之《書》也，《史記》於《魯共王世家》何以無之？且其時河間獻王亦得古文《書》，同異若何？史公於《河間世家》何以無之？其詳見《漢書藝文志辨僞》。史公尊經，河間、魯共有此巨典，豈其疏脱若是？若謂「安國以今文讀之」，「《逸書》得十餘篇」，則安國兄延年、延年子霸、霸子光世治《尚書》，應傳古文。而劉歆欲立古文《尚書》，光不肯助，何也？安國古文傳都尉朝，朝傳膠東庸生；然安國又傳兒寬，寬授歐陽生之子，世世傳之，則今古文同出一師，何以今文無十餘篇之《逸書》？且史遷嘗從安國問故，而所聞亦無出二十八篇外者？夫《共王傳》不著壞壁得《書》之事，孔光不助古文《書》之立，兒寬、司馬不見《逸書》之文，則此條之爲竄入，無可疑矣。

難者曰：《尚書大傳》有引《九共篇》語，此伏生所述亡失篇之確據，而「古文《逸書》有之，又十餘篇，與伏生合」之明徵也。釋之曰：《尚書大傳》自宋不傳，經説自劉歆後多竄僞，即不然，則伏生引已删之《書》目耳。《禮》十七篇之爲足本，而其説已見上。此云「《禮》固自孔子時，而其經不具」，《周禮》無可考，今《禮經》皆孔子所作，昔之具不具無可考。歆蓋言其不具以爲僞作地耳。至云「秦焚書多散亡」，辨見前篇。高堂生所傳十七篇，除《冠》、《昏》、《相見》、《喪》四篇外，餘皆大夫、諸侯、天子之禮，安得曰「士禮」乎？歆僞作《明堂》、《巡狩》等三十九篇《逸禮》及《周官》五篇，皆天子、諸侯之禮。其作《七略》，曰「猶瘉倉等推士禮而致於天子之説」，則此士禮，歆所改也。若《儀禮》之名，又述歆者改抑之辭，西漢前但曰《禮》而已。

難者曰：《儒林傳》全篇粹完，若歆能竄入，則歆爲《毛詩》、《逸禮》、《周官》、《費易》、《左傳》，何不并竄之？釋之曰：若歆能將諸僞經全行竄入，則證據堅確，吾誠無如之何，今日更無以發明其僞矣。但《史記·儒林傳》人人共讀，若驟竄羣經之名，諸儒驟起，按舊本而力争，則其僞更易露。唯略爲點綴一二語，使無大迹，非唯不攻，且足爲其徵助矣。如王肅既僞古文《尚書》，而偏缺《舜典》一篇，又缺「粤若稽古帝舜」二十八字，待姚方興得於大桁頭而後補之。其綴緝諸書，皆與原文少異，或增或漏，故示缺略。凡此皆作僞者之伎倆，欲使人疑信參半，而憑託既深，卒不能去，則其術售矣。古今作僞如出一軌。《儒林傳》所以獨竄古文《尚書》而不他及，猶《封禪書》之竄《周官》，《十二諸侯年表》之竄《左氏春秋》，皆於旁見側出以亂人耳目。作僞之訣皆如是，一經勘破，肺肝如見。今將劉歆竄亂之文條列於下。

古文八條

總之不離古文者近是。《五帝本紀》。

《史記·五帝本紀》，依《五帝德》、《帝繫姓》而作。古文如《周官》、《左傳》、《國語》則添出伏犧、神農、少昊，與《史記》大相違謬，何爲忽以「古文」爲「近是」？得無自相矛盾乎？其添設之迹，不攻自破。

余讀諜記，黄帝以來皆有年數，稽其曆譜諜終始五德之傳，古文咸不同乖異。《三代世表》。

此言諜記與鄒衍終始五德之傳不同乖異，如何著得「古文」二字？

於是譜十二諸侯，自共和訖孔子，表見《春秋》、《國語》學者所譏盛衰大指著於篇，爲成學治古文者徐廣曰：「一云『治國聞者』也。」要删焉。《十二諸侯年表》。

上云著盛衰之大指，其爲「治國聞者」之要删無可疑，忽插「古文」二字，作何解？徐廣所見，猶爲原本。其餘可推。

羣儒既已不能辨明封禪事，又牽拘於《詩》、《書》古文而不能騁。《封禪書》。

「羣儒牽拘於《詩》、《書》而不能騁」，則文從矣。插「古文」二字，其「古文」何文邪？若即《詩》、《書》邪？則已該之。其《逸禮》邪？則何不別舉之乎？其爲添竄，不待問矣。

余讀《春秋》古文。《吴世家》。

「《春秋》古文」者，《左氏傳》耳。《儒林傳》、《河間獻王世家》無之。此忽出之，其爲讕言易見。

則論言弟子籍，出孔氏古文，近是。《仲尼弟子傳》。

「孔氏古文」者何？ 殆指魯共王壞壁所得之古文《論語》也。 無如《共王世家》無是事何！

年十歲則誦古文。

秦撥去古文。以上《太史公自序》。

《史記・賈生傳》稱「以能誦《詩》屬《書》」，《漢書》東方朔亦稱「學《詩》、《書》，誦二十二萬言」，無言誦古文者。且古文者，如《索隱》以爲古文《尚書》邪？ 如劉氏以爲《左傳》、《國語》、《世本》邪？ 則其妄已辨之矣。 若秦祇云燒《詩》、《書》，何以云「撥古文」乎？ 其竄亂至顯也。

《詩》、《書》六條言《書序》者先焉。

至於序《尚書》，則略無年月。 或頗有，然多闕，不可録。《三代世表》。

孔子之時，周室微而禮樂廢，《詩》、《書》缺。追迹三代之禮，序《書傳》，上紀唐、虞之際，下至秦繆，編次其事。《孔子世家》。

按：《書序》之僞，已詳《書序辨僞》。 或據此二條以爲孔子有《書序》之證，不知爲劉歆所竄入也。 且《易》無序矣，而《孔子世家》之「孔子晚而喜《易》，序《彖》、《繫》、《象》、《説卦》、《文言》」，此「序」字在首，不得如《正義》作《序卦》解，當亦次序之辭。 此「序《書》」即不僞竄，亦非今《書序》可知也。

秦既得意，燒天下《詩》、《書》、諸侯史記尤甚，爲其有所刺譏也。《詩》、《書》所以復見者，多藏人家。《六國表》。

歆云「藏人家」者，暗指古文而言，忘卻博士之職不失也。

夫學者載籍極博，猶考信於六藝。《詩》、《書》雖缺，然虞、夏之文可知也。《伯夷列傳》。

及至秦之季世，焚《詩》、《書》，阬術士，六藝從此缺焉。

孝文帝時，欲求能治《尚書》者，天下無有。乃聞伏生能治，欲召之。是時伏生年九十餘，老，不能行，於是乃詔太常，使掌故晁錯往受之。秦時焚書，伏生壁藏之。其後兵大起，流亡。漢定，伏生求其《書》，亡數十篇，獨得二十九篇，即以教於齊、魯之間。學者由是頗能言《尚書》。孔氏有古文《尚書》，而安國以今文讀之，因以起其家。《逸書》得十餘篇，蓋《尚書》滋多於是矣。

《禮》二條

諸學者多言《禮》，而魯高堂生最本。《禮》固自孔子時，而其經不具，及至秦焚書，書散亡益多，於今獨有士禮，高堂生能言之。以上《儒林傳》。

辨見前。

封禪用希，曠絶莫知其儀禮，而羣儒采封禪《尚書》、《周官》、《王制》之望祀、射牛事。《封禪書》。

《周官》一篇，《史記》自《河間獻王世家》、《儒林傳》皆不著。一部《史記》無之，唯《封禪書》有此二字，其爲歆竄入何疑焉！凡作盜，皆不敢於顯明，而多嘗試於幽暗也。

《易》三條

孔子晚而喜《易》，序《彖》、《繫》、《象》、《説卦》、《文言》。《孔子世家》。

按：《漢書・藝文志》云：「孔子爲之《彖》、《象》、《繫辭》、《文言》、《序卦》之屬十篇。」《儒林傳》云：費直「亡章句，徒以《彖》、《象》、《繫辭》十篇，《文言》解説上下經」。《隋書・經籍志》云：「及秦焚書，《周易》獨以卜筮得存，唯失《説卦》三篇，後河内女子得之。」《隋志》之説出於《論衡》，此必王充曾見武、宣前本也。《説卦》：「帝出乎震，齊乎巽，相見乎離，致役乎坤，説言乎兑，戰乎乾，勞乎坎，成言乎艮。」又曰：「震，東方也；離也者，南方之卦也；兑，正秋也；坎者，正北方之卦也。」與焦、京《卦氣圖》合。蓋宣帝時，説《易》者附之入經，田何、丁寬之傳無之也。史遷不知焦、京，必無之，此二字不知何時竄入。至《序卦》、《雜卦》，所出尤後，《史記》不著。蓋出劉歆之所僞，故其辭閃爍隱約，於《藝文志》著《序卦》，於《儒林傳》不著，而以「十篇」二字總括其間。要之，三篇非孔子經文。《説卦》之僞，見《易漢學辨》；十篇之僞，見《藝文志辨僞》。

周太史過陳，陳厲公使以《周易》筮之，卦得觀之否。賈逵曰：「坤下巽上觀，坤下乾上否，觀爻在六四，變而之否。」按：六爻有變象，有互體。是謂「觀國之光，利用賓於王」。《陳世家》。○《田敬仲完世家》略同。

初，畢萬卜仕於晉國，遇屯之比。賈逵曰：「震下坎上屯，坤下坎上比，屯初九變之比。」辛廖占之曰：「吉。屯固比入。吉孰大焉！其後必蕃昌。」《晉世家》。○《魏世家》略同。

顧氏炎武《日知録》曰：「凡卦爻二至四、三至五，兩體交互，各成一卦，先儒謂之曰『互體』。然夫子未嘗及之。後人以雜物撰德之語當之，非也。其所論二與四、三與五，同功而異位，特就兩爻相較言之，初何嘗有『互體』之説？《晉書》荀顗嘗難鍾會『《易》無互體』，見稱於世，其文不傳。新安王炎晦叔嘗問張南軒曰：『伊川令學者先看王輔嗣、胡翼之、王介甫三家《易》，何也？』南軒曰：『三家不論互體故耳。』朱子《本義》不取『互體』之説，唯《大壯》六五云：『卦體似兑，有羊象焉。』不言『互』而言『似』，『似』者，合兩爻爲一爻，則似之也。然此又創先儒所未有，不如言『互體』矣。《大壯》自三至五成兑，兑爲羊，故爻辭並言羊。」全氏祖望《經史問答》曰：「漢、晉諸儒無不言『互體』者，至王輔嗣、鍾士季始力排之，然亦終不能紬也。特是漢儒言『互』，祇就一卦一爻配象，❶未能探其所以然。至王伯厚作《鄭康成易注序》始發之，謂：『八卦之中，乾、坤純乎陰陽，故無互體。若震、巽、艮、兑，分主四時，而坎、離居中以運，❷是以下互震而上互艮者，坎也；下互巽而上互兑者，離也；若震、巽分乾、坤之下畫，則上互有坎、離；艮、兑分乾、坤之上畫，則下互有坎、離；而震、艮又自相互，巽、兑又自相互，斯陰陽老少之交相資也。』愚再以十辟卦推之：五陽辟，以震、兑與乾、坤合而成；五陰辟，以巽、艮與乾、坤合而成；乃夬、姤近乎純乾，剥、復近乎純坤，故無互體。而艮、兑之合乾、坤也，爲臨，爲遯，則下互有震、巽；震、巽之合乾、坤也，爲大壯，爲觀，

❶「配」，《日知録》作「取」。

❷「運」下，《日知録》有「之」字。

則上互有艮、兑。至乾、坤合而爲泰，則下互兑而上互震；乾、坤合而爲否，則下互艮而上互巽。坎、離於十辟卦雖不預，而以既、未濟自相互，是陰陽消長之迭爲用也。蓋伯厚八卦之旨，即『中央寄王』之義也；愚所推十辟卦之旨，即『六律還宮』之義也。是以朱子晚年謂從《左氏》悟得互體，而服漢儒之善於經説者，有自來矣。」按：「互體」之説，實創於劉歆，經無之也。歆竄入《左傳》，則惑人深矣。史公受楊何之《易》，必無之，蓋亦歆所竄入也。若互體之謬，鍾會發之於前，張南軒、顧亭林述之於後，可謂絶世之識，惜其不知《左傳》爲僞説。朱子卒亦惑之。全謝山更無論也。

《春秋》九條附《宋世家》贊一條。

是以孔子明王道，干七十餘君，莫能用。故西觀周室，論史記舊聞，興於魯而次《春秋》，上記隱，下至哀之獲麟。約其辭文，去其煩重，以制義法，王道備，人事浹。七十子之徒口受其傳指，爲有所刺譏、褒諱、挹損之文辭，不可以書見也。魯君子左丘明，懼弟子人人異端，各安其意，失其真，故因孔子史記具論其語，成《左氏春秋》。鐸椒爲楚威王傅，爲王不能盡觀《春秋》，采取成敗，卒四十章，爲《鐸氏微》。趙孝成王時，其相虞卿，上采《春秋》，下觀近世，亦著八篇，爲《虞氏春秋》。吕不韋者，秦莊襄王相，亦上觀尚古，删拾《春秋》，集六國時事，以爲八覽、六論、十二紀，爲《吕氏春秋》。

及如荀卿、孟子、公孫固、韓非之徒，各往往捃摭《春秋》之文以著書，不可勝紀。漢相張蒼曆譜五德，上大夫董仲舒推《春秋》義，頗著文焉。《十二諸侯年表》。

按：今博士謂「左氏不傳《春秋》」。《儒林傳》述《春秋》有《公羊》、《穀梁》，而無《左氏》。史遷徵引《左氏》至多，如其傳經，安有不敘？此爲辨今古學真僞之鐵案。孔子《春秋》之義法，唯七十子能傳之，即《公羊》、《穀梁》之説也。自非七十子，其不傳明矣。此表驟言「左氏」，且稱丘明爲「魯君子」，懼弟子「各安其意」而「失其真」，抑《公》、《穀》而尊《左氏》如此。考文翁《孔廟圖》、《史記・仲尼弟子傳》，無左丘明名。且《左傳》稱「悼四年」，據《史記・六國表》，悼公之薨在獲麟後五十餘年，則丘明在孔子後遠矣。豈七十子學成德尊，所存者不足據，而非弟子之丘明反足據乎？此又不待辨也。下雜敘《鐸氏微》、《虞氏春秋》、《呂氏春秋》諸書，各體既雜而不類，又《呂氏春秋》於十二諸侯年月事無關，《虞氏春秋》在《儒家》，於十二諸侯年月事亦必無關。以此例之，不過歆以《史記・儒林傳》彰著，難於竄亂，故旁竄於《十二諸侯年表》，以爲《左傳》之證；又多竄數書，故爲繁重，以泯其迹。「安意」「失真」之説與《七略》同，其爲歆言，無疑義矣。

太史公曰：神農以前尚矣。蓋黄帝考定星曆，建立五行，起消息，正閏餘，於是有天地神祇物類之官，是謂五官。各司其序，不相亂也。民是以能有信，神是以能有明德。民神異業，敬而不瀆，故神降之嘉生，民以物享，災禍不生，所求不匱。少皞氏之衰也，九黎亂德，民神雜擾，不可放物，禍菑薦至，莫盡其氣。顓頊受之，乃命南正重司天以屬神，命火正黎司地以屬民，使復舊常，無相侵瀆。其後三苗服九黎之德，故二官咸廢所職，而閏餘乖次，孟陬殄滅，攝提無紀，曆數失序。堯復遂重、黎之後不亡舊者，使復典之，而立羲和之官，明時正度，則陰陽調，風雨節，茂氣至，民無夭疫。年耆禪舜，申戒文祖，云：「天之曆數在爾躬。」舜亦以命禹。由是觀之，王者所重也。夏正以正月，殷正以十二月，周正以十一月。蓋三王之正若循環，窮則反本。天下有道則不失紀序，無道則正朔不行於諸侯。幽、厲之後，周室微，陪臣執政，史不記時，君不告朔，故疇人子弟分散，或在諸夏，或在夷狄。是以其禨祥廢而不統。周襄王二十六年閏三月，而《春秋》非之。先王之正時也，履端於始，舉正於中，歸邪於終。履端於始，序則不愆；舉正於中，民則不惑；歸邪於終，事則不悖。《曆書》。

考五帝無少皞之說，《逸周書·嘗麥解》云：「昔天之初，誕作二后，乃設建典，命赤帝分正二卿，命蚩尤於寓，少皞以臨四方。」又云：「乃命少皞清司馬鳥師，以正五帝之官，故名曰『質』。」按：蚩尤爲古之諸侯。而少皞與蚩尤爲二卿，同受帝命，則少皞亦古之諸侯，與蚩尤同；非五帝，更非黃帝之子，甚明。劉歆欲臆造三皇，變亂五帝之説，以與今文家爲難，因躋黃帝於三皇，而以少皞補之。其造《世經》，以太皞帝、炎帝、黃帝、少皞帝、顓頊、帝嚳、唐帝、虞帝爲次，隱寓三皇、五帝之説。又懼其説異於前人，不足取信，於是竄入《左傳》、《國語》之中，一則曰

「我高祖少皞摯之立也」，《左傳》昭十七年。再則曰「少皞有四叔」，《左傳》昭十九年。三則曰「而封於少皞之虚」，《左傳》定四年。四則曰「及少皞之衰也」，《國語・楚語》。又僞作《月令》，以孟秋爲「其帝少皞」，皆所以證成其《世經》之説，而不知其猶有《逸周書》遺文，不能彌縫也。夫出於一己者，則較若畫一。偶見他書者，輒判然不同。其爲己所私造，尚待辨邪？歆又竄之《史記・曆書》中曰「少皞氏之衰也」，即《國語・楚語》之文。《史記》紀五帝用《大戴禮》、《世本》之説，若《左傳》、《國語》有少皞事，史公於二書素所引用，何以遺之？其爲僞竄，益無疑矣。如謂《本紀》據《大戴》，不兼他書，則八愷等説固兼《左傳》矣。如《左》、《國》有少皞，斷無不兼及也。文十八年，「少皞氏有不才子」，與縉雲氏並稱，縉雲氏非古天子，則少皞未可遽以爲天子，殆即《逸周書》所稱之類。《五帝本紀》亦有此語，今皆不必斷爲竄僞。

昔有過氏殺斟灌，以伐斟尋，滅夏后帝相。帝相之妃后緡方娠，逃於有仍，而生少康。少康爲有仍牧正。有過又欲殺少康，少康奔有虞。有虞思夏德，於是妻之以二女，而邑之於綸，有田一成，有衆一旅。後遂收夏衆，撫其官職，使人誘之，遂滅有過氏，復禹之績，祀夏配天，不失舊物。今吴不如有過之彊，而句踐大於少康。今不因此而滅之，又將寬之，不亦難乎！《吴世家》。

《夏本紀》無夏中亡而少康中興事。此何事也，而史公於述《本紀》若不知，而於《吴世家》乃敘之邪？其謬不待言。然此事亦非全無來歷。《離騷》：「夏康娱以自縱，不顧難以圖後兮，五子用失乎家巷。羿淫游以佚田兮，❶又好射夫封狐。固亂流其鮮終兮，浞又貪夫厥家。澆身被服彊圉兮，縱欲而不忍。日康娛而自忘兮，厥首用夫顛隕。及少康之未家兮，留有虞之二姚。」蓋戰國多雜説，史遷所謂「言不雅馴」者，歆入之於《左傳》，并竄之於《史記》耳。《夏本紀》稱禹後有斟尋氏，亦所自出也。但恐歆校詩賦，并《離騷》亦歆所竄入。不然，何此一事敘至十二句邪？

四十六年，惠公卒。長庶子息攝當國，行君事，是爲隱公。初，惠公適夫人無子，公賤妾聲子生息。息長，爲娶於宋。宋女至而好，惠公奪而自妻之，生子允；登宋女爲夫人，以允爲太子。及惠公卒，爲允少故，魯人共令息攝政，不言即位。

按：《漢書·王莽傳》，莽奏曰：「《尚書·康誥》『王若曰，孟侯，朕其弟，小子封』，此周公居攝稱王之文也。《春秋》：『隱公不言即位，攝也。』此二經，周公、孔子所定，蓋爲後法。」觀此，知歆之僞撰《左傳》書法，所以翼成王莽居攝而篡位者也。不聞《公》、《穀》有是義。史遷聞《春秋》於董仲舒，述《儒林》無《左氏》。若真有《左氏》解經語，豈容没之？足見歆之竄僞也。

八年，鄭易天子之太山之邑祊及許田。君子譏之。二年，以宋之賂鼎入於大廟。君子譏之。

比及葬，三易衰。君子曰：「是不終也。」以上《魯世家》。

❶「以」，原重文，據重刻本删。

穆公九年，病，召大司馬孔父謂曰：「先君宣公舍太子與夷而立我，我不敢忘。我死，必立與夷也。」孔父曰：「羣臣皆願立公子馮。」穆公曰：「毋立馮。吾不可以負宣公。」於是穆公使馮出居於鄭。八月庚辰，穆公卒。兄宣公子與夷立，是爲殤公。君子聞之曰：「宋宣公可謂知人矣，立其弟以成義。然卒其子復享之。」

十二年春，宋襄公爲鹿上之盟，以求諸侯於楚。楚人許之。公子目夷諫曰：「小國爭盟，禍也。」不聽。秋，諸侯會宋公盟於盂。目夷曰：「禍其在此乎！君欲已甚，何以堪之！」於是楚執宋襄公以伐宋。冬，會於亳以釋宋公。子魚曰：「禍猶未也。」十三年夏，宋伐鄭。子魚曰：「禍在此矣。」秋，楚伐宋以救鄭。襄公將戰，子魚諫曰：「天之棄商久矣，不可。」冬十一月，襄公與楚成王戰於泓。楚人未濟，目夷曰：「彼衆我寡，及其未濟，擊之。」公不聽。已濟未陳，又曰：「可擊。」公曰：「待其已陳。」陳成，宋人擊之。宋師大敗，襄公傷股。國人皆怨公。公曰：「君子不困人於阨，不鼓不成列。」子魚曰：「兵以勝爲功，何常言與？必如公言，即奴事之耳，又何戰爲！」是年，晉公子重耳過宋。襄公以傷於楚，欲得晉援，厚禮重耳以馬二十乘。十四年夏，襄公病傷於泓而竟卒。

三十七年，熒惑守心。心，宋之分野也。景公憂之。司星子韋曰：「可移於相。」景公曰：「相，吾之股肱。」曰：「可移於民。」景公曰：「君者待民。」曰：「可移於歲。」景公曰：「歲飢民困，吾誰爲君！」子韋曰：「天高聽卑，君有君人之言三，熒惑宜有動。」於是候之，果徙三度。

太史公曰：《春秋》譏宋之亂，自宣公廢太子而立弟，國以不寧者十世。襄公之時，修行仁義，❶欲爲盟主。其大夫正考父美之，故追道契、湯、高宗，殷所以興，作《商頌》。襄公既敗於泓，而君子或以爲多，傷中國闕禮義，褒之也，宋襄之有禮讓也。以上《宋世家》。

按：《世家》敘宣公事，以爲立弟成義，子復享之；敘襄公事，譏其得禍致怨。皆用《左氏》義。漢人之學，皆有家法，何以同一《世家》，贊譏宣公之亂宋，褒襄公之禮讓，獨用《公羊》義？一文矛盾，何至於是？其爲歆所竄入，最爲易見。以此推之，《秦本紀》、《魯世家》之「君子」，亦爲竄入無疑矣。《秦本紀》引「君子」凡二條，以其無關《春秋》書法，故不録。「分野」爲歆僞撰，辨見卷十四。

凡所引《史記》竄入諸條，皆確鑿無可疑者。考《史記》一書，《太史公自序》稱「凡百三十篇，五十二萬六千五百字」，本自完具。唯班固所見，已云「十篇有録無書」，《漢書·藝文志》、《司馬遷傳》。而褚少孫補之。《太史公自序》集解引張晏説。故索隱述贊云：「惜哉殘缺，非才妄續。」然自褚少孫後，續者尚多。《後漢書·班彪傳》：「武帝時，司馬遷著《史記》，自太初以後，闕而不録。後好事者頗或綴集時事，然多鄙俗，不足以踵繼其書。」章懷注：「好事者，謂楊雄、劉歆、陽城衡、褚少孫、史孝山之徒也。」《史通·正史篇》云：「其後劉向、向子歆及諸好事者若馮商、衛衡、楊

❶「修行仁義」，重刻本作「修仁行義」。

雄、史岑、梁審、肆仁、晉馮、段肅、金丹、馮衍、韋融、蕭奮、劉恂等，相次撰續，迄於哀、平間，猶名《史記》。」若楊終之删《太史公書》爲十餘萬言，《後漢書·楊終傳》。猶不數也。當成帝時，東平王寓以叔父之尊，上疏求《太史公書》，朝廷不與，《漢書·東平思王傳》。則外人見者絶少。其唯劉歆肆行竄入至易也。《太史公自序》集解引張晏曰「遷没之後，亡《景紀》、《武紀》、《禮書》、《樂書》、《兵書》、《漢興以來將相年表》、《日者列傳》、《三王世家》、《龜策列傳》、《傅靳蒯成列傳》」，則張晏見本序目有《兵書》也。顔師古注《漢書·司馬遷傳》曰：「序目本無《兵書》，張云亡失，此説非也。」劉奉世曰：「《兵書》即《律書》，蓋當時有爾。」蓋史遷有《兵書》，無《律書》，師古據其所見歆本誤言之。蓋《律書》亦歆所竄補者也。

趙氏翼論《史記》爲後人增竄甚詳，惜未知即爲劉歆所竄，而頻疑褚少孫耳。今全録於此。《廿二史劄記》「褚少孫補《史記》不止十篇」條云：「《漢書·司馬遷傳》謂『《史記》内十篇，有録無書』，顔師古注引張晏曰：『遷没後，亡《景紀》、《武紀》、《禮書》、《樂書》、《兵書》、《漢興以來將相年表》、《日者列傳》、《三王世家》、《龜策列傳》、《傅靳蒯成列傳》，凡十篇。元、成間，褚少孫補之，文辭鄙陋，非遷原本也。』是少孫所補，祇此十篇。然細按之，十篇之外，尚有少孫增入者。如《外戚世家》，增尹、邢二夫人相避不相見，及鉤弋夫人生子，武帝將立爲太子，而先賜鉤弋死；又衛青本平陽公主騎奴，後貴爲大將軍，而平陽公主寡居，遂以青爲夫等事。《田仁傳》後，增仁與任安皆由衛青舍人選入，見帝，二人互相舉薦，帝遂拔用之等事。又《張蒼申屠嘉傳》後，增記征和以後爲相者。車千秋之外，有韋賢、魏相、丙吉、黄霸，皆宣帝時也；韋玄成、❶匡衡，則元帝時也。此皆少孫别有傳聞，綴於各傳之後。今《史記》内各有『褚先生曰』以别之。其無『褚先生曰』者，則於正文之下另空一字，以爲識别。此少孫所補，顯然可見者也。又有就史遷原文而增改者。《楚元王世家》後，敘其子孫有地節二年者，❷則宣帝年號也。《齊悼惠王世家》後，敘朱虚侯子孫，有至建始三年者，則成帝年號也。此則皆在遷後，而遷書内見之，則亦少孫所增入也。又《史記·匈奴傳》：太初四年，且鞮侯單于立。其明年，浞野侯亡歸。又明年，漢使李廣利擊右賢王於天山；又使李陵出居延，陵敗，降匈奴，則天漢二年也。又二年，漢使廣利出朔方，與匈奴連戰十餘日，廣利聞家已族滅，遂降匈奴，則應是天漢四年事。然《漢書·武帝紀》：天漢二年，李陵降匈奴，與此傳同；而廣利之降則在征和三年，距天漢四年尚隔七年，殊屬歧互。不知者必以史遷爲及身親見，與班固事後追書者不同，自應以《史記》爲準。然征和元年巫蠱事起，二年

❶「玄」，原作「元」，避清諱，今回改。後倣此，不再出校。

❷「有」下，《廿二史劄記》有「至」字。

太子斬江充，戰敗自殺；而廣利之降，則以太子既死之明年。廣利出擊匈奴，丞相劉屈氂餞於郊外。廣利以太子既死，屬屈氂勸上立昌邑王爲太子。昌邑王者，廣利妹李夫人所生子，廣利甥也。此語爲人所告發，帝遂誅其家。廣利聞之，乃降匈奴。是廣利之降，在衛太子死後，而太子之死，實在征和二年。此等大事，《漢書》本紀編年記載，斷無差誤。則廣利之降，必不在天漢四年明矣。再以《漢書·匈奴傳》核對，則李陵降匈奴以前，皆與《史記·匈奴傳》同。陵降後二年，廣利出兵，與單于連戰十餘日，無所得，乃引還，並未降匈奴也。又明年，匈奴且鞮侯單于死，狐鹿姑單于立，❶是爲漢太始元年。狐鹿姑立六年，遣兵入寇上谷、五原、酒泉。漢乃又遣廣利出塞。戰勝追北，至范夫人城，聞妻子坐巫蠱事被收，乃降匈奴。計其歲年，正是征和三年之事，與《武帝紀》相合，則知《史記·匈奴傳》末所云天漢四年廣利降匈奴者，非遷原本也。遷是時目擊其事，豈有錯年歲至此？❷蓋遷所作傳，僅至李陵降後二年廣利出塞不利引還便止。遷《自敘》謂「訖於太初」，則并在陵降匈奴之前。而褚少孫於數十年後，但知廣利降匈奴之事，不復細考年代，即以係於天漢四年出兵之下，故年代錯誤也。可知《史記》十篇之外，多有少孫所竄入者。」「《史記》有後人竄入處」條云：

❶「立」，原作「位」，據《廿二史劄記》改。

❷「錯」下，《廿二史劄記》有「誤」字。

「《史記·田儋傳》贊，忽言蒯通辨士，著書八十一篇，項羽欲封之而不受。此事與儋何涉，而贊及之？《司馬相如傳》贊，謂『相如雖多虚辭濫説，然其要歸引之節儉；楊雄以爲靡麗之賦，勸百諷一，猶馳騁鄭、衛之音，曲終而奏雅，不已虧乎！余采其語可論者著於篇』云云。按：雄乃哀、平、王莽時人，史遷何由預引其語？此并非少孫所補，而後人竄入者也。《漢書·相如傳》贊正同，豈本是班固引雄言作贊，而後人反移作《史記》傳贊邪？《外戚世家》敘衛子夫得幸之處，不曰『今上』而曰『武帝』，此或是少孫所改耳。」觀甌北所考《史記》之經後人竄亂，無足疑者，此外尚多，以文繁不復録，學者可觀省而自得焉。

新學僞經考卷二

弟子韓文舉、陳千秋初校。
弟子林　奎、梁啟超覆校。

新學僞經考卷三上

漢書藝文志辨僞第三上

按：劉歆僞撰古經，由於總校書之任，故得託名中書，恣其竄亂。東漢主張古學若賈逵、班固、馬融、張衡、許慎之倫，皆校書東觀者。其守古學彌篤，蓋皆親見中古文經，故惑之彌甚。通學之徒皆已服膺，其風滅天下，力固宜然。故原僞經所能創，考古學所以行，皆由《七略》也。《漢書》爲歆所作，人不盡知；《藝文志》即《七略》原文，人皆知之。今將《藝文志》之《六藝略》條辨於先，則歆之僞盡見矣。

昔仲尼没而微言絶，七十子喪而大義乖。故《春秋》分爲五，《詩》分爲四，《易》有數家之傳。戰國從衡，真僞分争，諸子之言，紛然殽亂。至秦患之，乃燔滅文章，以愚黔首。漢興，改秦之敗，大收篇籍，廣開獻書之路。迄孝武世，書缺簡脱，禮壞樂崩，聖上喟然而稱曰：「朕甚閔焉！」於是建藏書之策，置寫書之官，下及諸子傳説，皆充祕府。至成帝時，以書頗散亡，使謁者陳農求遺書於天下，詔光禄大夫劉向校經傳、諸子、詩賦，步兵校尉任宏校兵書，太史令尹咸校數術，侍醫李柱國校方技。每一書已，向輒條其篇目，撮其旨意，録而奏之。會向卒，哀帝復使向子侍中奉車都尉歆卒父業。歆於是總羣書而奏其《七略》，故有《輯略》，有《六藝略》，有《諸子略》，有《詩賦略》，有《兵書略》，有《術數略》，有《方技略》，今删其要以備篇籍。

按《七略》之出於劉歆，此爲明條。《六藝略》爲歆專職，以承父向校經傳、諸子、詩賦也，故尤得恣其改亂，顛倒五經也。秦火雖焚，而六經無恙，博士之職不改，孔氏世世不絶，諸儒師師相受，微言大義至今具存。以爲乖絶，及「書缺簡脱，禮壞樂崩」，皆歆邪説，攻今學真經，而創古學僞經也。且所謂微言大義，即孔子改制之學也，申公、轅固生、韓嬰、伏生、高堂生、田何、胡毋生、董仲舒，四百年傳之不絶。自歆僞經出，託之周公，而後孔子之微言大義乃乖絶，實乖絶於歆也。《春秋》有公、穀，而無左氏，更無鄒、夾。《詩》有齊、魯、韓，而無毛氏。《易》出於田何，施、孟、梁丘起於宣帝後，戰國前安有數家之傳？敘仲尼七十子後，即以己僞撰之經入之，以塗學者耳目，首倡秦焚而書簡缺，言絶而諸家争。學者開卷，誦之習熟，彌滿胸臆。此所以豐蔀二千年而莫之解也。劉向所撮録，大率爲歆所改。今以劉向《新序》、《説苑》、《列女傳》校之，説皆不同，知《七略》中無向説矣。其云：「迄孝武世，書缺簡脱，禮壞樂崩，聖上喟然而稱曰：『朕甚閔焉。』」《移太常書》并以「書缺簡脱」四字誣爲詔書。考《史記》、《漢書》《儒林傳》皆載武帝制，祇有「禮廢樂崩，朕甚愍焉」八字。蓋博士具官未有進者，六藝之學朝廷未重，故以爲「禮廢樂崩」，非謂「書有缺脱」也。《儒林傳》制詔元文既無此語，則「書缺簡脱」四字，爲歆增加以證佐僞經之説明甚。劉歆僞撰古文，既妄以傳授源流强誣古人，並誣其父，又誣其君。無忌憚之小人亦至此乎！按古今總校書之任者，皆有大權，能主張學術，移易是非，竄亂古書。先徵之今，國朝《四庫全書總目提要》，羣書紀昀主之，算法則戴震主之，而《四元玉鑑》爲中國算學最精之術，戴震於《測圓海鏡》提要云：「按立天元一法，見於宋秦九韶《九章大衍數》中，厥後《授時草》及《四元玉鑑》等書皆屢見之。」則戴震必見其書，而乃不爲著録，蓋欲獨擅其術也。《提要》之及其目者，乃其不覺流露，不及校删者耳。紀昀力攻朱子，述董復亨《繁露園集》之野言，❶譏《名臣言行録》不載劉元城者數條，其他主張雜學，所以攻宋儒者無不至。後生多爲所惑。近世氣節壞，學術蕪，大抵紀昀之罪也。校書者心術若壞，何所不至？幸生當國家明盛，羣書畢備，故不至大爲竄亂。若劉歆挾名父之傳，當新莽之變，前典校書之任，後總國師之權。加漢世書籍，皆在竹帛，事體繁重，學者不從大師，無所受讀。不如後世刻本流行，挾巨金而之市，則緗載萬卷，羣書咸備也。若中祕之藏，自非馬遷之爲太史，則班嗣之有賜書，楊雄之能借讀，庶或見之，自餘學者無由窺見。故歆總其事，得以恣其私意，處處竄入。當時諸儒雖不答，師丹公孫禄雖奏劾，然天下後世則皆爲所豐蔀而無由見日矣。孔子六經不亡於秦政之燒書，而亂於新歆之校書，豈不痛哉！王允謂「不可令佞臣執筆」，若校書之權任，尤先聖大道所寄，豈可使佞人爲之哉！徒以二千年經學乖

❶「復亨」，原作「亨復」，今據四庫全書本《千頃堂書目》、道光八年味經書屋本《傳是樓書目》乙正。

譌，有若聚訟，童年而搜研章句，白首不能辨厥要歸，科罪劉歆，猶未當其獄也！

《易》經十二篇，施、孟、梁丘三家。師古曰：「上、下經及十翼，故十二篇。」

《易》傳周氏二篇。字王孫也。

服氏二篇。師古曰：「劉向《别録》云：『服氏，齊人，號服光。』」

楊氏二篇。名何，字叔元，菑川人。

蔡公二篇。衞人，事周王孫。

韓氏二篇名嬰。

王氏二篇名同。

丁氏八篇。名寬，字子襄，梁人也。

《古五子》十八篇。自甲子至壬子，説《易》陰陽。

《淮南道訓》二篇。淮南王安聘明《易》者九人，號《九師説》。

《古雜》八十篇，《雜災異》三十五篇，《神輸》五篇，圖一。師古曰：「劉向《别録》云：『神輸者，王道失則災害生，得則四海輸之祥瑞。』」

孟氏、京房十一篇，《災異》孟氏、京房六十六篇，五鹿充宗《略説》三篇，京氏、段嘉十二篇。蘇氏曰：「東海人，爲博士。」晉灼曰：「《儒林》不見。」師古曰：「蘇説是也。嘉即京房所從受《易》者也，見《儒林傳》及劉向《别録》。」

章句施、孟、梁丘氏各二篇。

凡《易》十三家，二百九十四篇。

《易》曰：「伏犧氏仰觀象於天，俯觀法於地，觀鳥獸之文與地之宜，近取諸身，遠取諸物，於是始作八卦，以通神明之德，以類萬物之情。」至於殷、周之際，紂在上位，逆天暴物，文王以諸侯順命而行道，天人之占，可得而効，於是重《易》六爻，作上、下篇。孔氏爲之《彖》、《象》、《繫辭》、《文言》、《序卦》之屬十篇，故曰《易》道深矣。人更三聖，世歷三古。及秦燔書，而《易》爲筮卜之事，傳者不絶。漢興，田何傳之。訖於宣、元，有施、孟、梁丘、京氏列於學官，而民間有費、高二家之説。劉向以中古文《易經》校施、孟、梁丘經，或脱去「無咎」、「悔亡」。唯費氏《經》與古文同。

按《易》學爲歆亂僞之説有三，而京、焦之説不與焉。其一，文王但重六爻，無作上、下篇之事；以爲周公之作，更其後也。其二，《易》但有上、下二篇，無十篇之説；以爲孔子作十翼，固其妄也。其三，《易》有施、孟、梁丘，並出田何，後有京氏爲異，然皆今文之説，無費氏《易》，至有高氏，益支離也。今分辨於下：

《史記·周本紀》：「西伯蓋即位五十年。其囚羑里，蓋益《易》之八卦爲六十四卦。」《日者傳》：「周文王演三百八十四爻。」《法言·問神篇》：「《易》始八卦，而文王六十四，其益可知也。」《問明篇》：「文王淵懿也。重《易》六爻，不亦淵乎！」《漢書·楊雄傳》：「文王以諸侯順命而行道，於是重《易》六爻。」此皆西漢前説辭之未著，若何而有上、下之篇？皆殊令人不可通曉。考馬融、陸績之説，皆以文王作卦辭，周公作爻辭。見《周易正義》一。此必有所受。《志》云「文王重六爻」，蓋未敢驟改西漢舊説，以駭觀聽，而又云「作上、下篇」，則是明以爲文王作卦辭矣。其辭閃爍，所謂「誣善之人，其辭游」也。其辨詳《經典釋文糾謬》。此《志》敘周王孫、服光、楊何、蔡公、韓嬰、王同諸《易》先師傳皆二篇，章句施、孟、梁丘氏各二篇。然則《易》之卦辭、爻辭、彖辭、象辭皆合，以其簡帙繁重，分爲上、下二篇。史遷《太史公自序》稱《繫辭》爲

「《易》大傳」。蓋《繫辭》有「子曰」，則非出孔子手筆，但爲孔門弟子所作，商瞿之徒所傳授，故太史談不以爲經，而以爲傳也。至《説卦》、《序卦》、《雜卦》三篇，《隋志》以爲後得，蓋本《論衡·正説篇》「河内後得逸《易》」之事。《法言·問神篇》「《易》損其一也，雖惷知闕焉」，則西漢前《易》無《説卦》可知。楊雄、王充嘗見西漢博士舊本，故知之。《説卦》與孟、京《卦氣圖》合，其出漢時僞託無疑。《序卦》膚淺，《雜卦》則言訓詁，此則歆所僞竄，并非河内所出。宋葉適嘗攻《序卦》、《雜卦》爲後人僞作矣。《習學記言》。歆既僞《序卦》、《雜卦》二篇，爲西漢人所未見，又於《儒林傳》云費直「徒以《彖》、《象》、《繫辭》十篇文言解説上、下經」，此云「孔氏爲之《彖》、《象》、《繫辭》、《文言》、《序卦》之屬十篇」，又敘《易經》十二篇而託之爲施、孟、梁丘三家，又於《史記·孔子世家》竄入「孔子晚而喜《易》，序《彖》、《繫》、《象》、《説卦》、《文言》」，顛倒眩亂。學者傳習，熟於心目，無人明其僞竄矣。諸家引孟、京注，間有及《説卦》、《序卦》、《雜卦》者，如非竄亂之條，即爲後人附益之語，猶《左傳正義》一引《嚴氏春秋》有「孔子與左丘明觀書，丘明爲傳」之事耳，不足據也。夫《易》爲未經焚燒之書，猶可託僞，而人無疑之者，況他經哉。然則天下人之被欺，固易易耳。若非藉馬遷、王充之説，孔子之《易》幾無復發明之日，亦危矣哉！

按：西漢但有施、孟、梁丘、京氏《易》。費氏、高氏突出於哀、平之世，西漢諸儒無見之者。傳之者王璜，即傳徐敖古文

《尚書》之人，其爲歆所假僞付囑，至易見也。其云「唯費氏經與古文同」，亦僞託也，務借以尊費氏而已。漢逮中葉，經業至盛，人用其私，多思僞撰。故《易》則有焦、京、趙賓以陰陽災變爲《易》，《書》則有《泰誓》、張霸《百兩篇》，《禮》則有方士、明堂諸說。蓋作僞者已多。劉歆之僞古文，發源於《左氏》，成於《周官》，徧僞諸經，爲之佐證。獨闕於《易》，遂勦焦、京之緒餘，而變其面目。故曰「長於卦筮」，又曰「亡章句，徒以《彖》、《象》、《繫辭》十篇文言解説上、下經」，蓋歆以餘力爲之，湊成諸經古文耳。《後漢書・儒林傳》：「陳元、鄭衆皆傳費氏《易》。其後馬融亦爲其傳。融授鄭玄，玄作《易注》。荀爽又作《易傳》。自是費氏興。」《經典釋文・序録》曰：「永嘉之亂，施氏、梁丘之《易》亡。孟、京、費之《易》，人無傳者。」馬、鄭之《易》，即費氏《易》，安得謂費無傳？陸氏之説不足爲據也。是後漢末皆費氏學。而《釋文》有《費直章句》四卷，豈後人所傳益歟？然既曰「興」，又曰「人無傳者」，則必有説。今自馬融、鄭玄、荀爽、虞翻及王輔嗣注，皆費氏説，《三國志・虞翻傳》注載翻奏曰：「臣聞六經之始，莫大陰陽。」是歆六經首《易》之説也。「臣高祖父少治孟氏《易》，至臣五世。前人通講，多玩章句，雖有祕説，於經疏濶。」是翻棄師法之徵也。《翻傳》又載翻《國語訓注》，是翻蓋治古學者。蓋馬、鄭之後，費學大行。學者無不在其籠中，爲其學者又人人異論。荀爽既殊於馬、鄭，翻又異於鄭、荀，要之皆費氏之説。翻自言孟氏，蓋假借之辭耳。則今之《易》亦歆僞學也。嗚呼！後世六學，皆歆之説，孔子之道於是一變，蓋二千年矣。《儒林傳》言高相「亦亡章句，專説陰陽災異」。蓋歆別有《五行傳》

之學，溢而爲此。傳又云「自言出於丁將軍」，猶《毛詩》自謂子夏所傳耳，亦猶《春秋》之故爲鄒氏、夾氏以影射耳，亦歆所爲也。唯歆斥孟、京之僞，詳《漢書儒林傳辨僞》。

《尚書》古文經四十六卷。爲五十七篇。師古曰：「孔安國《書序》云：『凡五十九篇，爲四十六卷。承詔作傳，引序各冠其篇首，定五十八篇。』鄭玄《敘贊》云：『後又亡其一篇。』故五十七。」

經二十九卷。大、小夏侯二家。歐陽經三十二卷。師古曰：「此二十九卷，伏生傳授者。」

傳四十一篇。

歐陽章句三十一卷。

大、小夏侯章句各二十九卷。

大、小夏侯解故二十九卷。

歐陽《説義》二篇。

劉向《五行傳記》十一卷。

許商《五行傳記》一篇。

《周書》七十一篇。周史記。師古曰：「劉向云：『周時誥誓號令也。』蓋孔子所論百篇之餘也。今之存者四十五篇矣。」

《議奏》四十二篇。宣帝時石渠論。韋昭曰：「閣名也，於此論書。」

凡《書》九家，四百一十二篇。入劉向《稽疑》一篇。師古曰：「此凡言『入』者，謂《七略》之外，班氏新入之也。其云『出』者，與此同。」

《易》曰：「河出圖，雒出書，聖人則之。」故《書》之所起遠矣。至孔子纂焉，上斷於堯，下訖於秦，凡百篇，而爲之序，言其作意。秦燔書禁學，濟南伏生獨壁藏之。漢興，亡失，求得二十九篇，以教齊、魯之間。訖孝宣世，有歐陽、大小夏侯氏立於學官。古文《尚書》者，出於孔子壁中。武帝末，魯共王壞孔子宅，欲以廣其宮，而得古文《尚書》及《禮記》、《論語》、《孝經》凡數十篇，皆古字也。共王往入其宅，聞鼓琴瑟鐘磬之音，於是懼，乃止不壞。孔安國者，孔子後也，悉得其書，以考二十九篇，得多十六篇。安國獻之，遭巫蠱事，未列於學官。劉向以中古文校歐陽、大小夏侯三家經文，《酒誥》脱簡一，《召誥》脱簡二。率簡二十五字者，脱亦二十五字，簡二十二字者，脱亦二十二字，文字異者七百有餘，脱字數十。《書》者，古之號令。號令於衆，其言不立具，則聽受施行者弗曉。古文讀應爾雅，故解古今語而可知也。

按：伏生所傳二十八篇。伏生故秦博士。秦焚書，非博士所職悉焚，則博士所職不焚。然則伏生之《書》，爲孔子所傳之全經，確矣。博士以《尚書》爲備，以其傳授有緒，故比之二十八宿也。歐陽、大小夏侯傳今文者無異辭。而《史》、《漢》《儒林傳》皆云「伏生求其《書》，獨得二十九篇」者，《隋志》引《論衡》以爲「河内女子得《泰誓》一篇」。劉歆《移太常書》所謂「《泰誓》後得，博士集而讀之」。故經二十九卷，大、小夏侯章句各二十九卷，大、小夏侯解故二十九篇，皆緣博士合《泰誓》於經中，并二十八篇數之，故爲二十九也。歆欲以古文亂今學，故云「凡百篇，而爲之序」、「秦燔書禁學」、「漢興，亡失，求得二十九篇」，明《書》之不備，所以便其作僞也。歆不明白言之，又竄之於《史記·儒林傳》以惑人，以便於作僞而人不驚之也。《書序》之僞，別詳《書序辨僞》中，今不詳。

壁中古文之事，其僞凡十。秦雖焚書而六經不缺。孔氏遺書藏於廟中，世世不絶，諸儒以時習之。篆與籀文相承，無從有古文。孔襄爲孝惠博士，孔忠、孔武並爲博士，亦無從突出於共王之手。其僞一。按《史記・魯共王世家》無壞孔子壁得古文經事。史遷講業齊、魯之都，加性好奇，若有之，必詳述之。其僞二。共王以景帝前二年即位，二十八年薨，爲武帝元朔元年，乃武帝初年，《志》云「武帝末」。其僞三。自元朔元年至征和二年，巫蠱事起，凡三十六年。武帝崇奬經學，搜訪遺書，安國何爲遲數十年，致遭巫蠱之時？且安國蚤卒，何得至征和時遇巫蠱？閻若璩《古文尚書疏證》據荀悦《漢紀》「安國家獻之」，然既獻之，何以武帝久不立，歐陽氏不一言之？或據《外戚陳皇后傳》，元光五年，「女子楚服等，坐爲皇后巫蠱，祠祭祝詛，大逆無道，相連及誅者三百餘人」，其時安國正爲博士，然此後都尉朝等仍可請，何不見也？其僞四。河間獻王亦得古文《書》，「天下遺文古事靡不畢集太史公」，何以史遷不見？又此本何傳，與共王出孰先後，本孰同異，增多幾何，何以《志》不敘及？豈有亡失之餘，遺書間出，而篇簡文字不謀而合之理？其爲僞造，即此已明。其僞五。孔安國以今文字讀古文。縱有壁中書，安國亦僅識二十九篇耳，若何而知爲多十餘篇？其僞六。兒寬受業於安國，歐陽、大小夏侯學皆出於寬，則皆安國之傳也。司馬遷亦從安國問故。則使確有古文，確多十六篇，歐陽、大小夏侯皆傳之，則今古文實無異本矣。《儒林傳》云「遷書載《堯典》、《禹貢》、《洪範》、《微子》、《金縢》諸篇多古文説」，凡此皆今文篇，無一增多篇者，所異者乃安國古文説耳。然古文所異在字，安國仍讀以今文，更無説也。即安國確有其説，亦與兒寬同傳。且今考史遷載《堯典》諸篇説，實皆今文，以爲古文者妄。其僞七。安國爲得古文之人，爲歐陽、大小夏侯之本師，經應全同，何以有脱簡三，脱字數十，文字異者七百有餘？其僞八。歐陽、大小夏侯既傳安國學，則亦傳古文學，何以無此十六篇，而都尉朝、膠東庸生獨有之？其僞九。安國傳《書》，至龔勝者八傳，至孔光者五傳，至趙玄者七傳。詳《漢書儒林傳辨僞》。以今學經八傳而至勝，古學經三傳而至胡常，即當哀、平世矣，何相去之遠乎？其僞十。比附觀之，蓋不待辭之窮，而其僞已露矣。武進劉逢禄曰：《尚書今古文集解》。「馬融《書傳序》稱『逸十六篇，絶無師説』，即《史記》云『《逸書》得十餘篇』，劉歆云『《逸書》有十六篇』。正義載其目云：『《舜典》一，《汩作》二，《九共》九篇十一，《大禹謨》十二，《棄稷》十三，《五子之歌》十四，《胤征》十五，《湯誥》十六，《咸有一德》十七，《典寶》十八，《伊訓》十九，《肆命》二十，《原命》二十一，《武成》二十二，《旅獒》二十三，《冏命》二十四。』《九共》九篇共卷，故十六篇。蓋此十六篇，亦《逸周書》之類，未必出於孔壁。劉歆輩增設之，以抑今文博士耳。東漢初治古文者衛、賈諸子，皆不爲注説，故遂亡佚。要之，據《舜典》、《皋陶謨》序讀之，則《典》、《謨》皆完備。《逸書》别有《舜典》、《大禹謨》、《棄稷》，必歆等之僞也。」劉氏已能發歆之僞矣，然猶以爲「亦《逸周書》之類，未必出於孔壁」，則仍爲歆所謾也。《漢書・律曆志》全用劉歆《三統曆》。其引《武成》，以《逸周書》考之，即《世俘解》也。《世俘解》云「維四月乙未日，武王成辟四方，通殷命有國」，此敘以《武成》命篇之意；次云「唯一月丙午，《志》作「壬辰」。旁生《志》作「死」。魄，若翼《志》作「翌」，下同。日丁未，《志》作「癸巳」。王乃步自於周，征伐商王紂」，《志》作「武王乃朝步自周，於征伐紂」。《漢志》同；又云「越」《志》作「粵」，下同。若來二《志》作「三」。月既死魄，越五日甲子，朝至接於商，則《志》無此六字。咸劉商王紂」，《漢志》同；又云「時《志》作「唯」。四月，既旁生魄，越六日庚戌，武王朝至《志》無此二字。燎於周」，《志》下有「廟」字。《漢志》同；又云「若《志》無此字。翼日辛亥，祀於《志》下有「天」字。位，用籥於天位。《志》無此句。越五日乙卯，武王《志》無此二字。乃以庶國祀馘於周廟」，《漢志》同。其爲歆竊取以爲《武成》無疑。鄭康成以爲建武之際亡。見正義。意歆以出於《逸周書》太顯，又從而匿之邪？若此篇，劉逢禄以爲「亦《逸周書》之類」，宜也。若《舜典》者，《書序》乃有之。伏生、《史記》並爲《堯典》一篇，無二篇之説。陸氏《經典釋文》云：「元帝時，豫章内史梅賾奏上孔傳古文《尚書》，亡《舜典》一篇，購不能得，乃取王肅注《堯典》從『慎徽五典』以下分爲《舜典》篇以續之。齊明帝建武中，吴興姚方興采馬、王之注，造孔傳《舜典》一篇，云於大航頭買得，上之。梁武時爲博士，議曰：『孔《序》稱伏生誤合五篇，皆文相承接，所以致誤。《舜典》首有「曰若稽古」，伏生雖昏耄，何容合之？』遂不行用。」梁武之言，雖證方興之非真，實明伏本之不誤。計歆所僞，當別有一篇。《序》云「虞舜側微，堯聞之聰明，將使嗣位，歷試諸難，作《舜典》」，仍今《堯典》之義。趙岐《孟子注》云「孟子諸所言舜事，皆《舜典》及《逸書》所載」，意者歆竊《孟子》而爲之。然《宋書·禮志》載高堂隆引《書》「粵若稽古帝舜曰重華，建皇授政改朔」，此必歆所僞者。至於《湯誥》，竊於《殷本紀》。推此爲例，則十六篇皆歆所偷竊僞造至明也。其《儒林傳》都尉朝、膠東庸生、胡常、徐敖、王璜、塗惲、桑欽傳學姓名，率皆僞撰。又以胡常傳《左氏春秋》，徐敖傳《毛詩》，王璜傳費氏《易》，僞經師傳授受，皆此數人。然云「王莽時諸學皆立，劉歆爲國師，璜、惲等皆貴顯」，其爲歆所授意易見矣。要而論之，安國傳業於兒寬，歐陽、大小夏侯出於寬，其門徒星羅雲布於漢世，而未聞古文十六篇之異說。歆移文謂庸生學同古文，《隋志》謂安國私傳其業於都尉朝。何朝、庸生之幸，而寬與司馬遷之不幸邪？考其源流，殆不值一噱也。

《尚書》古文經四十六卷，經二十九卷。

《經》者，即伏生二十八篇并後得《泰誓》之本。《古文經》四十六卷，二十九卷外并得多十六篇計之，尚缺一卷，必合《序》數之乃足，然則《序》與十六篇同出無疑。歐陽、大小夏侯皆不言《序》，後漢古文大行，注《尚書》者遂皆注《序》，則《序》出於歆之僞古文明矣。詳《書序辨僞》。或曰：歆僞《書》、《禮》、《禮記》、《周官》、《左氏春秋》、《論語》、《孝經》皆古文，《毛詩》、費氏《易》亦古文。凡後世號稱爲經者皆歆僞經，變亂先聖之典文，惑易後儒之耳目，其罪固不勝誅矣。歆所僞爲古文者，固不足信。凡《史》、《漢》所號爲古文者，舉皆歆所竄附乎？應之曰：《漢書》爲歆撰，不復據。《史記》所稱，如《太史公自序》「年十歲則誦古文」，《十二諸侯年表》「表見《春秋》、《國語》，學者所譏盛衰大指著於篇，爲成學治古文者要删焉」之類，或多竄附者也。其託之古文者，以西漢末金石之學大盛。張敞之後，若楊雄等皆好之。楊雄多識奇字，侯芭、劉棻等多從問之。《後漢書·桓譚傳》言「譚尤好古學，數從劉歆、楊雄辨析疑異」，《杜林傳》言「得漆書古文《尚書》一卷，雖遭艱困，握持不離身」，班固亦繼楊雄續《蒼頡》。其時雅才尚古，可見矣。蓋承平既久，鼎彝漸出，始而搜羅，繼而作僞，好古之風氣皆然。古董之餘，必生贋鼎。京師市賈能作僞碑僞蹟，林下才士亦作僞字僞文。是故《岣嶁禹碑》，出自用修之手；《答蘇武書》，祗爲齊、梁之文。他若《孝經》孔傳，劉炫所爲；《子貢詩傳》，豐坊所僞。大舸斷字，日本《考文》，日出不窮，更僕難數。以近世之風推漢時之俗，僞篇百兩，張霸爲先驅；改定蘭臺，行貨爲後起。歆既好奇字，又任校書，深窺此旨，藉作奸邪，乃造作文字，僞造鐘鼎，託之三代，傳之後世。徵應既多，傳授自廣。以奇字而欺人，借古文爲影射。《左氏春秋》，乃其竄僞之始；共王壞壁，肆其烏有之辭。見傳記有引未修之《書》篇，託爲《逸書》以藏身；窺士禮之不達於天子，僞造《逸禮》以創制。遭逢莽篡，適典文章。内獎閹干，以成其富貴之謀；外藉威柄，以行其矯僞之學。

上承名父之業，加以絶人之才，故能徧僞諸經，旁及天文、圖讖、鍾律、月令、兵法，莫不僞竄，作爲《爾雅》、《八體六技》之書以及鍾鼎，以輔其古文之體。於是學者咸惑，豐蔀千年，皆古文之爲也。其云「古文讀應爾雅，故解古今語而可知」，此歆由僞字而造僞訓詁之由。其詳見下文，此不詳。若王肅之僞古文，則劉歆之重儓，張霸之螟蛉，近人多能言之。今但明其出於王肅，他不詳。

《詩經》二十八卷，魯、齊、韓三家。應劭曰：「申公作《魯詩》，后倉作《齊詩》，韓嬰作《韓詩》。」

魯故二十五卷。師古曰：「『故』者，通其指義也，他皆類此。今流俗《毛詩》改『故訓傳』爲『詁』字，失真耳。」

魯説二十八卷。

齊后氏故二十卷。

齊孫氏故二十七卷。

齊后氏傳三十九卷。

齊孫氏傳二十八卷。

齊雜記十八卷。

韓故三十六卷。

韓内傳四卷。

韓外傳六卷。

韓説四十一卷。

《毛詩》二十九卷。

《毛詩故訓傳》三十卷。

凡《詩》六家，四百一十六卷。

《書》曰：「詩言志，歌詠言。」故哀樂之心感，而歌詠之聲發。誦其言謂之詩，詠其聲謂之歌。故古有采詩之官，王者所以觀風俗，知得失，自考正也。孔子純取周詩，上采殷，下取魯，凡三百五篇。遭秦而全者，以其諷誦，不獨在竹帛故也。漢興，魯申公爲《詩》訓故，而齊轅固、燕韓生皆爲之傳，或取《春秋》，采雜説，咸非其本義。與不得已，魯最爲近之。三家皆列於學官。又有毛公之學，自謂子夏所傳，而河間獻王好之，未得立。

按：三家之傳，源流深遠。申公爲孫卿再傳弟子，轅固生當景帝時罷歸，已九十餘，則漢興時年已三十餘矣。韓嬰，孝文時已爲博士，則亦先秦之遺老，去七十子淵源不遠。且《儒林傳》稱《韓詩》「其語頗與齊、魯間殊，然其歸一也」，則三家之義無殊。且匪徒三家《詩》，凡今文博士之説皆同。《詩》終《三頌》，以《周頌》、《魯頌》、《商頌》終之，正與孔子作《春秋》，據魯、親周、故宋之義合。然則取《春秋》，乃三家《詩》傳孔學之正派。子夏以「禮後」悟《詩》，子貢以「切磋」悟《詩》，孟子言「憂心悄悄，慍於羣小，孔子也」，《坊記》、《中庸》、《表記》、《緇衣》、《大學》，孔門之言《詩》，皆「采雜説」。以爲「非本義」，誰得而正之？三家譜系至詳，説義歸一，未有言《毛詩》者；至平帝、王莽時，乃突出。《志》云「又有毛公之學，自謂子夏所傳」，託之「自謂」，不詳其本師。其僞一。《經典釋文·序録》引徐整云：三國吴人。「子夏授高行子，高行子授薛倉子，薛倉子授帛妙子，帛妙子授河間人大毛公。毛公爲《詩故訓傳》於家，以授趙人小毛公。小毛公爲河間獻王博士。」一云：此見陸璣《毛詩草木鳥獸蟲魚疏》，亦三國吴人。「子夏傳曾申，申傳魏人李克，克傳魯人孟仲子，孟仲子傳根牟子，根牟子傳趙人孫卿子，孫卿子傳魯人大毛公。」自東漢後，《毛詩》蓋盛行，而徐整、陸璣述傳授源流支派姓名無一同者。

一以爲出於孫卿，一以爲不出於孫卿，當三國時尚無定論，則支派不清。其僞二。同一大毛公，一以爲河間人，一以爲魯人，則本師籍貫無稽。其僞三。《漢書》但稱毛公，不著大毛公、小毛公之别，不以爲二人。鄭玄、《毛詩·周南》正義引《鄭譜》：「魯人大毛公爲《訓詁傳》於其家，河間獻王得而獻之，以小毛公爲博士。」徐整、陸璣以大毛公、小毛公别爲二人。劉、班不知，鄭、徐、陸生後二百年，何從知之？則本師歧亂。其僞四。《儒林傳》云：「毛公，趙人也。治《詩》，爲河間獻王博士。授同國貫長卿，長卿授解延年，延年爲阿武令，授徐敖，敖授九江陳俠，爲王莽講學大夫。」《傳》又言敖以古文《尚書》授王璜、塗惲，莽時，歆爲國師，皆貴顯。考子夏少孔子四十四歲，見《史記·仲尼弟子傳》。孔子卒年至魏文侯元年，凡五十七年，子夏已八十六歲；自魏文侯元年下至漢景帝二年、河間獻王元年，凡二百六十九年，自河間獻王元年下至王莽居攝元年，凡一百六十年，則自子夏退居西河至莽時，凡四百二十九年。如徐整説，子夏五傳至小毛公，又三傳至徐敖，凡八傳，當莽世矣。以《儒林傳》考之，《魯詩》，申公一傳免中徐公、許生，再傳王式，三傳張生，四傳張斿卿，以《詩》授元帝，仍當宣帝時也。斿卿門人許晏，尚有二三傳乃至莽世，則已七八傳矣。《齊詩》，轅固生一傳夏侯始昌，再傳后倉，三傳匡衡，四傳滿昌，五傳張邯、皮容。《韓詩》亦五傳至張就、髪福。而伏生《尚書》六傳爲林尊，七傳爲歐陽地餘，論石渠，猶當宣帝世，林尊再傳爲龔勝、鮑宣，上距伏生凡八傳矣。商瞿傳

《易》，至丁寬，已七傳，至施、孟、梁丘已九傳矣。《詩》、《書》自漢初至西漢末已八傳，而《毛詩》自子夏至西漢末僅八傳；《易》自商瞿至漢初已七傳，而《毛詩》自子夏至西漢末亦僅八傳，豈足信也？若如陸璣説，自孫卿至徐敖凡五傳，閲三百年，亦不足信也。且《魯詩》出於孫卿，若源流合一，則今荀子諸詩説何以與毛不同？傳授與年代不符。其僞五。《史記》無《毛詩》。《漢書》有毛公而無名。鄭玄、徐整以毛公有大小二人，而亦無名。陸璣疏、《後漢書·儒林傳》以爲毛亨、毛萇矣。夫劉、班、鄭、徐之不知，吴、宋人如何知之？襲僞成真，歧中又歧。如公羊、穀梁，本無名字，公羊、穀梁音相近，蓋卜商之音譌。二書有口説，無竹帛，故傳誤。而公羊忽名高，穀梁忽名赤、名俶，幾若踵事增華，習久成真，遂以烏有先生竊千年兩廡之祀。韓退之曰「偶然唤作木居士，便有無窮求福人」，此與「伍子胥」爲「伍髭鬚」、「杜拾遺」爲「杜十姨」何以異？夫從祀大典，以親傳《詩》、《禮》之大儒荀卿猶不得預，而妄人僞託杜撰之名字，乃得謬厠其間，非徒可笑，亦可駭矣！名字妄增。其僞六。河間獻王無得《毛詩》立博士事，以《史記·獻王世家》爲據，則竄亂依託。其僞七。詳見《河間獻王傳辨僞》。其他以《風》、《小雅》、《大雅》、《頌》爲「四始」，與《韓詩外傳》及《史記》「《關雎》爲《風》始，《鹿鳴》爲《小雅》始，《文王》爲《大雅》始，《清廟》爲《頌》始」不同。其僞八。編詩移《檜》於《陳》後，移《王》於《衛》後，與《韓詩》《王》在《豳》後、《檜》在《鄭》前不同。據正義述《鄭譜》，鄭用《韓詩》説也。其僞九。以《商頌》爲商之遺詩，與三家《詩》以爲正考父美宋襄之説不同。《樂記》「肆直而慈愛者宜歌《商》」，鄭注：「《商》，宋詩也。」《左傳》哀九年「不利子商」，杜注：「子商，宋也。」二十四年「孝惠取於商」，杜注：「商，宋也。」《國語》「吴王夫差闕爲深溝於商、魯之間」，韋注：「商，宋也。」《逸周書·王會解》：「堂下之左，商公、夏公立焉。」《莊子》、《韓非子》均有商太宰，與孔子、莊子同時。此皆以宋爲商之證。魯定公諱宋，故孔子定《詩》，改宋爲商。《史記·宋世家》：「襄公之時，其大夫正考父美之，作《商頌》。」《法言·學行篇》：「正考甫嘗睎尹吉甫矣，公子奚斯嘗睎正考甫矣。」凡西漢以前，從無異説。《毛詩》妄爲異論。其僞十。蓋三頌者，孔子寓王魯、新周、故宋之義。《毛詩》以爲商先世之詩，則微言亡。其僞十一。《史記·孔子世家》稱「三百五篇」，王式稱「臣以三百五篇諫」，見《儒林傳》。《志》亦云「孔子純取周詩，上采殷，下取魯，凡三百五篇」，三家説皆同。而《毛詩》多笙詩六篇，則篇目增多。其僞十二。他如《漢廣》「德廣所及」，《白華》「孝子之潔白」，《崇丘》「萬物得極其高大」，《雨無正》「衆多如雨，而非所以爲正」之等，率皆望文生義，絶無事實，則空辭敷衍。其僞十三。若《小雅》自《節南山》以下四十四篇，皆爲刺幽王之詩。刺幽王何其多，而諸王何絶無一篇也？已與三家大異。《楚茨》等篇爲祭祀樂歌，而亦以爲刺幽王。朱子已先疑之。其僞十四。《詩》本樂章。孔子曰：「吾自衛反魯，而後樂正，《雅》、《頌》各得其所。」正樂即正《詩》也。故有燕享、祭祀之禮。於是作《雅》、《頌》，以爲燕享、祭祀之樂章。有夫婦之禮，即有房中之樂，於是作《關雎》、《鵲巢》諸詩，以爲樂章。此外變風、變雅采於民者，則非樂章。即二南之《汝墳》、《甘棠》、《行露》、《殷其靁》，《豳》之《破斧》、《伐柯》，《頌》之《閔予小子》、《訪落》、《敬之》、《小毖》，皆因事而作，不爲樂章，然亦皆入樂者也。《儀禮》燕、鄉、賓、射，皆於升歌笙間合樂之後，工告「正歌備」，乃繼之以無算爵，亂之以無算樂。夫「無算」云者，或間或合，盡懽而止。《鄉飲》、《鄉射》皆於明日息司正曰「鄉樂唯欲」，則二南自首三篇外，可隨意歌之。此無算樂之散歌、散樂一也。❶ 自賓祭用樂之外，古者以樂侑食，故魯樂工有亞飯、三飯、四飯也。至於工以納言，時而颺之，師箴，瞍賦，矇誦。大夫彈弦諷諫，國史采衆詩授矇瞍，使歌之以風其上。《詩大序疏》。《大戴禮·保傅篇》云：「宴樂雅頌逆序。」此工歌之散歌、散樂也。《史記·孔子世家》「三百五篇，孔子皆弦歌之」，《荀子》言「《詩》三百篇，中聲所止」，《墨子》言「儒者誦《詩》三百，弦《詩》三百，歌《詩》三百，舞《詩》三百」，又《莊子》稱「曾子歌《商頌》」，此國子絃歌之散歌、散樂也。故季札觀樂，爲之徧歌《風》、《雅》、《頌》，尤爲全詩入樂之證。毛於《小雅·楚茨》諸篇及《大雅》諸詩，皆以空衍，不能言其爲樂章。即如《斯干》爲考室樂章，鄭箋謂「築宮廟羣寢既成而

❶ 「一」字疑衍。

釁，歌《斯干》以落之」。《雲漢》爲雩祭樂章，賈公彦謂「邦有大烖，則歌哭而請《雲漢》之詩」是也。晉魏時大雩、祈旱皆歌《雲漢》之章。漢時雅樂可歌者八篇，變風之《伐檀》、變雅之《白駒》在焉。尤可見詩皆入樂之證。自毛不能詳其義，於是詩有入樂、不入之訟。程大昌、陳暘謂「二南、《雅》、《頌》爲樂詩，諸國爲徒詩」。陳啟源爲回護毛序之故，至謂「古人詩、樂分爲二教」，斥後儒舍詩徵樂，爲異古人詩教之指。是以護毛故，顯悖孔子正樂而《雅》、《頌》得所之義，又與季札觀樂而偏歌《風》、《雅》相違。其僞十五。其他説義徵禮，與今文顯悖者，凡百千條。詳《毛詩僞證》，今不著。其云「河間獻王好之」者，以爲旁證，皆歆竄附之僞説也。然移文博士不敢稱之，而僅著於《七略》。其僞《易・雜卦》及費氏章句并不敢著於《七略》，而僅以傳之其徒。心勞日拙之情，亦可見矣。

《禮》古經五十六卷，經七十篇。后氏、戴氏。

記百三十一篇。七十子後學者所記也。

《明堂陰陽》三十三篇。古明堂之遺事。

王史氏二十一篇。七十子後學者，師古曰：「劉向《别録》云：『六國時人也。』」

曲臺后倉九篇。

《中庸説》二篇。師古曰：「今《禮記》有《中庸》一篇，亦非本《禮經》，蓋此之流。」

《明堂陰陽説》五篇。

《周官經》六篇。王莽時，劉歆置博士。師古曰：「即今之《周官禮》也。」

《周官傳》四篇。

《軍禮司馬法》百五十五篇。

《古封禪羣祀》二十二篇。

《封禪議對》十九篇。武帝時也。

《漢封禪羣祀》三十六篇。

《議奏》三十八篇。石渠。

凡《禮》十三家，五百五十五篇。入《司馬法》一家，百五十五篇。

《易》曰：「有夫婦、父子、君臣、上下，禮義有所錯。」而帝王質文，世有損益。至周，曲爲之防，事爲之制，故曰「禮經三百，威儀三千」。及周之衰，諸侯將踰法度，惡其害己，皆滅去其籍。自孔子時而不具。至秦大壞。漢興，魯高堂生傳《士禮》十七篇。訖孝宣世，后倉最明。戴德、戴聖、慶普皆其弟子，三家立於學官。《禮》古經者，出於淹中，❶及孔氏學七十篇，文相似，多三十九篇；及《明堂陰陽》、《王史氏記》所見，多天子、諸侯、卿大夫之制。雖不能備，猶瘉倉等推《士禮》而致於天子之說。

按：《禮經》十七篇，自西漢諸儒無以爲不全者。余設四證以明之。鄭玄曰：「傳《禮》者十三家，唯高堂生及五傳弟子戴德、戴聖名世。」熊氏曰：「五傳弟子者，高堂生、蕭奮、孟卿、后倉及戴德、戴聖爲五。」十三家，當并數閭丘卿、聞人通、慶普、夏侯敬、徐梁、橋仁、楊榮七人爲十三也。五傳弟子不言有闕。《史記正義》引阮孝緒《七録》謂「博士侍其生得十七篇」，即與高堂生不同傳授，而同爲十七篇無異說。證一。小戴諸記，本以釋經。《昏義》曰：「夫《禮》，始於冠，本於昏，重於喪、祭，尊於朝、聘，和於鄉射。」《禮運》曰：「達於喪、祭、射、御、冠、昏、朝、聘」，又曰：「其行之以貨力、辭讓、飲食、冠、昏、喪、祭、射、御、朝、聘。」二「御」字，皆爲「鄉」字之誤。《家語》：

❶「淹」上，《漢書》有「魯」字。

「達之喪、祭、鄉、射、冠、昏、朝、聘」，正作「鄉」字。《樂記》曰：「射、鄉、食、饗，所以正交接也。」《仲尼燕居》曰：「射、鄉之禮，所以仁鄉黨也。」《昏義》曰：「和於鄉、射。」《鄉飲酒義》曰：「孔子曰：『吾觀於鄉。』」《王制》以鄉爲六禮之一。合觀之，其爲譌誤作「御」無疑。《疏》誤解爲五射、五馭之義，殊爲錯謬。仁和邵懿辰發揮此説最詳。《經解》則以昏統冠，以鄉統射，以昏姻之禮屬夫婦，以喪祭之禮屬父子，以鄉飲酒之禮屬君臣。故曰：「朝覲之禮，所以明君臣之義也。聘問之禮，所以使諸侯相尊敬也。喪祭之禮，所以明臣子之恩也。鄉飲酒之禮，所以明長幼之序也。昏姻之禮，所以明男女之别也。故昏姻之禮廢，則夫婦之道苦，而淫辟之罪多矣；鄉飲酒之禮廢，則長幼之序失，而爭鬭之獄繁矣；喪祭之禮廢，則臣子之恩薄，而倍死忘生者衆矣；聘覲之禮廢，則君臣之位失，諸侯之行惡，而倍畔侵淩之敗起矣。」《大戴禮·禮察篇》略同。《盛德篇》云：「凡不孝，生於不仁愛也。不仁愛，生於喪祭之禮不明。喪祭之禮，所以教仁愛也。致仁愛，故能致喪祭。死且思慕饋養，况於生而存乎？故曰，喪祭之禮明，則民孝矣。故有不孝之獄，則飭喪祭之禮也。凡弑上，生於義不明。義者，所以等貴賤，明尊卑。貴賤有序，民尊上敬長矣。民尊上敬長而弑者，寡有之也。朝聘之禮，所以明義也。故有弑獄，則飭朝聘之禮也。凡鬬辨，生於相侵淩也。相侵淩，生於長幼無序，而教以敬讓也。故有鬬辨之獄，則飭鄉飲酒之禮。凡淫亂，生於男女無别，夫婦無義。昏禮、享聘者，所以别男女，明夫婦之義也。故有淫亂之獄，則飭昏禮、享聘也。」按《坊記》曰：「君子之道，辟則坊與，坊民之所不足者。大爲之坊，民猶踰之，故君子禮以坊德。禮者，因人之情而爲之節文，以爲民坊者也。」使民「貧而好樂，富而好禮」、「觴酒豆肉，讓而受惡」，而鬭辨之獄息矣，則鄉飲酒之禮明也。「夫禮者，所以章疑別微，以爲民坊者也，故貴賤有等」、「朝廷有位」、「示民有君臣之別」，而弑獄不作矣，則聘覲之禮明也。「教民追孝」、「示民不争」、「不貳」、「不疑」，以「有上下」，而不孝之獄罕矣，則喪祭之禮明也。「夫禮，坊民所淫，章民之別，使民無嫌，以爲民紀者也」，教民無「以色厚於德」，而淫亂之獄絶矣，則昏姻之禮明也。與《經解》、《盛德》説相應。沈約以《坊記》、《表記》、《緇衣》、《中庸》皆子思所作，其説尤足據也。《本命》又以冠、昏、朝、聘、喪、祭、賓主、鄉飲酒、軍旅爲九禮。賓主即燕禮、食禮、相見禮。軍旅則寓諸射禮。《王制》專主教民，故去朝、聘，爲冠、昏、喪、祭、鄉、相見六禮。凡《戴記》中八禮，十七篇皆已完具。證二。大戴《士冠禮》一、《昏禮》二、《士相見禮》三、《士喪禮》四、《既夕》五、《士虞禮》六、《特牲饋食禮》七、《少牢饋食禮》八、《有司徹》九、《鄉飲酒禮》十、《鄉射禮》十一、《燕禮》十二、《大射儀》十三、《聘禮》十四、《公食大夫禮》十五、《覲禮》十六、《喪服》十七。一、二、三篇，冠、昏也；四、五、六、七、八、九篇，喪、祭也；十、十一、十二、十三篇，射、鄉也；十四、十五、十六篇，朝、聘也；《喪服》通乎上下，且爲子夏之傳，宜附於末。其序與《禮運》全合，與《王制》亦相合。劉向《别録》以喪、祭六篇居後，而《喪服》移在《士喪禮》之前，則以子夏傳亂孔子之經矣，小戴次序益雜矣。疑子游傳《禮運》於夫子，十七篇之序已如是，而高堂生傳之大戴，此尤明確可據。證三。《戴記》有《冠義》以釋《士冠》，有《昏義》以釋《昏禮》，有《問喪》

以釋《士喪》，有《祭義》、《祭統》以釋《特牲》、《少牢》、《有司徹》，有《鄉飲酒義》以釋《鄉飲酒》，有《射義》以釋《鄉射》、《大射》，有《燕義》以釋《燕》、《食》，有《聘義》以釋《聘禮》，有《朝事》以釋《覲禮》，有《四制》以釋《喪服》。無一篇出於十七篇之外。證四。以此證《禮》之爲十七篇，完具無闕，斷斷明鑿矣。孟子曰：「三代之學，皆所以明人倫。」有冠、昏而夫婦別，有喪、祭而父子親，有鄉、射而長幼序，有朝、聘而君臣嚴。夫婦別而後父子親，父子親而後長幼序，長幼序而後君臣嚴。由閨門而鄉黨，由鄉黨而邦國朝廷，不可一日廢也。綱之五倫，根之五性，本末畢舉矣。至於朋友之交，則士相見爲在下之朋友，食、燕爲在上之朋友；且禮皆具賓主，則朋友之交橫貫乎達道之中，天下之人在是矣。《大傳》曰：「親親也，尊尊也，長長也，男女有別，不得與民變革。」《禮經》之義，乃所謂「不得與民變革」者也。《喪服》一篇，兼親親、尊尊、長長，男女有別，賅上治、下治、旁治，而人治之大無乎不舉，總之以經人倫也。自修身、齊家、治國、平天下，義理浹，人道備。孔子所以制《禮》僅十七篇以教萬世者，以爲內外精粗已足也。故自西漢以前，未有言十七篇之闕略者也。朱子修《禮》，分家禮、鄉禮、學禮、王朝禮。文中子以冠、昏、喪、祭爲四禮，即家禮也。射、鄉，鄉禮也。朝、聘，邦國王朝之禮也。而士相見禮，則學禮寓焉。其小大高卑無所不周如此。或謂郊、社、禘、嘗、山川、五祀、兩君相見、大饗王事、公冠、釁廟及天子、諸侯昏禮、祭禮，孔子屢與及門言之，或雜見經記中。《中庸》稱「經禮三百，威儀三千」，❶疑若不止十七篇。然天子、諸侯之禮，非可下達，官司所掌，典至繁重，士民有老死不可得見者，非可舉以教人。且王禮雖重而所行者狹，大夫、士、庶之禮雖殺而所行者廣。且哀公使孺子悲學士喪禮於孔子，則魯初無士喪禮；執羔、執雁且不知，則魯無士相見禮。魯爲秉禮之邦，猶如此，故孟子言「諸侯惡其害己，而皆去其籍」。「周室班爵禄」，則如今《搢紳録》之類耳，其詳已不得聞。史遷謂自孔子時已不具，信哉。唯鄉、射二禮，當世通行，《論語》載「鄉人飲酒」，《射義》載「孔子射於矍相之圃」，而《史記》言「孔子卒後，諸儒習鄉飲、大射禮於孔子冢上」。其餘冠、昏、喪、祭、朝、聘，由孔子周游問禮，搜拾叢殘，重加整定，旁皇周浹，曲得其序，存十七篇，已爲備矣。孔子窮不得位，於王禮自不能全具，然已有諸記埤附其間，彌縫其隙，俾後王以推行之，固已舉隅使反矣。故十七篇斷自聖心，傳爲世法。而或疑三百之不完，則不達於事勢情實者也。《禮經》敘十七篇，❷而《喪服》子夏先傳，故大戴附之於末。《隋書·經籍志》云「《喪服》一篇，子夏先傳之，諸儒多爲注解。今又別行。」此《喪服》所以附末篇也。❸

❶ 查《中庸》作「禮儀三百，威儀三千」，《禮器》作「經禮三百，曲禮三千」。

❷ 「敘」，重刻本作「雖」。

❸ 「喪服子夏先傳」至「末篇也」，重刻本作「《喪服》爲子夏作，故大戴附之於末，則孔子所手定者實十六篇。云十七者，合《喪服傳》言之。則高堂生之目，猶《易》上下二篇外之有《繫辭》也」。

《逸禮》説，❶西漢無言之者。劉歆爲《七略》，修《漢書》，於是雜竄古文諸經於《藝文志》、《河間獻王》、《魯共王傳》中。然《史記·河間獻王》《魯共王傳》俱無此事，其爲竄僞易明。即以後人所引《禘於太廟禮》、《王居明堂禮》、《烝嘗禮》、《中霤禮》、《天子巡狩禮》、《朝貢禮》，及吴氏所輯《奔喪》、《投壺》、《遷廟》、《釁廟》、《公冠》之類厠於十七篇之間，不能相比附。以常與變不相入，偏與正不相襲也。況如《太平御覽》引《巡狩禮》，文辭不古，及「三皇禪云云，五帝禪亭亭」，誕而不經。而《月令》注及《皇覽》引《王居明堂禮》數條，皆在《尚書大傳》第三卷《洪範五行傳》之中。其爲劉歆剽取無疑，亦猶《逸書》僞《武成》之剽《世俘解》，其爲他篇之作僞可知。或以爲多三十九篇，即河間獻王所輯禮樂古事五百餘篇之文。然史遷《獻王傳》無之，則獻王所輯之五百餘篇，亦歆之僞文。所謂得自淹中者，舉不足據。歆佐莽篡位，制禮作樂，故多天子、諸侯禮，因偏僞諸經爲證。故極抑十七篇，以爲諸經記「雖不備，猶瘉倉等推士禮而致於天子之説」，其微指可見。凡《藝文志》文義，無不抑今文而崇僞古，平心按之，皆可見也。自爾之後，爲歆僞説所惑，咸以《禮》十七篇爲不備，而咸惜《逸禮》之不存。朱子曰：「古《禮》五十六篇，班固時其書尚在。鄭康成亦及見之，注疏中多援引。不知何時失之，甚可惜也。」王伯厚曰：「《逸禮》三十九，其篇名頗見於他書。若《天子巡狩禮》見《周

❶「説」上，重刻本有「之」字。

官·内宰》注，《朝貢禮》見《聘禮》注，《烝嘗禮》見《射人》疏，《中霤禮》見《月令》注及《詩·泉水》注，《王居明堂禮》見《月令》、《禮器》注，《古明堂禮》見蔡邕《論》，又《奔喪》疏引《逸禮》，《王制》疏引《逸禮》云『皆升合食於太祖』，《文選注》引《逸禮》云『三皇禪云云，五帝禪亭亭』。《論衡》『宣帝時河内女子壞老屋，又得《逸禮》一篇，合五十七』。斷珪碎璧，皆可寶也。」吴草廬曰：❶「三十九篇，唐初猶存，諸儒曾不以爲意，遂至於亡，惜哉！」凡此諸儒，猶爲歆所大惑，於是人人視十七篇爲殘闕不完之書。唐定正義，孔沖遠自疏《禮記》，使門人賈公彦疏《儀禮》，已自輕之。自宋、明後，遂廢《禮經》，不以試士。天下士人於是無復誦習者。顛倒悖謬，率天下而侮聖黜經，遂千年矣，劉歆之罪，可勝誅哉！以其所託甚古，故淆亂二千年學者之耳目。莠言之亂，可畏矣乎！

按：六經皆孔子所作。《詩》三百五篇；《書》二十八篇；《禮》十七篇；❷《易》上下二篇；《春秋》十一篇；《樂》在於聲，其制存於《禮》，其章存於《詩》，無文辭：是爲六經，稟於聖制，尊無與上者。《易》之《繫辭》，《禮·喪服傳》，❸附經最早。然《史記》稱「《繫辭》」爲「傳」，《喪服》亦名「傳」，❹亦弟子所推補也。自六經而外，皆七十子後學所記，各述所聞，或獨撰一書，或合述一書，與經別行，統名曰「傳」，

❶ 「廬」，原作「盧」，據吴澄號草廬改。
❷ 「十七」，重刻本作「十六」。
❸ 「喪服傳」，重刻本作「之喪服」。
❹ 「名」，原作「有」，據重刻本改。

凡儒家言皆是。猶内典佛説者爲「經」，菩薩説者爲「律」、「論」也。雖以《論語》紀孔子言，以非孔子所撰，亦名爲「傳」。但諸所説雖宗師仲尼，亦各明一經之義。如《五帝德》、《帝繫姓》、《文王世子》、《武王踐阼》，爲《書》作記者也。《繫辭》、《易本命》，爲《易》作記者也。《王制》、《坊記》，爲《春秋》作記者也。《曲禮》、《玉藻》、《少儀》、《郊特牲》、《禮運》、《禮器》、《投壺》、《釁廟》，爲《禮》作記者也。自餘若《經解》、《大學》、《中庸》之類，通論爲多。蓋七十子後學記，即儒家之書，即《論語》、《孝經》亦在其中。孔門相傳，無別爲一書謂之《禮記》者。但禮家先師，刺取七十子後學記之言禮者爲一册，俾便於考據，如後世之爲類書然。今按儒家有《子思》二十三篇，《曾子》十八篇，《公孫尼子》二十八篇，《孫卿子》三十三篇，《賈誼》五十八篇。《禮記》中，如《中庸》采之《子思》，《曾子問》及《立事》十篇采之《曾子》，《坊記》、《表記》、《緇衣》采之《公孫尼子》，《三年問》采之《荀子》，《保傅》、《禮察》采之《賈誼》，則《禮記》純采之七十子後學可知。五家先師，日加附益，故既采《賈誼》之《保傅》、《禮察》、《公冠》，並采及漢孝昭帝《祝辭》，則宣元後先師之所采者矣。又非徒采記禮者，並其通論義理之《大學》、《中庸》、《學記》等篇，亦刺采之，漸次彙成，以便學者觀覽。猶《易》家先師之采《繫辭》，《韓詩》之采《外傳》。史遷引《宰予問五帝德》，尚未以爲《禮記》，則出之甚後。故大小戴、慶氏各有去取，各有附益。既非孔子制作，亦無關朝廷功令，其篇數蓋不可考，但爲《禮》家附記之類書，於中祕亦不涉焉。劉歆知其然，故采《樂記》於《公孫尼子》，采方士《明堂陰陽説》，而作《月令》、《明堂位》，《隋志》謂「《小戴》四十六篇，馬融增入《月令》、《明堂位》、《樂記》三篇，乃爲四十九篇」，按《别録》已有三篇目，則劉歆已竄附也。采諸子雜説而作《祭法》，並推附於戴氏所傳類書中，因七十子後學記而目爲《禮記》，自此始也。此云「《記》百三十一篇」。《釋文》引《周禮論序》云：「古《禮記》二百四篇。」今并《明堂陰陽》三十三篇，《王史氏》二十一篇，《曲臺后倉》九篇，《中庸説》二篇，《明堂陰陽説》五篇，《周官傳》四篇，恰當二百六篇。考《儒家》，上除《内業》、《周史六弢》、《周政》、《周法》、《河間周制》、《讕言》、《功議》七部不可知之書，諸云《周政》、《周法》，疑歆所僞以證《周官》者，辨見下。下除《徐子》、《魯仲連》以下，自《晏子》八篇，《子思》二十三篇，《曾子》十八篇，《漆雕子》十三篇，《宓子》十六篇，《景子》三篇，《世子》二十一篇，《魏文侯》六篇，《李克》七篇，《公孫尼子》二十八篇，《孟子》十一篇，《孫卿子》三十三篇，《芈子》十八篇，《甯越》一篇，《王孫子》一篇，《公孫固》一篇，《李氏春秋》二篇，《羊子》四篇，《董子》一篇，《俟子》一篇，恰二百六篇。若以《中庸》本在《記》内，此爲説耳，不可數，則《記》百九十篇，《儒家》除《李氏春秋》二篇似竄入外，實二百四篇。是則二百四篇者，七十子後學記原篇，人所共知。歆欲攻后倉士禮之闕，又窺見《禮經》十七篇，天子、諸侯、卿大夫之制無多，乃僞造典禮以爲《明堂陰陽》、《王史氏記》，謂多天子、諸侯、卿大夫之制，於是去取七十子後學及后倉《記》，而竄《明堂陰陽》、《王史氏》數十篇於其中，以實二百四篇之目，而痛抑今學爲「推士禮而致於天子」。其作僞之術，情見乎辭。考孔子定《禮》止十七篇，❶其他則與弟子言之，未及成書，賴弟子推補爲多。即以《喪服》一篇，已賴子夏之傳，蓋子夏所推補者。其他《禮記》諸篇可知。故倉等推《禮》是七十子家法。孔子發其大義，則高弟人人可依例推致。《論語》所謂「舉一隅不以三隅反，則不復」，明貴能推致也。若使孔子事事爲之，雖以聖人之力，有所不能盡者矣。歆之乘機竄僞，因間竊發，此如卓、操之伺隙盜篡，唯正名討除之而已。至若《釋文》所云：「戴德删古《禮》二百四篇爲八十五篇，謂之《大戴禮》；戴聖删《大戴禮》爲四十九篇，是爲《小戴禮》。後漢馬融、盧植考諸家同異，附戴聖篇章，去其繁重及所敘略而行於世，即今之《禮記》是也。」此皆古學家虚造之説，不可信。要之三家博士剌取《禮記》，多寡去取各有不同。今本《禮記》，據《别録》有四十九篇。《别録》爲歆僞撰，則亦歆所定以便其竄附者，盧、馬考而述之者也。若《後漢書》曹褒之傳《禮記》四十九篇，橋仁之傳《禮記》四十九篇，考曹褒爲慶氏學，橋仁爲戴德學，安得有四十九篇之説？此爲僞古學僞竄無疑。其七十子後學記，辨詳下。至《周官經》六篇，則自西漢前未之見。《史記·儒林傳》《河間獻王傳》無之。其説與《公》、《穀》、《孟子》、《王制》、今文博

❶「十七」，重刻本作「十六」。

士皆相反。《莽傳》所謂「發得《周禮》以明因監」，故與莽所更法立制略同，蓋劉歆所僞撰也。歆欲附成莽業而爲此書，其僞羣經，乃以證《周官》者。故歆之僞學，此書爲首。自臨孝存難之，何休以爲「戰國陰謀之書」，蓋漢今文家猶知之。自馬、鄭尊之，康成以爲三禮之首，自是盛行。蘇綽、王安石施之爲治，以毒天下。至乃大儒朱子，亦稱爲「盛水不漏，非周公不能作」，爲歆所謾甚矣！歆僞諸經，唯《周禮》早爲人窺破。胡五峯、季本、萬斯同辨之已詳，姚際恒亦置之《古今僞書考》中矣。又按賈公彦《序周禮廢興》引馬融《傳》云：「至孝成皇帝，達才通人劉向、子歆校理祕書，始得列序，著於《録》《略》。時衆儒以爲非是，唯歆獨識，其年尚幼，末年乃知其周公致太平之迹。弟子死喪，徒有河南緱氏杜子春尚在，永平之初，年且九十，能通其讀，頗識其説。鄭衆、賈逵往受業焉。」云「唯歆獨識」，「衆儒以爲非是」，事理可明。此爲歆作《周官》最易見，其云向著《録》者，妄耳。或信以爲真出劉向，且謂詬厲《周禮》爲誤周公致太平之迹，謂鄭君取之爲不以人廢言，則受歆欺紿矣。或又據《史記·封禪書》云「上與公卿諸生議封禪，羣儒采封禪《尚書》、《周官》、《王制》之望祀射牛事」，❶信其出西漢前。不知《史記》經劉歆竄亂者甚多。史遷時蓋未有《周官》，有則《儒林傳》必存之。孝存以爲「武帝知《周官》末世瀆亂不驗之書」，亦猶有誤。武帝世本無《周官》，何得有

❶「射」，原作「土」，據《史記》改。

所議邪？則孝存尚未知其根源也。今以《史記·河間獻王傳》及《儒林傳》正定之，其真僞決矣。蓋歆爲僞經，無事不力與今學相反，總集其成，則存《周官》。今學全出於孔子，古學皆託於周公。蓋陽以周公居攝佐莽之篡，而陰以周公抑孔子之學，此歆之罪不容誅者也。其本原出於《管子》及《戴記》。《管子·五行篇》曰：「昔者黄帝得蚩尤而明於天道，得大常而察於地利，得奢龍而辨於東方，得祝融而辨於南方，得大封而辨於西方，得后土而辨於北方。黄帝得六相而天地治，神明至。」蚩尤「爲當時」，大常「爲廩者」，奢龍「爲土師」，祝融「爲司徒」，大封「爲司馬」，后土「爲李」。「春者，土師也。夏者，司徒也。秋者，司馬也。冬者，李也」。爲六官所自出。《曲禮》六太、五官、六府、六工，亦其題也。《盛德篇》：「冢宰之官以成道，司徒之官以成德，宗伯之官以成仁，司馬之官以成聖，司寇之官以成義，司空之官以成禮。是故天子，御者；太史、内史，左、右手也；六官亦六轡也。天子三公合以執六官，均五政，齊五法，以御四者，故亦唯其所引而之。以之道則國治，以之德則國安，以之仁則國和，以之聖則國平，以之義則國成，以之禮則國定，此御政之體也。是故官屬不理，分職不明，法政不一，百事失紀，曰亂也，亂則飭冢宰。地宜不殖，財物不蕃，萬民飢寒，教訓失道，風俗淫僻，百姓流亡，人民散敗，曰危也，危則飭司徒。父子不親，長幼無序，君臣上下相乖，曰不和也，不和則飭宗伯。賢能失官爵，功勞失賞禄，爵禄失則士卒疾怨，兵弱不用，曰不平也，不平則飭司馬。刑罰不中，暴亂姦邪不勝，曰不成也，不成則飭司寇。百度不審，立事失理，財物失量，曰貧也，貧則飭司空。」《千乘篇》云：「司徒典春，司馬司夏，司寇司秋，司空司冬。」《文王官人篇》：「國則任貴，鄉則任貞，官則任長，學則任師，族則任宗，家則任主，先則任賢。」《朝事篇》則幾於全襲之。歆之所爲，大率類是。歆既多見故書雅記，以故規模彌密，證據深通。後儒生長其下，安得不爲所惑溺也。

《司馬法》言車乘與今學不同，與《周官》合，蓋亦歆之僞書。其云軍禮，與《周官》吉、凶、軍、賓、嘉合。以《禮經》按之，《禮運》、《昏義》祇有冠、昏、喪、祭、射、鄉、朝、聘八禮，《王制》有冠、昏、喪、祭、鄉、相見六禮。唯《本命》以冠、昏、朝、聘、喪、祭、賓主、鄉飲酒、軍旅爲九禮，若非歆所自出，則歆所竄入者也。《大戴禮》多與《周禮》同，二者必居一焉。

《樂記》二十三篇。

《王禹記》二十四篇。

《雅歌詩》四篇。

《雅琴》趙氏七篇。名定，勃海人，宣帝時丞相魏相所奏。

《雅琴》師氏八篇。名中，東海人，傳言師曠後。

《雅琴》龍氏九十九篇。名德，梁人。師古曰：「劉向《別録》云：『亦魏相所奏也，與趙定俱召見待詔，後拜爲侍郎。』」

凡《樂》六家，百六十五篇。出淮南、劉向等《琴頌》七篇。

《易》曰：「先王作樂崇德，殷薦之上帝以享祖考。」故自黃帝下至三代，樂各有名。孔子曰：「安上治民，莫善於禮。移風易俗，莫善於樂。」二者相與並行。周衰，俱壞。樂尤微眇，以音律爲節，又爲鄭、衞所亂，故無遺法。漢興，制氏以雅樂聲律，世在樂官，頗能紀其鏗鏘鼓舞，而不能言其義。六國之君，魏文侯最爲好古。孝文時，得其樂人竇公，獻其書，乃《周官·大宗伯》之《大司樂》章也。武帝時，河間獻王好儒，與毛生等共采《周官》及諸子言樂事者，以作《樂記》，獻八佾之舞，與制氏不相遠。其內史丞王定傳之，以授常山王禹。禹，成帝時爲謁者，數言其義，獻二十四卷《記》。劉向校書，得《樂記》二十三篇，與禹不同，其道寖以益微。

按：《樂》本無經，其儀法篇章散見於《詩》、《禮》，所謂「以音律爲節」是也。制氏「世在樂官」，「能紀其鏗鏘鼓舞」；

下《詩賦略》有「《河南周歌聲曲折》七篇，《周謠歌詩聲曲折》七十五篇」，《大戴·投壺》：「雅詩可歌有《鹿鳴》、《貍首》、《鵲巢》、《采蘩》、《采蘋》、《伐檀》、《白駒》、《騶虞》八篇。」上云「《雅歌詩》四篇」，則音律未亡，安得謂「無遺法」也？魏文侯樂人竇公，不見他書，唯師古注引桓譚《新論》有之。桓譚嘗從歆問業，專述歆僞古文經學，不足爲據。按《史記》，魏文侯薨年至文帝元年，已二百有十四歲。計竇公能爲樂人，年當在壯，而爲樂人未必在文侯薨年，獻書未必在文帝元年，則應二百五六十許歲，安得爲百八十歲也？天下安得此老壽？與晉時得范明友之奴，正復妄言耳。且使竇公誠有獻書事，則「天下遺文古事靡不畢集太史公」，太史公好述奇怪，有此遺經、異人，其有不詳敘之邪？蓋歆贋作《周官》，故僞造故事以證明之也。其所云獻王「與毛生等共采《周官》及諸子言樂事者以作《樂記》，獻八佾之舞，與制氏不相遠。其内史丞王定傳之，以授常山王禹。禹獻二十四卷《記》」，考《史記·禮》《樂志》《河間王世家》《儒林傳》皆無此事，❶則亦歆所僞託而已。歆之精神，全在《周官》。其僞作古文《書》、《毛詩》、《逸禮》、《爾雅》，咸以輔翼之，故於《七略》處處設證，使人深入其蔀，目迷五色而不之覺。其術至巧密，豈知心勞日拙，千載後終有發覆之日邪？此所云獻王、毛生采《周官》，皆點綴其人以爲旁證，又云與制氏不相遠以重之也。歆謂「王禹獻二十四卷《記》，劉向得《樂記》二十三篇，與禹不同，其道寖以益微」，而所列即二十三卷《記》居首。歆所造諸古文，列皆居首，是歆以二十三卷《記》爲主矣。《禮記·樂記》正義謂「劉向所校二十三篇著於《別録》，二十四卷《記》無所録」。正義又載二十三卷之目，有《竇公》一篇。《別録》出歆所改竄，竇公其人又即歆所附會者，此尤歆僞二十三卷《記》之明證。然則王禹二十四卷之《記》，特歆點綴之以爲烘託之法，猶高氏之《易》，鄒、夾之《春秋》耳。其以二十四卷爲益微，抑揚尤爲可見。二十三卷《記》載於《別録》，不可謂「微」。其所謂「微」者，定指二十四卷之書。是《樂記》出於歆無疑矣。《禮樂志》亦有引河間樂之説，附辨於下。

❶「禮樂志」，按《史記》有《禮書》、《樂書》，疑「志」當作「書」字。

《漢書・禮樂志》附

是時河間獻王有雅材，亦以爲治道非禮樂不成，因獻所集《雅樂》，天子下大樂官，常存肄之。

至成帝時，謁者常山王禹，世受河間樂，能説其義。其弟子宋曄等上書言之。❶下大夫博士平當等考試。當以爲：「漢承秦滅道之後，賴先帝聖德，博受兼聽，修廢官，立太學。河間獻王聘求幽隱，修興雅樂以助化。時大儒公孫弘、董仲舒等，皆以爲音中正雅，立之大樂。春秋鄉射，作於學官，希闊不講，故自公卿大夫觀聽者，但聞鏗鎗，不曉其意，而欲以風諭衆庶，其道無由。是以行之百有餘年，德化至今未成。今曄等守習孤學，大指歸於興助教化。衰微之學，興廢在人，宜領屬雅樂，以繼絶表微。孔子曰：『人能弘道，非道弘人。』河間區區小國藩臣，以好學修古，能有所存，民到於今稱之。況於聖主廣被之資，修起舊文，放鄭近雅，述而不作，信而好古，於以風示海内，揚名後世，誠非小功小美也。」事下公卿，以爲「久遠難分明」，當議復寢。

劉歆僞撰《樂記》，託之河間獻王，又別託爲王禹所傳以烘托之。宋曄等之上言，❷平當之議，蓋即授意於歆者。❸公卿以爲「久遠難分明」，則亦「孔光不助，龔勝解綬，師丹大怒」之倫也。

《春秋古經》十二篇。《經》十一卷。公羊、穀梁二家。

---

❶「宋」，原作「朱」，據《漢書》改。
❷「宋」，原作「朱」，據《漢書》改。
❸「授」，據文意疑當作「受」。

《左氏傳》三十卷。左丘明，魯太史。

《公羊傳》十一卷。公羊子，齊人。師古曰：「名高。」

《穀梁傳》十一卷。穀梁子，魯人。師古曰：「名喜。」

《鄒氏傳》十一卷。

《夾氏傳》十一卷。有録無書。師古曰：「夾，音頰。」

《左氏微》二篇。師古曰：「微，謂釋其微指。」

《鐸氏微》三篇。楚太傅鐸椒也。

《張氏微》十篇。

《虞氏微傳》二篇。趙相虞卿。

《公羊外傳》五十篇。

《穀梁外傳》二十篇。

《公羊章句》三十八篇。

《穀梁章句》三十三篇。

《公羊雜記》八十三篇。

《公羊顔氏記》十一篇。

《公羊董仲舒治獄》十六篇。

《議奏》三十九篇。石渠論。

《國語》二十一篇。左丘明著。

《新國語》五十四篇。劉向分《國語》。

《世本》十五篇。古史官記黄帝以來訖春秋時諸侯、大夫。

《戰國策》三十三篇。記春秋後。

《奏事》二十篇。秦時大臣奏事及刻石名山文也。

《楚漢春秋》九篇。陸賈所記。

《太史公》百三十篇。十篇有録無書。

馮商所續《太史公》七篇。韋昭曰：「馮商受詔續《太史公》十餘篇，在班彪《别録》。商，字子高。」師古曰：「《七略》云：『商，陽陵人，治《易》，事五鹿充宗，後事劉向，能屬文。後與孟柳俱待詔，頗序列傳，未卒，病死。』」

《太古以來年紀》二篇。

《漢著記》百九十卷。師古曰：「若今之起居注。」

《漢大年紀》五篇。

凡《春秋》二十三家，九百四十八篇。省《太史公》四篇。

古之王者，世有史官，君舉必書，所以慎言行，昭法式也。左史記言，右史記事，❶事爲《春秋》，言爲《尚書》，帝王靡不同之。周室既微，載籍殘缺。仲尼思存前聖之業，乃稱曰：「夏禮，吾能言之，杞不足徵也；殷禮，吾能言之，宋不足徵也，文獻不足故也。足，則吾能徵之矣。」以魯周公之國，禮文備物，史官有法，故與左丘明觀其史記，據行事，仍人道，因興以立功，敗以成罰，假日月以定曆數，藉朝聘以正禮樂。有所襃諱貶損，不可書見，口授弟子。弟子退而異言。丘明恐弟子各安其意，以失其真，故論本事而作傳，明夫子不以空言說經也。《春秋》所貶損大人、當世君臣，有威權勢力，其事實皆形於傳，是以隱其書而不宣，所以免時難也。及末世口說流行，故有《公羊》、《穀梁》、《鄒》、《夾》之傳。四家之中，《公羊》、《穀梁》立於學官。鄒氏無師，夾氏未有書。

按：《史記·儒林傳》，《春秋》祇有公羊、穀梁二家，無左氏。《河間獻王世家》無得《左氏春秋》、立博士事。馬遷作史多採《左氏》，若左丘明誠傳《春秋》，史遷安得不知？《儒林傳》述六藝之學，彰明較著，可爲鐵案。又《太史公自序》稱「講業齊、魯之都」，「天下遺文古事靡不畢集太史公」，若河間獻王有是事，何得不知？雖有蘇、張之舌，不能解之者也。《漢書·司馬遷傳》稱「司馬遷據左氏《國語》，采《世本》、《戰國策》，述《楚漢春秋》。」《史記·太史公自序》及《報任安書》俱言「左丘失明，厥有《國語》」，《報任安書》下又云「乃如左丘明無目，孫子斷

❶「右」，原作「左」，據重刻本改。

足，終不可用，退論書策，以抒其憤」。凡三言左丘明，俱稱《國語》。然則左丘明所作，史遷所據，《國語》而已，無所謂《春秋傳》也。歆以其非博之學，欲奪孔子之經，而自立新説以惑天下。知孔子制作之學，首在《春秋》，《春秋》之傳在《公》、《穀》，《公》、《穀》之法與六經通，於是思所以奪《公》、《穀》者。以《公》、《穀》多虛言，可以實事奪之，人必聽實事而不聽虛言也。求之古書，得《國語》與《春秋》同時，可以改易竄附。於是毅然削去平王以前事，依《春秋》以編年，比附經文，分《國語》以釋經，而爲《左氏傳》。歆本傳稱「歆始引傳解經」，得其實矣。作《左氏傳微》以爲書法，依《公》、《穀》日月例而作日月例。託之古文以黜今學，託之河間、張蒼、賈誼、張敞名臣通學以張其名，亂之《史記》以實其書，改爲十二篇以新其目，變改「紀子帛」、「君氏卒」諸文以易其説。續爲經文，尊「孔子卒」以重其事，徧僞羣經以證其説。事理繁博，文辭豐美。凡《公》、《穀》釋經之義，彼則有之，至其敘事繁博，則《公》、《穀》所無。遭逢莽篡，更潤色其文以媚莽。因藉莽力，貴顯天下通其學者，以尊其書。證據符合，黨衆繁盛。雖有龔勝、師丹、公孫禄、范升之徒，無能摇撼。雖博士屢立屢廢，而賈逵選嚴、顔高才二十人，教以《左氏》。見《後漢書·賈逵傳》。至於漢末亂起，相斫之書以實事而益盛。武夫若關羽、呂蒙之屬，莫不熟習。孔子改制之學，既爲非常異義，《公》、《穀》事辭不豐，於是式微。下迄六朝，《左傳》一統，《隋志》、《釋文》歎《公》、《穀》之垂絶矣。唐世經學更變，並束《三傳》，而世尚辭章，《左氏傳》實大行也。陸淳《春秋集傳纂例》謂：「《左傳》其功最高，能令百代之下頗見本末，因以求意，經文可知。」《史通·申左篇》云，孔子修《春秋》時，年已老矣，故其傳付之丘明，傳之與經一體相須而成也。凡所以尊《左》者，皆尊其事，遂至於今。學者咸讀《左氏》，而通《公》、《穀》幾無人焉。此固劉歆所逆料而收拾者也。蓋《國語》藏於祕府，自馬遷、劉向外罕得見者。《太史公書》闕本朝掌故，東平王宇求之，漢廷猶不與，見《漢書·東平思王傳》。況《國語》實是「相斫書」乎！時人罕見，歆故得肆其改竄。「舊繡移曲折，顛倒在短褐」，幾於無迹可尋。此今學所以攻之不得其源，而陳元、賈逵所以能騰其口說也。今以《史記》、劉向《新序》、《說苑》、《列女傳》所述春秋時事較之，如少昊嗣黃帝之妄，后羿、寒浞篡統、少康中興之誣，宣公之夫人爲夷姜而非烝，宣姜之未嘗通公子頑，宋桓夫人、許穆夫人、戴公、文公非宣姜通昭伯所生，陳佗非五父，隱母聲子爲賤妾而非繼室，仲子非桓母，是皆歆誣古、悖父、竄易《國語》而證成其說者。劉逢禄《左氏春秋考證》甚詳。且《國語》行文舊體，如惠之二十四年，則在《春秋》前；悼之四年，則在獲麟後，皆與《春秋》不相比附。雖經歆改竄爲傳，遺迹可考。《史記·五帝本紀》、《十二諸侯年表》皆云「《春秋》、《國語》」，蓋史公僅採此二書，無《左氏傳》也。幸遷、向書尚在，猶可考見一二耳。而張衡、譙周、司馬貞反據《左傳》以攻《史記》，誤甚矣。其詳別見《左氏傳僞證》。歆偏造僞經，而其本原莫重於僞《周官》及僞《左氏春秋》。而僞《周官》顯背古義，難於自鳴，故先爲僞《左氏春秋》，大放厥辭。於《河間獻王傳》則謂「《左氏春秋》已立博士」，《移太常博士書》亦誦言之。此《志》敘仲尼之作《春秋》，横插「與左丘明觀其史記」以實之。劉逢禄《左氏春秋考證》曰：「左氏記事，在獲麟後五十年。丘明果與夫子同時共觀魯史，史公何不列於弟子？論本事而作傳，何史公不名爲『傳』而曰『春秋』？且如鄫季姬、魯單伯、子叔姬等事，何失實也！經所不及者獨詳誌之，又何説也？經本不待事而著，夫子曰『其義則某竊取之矣』，何左氏所述君子之論多乖異也？」如劉説，歆亦不能自辨矣。蓋歆託於丘明而申其僞傳，於是尊丘明爲「魯君子」，竄之《史記·十二諸侯年表》中，又稱與孔子同觀史記，僞古《論語》又稱孔子與丘明同恥。蓋歆彌縫周密者也。續經之傳云「悼之四年」，據《史記·魯世家》，悼公在位三十七年，其薨在獲麟後五十餘年，在孔子時且未即位，何得遽稱其謚？歆亦自忘其疏矣。《春秋正義》一引《嚴氏春秋》，亦有與左丘明觀書事。蓋嚴、顔高才受學之後所竄亂者矣。且孔父，夫子六世祖，而書名以貶。倘左氏如此，必非親見聖人者。此歆無可置辭者也。《公羊》、《穀梁》大行漢世，自君臣政事奏議咸依焉。鄒、夾二氏，劉向《别録》無之，而不惜憑虚。至其所首欲奪之者，雖以七十子親受之説，猶痛貶之爲「末世口説」、「安意失真」，置之與無是烏有之僞鄒、夾同科。鼓舌摇唇，播弄白黑，隨手抑揚，無所不至。昔魏收作《魏書》，每言

「何物小子，敢共魏收作色！舉之則使上天，按之當使入地」，時人號爲「穢史」。歆之作僞亂道，其罪又浮於收百倍矣。其云「《春秋古經》十二篇」，蓋歆之所妄分也。云「《經》十一卷」，注曰「公羊、穀梁二家」，則《公》、《穀》相傳皆十一篇，故《公羊傳》、《穀梁傳》、《公羊顔氏記》皆十一卷也；即子虛之《鄒氏》、《夾氏傳》亦十一卷。然則天下相傳《經》皆十一篇，蓋孔子所手定。何邵公猶傳之，云「繫《閔公篇》於《莊公》下者，子未三年無改於父之道」，《公羊》閔二年《解詁》。蓋西漢胡毋生以來舊本也。歆《古經》十二篇，或析《閔公》爲一篇，或附續經爲一篇，俱不可知，要皆歆之僞本也。凡歆所僞之經，俱録加於今文之上，六藝皆然，此亦歆自尊其僞經之私心可見者也。歆既爲《左氏微》以作書法，又録《鐸氏微》、《張氏微》在《虞氏微傳》之上，皆以爲《春秋》説；而西漢人未嘗稱之。蓋亦鄒、夾之類，皆歆所僞作以旁證《左氏微》者。其意謂中祕之《春秋》説尚多，不止《左氏春秋》爲人間所未見，譾見寡聞，未窺中祕者，慎勿妄攻也。其術自謂巧密矣。然考《儒家》别有《虞氏春秋》與《虞氏微傳》，豈有兩書邪？則《左氏傳》之與《國語》分爲二書，亦其狡僞之同例，尤無可疑，況《左氏傳》不見於《史記》而力争於歆者乎！或據《史記·十二諸侯年表》云「魯君子左丘明，懼弟子人人異端，各安其意，失其真，故因孔子史記具論其語，成《左氏春秋》」以相難，則亦歆所竄入者，辨見前。《國語》僅一書，而《志》以爲二種，可異一也。其一二十一篇，即今傳本也，其一劉向所分之新《國語》五十四篇。同一《國語》，何篇數相去數倍？可異二也。劉向之書皆傳於後漢，而五十四篇之新《國語》，後漢人無及之者，可異三也。蓋五十四篇者，左丘明之原本也；歆既分其大半凡三十篇以爲《春秋傳》，於是留其殘賸，掇拾雜書，加以附益，而爲今本之《國語》，故僅得二十一篇也。考今本《國語》，《周語》、《晉語》、《鄭語》多春秋前事；《魯語》則大半敬姜一婦人語；《齊語》則全取《管子·小匡篇》；《吴語》、《越語》筆墨不同，不知掇自何書。然則其爲《左傳》之殘餘，而歆補綴爲之至明。歆以《國語》原本五十四篇，天下人或有知之者，故復分一書以當之，又託之劉向所分非原本以滅其迹，其作僞之情可見。史遷於《五帝本紀》、《十二諸侯年表》，皆云「《春秋》、《國語》」，若如今《國語》之寥寥，又言少皞與《本紀》不同，史遷不應妄引矣。劉申受《左氏春秋考證》知《左氏》之僞，攻辨甚明，而謂「《左氏春秋》，猶《晏子春秋》、《吕氏春秋》也。直稱《春秋》，太史公所據舊名也。冒曰《春秋左氏傳》，則東漢以後之以譌傳譌者矣」。蓋尚爲歆竄亂之《十二諸侯年表》所惑，不知其即《國語》所改。故近儒以爲「左氏作《國語》，自周穆王以後，分國而述其事；其作此書，則依《春秋》編年，以魯爲主，以隱公爲始，明是《春秋》之傳」，番禺陳氏澧説。亦猶申受不得其根原也。然申受《左氏春秋考證》，謂「楚屈瑕篇年月無考」，固知《左氏》體例與《國語》相似，不必比附《春秋》年月也，是明指《左傳》與《國語》相似矣。《左氏春秋考證・隱公篇》「紀子帛、莒子盟於密」，證曰：「如此年，《左氏》本文盡闕。」「六月戊申」，證曰：「十年《左氏》文闕。」《桓公篇》「元年」，證曰：「是年《左氏》文闕。」「冬，曲沃伯誘晉小子侯殺之」，證曰：「即有此事，亦不必在此年，是年《左氏》文闕。」「冬，曹太子來朝」，證曰：「是年《左氏》文闕，巴子篇年月無考。」「冬齊、衛、鄭來戰於郎，我有辭也」，證曰：「是年《左氏》文亦闕，虞叔篇年月無考。」「十二年」，證曰：「是年《左氏》文闕，楚伐絞篇當與屈瑕篇相接，年月亦無考。」「十三年」，證曰：「是年亦闕，伐羅篇亦與上相接，不必蒙此年也。」「十六年」，證曰：「是年亦闕。」《莊公篇》「元年」，證曰：「此以下七年文闕，楚荆尸篇、伐申篇年月亦無考。」「十三年」、「十五年」、「十七年」，皆證曰：「文闕。」「二十七年」，證曰：「比年《左氏》文闕。」「二十九年」，證曰：「文闕。」「三十年」，證曰：「是年蓋闕。」「三十一年」，證曰：「文闕。」《僖公篇》：「君子以齊人之殺哀姜也爲已甚矣。」證曰：「是年文闕。」《昭公篇》：「冬十一月，晉魏舒、韓不信如京師。」證曰：「此篇重定元年，僞者比附經文而失撿耳。」又觀各條，劉申受雖未悟《左傳》之摭於《國語》，亦知由他書所采附，亦幾幾知爲《國語》矣。蓋經、傳不相附合，疑其説者自來不絶。自博士謂「左氏不傳《春秋》」，班固爲《歆傳》，云「及歆治《左氏》，引傳文以解經，轉相發明，由是章句義理備焉」，班爲古學者，亦知引傳解經由於歆矣。不特班固也，范升云「《左氏》不祖孔子而出於丘明，師徒相傳，又無其人」；《後漢書·范升傳》。李育頗涉獵古學，嘗讀《左氏傳》，雖樂文采，然謂不得聖人深意；何休作《公羊墨守》、《左氏膏肓》、《穀梁癈疾》；《後漢書·儒林傳》。惜不得歆作僞之由，未達一間，卒無以塞陳元、賈逵之口耳。又不徒范升、李育、何休也，王接謂「《左氏》自是一家書，不主爲經發」；《晉書·王接傳》。《朱子語類》云：「林黄中謂『《左傳》「君子曰」是劉歆之辭』，《左傳》『君子曰』最無意思。因舉『芟夷藴崇之』一段，『是關上文甚事』？」八十三。又不止王接、林黄中、朱子也，即尊信《左氏傳》者，亦疑其有爲後人附益矣。陸淳《春秋集傳纂例》，謂「《左氏》功最高，能令百代之下頗見本末，因之求意，經文可知；而後人妄有附益，《左氏》本末釋者抑爲之説」；番禺陳氏澧《東塾讀書記》曰：「孔沖遠云：『《春秋》諸事皆不以日月爲例，其以日月爲義例者，❶唯卿卒、日食二事而已。』此説可疑，豈有一書内唯二條有例者乎！蓋《左傳》無日月例，後人附益者。」又：「傳之凡例與所記之事有違反者，如莊十一年傳云：『凡師，敵未陳曰敗某師，皆陳曰戰。』《釋例》曰：『令狐之役，晉人潛師夜起，而書戰者，晉諱背其前意而夜薄秦師，以戰告也。』成十八年傳云：『凡去其國，國逆而立之曰入，復其位曰復歸，諸侯納之曰歸，以惡曰復入。』《釋例》曰：『莊六年，五國諸侯犯逆王命，以納衛朔，朔懼有違衆之犯，❷而以國逆告。』此明知

❶ 「其以日月爲義例者」，原脱，據《東塾讀書記》補。

❷ 「朔」，原脱，據《東塾讀書記》補。

凡例不合而歸之於告，是遁辭矣。」且《左傳》多傷教害義之説，不可條舉。言其大者，無人能爲之回護。如文七年「宋人殺其大夫」，《傳》云：「不稱名，非其罪也。」既立此例，於是宣九年「陳殺其大夫泄治」，杜注云：「洩冶直諫於淫亂之朝以取死，故不爲《春秋》所貴而書名。」昭二十七年「楚殺其大夫郤宛」，杜注云：「無極，楚之讒人，宛所明知，而信近之，以取敗亡，故書名罪宛。」種種邪説出矣。宣四年「鄭公子歸生弑其君夷」，《左傳》云：「凡弑君，稱君，君無道也；稱臣，臣之罪也。」杜預《釋例》暢衍其説。襄二十七年「秋七月，豹及諸侯之大夫盟於宋」，傳云：「季武子使謂叔孫以公命曰：『視邾、滕。』既而齊人請邾，宋人請滕，皆不與盟。叔孫曰『邾、滕，人之私也。我，列國也，何故視之？宋、衛，吾匹也。』乃盟。故不書其族，言違命也。」是孔子貴媚權臣而抑公室也。凡此皆歆借經説以佐新莽之篡，而抑孺子嬰、翟義之倫者，與隱元年「不書即位，攝也」同一獎奸翼篡之説。若是之類，近儒番禺陳氏澧皆以爲後人附益。是雖尊《左氏》者，亦不能不以爲後人附益矣。又不止後儒也，且爲歆僞傳作注疏者，亦不能無疑矣。莊二十六年：「秋，虢人侵晉。冬，虢人又侵晉。」杜預注：「此年經、傳各自言其事者，或經是直文，或策書雖存而簡牘散落，不究其本末，故傳不復申解，但言傳事而已。」正義：「曹殺大夫，宋、齊伐徐，或須説其所以。此去丘明已遠，或是簡牘散落，不復能知故耳。上二十年亦傳不解經。」蓋杜預、孔穎達亦以爲傳不釋經，各明一事矣。文十三年《左傳》「其處者爲劉氏」，正義云：「漢室初興，《左氏》不顯於世，先儒無以自申，插注此辭，將以媚於世。」則孔沖遠之有異説多矣。又僖公十五年「曰上天降災」，《釋文》曰：「此凡四十二字，檢古本皆無，尋杜注亦不得有。有，是後人加也。」此文見《列女傳》，小有異同。夫服、杜以後，尚有改竄，而世人習爲故常，則歆以前之竄亂，尚可辨邪？以此證之，然則天下尚有惑《左氏》之文采，溺劉歆之僞説，其亦有未審矣。或者惑於《史記·十二諸侯年表》《左氏春秋》之説及《左氏微》，信《左氏》之傳經，且以史遷引《左傳》書法、《左傳》多與今學之禮相合爲證。《史記》之文，多歆竄入，辨見前。左丘明著書在獲麟後五十餘年，習聞孔門之説，不稱今學之禮，則何稱焉？但中多異説，爲歆所竄入，故今古禮錯雜其中。要之，《左氏》即《國語》，本分國之書，上起穆王，本不釋經，與《春秋》不相涉。不必因其有劉歆僞古禮而盡斥爲僞書，亦不能因其偶合於《儀禮》、《禮記》而信其傳經也。

新學僞經考卷三上

弟子韓文舉、陳千秋初校。
弟子林　奎、梁啟超覆校。

新學僞經考卷三下

漢書藝文志辨僞第三下

《論語》古二十一篇。出孔子壁中，兩《子張》。如淳曰：「分《堯曰》篇後『子張問何如可以從政』已下爲篇，名曰《從政》。」

齊二十二篇。多《問王》、《知道》。如淳曰：「《問王》、《知道》皆篇名也。」

魯二十篇，《傳》十九篇。師古曰：「解釋《論語》意者。」

《齊説》二十九篇。

《魯夏侯説》二十一篇。

《魯安昌侯説》二十一篇。師古曰：「張禹也。」

《魯王駿説》二十篇。師古曰：「王吉子。」

《燕傳説》三卷。

《議奏》十八卷。石渠論。

《孔子家語》二十七卷。師古曰：「非今所有《家語》。」

《孔子三朝》七篇。師古曰：「今《大戴禮》有其一篇，蓋孔子對哀公語也，三朝見公，故曰『三朝』。」

《孔子徒人圖法》二卷。

凡《論語》十二家，二百二十九卷。

《論語》者，孔子應答弟子時人及弟子相與言而接聞於夫子之語也。當時弟子各有所記。夫子既卒，門人相與輯而論纂，故謂之《論語》。漢興，有齊、魯之説。傳《齊論》者，昌邑中尉王吉，少府宋畸，御史大夫貢禹，尚書令五鹿充宗，膠東庸生，唯王陽名家。傳《魯論語》者，常山都尉龔奮，長信少府夏侯勝，丞相韋賢，魯扶卿，前將軍蕭望之，安昌侯張禹，皆名家。張氏最後而行於世。

歆造古文以徧僞諸經，無使一經有缺，至於《論語》、《孝經》亦復不遺。傳《魯論》之庸生，當亦歆所竄入以實其僞經之傳人耳。《魯論》由張禹傳至東漢，包氏、周氏之説猶其真派，然已雜合齊、魯，亂家法矣。至鄭康成雜合古今，真僞遂不盡可考。《志》稱「《論語》古二十一篇」，注云：「出於孔子壁中，兩《子張》。」按《論衡・正説篇》云：「不知《論語》本幾何篇。至武帝，發取孔子壁中古文，得二十一篇，齊、魯二，河間九篇，三十篇。至昭帝女讀二十一篇，宣帝下太常博士。時尚稱書難曉，名之曰傳，後更隸寫以傳誦。初，孔子孫孔安國以教魯人扶卿，始曰《論語》。今時稱《論語》二十篇，又失齊、魯、河間九篇。」是古文不止二十一篇也，王充必有所見。則歆之僞《論語》，尚不止二十一篇，特歆不敢著之《七略》耳。然自鄭康成雜合古今，則今本《論語》必有僞文，如「巧言、令色、足恭，左丘明恥之，丘亦恥之。匿怨而友其人，左丘明恥之，丘亦恥之」一章，必歆僞竄。又何晏《論語集解》雜采古今，「采孔、馬之注，則改包、周之本；用包、周之説，又易孔、馬之經」。臧氏琳《經義雜記》語。今「巧言令色」一章，《集解》正引僞孔安國注，其爲古文《論語》，尤爲明確。歆以左丘明親見聖人，好惡與同，以仲尼弟子無左丘明，故竄入《論語》以實之。歆徧竄羣經，證成僞説，不復可條辨也。《孔子三朝》七篇，師古曰：「今《大戴禮》有其一篇，蓋孔子對哀公語也。」按《大戴》孔子對哀公，有《千乘》、《四代》、《虞戴德》、《誥志》、《小辨》、《用兵》、《少間》七篇，不止一篇也。《小辨》有「爾雅以觀於古」語，其歆僞《爾雅》所由附會者歟！

《孝經》古孔氏一篇。二十二章。師古曰：「劉向云：古文字也。《庶人章》分爲二也，《曾子敢問章》爲三，又多一章，凡二十二章。」

《孝經》一篇。十八章。長孫氏、江氏、后氏、翼氏四家。

《長孫氏説》二篇。

《江氏説》一篇。

《翼氏説》一篇。

《后氏説》一篇。

《雜説》四篇。

《安昌侯説》一篇。

《五經雜議》十八篇。石渠論。

《爾雅》三卷，二十篇。張晏曰：「爾，近也。雅，正也。」

《小雅》一篇，《古今字》一卷。

《弟子職》一篇。應劭曰：「管仲所作，在《管子》書。」

《説》三篇。

凡《孝經》十一家，五十九篇。

《孝經》者，孔子爲曾子陳孝道也。夫孝，天之經，地之義，民之行也。舉大者言，故曰《孝經》。漢興，長孫氏、博士江翁、少府后倉、諫大夫翼奉、安昌侯張禹傳之，各自名家。經文皆同，唯孔子壁中古文爲異。「父母生之，續莫大焉」，「故親生之膝下」，諸家説不安處，古文字讀皆異。師古曰：「桓譚《新論》云：『古《孝經》千八百七十二字，今異者四百餘字。』」

按：《孝經》傳授不詳所自始，故有朱子《刊誤》之疑。又未明《左氏》之爲歆所竊僞，以《孝經》中「夫孝，天之經也，地之義也，民之行也」，「言思可道，行思可樂，德義可尊，作事可法，容止可觀，進退可度，以臨其民，是以其民畏而愛之，則而象之」，與《左傳》同，不知《左傳》之襲《孝經》，反疑《孝經》之襲《左傳》，於是孔門真傳之書反疑爲僞矣。 考董仲舒《春秋繁露·五行對篇》：「河間獻王問温城董君曰：『《孝經》曰「夫孝，天之經，地之義」，何謂也？』」《漢書·匡衡傳》衡上疏曰：「《大雅》曰『無念爾祖，聿修厥德』，孔子著之《孝經》首章。」若《吕氏春秋》、陸賈《新語》、劉向《説苑》，皆有援據。《孝經鉤命決》云：「孔子在庶，志在《春秋》，行在《孝經》。」《公羊敘》疏引。 西漢儒者言之鑿鑿，以爲出於孔子，固非。《困學紀聞》引晁氏云「當是曾子弟子所爲書」，又引馮氏云「是書當成於子思之手」。 今按其文稱曾子，而末引《詩》、《書》，與《坊記》、《表記》、《緇衣》相近似，必孔門之故書雅記，晁氏所云，殆亦近之。《四庫提要》以魏文侯有《孝經傳》，而信爲七十子遺書，則誤矣。 文侯《孝經傳》，《漢志》不録，此與《子夏易傳》皆僞書，不足據。《隋志》謂爲「河間人顔芝所藏，漢初，芝子貞出之，凡十八章」，不知所自出，疑未必確。 然而江翁、后倉等所傳，淵源深遠。 劉歆既僞造古文，必欲使經藝咸有古文而後止，不必有他義也，《孝經》與《易》、《論語》皆不過顛倒改易文字以自異。 然據桓譚之言，《孝經》僅千八百七十一字，異者乃四百餘字，「何許子之不憚煩」也？ 共王無得古文之事，爲歆僞撰，辨已見前。 而歆必以《孝經》古孔氏一篇爲首，託之孔安國，亦猶僞造古文《尚書》之故智耳。 桓譚嘗問學於歆，專守古學者，不足據也。 因有古孔氏之故，遂有安國之傳。安國之傳亡逸於梁世，而劉炫之僞《孝經》孔傳出焉，亦與王肅僞古文《書》同，則非歆所及知矣。然《志》不云古文有孔氏説，而許叔重遣子沖上《説文》書，並上《孝經》孔氏古文説，則歆又僞作孔氏《孝經》古文説。《志》不詳之，猶歆有《易》費氏章句、費氏分野而《志》不敘也，或作於定《七略》後也。然則僞孔傳之妄，亦歆之作俑矣。其餘流別，山陽丁晏《孝經徵文》辨之甚瞭，今不詳。

《爾雅》一書，張稚讓《上廣雅表》以爲周公所作。然劉歆《西京雜記》云：「郭威以謂《爾雅》周公所制，❶而《爾雅》有『張仲孝友』，張仲，宣王時人，非周公之制明矣。嘗以問楊子雲，子雲曰：『孔子門徒游、夏之儔所記，以解釋六藝者也。』家君以爲《外戚傳》稱『史佚教其子以《爾雅》』，《爾雅》，小學也。又《記》言孔子教魯哀公學《爾雅》。《爾雅》之出遠矣，舊傳學者皆云周公所記也。『張仲孝友』之類，後人所足耳。」按：《爾雅》不見於西漢前，突出於歆校書時，《西京雜記》又是歆作，蓋亦歆所僞撰也。趙岐《孟子題辭》，謂「文帝時《爾雅》置博士」；考西漢以前皆無此説，唯歆《移太常書》有孝文諸子傳説立學官之説，蓋即歆作僞造以實其《爾雅》之真。詳《經典釋文糾謬》。及歆《與楊雄書》稱説《爾雅》，尤爲歆僞造《爾雅》之明證。歆既僞《毛詩》、《周官》，思以證成其説，故僞此書，欲以訓詁代正統。所稱子雲之言，史佚之教，皆歆假

❶「郭威」，原作「郭偉」，據《西京雜記》改。

託，無俟辨。然子雲本受歆學，或爲歆所紿耳。孔子教魯哀公學《爾雅》之説，有《大戴禮・小辨篇》，公曰「寡人欲學小辨，以觀於政」，子曰「爾雅以觀於古，足以辨言矣」足證。然哀公以人君觀政，孔子乃教以讀《爾雅》訓詁、禽魚、草木之文，非唯迂遠，實不通矣。《論語》孔子曰「不學《詩》無以言」，又曰「誦《詩》三百，授之以政」。以此推之，《小辨》所謂「爾雅」，必稱大小《雅》也，故足以辨言觀政。張揖《上廣雅表》：「孔子曰：『爾雅以觀於古，足以辨言矣。』」王念孫《疏證》云：「《大戴禮》盧辨《注》云『爾，近也，是依於《雅》、《頌》』，是盧氏不以『爾雅』爲書名。按彼文云『循弦以觀於樂，爾雅以觀於古』，謂循乎弦，爾乎雅也。」然則劉歆蓋因而附會之耳，幸有歆説在，猶可互證。

《漢書・王莽傳》莽奏徵「有《逸禮》、《古書》、《毛詩》、《周官》、《爾雅》、天文、圖讖、鍾律、月令、兵法、《史篇》文字，通知其意者，皆詣公車」。蓋皆歆所僞竄，藉莽力以行其書。《爾雅》與《逸禮》、《古書》、《毛詩》、《周官》並徵，其俱爲歆僞無疑。《經典釋文・序録》稱「注者有犍爲文學、劉歆、樊光、李巡、孫炎凡五家」，然則歆既僞撰，又自注之，自歆以前未嘗有。其「犍爲文學」無有姓名，亦歆所託，則徐敖傳《毛詩》、庸生傳《古書》之故態也。考《爾雅》訓詁，以釋《毛詩》、《周官》爲主。《釋山》則有「五嶽」，與《周官》合，與《堯典》、《王制》異。《王制》「五嶽視三公」，後人校改之名也。《釋地》「九州」與《禹貢》異，與《周官》略同。《釋樂》與《周官・大司樂》同。《釋天》與《王制》異。祭名與《王制》異，與《毛詩》、《周官》合。若其訓詁全爲《毛詩》，間有「敏拇」之訓，「兼長」之釋。《釋獸》無「騶虞」之獸，《釋木》以「唐棣」爲「栘」。時訓三家以弄狡獪。然按其大體，以陳氏《毛詩稽古編》列《爾雅毛傳異同》考之，孰多孰少，孰重孰輕，不待辨也。蓋歆既徧僞羣經，又欲以訓詁證之，而作《爾雅》，心思巧密，城壘堅嚴。此所以欺紿百代者歟！然自此經學遂變爲訓詁一派，破碎支離，則歆作俑也。或據《周易》「師，衆也」，「比，輔也」，「震，動也」，「遘，遇也」，皆與《爾雅》合，《喪服傳》親屬稱謂與《釋親》合，《春秋元命包》云「子夏問夫子作《春秋》，不以初哉首基爲始何」《爾雅序》正義引。與《釋詁》合，而信之。不知歆網羅其真以證成其僞，然後能堅人信，況《易·雜卦》亦歆所僞哉！鄭玄、張揖、郭璞之徒爲其所謾，不亦宜乎！

孫氏星衍《爾雅釋地四篇後敘》云：「《爾雅》所紀，則皆《周官》之事。《釋詁》、《釋言》、《釋訓》，則《誦訓》『掌道方志以詔觀事』，及《訓方氏》『掌誦四方之傳道』也。《釋親》則《小宗伯》『掌三族之别以釋親疏』；《釋宫》亦《小宗伯》『掌辨宫室之禁』也。《釋器》『其緵罟謂之九罭』云云，則《獸人》『掌罟田獸，辨其名物』；『肉曰脱之』云云，則《内饔》『辨體名肉物』；『黄金謂之璗』云云，則《職金》『掌凡金玉錫石之戒令，辨其名物之媺惡』；『金鏃翦羽謂之鍭』云云，則《司弓矢》『掌六弓四弩八矢之灋，辨其名物』也；『珪大尺三寸謂之玠』云云，則《典瑞》『掌王瑞玉器之藏，辨其名物』；『一染謂之縓』云云，則《典絲》『掌絲入而辨其物』也。《釋樂》則《典同》『掌六律六同之和，以辨天地四方陰陽之聲』也。《釋天》則《眡祲》『掌十煇之灋，以觀妖祥辨吉凶』，又《保章氏》『掌天星以志星辰日月之變動，以辨其吉凶』，又《甸祝》、《詛祝》之所掌也；其旌旗則《司常》『掌九旗之物名』，《巾車》『掌公車之政，辨其旗物而等敘之』也。《釋地》、《釋丘》、《釋山》、《釋水》，則《大司徒》『以天下土地之圖，周知九州之地域廣輪之數，辨其山林、川澤、丘陵、墳衍、原隰之名物』，《職方氏》『掌天下之圖，以掌天下之地，辨其邦國、都鄙、四夷、八蠻、七閩、九貉、五戎、六狄之人民與其財用』，又山師、川師、邍師之所掌也。《釋草》以下六篇，亦《大司徒》『以土宜之灋，辨十有二土之名物』，《山師》、《川師》『辨其物與其利害而頒之於邦國，使致其珍異之物』；又《土訓》『道地慝以辨地物，而原其生以詔地求』也，又《倉人》『掌辨九穀之物』，《龜人》『掌六龜之屬，各有名物皆在』也。《釋畜》則《庖人》『掌共六畜、六獸、六牲，辨其名物』，其馬屬則《校人》『掌王馬之政，辨六馬之屬』，雞屬則《雞人》『掌共雞牲，辨其名物』也。昔魯哀公欲學小辨以觀於政，孔子告之《爾雅》，其意在是。是周公之著《爾雅》，爲在《周禮》前。《周禮》之名物，必以《爾雅》辨之也。」觀此説，知《爾雅》與《周官》符合，其同爲僞書，易明矣。

歆云「古文讀應《爾雅》，故解古今語而可知也」，故既作《爾雅》後復作《小爾雅》、《古今字》。按隋、唐《志》皆云「《小爾雅》一卷，李軌解」，唯宋《中興書目》「《小爾雅》一卷，孔鮒撰，十三章」，見《玉海》四十四。自後《宋史·藝文志》同。晁公武《郡齋讀書後志》云「見於孔鮒書」。陳振孫《直齋書録解題》：「《小爾雅》一卷，《漢志》有此書，亦不著名氏。《唐志》有李軌解一卷。今《館閣書目》云『孔鮒撰』，蓋即《孔叢子》第十一篇也。」國朝宋翔鳳《小爾雅訓纂序》曰：「今之爲康成學者，恒謗譏此書，以爲不合鄭君，同乎俗説。然還按《詩》、《禮》，乃鄭君之改易古文，非《小爾雅》之偭違經義。據其後以疑其前，明者之所不取也。漢之經師，咸有家法，唯有小學，義在博通。就今所傳楊子雲、劉成國、張稚讓諸家之作，多資旁采，尟獲所宗，比之墨守，殆有殊途。至於此書，則依循古文，罕見淩雜，❶櫽括以就，源流合一。」今以宋氏《小爾雅訓纂》逐條按之，無一字出於古文僞經之外者。蓋與《爾雅》同爲劉歆僞撰。《古今字》當亦出於一手。門人陳千秋曰：「《尚書釋文》引賈逵説，『俗儒以鋝重六兩，《周官》劒重九鋝，俗儒近是』。按逵所謂俗儒之説，即出《小爾雅》。逵，劉歆古文之干城，何忽詆爲俗儒？然逵以其與《周官》合，故以爲近是。是即《小爾雅》與《周官》出於一手之明據，逵特偶馳騁其辭耳。」至自尊而竄附《孝經》家，抑亦妄矣。宋氏之説，足以衛《小爾雅》，不知更足以證劉歆之僞也。至宋人以爲孔鮒撰者，蓋五代之亂，此書已佚，而僞造《孔叢》者嘗剌取以入其書。宋人又就《孔叢》録出之，故當代書目遂題爲孔鮒所撰，則展轉附會，歧中之歧，殆不足辨也。

《史籀》十五篇。周宣王太史作大篆十五篇，建武時亡六篇矣。

❶「罕」，原作「早」，據《小爾雅訓纂》改。

《八體六技》。

《蒼頡》一篇。上七章，秦丞相李斯作。《爰歷》六章，車府令趙高作。《博學》七章，太史令胡毋敬作。

《凡將》一篇。司馬相如作。

《急就》一篇。元帝時黄門令史游作。

《元尚》一篇。成帝時將作大匠李長作。

《訓纂》一篇。楊雄作。

《别字》十三篇。

《蒼頡傳》一篇。

楊雄《蒼頡訓纂》一篇。

杜林《蒼頡訓纂》一篇。

杜林《蒼頡故》一篇。

凡小學十家，四十五篇。入楊雄、杜林二家三篇。

《易》曰「上古結繩以治，後世聖人易之以書契，百官以治，萬民以察，蓋取諸夬」。夬，揚於王庭」，言其宣揚於王者朝廷，其用最大也。古者八歲入小學，故《周官》保氏掌養國子，教之六書，象形、象事、象意、象聲、轉注、假借，造字之本也。漢興，蕭何草律，亦著其法，曰：「太史試學童，能諷書九千字以上，乃得爲史。又以六體試之，課最者，以爲尚書、御史、史書令史。吏民上書，字或不正，輒舉劾。」六體者，古文、奇字、篆書、隸書、繆篆、蟲書，皆所以通知古今文字，摹印章，書幡信也。古制，書必同文，不知則闕，問諸故老。至於衰世，是非無正，人用其私。故孔子曰：「吾猶及史之闕文也，今亡矣夫！」蓋傷其寖不正。《史籀篇》者，周時史官教學童書也，與孔氏壁中古文異體。《蒼頡》七章者，秦丞相李斯所作也。《爰歷》六章者，車府令趙高所作也。《博學》七章者，太史令胡毋敬所作也，文字多取《史籀篇》，而篆體復頗異，所謂秦篆者也。是時始建隸書矣，起於官獄多事，苟趨省易，施之於徒隸也。漢興，閭里書師合《蒼頡》、《爰歷》、《博學》三篇，斷六十字以爲一章，凡五十五章，并爲《蒼頡篇》。武帝時，司馬相如作《凡將篇》，無復字。元帝時，黄門令史游作《急就篇》，成帝時，將作大匠李長作《元尚篇》，皆《蒼頡》中正字也。《凡將》則頗有出矣。至元始中，徵天下通小學者以百數，各令記字於庭中。楊雄取其有用者以作《訓纂篇》，順續《蒼頡》，又易《蒼頡》中重復之字，凡八十九章。臣復續楊雄作十三章，凡一百三章，無復字。六藝羣書所載略備矣。《蒼頡》多古字，俗師失其讀。宣帝時，徵齊人能正讀者，張敞從受之，傳至外孫之子杜林爲作訓故，并列焉。

《論語》、《學記》、《經解》、《莊子》、《史記》敘六經，皆不他及，誠以孔子所筆削，雖《論語》、《孝經》不能上列，况其他乎？小學者，文史之餘業，訓詁之末技，豈與六經大道並哉！六藝之末而附以小學，僞《爾雅》、《小雅》、《古今字》本亦小學而附入《孝經》，此劉歆提倡訓詁，抑亂聖道，僞作古文之深意也。按：《内則》「十年，出就外傅，學書計」，《尚書大傳》「十有三年始入小學，二十入大學」，蓋與《内則》俱卿士之禮。《尚書大傳》又云「十五始入小學，十八入大學」，此士庶人之禮也。唯《大戴·保傅篇》「年八歲而出就外舍，束髮而就大學」，則太子之禮，非卿、士、庶人所能比也。「保氏六書」之説，條理甚備，唯古書絶不之及，唯許慎《説文》、鄭康成注《周官》稱焉，然皆出歆之傳，蓋創造於歆而僞附於《周官》者也。《左傳》「止戈爲武，反正爲乏」，蓋歆所僞竄。鄭漁仲攻之，識蓋高矣。然歆亦非能創爲之。蓋事、形、聲、意，通以轉、假，古人所本有。名義條例，歆之所發明。倘其自著一書，發明六例，豈不甚善？唯僞託於經，則不得不惡而辨之也。其云：「蕭何草律，太史試學童，能諷書九千字以上，乃得爲史，又以六體試之，六體中有古文、奇字。」信如歆言，則其時吏民皆識古文，古文之學何以不興？且許慎、衛恒、江式之流，咸以爲古文絶於秦、漢，何也？蓋繆篆、蟲書，以「摹印章，書幡信」，則或有之，《八體六技》，蓋歆所僞撰。《史籀》十五篇，蓋猶是周入小學之書，唯與歆所僞之壁中古文異體，故歆稱蕭何律之六體及甄豐之校六書皆有古文奇字而無籀，其抑之可見。蓋秦篆文字出於《史籀篇》，《史籀》爲周之文，而爲漢今文之祖。歆之抑之，亦猶言《易》則尊費氏而抑施、孟、梁丘，言《春秋》則右左氏而左公、穀也。《蒼頡》雖爲秦篆，然上原《史籀》，當爲文字正體。至元始中，徵天下通小學者以百數，各令記字於庭中。時王莽柄國，尊信劉歆，此百數人被徵者，必皆歆之私人，奉歆僞古文奇字之學者也。劉歆工於作僞，故散之於私人，假藉莽力，徵召貴顯之，以愚惑天下。如古文經傳，授之私人，及王莽奏徵天下通「《逸禮》、《古書》、《毛詩》、《周官》、《爾雅》、天文、圖讖、鍾律、月令、兵法」者詣公車，至者千數，皆其故智也。楊雄之好奇字，蓋爲歆所惑而受歆學者，《法言》、《太玄》並用僞經。取其有用者以作《訓纂篇》，易《蒼頡》重復之字，凡八十九章。蓋歆徵其私人，以給楊雄，又假楊雄之名，使編《訓纂》以給天下，其術甚巧。楊雄有知，應悔爲其所賣也。班固續作十三章，凡一百三章，無復字，六藝羣書所載略備。固所謂「六藝」者，歆之《毛詩》、《逸書》、《逸禮》、《周官》、《左氏春秋》、《爾雅》、《月令》之倫，其僞古文皆取之。《史籀》十五篇，建武已亡其六。《蒼頡》五十五章，每章六十字。然則西漢《蒼頡篇》三千三百字。相如《凡將》、史游《急就》、李長《元尚》皆《蒼頡》正字，唯《凡將》頗有出，當不多，兼有復字。蓋漢時《蒼頡篇》本合《蒼頡》、《爰歷》、《博學》之書爲之，故有復字。李斯、趙、胡各自著書，本不相謀，則復字當必多。是并無三千三百字之數矣。西漢六藝羣書當備集矣，此爲周、秦相傳之正字也。而楊雄、班固所增凡一百三章，以六十字一章計之，共六千一百八十字，驟增兩倍之數。《蒼頡》本皆今字，歆復使杜林作訓故，竄以古字古訓，於是《蒼頡》亦有亂於古學者矣。故云「《蒼頡》多古字，俗師失其讀」，蓋以歆授意杜林竄入古學之本爲正也。許慎紹賈逵之傳，主張古學，《說文敘》云「九千三百五十三文」，殆兼《蒼頡篇》五十五章三千三百字，楊雄、班固所續一百三章六千一百八十字，共九千餘字而成之。於是真僞之字，淄澠混合，不可復辨。《說文敘》中祇舉《蒼頡篇》、《訓纂篇》，未及班書，讀者未了。按班固死於永元四年，《說文》成於十二年，《說文》「隉」下引班説，可見許采班書。《新唐書·藝文志》，「班固《在昔篇》一卷，《太甲篇》一卷」，即十三章也，惜《說文》中不可盡別白矣。於是周、漢相傳之正字，盡爲歆所增亂而不可識矣。吁！雄、固、許慎失之於愚，而歆變亂先王之正文，其罪又浮於李斯矣。今唯據

《急就篇》擇籀文及西漢今文經之逸文彙存之，而以西漢前金石文字輔證之，或可存周、漢經藝正字之大概焉。

凡文字之先必繁，其變也必簡，故篆繁而隸簡，楷真繁而行草簡。人事趨於巧便，此天智之自然也。以造文之始，必多爲筆墨形象，而後其意始顯，及其通用，但使爲記號，而已可共曉。今泰西文自巴比倫文字而變爲猶太，再變爲希臘，又變爲拉丁，然後爲今法文，英文又從法文而變之，以音紀字，至簡者也。拉丁之字稍繁焉。侍郎郭嵩燾使其地，得其三千年前古文字，皆是象形，與中國鐘鼎略同。然則文字未有不始於繁，而終於簡者也。今古文反簡，籀文乃繁。桂馥云：「故小篆於籀文則多減，於古文則多增。如『云』字，古文也，小篆加雨爲『雲』。『𣶒』字，古文也，小篆加水爲『淵』。王筠曰：「□□始是古文，一象形，一會意，令人一望而知其物。顛倒□字，又斷其兩曲以成『二』字，遂成『□』矣。水字横書之，破其崖岸，列之兩旁，遂成『□』矣。此作字者欲其整齊，不顧偭規錯矩也，豈得爲古文哉！」『□』字，古文也，小篆加人爲『保』。《臣部》云：『篆文「臣」從「頁」』，徐鍇曰『籀文「臣」從「𦣻」』，然則『臣』爲古文，『𩠐』爲籀文，『頤』爲小篆。」然則古文改繁爲簡，因小篆而作可知。桂馥又云：「《説文敘》云『至孔子書六經，左丘明述《春秋傳》，皆以古文』，此可知大篆不施於書册也。」王筠曰：「今之書册，固不知幾經改易，然『其』、『盤』、『災』三字皆籀文，『敢』、『棄』二字亦由籀文小變之。『遨』字見《禮記》，此亦有所承，非盡後人改用籀文也。」且周既有籀書，何以復作古文？必不然矣。即有一二奇字，亦是列國妄改，不合於《史籀》之正者也。桂馥又云：「《説文》諧聲，多與《詩》、《易》、《楚辭》不合。」如確是三代古文，則應相合，益以知其僞也。

按：文字之流變，皆因自然，非有人造之也。南北地隔則音殊，古今時隔則音亦殊。蓋無時不變，無地不變，此天理也。然當其時地相接，則轉變之漸可考焉。文字亦然。《志》稱「《史籀篇》者，周時史官教學童書也，與孔氏壁中古文異體」，則非歆之僞體，爲周時真字，斷斷也。子思作《中庸》，猶曰「今天下書同文」，則是自春秋至戰國，絶無異體異製。凡史載筆，士載言，藏天子之府，載諸侯之策，皆籀書也。其體則今之《石鼓》及《説文》所存籀文是也。子思云然，則孔子之書六經，藏之於孔子之堂，分寫於齊、魯之儒皆是。秦之爲篆，不過體勢加長，筆畫略減，如南北朝書體之少異。蓋時地少移，因籀文之轉變，而李斯因其國俗之舊，頒行天下耳。觀《石鼓》文字與秦篆不同者無幾，不止如王筠所謂「其」、「盤」、「災」、「敢」、「棄」，知經文上承籀法也。王筠深於六書，故能發出；深於許慎，而能攻許慎；如柳子厚深於《國語》而作《非國語》，楊雄深於《離騷》而作《反騷》。所謂蠹生於木而還食其木也。今秦篆猶存者，有《郎邪刻石》、《泰山刻石》、《會稽刻石》、《碣石門刻石》，皆李斯所作，以爲正體，體並圓長。而秦權、秦量即變方匾。漢人承之而加少變，體在篆、隸間。以石考之，若《趙王上壽刻石》爲趙王遂廿二年，當文帝後元六年，《魯王泮池刻石》，當宣帝五鳳二年，體已變矣，然絶無後漢之隸也。至《厲王中殿刻石》，幾於隸體，然無年月。江藩定爲江都厲王，尚不足據。左方文字莫辨，《補訪碑録》審爲「元鳳」二字，而《金石萃編》疑爲「保」、「歲」、「庶」等字，則「元鳳」固不確也。《金石聚》有《鳳凰畫象題字》，體近隸書。《金石聚》以爲元狩年作，江陰繆荃蓀謂當從《補訪碑録》釋爲「元康」，則晉武帝時隸也。《麃孝禹碑》爲河平三年，則同治庚午新出土者，體亦爲隸。順德李文田以爲僞作無疑也。《葉子侯封田刻石》爲始建國天鳳三年，亦隸書，嘉慶丁丑新出土，前漢無此體，蓋亦僞作。則西漢未有隸體也。降至東漢之初，若《建平郫縣石刻》、《永光三處閣道石刻》、《開通褒斜道石刻》、《裴岑紀功碑》、《石門殘刻》、《郙閣頌》、《戚伯著碑》、《楊淮表紀》，皆以篆筆作隸者。《北海相景君銘》，曳脚筆法猶然。若《三公山碑》、《是吾碑》，皆由篆變隸，篆多隸少者。《吴天發神讖》猶有此體。若《三老通碑》、《尊楗閣記》，爲建武時碑，則由篆變隸而隸多篆少者。以漢鍾鼎考之，唯高廟都倉、孝成上林諸鼎有秦篆意，汾陰好持則有秦權。❶至於太官鍾、周楊侯銅、丞相府漏壺、慮俿尺，若食官鍾銘、綏和鍾銘，則體皆扁繆，在篆隸之間矣。今焦山陶陵鼎銘，其體方折，與啟封鐙及王莽嘉量同爲《天發神讖》之先聲，亦無後漢之隸體者。以瓦當考之，秦瓦，如「維天降靈」、「甲天下」、「大萬樂當」、嵬氏冢當、蘭池宫當、延年瓦、方春萌芽等瓦，爲圓篆。至於漢瓦，若「金」字、

❶「權」下，重刻本有「意」字。

「樂」字、「延年」、「上林」、「右空」、「千秋萬歲」、「漢并天下」、「長樂未央」、「上林甘泉」、「延壽萬歲」、「高安萬世」、「萬物咸成」、「狼千萬延」、「宣靈萬有」、「喜萬歲」、「長樂萬歲」、「長生無極」、「千秋長安」、「長生未央」、「永奉無疆」、「平樂阿宮」、「億年無疆」、「仁義自成」、「揜衣中庭」、「上林農官」、「延年益壽」，體兼方圓；其「轉嬰柞舍」、「六畜蕃息」及「便」字瓦，則方折近《郙閣》矣。蓋西漢以前無熹平隸體，和帝以前皆有篆意。其漢甎有「竟寧」、「建平」，秦阿房瓦「西凡廿九六月官入」字，純作隸體，恐不足據。蓋自秦篆變漢隸，減省方折，出於風氣遷變之自然。許慎《説文敘》詆今學，謂「諸生競逐，説字解經，誼稱秦之隸書爲蒼頡時書，云『父子相傳，何得改易』」，蓋是漢世實事。自蒼頡來，雖有省改，要由遷變，非有人改作也。《志》乃謂「秦時始建隸書，起於官獄多事，苟趨省易，施之於徒隸」，許慎又謂「程邈所作」，蓋皆劉歆僞撰古文，欲黜今學，故以徒隸之書比之，以重辱之。門人陳千秋説。其實古無籀、篆、隸之名，但謂之「文」耳。創名而抑揚之，實自歆始。且孔子五經中無「籀」、「篆」、「隸」三字，唯僞《周官》「隸」字最多，則用《莊子》、《韓非子》者。又「卿乘篆車」，此亦歆意也。於是篆、隸之名行於二千年中，不可破矣。夫以篆、隸之名承用之久，驟而攻之，鮮有不河漢者。吾爲一證以解之。今人日作真書，興於魏晉之世，無一人能指爲誰作者，然則風氣所漸移，非關人爲之改作矣。東漢之隸體，包氏世臣以爲蔡中郎所變。然《王稚子闕》、《嵩高銘》、《封龍山碑》、《乙瑛碑》挑法已成，特中郎集其成耳。然漢隸中有極近今真楷者，如《高君闕》「故益州」、「舉」、「廉」、「丞」、「貫」等字，「陽」、「都」字之邑旁，直是今真書，尤似顔真卿。考《高頤碑》爲建安十四年。此闕雖無年月，當同時也。《張遷表頌》，其筆畫直可置今真楷中。《楊震碑》似褚遂良筆，蓋中平三年者。《子斿殘石》、《正直殘石》、《孔彪碑》，亦與真書近者。至吴《葛府君碑》，則純爲真書矣。若吴之《谷朗碑》，晉之《郛休碑》、《枳陽府君碑》、《爨寶子碑》，北魏之《靈廟碑》、《弔比干文》、《鞠彦雲志》、《惠感》、《鄭長猷》、《靈藏造象》，皆在隸、楷之間，與漢碑之《是吾》、《三公山》、《尊楗閣》、《永光閣道刻石》在篆、隸之間者正同，皆轉變之漸，至可見也。不能指出作今真書之人，而能指出作漢隸者，豈不妄哉？後人加出「八分」之説，又指爲王次仲作，益更支離。然蔡文姬述父邕語曰「去隸八分取二分，去小篆二分取八分」，張瓌瓘曰「八分減小篆之半，隸又減八分之半」，劉氏熙載曰「漢隸可當小篆之八分，是小篆亦大篆之八分，正書亦漢隸之八分」。於古今轉變之故，頗能發明。通於此義，則知自孔子時之「文」，三變至今日而猶存，未嘗有人改作之，唯歆竄亂之耳。夫籀、篆之體，有承變而無大異，雖以歆之顛倒妄謬，亦不過謂「篆體復頗異所謂秦篆者也」。孔子手寫之經，自孔鮒、孔襄傳至孔光，十餘世不絶，別有秦、魏之博士賈山、伏生及魯諸生手傳之本。師弟親授，父子相傳，安得變異？則漢儒之文字，即孔子之文字，更無別體也。子思謂「今天下書同文」，則許慎「諸侯力政，不統於王」、「分爲七國」、「文字異形」；江式表謂「其後七國殊軌，文字乖別，暨秦兼天下，丞相李斯乃奏蠲罷不合秦文者」；衛恒《四體書勢》謂「及秦用篆書，焚燒先典而古文絶」，皆用劉歆之僞説而誕妄之讏言也。古文、奇字本於鍾鼎。今《説文》所載古文千餘，無奇字，蓋即《八體六技》之書。許慎説經皆從古學，則是盡見古文。劉歆以古文之體寫其僞經，然字數不過千餘，其中又多劉歆所僞造，則三代金石異文亦僅矣。凡中世承平，右文漸盛，則金石漸興。宋之劉敞、黄長睿、歐陽《集古》、明誠《金石》皆然。明及國朝，此風彌扇，而僞鍾鼎、僞碑版遂蠭涌其間。京師市賈皆擅此技，山東賈人且開爐專鑄古銅，正不獨《岣嶁之碑》爲楊慎僞撰，垂露諸體爲夢英僞作，其餘「吉日癸巳」之刻，《比干銅盤》之銘亦然。且即有三代文字，歷世既邈，又字多異體，勢難盡識，不出於勉强傅合，則必將杜撰僞作。故談金石學者，未有不自欺而附會者也。漢自武、宣後，郡國山川往往出彝鼎，士人漸有好之。當時上好符瑞，方士媚上僞爲之，真者殆無一二。且道家興於漢魏，後作爲符篆諸體，虞集識之，凡七十餘體，則方士所僞造應不少。《漢書·郊祀志》：「美陽得鼎，獻之，張敞好古文字，按鼎銘曰：『王命尸臣，官此栒邑，賜爾旗鸞黼黻琱戈。尸臣拜手稽首曰：敢對揚天子丕顯休命。』」蓋當時識古文者唯有敞。然今所見鼎銘，皆出於王命，而書體絶異。此鼎銘不知何體？歆「古文」二字大體從此撰出，其以《左傳》附於張敞亦以此。然恐張敞識古文字，亦歆所杜撰耳。楊雄、劉歆皆以絶特之學，兼好奇字，如近世金石大盛，碩學之徒罕有不通之者。其許慎云「涼州刺史杜業、沛人爰禮、講學大夫秦近亦能言之」，則當時實有奇字。於是楊雄好之而作《訓纂》。侯芭、歆子棻皆從問之，亦歆所爲也。歆既好博多通，多搜鍾鼎奇文以自異，稍加竄僞增飾，號稱「古文」；日作僞鍾鼎，以其古文刻之，宣於天下，以爲徵應。以劉歆之博奥，當時不能辨之，傳之後世，益加古澤。市賈之僞，不易辨其僞作，況歆所爲哉！許慎謂鼎彝即前代之古文，古文既僞，則鼎彝之僞，雖有蘇、張之舌，不能爲辨也。歆窺其時學者破碎，枝葉叢蔓，説五字之文至於二三萬言，乘其空虚，挾校書之權，藉王莽之力，因以僞文寫僞經，別爲《八體六技》以惑誘學士，昭其徵應。《説文序》稱「孝平時，徵爰禮等百餘人，説文字於未央廷中，以禮爲小學元士。亡新居攝，使大司空甄豐等校文書，有六書：一曰古文，孔子壁中書；二曰奇字，即古文而異者；三曰篆書，即小篆；四曰佐書，即秦隸書；五曰繆篆，所以摹印；六曰鳥蟲書，所以書幡信」。又稱：「壁中書者，魯共王壞孔子宅，而得《禮記》、《尚書》、《春秋》、《論語》、《孝經》；又北平侯張蒼獻《春秋左氏傳》。」然《史記》共王無得古文事，張蒼傳授亦歆僞託，則是實無古文。歆既位國師，爲王莽所尊信，爰禮、楊雄、甄豐皆其私黨，杜林事莽，亦其私人，王璜、塗惲受其古文僞《書》，徐敖、陳俠受其《毛詩》，皆藉歆力，擢至貴顯。兩次詔求古文奇字，集之王庭，天下學者耳目咸爲所塗，幾以爲真壁中古文矣。杜林爲張敞外孫，既夙有師承，易於託附，故西州漆簡爲東漢僞古文《書》之胎祖，而復爲《蒼頡》、《訓纂》、《蒼頡故》以亂舊文。賈逵傳父徽所受塗惲之學，和帝中受詔修理舊文，傳之許慎，今所傳《説文》是也。《漢志》小學諸書，見近人所輯，僅得十一於千百，然半爲歆所竄定者。許慎主張古學，其文字九千三百五十三。封演《聞見記》：「後漢和帝時，始獲七千三百八十四字。安帝時，許慎特加搜采，九千之文始備。」和帝時，或未數班固書也。其書自古文、籀文外，小篆諸體亦皆自古文變出。其説經説《禮》皆古説，則純乎歆之僞學也。當是時，古文之學最盛，扶風曹喜工篆，而曰「小異斯法而甚精巧」。蔡邕採之爲古文雜形，詔於太學立石碑，刊載五經，題書楷法，多是邕書。後開鴻都，諸方獻篆，書畫奇能莫不雲集。於時張揖著《埤蒼》、《廣雅》、《古今字詁》，陳留邯鄲淳亦與揖同時，博古開藝，特善《蒼》、《雅》、八體、六書，又建三字石經於漢碑之西。又有京兆韋誕、河東衛覬，並能古文篆，皆述歆、慎之餘波。於是《説文》、《字林》、《三蒼》、《爾雅》盛行，爲小學之軌則。唐世立之於學官，以課試天下之士。於是歆、慎之學統一天下，尊無二上矣。

凡六藝一百三家，三千一百二十三篇。六藝之文，《樂》以和神，仁之表也；《詩》以正言，義之用也；《禮》以明體，明者著見，故無訓也；《書》以廣聽，知之術也；《春秋》以斷事，信之符也。五者蓋五常之道，相須而備，而《易》爲之原，故曰「《易》不可見，則乾坤或幾乎息矣」，言與天地爲終始也。至於五學，世有變改，猶五行之更用事焉。古之學者耕且養，三年而通一藝，存其大體，玩經文而已。是故用日少而畜德多，三十而五經立也。後世經傳既已乖離；博學者又不思多聞闕疑之義，而務碎義逃難，便辭巧説，破壞形體，説五字之文至於二三萬言。後進彌以馳逐，故幼童而守一藝，白首而後能言。安其所習，毁所不見，終以自蔽，此學者之大患也。

《詩》雖有三家，其歸一也。《書》皆出於伏生，《禮》皆出於高堂生，《易》皆出於商瞿，尤無異論。《春秋》出於公羊、穀梁，經傳純全，安得謂爲「乖離」？歆僞爲古文，不攻舊説之乖，無以見新學之是。是時古文之出，孔光、龔勝、師丹、公孫禄及諸博士皆不從之，故歆又以學者爲不「闕疑」，「安其所習，毁所不見」爲大患，皆歆抑真今、崇僞古之微言也。

《六藝略》之作僞略見於此，而其大端有五罪焉：一，顛倒六經之序。《詩》、《書》、《禮》、《樂》、《易》、《春秋》之序，孔子手定。孔門舊本，自《經解》、《莊子》、史遷，無不以《詩》爲首，《書》次之，《易》後於《詩》、《書》、《禮》、《樂》而先於《春秋》，靡有異説。辨見前。而歆以《易》爲首，《書》次之，《詩》又次之。後人無識，咸以爲法。自是《釋文》、《隋志》宗之，至今以爲定制。倒亂孔子六經之序，其罪一。二，西漢以前，但有博士之經，即秦火不焚之本，孔氏世傳不絶之書，無闕文，亦無異本也。歆僞作古文以竄易六藝，或增或改，諸經皆偏，以其僞古經文加於孔子今文經之上。如《易經》本上下二篇，而云「《易經》十二篇」，此歆所增改者也。「《尚書》古文經四十六卷，經二十九卷」，上「古文經」者，歆作也；下「經」者，博士傳孔子之經也。「《春秋》古經十二篇，經十一卷」，上「古經」，歆僞也；下「經」，博士傳孔子之經也。「《論語》古二十一篇，齊二十二篇，魯二十篇」，「《論語》古」，歆僞也；齊、魯《論》者，七十子所傳也。「《孝經》古孔氏一篇，《孝經》一篇」，「古孔氏」者，歆僞定也；《孝經》者，博士所傳孔門之舊也。以己僞經加孔子真經上，悖謬已極，其罪二。博士傳孔子學者，《詩》止齊、魯、韓三家，《禮》止高堂生十七篇，《樂》止制氏，《春秋》止公、穀二家。歆僞爲《毛詩》、《逸禮》、《周官・大司樂》章及《樂記》、《左氏傳》，於是論議之間，斥三家《詩》「取雜説，非本義」，「士禮不備，倉等推而致於天子」，「制氏樂僅知其鏗鏘鼓舞而不能言其義」，「公、穀二家，口説失真」，詆之唯恐不至，而盛稱其僞作之書。後人無識，竟爲所惑，孔子真經微而幾亡，僞經盛行。其誣毀篡聖，大罪三。六經皆孔子筆削，包括天人，至尊無並。雖以《論語》、《孝經》之美，《王制》、《經解》、《學記》、《莊子》、《史記》不以並稱。至於小學，尤爲文史之末技，更無可與經並列者。歆僞作古文以寫僞經，創爲訓詁以易經義，於是以《論語》、《孝經》列六藝。又以僞作之《爾雅》、《小爾雅》厠《孝經》家，自是六經微言大義之學亡，孔子制作教養之文絶。自後漢以來，訓詁形聲之學偏天下，塗塞學者之耳目，滅没大道。其罪四。六經筆削於孔子，禮樂制作於孔子。天下皆孔子之學，孔子之教也。歆思奪之，於《易》則以爲文王作上下篇，於《周官》、《爾雅》以爲周公作。舉文王、周公者，猶許行之託神農，墨子之託禹，其實爲奪孔子之席計。非聖無法，大罪五。歆作僞經，定《七略》，其罪如此，不知天下後世猶甘尊信之否乎？

《論語》：「子謂子夏曰：『女爲君子儒，毋爲小人儒。』」《孟子》：「夷子曰：『儒者之道，古之人若保赤子。』」又：「逃墨必歸於楊，逃楊必歸於儒。」《荀子·非十二子篇》「是子張氏之賤儒也」，「是子夏氏之賤儒也」，「是子游氏之賤儒也」，而《儒效篇》發大儒之效尤詳。《禮記·儒行篇》：「魯哀公問於孔子曰：『夫子之服，其儒服歟？』」《莊子·秋水篇》：「知儒墨之自然而相非，則趣操覩矣。」《徐無鬼篇》：「莊子曰：『然則儒、墨、楊、秉四，與夫子爲五。』」《墨子·公孟篇》：「程子曰：『非儒何故稱於孔子也？』」《韓非子·顯學篇》：「世之顯學，儒墨也。儒之所至，孔丘也。墨之所至，墨翟也。故孔、墨之後，儒分爲八，墨離爲三。」太史談《論六家指要》：「夫陰陽、儒、墨、名、法、道德，此務爲治者也。」見《史記·太史公自序》。《史記·酷吏傳》序：「儒以文亂法，而俠以武犯禁。」《酈生傳》：「沛公不好儒，未可以儒上説也。」諸子傳記所言「儒」皆如此，不能徧舉，僅每家擇録一二耳。凡所云「儒」者，皆與異教對舉而言。蓋孔子改制後，從其學者皆謂之「儒」。故「儒」者，譬孔子之國號，如高祖之改國號爲漢，太宗有天下之號爲唐，藝祖有天下之號爲宋，皆與異國人言之。至於臣民自言，則云「皇朝」、「聖朝」、「本朝」、「國朝」，人自明之，不待稱國號也。孔子之學，秦時已立博士，《史記·秦始皇本紀》云「非博士官所職，敢有藏《詩》、《書》者，悉詣守尉雜燒之」，則博士以《詩》、《書》爲職可知。《賈山傳》「祖父祛，爲魏時博士」，則秦、魏亦從孔子之教。意自子路居衛，曾子居魯，子貢居齊，子張居陳，子夏居西河，澹臺子羽居楚，七十子各「散游諸侯，大者爲師傅卿相，小者友教士大夫」。雖以七國之無道，蓋無不從孔子之教矣。老、墨後起，揭幟與孔子争，而義理精密，大勢已成，終不能敵，而道日尊，名日盛。故戰國諸子，名、法、農、戰，蠭涌並興，莫不欲奪孔子之席，日與孔子爲難。高祖入魯，以太牢祀孔子，亦以其一時教祖，因而尊之。至於文、景，雖好黄老，博士仍具官待問。然諸子之言，紛然淆亂。孔子之道雖大行，仍與諸教相雜，未能别黑白而定一尊，猶文王之化行江、漢，三分有二，未大一統也。至武帝時，董仲舒請「諸不在六藝之科，孔子之術者」，絶勿進；丞相田蚡亦好儒術；公孫弘請廣厲學官之路，立太常博士弟子，設甲乙科。元帝時，郡國徧立校官。於是天下仰流，百川赴海，共歸孔子之學，則天下混一，諸家息滅，無復儒墨之可對言，亦無九流之可並立。故太史公特爲孔子立世家，其贊曰：「言六藝者，折衷於夫子，可謂至聖矣！」於《周本紀》、《十二諸侯年表》、列國世家皆特書「孔子卒」，蓋尊爲一統共主也。其七十子則立《仲尼弟子列傳》以尊之。其後學以孟、荀爲大宗，亦立傳焉。斯真史遷之高識別裁也。太史談之以儒列於六家者，談本老學，其時未絶異教，故以儒與道、墨班，猶遼、夏之人樂與宋並稱，夜郎欲與漢比，亦其宜耳。若史遷即不爾。至於向、歆之世，則天下之受成於孔學者，久以六經爲學，教出於一，既無異論，亦無異學，凡義理、文字、書册莫不統焉。歆之編《七略》也，既獨尊六藝爲一略，統冠羣書以崇孔子，猶編《漢書》者之尊高祖爲本紀，編《宋史》者之尊藝祖爲本紀矣，則七十子後學者，如子思、孟子、孫卿，猶高祖之有文、景、武、昭，藝祖之有真、仁、英、神也；不爾，亦與七十子同爲宗室諸王也。其後學若陸賈、賈誼、董仲舒之徒，則其將相大臣也。編書之例與編史之例同，則七十子後學者，亦宜爲《五宗世家》、《蕭曹世家》之比，宜附於本紀之後，不與外夷列傳班者也。屈原之文皆引經藝，亦陳良之儔傳仲尼之道者，則詩賦家亦古《詩》之流。以《太史公書》附《春秋》家後例之，亦宜附《詩》家之末。然勿混正統，則與《兵書》、《數術》、《方技》各分爲略，附於六經七十子後學記之後，如《文苑》、《方術》之各立專傳，尚無不可。唯名、法、道、墨者，本各自爲教，如漢之有匈奴、西域，宋之有遼、夏、金、元，自爲異國，不相臣服。史家於《文苑》、《方術》之下，立外夷傳，俾其事得詳而其體不與中國敵，體裁至善也。循斯爲例，則名、法、道、墨諸家，其道不能廢者，宜爲「異學略」，附於七略之末，如《晉書》之有載記，乃爲合作也。今歆編《七略》，以儒與名、法、道、墨並列，目爲「諸子」，外於「六藝」，號爲「九流」，是陳壽之《三國志》，崔鴻之《十六國春秋》，蕭方之《十國春秋》也。且「儒」者，孔子之教名也。既獨尊孔子之六經，而忽黜其教號、弟子，與衰滅之教並列，則是光武修漢高之實録，而乃立《漢傳》、《匈奴傳》、《西域傳》、《西南夷傳》並列，俾文、景、武、昭、蕭、曹、絳、灌，與冒頓、烏孫、身毒齊類而並觀；高宗修宋藝祖之實録，而又立《宋傳》、《遼傳》、《夏傳》、《金傳》、《元傳》，俾真、仁、英、神、趙普、曹彬、韓琦、富弼之倫，與耶律德光、耶律休哥、阿骨打、趙元昊、成吉斯齊類而並列。有是史裁，豈不令人發笑哉！且九流之中，唯道、墨與儒顯然争教。自餘若農家之學，則《書》存《無逸》，《詩》存《七月》、《生民》，非農而何？《論語》言「正名」，《易·繫》「明罰勑法」，非名、法而何？《典》重「授時」，《禮》貴「筮日」，非陰陽家而何？若夫爲命之重，芻蕘之采，則縱横家、小説家何嘗不兼納之其中？今乃以之與儒並列，而皆以爲出於古先一官之守。夫儒家，即孔子也。七十子後學者，即孔子之學也。其中如《繫辭》、《喪服傳》、《公羊傳》之類，附經已久，七十子之書，與孔子不能分爲二學也。以七十子之學僅出於司徒之一官，足以順陰陽、明教化而已，則是孔子之教、六經之學僅得司徒一官，少助教化，其他則無補。而十家之術，雖縱横、小説反覆鄙瑣，亦得與孔子之道猶水火之相生而相滅，仁義之相反而相成，宜各舍短取長，折衷之以備股肱之材。不知歆何怨何仇於孔子，而痛黜之深如此？出之異教之口猶可，出於歆家承儒業者，豈不大異哉！孔子之道，範圍天下，子思所謂「上律天時，下襲水土，譬如天地之無不持載，無不覆幬，譬如四時之錯行，如日月之代明」，歆乃公然貶之，大書《七略》以告天下，千古謗聖毁賢，無如此極，非狂禪之呵佛罵祖比也。考歆終日作僞，未必有甄綜九流之識，蓋爲操、莽之盜漢，非爲金、元之滅宋也。特自僞《周官》，欲託身爲周公，以皋牢一切，故兼收諸子，以爲不過備我學一官一職之守；因痛抑孔子，以爲若而人者，亦僅備一官守，足助順陰陽、明教化而已。陽與之，實所以奪之者，至矣。唐人尊周公爲先聖，而以孔子爲先師。近世會稽章學誠亦謂周公乃爲集大成，非孔子也。皆中歆之毒者。但羣矇謗日，終不能以隻手遮天，孔子之道自尊也。唯自歆列儒家於諸子，而敍七十子於其中，後世因之，自荀勗《中經簿》録、隋唐《經籍》《藝文志》以下，至國朝《四庫全書總目》，莫不從之。傳仲尼之正統者，僅列九流之一家。講小學之僞文者，乃爲六經之附庸。顛倒悖逆，至於此極！二千年中，雲霾霧塞，如墮深穽，未有人變易之者，天下尚有公是邪？宜乎爲孔子之學者日衰也。《傳》曰：「見無禮於君者，如鷹鸇之逐鳥雀。」今大聲疾呼以當鳴鼓之攻，别采羣書爲《七十子後學記》，以附六經之後，以備孔門之學。庶學者知所嚴崇，興起而革劉歆以儒平列九流之逆説。其詳見《七十子後學記凡例》，今不及。

歆抑儒家於九流，其謬固如此。而後之修史者，自班固以下，以《儒林》别立列傳，皆囿於歆之邪說。夫《史記》之立《儒林傳》，蓋武帝以前百數十年間，孔子之學未一統，伏生、申公之倫皆獨抱遺經，經略方新而反側未靖。《史記》紀其行事，特揭儒者之號以表異之，事之宜也。若至武帝厲學官、置博士之後，孔子之學，淹有四海，而猶拘拘以儒自表，無乃悖乎？後漢儒術尤盛，將相皆出其中，舉朝皆儒；別立《儒林》，尤爲無理。尤可異者，《宋史》爲尊朱子，以《儒林》、《道學》分爲二傳，薄孔子教名而不居，別爲異論以易之，已如守成之主無故而自更國號矣。而近世儀徵阮元，更附會以《周官》「師以道得民，儒以藝得民」之說。夫「儒者」之名，始於孔子，一統之號，臣庶所尊，抑之爲「藝」，而以「道」專屬於師，又以師、儒不過我法中繫民之一，抑先聖之大道，以自尊其瀆亂不驗之術。試問：非儒何以爲師？非道何以爲儒？似此出於異教之口，已爲可怪，歆貶洙、泗之國號，斥尼山之教術，而猶有尊信之者，此真離經畔道之尤者也。自漢迄明，其立《儒林傳》，皆名不正、言不順之大者，今並糾於此以正大義焉。

新學僞經考卷三下

弟子韓文舉、陳千秋初校。

弟子林　奎、梁啟超覆校。

新學僞經考卷四

漢書河間獻王魯共王傳辨僞第四

按：古學惑人最甚，移人最早者，莫若《漢書》。自馬融伏東閣受讀後，六朝、隋、唐傳業最盛。二千年來，學者披藝受學，即便誦習，先入人心，積習生常，於是無復置疑者，古學所以堅牢不可破也。余讀《史記》河間獻王、魯共王世家，怪其絶無獻王得書、共王壞壁事，與《漢書》絶殊。竊駭此關六藝大典，若誠有之，史公何得不敘？及讀《儒林傳》，又無《毛詩》、《周官》、《左傳》，乃始大疑。又得魏氏源《詩古微》、劉氏逢禄《左氏春秋考證》，反覆證勘，乃大悟劉歆之作僞，而卒無以解《漢書》也，以爲班固校書，本從古學而然耳。今按葛洪《西京雜記》，謂「《漢書》本劉歆作，班固所不取不過二萬許言」，劉知幾《史通·正史篇》亦謂劉歆「續《太史公書》」，即作《漢書》也。蓋葛洪去漢不遠，猶見《漢書》舊本。乃知《漢書》實出於歆，故皆爲古學之僞説，聽其顛倒杜撰，無之不可。其第一事，則僞造河間得書、共王壞壁也。後人日讀古文僞經及《漢書》，重規疊矩，掩蔽無迹。故千載邈邈，羣盲同暗室，衆口争晝日，實無見者，豈不哀哉！重之曰：歆造僞經，密緻而工；寫以古文體隆隆，託之河間及魯共。兼力造《漢書》，一手掩羣矇。金絲發變怪，百代争訌訩。校以《太史公》，質實絶不同。奸破覆露，霾開日中。發得巢穴，具告童蒙。

河間獻王德，以孝景前二年立，修學好古，實事求是。從民得善書，必爲好寫與之，留其真，加金帛賜以招之。繇是四方道術之人，不遠千里，或有先祖舊書，多奉以奏獻王者。故得書多與漢朝等。是時淮南王安亦好書，所招至卒多浮辯。獻王所得書，皆古文先秦舊書，《周官》、《尚書》、《禮》、《禮記》、《孟子》、《老子》之屬，皆經傳説記，七十子之徒所論。其學舉六藝，立毛氏《詩》、《左氏春秋》博士，修禮樂，被服儒術，造次必於儒者。山東諸儒從而游。武帝時，獻王來朝，獻雅樂，對三雍宮及詔策所問三十餘事。其對，推道術而言，得事之中，文約指明。立二十六年薨。中尉常麗以聞，曰：「王身端行治，温仁共儉，篤敬愛下，明知深察，惠于鰥寡。」大行令奏：「《謚法》曰：『聰明睿知曰獻』，宜謚曰『獻王』。」《史記·河間獻王世家》云：「河間獻王德，以孝景帝前二年用皇子爲河間王。二十六年卒。」《漢書》本傳同。今按，景帝立十六年，自前二年下數二十六年，爲武帝元光五年。《太史公書》訖於天漢三年，上數至元光五年獻王之卒，凡三十三年，則太史公遠在河間之後也。

《太史公自序》稱：「於是漢興，蕭何次律令，韓信申軍法，張蒼爲章程，叔孫通定禮儀，則文學彬彬稍進，《詩》、《書》往往間出矣。自曹參薦蓋公言黄老，而賈生、晁錯明申、商，公孫弘以儒顯。百年之間，天下遺文古事靡不畢集太史公。太史公仍父子相續纂其職。」則天下凡有佚書出者，史遷莫不見之。故《自序》云「紬史記石室金匱之書」、「罔羅天下放失舊聞」、「厥協六經異傳，整齊百家雜語」。《自序》又曰：「講業齊、魯之都，觀孔子之遺風，鄉射鄒嶧。」則山東諸儒之學，蓋皆詳訪而熟講之矣。

今考《史記·河間獻王世家》，但云「好儒學，被服造次必於儒者，山東諸儒多從之游」十九字，下即敘卒。若如《漢書》所敘，獻王得書等於漢朝，史遷好學，不應絕不敘。至於得《周官》，立毛氏《詩》、《左氏春秋》博士，尤爲藝林殊功重事，何以史遷於《獻王世家》絕不一敘？而總括六藝作《儒林傳》，徧詳諸經，於《詩》則魯、齊、韓，於《禮》則唯有高堂生士禮，於《春秋》則《公羊》、《穀梁》，未嘗知天下有所謂毛氏《詩》、《周官》、《左氏春秋》者，何哉？若謂河間雖得古文先秦舊書而史遷不獲見之，則史遷少講業齊、魯之都，毛氏《詩》、《左氏春秋》既立博士，山東諸儒從之游者必皆熟聞。遷生後三十餘年，親與山東諸儒講業，豈有六藝大業，不獲一聞其名者？又身爲太史，百年之間，《詩》、《書》間出，「天下遺文古事靡不畢集太史公」。《毛詩》、《左氏春秋》，河間既立博士，彰明顯徹，自必集於太史公，何以不獲一見？且左氏之書，則云「左丘失明，厥有《國語》」，《漢書·司馬遷傳》贊敘其作《史記》所援據之書，亦曰據左氏《國語》與《世本》、《戰國策》、《楚漢春秋》等，皆爲敘事之書。可知左氏之書，分國爲體，並非編年而爲《春秋》作傳。故《儒林傳》敘《春秋》之學，有公羊、穀梁而無左氏，以其紀事而不釋經，與《春秋》絶不干預。《太史公自序》尊《春秋》至矣。其爲世家、列傳，多據《左氏》，其熟精《左氏》至矣。使《左氏》有經文釋義，史遷博達，宜扶微學，何昧昧焉誣其爲《國語》，置之與《世本》、《戰國策》、《楚漢春秋》同列，而黜之於《公羊》、《穀梁》之外哉？其事至明，淺學者一加詳考，未有不失笑其紕漏嗤黠者也。

歆陰竄易左氏《國語》爲編年而以爲《春秋傳》，僞爲《周官》以改《禮》學，又僞毛氏《詩》以證之。以傳記引逸《書》數十篇，易於僞託，先爲古文《書》，於是以所僞作書皆號爲古文。至《易》，所傳尤彰彰無可下手，則爲費氏《易》以爲古文，以影射之。左氏突出公、穀之外，恐人不信，又僞鄒氏、夾氏俱爲傳，以映帶遺書之多焉。既挾校書之權，作爲《七略》，肆其竄附矣，猶恐無可徵信，於是緝《爾雅》，作《漢書》，以一天下之耳目。見《史記・河間獻王世家》有「好儒學」三字，以爲藩王之力能購書也，於是將生平僞撰之書，一舉而附於河間傳中，以證成其真而陰滅其迹。故史遷僅言獻王「好儒學」，歆即云「修學好古」，以其僞作古文伏之矣。以己之出於欺也，則云「實事求是」矣。國朝經學家動引河間之「實事求是」，而不知爲歆謾語也。於是首敘金帛之招善書，次敘四方道術、先祖舊書之多奏，三敘其得書之等於漢，蓋漢祕府本無其書，必云河間等於漢，乃可立也。四敘淮南好書，以影射而實其事，鄭重重復，敘之又敘，而後乃云「獻王所得書皆古文先秦舊書」。於是直以其僞著之《周官》、毛氏《詩》、《左氏春秋》爲曾立博士，而以《儒林傳》應之。於是證佐分明，無可摇動，而僞書行，豐蔀數千年，人人皆在其褌中而莫能窺之矣。

共王初好治宫室，壞孔子舊宅以廣其宫。聞鍾磬琴瑟之聲，遂不敢復壞，於其壁中得古文經傳。

按：《史記·魯共王世家》無共王壞孔子宅得古文經傳事。史遷好學，又爲太史，天下遺文古事畢集，不應共王得古文經傳而不知其事，不見其書。正與《獻王傳》同，皆歆之僞竄者也。本傳但云得古文經傳，不著何經。《藝文志》稱「武帝末，魯共王壞孔子宅，欲以廣其宫，而得《古文尚書》及《禮記》、《論語》、《孝經》凡數十篇，皆古字也」，則共王與獻王同得《尚書》、《禮記》。然即使獻王在武帝初，共王在武帝末，相距數十年，則獻王之古文《尚書》應大行，何以山東諸儒未嘗有之，俟共王得書後，而孔安國乃傳之哉？其自相矛盾，作僞日勞，抑可概見。且按以共王本傳，二十八年而薨，爲元光六年，正在武帝初年，下距巫蠱事將四十年，不知安國何以久不獻也？其誣妄支離，不待辨矣。

據《藝文志》、《劉歆傳》、《河間獻王傳》，古文《書》、《禮》、《禮記》，共王與獻王同得，而皆不言二家所得之異同，豈殘缺之餘，諸本雜出，而篇章文字不謀而合？豈有此理！其爲虚誕，即此已可斷。然《藝文志》又言「《禮》古經者，出於魯淹中及孔氏，與十七篇依劉敞校。文相似，多三十九篇」，是古文《禮》淹中又得。淹中及孔氏所得，與十七篇同一相似，同一多三十九篇，不謀而同，絶無殊異。焚餘之書，數本雜出，而整齊畫一如是，雖欺童蒙，其誰信之！而欺紿數千年，無一人發其覆者，亦可異也。

新學僞經考卷四

弟子韓文舉、陳千秋初校。
弟子林　奎、梁啟超覆校。

新學僞經考卷五

漢書儒林傳辨僞第五

歆修《六藝略》，既盡竄僞經，徧布其中矣。無如僞書突出，師授無人，將皆疑而莫之信也。於是分授私人，依附大儒，僞造師傳，假託名字，彌縫其隙，密之又密。所以深結人信者在此。然范升已謂《左氏》師授無聞矣。案經久遠，無不破露。今發其覆，作僞之勞，不足供一哂也。獨是毛亨、毛萇，以無是子虛，竊兩廡特豚之祀，崇德大典，等於兒戲。劉歆有知，應笑天下愚儒，固易欺紿耳。今將其僞造源流，條辨於左。

古之儒者，博學乎六藝之文。六學者，王教之典籍，先聖所以明天道、正人倫、致至治之成法也。周道既衰，壞於幽、厲，禮樂征伐自諸侯出。陵夷二百餘年而孔子興，以聖德遭季世，知言之不用而道不行，迺歎曰：「鳳鳥不至，河不出圖，吾已矣夫！」「文王既没，文不在兹乎！」於是應聘諸侯，以答禮行誼，西入周，南至楚，畏匡，戹陳，奸七十餘君。適齊，聞《韶》，三月不知肉味。自衞反魯，然後樂正，雅、頌各得其所。究觀古今之篇籍，迺稱曰：「大哉堯之爲君也！唯天爲大，唯堯則之；巍巍乎其有成功也，焕乎其有文章也。」又曰：「周監於二世，郁郁乎文哉！吾從周。」於是敘《書》則斷《堯典》，稱《樂》則法《韶》舞，論《詩》則首《周南》，綴周之《禮》，因魯《春秋》，舉十二公行事，繩之以文武之道，成一王法，至獲麟而止。蓋晚而好《易》，讀之韋編三絶而爲之傳。皆因近聖之事，以立先王之教，故曰「述而不作，信而好古」，「下學而上達，知我者其天乎」。仲尼既没，七十子之徒散游諸侯，大者爲卿相師傅，小者友教士大夫，或隱而不見。故子張居陳，澹臺子羽居楚，子夏居西河，子貢終於齊，如田子方、段干木、吴起、禽滑氂之屬，皆受業於子夏之倫，爲王者師。是時獨魏文侯好學，天下並争於戰國，儒術既黜焉，然齊魯之間，學者猶弗廢。至於威宣之際，孟子、孫卿之列，咸遵夫子之業而潤色之，以學顯於當世。及至秦始皇兼天下，燔《詩》、《書》，殺術士，六學從此缺矣。陳涉之王也，魯諸儒持孔氏禮器往歸之。於是孔甲爲涉博士，卒與俱死。陳涉起匹夫，敺適戍以立號，不滿歲而滅亡，其事至微淺。然而搢紳先生負禮器往委質爲臣者，何也？以秦禁其業，積怨而發憤於陳王也。及高皇帝誅項籍，引兵圍魯，魯中諸儒尚講誦習禮，弦歌之音不絶。豈非聖人遺化，好學之國哉！於是諸儒始得修其經學，講習大射、鄉飲之禮。叔孫通作漢禮儀，因爲奉常，諸弟子共定者，咸爲選首，然後喟然興於學。然尚有干戈，平定四海，亦未皇庠序之事也。孝惠、高后時，公卿皆武力功臣。孝文時頗登用，然孝文本好刑名之言。及至孝景，不任儒，竇太后又好黄老術，故諸博士具官待問，未有進者。漢興，言《易》自淄川田生，言《書》自濟南伏生，言《詩》於魯則申培公，於齊則轅固生，燕則韓太傅，言《禮》則魯高堂生，言《春秋》於齊則胡毋生，於趙則董仲舒。及竇太后崩，武安君田蚡爲丞相，黜黄老刑名百家之言，延文學儒者以百數，而公孫弘以治《春秋》爲丞相封侯，天下學士靡然鄉風矣。《儒林傳》文，大概用史遷之舊而稍加增竄。一事，「綴周之《禮》」，《史記》無此語。十七篇蓋孔子所作，非《周禮》也，歆欲藉以實《周官》耳。二事，「蓋晚而好《易》，讀之韋編三絶而爲之傳」。《史記·孔子世家》有此語，無「爲之傳」字。《易》辭皆孔子作，歆欲改爲文王作上下經，孔子作十翼，故云「爲之傳」。此微意而暗竄於此者。三事，「六學從此缺矣」。秦焚六經未嘗亡缺，辨見前。歆既杜撰於此，復竄《史記》中以實之。四事，六經之序，先《詩》，次《書》，次《禮》、《樂》，以《易》、《春秋》終之，辨見前。歆既思易舊說，於《七略》改之。今復改云「言《易》自淄川田生，言《書》自濟南伏生」，乃及《詩》，所以遂其説也。然不敢遽及古文諸僞經，亦可見其有畏忌之心，或忽略之意，諺所謂「千虛不如一實」也。

自魯商瞿子木受《易》孔子，以授魯橋庇子庸，子庸授江東馯臂子弓，子弓授燕周醜子家，子家授東武孫虞子乘，子乘授齊田何子裝。及秦禁學，《易》爲筮卜之書獨不禁，故傳授者不絶也。漢興，田何以齊田徙杜陵，號杜田生，授東武王同子中、雒陽周王孫、丁寬、齊服生，皆著《易傳》數篇。同授淄川楊何字叔元，元光中徵爲大中大夫；齊即墨成，至城陽相；廣川孟但，爲太子門大夫；魯周霸、莒衡胡、臨淄主父偃，皆以《易》至大官。要言《易》者，本之田何。

丁寬，字子襄，梁人也。初，梁項生從田何受《易》。時寬爲項生從者，讀《易》精敏，材過項生，遂事何。學成，何謝寬。寬東歸，何謂門人曰：「《易》以東矣。」寬至雒陽，復從周王孫受古義，號「周氏傳」。景帝時，寬爲梁孝王將軍，距吴、楚，號丁將軍。作《易説》三萬言，訓故舉大誼而已，今《小章句》是也。寬授同郡碭田王孫，王孫授施讎、孟喜、梁丘賀。繇是《易》有施、孟、梁丘之學。

《傳》稱「田何授雒陽周王孫，丁寬至雒陽，復從周王孫受古義」。按：周王孫名氏不見於《史記》。而丁寬讀《易》精敏，學成東歸，何至曰「《易》以東矣」，是寬已盡何之道，爲傳道弟子，餘子莫及。周王孫古義，其傳自何邪？則寬當知之。其非傳自何邪？則正如趙賓之小數，隱士之異説。寬爲何高弟，豈有爲所惑，而從而受之之理？推其特提「古義」二字，實欲託於本師以爲其費氏之根柢。其他或當有傳，費氏源流，文隱不可見耳。《藝文志》首列《易傳周氏》二篇，楊何、王同、丁寬皆在其下，猶羣經之皆先序古文經也。又有《蔡公》二篇，《注》云「事周王孫」。蔡公無名字爵里，猶毛公、貫公、膠東庸生也。何之古義不授諸王同、丁寬、服光，而獨授諸周王孫，猶孔安國之古文不授諸兒寬、司馬遷，而獨授諸都尉朝也。《古五子》十八篇、《古雜》八十篇之目，及《漢書·律曆志》所引《古五子》之文，皆所僞造以映帶古學者。其作僞同一術也。

施讎，字長卿，沛人也。沛與碭相近。讎爲童子，從田王孫受《易》。後讎徙長陵，田王孫爲博士，復從卒業，與孟喜、梁丘賀並爲門人。謙讓，常稱學廢，不教授。及梁丘賀爲少府，事多，迺遣子臨分將門人張禹等從讎問。讎自匿不肯見。賀固請，不得已乃授臨等。於是賀薦讎「結髮事師數十年，賀不能及」。詔拜讎爲博士。甘露中，與五經諸儒雜論同異於石渠閣。讎授張禹、郎邪魯伯。伯爲會稽太守，禹至丞相。禹授淮陽彭宣、沛戴崇子平。崇爲九卿，宣大司空。❶禹、宣皆有傳。魯伯授太山毛莫如少路、郎邪邴丹曼容，著清名。莫如至常山太守。此其知名者也。繇是施家有張、彭之學。

孟喜，字長卿，東海蘭陵人也。父號孟卿，善爲《禮》、《春秋》，授后蒼、疏廣。世所傳后氏《禮》、疏氏《春秋》，皆出孟卿。孟卿以《禮經》多，《春秋》煩雜，乃使喜從田王孫受《易》。喜好自稱譽，得《易》家候陰陽災變書，詐言師田生且死時，枕喜厀，獨傳喜。諸儒以此耀之。同門梁丘賀疏通證明之，曰：「田生絶於施讎手中，時喜歸東海，安得此事？」又蜀人趙賓好小數書，後爲《易》，飾《易》文，以爲「箕子明夷，陰陽氣亡箕子；箕子者，萬物方荄茲也」。賓持論巧慧，《易》家不能難，皆曰「非古法也」。云受孟喜，喜爲名之。後賓死，莫能持其說。喜因不肯仞，以此不見信。喜舉孝廉爲郎，曲臺署長，病免，爲丞相掾。博士缺，衆人薦喜。上聞喜改師法，遂不用喜。喜授同郡白光少子、沛翟牧子兄，皆爲博士。繇是有翟、孟、白之學。

梁丘賀，字長翁，郎邪諸人也。以能心計爲武騎，從大中大夫京房受《易》。房者，淄川楊何弟子也。房出爲齊郡大守，賀更事田王孫。宣帝時，聞京房爲《易》明，求其門人，得賀。賀時爲都司空令，坐事，論免爲庶人，待詔黃門，數入說教侍中，以召賀。

❶「司」，原作「師」，據重刻本改。

賀入說，上善之，以賀爲郎。會八月飲酎，行祠孝昭廟，先敺旄頭劍挺墮墜，首垂泥中，刃鄉乘輿車，馬驚。於是召賀筮之，「有兵謀，不吉」。上還，使有司侍祠。是時霍氏外孫代郡太守任宣坐謀反誅。宣子章爲公車丞，❶亡在渭城界，中夜玄服入廟，居郎間，執戟立廟門，待上至，欲爲逆，發覺，伏誅。故事，上常夜入廟，其後待明而入，自此始也。賀以筮有應，繇是近幸，爲大中大夫，給事中，至少府。爲人小心周密，上信重之，年老終官。傳子臨，亦入說，爲黄門郎。甘露中，奉使問諸儒於石渠。臨學精熟，專行京房法。郎邪王吉通五經，聞臨說，善之。時宣帝選高材郎十人從臨講。吉乃使其子郎中駿上疏，從臨受《易》。臨代五鹿充宗君孟爲少府。駿御史大夫，自有傳。充宗授平陵士孫張仲方、沛鄧彭祖子夏、齊衡咸長賓。張爲博士，至楊州牧、光禄大夫給事中，家世傳業。彭祖，真定太傳。咸，王莽講學大夫。繇是梁丘有士孫、鄧、衡之學。

京房受《易》梁人焦延壽。延壽云嘗從孟喜問《易》。會喜死，房以爲延壽《易》即孟氏學，翟牧、白生不肯，皆曰非也。至成帝時，劉向校書，考《易》說，以爲諸《易》家說皆祖田何、楊叔、丁將軍，大誼略同，唯京氏爲異，黨焦延壽獨得隱士之說，託之孟氏，不相與同。房以明災異得幸，爲石顯所譖誅，自有傳。房授東海殷嘉、河東姚平、河南乘弘，皆爲郎、博士。繇是《易》有京氏之學。

按：《傳》深詆孟氏學之矯誣，以爲得《易》家候陰陽災變書，詐言田生獨傳

❶「章」，原作「張」，據《漢書》改。

者；又詆京、焦爲隱士之説，而託之孟氏，異於田何。近人惠氏棟、王氏鳴盛、張氏惠言主張漢《易》者，皆詆班固不通，用梁丘賀之單辭，皆非實録。惠氏並主張趙賓改「箕子」爲「荄滋」，而又自改爲「其子」，讀爲「亥子」。見《周易述》。其妄不待言。番禺陳氏澧又主費氏。諸家之辨雖有是非，皆未中肯綮也。卦氣消息之説，以坎、離、震、兑爲四正卦，以乾、坤二卦附之於六十卦之列，分主六日七分。其於聖人首乾、坤爲天地之義，悖謬殊甚。❶然所出甚古，西漢緯書及經説皆然。蓋陵夷至於戰國，❷儒術既絀，儒者無由自進，言仁義則人主憚聞之，而禍福吉凶者，人主之所畏也。故説《春秋》者附會災異，説《尚書》者附會五行，説《易》者附會陰陽，以聳動人主而求售其術。自鄒衍「深觀陰陽消息，而作怪迂之變、《終始》《大聖》之篇十餘萬言。大並世盛衰，因載其機祥度制，推而遠之。五德轉移，治各有宜，而符應若兹」。《史記·孟子荀卿傳》。爲陰陽消息之學所萌芽。及秦皇、漢武，好神仙禱祠，方士並進。故《史記·封禪書》稱：「自齊威宣之時，騶子之徒，論著終始五德之運，及秦帝而齊人奏之，故始皇采用之。而宋無忌、正伯僑、充尚、羨門子高最後，皆燕人，爲方僊道，形解銷化，依於鬼神之事。騶衍以陰陽主運顯於諸侯，❸而燕、齊海上之方士傳其術，不能通。然則怪迂阿諛苟合之

❶「悖謬殊甚」，重刻本作「似有難解」。
❷「陵夷至於」，重刻本作「孔門有是」。
❸「主」，原作「之」，據《史記》改。

徒自此興，不可勝數也。」今以《漢志》考之。《易》家有「《雜災異》三十五篇，《神輸》五篇，圖一」，師古曰：「劉向《别録》云：『《神輸》者，王道失則災害生，得則四海輸之祥瑞。』」此已爲京房災異所始矣。陰陽家有「《宋司星子韋》三篇，《公檮生終始》十四篇，《鄒子終始》五十六篇，《雜陰陽》三十八篇」。五行家有「《泰一陰陽》二十三卷，《黄帝陰陽》二十五卷，《黄帝諸子論陰陽》二十五卷，《諸王子論陰陽》二十五卷，《太元陰陽》二十六卷，《三典陰陽談論》二十七卷，《陰陽五行時令》十九卷，《務成子災異應》十四卷，《十二典災異應》十二卷，《鍾律災應》二十六卷，《鍾律叢辰日苑》二十二卷，《鍾律消息》二十九卷，《黄鍾》七卷，《刑德》七卷」。蓍龜家有「《周易》三十八卷，《大筮衍易》二十八卷，《於陵欽易吉凶》二十三卷，❶《易卦八具》」等書，實其所祖。本爲陰陽占卜之書，諸儒欲以術動時主，故附之入《易》義耳。於是大儒若董仲舒，亦專以災異説《春秋》，傳「開陰閉陽以求雨，開陽閉陰以止雨」之術。《春秋繁露·求雨》、《止雨》兩篇。此後儒者争以怪迂之説動人主。❷眭孟言「大石立，僵柳起，漢當傳國」，雖被誅，而宣帝既立，事有徵驗，子亦爲郎。夏侯始昌明於陰陽，「先言柏梁臺災日，至期日果災」。其族子勝，從始昌受《尚書》及《洪範五行傳》，説災異。昌邑王數出，勝當乘輿諫曰：「天久陰而不雨，臣下有謀上者，陛下出

❶「欽」，原作「歆」，據《漢書》改。

❷「此後」至「迂之」，重刻本作「蓋或有别傳，後儒争以」。

欲何之？」是時，光與車騎將軍張安世謀，欲廢昌邑王。光讓安世，以爲泄語，安世實不言。乃召問勝。勝對言：「在《洪範傳》曰『皇之不極，厥罰常陰，時則下人有伐上者，惡察察言』，故云臣下有謀。」光、安世大驚，以此益重經術士。京房説長於災變，分六十卦，更直日用事，以風雨寒温爲候，各有占驗。房用之尤精，好鍾律，知音聲。永光、建昭間，西羌反，日蝕，又久青亡光，陰霧不精。房數上疏，先言其將然，近數月，遠一歲，所言屢中。天子説之。翼奉以五際説《詩》。俱見《漢書・眭兩夏侯京翼李傳》。蓋以占驗禍福動人主，漢時五經家皆然。京房應時而起，託之於《易》以行其説，其爲京房所自創無疑。❶ 蓋本五行家災異占驗、鍾律消息而作，其稱焦延壽者，疑亦假託之名也。❷ 漢人欲行其説，無不依託於經，如《公羊傳》之「母以子貴」，《左氏傳》之「其處者爲劉氏」，皆漢儒竄入以重其經。猶佛氏之起，以咒術治鬼神猛虎毒蛇，於是人皆敬畏之，而其道以行。《傳鐙録》所載二十八祖，及晉之佛圖澄、梁之陸法和皆是，今西藏紅教，猶其緒餘。開國之始，神叢狐鳴，西漢災變之學亦其類也。至於王莽，尤尚讖學。光武染其餘風，以讖立王梁爲司空。桓譚、鄭興攻讖則譴責，楊厚、郎顗占驗有應，則尊顯無倫。《史記・六國表》引「或曰東方物所始生，西方物之成孰，夫作事者必於東南，收功實者常於西北」。魏相稱「東方之卦不可

❶「其爲」至「無疑」，重刻本作「或孔門有是而附益之」。

❷「疑亦」至「名也」，重刻本作「是否假託未可知」。

以治西方，南方之卦不可以治北方」。其説所出，源流深遠，然仍是讀《易》別録之書，於聖人之經無預焉。唯與《説卦》「震，東方也；離也者，南方之卦也；兑，正秋也；坎者，正北方之卦也」，其義同。於是爲孟、京學者藉口之祖。唯《法言・問神篇》：「《易》損其一，蠢者知闕焉。」《論衡・正説篇》：「至孝宣皇帝之時，河内女子發老屋，得逸《易》、《禮》、《尚書》各一篇，奏之。宣帝下示博士，然後《易》、《禮》、《尚書》各益一篇。」所謂逸《易》，《隋志》以爲即《説卦》。此楊雄、王充所見西漢舊説，則《説卦》必焦、京學者所僞作。❶《易緯乾鑿度》、《稽覽圖》皆爲其學者所附會，❷其消息辟卦並同。五行家有鍾律消息，則「消息」二字所本，勿遽信爲《易》義也。❸張衡謂緯書起於哀、平間，則《易緯》固在京房後，其用京《易》無足疑也。故《後漢書・方術傳》曰：「其流又有風角、遁甲、七政、元氣、六日、七分、逢占、日者、挺專、須臾、孤虛之術。」益可見爲數術雜占之學。孟、京俱言卦氣、消息、辟卦、雜氣，李鼎祚《周易集解》、惠棟《易漢學》所引可見。則孟、京二家似出於一，然孟氏實有出於田王孫者。《漢書・藝文志》「《章句》，施、孟、梁丘氏各二篇」，此乃得之田何者。又有「孟氏、京房十一篇，《災異》孟氏、京房六十六篇」，此則《易》家候陰陽災變，孟氏傳之焦、京，或焦、京所託，今所傳卦氣、六日、七分之學

❶「僞作」，重刻本作「傳授」。
❷「皆」，重刻本作「或」。
❸「勿遽信」，重刻本作「或亦本」。

是。焦循《易圖略》亦有此說。若虞氏自奏稱「五世傳《孟氏易》」，見《三國志》本傳注。而納甲之説全用《參同契》；自奏言「郡吏陳桃夢道士予臣《易》六爻，吞之」，見《三國志》本傳《注》。誕妄無稽，然益見仲翔得自道士異教之學。惠棟、張惠言等，知辨宋人先天之圖出於道家，不知卦氣納甲之圖亦出方士、道士之所傳。齊、楚佩劍，皆未得也。然源流既遠，且西漢博士之說，非劉歆所僞。別見《易漢學辨》，今不詳。

孟《易》雖言災變，然梁丘賀以筮近幸，與《眭兩夏侯京翼李傳》諸人正同。是賀亦候災變，不獨喜有之。賀安能以改師法責喜？傳云云者，蓋西漢以後，施、梁丘稍微，而孟、京最盛。歆欲以費氏奪而易之，故誣辭巧詆耳。觀其下云「劉向以爲諸家皆祖田何、楊叔、丁將軍，大誼略同，唯京氏爲異，託之孟氏，不相與同」，則不以爲孟氏異於施、梁丘氏，而僅以爲京氏異於孟氏。蓋前主攻孟，後主攻京。攻京之時，並忘其攻孟之言矣。矛盾如此，豈不哀哉！又歆欲代孟、京之統，故以孔子十翼厭勝之，而痛詆災變之非。其繼不能遂，乃襲取其説而改其面目，敷衍支離，抑又甚焉。是心勞日拙之明效矣。

費直，字長翁，東萊人也。治《易》爲郎，至單父令。長於卦筮，亡章句，徒以《彖》、《象》、《繫辭》十篇文言解説上下經。琅邪王璜平中能傳之。璜又傳古文《尚書》。

高相，沛人也。治《易》與費公同時，其學亦亡章句，專説陰陽災異。自言出於丁將軍，傳至相。相授子康及蘭陵毋將永。康以明《易》爲郎，永至豫章都尉。及王莽居攝，東郡太守翟誼謀舉兵誅莽。事未發，康候知東郡有兵，私語門人。門人上書言之。後數月，翟誼兵起，莽召問，對受師高康。莽惡之，以爲惑衆，斬康。繇是《易》有高氏學。高、費皆未嘗立於學官。

費氏《易》爲劉歆僞撰，辨見前。其云「亡章句，徒以《彖》、《象》、《繫辭》十篇文言解説上下經」，考《後漢書·儒林傳》，陳元、鄭衆、馬融、鄭玄、荀爽皆傳費氏《易》者。今以《周易集解》考之，其説採卦氣、消息、辟卦、世應、飛伏，鄭氏獨傳爻辰，主分野、互卦之説。按分野之説，《周官》、《左傳》、《國語》有之，雜見於《漢書·天文》、《地理志》，并移以説《易》，皆歆所創也。錢氏大昕曰：「康成初習京氏《易》，後從馬季長受費氏《易》，費氏有《周易分野》一書，其爻辰之法所從出乎？」《潛研堂文集·答問》。得其所自出矣。《經典釋文·序録》云「費直《章句》四卷，殘缺」，則費氏有説明矣。其所僞作費氏《易》，蓋深攻孟、京，力主以《彖》、《象》、《繫辭》十篇文言解上下經，據孔子以折諸家。又因《繫辭》而造「之卦」「互卦」之例。荀悦《漢紀》云：「臣悦叔父故司空爽，著《易傳》據爻象承應、陰陽變化之義，以十篇之文解説經意。」雜竄之於《左傳》，又竄之於《史記》以易舊説。如《左傳》莊二十二年，「周史有以《周易》見陳侯者，陳侯使筮之，遇觀之否」，若是者數條。又凡卦筮須有所指，《周官》、《左傳》、《國語》並言「分野」，故又以分野之説竄入卦筮。然則費氏《章句》、《周易分野》皆歆所作於《七略》奏上之後，故《七略》無之；或歆自匿其《章句》，授之弟子而不著之歟！王弼之

《易》亦出費氏。蓋弼祖其以《彖》、《象》、《繫辭》十篇文言解上下經之説，故掃盡象數，獨標卦爻承應之義。其説大行，以傳此言爲之本故也。是至於今猶歆之僞《易》也。然《易》之經文亡恙，以爲脱去「無咎」、「悔亡」，特歆崇古抑今之僞説耳。以《彖》、《象》、《繫辭》説《易》，還孔子之舊義，雖出劉歆之説，然歆内主張爻辰、分野以爲卜筮，十翼解經特其假借之言，實非歆學也，且實光明無弊，不必以人廢言。於今學掃《説卦》之僞文，於古學删康成之野象，歆矯僞六經之罪，於《易》差可末減乎！至「十篇」之説，《史記》不著。《孔子世家》及《説卦》，蓋劉歆竄入者。《序卦》、《雜卦》二篇，義理薄淺，王充、《隋志》以爲後得。《雜卦》「師，衆也」，「比，輔也」，「震，動也」，「遘，遇也」，與歆僞《爾雅》合，蓋亦歆所僞造者，爾後十翼之説所由出也與？高氏《易》，辨見《藝文志》。

孔氏有古文《尚書》，孔安國以今文字讀之，因以起其家，逸《書》得十餘篇。蓋《尚書》兹多於是矣。遭巫蠱，未立於學官。安國爲諫大夫，授都尉朝，而司馬遷亦從安國問。故遷書載《堯典》、《禹貢》、《洪範》、《微子》、《金縢》諸篇，多古文説。都尉朝授膠東庸生。庸生授清河胡常少子，以明《穀梁春秋》爲博士、部刺史，又傳《左氏》。常授號徐敖。敖爲右扶風掾，又傳《毛詩》，授王璜、平陵塗惲子真。子真授河南桑欽君長。王莽時，諸學皆立，劉歆爲國師，璜、惲等皆貴顯。世所傳《百兩篇》者，出東萊張霸，分析合二十九篇以爲數十，又采《左氏傳》、《書敘》爲作首尾，凡百二篇，篇或數簡，文意淺陋。成帝時，求其古文者，霸以能爲《百兩》徵，以中書校之，非是。霸辭受父，父有弟子尉氏樊並。時大中大夫平當、侍御史周敞勸上存之。後樊並謀反，迺黜其書。

古文之僞，辨見《藝文志》。其傳授源流，亦歆僞託也。史遷所問篇目，❶無一出今文外者。今《史記》所説，與今文無不合者，其僞決矣。孔安國授之兒寬，今文歐陽、大小夏侯皆出於寬，則皆出於安國。何歐陽、大小夏侯無一人聞十六篇之書説，而都尉朝獨聞之？何安國之偏而都尉朝之幸也邪？博士同出一師，而百餘年無一人説及古文及都尉朝事，何其疏也？安國傳寬，寬傳歐陽生子，世世相傳，至曾孫高，高孫地餘猶當宣帝時爲博士，論石渠，高三傳乃至龔勝，則八傳矣。見《儒林傳》。又安國再傳爲簡卿，❷三傳爲大夏侯勝，五傳乃至孔光。見《儒林傳》、《孔光傳》。又安國四傳爲小夏侯建，七傳乃至趙玄。見《儒林傳》。玄，哀帝時御史大夫，孔光爲太師，是時名儒，光禄大夫則安國八傳之龔勝也。以今學經八傳而至勝，都尉朝再傳而至胡常，即當哀、平之世矣，即云老壽，何相去之遠乎？徐敖者，則傳《毛詩》之人；王璜者，則傳費氏《易》之人；胡常者，又傳《左氏》之人，蓋皆歆私人也。僞撰姓名亦不能多撰，慮其洩漏，故於古人則河間、魯共、孔安國，於時人則胡常、徐敖、王璜，並徧傳古學諸經者。但安國之本，出於共王。不識

❶「問」，重刻本作「引」。

❷「簡」，《漢書》作「蕑」。

河間諸古文經，齊、魯諸儒何遂無傳耳？作僞終有彌縫不密之時也。歆爲國師，璜、惲貴顯，此其昭昭也。胡常、徐敖，惜不及少待。然陳俠、蕭秉皆爲王莽講學大夫，蓋傳其學無不貴顯者。歆蓋假借莽力以行其學者也。漢世尊經，故多僞經之人。河内女子之《説卦》、《泰誓》、《逸禮》爲之始，張霸《百兩》爲之中，劉歆述其餘風爲之終而集其大成。云「霸采《左氏傳》、《書序》爲作首尾」者，實則歆采霸僞《書》而作《書序》，并竄之入《左氏傳》耳。

毛公，趙人也。治《詩》，爲河間獻王博士，授同國貫長卿。長卿授解延年。延年爲阿武令，授徐敖。敖授九江陳俠，爲王莽講學大夫。由是言《毛詩》者，本之徐敖。

《史記·河間獻王世家》、《儒林傳》無《毛詩》。此是鐵案，南山可移，此文不可動者也。歆爲《漢書》，處處稱獻王，所以實《毛詩》、《周官》之事，辨見《藝文志》。其云毛公者，真託於「無是公」者也。毛公定樂，而《毛詩》乃不知《詩》之爲樂章，以《草蟲》入於《采蘋》、《采蘩》之中，又以《楚茨》、《甫田》爲刺幽王。《投壺》雅歌詩有《伐檀》、《白駒》，而毛公不知，惡在其傳《詩》乎？徐敖受《尚書》於胡常，常是成、哀間人，而爲毛公三傳弟子。考之三家之傳，皆七八傳乃至王莽世，蓋作僞者仍不能妄援廣引也。《移博士書》云「博問人間，唯有趙國貫公」，殆即長卿，又以爲傳《左氏傳》者，皆歆杜撰也。徐敖蓋歆私人，受歆僞經者。《後書》稱「謝曼卿受《詩》於陳俠」，此歆所傳者歟？其詳見《毛詩僞證》。若毛公分爲二人，有大，有小，名亨，名長，又名萇，此則歆之重儓，又歆所未知者。

尹更始爲諫大夫、長樂户將，又受《左氏傳》，取其變理合者以爲章句。傳子咸及翟方進、郎邪房鳳。咸至大司農，方進丞相，自有傳。

房鳳，字子元，不其人也。以射策乙科爲太史掌故。太常舉方正，爲縣令都尉，失官。大司馬票騎將軍王根奏除補長史，薦鳳明經通達，擢爲光禄大夫，遷五官中郎將。時光禄勳王龔以外屬内卿，與奉車都尉劉歆共校書，三人皆侍中。歆白《左氏春秋》可立，哀帝納之，以問諸儒，皆不對。歆於是數見丞相孔光，爲言《左氏》以求助，光卒不肯。唯鳳、龔許歆，遂共移書責讓太常博士，語在《歆傳》。大司空師丹奏歆非毁先帝所立。上於是出龔等補吏，龔爲弘農，歆河内，鳳九江太守，至青州牧。始，江博士授胡常，常授梁蕭秉君房，王莽時爲講學大夫。由是《穀梁春秋》有尹、胡、申、章、房氏之學。

漢興，北平侯張蒼及梁太傅賈誼、京兆尹張敞、大中大夫劉公子，皆修《春秋左氏傳》。誼爲《左氏傳》訓故，授趙人貫公，爲河間獻王博士。子長卿爲蕩陰令，授清河張禹長子。禹與蕭望之同時爲御史，數爲望之言《左氏》，望之善之，上書數以稱説。後望之爲太子太傅，薦禹於宣帝，徵禹待詔，未及問，會疾死。授尹更始，更始傳子咸及翟方進、胡常。常授黎陽賈護季君，哀帝時待詔爲郎，授蒼梧陳欽子佚，以《左氏》授王莽，至將軍。而劉歆從尹咸及翟方進受。由是言《左氏》者，本之賈護、劉歆。

劉氏逢禄《左氏春秋考證》曰：「《張蒼

傳》曰『好書律術』，曰『習天下圖書計籍，又善用算律術』，曰『蒼尤好書，無所不觀，無所不曉，而尤邃律術』，曰『著書十八篇，言陰陽律術事』而已，不聞其修《左氏傳》也。蓋歆以漢初博極羣書者唯張丞相，而律術及譜五德可附《左氏》，故首援之。《賈生傳》曰『能誦《詩》、《書》屬文』，曰『頗通諸家之書』而已，亦未聞其修《左氏傳》也。蓋賈生之學，疏通知遠，得之《詩》、《書》，修明制度，本之於《禮》，非章句訓故之學也。其所著述，存者五十八篇，《大都篇》一事，《春秋篇》九事，《先醒篇》三事，《耳痺篇》一事，《喻誠篇》一事，《退讓篇》二事，皆與《左氏》不合。唯《禮容篇》一事似采《左氏》，二事似采《國語》耳。蓋歆見其偶有引用，即誣以爲『爲《左氏》訓故，授趙人貫公』，又曰當孝文時，『漢朝之儒，唯賈生而已』。貫公當即毛公弟子貫長卿，歆所云『貫公遺學，與祕府古文同』者也，曰『賈生弟子』則誣矣。《張敞傳》曰『本治《春秋》，以經術自輔其政』，其所陳説，以《春秋》『譏世卿最甚』，君母『下堂則從傅母』，皆《公羊》義。非『尹氏爲聲子』、『崔杼非其罪』、『宋共姬女而不婦』之謬説也。《蕭望之傳》曰『治《齊詩》』，曰『從夏侯勝問《論語》、禮服』，其《雨雹對》以『季氏專權，卒逐昭公』，《伐匈奴對》以大士匄『不伐喪』，亦皆《公羊》義。石渠禮論，精於禮服，未聞引《左氏》也。『善《左氏》』，『薦張禹』，亦歆附會。要之，此數公者，於《春秋》、《國語》未嘗不肄業及之，特不以爲孔子《春秋》傳耳，歆不託之名臣大儒，則其書不尊不信也。」

按：歆古文之學，其傳授諸人名，皆歆僞撰，而其發端則自《左氏》始。《左氏》書藏於祕府，人間不易見，自非史遷、劉向之倫不可得讀也。漢世重六經，以《春秋》爲孔子筆削，尤尊之。於時《公羊》盛行，《穀梁》亦賴宣帝追衛太子之所好，得立於學。歆思借以立異，校書時發得左氏《國語》，乃「引傳解經」見《楚元王傳》。自爲《春秋》之一家。劉歆校書爲王莽所舉。尹咸校數術，殆黨附於莽、歆者，房鳳則王根所薦者，王龔則外戚，非經師也。是四人者共校書，鳳、龔所校不知何書，尹咸校數術，其經術不如歆可知。歆又挾權寵，故房鳳、王龔、尹咸咸附之也。孔光、龔勝、師丹皆大儒，知其僞，故不肯助也。考孔光號稱依阿，而不肯助；蓋光曾叔祖安國，祖延年，父霸，爲孔子傳經之世嫡，未嘗聞此，故不肯助也。若孔氏確有古文，安得不助歆哉！諸古文爲僞經，此可爲一鐵案也。師丹劾之，公孫禄以爲「顛倒五經」，誠不妄矣。歆既以《左氏》附於尹咸，故託所出於尹更始。所謂「章句」者，蓋歆所僞託也，因僞造張蒼、賈誼、張敞、劉公子，又託賈誼爲傳訓故。所云「貫公」者，歆《移書》所謂「傳問民間，唯趙國貫公學與此同」也；所云「河間獻王博士」，則《獻王傳》所謂「立《左氏春秋》博士」，《移博士書》所謂「皆有符徵，外内相應」也。所云「貫長卿」者，即傳《毛詩》之人也。所云「徵禹待詔，未及問，會疾死」者，猶孔安國《尚書》「遭巫蠱難，未及施行」，蓋實無其事也。所云「胡常」者，傳庸生之古文《尚書》以授傳《毛詩》之徐敖者也；常又從江博士受《穀梁》，授梁蕭秉君房，其果有是人，爲歆之所付囑，抑爲歆僞託，皆不可知。要「言《左氏》者本之賈護、劉歆」，猶「言《毛詩》本之徐敖」，護、敖皆爲歆私人而已，「本之劉歆」則自不能誣耳。歆諸經皆託之於人，唯《左傳》則任之於己，以《左傳》爲歆立僞經之根本，故不能託之人也。考胡常無論爲真與否，即以此傳質之，其弟子蕭秉爲莽講學大夫，與尹咸、翟方進並受《左氏》於尹更始，則是元、成間人，與歆同時者也。徐敖從之受古文《尚書》，益少後矣。胡常於安國古文，自都尉朝、膠東庸生，本三傳；於貫長卿《春秋左氏》，傳自張禹、尹更始，亦三傳。徐敖既後於胡常，敖傳《毛詩》，自貫長卿下，僅解延年一傳，抑何其乖舛乎？合而觀之，其作僞之迹，故爲錯互，如見肺肝矣。《穀梁春秋》有尹、胡、申、章、房之學，恐亦劉歆所僞爲也。傳文敘穀梁氏之學，忽插入尹更始、房鳳之《左氏》，恐亦歆之原文，而自「房鳳字子元」至「青州牧」，或孟堅因而添入者歟。

贊曰：自武帝立五經博士，開弟子員，設科射策，勸以官禄，訖於元始，百有餘年，傳業者寖盛，支葉繁滋，一經説至百餘萬言，大師衆至千餘人，蓋禄利之路然也。初，《書》唯有歐陽，《禮》后，《易》楊，《春秋》公羊而已。至孝宣世，復立大、小夏侯《尚書》，大、小戴《禮》，施、孟、梁丘《易》，《穀梁春秋》。至元帝世，復立京氏《易》。平帝時，又立《左氏春秋》、《毛詩》、《逸禮》、古文《尚書》，所以罔羅遺失，兼而存之，是在其中矣。

一經之説至於百餘萬言，五字之文至於二三萬字，繁冗至此，其去丁將軍之《易》

說僅舉大誼，申公之《詩》訓猶有闕疑，滋蔓支離，抑已甚矣。楊雄《法言》曰：「今之學也，非獨爲之華藻也，又從而繡其鞶帨。」《寡見篇》。蓋爲通人所厭久矣。歆竊見此恉，造作古文而掃除今學。杜、賈扇其風，馬、鄭揚其波。迄漢、晉之間，今學盡滅，下迨唐宋，掃地無餘。昔之數百萬言者，穿穴於遺文中，僅得萬一，雖歆僞亂之罪固不容誅，亦祿利之徒不知大誼，繁其章條，穿求崖穴，有以貽口實而藉寇兵也。嗟夫！西漢學者譊譊自尊之時，豈知百餘年間之亡滅哉！今之學者，尊聖人之經而不求之經緯天人、體察倫物之際，而但講六書，動成習氣，偶涉名物，自負《蒼》、《雅》，叩以經典大義，茫乎未之聞也。徐幹《中論》曰：「凡學者大義爲先，物名爲後，大義舉而物名從之。然鄙儒之博學也，務於物名，詳於器械，考於詁訓，摘其章句，而不能統其大義之所極，以獲先王之心。此無異乎女史誦詩、内豎傳令也，故使學者勞思慮而不知道，費日月而無成功。」《治學篇》。迂滯若是，欲不亡滅，其可得乎！此亦識者所爲遠念也。

新學僞經考卷五

弟子韓文舉、陳千秋初校。
弟子林　奎、梁啟超覆校。

新學僞經考卷六

漢書劉歆王莽傳辨僞第六

王莽以僞行篡漢國，劉歆以僞經篡孔學。二者同僞，二者同篡。僞君、僞師，篡君、篡師，當其時一大僞之天下，何君臣之相似也！然歆之僞《左氏》在成、哀之世，僞《逸禮》、僞古文《書》、僞《毛詩》，次第爲之，時莽未有篡之隙也，則歆之畜志篡孔學久矣，遭逢莽篡，因點竄其僞經以迎媚之。歆既獎成莽之篡漢矣，莽推行歆學，又徵召爲歆學者千餘人詣公車，立諸僞經於學官。莽又獎成歆之篡孔矣。篡漢則莽爲君，歆爲臣，莽善用歆。篡孔則歆爲師，莽爲弟，歆實善用莽。歆、莽交相爲也。至於後世，則亡新之亡久矣，而歆經大行，其祚二千年，則歆之篡過於莽矣。而歆身爲新臣，號爲「新學」，莽亦與焉。故合歆、莽二傳而辨之，以明新學之僞經云。

《劉歆傳》

歆，字子駿，少以通《詩》、《書》，能屬文召，見成帝，待詔宦者署爲黄門郎。河平中，受詔與父向領校祕書，講六藝傳記，諸子、詩賦、數術、方技，無所不究。向死後，歆復爲中壘校尉。哀帝初即位，大司馬王莽舉歆宗室有材行，爲侍中太中大夫，遷騎都尉、奉車光禄大夫，貴幸。復領五經，卒父前業。歆乃集六藝羣書，種別爲《七略》。語在《藝文志》。歆及向始皆治《易》。宣帝時，詔向受《穀梁春秋》，十餘年，大明習。及歆校祕書，見古文《春秋左氏傳》，歆大好之。時丞相史尹咸以能治《左氏》，與歆共校經傳。歆畧從咸及丞相翟方進受，質問大義。初，《左氏傳》多古字古言，學者傳訓故而已。及歆治《左氏》，引傳文以解經，轉相發明，由是章句義理備焉。歆亦湛靖有謀，父子俱好古，博見彊志，過絶於人。歆以爲左丘明好惡與聖人同，親見夫子，而公羊、穀梁在七十子後，傳聞之與親見之，其詳略不同。歆數以難向，向不能非間也，然猶自持其《穀梁》義。及歆親近，欲建立《左氏春秋》及《毛詩》、《逸禮》、古文《尚書》，皆列於學官。哀帝令歆與五經博士講論其義，諸博士或不肯置對。歆因移書太常博士，責讓之曰：「昔唐、虞既衰，而三代迭興。聖帝明王，累起相襲，其道甚著。周室既微而禮樂不正，道之難全也如此。是故孔子憂道之不行，歷國應聘。自衛反魯，然後樂正，《雅》、《頌》乃得其所；修《易》，序《書》，制作《春秋》，以紀帝王之道。及夫子没而微言絶，七十子終而大義乖。重遭戰國，棄籩豆之禮，理軍旅之陳，孔氏之道抑，而孫、吴之術興。陵夷至於暴秦，燔經書，殺儒士，設挾書之法，行是古之罪，道術由是遂滅。漢興，去聖帝明王遐遠，仲尼之道又絶，法度無所因襲。時獨有一叔孫通略定禮儀，天下唯有《易》卜，未有他書。至孝惠之世，乃除挾書之律，然公卿大臣絳、灌之屬，咸介冑武夫，莫以爲意。至孝文皇帝，始使掌故晁錯從伏生受《尚書》。《尚書》初出於屋壁，朽折散絶，今其書見在，時師傳讀而已。《詩》始萌牙。天下衆書往往頗出，皆諸子傳説，猶廣立於學官，爲置博士。在漢朝之儒，唯賈生而已。至孝武皇帝，然後鄒、魯、梁、趙，頗有《詩》、《禮》、《春秋》先師，皆起於建元之間。當此之時，一人不能獨盡其經，或爲《雅》，或爲《頌》，相合而成。《泰誓》後得，博士集而讀之。故詔書曰：『禮壞樂崩，書缺簡脱，朕甚閔焉。』時漢興已七八十年，離於全經，固已遠矣。及魯共王壞孔子宅，欲以爲宫，而得古文於壞壁之中，《逸禮》有三十九篇，《書》十六篇。天漢之後，孔安國獻之，遭巫蠱倉卒之難，未及施行。及《春秋》左氏丘明所修，皆古文舊書，多者二十餘通，藏於祕府，伏而未發。孝成皇帝閔學殘文缺，稍離其真，乃陳發祕藏，校理舊文，得此三事，以考學官所傳，經或脱簡，傳或間編。傳問民間，則有魯國桓公、趙國貫公、膠東庸生之遺學與此同，抑而未施。此乃有識者之所惜閔，士君子之所嗟痛也。往者綴學之士，不思廢絶之闕，苟因陋就寡，分文析字，煩言碎辭，學者罷老且不能究其一藝。信口説而背傳記，是末師而非往古。至於國家將有大事，若立辟雍、封禪、巡狩之儀，則幽冥而莫知其原。猶欲保殘守缺，挾恐見破之私意，而無從善服義之公心，或懷妬嫉，不考情實，雷同相從，隨聲是非，抑此三學，以《尚書》爲備，謂左氏爲不傳《春秋》，豈不哀哉！今聖上德通神明，繼統揚業，亦閔文學錯亂，學士若兹，雖昭其情，猶依違謙讓，樂與士君子同之。故下明詔，試《左氏》可立不，遣近臣奉指銜命，將以輔弱扶微，與二三君子比意同力，冀得廢遺。今則不然，深閉固距，而不肯試，猥以不誦絶之，欲以杜塞餘道，絶滅微學。夫可與樂成，難與慮始，此乃衆庶之所爲耳，非所望士君子也。且此數家之事，皆先帝所親論，今上所考視，其古文舊書，皆有徵驗，外内相應，豈苟而已哉！夫禮失求之於野，古文不猶愈於野乎？往者博士《書》有歐陽，《春秋》公羊，《易》則施、孟，然孝宣皇帝猶復廣立穀梁《春秋》、梁丘《易》、大小夏侯《尚書》，義雖相反，猶並置之。何則？與其過而廢之也，寧過而立之。傳曰：『文武之道未墜於地，在人；賢者志其大者，不賢者志其小者。』今此數家之言，所以兼包大小之義，豈可偏絶哉！若必專己守殘，黨同門，妬道真，違明詔，失聖意，以陷於文吏之議，甚爲二三君子不取也。」其言甚切，諸儒皆怨恨。是時名儒光禄大夫龔勝以歆移書上疏深自罪責，願乞骸骨罷。及儒者師丹爲大司空，❶亦大怒，奏歆改亂舊章，非毁先帝所立。上曰：「歆欲廣道術，亦何以爲非毁哉？」歆由是忤執政大臣，爲衆儒所訕，懼誅，求出補吏，爲河内太守。以宗室不宜典三河，徙守五原，後復轉在涿郡，歷三郡守。數年，以病免官。起家復爲安定屬國都尉。會哀帝崩，王莽持政。莽少與歆俱爲黄門郎，重之，白太后。太后留歆爲右曹太中大夫，遷中壘校尉、羲和、京兆尹，使治明堂辟雍，封紅休侯。典儒林史卜之官，考定律曆，著《三統曆譜》。初，歆以建平元年改名秀，字穎叔云。及王莽篡位，歆爲國師，後事皆在《莽傳》。

按：班固浮華之士，經術本淺，其修《漢書》全用歆書，不取者僅二萬許言，其陷

❶「司」，原作「師」，據重刻本改。

溺於歆學久矣。此爲《歆傳》，大率本歆之自言也。《左氏春秋》至歆校祕書時乃見，則向來人間不見可知。歆治《左氏》乃始引傳文以解經，則今本《左氏》書法及比年依經飾《左》緣《左》，爲歆改《左氏》明證。此必叔皮及西漢遺老之言，則從前傳不解經可知。若如《别録》，經師傳授詳明如此，見《左傳正義》一。則向不非之，而不待歆校書乃見矣。知《别録》亦僞書也。云歆從尹咸、翟方進「質問大義」，此與《儒林傳》敘《左氏》師傳自賈誼至尹更始，皆歆僞造淵源，猶古文《書》之孔安國、都尉朝，《毛詩》之毛公、貫長卿、解延年、徐敖也。按《翟方進傳》云「受《春秋》，積十餘年，經學明習，徒衆日廣，諸儒稱之」，又云「方進雖受《穀梁》，然好《左氏傳》，其《左氏》則國師劉歆師也」。方進雖習《春秋》，實非《左氏》。歆既重其名位，又必託所由來，稱父「向不能非」。既誣其父，又誣其師，可謂絶無人心者矣。尹咸本同校書者，然但校數術，經學必不如歆，足見其僞。公羊、穀梁即卜商，别有説。然七十子口傳《春秋》，漢世無異義。馬遷據《左氏》以修史，而《儒林傳》不稱其釋經，最爲確證。左氏即親見孔子，於傳經無與。且著書在獲麟五十年之後，而其好惡，黜孔父、洩冶之節而獎鄭莊之禮，謂果與聖人同乎？《論語》「左丘明恥之，丘亦恥之」，是《古論語》僞文，歆所竄入以昭符應者。歆徧僞羣經之術皆如此，并不得以光武名秀，歆亦名秀，嘉新公爲劉歆，祁烈伯亦爲劉歆，以左丘明爲有二人也。劉逢禄《左氏春秋考證》曰：「左氏僅見夫子之書及列國之史，公羊聞夫子之義。見夫子之書者盈天下矣，聞而知之者，孟子而下，其唯董生乎！」歆既湛靖，乘父向既没，獨任校書，無人知祕府之籍，因得借祕書而行其僞。漢世《春秋》之學最盛。歆思自樹一學，校書得左氏《國語》，以爲可借之釋經，以售其奸。不作古字古言，則天下士難欺，故託之古文。此歆以古文僞經之始也。既已僞《左傳》矣，必思徵驗乃能見信，於是徧僞羣經矣。然移太常之文，僅欲立《左氏春秋》暨《逸禮》、古文《尚書》三學，猶未及《毛詩》，本傳并未及《周官》。蓋歆以《毛詩》、《周官》作僞太甚，未敢公然露於衆也。然歆雖挾上旨欲行其私，加以挾制，辭氣甚厲，而忽立僞書，博士之不對，龔勝、師丹之怒，固也。西漢博士，凡大儒皆由此出。其學原出孔氏，不能欺謬之也。「在漢朝之儒，唯賈生而已」，獨稱賈生者，以歆附會爲《左氏》先師也。然誼爲李斯再傳弟子，其書未有一字及《左傳》也。

魯共王得《逸禮》、古文《尚書》，河間獻王亦得《周官》、《逸禮》、古文《尚書》，而《毛詩》、《左氏傳》且立博士，《移書》何以不兼稱獻王？共王薨於武帝元朔元年，下至征和二年凡三十八年，巫蠱事乃起，數十年間，孔安國何以不獻？且安國蚤卒，何得及巫蠱事乎？《藝文志》、《儒林傳》何以但稱安國獻《書》，不及《逸禮》？歆既輔弱扶微，冀得廢遺，何以移文但争三事，不并争《毛詩》？《周官》且一字不及也？其牴牾鑿枘，合觀之可見。其《逸禮》三十九篇，《書》十六篇，辨見《藝文志》。

《春秋經》自公羊、胡毋生相傳，絶無「脱簡」。若人間《左氏春秋》，原是《國語》，亦非有「間編」。歆託之祕府，託之古文，妄謂學官「學殘文缺」。所謂「經或脱簡」者，歆乃欲增續《春秋》也。「傳或間編」者，歆欲比附《春秋》年月，改竄《國語》也。

「傳問民間，則有魯國桓公、趙國貫公、膠東庸生之遺學與此同，抑而未施。」貫公，即歆所稱傳《毛詩》之貫長卿；庸生，即傳都尉朝古文《尚書》者，皆歆僞託。即有其人，蓋亦歆私黨，歆之授意者也。

「至於國家將有大事，若立辟雍、封禪、巡狩之儀，則幽冥而莫知其原。」歆以高堂生傳十七篇，多士大夫禮，故其《逸禮》皆爲明堂、巡狩之禮。故《藝文志》云「猶瘉倉等推士禮而致於天子之説」，此乃其作僞之微恉也。「以《尚書》爲備，謂左氏爲不傳《春秋》。」博士傳自孔門，師師相傳，可爲孔子之學鐵案。先秦、三代，竹帛之外，兼賴誦説而傳。使《尚書》不止二十八篇，伏生專門之學，雖其本既亡，可以誦而補之。三百五篇之《詩》，十一篇之《春秋》，兼賴誦説而傳。則孔子删《書》二十八篇之爲全書，無可疑也。史遷《儒林傳》不述左氏。今據西漢博士之學以得孔子之全經，賴有歆述博士之言爲可信。其餘不經歆校改者，寡矣。

《王　莽　傳》

於是附順者拔擢，忤恨者誅滅。王舜、王邑爲腹心，甄豐、甄邯主擊斷，平晏領機事，劉歆典文章。

按《歆傳》，莽素重歆，故莽一朝典禮皆歆學也，故徧録出，與歆之僞經徵驗相應也。

於是羣臣乃盛陳「莽功德致周、成白雉之瑞，千載同符。聖王之法，臣有大功則生有美號，故周公及身在而記號於周。莽有定國安漢家之大功，宜賜號曰安漢公，益户疇爵邑，上應古制」。

「請考論《五經》，定取禮，正十二女之義。」

按：是時歆《周禮》未成，故「三夫人、九嬪、二十七世婦、八十一御妻」之説未出，故猶從今博士説。然莽之學周公自此始。後此事事效法，遂篡漢祚。歆《周官》、《爾雅》事事稱周公，以揣合莽意，獎翼篡事也。後世經學動稱周公，而忘其爲孔子制作，則爲歆、莽所賣矣。歆、莽之假於周公，將有所圖。後儒無歆、莽之私，豈可復爲所謾乎？

莽奏起明堂、辟雍、靈臺，爲學者築舍萬區，作市、常滿倉，制度甚盛。立《樂經》。益博士員，經各五人。徵天下通一藝、教授十一人以上，及有《逸禮》、古《書》、《毛詩》、《周官》、《爾雅》、天文、圖讖、鍾律、月令、兵法、《史篇》文字，通知其意者，皆詣公車。網羅天下異能之士，至者前後千數，皆令記説廷中，將令正乖謬，壹異説云。

按：《平帝紀》元始五年，「義和劉歆等四人，使治明堂、辟雍」。徵天下通知逸經、古記、天文、曆算、鍾律、小學、《史篇》、方術、本草及以五經、《論語》、《孝經》、《爾雅》教授者，在所爲駕一封軺傳，遣詣〈京師。至者數千人。此云《樂經》、《逸禮》、古《書》、《毛詩》、《周官》、《爾雅》、《史篇》文字，皆歆僞纂。「《史篇》文字」，即歆所謂「古文」，以與今文違悖者也。辨皆見前。莽、歆搜求佚書，絶無他學，皆歆所力爭於博士者。更增《爾雅》、《史篇》文字以徵驗之。通其一藝即徵詣公車，前後千數，以廣僞學，壹異説。於是天下皆誦歆學，而孔子之學絶矣。蓋歆之所以得行僞學者，皆莽爲之。命曰「新學」，豈不然乎！其天文、圖讖、鍾律、月令、兵法，亦歆所僞。蓋歆以博聞强識，絶人之才，承父向之業，覩中祕之書，旁通諸學，身兼數器，旁推交通，務變亂舊説而證應其學。訓詁文字既盡出於歆，天文、律曆、五行、讖記、兵法又皆出之。衆證既確，牆壁愈堅。當時既託古文之名，藉王莽之力，以廣其傳。傳之既廣，行之既久，則以爲真先聖之遺文矣。故雖以馬、鄭之雅才好博、兼綜術藝者，尊信最堅，贊揚最力，豈非以其旁兼諸學、徵應符合故乎？自魏、晉至唐，言術藝之士，皆徵於歆。寖淫既久，開口即是，孰能推見至隱，窺其瑕釁乎？此所以範圍二千年，莫有發難者也。今《漢書·律曆》、《天文》、《五行志》，皆歆之學，與諸古文經若合符節。月令、兵法亦然。余皆有糾謬，別爲篇，兹不著。

「謹以六藝通義，經文所見，《周官》、《禮記》宜於今者，爲九命之錫。」

《周官》之尊爲經典，朝廷典禮以爲依據，始於此。

劉歆、陳崇等十二人，皆以治明堂，宣教化，封爲列侯。

莽一切典禮，皆歆主之。莽之以僞行簒帝位，歆之以僞學簒經統，交相須而行，何相似之甚！宜其君臣之相乎也。

「臣又聞聖王序天文，定地理，因山川民俗以制州界。漢家地廣二帝、三王，凡十二州，州名及界多不應經。《堯典》十有二州，後定爲九州。漢家廓地遼遠，州牧行部，遠者三萬餘里，不可爲九。謹以經義正十二州名分界，以應正始。」

按：《左傳》引堯、舜、禹書爲《夏書》，禹治水分州，「任土作貢」，當堯老而舜攝之時，九州水利土産，次第明晰。「九山刊旅，九川滌源，九澤既陂」，皆因州而言。《尚書大傳》「維元祀，巡守四岳八伯」，蓋九州除王畿無伯，故八伯也。「貢金九牧，鑄鼎象物」，故鼎亦九也。《王制》亦言「八州八伯」，除王畿一州言之。僞《左傳》言「五侯九伯」，兼王畿言之。《詩》「帝命式於九圍」，又曰「九有有截」。皆言九州，未有言十二州者。《周官》爲歆撰，然《職方氏》亦僅言九州，唯增多幽州、并州而改《禹貢》之徐、梁。唯《堯典》有「肇十有二州」，馬、鄭、僞孔以爲分冀州爲幽州、并州，分青州爲營州，而《職方氏》有幽、并，是其與十二州異而實同也。《漢書·武帝紀》：元封五年，「初置刺史，部十三州」。《地理志》：「南置交阯，北置朔方之州，兼徐、梁、幽、并夏周之制，改雍曰涼，改梁曰益，凡十三部。」歆依附漢制而改飾之者。營州古無此名，歆以太公封於營丘而名之。王莽有并州、平州，「營」「平」音同，即營州，蓋用歆説也。歆多以漢制爲古制，五色之帝、郊祀諸星皆然。漢有十三州，故歆亦以古爲有十二州也。《堯典》「十二州」三字，必爲古文家竄改，《尚書大傳》有「兆十有二州」説，或更追改者歟？《史記·五帝本紀》、《漢書・谷永傳》永之對，皆有十二州之説，皆竄改者。

「《禮・明堂記》曰：『周公朝諸侯於明堂，天子負斧依南面而立。』謂『周公踐天子位，六年，朝諸侯，制禮作樂，而天下大服』也。」

按：《尚書大傳》：「周公攝政，一年救亂，二年克殷，三年踐奄，四年建侯衛，五年營成周，六年制禮作樂，七年致政成王。」攝其政耳，無踐天子位事也。歆僞作《明堂位》，誣先聖以佐篡逆，而後人猶惑之，何哉？

「《書》逸《嘉禾篇》曰：『周公奉鬯立於阼階，延登，贊曰：「假王莅政，勤和天下。」』此周公攝政，贊者所稱。」

按：《尚書正義》一載古文十六篇目：「《舜典》一，《汩作》二，《九共》九篇十一，《大禹謨》十二，《棄稷》十三，《五子之歌》十四，《胤征》十五，《湯誥》十六，《咸有一德》十七，《典寶》十八，《伊訓》十九，《肆命》二十，《原命》二十一，《武成》二十二，《旅獒》二十三，《冏命》二十四。以《九共》九篇共卷，故爲十六。」無《嘉禾篇》，唯《史記》、《書序》有之。蓋歆僞爲古文《書》時，尚無附莽篡位意，後則僞爲經記以獎莽篡，故復增造此篇。移書太常云「十六篇」，而敘《儒林傳》及竄入《史記・儒林傳》，則但云「得十餘篇，蓋《尚書》滋多於是矣」，以後有增加，故虚宕其辭，歆之肺肝如見矣。《堯典》「假於上下」，《西伯戡黎》「唯先假王」，《詩》「假哉天命」，皆訓至也，正也，無訓真假之義者。「假王」之稱，出於韓信。歆欲獎成莽篡，故緣此義以易古訓。歆倡訓詁之學以變大義如此。

居攝元年正月，莽祀上帝於南郊，迎春於東郊。

按：六經無四時迎氣之祭。《堯典》：「寅賓出日。」《尚書大傳》：「古者帝王躬率有司百執事，而以正月朝迎日於東郊，以爲萬物先而尊事天也。祀上帝於南郊，所以報天德。迎日之辭曰：『維某年某月上日，明光於上下，勤施於四方，旁作穆穆，維予一人某，敬拜迎日東郊。』迎日，謂春分迎日也。」《覲禮》云「拜日於東門之外」；《禮器》云「大明生於東」；《郊特牲》云「郊之祭也，大報天而主日也」；《玉藻》云「朝日於東門之外」；《大戴禮·朝事篇》云「率諸侯而朝日東郊，所以教尊尊也」；郊之義祇此，無四郊之祭，更無四時迎氣之舉。唯莽始有迎春及四郊禮，與《周官·小宗伯》「兆五帝於四郊，四望四類亦如之」合，與《月令》合。蓋皆歆之僞禮也。

「太保舜，大司空豐，輕車將軍邯，步兵將軍建，皆爲誘進單于籌策，又典靈臺、明堂、辟雍、四郊，定制度，開子午道。」

按：四郊之制始於歆，辨見前。

放《大誥》作策，遣諫大夫桓譚等班於天下。

譚爲歆、莽之黨，故主張僞古文學。凡《新論》云云，皆歆羽翼，不足據也。

「實考周爵五等，地四等，有明文。」

用歆《周官》説也。按孔子之禮則公、侯百里，伯七十里，子、男五十里，分土唯三。《孟子》、《王制》俱同。《春秋》公羊説則伯、子、男同等，爵三等而已。

少阿、羲和劉歆與博士諸儒七十八人，皆曰：「攝皇帝遂開祕府，會羣儒，制禮作樂，卒定庶官，茂成天功。聖心周悉，卓爾獨見，發得《周禮》，以明因監，則天稽古，而損益焉。」

凡莽措施，皆出於歆之僞《周禮》，莽蓋爲歆所欺者。「發得《周禮》以明因監」，爲《周禮》大行之始，故特著焉。

「《春秋》隱公不言即位，攝也。」

莽之居攝名義亦由於歆，即此一言，歆之僞作《左氏春秋》書法以證成莽篡，彰彰明矣。《左氏》之爲僞經，復有何疑！

「帝王之道，相因而通，盛德之祚，百世享祀。予唯黄帝、帝少昊、帝顓頊、帝嚳、帝堯、帝舜、帝夏禹、皋陶、伊尹咸有聖德，假於皇天，功烈巍巍，光施於遠。予甚嘉之，營求其後，將祚厥祀。」

按：《易·繫辭》、《大戴·五帝德》《帝繫姓》、《史記·五帝本紀》皆無少昊，唯《逸周書·嘗麥解》有少昊，則爲司馬者。歆變亂五帝名號，故竄之於《左傳》、《國語》、《月令》。辨見前。此用歆説也。

「予前在攝時，建郊宫，定祧廟，立社稷。」

《詩》、《書》、《禮》、《春秋》言廟禮，無「祧廟」説。唯《祭法》：「有二祧，享嘗乃止。」《左傳》昭元年：「其敢愛豐氏之祧。」《周官·春官》「守祧奄八人」，又「辨廟祧之昭穆」。是即「祧廟」之説。又《周官·春官》「兆五帝於四郊，四望四類亦如之。兆山川、丘陵、墳衍，各因其方」，是即「郊宫」之説。凡《祭法》、《左傳》、《周官》皆歆所僞。莽用其説，故云「建郊宫，定祧廟」也。

分長安城旁六鄉，置帥各一人。分三輔爲六尉郡，河東、河内、弘農、河南、潁川、南陽爲六隊郡，置大夫，職如太守；屬正，職如都尉。更名河南大尹曰保忠信卿。益河南屬縣滿三十，置六郊。

《周禮・地官》有六鄉、六遂，此外有遠郊、近郊。莽用其制也。

莽又曰：「『普天之下，莫非王土，率土之濱，莫非王臣』，蓋以天下養焉。《周禮》膳羞百有二十品。」

《周禮・膳夫》：「羞用百有二十品。」醬百有二十甕，唯王及后、世子之膳不會。」皆歆僞撰經文以媚莽者，此可爲證。自歆僞經後，人主相承以爲先聖經義宜然。於是後宫至萬數千人，飲食度支歲費千萬，以此亡國者接踵，皆歆啟之。僞經之害如此。宋鄭伯謙《太平經國之書》「奉養」一條，至深斥漢文帝之節儉。是則歆之罪也。

「予制作地理，建封五等，考之經藝，合之傳記，通於義理。」

五等者，《周官》大司徒職：「諸公之地，封疆方五百里；諸侯之地，封疆方四百里；諸伯之地，封疆方三百里；諸子之地，封疆方二百里；諸男之地，封疆方百里。」即莽所謂「建封五等，考之經藝，合之傳記」者也。

初設六筦之令，命縣官酤酒、賣鹽、鐵器、鑄錢，諸采取名山大澤衆物者税之。又令市官收賤賣貴，賒貸予民，收息百月三。

按：《荀子・王制篇》「山林澤梁，以時禁發而不税」，《孟子》言「澤梁無禁」，《王制》「關譏而不征，林麓川澤，以時入而不禁」，此孔子所述文王之仁政也。歆以《周官》託於周公，而《閭師》云：「任衡以山事，貢其物；任虞以澤事，貢其物。」莽制「諸采取名山大澤衆物者税之」，用歆《周官》説也。然《左傳》昭公二十年，晏子曰「山林之木，衡鹿守之。澤之萑蒲，舟鮫守之。藪之薪蒸，虞候守之。海之鹽蜃，祈望守之」，以爲齊政之衰。晏子尚以爲政衰，則周公不爲可知，莽蓋從歆以興天下，亦以歆而亡天下者也。又《周官・司市》云：「凡得貨賄六畜者，亦如之，三日而舉之。凡治市之貨賄、六畜、珍異，亡者使有，利者使阜，害者使亡，靡者使微。」又云：「大市日昃而市，百族爲主。」鄭司農云：「百族，百姓也。」既非商賈、販夫、販婦，則是何人，非百官而何？賈疏爲之辨，未見其通。又《廛人》：「凡珍異之有滯者，斂而入於膳府。」《泉府》云：「掌以市之征布，斂市之不售、貨之滯於民用者，以其賈買之，物楬而書之，❶以待不時而買者。」即所謂「令市官收賤賣貴」也。《泉府》又云：「凡賒者，祭祀無過旬日，喪紀無過三月，凡民之貸者，與其有司辨而授之，以國服爲之息。凡國事之財用取具焉。」即所謂「賒貸與予民收息百月三」也。此皆莽用《周官》制，民怨畔之。唐第五琦、皇甫鑄行酒酤、鹽鐵、鑄錢而民又怨之。王安石行青苗法而民又怨之。歆此法也，亡三國矣。

夫三皇象春，五帝象夏。

按：今學無「三皇」名，唯《春秋繁露・三代改制質文篇》云：「故聖王生則稱天子，崩遷則存爲三王，絀滅則爲五帝，下至附庸，絀爲九皇，下極其爲民。」《呂刑》有「皇帝哀矜庶戮之不辜」、❷「皇帝清問下民」語，「皇帝」非以爲尊崇。《左傳》僖

❶「楬」，原作「揭」，據《周禮》改。

❷「戮」，原作「獄」，據《尚書》改。

二十五年：「今之王，古之帝也。」《史記・五帝本紀》以黃帝、顓頊、帝嚳、唐堯、虞舜爲五帝，實依《大戴禮・五帝德》、《帝繫姓》及《世本》。見《尚書正義》一。蓋孔門相傳之説，譙周、應劭、宋均《史記・五帝本紀》正義引。同之。歆緣《易・繫辭》有伏犧、神農事，僞《周官》僞造「外史掌三皇、五帝之書」，《左傳》文十八年、昭十七年、二十九年、定四年竄入少皞。《漢書・律曆志》載歆《世經》以太昊帝、炎帝、黃帝、少昊帝、顓頊帝、帝嚳、唐帝、虞帝爲次，暗寓三皇、五帝之敘，而《月令》孟春「盛德在木，其帝太皞」，孟夏「盛德在火，其帝炎帝；中央土，其帝黃帝」，孟秋「盛德在金，其帝少皞」，孟冬「盛德在水，其帝顓頊」，與《世經》相應。《左傳》、《月令》、《律曆志》大行，於是三皇之説興，少昊之事出，五帝之號變。《後漢書・賈逵傳》，奏稱「五經家皆言顓頊代黃帝，而堯不得爲火德」，左氏以爲「少昊代黃帝」，即圖讖所謂帝宣也。皆因五德之運，證成古學之説，張衡於是反據以攻史遷之疏略矣。《後漢書・張衡傳》注引衡集曰：「《易》稱『宓犧氏王天下。宓犧氏没，神農氏作，神農氏没，黃帝、堯、舜氏作』，史遷獨載五帝，不記三皇。又一事曰，《帝繫》『黃帝産青陽昌意』，《周書》曰『乃命少皞清』，❶清即青陽也，今宜實定之。」自是僞孔安國《尚書序》、皇甫謐《帝王世紀》、孫氏注《世本》，並以伏犧、神農、黃帝爲三皇，少昊、高陽、高辛、唐、

❶「清」上，原衍「行」字，重刻本同，據《後漢書・張衡傳》注删。

虞爲五帝，並見《史記·五帝本紀》索隱、《三皇本紀》注。實本之《世經》也。司馬貞且補撰《三皇本紀》。於是少昊之爲五帝，遂爲實事，競譏史遷之紕繆矣。夫史遷多採《左氏》，如《左氏》實有問官郯子之事，太史公何得若罔聞知，首創本紀，便已遺脱一朝哉？其爲歆之僞竄，證佐確鑿矣。《五帝本紀》於舜紀引《左傳》「少皞氏有不才子」，亦歆所竄入者歟？按歆務翻今文之説，又竄附《國語·晉語》，以炎帝、黄帝爲少典之子，其母皆有蟜氏之女；以《列子·湯問》有女媧氏鍊石、共工觸不周山事，因於《祭法》、《國語》、《魯語》緣飾共工爲九州之伯，《明堂位》加「女媧氏之笙簧」，譸張爲幻，以崇佐驗。於是述其學者，緣飾緯書，鑿空增附。譙周則以燧人爲皇，宋均則以祝融爲皇，鄭康成、皇甫謐則以女媧爲皇，見司馬貞《三皇本紀》注。上承伏犧；《河圖》、《三五曆》引伸爲「天皇十二頭，木德王，立各一萬八千歲；地皇十一頭，火德王，亦各萬八千歲；人皇九頭；凡一百五十世，合四萬五千六百年」。司馬貞《三皇本紀》引。「自人皇已後，有五龍氏、燧人氏、大庭氏、栢皇氏、中央氏、卷須氏、栗陸氏、驪連氏、赫胥氏、尊盧氏、渾沌氏、昊英氏、有巢氏、朱襄氏、葛天氏、陰康氏、無懷氏」。見司馬貞《三皇本紀》。蓋緣《管子》「古封泰山七十二家」而妄爲之。《春秋緯》稱「自開闢至於獲麟，凡三百二十七萬六千歲，❶分爲十紀，凡世七萬六百年，一曰九頭紀，二曰五龍紀，三曰攝提紀，四曰合雒紀，五

❶「六千」，原脱，據《史記評林·三皇本紀》補。

曰連通紀，六曰序命紀，七曰脩飛紀，八曰回提紀，九曰禪通紀，十曰流訖紀」。司馬貞《三皇本紀》引。誕妄不可窮詰，蓋亦皆承歆之附會爲之。至於《皇王大紀》、《路史》等書，益辨之不足辨矣。

備和嬪、美御、和人三，位視公；嬪人九，視卿；美人二十七，視大夫；御人八十一，視元士。凡百二十人，皆佩印韍，執弓韣。

按：先是，「郎陽成修獻符命，言繼立民母，又曰『黃帝以百二十女致神僊』。莽於是遣中散大夫、謁者各四十五人，分行天下，博采鄉里所高有淑女者上名」。百二十女與膳羞百二十品，皆歆僞說以媚莽者也。古者「天子一娶十二女，諸侯一娶九女」，見於經傳，凡今文博士無二說，莽納女時猶用之。昏老縱慾，媚臣僞經說以傅會莽意。自是以爲經法宜然，後宮衆多，掖庭充滿。隋之宮人萬計，唐宗之宮女三千。縱恣無厭，怨曠充塞，皆歆作俑之罪也。歆之僞經，不過始則邀名，繼則媚勢，豈知流禍遂至於此哉？學者不正其心術，而以博聞强識造說立端，其禍等於洪水猛獸，可不懼乎！《昏義》：「三夫人，九嬪，二十七世婦，八十一御妻。」若非歆僞竄者，則三公、九卿、二十七大夫、八十一元士之命婦乎？若以爲後宮有是，則斷斷無是也。

新學僞經考卷六終

弟子韓文舉、陳千秋初校。
弟子林　奎、梁啟超覆校。

新學僞經考卷七

漢儒憤攻僞經考第七

僞經焜焜爍燿，施行凡二千年。積非成是，戴而奉之，胡帝胡天。或疑或難，甲冑扞禦，不可干焉。請按厥朔，歆僞突出，諸儒譁然。博士不對，龔勝自免，師丹怒旃。尚有嶽嶽上書，請誅歆者。❶公孫、升、碩、育、休，建武之後，桓靈之前，衆儒咸訕，雖滅其名，萬百億千。古學既興，掃之除之，厥迹莫湮。綿載二百，帝者雖祖，學官不宣。昔《易》有京，《春秋》穀梁，儒士無言。僞經若信，匪仇匪怨，胡乃訔訔？鑄鼎然犀，漢儒發難，視我茲篇。

歆親近，欲建立《左氏春秋》及《毛詩》、《逸禮》、古文《尚書》，皆列於學官。哀帝令歆與五經博士講論其義，諸博士或不肯置對。《漢書·劉歆傳》。

「抑此三學，以《尚書》爲備，謂左氏爲不傳《春秋》。」《漢書·劉歆傳》。

按：上云「魯共王得《逸禮》三十九篇，《書》十六篇」，又云「《春秋》左氏丘明所修」，又云「孝成皇帝得此三事」，則此之三學，即謂《逸書》、《逸禮》、《左氏春秋》也。《書》二十八篇，《禮》十七篇，皆爲完本，當時博士必皆以爲備，故歆並言抑之，《尚書》下當缺一「禮」字也。是時盈廷洶洶，說皆如此，非歆口自吐其實，則

❶「歆」，原作「健」，據重刻本改。

兩造不備，而國師公之存案，將以誣辭掩盡天下目矣。

是時名儒光禄大夫龔勝，以歆移書，上疏深自罪責，乞骸骨罷。及儒者師丹爲大司空，亦大怒，奏歆改亂舊章，非毁先帝所立。上曰：「歆欲廣道術，亦何以爲非毁哉？」歆由是忤執政大臣，爲衆儒所訕，懼誅，求出補吏。《漢書・劉歆傳》。

宣帝立大、小夏侯《尚書》，大、小戴《禮》，施、孟、梁丘《易》，穀梁《春秋》，元帝立京氏《易》，大儒博士咸無間言。獨至歆書，攻者雲起，龔勝乞罷，師丹大怒，執政見忤，衆儒競訕，乃至「懼誅，求出補吏」，人情可見。盡誣以「專己守殘，黨同門，妒道真」，其誰能信之？言衆儒盡訕，可知當時舉朝譁然，無一從者。漢朝自公卿、博士、弟子、儒生凡數千，無不憤絶，如明議大禮者之欲伏道手擊張、桂矣，不然，何至懼誅而求出哉？或疑歆若僞經，時人何不攻之？讀此應難置喙。

歆白《左氏春秋》可立。哀帝納之，以問諸儒，皆不對。歆於是數見丞相孔光，爲言《左氏》以求助，光卒不肯。唯鳳、龔許歆，遂共移書責讓大常博士，語在歆傳。大司空師丹奏歆非毁先帝所立。《漢書・儒林傳》。

光爲孔子十四世孫，而安國兄子之孫。若古文爲孔子所作，安國所傳，安有求助不肯之事？詳見《漢書儒林傳辨僞》。

是歲，南郡秦豐衆且萬人。平原女子遲昭平能説經博以八投，亦聚數千人在河阻中。莽召問羣臣禽賊方略，皆曰「此天囚行尸，命在漏刻」。故左將軍公孫禄徵來與議，禄曰：「太史令宗宣典星曆，候氣變，以凶爲吉，亂天文，誤朝廷。太傅平化侯飾虚僞以媮名位，『賊夫人之子』。國師嘉信公顛倒五經，毀師法，令學士疑惑。明學男張邯、地理侯孫陽造井田，使民棄土業。羲和魯匡設六筦以窮工商。説符侯崔發阿諛取容，令下情不上通。宜誅此數子以慰天下。」《漢書・王莽傳》。

歆作僞經，移孔子爲周公，又移秦、漢爲周制。微文瑣義，無一條不與孔子真經爲難。而又陰布其書於其黨，借莽力徵求天下學者讀之，與向來先師之説相忤，無一可通者。學者蓋無不疑之，人人皆積怨憤於心矣。歆又以其新説作《周禮》，莽用以變易漢制。天下苦其騷擾，莫不歸咎於國師之策，殆無不欲剸刃於歆腹中。公孫禄乃能因人民之愁怨，王莽之震動，而請借朱雲之劍以誅之，故云「以慰天下」。若非深見其僞經之亂聖，變法之失民，則公孫禄豈能與莽言此？不然，莽問平賊方略，歆爲定三雍、立法制之儒臣，何至與「使民棄土業」之孫陽、「設六筦以窮工商」之魯匡、「阿諛取容，令下情不上通」之崔發同請誅哉？蓋視之與張角之妖書等矣。如謂公孫禄「黨同門，妒道真」，則後世鄭、王之辨，朱、陸之争，羅整菴、王陽明之攻，何嘗有挺刃言哉！

時尚書令韓歆上疏，欲爲費氏《易》、左氏《春秋》立博士，詔下其議。四年正月，朝公卿、大夫、博士見於雲臺。帝曰：「范博士可前平説。」升起對曰：「《左氏》不祖於孔子，而出於丘明。師徒相傳，又無其人，且非先帝所存。無因得立。」遂與韓歆及太中大夫許淑等互相辨難，日中乃罷。升退而奏曰：「臣聞主不稽古，無以承天；臣不述舊，無以奉君。陛下愍學微缺，勞心經藝，情存博聞，故異端競進。近有司請置京氏《易》博士，羣下執事，莫能據正。京氏既立，費氏怨望，左氏《春秋》復以比類，亦希置立。京、費已行，次復高氏。《春秋》之家，又有騶、夾。如令左氏、費氏得置博士，高氏、騶、夾，五經奇異，並復求立，各有所執，乖戾分爭。從之則失道，不從則失人，將恐陛下必有厭倦之聽。孔子曰：『博學約之，弗叛矣夫。』夫學而不約，必叛道也。顔淵曰：『博我以文，約我以禮。』孔子可謂知教，顔淵可謂善學矣。老子曰『學道日損』，損猶約也；又曰『絶學無憂』，絶末學也。今費、左二學，無有本師，而多反異。先帝前世，有疑於此，故京氏雖立，輒復見廢。疑道不可由，疑事不可行。《詩》、《書》之作，其來已久。孔子尚周流游觀，至於知命，自衛反魯，乃正《雅》、《頌》。今陛下草創天下，紀綱未定，雖設學官，❶無有弟子，《詩》、《書》不講，禮樂不修，奏立左、費，非政急務。孔子曰：『攻乎異端，斯害也已。』傳曰『聞疑傳疑，聞信傳信，而堯、舜之道存』。願陛下疑先帝之所疑，信先帝之所信，以示反本，明不專己。天下之事所以異者，以不一本也。《易》曰『天下之動，貞夫一也』；又曰『正其本，萬事理』。五經之本，自孔子始。謹奏左氏之失凡十四事。」時難者以太史公引左氏。升又上太史公違戾五經，謬孔子言，及《左氏春秋》不可録三十一事。詔以下博士。《後漢書·范升傳》。

升言「左氏不祖孔子而出於丘明」及「費、左二學，無有本師」，已足以勝之矣。乃

❶「官」，原作「宫」，據重刻本改。

又云「京、費已行，次復高氏。《春秋》之家，又有騶、夾，恐陛下厭倦」云云，則其辭不順。夫使可立，雖有數家，猶兼存之。既不可立，無高氏、騶、夾，猶宜已也。此等説出，於是劉歆之徒，乃得以「黨同妒真」藉口，而人主亦漸疑之矣。夫《公》、《穀》盛衰，尚因辯訥，乃以守約爲辭，安得不爲僞古學者所排哉！蓋不得歆作僞之根原，故并遷怒《史記》，亦其短也。然云無本師而多反異，「前世有疑於此」，則當時實情矣。

時議欲立《左氏傳》博士。范升奏以爲《左氏》淺末，不宜立。元聞之，乃詣闕上疏。書奏，下其議。范升復與元相辯難，凡十餘上。帝卒立《左氏》學。太常選博士四人，元爲第一。帝以元新忿争，乃用其次司隸從事李封。於是諸儒以《左氏》之立，論議讙譁，自公卿以下，數廷争之。會封病卒，《左氏》復廢。《後漢書·陳元傳》。

「諸儒讙譁」，「公卿以下數廷争之」，與西漢移文博士一案正同。學者合争經二大案觀之，則當時僞經突出，衆情洶憤，雖以帝者之力，卒格衆議而不行，獄情自可明矣。

李育少習《公羊春秋》，頗涉獵古學。嘗讀《左氏傳》，雖樂文采，然謂不得聖人深意，以爲前世陳元、范升之徒更相非折，而多引圖讖，不據理體。於是作《難左氏義》四十一事。❶《後漢書·儒林傳》。

歆僞《左氏》在於僞書法。自范升、李育、何休，皆難僞《左傳》，而不知歆僞書法。此則百辨而無一日明矣。要以前漢博士

❶「義」，原脱，據《後漢書》補。

「不傳《春秋》」一語爲最中癥結。升云「反異前世」，已稍失之。育云「不得聖人深意」，乃與之較短長。休之《膏肓》、《癈疾》，則直儕之與《穀梁》同列，其戰而北，不亦宜乎！然尚可見《左傳》雖行，猶有攻者。

休善曆算，與其師博士羊弼，追述李育意以難二傳，作《公羊墨守》、《左氏膏肓》、《穀梁癈疾》。《後漢書·儒林傳》。

何休爲《公羊》大宗，自能攻《左氏》。然亦不得其僞書法之根，故卒爲康成所箴。休又以《周官》爲「戰國陰謀之書」，可見今古學之不並立矣。

壁中書者，魯共王壞孔子宅，而得《禮記》、《尚書》、《春秋》、《孝經》；❶又北平侯張蒼獻《春秋左氏傳》。郡國亦往往於山川得鼎彝，其銘即前代之古文，皆自相似，雖叵復見遠流，其詳可得略而説也。而世人大共非訾，以爲好奇者也，故詭更正文，鄉壁虛造不可知之書，變亂常行，以燿於世。段注曰：「此謂世人不信古文，非毀之，謂好奇者改易正字，向孔氏之壁憑虛造此不可知之書，變亂常行以燿於世。」諸生競逐説字解經，誼稱秦之隸書爲蒼頡時書，云「父子相傳，何從改易？」❷《説文解字序》。

許慎爲劉歆干城，故於今學家言著而辨之，疾之如仇。不知適足以得攻僞之證。如此《序》稱鼎彝銘即前代之古文，而世人訾爲好奇，此許慎之供辭，即劉歆之親供也。考秦始侈心，實開求鼎之風。漢武踵之，求神仙，喜祥瑞，於是諸鼎間出。

❶「春秋」下，《説文解字序》有「論語」二字。

❷「從」，《説文解字序》作「得」。

或者一二三代遺器，然僞造獻媚，蠱惑上意，若丹沙之黄金，空中之神語者，殆不少。道家符籙異篆多至百數。元虞集號稱博雅，識其七十餘種，而「垂露」、「薤葉」等體，亦夢英創爲之。方士每工作僞，此鍾鼎之所由出，奇字之所以生也。劉歆欲奪孔子之經，因得間而起，以宗室之英，名父之子，校書之任，多見古物，挾其奥博，搜采奇字異製，加以附會，僞爲鼎彝，或埋藏郊野而使人掘出，或深瘞山谷而欺紿後世。流布四出，以爲徵應。歆散布僞經、小學於其徒，復假帝力徵召，使説字未央廷中，以行其古文，則散僞鼎以爲徵應，亦其熟技耳。世人以其製作之精工，文字之奇古，故皆寶而信之。不知漢去古未遠，其製作自非今人所及。市賈僞造已不能辨之，況歆之所爲乎？其譸張以行之如此，世人以爲好奇，正得其實。至明詆曰「嚮壁虚造」，則出於孔壁之非真，當時固已大共昌言攻之矣，至云「秦之隸書爲蒼頡時書」，云「父子相傳，何從改易」。考周、秦、漢、晉，文字相承，少有減變，非有更作，而當時學者以秦隸爲蒼頡時書，且云「父子相傳，何從改易」。是即西漢以前不分籀書、小篆、隸書之明據，故皆推本於蒼頡。今文學者家世傳業，經莽、歆《史篇》文字顛倒竄亂，行之以國力，誘之以禄利，而不能奪其説，則其根源之深可知也。然使無許慎此言，則茫茫萬古，徵信無從矣。故有劉歆《移博士書》而僞經之獄明，有許慎《説文序》而僞字之案定。文字無變，辨見前。

秦自孝公以下用商君之法，其政酷烈，與

《周官》相反。故始皇禁挾書，特疾惡，欲絶滅之，搜求焚燒之獨悉，是以隱藏百年。孝武帝始除挾書之律，開獻書之路。既出於山巖屋壁，復入於祕府，五家之儒莫得見焉。至孝成皇帝，達才通人劉向、子歆校理祕書，始得列序，著於《録》、《略》，然亡其《冬官》一篇，以《考工記》足之。時衆儒並排，以爲非是，唯歆獨識。其年尚幼，務在廣覽博觀，又多鋭精於《春秋》，末年乃知其周公致太平之迹，迹具在斯。奈遭天下倉卒，兵革並起，疾疫喪荒，弟子死喪。徒有里人河南緱氏杜子春尚在，永平之初，年且九十，家於南山，能通其讀，頗識其説。鄭衆、賈逵往受業焉。賈公彦《序周禮廢興》引馬融《傳》。

《漢書》無言諸儒排《周官》者。賈公彦所引馬融《傳》，所出甚古，必有所據。蓋古學大盛後，今學攻難之迹剗削盡矣，故並録之。唯《後漢書》稱鄭興從歆受業，已親傳《周官》，何獨杜子春邪？除挾書之律，《漢書》以爲惠帝二年，此云武帝，蓋東漢學者附會僞學而加甚之，不復足據也。

林孝存以爲武帝知《周官》末世瀆亂不驗之書，故作《十論》、《七難》，以排棄之。何休亦以爲六國陰謀之書。唯有鄭玄徧覽羣經，知《周禮》者乃周公致太平之迹，故能答林碩之《論》、《難》，使《周禮》義得條通。賈公彦《序周禮廢興》。

碩、休皆知攻《周禮》，而僅以爲「末世瀆亂」、「六國陰謀」，則不能得其癥結也。碩更以爲武帝知之，尤爲僞説所給。蓋西漢博士之攻僞經，立乎其外以攻之者也。范升以下之攻僞經，入乎其中以攻之者也。入乎其中以攻之，鮮有能勝之者矣。此僞談所以熾歟！

新學僞經考卷七

弟子韓文舉、陳千秋初校。
弟子林　奎、梁啟超覆校。

新學僞經考卷八

僞經傳於通學成於鄭玄考第八

按：後漢之儒，皆今學也。大儒講授，人徒千萬。如張興著録且萬人，蔡元著録萬六千人，樓望諸生著録九千餘人，宋登教授數千人，丁恭弟子自遠方至者，著録數千人，曹曾門徒三千人，牟長學者常千人，牟紆亦千人，楊倫、杜撫、張元皆千餘人。其數百人者，不可勝數。故舉天下皆今學也。而傳僞古學者，終後漢世不過杜、鄭、賈、馬數人而已。然且龔勝、師丹、公孫禄及諸博士攻之於前，范升、李育、何休、臨碩暨諸儒難之於後。哀帝、光武暨於諸帝，終不能違衆而立學官也。後世據僞古之大盛，疑漢人何不攻之。試思遺文所存，攻者之衆猶如此，今學之盛猶如此。劉歆僞經，不過如晉薛真之僞《歸藏》，隋劉炫之僞《孝經》孔傳，明豐坊之僞《子貢詩傳》，楊慎之僞《岣嶁碑》，人人皆知其僞，不甚信之。然則僞古學宜將滅矣，何能轉熾盛乎？今推其故，一由劉歆所傳皆一時之通學，一則博學必典校書，校書東觀者，必惑歆所改中古文之本，而笑今學之固陋。夫校書者爲天下學者之宗，通學者有著書自行之力。合斯二者，而鄭玄挾其碩學、高行、老壽，適丁漢微，經籍道息，康成揉合今古，而實得僞古之傳以行之，遂爲天下所宗。濫觴於杜、鄭，推行於賈逵，篡統於鄭玄，於是僞古行於九州暨海外，而今學亡矣。夫得才者興，廣士者强，覘晉文之從者而知其得國，覩燕昭之得士而知其奪齊。觀傳古學諸人，楊雄則稱「無所不見」，杜林則稱「博洽多聞」，桓譚則稱「博學多通」，賈逵則「問事不休」，馬融則「才高博洽」。自餘班固、崔駰、張衡、蔡邕之倫，並以宏覽博達，高文贍學，上比遷、向者，並校書東觀。傳授古學，或少習今學。洎入中祕，覩未見書，咸信爲然，盡舍舊學，而新是謀，反咎夙昔之愚，溺於鄉曲，因笑章句之徒，固陋無知，許慎所謂「不見通學」，桓譚之「憙非毁俗儒」也。諸人挾其豐贍之才，俯首信服，於是鼓動後生。人情喜新，樂其博異，豐力之士，靡不景從。雖無康成，僞經亦有必行之勢矣。蓋劉歆以校書爲傳授，盤踞高大，自應得博達之才，理勢然也。雖然，不值漢中微，今學不銷亡，鄭玄亦何能混一哉？然則今學與漢爲終始，是亦有天運者邪？今掇其通人傳歆古學者著於篇，而以康成終之。張竦、楊雄，歆之友也，附見於篇首云。

張竦

敞孫竦，王莽時至郡守，封侯，博學文雅過於敞。《漢書・張敞傳》。

又外氏張竦父子喜文采，林從竦受學，博洽多聞，時稱通儒。《後漢書・杜林傳》。

《蒼頡》多古字，俗師失其讀。宣帝時，徵齊人能正讀者，張敞從受之。傳至外孫之子杜林作《訓故》。《漢書·藝文志》。

竦爲莽臣，歆友，林師。傳稱「博學」、「喜文采」。僞學之傳，有所受矣。《藝文志》推本張敞以傳至杜林。考敞治《春秋》，以經術自輔，其上封事引《春秋》譏世卿，皆用今文，安有所謂古字？是猶國師作法而誣及子政，景伯傳經而託之賈誼也。誣其祖也！

楊　雄

雄少好學，不爲章句，訓詁通而已。博覽無所不見。

通訓詁不爲章句，乃劉歆新開之學派也。雄身爲僚友，自當用之。

及太史公記六國，歷楚漢，訖麟止，不與聖人同是非，頗謬於經。故時人有問雄者，❶常用法應之，撰以爲十三卷，象《論語》，號曰《法言》。

《史記》皆用今文家説，如譏宋宣之啟争，褒宋襄之能讓之類，皆與僞《左氏》相反。左氏既與聖人同好惡，史公自「不與聖人同是非」矣。盜憎主人之故智，不足辨矣。

以爲經莫大於《易》，故作《太玄》；傳莫大於《論語》，作《法言》；史篇莫善於《倉頡》，作《訓纂》；箴莫善於《虞箴》，作《州箴》；賦莫深於《離騷》，反而廣之；辭莫麗於相如，作四賦：皆斟酌其本，相與放依而馳騁云。用心於內，而不求於外，於時人皆曶之，唯劉歆及范逡敬焉，而桓譚以爲絶倫。以上《漢書·楊雄傳》。

❶ 「時人」，《漢書》作「人時」。

莽之放《大誥》，雄之作《太玄》、《法言》，亦可見當時風氣莫不欲僞託聖人。然莽僞而人得以操、懿之爲賊誅之，雄僞而人得以吴、楚之僭王絶之。獨至歆僞，則其術更巧，蔽蒙羣言，晻昧千載，聖人之大統幾取而代焉。君臣之間，有幸有不幸也。《贊》云「諸儒或譏以爲雄非聖人而作經」，則其爲衆儒所訕，亦等於歆矣。

至元始中，徵天下通小學者以百數，各令記字於庭中。楊雄取其有用者以作《訓纂篇》，順續《蒼頡》，又易《蒼頡》中重復之字，凡八十九章。《漢書·藝文志》。

辨見《漢書藝文志辨僞》。

劉棻嘗從雄學，作奇字。

鉅鹿侯芭常從雄居，受其《太玄》、《法言》焉。劉歆亦嘗觀之。以上《漢書·楊雄傳》。

雄、歆爲密交。雄有所作，歆觀之；歆有所作，雄亦知之必矣。棻爲歆子而從雄學，學出於一也。今取雄書獎僞之言條録之如左。以雄與歆同時，人罕知其受歆學者，故詳列之。其王充、王符、仲長統之流，生古學大盛後，沾染風氣，理固宜然，不復録焉。

或曰：《易》損其一，雖惷知闕焉。至《書》之不備過半矣，而習者不知。惜乎《書序》之不如《易》也！曰：❶彼數也，可數焉故也。如《書序》，雖孔子亦末如之何矣。昔之説《書》者序以百，而《酒誥》之篇俄空焉，今亡夫。《法言·問神篇》。

此言「《易》損其一」，僅指《説卦》，則《序卦》、《雜卦》二篇，此時尚未增入。

説天者莫辨乎《易》，説事者莫辨乎《書》，説體者莫辨乎《禮》，説志者莫辨乎《詩》，説理

❶「曰」，原脱，據《法言》補。

者莫辨乎《春秋》。《法言·寡見篇》。

按：敘五經次第與《漢志》合。《詩》後於《禮》者，或歆初成《周禮》時，欲以爲周公之典而尤尊大之歟？

或問：南正重司天，北正黎司地，今何僚也？《法言·重黎篇》。

或問《周官》，曰：立事。《左氏》，曰：品藻。太史遷，曰：實録。同上。

三八爲木，爲東方，爲春，日甲乙，辰寅卯，聲角，色青，味酸，臭羶，形詘信，生火，勝土，時生，藏脾，侟志，性仁，情喜，事貌，用恭，撝肅，徵旱，帝太昊，神句芒，星從其位。《太玄·數篇》。

四九爲金，爲西方，爲秋，日庚辛，辰申酉，聲商，色白，味辛，臭腥，形革，生水，勝木，時殺，藏肝，侟魄，性誼，情怒，事言，用從，撝乂，徵雨，帝少昊，神蓐收，星從其位。同上。

二七爲火，爲南方，爲夏，日丙丁，辰巳午，聲徵，色赤，味苦，臭焦，形上，生土，勝金，時養，藏肺，侟魂，性禮，情樂，事視，用明，撝哲，徵熱，帝炎帝，神祝融，星從其位。同上。

一六爲水，爲北方，爲冬，日壬癸，辰子亥，聲羽，色黑，味鹹，臭朽，形下，生木，勝火，時藏，藏腎，侟精，性智，情悲，事聽，用聰，撝謀，徵寒，帝顓頊，神玄冥，星從其位。同上。

五五爲土，爲中央，爲四維，日戊己，辰辰未戌丑，聲宮，色黃，味甘，臭芳，形植，生金，勝水，時該，藏心，侟神，性信，情恐懼，事思，用睿，撝聖，徵風，帝黃帝，神后土，星從其位。同上。

按：此與《月令》全合。觀雄之言《周

官》、《左氏》、《書序》、《月令》，則其傳古學昭昭矣。

文王淵懿也。重《易》六爻，不亦淵乎。《法言·問明篇》。

雄書皆言文王重卦，無言作上、下經者。歆之僞《易》最後，時尚未有此説也。

災異，董相、夏侯勝、京房。《法言·淵騫篇》。

言京不言孟，則《漢志》云「孟氏得《易》家陰陽災變」者非也。此二條與歆説不合，然適足以證其僞妄之迹，故并列焉。

杜子春

歆末年乃知《周官》周公致太平之迹，迹具在斯。奈遭天下倉卒，兵革並起，疾疫喪荒，弟子死喪。徒有里人河南緱氏杜子春尚在，永平之初，年且九十，家於南山，能通其讀，頗識其説。鄭衆、賈逵往受業焉。賈公彦《序周禮廢興》引馬融《傳》。

鄭興既從歆受，而衆又受之於杜子春，則子春或較興尤明歟？《周官》爲僞學大宗，故必授之於大弟子，非璜、惲之徒可比矣。

鄭興

少學《公羊春秋》，晚善《左氏傳》，遂積精深思，通達其旨，同學者皆師之。天鳳中，將門人從劉歆講正大義。歆美興才，使撰《條例》、《章句》、《訓詁》及校《三統曆》。興好古學，尤明《左氏》、《周官》，長於曆數，自杜林、桓譚、衛宏之屬莫不斟酌焉。世言《左氏》者多祖興，而賈逵自傳其父業，故有鄭、賈之學。《後漢書》本傳。

眾，字仲師。年十二，從父受《左氏春秋》，精力於學，明《三統曆》，作《春秋難記條例》，兼通《易》、《詩》，知名於世。其後受詔作《春秋刪》十九篇。子安世，亦傳家業。《後漢書》本傳。

歆僞經以《左氏》爲根本，以《周官》爲國土，二書皆興所傳。又撰《左氏條例》、《章句》、《訓詁》，校《三統曆》，則歆最得意弟子。杜林、桓譚、衛宏皆興斟酌。❶子眾、孫安世又能傳家業，《左氏》、《周官》、《毛詩》、費氏《易》皆眾所傳，世稱「二鄭」，故古學當以興、眾爲第一宗傳矣。

杜林

杜林，字伯山，扶風茂陵人也。父鄴，成、哀間爲涼州刺史。林少好學沈深，家既多書，又外氏張竦父子喜文采，林從竦受學，博洽多聞，時稱通儒。河南鄭興、東海衛宏等，皆長於古學。興嘗師事劉歆，林既遇之，欣然言曰：「林得興等固諧矣，使宏得林，且有以益之。」及宏見林，闇然而服。濟南徐巡，始師事宏，後皆更受林學。林前於西州得漆書古文《尚書》一卷，常寶愛之，雖遭艱困，❷握持不離身。出以示宏等曰：「林流離兵亂，常恐斯經將絶。何意東海衛子、濟南徐生復能傳之，是道竟不墜於地也。古文雖不合時務，然願諸生無悔所學。」宏、巡益重之，於是古文遂行。《後漢書》本傳。

❶「興」，中華本疑此字爲「與」字之訛。

❷「艱」，原脱，據重刻本補。

桓譚

桓譚，字君山，沛國相人也。父成帝時爲太樂令。譚以父任爲郎，因好音律，善鼓琴。博學多通，偏習五經，皆詁訓大義，不爲章句。能文章，尤好古學。數從劉歆、楊雄辨析疑異。性嗜倡樂，簡易不修威儀，而憙非毁俗儒，由是多見排抵。《後漢書》本傳。

桓譚從劉歆、楊雄辨析疑異，其受古學之淵源也。譚與杜林皆成學於西漢，受劉歆、張竦、楊雄之學，以通博爲主。崔駰、班固、張衡、馬融、劉珍、蔡邕，皆此一派。以其博洽，故不守章句。實則章句皆今學，爲古學者攻之，故不守也。從古學者多博洽，人皆信之，此古學所以盛也。譚、林淵源學問相等。而林以卓行高位，弟子衆多，古文於是遂行，則林爲古學一大宗也。

陳元

陳元，字長孫，蒼梧廣信人也。父欽，習《左氏春秋》，事黎陽賈護，與劉歆同時而別自名家。王莽從欽受左氏學，以欽爲厭難將軍。元少傳父業，爲之訓詁，鋭精覃思，至不與鄉里通。以父任爲郎。建武初，元與桓譚、杜林、鄭興俱爲學者所宗。時議欲立《左氏傳》博士，范升奏以爲《左氏》淺末，不宜立。元聞之，乃詣闕上疏曰：「陛下撥亂反正，文武並用，深愍經藝謬雜，真僞錯亂，每臨朝日，輒延羣臣講論聖道。知丘明至賢，親受孔子，而公羊、穀梁傳聞於後世，故詔立《左氏》，博詢可否，示不專己，盡之羣下也。今論者沈溺所習，翫守舊聞，固執虛言傳受之辭，以非親見實事之道。左氏孤學少與，遂爲異家之所覆冒。夫至音不合衆聽，故伯牙絶弦；至寶不同衆好，故卞和泣血。仲尼聖德，而不容於世，況於竹帛餘文，其爲雷同者所排，固其宜也。非陛下至明，孰能察之！臣元竊見博士范升等所議奏《左氏春秋》不可立，及太史公違戾凡四十五事。按升等所言，前後相違，皆斷截小文，媟黷微辭。以年數小差，掇爲巨謬；遺脱纖微，指爲大尤。抉瑕擿釁，掩其宏美，所謂『小辨破言，小言破道』者也。升等又曰：『先帝不以《左氏》爲經，故不置博士。後主所宜因襲。』臣愚以爲若先帝所行而後主必行者，則盤庚不當遷於殷，周公不當營洛邑，陛下不當都山東也。往者孝武皇帝好《公羊》，衛太子好《穀梁》，有詔詔太子受《公羊》，不得受《穀梁》。孝宣皇帝在人間時，聞衛太子好《穀梁》，於是獨學之。及即位，爲石渠論而穀梁氏興，至今與《公羊》並存。此先帝、後帝各有所立，不必其相因也。孔子曰『純儉，吾從衆』，至於拜下則違之。夫明者獨見，不惑於朱紫，聽者獨聞，不謬於清濁，故離朱不爲巧眩移目，師曠不爲新聲易耳。方今干戈少弭，戎事略戢，留思聖藝，眷顧儒雅，採孔子下拜之義，卒淵聖獨見之旨，分明黑白，建立《左氏》，解釋先聖之積結，洮汰學者之累惑，使基業垂於萬世，後進無復狐疑，則天下幸甚。臣元愚鄙，嘗傳師言，如得以褐衣召見，俯伏庭下，誦孔氏之正道，理丘明之宿冤，若辭不合經，事不稽古，退就重誅，雖死之日，生之年也。」書奏，下其議。范升復與元相辨難，凡十餘上。帝卒立《左氏》學。太常選博士四人，元爲第一。帝以元新忿争，乃用其次司隸從事李封。於是諸儒以《左氏》之立，論議讙譁，自公卿以下數廷争之。會封病卒，《左氏》復廢。《後漢書》本傳。

范升、陳元憤争《左氏》，是經學一大案。自少讀《後漢書》，即怪《左傳》之文博，何范升必極相攻？苟非不得已，扶弱持微，豈不甚善，何事與古人爲仇乎？然古學者僅争《左氏》，未敢及《周官》、《毛詩》也。抑可想矣。

賈逵

父徽，從劉歆受《左氏春秋》，兼習《國語》、《周官》，又受古文《尚書》於塗惲，學《毛詩》於謝曼卿，作《左氏條例》二十一篇。逵悉傳父業，弱冠，能誦《左氏傳》及五經本文，以大夏侯《尚書》教授。雖爲古學，兼通五家《穀梁》之説。與班固並校祕書，應對左右。肅宗立，降意儒術，特好古文《尚書》、《左氏傳》。建初元年，詔逵入講北宫白虎觀、南宫雲臺。帝善逵説，使出《左氏傳》大義長於二傳者。逵於是具條奏之曰：「臣謹擿出《左氏》三十事尤著明者，斯皆君臣之正義，父子之紀綱。其餘同《公羊》者什有七八，或文簡小異，無害大體。至如祭仲、紀季、伍子胥、叔術之屬，《左氏》義深於君父，《公羊》多任於權變，其相殊絶，固已甚遠，而冤抑積久，莫肯分明。臣以永平中上言《左氏》與圖讖合者，先帝不遺芻蕘，省納臣言，寫其傳詁，藏之祕書。建平中，侍中劉歆欲立《左氏》，不先暴論大義而輕移太常，恃其義長，詆挫諸儒，諸儒内懷不服，相與排之。孝哀皇帝重逆衆心，故出歆爲河内太守。從是攻擊《左氏》，遂爲重讎。至光武皇帝，奮獨見之明，興立《左氏》、《穀梁》，會二家先師不曉圖讖，故令中道而廢。凡所以存先王之道者，要在安上理民也。今《左氏》崇君父，卑臣子，彊幹弱枝，勸善戒惡，至明至切，至直至順。且三代異物，損益隨時，故先帝博觀異家，各有所採。《易》有施、孟，復立梁丘，《尚書》歐陽，復有大小夏侯，今三傳之異亦猶是也。又五經家皆無以證圖讖明劉氏爲堯後者，而《左氏》獨有明文；五經家皆言顓頊代黄帝而堯不得爲火德，而《左氏》以爲少皞代黄帝，即圖讖所謂帝宣也。如令堯不得爲火，則漢不得爲赤。其所發明，補益實多。陛下通天然之明，建大聖之本，改元正曆，垂萬世則，是以麟鳳百數，嘉瑞雜遝，猶朝夕恪勤，游情六藝，研幾綜微，靡不審覈。若復留意廢學，以廣聖見，庶幾無所遺失矣。」書奏，帝嘉之，賜布五百疋，衣一襲。令逵自選《公羊》嚴、顔諸生高才者二十人，教以《左氏》，與簡紙經傳各一通。逵母常有疾，帝欲加賜，以校書例多，特以錢二十萬，使潁陽侯馬防與之，謂防曰：「賈逵母病，此子無人事於外，屢空則從孤竹之子於首陽山矣。」逵數爲帝言古文《尚書》與經、傳、《爾雅》詁訓相應，詔令撰歐陽、大小夏侯《尚書》、古文同異，❶逵集爲三卷。帝善之，復令撰齊、魯、韓《詩》與毛氏異同，并作《周官解故》。遷逵爲衛士令。八年，乃詔諸儒各選高才生，受左氏、穀梁《春秋》、古文《尚書》、《毛詩》，由是四經遂行於世，皆拜逵所

❶「與經傳」至「尚書古文」二十二字，原脱，據《後漢書》補。

選。弟子及門生爲千乘王國郎，朝夕受業黄門署，學者皆欣欣羨慕焉。

論曰：鄭、賈之學，行乎數百年中，遂爲諸儒宗，亦徒有以焉爾。桓譚以不善讖流亡，鄭興以遜辭僅免，賈逵能附會文致，最差貴顯。世主以此論學，悲矣哉！《後漢書》本傳。

鄭衆傳費《易》、《毛詩》、《周官》、《左傳》而不光大。賈逵傳古文《書》、《毛詩》、《周官》、《左傳》、《國語》，則僞經遂行。蓋逵校書東觀，入講南宫，遭遇獨隆矣。又附會圖讖以媚時主，選嚴、顔高才生以受《左氏》，則《公羊》奪矣。拜逵弟子門生爲郎，則榮途開矣。至於詔諸儒皆選高才以受僞經，令學者受業黄門以生其欣慕，幾等於明代庶常之選矣。僞經安得不行哉？蓋自劉歆僞經之後，今古水火，至賈逵乃始行焉。鄭玄之前，創業祖功，守成宗德，應推逵矣。蔚宗曰：「鄭、賈之學，行乎數百年中，遂爲諸儒宗。」又曰：「賈逵能附會文致，最差貴顯。世主以此論學，悲矣哉！」若有不概於心而亟致微辭者。豈蔚宗傳武子之學，有所知邪？

徐巡

濟南徐巡，始師事宏，後皆更受林學。❶林前於西州得漆書古文《尚書》一卷，常寶愛之，雖遭艱困，握持不離身，出以示宏等曰：「林流離兵亂，常恐斯經將絶。何意東海衛子、濟南徐生復能傳之？是道竟不墜於地也。古文雖不合時務，然願諸生無悔

❶「皆」，原脱，據《後漢書》補。

所學。」宏、巡益重之，於是古文遂行。《後漢書・杜林傳》。

徐巡兼承兩大師之統，《古文尚書》、《毛詩》多本之焉，亦僞學之功臣也。

張衡

上疏請得專事東觀，收檢遺文，畢力補綴。又條上司馬遷、班固所敘與典籍不合者十餘事。著《周官訓詁》，崔瑗以爲不能有異於諸儒也。《後漢書》本傳。

劉陶

陶明《尚書》、《春秋》，爲之訓詁，推三家《尚書》及古文，是正文字三百餘事，名曰《中文尚書》。《後漢書》本傳。

劉珍、劉騊駼

永初中，謁者僕射劉珍、校書郎劉騊駼等，著作東觀。《後漢書・張衡傳》。

馬日磾、楊彪、韓説

歲餘，復徵拜議郎。與諫議大夫馬日磾、議郎蔡邕、楊彪、韓説等，並在東觀校書。《後漢書・盧植傳》。

僞古之學，劉歆以校書而作之，諸儒亦以校書而信之。蓋藏於祕府，伏而未發，徵應散布，惑人甚矣。其校書之人，散見於羣傳者，並列於此，以省觀覽焉。

班彪、班固

班彪，字叔皮，扶風安陵人也。性沈重好古。《後漢書》本傳。

固，字孟堅。年九歲，能屬文，誦詩賦。及長，遂博貫載籍，九流百家之言無不窮究，所學無常師，不爲章句，舉大義而已。顯宗甚奇之，召詣校書部，除蘭臺令史。《後漢書》本傳。

孟堅作史全採歆書，文字異者僅二萬餘，其入歆之坎陷深矣。推其所由，則亦在校中祕書也。

王充、王符、仲長統

王充，字仲任。少孤，鄉里稱孝。後到京師，受業太學，師事扶風班彪。好博覽而不守章句。《後漢書》本傳。

王符，字節信。少好學，有志操。與馬融、竇章、張衡、崔瑗等友善。《後漢書》本傳。

仲長統，字公理。少好學，博涉書記。《後漢書》本傳。

充師班彪，符友馬融、張衡。融所謂「達才通人」，營道同術。長統亦頻引《周禮》，蓋通達之家，無有不入其籠中，而今學所傳則皆守約之士也。此其盛衰所以判歟。

崔篆、崔駰、崔瑗

篆兄發，以巧佞幸於莽，位至大司空。母師氏，能通經學、百家之言。莽寵以殊禮，賜號義成夫人，金印紫綬，顯於新世。篆生敎。敎生駰。年十三，能通《詩》、《易》、《春秋》。博學有偉才，盡通古今訓詁。《後漢書》本傳。

駰曾祖母能通經學、百家之言，顯於新世。駰古學所本也。

崔瑗，字子玉。早孤，鋭志好學，盡能傳其父業。年十八，至京師，從侍中賈逵質正大義。逵善待之，瑗因留游學。與扶風馬融、南陽張衡特相友好。《後漢書》本傳。

以崔駰爲之父，以賈逵爲之師，以馬融、張衡爲之友，古學之長畢集矣。

馬　融

融才高博洽，爲世通儒，教養諸生，常有千數。涿郡盧植、北海鄭玄，皆其徒也。嘗欲訓《左氏春秋》，及見賈逵、鄭衆注，乃曰：「賈君精而不博，鄭君博而不精。既精既博，吾何加焉？」但著《三傳異同説》，注《孝經》、《論語》、《詩》、《易》、三《禮》、《尚書》、《列女傳》、《老子》、《淮南子》、《離騷》。所著賦、頌、碑、誄、書、記、表、奏、七言、琴歌、對策、遺令，凡二十一篇。《後漢書》本傳。

馬融才高，徧注九經，遂爲古學之總匯。三禮、三傳皆其所定，且爲二千年學派之宗。亦以盧植、鄭玄皆出其門故也。學者千人，古學聚徒之多，以融爲始。鄭玄因得薈萃而集其成。譬之經國，馬融爲文王，三分有二，鄭玄爲武王，乃能革殷受命也。故融於僞古之功，實與賈逵並驅。世稱賈、馬，亦曰馬、鄭，猶之宋曰周、程，亦曰程、朱，宜也。

盧植

盧植，字子幹，涿郡涿人也。少與鄭玄俱事馬融，能通古、今學，好研精而不守章句。作《尚書章句》、《三禮解詁》。時始立太學石經以正五經文字，植乃上書曰：「臣少從通儒故南郡太守馬融受古學，頗知今之《禮記》特多回穴。臣前以《周禮》諸經發起紕繆，敢率愚淺爲之解詁，而家乏，無力供繕寫上。願得將能書生二人，共詣東觀，就官財糧，專心研精，合《尚書章句》，考《禮記》失得，庶裁定聖典，刊正碑文。古文科斗近於爲寔，而厭抑流俗，降在小學。中興以來，通儒達士班固、賈逵、鄭興父子并敦悦之。今《毛詩》、《左氏》、《周禮》各有傳記，其與《春秋》共相表裏，宜置博士，爲立學官，以助後來，以廣聖意。」歲餘，復徵拜議郎，與諫議大夫馬日磾、議郎蔡邕、楊彪、韓説等並在東觀，校中書五經記傳，補續《漢記》。❶《後漢書》本傳。

《經典釋文·序録》云：「馬融、盧植考諸家同異，附戴聖篇章，去其繁重，及所敘略，而行於世，即今之《禮記》是也。鄭玄亦依盧、馬之本而注焉。」而植傳亦云「從融受古學，知今之《禮記》特多回穴，臣前以《周禮》諸經發起紕繆」云云。則劉歆之後，其有以僞學之説羼亂於真經以疑惑後生者，則馬融與植其人也。

❶「記」，原作「書」，據重刻本改。

蔡　邕

校書東觀，遷議郎。邕以經籍去聖久遠，文字多謬，俗儒穿鑿，疑誤後學。熹平四年，乃與五官中郎將堂谿典、光禄大夫楊賜、諫議大夫馬日磾、議郎張馴、韓説、大史令單颺等，奏求正定六經文字。靈帝許之。邕乃自書丹於碑，使工鐫刻，立於太學門外，於是後儒晚學咸取正焉。及碑始立，其觀視及摹寫者，車乘日千餘兩，填塞街陌。《後漢書》本傳。

按：《邕傳》及《水經注》皆言「邕自書丹於石，使工鐫刻」。《洛陽伽藍記》亦言「三種字《石經》，漢右中郎將蔡邕筆之遺迹」。《隋書·經籍志》亦言「後漢鐫刻七經，著於石碑，皆蔡邕所書」。董逌《廣川書跋》乃云：❶「《石經》不盡蔡邕書，如馬日磾輩相與成之。」洪适《隸釋》云：「今所存諸經字體各不同，雖邕能分善隸，兼備衆體，但文字之多，恐非一人可辦。竊意其間必有同時揮毫者。」張縯《石經跋》云：「今六經字體不一，當是時書丹者亦不獨邕也。」按：洪适《隸釋》、《石經論語》殘碑末一行云：「詔書與博士臣左立，郎中臣孫表。」黄伯思《東觀餘論》「《石經公羊》殘碑，其末云『谿典、諫議大夫臣馬日磾、臣趙䧢、議郎臣劉弘、郎中臣張文、臣蘇陵、臣傅楨』，唯『谿』上缺，當是『堂谿典』也。」由二碑證之，則當時奏求正定者，衹邕等七人。暨後立石，又有左立、孫表及趙䧢等諸人也。范《史》

❶「川」，原作「州」，據文意改。

略之耳。

鄭玄

玄師事京兆第五元先始通京氏《易》、《公羊春秋》、《三統曆》、《九章算術》；又從東郡張恭祖受《周官》、《禮記》、《左氏春秋》、《韓詩》、古文《尚書》。以山東無足問者，乃西入關，因涿郡盧植，事扶風馬融。融門徒四百餘人，升堂進者五十餘生。融素驕貴，玄在門下，三年不得見，乃使高業弟子傳授於玄。玄日夜尋誦，未嘗怠倦。會融集諸生考論圖緯，❶聞玄善算，乃召見於樓上。玄因從質諸疑義。問畢，辭歸。融喟然謂門人曰：「鄭生今去，吾道東矣！」玄自遊學，十餘年乃歸鄉里。家貧，客耕東萊，學徒相隨已數百千人。及黨事起，乃與同郡孫嵩等四十餘人，俱被禁錮。遂隱修經業，杜門不出。時任城何休好公羊學，遂著《公羊墨守》、《左氏膏肓》、《穀梁癈疾》。玄乃《發墨守》、《鍼膏肓》、《起癈疾》。休見而歎曰：「康成入吾室，操吾矛，以伐我乎！」初，中興之後，范升、陳元、李育、賈逵之徒爭論古、今學，後馬融答北地太守劉瓌及玄答何休，義據通深，由是古學遂明。門生相與撰玄答諸弟子問五經，依《論語》作《鄭志》八篇。凡玄所注《周易》、《尚書》、《毛詩》、《儀禮》、《禮記》、《論語》、《孝經》、《尚書大傳》、《中候》、《乾象曆》，又著《天文七政論》、《魯禮禘祫義》、《六藝論》、《毛詩譜》、《駁許慎五經異義》、《答臨孝存周禮難》，凡百餘萬言。玄質於辭訓，通人頗譏

❶「集」，原作「及」，據《後漢書》改。

其繁。至於經傳洽熟，稱爲純儒，齊魯間宗之。其門人，山陽郗慮至御史大夫，東萊王基、清河崔琰著名於世。又樂安國淵、任嘏，時並童幼，玄稱淵爲國器，嘏有道德。

論曰：自秦焚六經，聖文埃滅。漢興，諸儒頗修藝文。及東京，學者亦各名家。而守文之徒，滯固所稟，異端紛紜，互相詭激，遂令經有數家，家有數説，章句多者或乃百餘萬言，學徒勞而少功，後生疑而莫正。鄭玄括囊大典，網羅衆家，删裁繁蕪，刊改漏失。自是學者略知所歸。王父豫章君每考先儒經訓，而長於玄，常以爲仲尼之門不能過也，及傳授生徒，專以鄭氏家法云。

僞古文傳至賈、馬，餤既張矣，而所以輔成古學，篡今學之大統者，則全在鄭康成一人。推康成所以能集六經之成，以滅今學者，蓋有故焉。兩漢儒林，皆守家法。爰逮後漢，古學雖開，而古學自守其藩籬，今學自守其門户，甯有攻伐，絶不通和。今學攻古學爲顛倒經法，古學攻今學爲蔽固妒毀。但今學之毀古，猶王師之拒賊也；古學之攻今，則盜憎主人也。觀其相毀之辭，而曲折見矣。然古學雖言僞而辨，而自杜林、鄭興至賈逵、馬融、許慎諸大師，皆篤守古文，與今學家溝絶不通。苟長若此，即互有盛衰，亦可兩存。唯鄭康成先從第五元通京氏《易》、《公羊春秋》，又從張恭祖受《周官》、《禮記》、《左氏春秋》、《韓詩》、古文《尚書》，蓋兼通今古，因舍今學而就古學。然雖以古學爲宗主，而時有不同，又採今學以裨佐之。如箋《詩》以毛本爲主，則宗毛可矣，而又時違毛義，兼採《韓詩》。於是得鄭氏《箋》而今、古學俱備，不知毛之僞古行，而《韓詩》實廢矣。注《書》既以古文爲宗主，《禹貢》悉參以班氏《地理志》，則又用今學。於是得鄭《古文尚書注》而今、古學俱備，不知古文《尚書》僞經行，而歐陽、大小夏侯亡矣。本習小戴《禮》，「後以古經校之，取其義長者」，《儒林傳》。故注《儀禮》並存古文、今文，從今文則注内疊出古文，從古文則注内疊出今文。於是得鄭氏《儀禮注》而今古學俱備，不知僞古文《儀禮》行，而今文《儀禮》亡矣。注《論語》則「就《魯論》篇章，考之《齊》、《古》，爲之注」，《論語集解》、《隋書・經籍志》同。《釋文》云：「鄭校周之本，以《齊》、《古》讀正，凡五十事。」於是得《論語鄭注》而今古學俱備，不知齊、魯《論》亦失真矣。其注《詩》、《書》、《禮》、《論語》如此，

其注羣經當亦然。於是今古雜揉，不可復辨。而其所注之本，則《毛詩》、古文《尚書》、古文《儀禮》、《禮記》、《周官》、費氏《易》、《左氏春秋》，玄注《左氏春秋》，見《世說新語》。皆古文也。讚二鄭則曰「雅達」、「廣攬」，攻何休則曰「鄉曲之學足以忿人」。蓋賈、馬之嫡傳，偏主僞古。加以不受徵辟之高節，甄綜毖緯之碩學，適有高壽，偏注羣經。高譽隆洽，既爲齊、魯之宗；弟子萬數，散布方州之緒。觀陶謙與諸豪傑移檄牧伯，同討李傕等，奉迎天子，奏記於朱儁，曰「徐州刺史陶謙，前揚州刺史周乾，郎邪相陰德，東海相劉馗，彭城相汲廉，北海相孔融，沛相袁忠，太山太守應邵，汝南太守徐璆，前九江太守服虔，博士鄭玄等敢言之行車騎將軍

河南尹莫府」云云。❶《後漢書·朱儁傳》。漢獻帝時，三公八座議：屯騎校尉不其亭侯伏完「雖后父，不可令后獨拜於朝。或以爲當交拜。又子尊不加於父母，公私之朝，后當獨拜。或欲令公朝者完拜如衆臣，於私宫后拜如子。不知四者，何是正禮」。鄭玄議曰：「不其亭侯在京師，禮事出入，宜從臣體；若后適離宫及歸甯父母，從子禮。」《通典·禮部》二十七。康成爲處士，而諸豪傑討賊則引以爲重，三公八座議禮則問以取決。王粲云：「世稱伊、雒以東，淮、漢以北，康成一人而已。咸言先儒多闕，鄭氏道備。」其望重如此。於是范蔚宗謂：「鄭康成括囊大典，網羅衆家，自是學者略知所歸。」袁飜云：「鄭玄訓詁三《禮》及釋五經異義，並盡思窮神，得之遠矣。」徐爰云：「鄭玄有贍雅高遠之才，沈静精妙之思，超然獨見，聖人復出，不易其言矣。」蕭子顯云：「康成生炎漢之季，訓義優洽一世，孔門褒成並軌，故老以爲前修，後生未之敢異。」其爲學者歸宗如此。於是鄭學統一天下數十年矣。加以弟子萬人。今可考者，朱氏錫鬯《經義考》有郗慮、王基、崔琰、國淵、任嘏、趙商、張逸、泠剛、田瓊、炅模、焦喬、王權、鮑遺、陳鏗、崇精。其未載者，氾閣屢見《鄭志》；又《三國志·程秉傳》云「逮事鄭玄，與劉熙考論大義」；《崔琰傳》「結公孫方等就鄭玄受學」；《孝經》唐玄宗序并注邢疏云「宋均《詩譜序》云『我先師北海司農』」，則均是玄之傳業弟子，竹垞未及也。張逸與鄭君同縣，鄭君妻弟。

❶「行」，原脱，據《後漢書》補。

逸官至尚書左丞，見《太平御覽》卷五百四十一所采《鄭玄別傳》。《經義考》又載治鄭氏《易》者許慈。按《三國志・許慈傳》云「師事劉熙，善鄭氏學，治《易》、《尚書》、三《禮》、《毛詩》、《論語》」，非止治《易》也。程秉逮事鄭君，與劉熙考論大義，許慈師事劉熙，善鄭氏學，則劉熙似是鄭君弟子。熙，北海人，固宜受學於鄭君也。《三國志・薛綜傳》「從劉熙學」，則綜與慈，鄭君再傳弟子矣。又《姜維傳》云「好鄭氏學」，然不言其何所受。郤正論維「樂學不倦，清素節約，一時儀表」。維，天水人，與北海相去甚遠而好鄭學，鄭學所及者遠矣。又《孫乾傳》云：「先主領徐州，辟爲從事。」《注》采《鄭玄傳》云：「薦乾於州。乾被辟命，❶玄所舉也。」按乾，❷北海人，又爲鄭君所知，不知其嘗受學否。孫叔然受學鄭康成之門人，稱「東州大儒」，徵爲祕書監，不就。王肅集《聖證論》譏短康成，叔然駁而釋之。《三國志・王肅傳》。弟子既多，其高才能傳於後世者猶如此。而當時適丁漢亂，經籍道息，人不悅學，故《三國志》董昭上疏陳末流之弊云：「竊見當今年少不復以學問爲本，專更以交遊爲業，國士不以孝弟清修爲首，乃以趨勢游利爲先。」杜恕上疏云：「今之學者，師商、韓而上法術，競以儒家爲迂闊，不周世用。此最風俗之流弊。」魚豢《魏略》，以董遇、賈洪、邯鄲淳、薛夏、隗禧、蘇林、樂詳七人爲儒宗。❸其《序》曰：「正始中，有詔議圜丘，普延學士。是時

❶「乾」，原作「朝」，據《三國志》改。
❷「乾」，原作「朝」，據文意改。
❸「詳」，原作「祥」，據《三國志・王肅傳》注改。

郎官及司徒領吏二萬餘人，而應書與議者，略無幾人。又是時朝堂公卿以下四百餘人，其能操筆者，未有十人。多皆相從飽食而退。嗟夫！學業沈隕，乃至於此，是以私心常區區貴乎數公者，各處荒亂之際，而能守志彌敦者也。」《王肅傳》注。於漢末經學極盛，曾幾何時，乃至於此。於是時有能言學者寡矣，況欲責以辨別今、古哉！而康成弟子徧天下，得乘間抵隙，收拾天下之士以言遺經。挾此數者，萬流歸宗，於是天下執經言學無有出鄭氏者。故王肅《家語・序》云：「鄭氏學行五十載矣，義理不安，違錯者多，是以奪而易之。」王肅當三國時，鄭學已大行五十載。於是鄭學統一宇內久矣。魏之王肅、王粲，吴之虞翻，蜀之李譔，盛妒攻之。然是數子者，亦古學之緒餘。虞翻雖云出於孟氏，而納甲乃所自創，非孟氏也。譬陸、王攻朱，實出朱子之《四書》，抑不足議也。鄭學既行，後世乃咸奉劉歆之僞經，而孔子之學亡。故康成者，劉歆之功臣，孔門之罪人也。

新學僞經考卷八

弟子韓文舉、陳千秋初校。
弟子林　奎、梁啟超覆校。

新學僞經考卷九

後漢書儒林傳糾謬第九 說文序糾謬附

僞經傳於通學，發於校書之人，自餘習者蓋寡。以《後漢書·儒林傳》考之，十四博士皆今學；諸大師張興、樓望、蔡玄教授萬人者，皆今學；精廬之啟，贏糧之從，家法之試，禄利之得，天下莫非今學，至彊盛也。傳古學者，《書》則杜林，《詩》則衛宏，《易》、三《禮》、《左傳》則二鄭、賈、馬；鄭玄、許慎集其成而已，有幾士哉？然而董卓掃蕩於邦畿，學士血肉於豺虎，經籍道息，人士流離。而通學之徒，著書足以自張；高密布衣，徒衆徧於海內。遂使兩漢學校選舉之大法，一掃而絶軌；孔子筆削改制之聖經，一束於燒薪。由斯言之，運有屯夷，道無强弱，國制有時不足恃，聖經有時不能伸。當其時也，魁儒巨夫俯首於章句之末；易其時也，匹夫賤士變易於天人之間。以劉歆之僞經，康成負之而馳，然猶易天下者二千載，况挾聖人之大道者乎！此傳皆今學。中有云「習古學」者，多漢、魏間古學者所誣亂，今辨正焉。

先是四方學士，多懷挾圖書，遁逃林藪。自是莫不抱負墳策，雲會京師。范升、陳元、鄭興、杜林、衛宏、劉昆、桓榮之徒，繼踵而集。於是立五經博士，各以家法教授。《易》有施、孟、梁丘、京氏，《尚書》歐陽、大小夏侯，《詩》齊、魯、韓，❶《禮》大、小戴，《春秋》嚴、顔。凡十四博士，太常差次總領焉。建初中，又詔高才生受古文《尚書》、《毛詩》、《穀梁》、《左氏春秋》，雖不立學官，然皆擢高第爲講郎，給事近署，所以網羅遺逸，博存衆家。

范史所稱「四方學士雲會京師」，特稱之者七人，而陳元、鄭興、杜林、衛宏，言古學者已四人矣。下云又詔高才生受《毛詩》，「雖不立學官，然皆擢高第」，則《毛》不立博士審矣。且按而數之，若連《毛》則爲十五博士，以《百官志》、《朱浮傳》注引《漢官儀》考之，並十四博士。則「毛」字，寫官誤文也。

熹平四年，靈帝乃詔諸儒正定五經，刊於石碑，爲古文、篆、隸三體書法以相參檢，樹之學門，使天下咸取則焉。

按：《序》稱「詔諸儒正定五經，刊於石碑，爲古文、篆、隸三體書法以相參檢」。《伽藍記》亦稱「漢國子學堂前有三種字《石經》二十五碑，表裏刻之，寫《春秋》、《尚書》二部，作篆、科斗、隸三種字」。《後魏·崔光傳》「光爲祭酒，請命博士李郁等補漢所立《三字石經》之殘缺」；《劉芳傳》亦云「漢世造《三字石經》於太學」；《江式傳》亦云「蔡邕採李斯、曹喜之法，爲古今雜形」。歐陽棐《集古録目》亦稱「《石經》遺字，古文、篆、隸三體，凡八百二十九字，蔡邕書」。張舜民《畫墁録》、邵伯温《聞見後録》，乃據雒陽發地所得《石經》，以爲蔡邕隸書。趙明誠《金石録》則又以爲蔡邕小字八分書，而力辨

❶「韓」下，原有「毛」字，據《後漢書·儒林列傳》删。

《儒林傳》序「古文、篆、隸三體」之非。黄伯思見《公羊》殘碑，亦定以爲「鴻都一字《石經》」。而《唐書・藝文志》祇有「蔡邕今字石經《論語》」，唐以隸爲「今字」也。張縯又以爲「邕不能具三體書法於孔安國三百年之後。或以邕三體參檢其文，而書丹於碑，則定爲隸」。《魏書・江式傳》云：「魏邯鄲淳建《三字石經》於漢碑之西，其文蔚炳，三體復宣。校之《説文》，篆、隸大同，而古字少異。」《水經注》及《晉・衛恒傳》皆言「魏正始中，立古文、篆、隸《三字石經》」。獨《隋・經籍志》乃言「魏正始中又立《一字石經》」，疑於乖謬。然考其目，《三字石經》祇有《尚書》、《春秋》，而《一字石經》有《周易》，有《尚書》，有《魯詩》，有《儀禮》，有《春秋》，有《公羊傳》，有《論語》，有《典論》，與漢所立者不合。故正始之碑，仍不得遽以三字爲斷。胡三省注《通鑑》，則又鑿指「《三字》爲魏所立」，亦似有理，而顧氏獨不之採。杭氏世駿《石經考異》曰：「范蔚宗時，《三體石經》與熹平所鐫並列於學官，故史筆誤書其事。後人襲其謬錯，或不見石刻，無以考正。趙氏雖以《一字》爲中郎所書，而未見《三體》者；歐陽氏以《三體》爲漢碑，而未嘗見《一字》者。近世方勺作《泊宅編》，載其弟匋所跋《石經》，亦爲范史、《隋志》所惑，指《三體》爲漢字。至《公羊》碑有馬日磾等名，乃云『世用其所正定之本，因存其名』，可謂謬論。」總此而言，則熹平所立爲一字今體《石經》也，魏正始所立爲《三體石經》也。范史、《隋志》兩者俱謬，不可不辨。

孫期，習京氏《易》、古文《尚書》。建武中，范升傳孟氏《易》，以授楊政，而陳元、鄭衆皆傳費氏《易》。其後馬融亦爲其傳。融授鄭玄，玄作《易注》，荀爽又作《易傳》。自是費氏興，而京氏遂衰。

傳費氏《易》者雖爲王璜，而實則陳元、鄭衆、歆之傳也，其全爲歆學昭昭矣。古學皆集成於馬、鄭。此敘今、古《易》學興衰之故甚明。然後漢初年，古學寥寥。范史《儒林傳》敘古學，多誣今學之徒。此云孫期習古文《尚書》，疑其無源，蓋古學者之誣辭也。

又魯人孔安國傳古文《尚書》，授都尉朝；朝授膠東庸譚，爲《尚書》古文學，未得立。

按，前書《藝文志》、《儒林傳》，於傳《尚書》、傳《論語》、移文博士，皆云「庸生」，無名。此云名譚，從何知之？蓋古學家所附會，如毛公之有大、小，名亨、名長耳。後漢古學家承歆餘風，多嚮壁虛造，杜撰名字事迹，絶無師法。

張馴，少游太學，能誦《春秋左氏傳》，以大夏侯《尚書》教授。辟公府，舉高第，拜議郎。與蔡邕共奏定六經文字。尹敏，初習歐陽《尚書》，後受古文，兼善《毛詩》、《穀梁》、《左氏春秋》。

周防，師事徐州刺史蓋豫，受古文《尚書》，撰《尚書雜記》三十二篇，四十萬言。

孔僖，自安國以下，世傳古文《尚書》、《毛詩》。二子長彦、季彦。長彦好章句學，季彦守其家業。

據《前書・孔光傳》，安國兄子延年，延年子霸，霸子光，皆世受夏侯《尚書》，未聞其世傳古文《尚書》也。至於《毛詩》，《前書・儒林傳》云本之徐敖，西漢無言之者，孔氏更未聞有習之者，其謬殆不待言。

孔奮，少從劉歆受《春秋左氏傳》。歆稱之，謂門人曰：「吾已從君魚受道矣。」《孔奮傳》。

孔奮爲光孫。歆欲立《左氏》，光不肯助，安有其孫反從而受之之事？歆每欲自附於孔氏，而不計其可否。安國、僖、奮皆其類也。

又按：奮别有傳，而著於此者，以其爲僞黨所誣，不可列於通學，故從其類附於此。其猶有一二人若周磐之徒，辨見《傳授表》，不復序也。

楊倫，師事司徒丁鴻，習古文《尚書》。

按：《丁鴻傳》：「從桓榮受歐陽《尚書》。」此傳上言「陳弇亦受歐陽《尚書》於司徒丁鴻」。倫從丁鴻受《書》，安得爲古文乎？此亦「孔僖世傳古文《尚書》、《毛詩》」之類，其爲古學家誣改多矣。

趙人毛萇傳《詩》，是爲《毛詩》，未得立。

《史記》無《毛詩》。《前書·藝文志》《儒林傳》但言毛公，無名。鄭康成《詩譜》有大、小毛公。見《毛詩·周南》正義。陸璣《毛詩草木鳥獸蟲魚疏》有毛亨、毛長名。此則由「長」加「艹」爲「萇」，展轉誣增，後世遂以爲實事，因而竊兩廡之祀。試比而觀之，其烏有子虛，徒增怪笑而已。

衛宏少與河南鄭興俱好古學。初，九江謝曼卿善《毛詩》，乃爲其訓。宏從曼卿受學，因作《毛詩序》，善得《風》、《雅》之旨，於今傳於世。後從大司空杜林更受古文《尚書》，爲作《訓旨》。時濟南徐巡師事宏，後從林受學，亦以儒顯，由是古學大興。中興後，鄭衆、賈逵傳《毛詩》。後馬融作《毛詩傳》，鄭玄作《毛詩箋》。

《毛詩》僞作於歆，付囑於徐敖、陳俠，傳授於謝曼卿、衛宏。《序》作於宏，此傳最爲實録。然首句實爲歆作，以其與《左傳》相合也。宏《序》蓋續廣歆意，然亦有時相矛盾者。如《凱風》序云「美孝子也」，續序以爲「淫風流行，不安其室」；《將仲子》序云「刺莊公也」，續序反謂「莊公小不忍以致大亂」；《椒聊》序云「刺晉昭公也」，續序乃云「君子見沃之盛彊，能脩其政」，《箋》則釋「碩大無朋」爲桓叔之德美廣博，平均不朋黨。凡此皆與首句不合而傷教害義者，而宏之爲《序》最確爲大宗矣。鄭《箋》以衛爲主，則今日《詩》學，宏爲大宗矣。僞古經《詩》、《書》俱出衛宏，傳馬、鄭而大盛，其流别猶可溯也。至王肅、孫毓，徒争毛、鄭之訓詁，而不知其學皆出於衛宏，俱爲古學。争難蠭起，一鬨之市，君子所不道已。

孔安國所獻《禮古經》五十六篇及《周官經》六篇。

中興，鄭衆傳《周官經》。後馬融作《周官傳》，授鄭玄。玄作《周官注》。玄本習小戴《禮》，後以古經校之，取其義長者，故爲鄭氏學。玄又注小戴所傳《禮記》四十九篇。通爲三《禮》焉。

按：《禮古經》有出自河間獻王者，有出自魯共王者，無以爲安國所獻。此又魏晉後展轉妄説矣。餘辨見《藝文志》。

李育少習《公羊春秋》，沈思專精，博覽書傳。頗涉獵古學。嘗讀《左氏傳》，雖樂文采，然謂不得聖人深意。以爲前世陳元、范升之徒更相非折，而多引圖讖，不據理體，於是作《難左氏義》四十一事。詔與諸儒論五經於白虎觀。育以《公羊》義難賈逵，往返皆有理證，最爲通儒。

《白虎通德論》尚多《公羊》說。何休與其師博士羊弼，追述李育意以難二傳，今《膏肓》、《癈疾》尚存十一，則育説未盡亡。惜其不得劉歆僞作書法之根，但以爲「不得深意」，宜其不能破之。李育爲《公羊》宗傳，猶樂其文采，况後儒乎？此《左氏》所以獨尊，而二傳之所由微也。

何休精研六經，世儒無及者。與其師博士羊弼，追述李育意以難二傳，作《公羊墨守》、《左氏膏肓》、《穀梁癈疾》。何邵公爲《公羊》宗子，然不得《左氏傳》作僞之由，僅以爲「膏肓」，安得不爲人所箴也！

服虔作《春秋左氏傳解》，行之至今。

潁容，博學多通，善《春秋左氏》。著《春秋左氏條例》五萬餘言。

謝該，善明《春秋左氏》。河東人樂詳條《左氏》疑滯數十事以問，該皆爲通解之，名爲《謝氏釋》，行於世。

建武中，鄭興、陳元傳《春秋左氏》學。時尚書令韓歆上疏，欲爲《左氏》立博士。范升與歆争之，未决。陳元上書訟《左氏》，遂以魏郡李封爲《左氏》博士。後羣儒蔽固者數廷争之。及封卒，光武重違衆議，而因不復補。

《左傳》者，歆僞經之巢穴也，《左傳》立，則諸僞經證據分明，隨踵自立矣。故劉歆及韓歆，皆姑舍羣經，而争立《左氏》也。然後漢之世，六經傳授皆今學，僞古傳授僅寥寥數人，故光武亦重違衆，不敢立。若非賈逵附會讖緯以媚時主，鄭玄遭遇漢衰學廢，僞經不過後世僞《歸藏》之類，豈能盗篡學統哉！

許慎以五經傳説臧否不同，於是撰爲《五經

異義》，又作《説文解字》十四篇，皆傳於世。歆爲僞經，更爲僞字，託之古文，假之徵天下通文字詣公車，以昭徵信。楊雄、班固之倫，果爲所欺矣。周漢所傳真字在《倉頡篇》，五十五章三千三百字，其餘六千字皆歆僞字也。歆僞經之光大，則賴鄭玄之功，僞字之光大，則賴許慎之力。故許慎與鄭玄實歆之蕭何、韓信也。唐元行沖稱學者「父康成，兄許慎」。許、鄭並稱，遂丕冒後世，二千年無不稽首皈依矣。篡孔子之聖統，慎之罪亦何可末減哉！其《説文》皆僞古學，別見《説文僞證》。今録其《序》，附辨於後。

古者庖犧氏之王天下也，仰則觀象於天，俯則觀法於地，視鳥獸之文與地之宜，近取諸身，遠取諸物，於是始作《易》八卦，以垂憲象。及神農氏結繩爲治，而統其事，庶業其繁，飾僞萌生。黄帝之史倉頡，見鳥獸蹏迒之迹，知分理之可相别異也，初造書契，百工以乂，萬品以察，蓋取諸《夬》。「夬，揚於王庭」，言文者宣教明化於王者朝廷，君子所以施禄及下，居德則忌也。倉頡之初作書，蓋依類象形，故謂之「文」，其後形聲相益，即謂之「字」。字者，言孳乳而浸多也。著於竹帛謂之「書」，書者，如也。以迄五帝、三王之世，改易殊體，封於泰山者七十有二代，靡有同焉。

《倉頡篇》父子相傳，籀篆相承，未有變異，云「七十有二代不同」，亦妄説也。

《周禮》，八歲入小學。保氏教國子，先以六書：一曰「指事」，指事者，視而可識，察而可見，「上」、「下」是也；二曰「象形」，象形者，畫成其物，隨體詰詘，「日」、「月」是也；三曰「形聲」，形聲者，以事爲名，取譬相成，

「江」、「河」是也；四曰「會意」，會意者，比類合誼，以見指撝，「武」、「信」是也；五曰「轉注」，轉注者，建類一首，同意相受，「考」、「老」是也；六曰「假借」，假借者，本無其字，依聲託事，「令」、「長」是也。

六書辨見《藝文志》。

及宣王太史籀箸大篆十五篇，與古文或異。至孔子書六經，左邱明述《春秋傳》，皆以古文，厥意可得而說。

《史籀》，說見前，爲周史官教學僮書。孔子書六經，自用籀體。自申公、伏生、高堂生、田何、胡毋生以來之文字，未有云變，非如歆所僞古文也。左氏不傳《春秋》，《傳》爲歆僞，辨已見前。

其後諸侯力政，不統於王，惡禮樂之害己，而皆去其典籍。分爲七國，田疇異畮，車涂異軌，律令異法，衣冠異制，言語異聲，文字異形。

《中庸》爲子思作，云「今天下書同文」，則皆用籀體，安得「文字異形」？此古學家僞說。鍾鼎字雖多異，不知皆僞作者。

秦始皇帝初兼天下，丞相李斯乃奏同之，罷其不與秦文合者。斯作《倉頡篇》，中車府令趙高作《爰歷篇》，太史令胡毋敬作《博學篇》，皆取史籀大篆，或頗省改，所謂「小篆」者也。

「小篆」與「史籀」相同，但頗省改，而《倉頡》、《爰歷》、《博學》俱小篆猶可考，則籀、篆及漢儒文字無異也。

是時秦燒滅經書，滌除舊典。大發隸卒，興役戍，官獄職務繁。初有「隸書」，以趣約易，而古文由此絕矣。

秦末有作「隸書」。隸書但承變而成。辨見《藝文志》。

自爾秦書有八體：一曰「大篆」，二曰「小篆」，三曰「刻符」，四曰「蟲書」，五曰「摹印」，六曰「署書」，七曰「殳書」，八曰「隸書」。漢興，有「艸書」。《尉律》：「學僮十七已上，始試。諷《籀書》九千字，乃得爲吏。」

《漢志》，《史籀》僅十五篇。下云「凡《倉頡》以下十四篇，凡五千三百四十字」。按《志》云「閭里書師合《倉頡》、《爰歷》、《博學》三篇，斷六十字以爲一章，凡五十五章，并爲《倉頡篇》」，不過三千三百字耳。《志》下又謂「楊雄作《訓纂》，易《倉頡》重復之字」，是《倉頡》并有復字，不足三千三百字之數。《志》又云：「武帝時，司馬相如作《凡將篇》，無復字。元帝時，黃門令史游作《急就篇》。成帝時，將作大匠李長作《元尚篇》。皆《倉頡》中正字也，《凡將》則頗有出矣。至元始中，徵天下通小學者以百數，各令記字於廷中。楊雄取其有用者以作《訓纂篇》，順續《倉頡》，又易《倉頡》中重復之字，凡八十九章。」乃僅得五千三百四十字。《志》又云「臣復續楊雄作十三章，凡一百三章」，乃始有九千字。籀文在漢初安得九千字？殆劉歆欺人之辭，許慎爲所欺紿耳。

又以八體試之，郡移太史并課，最者以爲尚書史。書或不正，輒舉劾之。

按：《漢志》作「又以六體試之」，「六體者，古文、奇字、篆書、隸書、繆篆、蟲書。」此云「八體」者，蓋《八體六技》，劉歆所僞撰。許慎用其說也。

今雖有《尉律》，不課，小學不修，莫達其說久矣。孝宣時，召通《倉頡》讀者。張敞從受之。涼州刺史杜業、沛人爰禮、講學大夫秦近，亦能言之。孝平時，徵禮等百餘人，令説文字未央廷中，以禮爲小學元士。

杜林爲歆傳法，則所謂父業及外祖張敞，皆歆門附會之辭。爰禮、秦近貴顯於莽世，與塗惲、王璜，皆歆所授，假借莽力，令説文字於未央廷中，借以惑衆以行其學，辨見《藝文志》。

黄門侍郎楊雄采以作《訓纂篇》。凡《倉頡》已下十四篇，凡五千三百四十字，羣書所載，略存之矣。及亡新居攝，使大司空甄豐等校文書之部，自以爲應制作，頗改定古文。時有六書：一曰「古文」，孔子壁中書也；二曰「奇字」，即古文而異者也；三曰「篆書」，即小篆，秦始皇帝使下杜人程邈所作也；四曰「佐書」，即秦隸書；五曰「繆篆」，所以摹印也；六曰「鳥蟲書」，所以書幡信也。「壁中書」者，魯共王壞孔子宅，而得《禮記》、《尚書》、《春秋》、《論語》、《孝經》。又北平侯張倉獻《春秋左氏傳》。郡國亦往往於山川得鼎彝，其銘即前代之古文，皆自相似。雖叵復見遠流，其詳可得略説也。

古文爲歆僞撰，古文與鼎彝相似，又云「鼎彝即前代之古文」，然則鼎彝爲歆所僞，明矣。以歆奥博，作爲鼎彝，必有可觀。至於後世，益奇古矣。近世金學大興，如《楚公鐘》、《曶鼎銘》，形體奇異，蓋蔚成大國矣。然京師、山東市賈多能售其欺僞，即制度色澤瓌瑋奇古，不爲黄長睿、劉貢父之所欺，亦出於歆等所爲耳。若出於歆手制，通學多爲所蔽，宜哉！

而世人大共非訾，以爲好奇者也。故詭更正文，鄉壁虚造不可知之書，變亂常行，以燿於世。諸生競説字解經誼，稱秦之隸書爲蒼頡時書，云：「父子相傳，何得改易」？乃猥曰「馬頭人爲長」、「人持十爲斗」、「虫者屈中」也。廷尉説律，至以字斷法，「苛人受錢」，「苛」之字，「止句」也。若此者甚衆，皆不合孔氏古文，謬於《史籀》。俗儒鄙夫，翫其所習，蔽所希聞，不見通學，未嘗覩字例之條，怪舊藝而善野言，以其所知爲祕妙，究洞聖人之微恉。又見《蒼頡篇》中「幼子承詔」，因號古帝之所作也，其辭有神僊之術焉。其迷誤不喻，豈不悖哉！《書》曰「予欲觀古人之象」，言必遵修舊文而不穿鑿。孔子曰：「吾猶及史之闕文，今亡也夫！」蓋非其不知而不問。人用己私，是非無正，巧説衺辭，使天下學者疑。

今文與古文必不相合。真僞不相並立，相攻如仇讎。故古文僞經始出，博士不答，孔光不助，龔勝解綬。師丹大怒，奏「歆非毁先帝所立」。公孫禄奏「國師顛倒五經，毁師法」。范升奏「左氏爲異端」。光武立《左氏傳》，則諸儒讙然。楊雄所采，甄豐所定，共王所得，皆歆僞造。西漢以前所不經見，諸儒「大共非呰，以爲好奇」，乃其守道辨僞之宜也。許慎受業於賈逵，逵父徽受業於歆，爲歆三傳弟子，主張古學。既從逆矣，盜憎主人，各爲其主。乃以今學諸儒爲「俗儒鄙夫」，斥爲「迷誤」，亦不足異也。其云「翫其所習，蔽所希聞，不見通學，未嘗覩字例之條，怪舊藝而善野言」，即歆《七略》所謂「安其所習，毁所不見，終以自蔽」也。許慎不學妄言，真所謂「怪舊藝而善野言」，「迷誤不喻」者。不幸古學大行，今學昧没，而許書遂若日中天，爲後人鑽仰。唐立書學，以《説文》爲宗，自是奉爲金科玉律矣。元行沖所嗤「父康成，兄許慎，寧言孔聖誤，諱言鄭服非」矣。是非無常，真僞謬易，操、懿篡統，人咸戴之，王凌、稽紹且爲之致命盡節矣。近世尊許尤甚，豈知其爲僞學之毗佐哉！

蓋文字者，經藝之本，王政之始，前人所以垂後，後人所以識古，故曰「本立而道生」，知天下之至嘖而不可亂也。今敘篆文，合以古籀，博采通人，至於小大，信而有證，稽撰其説。將以理羣類，解謬誤，曉學者，達神恉，分別部居，不相雜厠。萬物咸覩，靡不兼載。厥誼不昭，爰明以喻。其稱《易》孟氏，《書》孔氏，《詩》毛氏，《禮》《周官》，《春秋》左氏，《論語》、《孝經》，皆古文也。

許慎述所稱經皆古文，而又云「《易》孟氏」，已可疑。今考《説文》引《易》，無與孟氏同者，而虎部「履虎尾虩虩」與馬同；角部「其牛觢」與鄭同，井部「井法也」則直爲鄭注之文，告部「僮牛之告」與九家同。皆見《經典釋文》。馬、鄭、荀爲費《易》的傳，❶而《説文》皆與之合。然則許慎蓋用費《易》，其「孟」字特誤文耳。許慎純古學家，不似鄭玄古今雜揉也。門人梁啟超説。❷

其於所不知，蓋闕如也。

新學僞經考卷九

弟子韓文舉、陳千秋初校。

弟子林　奎、梁啟超覆校。

❶「的」，重刻本作「適」。

❷「門人梁啟超説」，重刻本無此六字。

新學僞經考卷十

經典釋文糾謬第十

元朗生當隋、唐，今學盡亡，耳濡目染，師友講授，皆僞古學，蓋五百餘年矣。習非成是，不足糾繩。唯其書甚重於世，經學家所共鑽仰，不可使留僞說以惑衆聽也。今條其瞀謬，劾之如左。

次　第

五經六籍，聖人設教，訓誘機要，寧有短長？然時有澆淳，隨病投藥，不相沿襲，豈無先後？所以次第互有不同。如《禮記·經解》之說，以《詩》爲首；《七略》、《藝文志》所記，用《易》居前，阮孝緒《七録》亦同此次；而王儉《七志》，《孝經》爲初。原其後前，義各有旨。今欲以著述早晚，經義總別，以成次第，出之如左。

「時有澆淳，隨病投藥」，二語甚精。惜其不從《經解》之次第，而惑於劉歆，曲爲附從耳。然阮孝緒先從之，安能責元朗哉！

《周　易》

雖文起周代，而卦肇伏犧。既處名教之初，故《易》爲七經之首。《周禮》有《三易》，《連山》久亡，《歸藏》不行於世，故不詳録。

《史記·儒林傳》及西漢以前經子傳記，無言《易》有三者。至劉歆僞撰《周官》，始著《三易》，然其爲《藝文志》，不敢著也。《周易正義·論三代易名》云：「《周禮·太卜》『三易』云：『一曰《連山》，二曰《歸藏》，三曰《周易》。』杜子春云：『《連山》伏犧，《歸藏》黄帝。』鄭玄《易贊》及《易論》云：『夏曰《連山》，殷曰《歸藏》，周曰《周易》。』鄭玄又釋云：『《連山》者，象山之出雲連連不絶。《歸藏》者，萬物莫不歸藏於其中。《周易》者，言《易》道周普，無所不備。』鄭玄雖有此釋，更無所據之文。按《世譜》等羣書，『神農一曰連山氏，亦曰列山氏，黄帝一曰歸藏氏』。」以上《正義》。皆古學附會之辭也。此云「《連山》久亡，《歸藏》不行於世」，《隋志》云「《歸藏》十三卷，晉太尉參軍薛真撰」，又云「《歸藏》漢初已亡，按晉《中經》有之」，則東漢人述古學者所爲無疑也。《隋志》又云「唯載卜筮，不似聖人之旨，以本卦尚存，故取貫於《周易》之首，以備殷易之缺」，則《隋志》已瞭其僞，但未決之。較德明似稍有知識也。

《古文尚書》

既起五帝之末，理後三皇之經，故次於《易》。伏生所誦，是曰今文，闕謬處多，故不別記。馬、鄭所有同異，今亦附之音後。

直謂「伏生闕謬」，可謂無知而悍獷矣。然古學盛行，於是五百餘年，積非成是，盜憎主人，奚足記哉？唯「不别記」，則今文遂亡，德明不能無罪焉！

《毛　詩》

既起周文，又兼《商頌》，故在堯、舜之後，次於《易》、《書》。《詩》雖有四家，齊、魯、韓世所不用，今亦□□不取。

三　《禮》

《周》、《儀》二禮並周公所制，宜次文王。《禮記》雖有戴聖所録，然忘名已久，又記二禮闕遺。□□相從，次於《詩》下。三《禮》次第，《周》爲本，《儀》爲末，先後可見。然古有《樂經》，謂之六籍，滅亡既久，今亦闕焉。

三《禮》之謬，辨見《漢書·藝文志》篇。唯云「《周》爲本，《儀》爲末」，據《中庸》「禮經三百，威儀三千」而附會之。於是尊劉歆之僞《周官》，而抑孔子之《儀禮》，公孫禄所謂「顛倒五經毁師法」也。

《春　秋》

既是孔子所作，理當後於周公，故次於《禮》。左丘明受經於仲尼，公羊高受之於子夏，穀梁赤乃後代傳聞。三《傳》次第自顯。

按：六經之序，自《禮記·王制》《經解》、《論語》、《莊子·徐無鬼》《天下》、《列子·仲尼》、《商君書·農戰》、《史記·儒林傳》皆曰「《詩》、《書》、《禮》、《樂》、《易》、《春秋》」，無不以《詩》爲先者。《詩》、《書》並稱，不勝繁舉，辨見卷二者，無疑義矣。自歆定《七略》，改先聖六經之序，後世咸依以爲法，則無識也。元朗蓋爲歆所惑，故其序如此。云伏犧「既處名教之初，故《易》爲七經之首」，《書》「既起五帝之末，理後三皇之經，故次於《易》」，《詩》「既起周文，又兼《商頌》，故在堯、舜之後，次於《易》、《書》」，「《周》、《儀》二禮並周公所制，宜次文王」，附會疑有序焉。不知六經皆孔子所作，而興必以《詩》，教小子先以《詩》，六經先《詩》，聖教之序。劉歆務求變亂，德明妄立次第，失之矣。

注解傳述人

伏犧氏之王天下，仰則觀於天文，俯則察於地理，觀鳥獸之文與地之宜，近取諸身，遠取諸物，始畫八卦。或云因《河圖》而畫八卦，因而重之，爲六十四。

按：《史記·周本紀》：「西伯蓋即位五十年，其囚羑里，蓋益《易》之八卦，爲六十四卦。」《日者傳》：「自伏犧作八卦，周文王演三百八十四爻，而天下治。」《法言·問神篇》：「《易》始八卦，而文王六十四，其益可知也。」《漢書·楊雄傳》：「是以伏犧氏之作《易》也，緜絡天地，經以八卦，文王附六爻，孔子錯其象而彖其辭。」《漢書·藝文志》：「《易》曰：『伏犧氏仰觀象於天，俯觀法於地，觀鳥獸之文與地之宜，近取諸身，遠取諸物，於是始作八卦，以通神明之德，以類萬物之情。』至於殷、周之際，紂在上位，逆天暴物，文王以諸侯順命而行道，天人之占可得而效，於是重《易》六爻。」《論衡·對作篇》：「《易》言『伏犧作八卦』，前是未有八卦，伏羲造之，故曰『作』也。文王圖八，自演爲六十四，故曰『演』。」《正説篇》：「伏羲得八卦，非作之，文王得成六十四，非演也。」自《繫辭》至漢人之説，莫不以重卦爲文王，雖劉歆亦不敢生異論。自商瞿傳授，不經秦火，西漢前更無異説，至足據也。東京以後，異論横興，鄭康成以爲神農重卦，孫盛以爲夏禹重卦。見《周易正義・論重卦之人》。鄉壁虚造，不知從何得來？蓋自劉歆多爲僞説，惑亂正經，令學者耳目紛紜，從無可從，信無可信，於是馬、鄭之徒敢以疑似杜撰。自是經學之中，異端蠭起，推所自來，亦歆作俑之罪也。《周易正義・論重卦之人》云：「其言夏禹及文王重卦者，按《繫辭》，神農之時已有蓋取益與噬嗑，以此論之，不攻自破。其言神農重卦，亦未爲得。今以諸文驗之。按《説卦》云：『昔者聖人之作《易》也，幽贊於神明而生蓍。』凡言『作』者，創造之謂也。神農以後，便是述修，不可謂之作也。則幽贊用蓍，謂伏羲矣。故《乾鑿度》云：『垂皇策者犧。』《上繫》論用蓍云：『四營而成《易》，十有八變而成卦。』既言聖人作《易》，十八變成卦，明用蓍在六爻之後，非三畫之時。伏犧用蓍，即伏犧已重卦矣。《説卦》又云：『昔者聖人之作《易》也，將以順性命之理。是以立天之道曰陰與陽，立地之道曰柔與剛，立人之道曰仁與義，兼三才而兩之。故《易》六畫而成卦。』既言聖人作《易》『兼三才而兩之』，又非神農始重卦矣。又《上繫》云：『《易》有聖人之道四焉，以言者尚其辭，以動者尚其變，以制器者尚其象，以卜筮者尚其占。』此之四事，皆在六爻之後。何者？三畫之時，未有彖繇，不得有『尚其辭』。因而重之，始有變動；三畫不動，不得有『尚其變』。揲蓍布爻，方用之卜筮；蓍起六爻之後，三畫不得有『尚其占』。自然中間『以制器者尚其象』，亦非三畫之時；今『伏犧結繩而爲罔罟』，則是制器，明伏犧已重卦矣。又《周禮》小史『掌三皇五帝之書』，❶明三皇已有書也。《下繫》云：『上古結繩而治，後世聖人易之以書契，蓋取諸夬。』既象夬卦而造書契，伏犧有書契，則有夬卦矣。故孔安國《書序》云：『古者伏犧氏之王天下也，始畫八卦，造書契，以代結繩之政。』又曰『伏犧、神農、黄帝之書，謂之《三墳》』是也。又八卦小成，爻象未備，重三成六，能事畢矣。若言重卦起自神農，其爲功也，豈比《繫辭》而已哉！何因《易緯》等數所歷三聖，但云伏犧、文王、孔子，竟不及神農？明神農但有『蓋取諸益』，不重卦矣。故今依王輔嗣，以伏犧既畫八卦，即自重爲六十四卦，爲得其實。其重卦之意，備在《説卦》，此不具敘。」按：孔沖遠引《説卦》、僞《周官》、僞《孔序》俱不論，至於以《繫辭》神農之時已有「蓋取益與噬嗑」爲伏犧重卦之證，此未確也。《朱子語類》云：「十三卦所謂『蓋取諸離』、『蓋取諸益』者，言結繩而爲網罟，有離之象，非觀離而始有此也。」卷六十五。又云：「不是先有見乎離而後爲網罟，先有見乎益而後爲耒耜。聖人亦祇是見魚鼈之屬，欲有以取之，遂做一箇物事去攔截

❶ 「小史」，據《周禮》當作「外史」。

他；欲得耕種，見地土硬，遂做一箇物事去劚起他；卻合於離之象，合於益之意。」卷七十五。沈寓山《寓簡》云：「《大傳》言『蓋取諸益、取諸睽』凡一十三卦，蓋聖人謂耒耜得益，弧矢得睽耳，非謂先有卦名乃作某器也。」番禺陳氏澧曰：「《繫辭》所言『取諸』者，與《考工記·輪人》『取諸圜也』、『取諸易直也』、『取諸急也』文義正同。輪人意取於圜，非因見圜物而取之也；意取易直與急，非因見易直與急之物而取之也。」說「取」義最通。又曰：「此以伏犧創始，牽連於用蓍，又以用蓍傅合於六畫，已紆曲矣。且三畫非創始，六爻乃爲創始乎？六爻誠用蓍矣，何以知三畫不可用蓍乎？《周禮·龜人》鄭注引《世本·作》曰『巫咸作筮』，賈疏云『伏犧未有揲蓍之法，至巫咸乃教人爲之』。然則『幽贊用蓍』，非謂伏犧也。言『作』亦非必謂創始。『作《易》者其有憂患乎』，孔疏固以爲文王、周公矣。」按：從來無謂伏犧造書契者。僞孔《序》、僞《周官》不足據，沖遠附會之，益謬矣。

文王拘於羑里，作《卦辭》。周公作《爻辭》。孔子作《彖辭》、《象辭》、《文言》、《繫辭》、《說卦》、《序卦》、《雜卦》，是爲《十翼》。班固曰：「孔子晚而好《易》，讀之韋編三絕，而爲之《傳》。」《傳》即《十翼》也。先儒說重卦及《爻辭》爲《十翼》不同，解見余所撰□□。據《史記·周本紀》、《日者傳》、《法言·問神篇》、《漢書·藝文志》、《楊雄傳》、《論衡·對作篇》，皆謂文王重卦爲六十四卦，三百八十四爻，無有以爲作《卦辭》者。唯王輔嗣以六十四卦爲伏犧所自重。《周易正義・論卦辭爻辭誰作》云：「一説所以《卦辭》、《爻辭》並是文王所作。按《繫辭》云：『《易》之興也，其於中古乎？作《易》者其有憂患乎？』又曰：『《易》之興也，其當殷之末世、周之盛德邪？當文王與紂之事邪？』鄭學之徒，並依此説也。」則影響附會，妄變《楊何傳》史公之真説，其可信乎？ 至周公作《爻辭》之説，西漢前無之。《漢書・藝文志》云：「人更三聖。」韋昭注曰：「伏犧、文王、孔子。」即《正義》所引《乾鑿度》云：「垂皇策者犧，卦道演德者文，成命者孔。」《通卦驗》又云：「蒼牙通靈，昌之成，孔演命，明道經。」晉紀瞻曰：「昔庖犧畫八卦，陰陽之理盡矣。文王、仲尼，係其遺業。三聖相承，共同一致，稱《易》準天，無復其餘也。」《晉書・紀瞻傳》。亦無有及周公者。唯《左傳》昭二年：「韓宣子來聘，見《易象》與《魯春秋》，曰：『吾乃今知周公之德。』」涉及周公，此蓋劉歆竄亂之條，與今學家不同。歆《周官》、《爾雅》、《月令》無事不託於周公，《易・爻辭》之託於周公亦此類。唯馬融陸績同。❶學出於歆，故以爲《爻辭》周公所作，見《周易正義・論卦辭爻辭誰作》。或以《爻辭》並是文王作。《周易正義・論卦辭爻辭誰作》云：「一以爲驗《爻辭》多是文王後事。《升卦》六四『王用亨於岐山』，武王克殷之後，始追號文王爲『王』。若爻辭是文王所制，不應云『王用亨於岐山』。又《明夷》六五『箕子之明夷』。武王觀兵之後，箕子始被囚奴，文王不宜豫言箕子

❶「績」，原作「續」，據《周易正義》改。

之明夷。又《既濟》九五『東鄰殺牛，不如西鄰之禴祭』，説者皆云『西鄰謂文王，東鄰謂紂』。文王之時，紂尚南面，豈容自言己德，受福勝殷，又欲抗君之國，遂言東西相鄰而已。」如《正義》言，《爻辭》又不得爲文王作，則《藝文志》謂「文王作上、下篇」者謬矣。三聖無周公，然則舍孔子誰作之哉！故《易》之卦爻始畫於犧、文，《易》之辭全出於孔子。「十翼」之名，史遷父受《易》於楊何未之聞，殆出於劉歆之説。按《史記·孔子世家》有《文言》、《説卦》，而無《序卦》、《雜卦》，《漢書·藝文志》亦無《雜卦》。《論衡·正説》曰：「至孝宣皇帝之時，河内女子發老屋，得逸《易》、《禮》、《尚書》各一篇，奏之。宣帝下示博士，然後《易》、《禮》、《尚書》各益一篇。」此説「《易》益一篇」，蓋《説卦》也。《隋志》：「及秦焚書，《周易》獨以卜筮得存，唯失《説卦》三篇，後河内女子得之。」《易》既以卜筮得存，自商瞿傳至楊何以至史遷，未嘗云亡失，又未嘗有《序卦》、《雜卦》。《論衡》以《説卦》出於宣帝時，則史遷所未覩，其爲後出之僞書，《孔子世家》爲僞竄可知。王充云「益《易》一篇」，《隋志》云「失三篇」，因河内後得之事而附《序卦》、《雜卦》，是《序卦》、《雜卦》爲劉歆僞作可見。三篇非孔子作，明矣。《繫辭》，歐陽永叔、葉水心以爲非孔子作，考其辭頻稱「子曰」，蓋孔子弟子所推補者，故史遷以爲「《大傳》」也。《彖》、《象》與《卦辭》、《爻辭》相屬，分爲上、下二篇，乃孔子所作原本。歆以上、下二篇屬之演爻之文王，既不可通，因以己所僞作之《序卦》、《雜卦》，附之河内女子所得之事，而以爲孔子作十篇爲《十翼》。奪孔子所作，而與之文王、周公，以己所作而冒之孔子。譸張爲幻，可笑可駭！然孔子作傳而非經，《易》有《十翼》而非止上、下二篇，則二千年相沿，無有能少窺其作僞之迹者矣。

費直字長翁，東萊人，單父令。傳《易》，授郎邪王璜，字平仲，又傳古文《尚書》。爲費氏學。本以古字號《古文易》，無章句，徒以《彖》、《象》、《繫辭》、《文言》解説上下經。《七録》云：「直《易章句》四卷，殘缺。」漢成帝時，劉向典校書，考《易》説，以爲諸《易》家説皆祖田何、楊叔元、丁將軍，大義略同，唯京氏爲異。向又以中古文《易經》校施、孟、梁丘三家之《易經》，或脱去「無咎」、「悔亡」，唯費氏經與古文同。范曄《後漢書》云：京兆陳元、字長孫，司空、南閣祭酒，兼傳《左氏春秋》。扶風馬融、字季長，茂陵人，南郡太守、議郎，爲《易傳》，又注《尚書》、《毛詩》、《禮記》、《論語》。河南鄭衆、字仲師，大司農，兼傳《毛詩》、《周禮》、《左氏春秋》。北海鄭玄、字康成，高密人，師事馬融，大司農徵不至，還家，凡所注《易》、《尚書》、《三禮》、《論語》、《尚書大傳》、《五經中候》，箋毛氏，作《毛詩譜》，駮許慎《五經異議》，鍼何休《左氏膏肓》、去《公羊墨守》、起《穀梁癈疾》，休見大慙。潁川荀爽，字慈明，官至司空，爲《易言》。並傳費氏《易》。沛人高相治《易》，與費直同時。其《易》亦無章句，專説陰陽災異，自言出丁將軍。傳至相，相授子康康以明《易》爲郎。及蘭陵毋將永，豫章都尉。爲高氏學。漢初，立《易》楊氏博士，宣帝復立施、孟、梁丘之《易》，元帝又立京氏《易》。費、高二家不得立，民間傳之。後漢費氏興而高氏遂微。永嘉之亂，施氏、梁丘之《易》亡，孟、京、費之《易》人無傳者，唯鄭康成、王輔嗣所注行於世。江左中興，《易》

唯置王氏博士。太常荀崧奏請置鄭《易》博士，詔許，值王敦亂，不果立。而王氏爲世所重，今以王爲主，其《繫辭》以下，王不注，相承以韓康伯注續之，今亦用韓本。

劉歆僞經散布中外，其存於中者曰「中古文」，其託之外者，如《書》則《移太常書》云：「傳問民間，則有膠東庸生之遺學與此同，抑而未施。」今亂《易》亦然。《易》則費氏與古文同，不知皆歆所誘屬也。「永嘉之亂，施氏、梁丘之《易》亡，孟、京、費之《易》人無傳者」。按鄭康成、王輔嗣之本，即費學本，安得謂其無傳？又《漢書·藝文志》「費氏亡章句」，今云「費直《章句》四卷」，其然豈其然乎！子夏未嘗傳《易》，此云《子夏易傳》三卷，僞託顯然。餘辨見前。

《書》者，本王之號令，右史所記。孔子刪録，斷自唐虞，下訖秦穆，典、謨、訓、誥、誓、命之文凡百篇，而爲之序。

《書序》另有專篇辨於下。

及秦禁學，孔子之末孫惠，壁藏之。《家語》云：「孔騰，字子襄，畏秦法峻急，藏《尚書》、《孝經》、《論語》於夫子舊堂壁中。」《漢紀·尹敏傳》以爲孔鮒藏之。漢興，欲立《尚書》，無能通者。聞濟南伏生名勝，故秦博士。傳之，文帝欲徵，時年已九十餘，不能行，於是詔太常，使掌故晁錯受焉。《古文官書》云：「伏生年老，不能正言，言不可曉，使其女傳言教錯。」伏生失其本經，口誦二十九篇傳授。《漢書》云：「伏生爲秦禁書，壁藏之。漢定，伏生求其書，亡數十篇，獨得二十九篇，以教齊魯之間。」以其上古之書，謂之《尚書》。鄭玄以爲孔子撰《書》，尊而命之曰《尚書》。尚者，上也，蓋言若天書然。王肅云：「上所言下，爲史所書，故曰《尚書》。」秦雖禁書，而博士之職不禁，孔氏之傳世世不絶，《書》不待壁藏始見，亦無亡失。漢興，非無《書》本，口誦者乃其傳義，辨見前。

漢宣帝本始中，河内女子得《泰誓》一篇獻之，與伏生所誦合三十篇，漢世行之。

《史記》、《漢書》《儒林傳》皆云「伏生得二十九篇」，不辨别。其實伏生僅得二十八篇，《泰誓》後得而附之今文，爲二十九篇，因并誤以爲伏生所傳耳。《論衡·正説篇》：「孝景皇帝時，始存《尚書》。伏生已出山中，景帝遣晁錯往從受《尚書》二十餘篇。伏生老死，《書》殘不竟。晁錯傳於兒寬。至孝宣皇帝之時，河内女子發老屋，得逸《易》、《禮》、《尚書》各一篇，奏之。宣帝下示博士，然後《易》、《禮》、《尚書》各益一篇，而《尚書》二十九篇始定矣。」又云：「或説《尚書》二十九篇者，法曰斗與七宿。四七二十八篇，其一曰斗矣，故二十九。」是二十九篇者，皆并河内所得《泰誓》計之，以其後得，故附會爲斗也。《隋志》曰：「至漢，唯濟南伏生口傳二十八篇，又河内女子得《泰誓》一篇獻之。」於《史》、《漢》二十九篇之意最得其通，但「口傳」二字誤耳。此云「合三十篇」，則謬甚。

然《泰誓》年月不與序相應，又不與《左傳》、《國語》、《孟子》衆書所引《泰誓》同。馬、鄭、王肅諸儒皆疑之。

《釋文》與《隋志》引宣帝時河内女子所得，出於王充《論衡·正説篇》，房宏説同之。見《尚書正義》一。又劉向《别録》：「武帝末，民有得《泰誓》書於壁内者，獻之，與博士使讚説之，數月皆起傳以教人。」《尚書正義》一引。然《尚書大傳》引之，董子、

《漢書·董仲舒傳》。終軍《漢書·終軍傳》。引之，《史記·周本紀》引之，則王充、劉向傳聞稍有誤矣。或董子、終軍、《史記》所引爲孔子未修之《書》，如《史記》引《湯誥》之類，則《論衡》及劉向《别録》之説未爲有誤也。龔氏自珍《泰誓答問》以《史》、《漢》謂伏生得二十九篇，不當有後出之《泰誓》，據《書序》以《顧命》、《康王之誥》分爲二篇，足二十九篇之數。按《康王之誥》，馬融以爲歐陽、大小夏侯同爲《顧命》，見《釋文》。融時歐陽、大小夏侯經猶存，融親見其本。若《康王之誥》與《顧命》分爲二篇，則融言大妄矣。今《漢志》大小夏侯經、《章句》、《解故》各二十九，劉歆云：「《泰誓》後得，博士集而讀之。」《移太常書》。則伏生之始爲二十八篇，武、宣之後，增多《泰誓》，博士讀後，爲二十九篇無疑矣。王充謂「河内女子發老屋，得逸《易》、《禮》、《尚書》各一篇奏之，宣帝下示博士，而《尚書》二十九篇始定」，説最明。漢儒以二十八篇增多《泰誓》比北斗，足爲確證。《尚書大傳》云「五誥可以觀仁」，二十八篇之中：《大誥》、《康誥》、《酒誥》、《召誥》、《雒誥》也。若《尚書》本《康王之誥》另篇，《傳》應有「六誥」之文，漢儒且無二十八宿之比矣。徒以《史記》省文，遂增異説耳。至馬融等所疑「與《左傳》、《國語》、《孟子》衆書所引不相應」，固然。外此尚有《管子》、《墨子》所引，亦皆無之。大體其文怪異，與《湯誥》、《武成》同爲孔子所删之餘。趙岐《孟子注》以爲古百二十篇之《泰誓》，則謬。國朝劉逢禄見龔氏《泰誓答問》。以爲戰國之《泰誓》，其或然乎！

《漢書·儒林傳》云：「百兩篇者，出東萊張霸，分析合二十九篇以爲數十，又采《左傳》、《書序》爲作首尾，凡百二篇，篇或數簡，文意淺陋。成帝時，劉向校之非是，後遂黜其書。」古文《尚書》者，孔惠之所藏也，魯共王壞孔子舊宅，漢景帝程姬之子，名餘，封於魯，謚共王。於壁中得之，并《禮》、《論語》、《孝經》，皆科斗文字。

衛恒《四體書勢》：「時人以不復知有古文，謂之『科斗書』。」見《晉書·衛恒傳》。實歆僞説也。

博士孔安國字子國，魯人，孔子十二世孫，受《詩》於魯申公，官至諫大夫、臨淮太守。以校伏生所誦，爲隸古寫之，增多伏生二十五篇；《藝文志》云：「多十六篇。」又，伏生誤合五篇，凡五十九篇，爲四十六卷。《藝文志》云：「《尚書古文經》四十六卷，五十七篇。」安國又受詔爲古文《尚書傳》，值武帝末，巫蠱事起，經籍道息，不獲奏上，藏之私家。安國并作古文《論語》、古文《孝經》傳。《藝文志》云：「安國獻《尚書傳》，遭巫蠱事，未列於學官。」

晚出古文《尚書》，自梅鷟、閻若璩、惠棟、江聲、王鳴盛、孫星衍諸家辨之詳矣，而未有實得其主名者。考《家語》、《孔叢》，爲魏王肅所作以難康成者，而孔安國作《傳》之事，《家語·後序》、《孔叢·論書篇》皆已言之，則非出於肅而何？又僞孔傳與肅諸經注無不符合，亦猶劉歆所造古文、僞竄諸經内外相應之故智。故晉武帝置博士十九人，孔氏《書》已厠其中。見《晉書·荀崧傳》。晉武帝，王肅之外孫，尊崇肅學，固其宜也。或疑《晉書·荀崧傳》「時方修學校，簡省博士，置《周易》王氏，《尚書》鄭氏，古文《尚書》孔氏，《毛詩》鄭氏，《周官》、《禮記》鄭氏，《春秋左傳》杜氏、服氏，《論語》、《孝經》鄭氏，博士各一人，凡九人」。數之實得十人，疑「古文《尚書》孔氏」爲衍文，則崧疏所稱武帝置孔氏《書》博士，或亦不可信。按：兩處皆有「孔氏」，何得彼此皆衍？其所謂「凡九人」者，蓋《論語》、《孝經》鄭氏合爲一人。考《宋書·百官志》：「國子助教十人。《周易》、《尚書》、《毛詩》、《禮記》、《周官》、《儀禮》、《春秋左氏傳》、《公羊》、《穀梁》各爲一經，《論語》、《孝經》爲一經，合十經。」亦合《論語》、《孝經》爲一，故十一經而爲十人，與晉十經而爲九人一例。蓋《論語》、《孝經》文字無多，六藝附庸，故博士從簡。晉、宋相承，沿革多因，《論語》、《孝經》之合一，又何足疑？如以「孔氏」字爲衍，則孔沖遠《尚書正義》一亦云「前晉奏上其書而施行焉」。此語今《晉書》無之。唐初諸家《晉書》尚存，沖遠采而用之。然則諸家《晉書》皆有西晉立孔氏《書》博士事，不獨唐人官撰之本爲然，豈一史衍而羣史皆衍？必不然矣。僞孔傳西晉已立，且與肅所著書徵應皆合，其爲肅撰，無可逃遁矣。國朝惠氏棟、江氏聲、王氏鳴盛、李氏惇、劉氏端臨、丁氏晏皆有僞古文出於王肅之説。

以授都尉朝。司馬遷亦從安國問故，遷書多古文説。劉向以中古文校歐陽、大小夏侯三家經文，脱誤甚衆。《藝文志》云：「《酒誥》脱簡一，《召誥》脱簡二，文異者七百有餘，脱字數十。」都尉朝授膠東庸生，名譚，亦傳《論語》。庸生授清河胡常，字少子，以明《穀梁春秋》爲博士，至部刺史，又傳《左氏春秋》。常授虢徐敖，右扶風掾，又傳《毛詩》。敖授郎邪王璜及平陵塗惲，字子真。惲授河南乘欽。字君長，一本作桑欽。王莽時，諸學皆立，惲、璜等貴顯。

右皆見《漢書儒林傳辨僞》。

范曄《後漢書》云：「中興，扶風杜林傳古文《尚書》，賈逵字景伯，扶風人，左中郎將、侍中。爲之作訓，馬融作傳，鄭玄注解。由是古文《尚書》遂顯於世。」按：今馬、鄭所注，並伏生所誦，非古文也。

杜林所傳，馬、鄭所注，則劉歆古文僞《尚書》。《後漢書》以爲「古文復興」，與伏生今文相對而言。陸德明以爲「並伏生所誦，非古文」，對王肅僞古文而言。德明已明辨晰矣。

孔氏之本絶，是以馬、鄭、杜預之徒，皆謂之《逸書》。王肅亦注今文，而解大與古文相類。或肅私見孔傳而祕之乎？江左中興。元帝時，豫章内史枚賾字仲真，汝南人。奏上孔傳古文《尚書》，亡《舜典》一篇，購不能得，乃取王肅注《堯典》從「眘徽五典」以下，分爲《舜典》篇以續之，孔《序》謂伏生以《舜典》合於《堯典》。孔傳《堯典》止於「帝曰往欽哉」，而馬、鄭、王之本同爲《堯典》，故取爲《舜典》。學徒遂盛。後范甯字武子，順陽人，東晉豫章太守，兼注《穀梁》。變爲今文集注，俗間或取《舜典篇》以續孔氏。齊明帝建武中，吴興姚方興采馬、王之注造孔傳《舜典》一篇，云「於大航頭買得」，上之。梁武時爲博士，議曰：「孔《序》稱伏生誤合五篇，皆文相承接，所以致誤。《舜典》首有『曰若稽古』，伏生雖昬耄，何容合之？」遂不行用。

《書》無《舜典》，辨已見前。梁武之説，雖蘇、張無可置辨。徒以《書序》所著，歆之古文十六篇已自有之，則王肅之書自易行矣。

漢始立歐陽《尚書》，宣帝復立大小夏侯博

士，平帝立古文。永嘉喪亂，衆家之《書》並滅亡，而古文孔傳始興，置博士。鄭氏亦置博士一人。近唯崇古文，馬、鄭、王注遂廢。今以孔氏爲正，其《舜典》一篇仍用王肅本。

哀、平之末，劉歆倡僞經，而經一變。永嘉之亂，今學銷亡，而經幾滅矣。「平帝立古文」者，劉歆之古文；「近唯崇古文」者，王肅之古文；「馬、鄭、王注遂廢」，則劉歆之古文僞《書》亦亡。譬操、丕篡漢，而馬懿篡操、丕之統，「君以此始，亦以此終」也。

《詩》者，所以言志，吟詠性情，以諷其上者也。古有采詩之官，王者巡守，則陳詩以觀民風，知得失，自考正也。動天地，感鬼神，厚人倫，美教化，移風俗，莫近乎詩。是以孔子最先删録，既取《周詩》，上兼《商頌》，凡三百一十一篇。

《史記·孔子世家》：「古者《詩》三千餘篇。及至孔子，去其重，取可施於禮義，上采契、后稷，中述殷、周之盛，至幽、厲之缺，始於衽席。故曰：『《關雎》之亂以爲《風》始，《鹿鳴》爲《小雅》始，《文王》爲《大雅》始，《清廟》爲《頌》始。』三百五篇，孔子皆弦歌之，以求合《韶》、《武》、《雅》、《頌》之音。」王式曰：「臣以三百五篇諫。」《漢書·儒林傳》。《漢書·藝文志》曰：「孔子純取周詩，上采殷，下取魯，凡三百五篇。」西漢以前，未聞三百一十一篇之説者，此劉歆《毛詩》僞經既行後之説也。《毛詩》多笙詩六篇，并三百五篇，故爲三百一十一篇，篇數與三家異，益見其作僞也。

以授子夏，子夏遂作《序》焉。

按：劉歆僞撰《毛詩》，其《七略》但稱「又有毛公之學，自謂子夏所傳」而已，不以爲子夏作《序》也。《後漢書·儒林傳》以爲衛宏受學謝曼卿，「作《毛詩序》」，尚得其實。自鄭玄《詩譜》以爲「大序是子夏作，小序是子夏、毛公合作」。《釋文》引。王肅《家語注》以爲「子夏《序》即今《毛詩序》」。按之兩《漢書》志傳，皆烏有子虚事也。此蓋沿襲其謬者。考《毛詩》大序以風、大雅、小雅、頌爲「四始」，與三家《詩》不合。《唐書·藝文志》載「《韓詩》卜商序」，如《毛詩》亦出子夏，何至歧絶？且風、雅、頌爲「六詩」之三，以爲「四始」，豈非大謬！三頌不知據魯、新周，故宋之義。至於小序，《大雅》正篇莫能詳其樂章之所用；《小雅》自《節南山》以下四十四篇，皆以爲刺幽王詩，而雜見傳記者則爲昭、懿、厲、宣、平諸王之詩；《楚茨》諸詩，亦不以爲樂章也。十三國之無正風，與燕、蔡、莒、許、杞、薛之并無變風，既以序不明而棄之矣，則所存諸國之序，當必可爲詩史。乃《國風》小序於史有《世家》者，皆傅之惡謚，至魏、檜之史無《世家》者，則但以爲「刺其君」、「刺其大夫」，而無一謚號世次之可傅會。又《漢廣》「德廣所及」、《白華》「孝子之潔白」、《崇丘》「萬物得極其高大」、《雨無正》「衆多如雨而非所以爲正」之類，皆望文生義，一味空衍；非如魯、韓逸説，以《芣苢》爲「蔡人妻作」、《行露》爲「召南申女作」、《柏舟》爲「衛宣夫人作」、《燕燕》爲「定姜送歸婦作」、《式微》爲「黎莊夫人及傅母作」、《碩人》爲「莊姜傅母作」之皆有實人實事也。使子夏爲之，去其時不遠，安得謬悠若是乎？則大序及小序初句，爲劉歆所僞，其餘則衛宏所潤飾，不特非子夏作，并非劉歆作矣。漢、魏後，《毛詩》獨盛，而辨《序》之説紛如。韓愈以爲子夏不序《詩》。成伯璵以爲子夏唯裁初句，以下出於毛公。王安石以爲詩人所自製。甚至程明道以大序爲孔子所作，小序爲國史舊文。王得臣以首句爲孔子所題。曹粹中以爲《毛傳》初行尚未有序，門人互相傳授，各記師説。舉不足辨。唯鄭樵、王質、朱子掊擊其妄，識最高矣，恨未能得其故，令後人來反唇之稽。《詩》至今乃爲決其蔀耳。

口以相傳，未有章句。戰國之世，專任武力，雅、頌之聲，爲《鄭》、《衛》所亂，其廢絶亦可知矣。遭秦焚書而得全者，以其人所諷誦，不專在竹帛故也。

秦焚書，《詩》本仍存，不徒賴諷誦。辨見前。

《毛詩》者，出自毛公。河間獻王好之。徐整字文操，豫章人，吴太常卿。云：「子夏授高行子，高行子授薛倉子，薛倉子授帛妙子，帛妙子授河間人大毛公。毛公爲《詩故訓傳》於家，以授趙人小毛公。一云名萇。小毛公爲河間獻王博士，以不在漢朝，故不列於學。」一云：「子夏傳曾申，字子西，魯人，曾參之子。申傳魏人李克，克傳魯人孟仲子，鄭玄《詩譜》云：「子思之弟子。」孟仲子傳根牟子，根牟子傳趙人孫卿子，孫卿子傳魯人大毛公。」《漢書·儒林傳》云：「毛公，趙人。治《詩》，爲河間獻王博士。授同國貫長卿，徐整作「長公」。長卿授解延年，爲阿武令，《詩譜》云：「齊人。」延年授號徐敖，敖授九江陳俠。」王莽講學大夫。或云：陳俠傳謝曼卿，元始五年，公車徵説《詩》。

《毛詩》源流皆僞託，辨見前。若陳俠、謝曼卿，其爲歆傳者歟！公車特徵，歆所授意以廣其僞學者也。

後漢鄭衆、賈逵傳《毛詩》，馬融作《毛詩注》，鄭玄作《毛詩箋》，申明《毛》義，難三家。於是三家遂廢矣。

三家之廢，由於馬、鄭。以此推之，馬、鄭黨僞破經，罪難末減，若必科斷，應與劉歆首從並誅矣。自爾王肅、王基之徒，孫毓、陳統之彦，互相申難，皆盤旋於《毛詩》之下。穴中鬬蟻，角裏爭蠻，但供噱哂，不足樹頰。而《齊》、《魯》之早亡，《韓詩》之僅存者，得無以鄭嘗用《韓》，故學者因而存之邪？自是《毛詩》獨尊。偏觀所録之書，無一部三家者，劉歆豐蔀之力亦至矣。

景帝時，河間獻王好古，得古《禮》獻之。鄭《六藝論》云：「後得孔氏壁中河間獻王古文《禮》五十六篇，《記》百三十一篇，《周禮》六篇。其十七篇與高堂生所傳同，而字多異。」劉向《别録》云：「古文《記》二百四篇。」《藝文志》曰：「《禮古經》五十六篇，出於魯淹中。」蘇林云：「淹中，里名。」或曰：「河間獻王開獻書之路，時有李氏上《周官》五篇，失《事官》一篇，乃購千金不得，取《考工記》以補之。」王莽時，劉歆爲國師，始建立《周官經》以爲《周禮》。河南緱氏杜子春受業於歆，還家，以教門徒。好學之士鄭興父子，興，字少贛，河南人，後漢太中大夫。子衆已見前。並作《周禮解詁》。等多往師之。賈景伯亦作《周禮解詁》。

河間獻王無得古經事。《逸禮》、《周官》爲歆僞撰。辨見前。

《禮記》者，本孔子門徒共撰所聞以爲此《記》。後人通儒各有損益。故《中庸》是子思伋所作，《緇衣》是公孫尼子所制，鄭玄云

《月令》是吕不韋所撰，盧植字子幹，涿郡人，後漢北中郎將、九江太守。云《王制》是漢時博士所爲。

《禮記》云爲後人所益，信矣。故《保傅》、《禮察》、《賈子》之書得附入，不獨《中庸》、《緇衣》采自《子思》、《公孫尼子》也。《月令》亦劉歆僞撰，辨見《王莽傳》。若盧植以《王制》是漢時博士所爲，則殊非。考《史記·封禪書》索隱，文帝所造書有《本制》、《兵制》、《服制》篇，非今《王制》也。鄭康成以《王制》制度與《孟子》同，故答臨碩云：「孟子當赧王之際，《王制》之作復在其後。」今驗《王制》與《公》、《穀》全同，句容陳立、德清俞樾説。體大物博，本末兼該，蓋孔氏遺書也。劉歆作僞，盜憎主人，故排擠之。而盧植誤述之。

陳邵字節良，下邳人，晉司空長史。《周禮論序》云：「戴德删《古禮》二百四篇爲八十五篇，謂之《大戴禮》，戴聖删《大戴禮》爲四十九篇，是爲《小戴禮》。」漢劉向《別録》有四十九篇，其篇次與今《禮記》同名，爲他家書拾撰所取，不可謂之《小戴禮》。後漢馬融、盧植考諸家同異，附戴聖篇章，去其繁重及所敍略而行於世，即今之《禮記》是也。

《隋志》云：「戴聖删《大戴》爲四十六篇。馬融增《月令》、《明堂位》、《樂記》三篇，爲四十九篇。」《別録》、《後漢書》橋元、曹褒二傳及元朗説，皆不足據也。

鄭玄亦依盧、馬之本而注焉。范曄《後漢書》云：「中興，鄭衆傳《周官經》。後馬融作《周官傳》，授鄭玄。玄作《周官注》。」鄭注引杜子春、鄭大夫、鄭司農之義。鄭玄《三禮目録》云：「二鄭信同宗之大儒，今贊而辯之。」玄本治《小戴禮》，後以古經校之，取其於義長者順者，故爲鄭氏學。玄又注小戴所傳《禮記》四十九篇，通爲三《禮》焉。」漢初，立高堂生《禮》博士，後又立大小戴、慶氏三家，王莽又立《周禮》。後漢三《禮》皆立博士。今慶氏、《曲臺》久亡，《大戴》無傳學者。唯鄭注《周禮》、《儀禮》、《禮記》並列學官，而《喪服》一篇又別行於世。今三《禮》俱以鄭爲主。

三《禮》説辨見《藝文志》。然自是古學大行，慶氏、《曲臺》之《禮》亡，今學説從此衰息，則鄭玄爲劉歆功臣之首，亦爲孔學罪魁，正不得稍從末減也。云「玄本治小戴《禮》，後以古經校之，取其於義長者順者」，則今《儀禮》亦爲鄭玄所亂，雖注猶別稱今古，然大小戴、慶氏三家則既亡矣。

古之王者必有史官，君舉則書，所以慎言行，昭法式也。諸侯亦有國史，《春秋》即魯之史記也。孔子應聘不遇，自衛而歸，西狩獲麟，傷其虛應，乃與魯君子左丘明觀書於太史氏，因魯史記而作《春秋》，上遵周公遺制，下明將來之法，褒善黜惡，勒成十二公之經，以授弟子。弟子退而異言。丘明恐弟子各安其意，以失其真，故論本事而爲之傳，明夫子不以空言説經也。《春秋》所貶損人，當世君臣，其事實皆形於傳，故隱其書而不宣，所以免時難也。及末世口説流行，故有公羊、名高，齊人，子夏弟子，受經於子夏。穀梁、名赤，魯人。糜信云，與秦孝公同時。《七録》云名淑，字元始。《風俗通》云子夏門人。鄒氏、王吉善鄒氏《春秋》。夾氏之傳。鄒氏無書，夾氏有録無書，故不顯於世。桓譚《新論》云：「《左氏傳》遺戰國寖藏。後百餘年，魯人穀梁赤作《春秋》，殘缺，多有遺文；又有齊人公羊高，緣經文作《傳》，彌失本事。」左丘明作《傳》以授曾申，申傳衛人吴起，魏文侯相。起傳其子期，期傳楚人鐸椒，楚太傅。椒傳趙人虞卿，趙相。卿傳同郡荀卿名況，況傳武威張蒼，漢丞相，北平侯。蒼傳洛陽賈誼，長沙梁王太傅。誼傳至其孫嘉，嘉傳趙人貫公，《漢書》云：賈誼授貫公，爲河間獻王博士。貫公傳其少子長卿，蕩陰令。長卿傳京兆尹張敞字子高，河東平陽人，徙杜陵。及侍御史張禹。字長子，清河人。禹數爲御史大夫蕭望之言《左氏》，望之善之，薦禹，徵待詔，未及問，會病死。禹傳尹更始，更始傳其子咸及翟方進、胡常，常授黎陽賈護，字季君，哀帝時待詔爲郎。護授蒼梧陳欽。字子佚，以《左氏》授王莽，至將軍。

按：劉向《別録》云：「左丘明授曾申，申授吴起，起授其子期，期授楚人鐸椒，作《抄撮》八卷授虞卿，虞卿作《抄撮》九卷授荀卿，荀卿授張蒼。」按向治《公羊》，後奉詔治《穀梁》，其書本《公羊》者十之九，本《穀梁》者十之一，未嘗言《左氏》也。吴子《説苑》：「魏武侯問元年於吴子。吴子對曰：『言國君必謹始也。』『謹始奈何？』曰：『正之。』『正之奈何？』曰：『明智。』」按：「謹始」之説本《公羊》、《穀梁》緒言，「明智」之説，兵家要旨，俱非《左氏》説也。《十二諸侯年表》云：「鐸椒爲楚威王傳，爲王不能盡觀《春秋》，采取成敗，卒四十章，爲《鐸氏微》。」此《春秋》當係《檮杌》，猶《晉語》「羊舌肸習於《春秋》」，《楚語》申叔時云「教之《春秋》」者也，必非左氏之書。《史記》言「四十章」，《藝文志》云「三篇」，此又云「《抄撮》八卷」，名不雅馴，歆所託也。《虞卿傳》云：「上采《春秋》，下觀近世，曰《節義》、《稱號》、《揣摩》、《政謀》凡八篇，以刺譏國家得失，世傳之曰《虞氏春秋》。」《年表》同。蓋虞氏之書雖亡，其體例略同《吕覽》，非傳《左氏》者也。《史記》言「八篇」，《藝文志》於「儒家」云「十五篇」，於「《春秋》家」云「《虞氏微傳》二篇」，此又云「《抄撮》九卷」，亦歆假託也。荀卿之書多本《穀梁》，亦非傳《左氏》者。《釋文》兼采僞《别録》及《漢·儒林傳》而爲之。然《左氏》傳授不見《太史公書》，班固别傳亦無徵。當東漢初，范升廷爭以爲「師徒相傳又無其人」，若果出於《别録》，劉歆之徒及鄭興父子、賈逵、陳元、鄭玄諸人欲申《左氏》者多矣，何無一言及之？曾申即曾西，曾子之子，羞稱管仲，必非爲左氏之學者。吴起曾事子夏，或《左氏》多采其文。姚姬傳以「左氏言魏氏事，造飾尤甚，蓋吴起爲之以媚魏君者尤多」，要非左氏再傳弟子也。張蒼非荀卿弟子。賈生亦非張蒼弟子。貫公《毛詩》之學，亦非賈嘉弟子。嘉果以左氏爲傳《春秋》，授受詳明如此，何不言諸朝爲立博士？此又從《賈誼傳》增設之。嘉與史公善，當武帝時。貫公爲獻王時，必非嘉弟子。《史記》、《漢書》具在，而歆之徒，博采名儒，牽合佚書，妄造此文。元朗、沖遠以江左以後文人獨尚《左氏》，不加深察，敘録如此，不可爲典要矣。劉氏逢禄《左氏春秋考證》説。

《漢書·儒林傳》云：「漢興，北平侯張蒼及梁太傅賈誼、京兆尹張敞、大中大夫劉公子，皆修《春秋左氏傳》。」始，劉歆字子駿，向之子，王莽國師。從尹咸及翟方進受《左氏》，哀帝時，歆與房鳳、王龔欲立《左氏》，爲師丹所奏，不果，平帝世始得立。「由是言《左氏》者，本之賈護、劉歆。」歆授扶風賈徽，字元伯，後漢潁陰令，作《春秋條例》二十一卷。徽傳子逵。逵受詔列《公羊》、《穀梁》不如《左氏》四十事，奏之，名曰《左氏長義》。章帝善之。逵又作《左氏訓詁》，司空南閤祭酒陳元作《左氏同異》，大司農鄭衆作《左氏條例章句》，南郡太守馬融爲《三家同異》之説。京兆尹延篤字叔堅，南陽人。受《左氏》於賈逵之孫伯升，因而注之。汝南彭汪字仲博。記先師奇説及舊注。太中大夫許淑，字惠卿，魏郡人。九江太守服虔，字子慎，河南人。侍中孔嘉，字山甫，扶風人。魏司徒王朗，字景興，肅之父。荆州刺史王基，大司農董遇，徵士燉煌周生烈，並注解《左氏傳》。梓潼李仲欽著《左氏指歸》，陳郡潁容字子嚴，後漢公車徵，不就。作《春秋條例》。又何休字邵公，任城人，後漢諫大夫。作《左氏膏肓》、《公羊墨守》、《穀梁癈疾》。鄭康成《鍼膏肓》，《發墨守》，《起癈疾》。自是《左氏》大興。

賈逵《左氏長義》，陳元《左氏異同》，鄭衆《左氏條例章句》，馬融《三家同異》，李仲欽《左氏指歸》，潁容《春秋條例》，衆作紛紜，皆言《左氏》之長，於是《左氏》大興。即有范升之《難》，何休《膏肓》，亦皆於《左氏》書法校量得失，既已入其籠中，無怪助其燄之益熾也。若知爲劉歆引傳解經，僞造書法，據《史記》以難《漢書》，則《左氏》但爲記事之書，無預《春秋》之義。雖有百賈逵之徒，何能措一辭乎！《左氏》書法之義，與《公》、《穀》頡頏。斯固歆目覩《公》、《穀》之争，但有所長，便可自立，故僞造書法，諸「書」、「故書」、「不書」，時用《公》、《穀》日月例爲之，僞《毛詩》、《周官》以爲之證。此所以豐蔀二千年而莫之知。自是《左氏》大興，二傳漸微，後漢攻《左氏》者，謂之「蔽固」；東晉抑《穀梁》者，謂之「膚淺」。至德明之世，至謂「二傳近代無講者，恐其學遂絶」。嗚呼！以先聖微言大義之所寄，而至於垂絶，則誰之罪乎？故自魏、晉之後，莠言繁興，不可復言經學矣。

漢初，立《公羊》博士，宣帝又立《穀梁》，平帝始立《左氏》。後漢建武中，以魏郡李封爲《左氏》博士，羣儒蔽固者數廷爭之；及封卒，因不復補。和帝元興十一年，鄭興父子奏上，《左氏》，乃立於學官，仍行於世。迄今遂盛行，二傳漸微。江左中興，立《左氏傳》杜氏、服氏博士。太常荀崧奏請立二傳博士。詔許立《公羊》，云《穀梁》膚淺不足立博士。王敦亂，竟不果立。《左氏》今用杜預注，《公羊》用何休注，《穀梁》用范甯注。二傳近代無講者，恐其學遂絶，故爲音以示將來。

敘《左氏》大興之由，二傳衰微之故，最明矣。試檢《釋文》、《隋志》觀之，傳《公》、《穀》者有幾家哉？晉世詔書已云「《穀梁》膚淺，不足立博士」。《公羊》亦值王敦亂，於是竟不立。元朗云「二傳近代無講者，恐其學遂絶，故爲音以示將來」。夫孔子改制之學，傳在《公》、《穀》，漢世四百年政事皆本之。自劉氏僞經出，《左傳》文采盛，至於元朗世恐其幾絶。末法千年，聖制竟墜，亦堪哀矣！劉歆之罪，固不足誅，而沈冥二千年，無人發揮者。至近人劉逢禄、陳立、鍾文烝乃始有發明。孔子之學，或漸賴以著，豈所謂循還之運者歟！

《孝經》者，孔子爲弟子曾參説孝道，因明天子、庶人五等之孝，事親之法。亦遭焚燼，河間人顔芝爲秦禁，藏之。漢氏尊學，芝子貞出之，是爲今文。

按：《漢書》無顏芝、顏貞傳《孝經》事。自向、歆、楊雄、班固博極羣書，不能知之。不省後人何以知此？ 東京以後，經學荒蕪，僞造典故，《易》有子夏之傳，《左傳》有曾申之傳，誕妄支離，恐未足據也。長孫氏、博士江翁、少府后倉、諫大夫翼奉、安昌侯張禹傳之，各自名家，凡十八章。又有古文，出於孔氏壁中，別有《閨門》一章，自餘分析十八章，總爲二十二章，孔安國作《傳》。劉向校書，定爲十八。後漢馬融亦作古文《孝經傳》，而世不傳。世所行鄭注，相承以爲鄭玄，按《鄭志》及《中經簿》無。唯中朝穆帝集講《孝經》，云以鄭玄爲主。檢《孝經注》，與康成注《五經》不同，未詳是非。江左中興，《孝經》、《論語》共立鄭氏博士一人。古文《孝經》世既不行，今隨俗用鄭注十八章本。《孝經》鄭注，諸書所引者雖多，然無以定爲康成注。唯《郊特牲》正義引王肅難鄭云「《孝經注》云『社，后土也』，『句龍爲后土』。鄭既云社后土，則句龍也，是鄭自相違反」。此王肅所難，是康成注明矣。劉光伯謂肅無攻擊《孝經》鄭注者，殆未詳考邪！ 陳氏澧説。

古《論語》者，出自孔氏壁中，凡二十一篇，有兩《子張》如淳云：「分《堯曰篇》後『子張問何如可以從政』以下爲篇，名曰《從政》。」篇次不與齊、魯《論》同。《新論》云：「文異者四百餘字。」

劉歆偏亂羣經，皆有古文。以《論語》考之，《漢書·藝文志》云：「《論語》古二十一篇，出孔子壁中，兩《子張》。」孔安國爲傳，今見何晏《集解》所引，亦僞託，與古文《書》、古文《孝經》同。以其託出孔氏壁中，舍安國不足以昭人信也。

孔安國爲傳，後漢馬融亦注之。安昌侯張禹受《魯論》於夏侯建，又從庸生、王吉受《齊論》，擇善而從，號曰《張侯論》，最後而行於漢世。禹以《論》授成帝。後漢包咸、字子長，吴人，大鴻臚。周氏不詳何人。並爲章句，列於學官。鄭玄就《魯論》包、周之篇章，考之《齊》、《古》，爲之注焉。魏吏部尚書何晏集孔安國、包咸、周氏、馬融、鄭玄、陳羣、字長文，潁川人，魏司空。王肅、周生烈燉煌人。《七録》云：字文逢，❶本姓唐，魏博士侍中。之説，并下己意爲《集解》。正始中上之，盛行於世，今以爲主。

張禹既受《魯論》，又受《齊論》，擇善而從，號曰《張侯論》，亂魯、齊之家法矣。鄭康成就《魯論》，考之《齊》、《古》，爲之《注》焉，又亂今古之家法矣。孔安國、馬融、鄭玄、陳羣、王肅、周生烈率皆僞古學説，而何晏《集解》以爲主。然則今本《論語》，皆僞古學而已。自宋以後，尊《論語》者既至，近儒攻朱，辨論至夥，豈知其經劉歆竄亂邪！今《論語》有「左丘明恥之，丘亦恥之」語，疑亦歆所加入，以實其魯君子左丘明親承孔子，以抑公、穀口傳之説。《朱子語類》謂「要知左氏是箇曉了識利害底人，趨炎附勢。大率《左傳》只道得禍福利害底説話，於義理上全然理會不得，如載『卜妻敬仲』與『季氏生』之類。看此等處，便見得是六卿分晉，田氏篡齊以後之書」。卷百二十二。按《史記·仲尼弟子傳》、文翁《孔廟圖》皆無左丘明，蓋非孔門弟子，益見歆依託之僞妄

❶「逢」，原作「進」，據《經典釋文》改。《論語》邢疏引《七録》作「逸」。

也。然惑世千載，亦見讀書考古之難其人矣。自鄭康成、何晏後，今文齊、魯二家無可復考，魏、晉以後注家皆用鄭、何二本，蓋不足復道矣。

《爾雅》者，所以訓釋五經，辨章同異。實九流之通路，百氏之指南，多識鳥獸草木之名，博覽而不惑者也。爾，近也；雅，正也。言可近而取正也。《釋詁》一篇，蓋周公所作。《釋言》以下，或言仲尼所增，子夏所足，叔孫通所益，梁文所補。張揖論之詳矣。前漢終軍始受豹鼠之賜，自兹迄今，斯文甚矣。先儒多爲億必之説，乖蓋闕之義。唯郭景純洽聞强識，詳悉古今，作《爾雅注》，爲世所重。今依郭本爲正。

《爾雅》爲歆僞學訓詁之祖，辨見《漢書·藝文志》。張揖以爲作自周公、仲尼、子夏固謬，即以爲「叔孫通所益，梁文所補」亦非也。豹鼠之辨，爲後漢世祖時竇攸事。見《文選注》三十八引《三輔決録》注。郭璞誤引之爲終軍。德明用之，疑誤千古。蓋自歆徵通《爾雅》者百餘人詣公車，《爾雅》遂行，建武之世，遂有徵用。若武帝以前，未有及《爾雅》者，可共明也。注家犍爲文學及劉歆爲之先，犍爲文學注亦歆僞也。趙岐《孟子題辭》：「孝文皇帝欲廣游學之路，《論語》、《孝經》、《孟子》、《爾雅》皆置博士。」按《史記》、《漢書》《儒林傳》皆以爲「文帝好刑名，博士具官，未有進者」，是文帝並非右文之主，安得有廣游學之事？博士當時止成具文，又安得有更增《論語》、《孝經》、《孟子》、《爾雅》博士之事？迨公孫弘悼道之鬱滯，始請諸經建立學官。若孝文時《論語》等且增置博士，弘何必復有鬱滯之歎？若文帝徒表彰《論語》等而略五經，既欲廣游學而舍經任傳，無是理也。孝文帝《論語》、《孝經》、《孟子》、《爾雅》置博士，漢以前書皆無此説，唯歆《移太常書》有「孝文時諸子傳説立於學官」之語。然則趙岐之説即出劉歆，以實其僞撰《爾雅》之事者，至明顯矣。

新學僞經考卷十❶

弟子韓文舉、陳千秋初校。
弟子林　奎、梁啟超覆校。

❶「十」，原作「九」，據文意改。

新學僞經考卷十一

隋書經籍志糾謬第十一

《隋志》與《經典釋文》並出隋、唐時，僞古學一統久矣。今學亡絶，獨尊僞古固宜，然紛紜謬亂，蓋已多矣。抑自《漢志》之後，諸史無志，藉以考經籍之源流，舍是莫之焉。故唐、宋以來，鑽仰無盡。恐其惑亂學者耳目，並糾繩焉。然序《説卦》、《序卦》、《雜卦》爲河内後得，述《月令》、《明堂》、《樂記》爲馬融所增，因是得知《易》之僞書，《記》之竄亂，則《隋志》尚爲功過相比者也。

秦政奮豺狼之心，❶剗先代之迹，焚《詩》、《書》，坑儒士，以刀筆吏爲師，制挾書之令。學者逃難，竄伏山林，或失本經，口以傳説。漢氏誅除秦、項，未及下車，先命叔孫通草緜蕝之儀，救擊柱之弊。其後張蒼治律曆，陸賈撰《新語》，曹參薦蓋公言黄老，惠帝除挾書之律，儒者始以其業行於民間。

按：《史記·李斯傳》「若有欲學者，以吏爲師」，《秦始皇本紀》作「若欲有學法令，以吏爲師」，徐廣曰「一無『法令』二字」。是徐廣見歆未改之本，正與《李斯傳》同。且博士所職，秦既不焚，博士七十，若不以教士，將何置焉？「法令」二字爲歆竄入，《志》爲其所惑也。按高祖入關，除秦苛法，約法三章，蕭何定律九章，挾書之苛法，早在入關蠲除之例，何待惠帝乎！

❶「奮」，原作「憤」，據《隋書》改。

《漢書》爲歆所作，當有竄入。《史記·儒林傳》稱「故漢興，然後諸儒始得修其經藝，講習大射、鄉飲之禮。叔孫通作漢禮儀，因爲太常，諸生弟子共定者咸爲選首，於是喟然歎興於學」。即《漢志》亦云「漢興，改秦之敗，大收篇籍」。何嘗云至惠帝始得行其業乎！且博士具官，六經具完，挾書之律即未除，博士之傳自若。兩漢人無不之長安受業博士者，仍秦制也。此《志》自未知之，故多誤據。

昔宓犧氏始畫八卦，以通神明之德，以類萬物之情。蓋因而重之，爲六十四卦。及乎三代，實爲三《易》，夏曰《連山》，殷曰《歸藏》，周文王作卦辭，謂之《周易》。周公又作爻辭，孔子爲《彖》、《象》、《繫辭》、《文言》、《序卦》、《説卦》、《雜卦》，而子夏爲之《傳》。及秦焚書，《周易》獨以卜筮得存。唯失《説卦》三篇，後河内女子得之。

伏犧六十四卦，文王作卦辭，周公作爻辭，孔子作《十翼》，皆僞説，辨見前。至《子夏傳》，《漢志》不著；且《易》不傳於子夏，漢人無是説，蓋六朝之僞書也。至云「及秦焚書，《周易》獨以卜筮得存，唯失《説卦》三篇，後河内女子得之」。考《法言·問神篇》云：「《易》損其一也，雖惷知闕焉。」《論衡·正説篇》云：「至孝宣皇帝之時，河内女子發老屋得逸《易》、《禮》、《尚書》各一篇奏之。宣帝下示博士，然後《易》、《禮》、《尚書》各益一篇，而《尚書》二十九篇始定矣。」按此説河内女子僅得《易》一篇，即《説卦》也。《説卦》説震、離、兑、坎四卦方位及諸象，與京、焦《易卦氣圖》同，其爲京、焦學者所僞無疑。孔子傳《易》，自商瞿至楊何，太史談受之而傳於遷，未聞有缺。而忽云「有所亡失」，其僞易見。《論衡》祇言「河内女子得《易》一篇」，而此乃云「失《説卦》三篇，後河内女子得之」，因河内之事而又附會其説，其僞尤易見。蓋《説卦》與《泰誓》同出，爲武、宣時人僞撰。《序卦》、《雜卦》始見於《漢書·藝文志》，《儒林傳》取足十篇而爲十翼，蓋劉歆所僞。《雜卦》訓詁與《爾雅》同，并附之於河内所得，以崇尊之而泯其迹。幸賴此志之文，猶令後人有考也。

漢初，傳《易》者有田何。何授丁寬，寬授田王孫，王孫授沛人施讎、東海孟喜、郎邪梁丘賀，由是有施、孟、梁丘之學。又有東郡京房，自云受《易》於梁國焦延壽，别爲京氏學，嘗立，後罷。後漢施、孟、梁丘、京氏凡四家並立，而傳者甚衆。漢初又有東萊費直傳《易》，其本皆古字，號曰古文《易》，以授郎邪王璜。璜授沛人高相，相以授子康及蘭陵毋將永。故有費氏之學，行於人間，而未得立。後漢陳元、鄭衆皆傳費氏之學，馬融又爲其《傳》，以授鄭玄。玄作《易注》，荀爽又作《易傳》。魏代王肅、王弼並爲之注。自是費氏大興，高氏遂衰。梁丘施氏、高氏亡於西晉，孟氏、京氏有書無師。梁、陳，鄭玄、王弼二注列於國學，齊代唯傳鄭義。至隋，王注盛行，鄭學寖微，今殆絶矣。《歸藏》，漢初已亡。按晉《中經》有之，唯載卜筮，不似聖人之旨。以本卦尚存，故取冠於《周易》之首，以備殷《易》之缺。

費氏《易》，辨見前。《歸藏》之名，爲劉歆僞撰《周官》所稱三《易》者，至實而造作一書，又爲六朝之僞妄，與王肅古文《尚書》同者，抑不足辨也。

《書》之所興，蓋與文字俱起。孔子觀書周室，得虞、夏、商、周四代之典，删其善者，上自虞，下至周爲百篇，編而序之。遭秦滅學，至漢，唯濟南伏生口傳二十八篇，又河内女子得《泰誓》一篇，獻之。

《書序》爲劉歆僞作，另篇辨之。伏生所傳僅二十八篇，當時以比二十八宿，并後得之《泰誓》乃爲二十九篇。《史記》、《漢書》《儒林傳》皆未分明，唯此志最得其實。陸德明《經典釋文·序録》不考伏生所傳篇數，誤會班、馬，則并後得以爲三十篇，可笑甚矣。

伏生作《尚書傳》四十一篇，以授同郡張生。張生授千乘歐陽生，歐陽生授同郡兒寬，❶寬授歐陽生之子，世世傳之，至曾孫歐陽高，謂之《尚書》歐陽之學。又有夏侯都尉受業於張生，以授族子始昌，始昌傳族子勝，爲大夏侯之學。勝傳從子建，别爲小夏侯之學。故有歐陽、大小夏侯三家並立。訖漢東京，相傳不絶，而歐陽最盛。初，漢武帝時，魯共王壞孔子舊宅，得其末孫惠所藏之書，字皆古文，孔安國以今文校之，得二十五篇。其《泰誓》與河内女子所獻不同，又濟南伏生所誦有五篇相合。安國並依古文開其篇第，以隸古字寫之，合成五十八篇。其餘篇簡錯亂，不可復讀，並送之官府。安國又爲五十八篇作《傳》，會巫蠱事起，不得奏上，私傳其業於都尉朝，朝授膠東庸生，謂之《尚書》古文之學，而未得立。後漢扶風杜林傳古文《尚書》，同郡賈逵爲之作《訓》，馬融作《傳》，鄭玄亦爲之注。然其所傳唯二十九篇，又雜以今文，非孔舊

❶「授」，原作「受」，據《隋書》改。

本，自餘絶無師説。

辨皆見前。

晉世祕府所存，有古文《尚書》經文，今無有傳者。及永嘉之亂，歐陽、大小夏侯《尚書》並亡。

諸經多亡於永嘉之亂。然自歐陽、大小夏侯既亡，古文十六篇亦不傳，則是《尚書》真僞俱亡。《晉書》荀崧疏謂「自喪亂以來，儒學尤寡，今處學則闕朝廷之秀，仕朝則廢儒學之俊」。然晉人戎狄之亂華猶少，老、莊之滅學最深。故暴秦焚坑，而猶有伏、申、轅固、韓嬰、高堂、胡、董之師傳；典午淪墜，則并韋逞之母，不可多得矣。士不悦學之禍，其患乃過王者之焚，豈不烈哉！劉歆古文亡於何日，實不可考，閻氏《古文尚書疏證》據此以爲亡於永嘉之世，於是梅賾得因隙以獻之。然《晉書·荀崧傳》，崧疏稱武帝時置博士已有孔氏，則是僞《孔傳》已行於西晉。蓋王肅僞爲古文《書》以奪鄭學，以外祖之故，武帝尊之，爲立博士，此文足據。至永嘉亂後，梅賾復獻之耳，非始於梅賾。劉歆古文之亡於永嘉，疑或然也。

濟南伏生之傳，唯劉向父子所著《五行傳》，是其本法，而又多乖戾。

向則伏生之學，歆則反是。《五行傳》具在，今可覆按。「乖戾」即由於此，作志者自不知耳。

至東晉，豫章内史梅賾始得安國之《傳》，奏之。時又闕《舜典》一篇。齊建武中，吴姚興方於大航市得其書，奏上，比馬、鄭所注多二十八字，於是始列國學。梁、陳所講有孔、鄭二家，齊代唯傳鄭義。至隋，孔、鄭並行，而鄭氏甚微。自餘所存，無復師說。又有《尚書》逸篇出於齊、梁之間。考其篇目，似孔壁中《書》之殘缺者，故附《尚書》之末。梅賾所獻之僞《古文》，國朝閻氏若璩《古文尚書疏證》攻難不遺。然僞古文實出王肅，唯肅之學乃能爲之。肅既僞《書》，又僞《家語》以證之，與劉歆同一心法。武帝時立學官，梅賾不過再獻之，如陳元、韓歆請立《左氏》之類。此志謂東晉「梅賾始得」，「齊建武中列國學」，殆未爲確也。獨晉世祕府既有古文，鄭注又復行世，逸篇尚見於齊、梁間，篇目同十六篇之舊，則真僞易見。何無人據《漢書·藝文志》十六篇之説以折之？亦可異事也。然古文亦爲僞作，則王肅之書爲僞中之僞。於今梅、閻、惠、江、王、孫數家之書彰彰大行，童學皆知，此不復及。

《詩》者，所以導達心靈，歌詠情志也，故曰「在心爲志，發言爲詩」。上古人淳俗樸，情志未惑。其後君尊於上，臣卑於下，面稱爲諂，目諫爲謗，故誦美譏惡，以諷刺之。初但歌詠而已，後之君子因被管絃，以存勸戒。夏殷已上，詩多不存。周氏始自后稷，而公劉克篤前烈，太王肇基王迹，文王光昭前緒，武王克平殷亂，成王、周公化至太平，誦美盛德，踵武相繼。幽、厲板蕩，怨刺並興。其後王澤竭而《詩》亡，魯太師摯次而録之。

按：《史記·十二諸侯年表》：「太史公讀《春秋曆譜諜》，至周厲王，未嘗不廢書而歎曰：嗚呼！師摯見之矣！紂爲象箸而箕子唏。周道缺，「周」字當是「商」字之誤。詩人本之衽席，《關雎》作。仁義陵遲，《鹿鳴》刺焉。」《韓詩外傳》：「有瞽有瞽，在周之庭，紂之餘民也。」卷三。《漢書·古今人表》以太師摯諸人次之第三等，在祖伊之後，虢中、虢叔之前，與微子、箕子、比干、膠鬲、微中、商容、師涓、梅伯、邢侯、鬼侯同列。師古注曰：「自師摯以下八人，皆紂時奔走分散而去，鄭玄以爲周平王時人，非也。」《史記·周本紀》：「太師疵、少師彊抱其樂器而奔周。」「疵」與「摯」、「彊」與「陽」音近。《論語》曰「師摯之始，《關雎》之亂」，蓋《關雎》樂章作於師摯。《汝墳》稱「王室如燬」，《文王》稱「天命靡常」，洋洋盈耳之時，正靡靡溺音之日，西漢今文家説莫不同之。此云「其後王澤竭而《詩》亡，魯太師摯次而録之」，蓋鄭學盛行，隋、唐人皆用其説，不足據也。然《史記·禮書》云：「仲尼没後，受業之徒，沈湮而不舉，或適齊、楚，或入河海。」此謂弟子，非指疵、彊諸人。注家之誤，蓋緣此也。

孔子刪《詩》，上采商，下取魯，凡三百篇。

《史記》、《漢書》皆作「三百五篇」，此云「三百篇」，或脱文。

至秦，獨以爲諷誦不滅。漢初，有魯人申公受《詩》於浮丘伯，作《詁訓》，是爲《魯詩》；齊人轅固生亦傳《詩》，是爲《齊詩》；燕人韓嬰亦傳《詩》，是爲《韓詩》。終於後漢，三家並立。漢初又有趙人毛萇善《詩》，自云子夏所傳，作《訓詁傳》，是爲《毛詩》古學，而未得立。後漢有九江謝曼卿善《毛詩》，又爲之《訓》。東海衛敬仲受學於曼卿。先儒相承，謂之《毛詩序》，子夏所創，毛公及敬仲又加潤益。鄭衆、賈逵、馬融並作《毛詩傳》，鄭玄作《毛詩箋》。《齊詩》，魏代已亡。《魯詩》亡於西晉。《韓詩》雖存，無傳之者。唯《毛詩》鄭箋至今獨立。又有《業詩》，宋奉朝請業遵所注，立義多異，世所不行。

《毛詩序》辨見《經典釋文》。《毛詩》在後漢甚孤。自鄭箋大行，而三家遂亡矣。若業注者，其朱《傳》之先聲邪！自大道既隱，天下爲家。先王制其夫婦、父子、君臣上下親疏之節，至於三代，損益不同。周衰，諸侯僭忒，惡其害己，多被焚削，自孔子時已不能具，至秦而頓滅。漢初有高堂生傳十七篇。又有古經出於淹中，而河間獻王好古愛學，收集餘燼，得而獻之，合五十六篇，並威儀之事；而又得司馬穰苴《兵法》一百五十五篇及《明堂陰陽》之記，並無敢傳之者。唯古經十七篇與高堂生所傳不殊，而字多異。自高堂生至宣帝時，后倉最明其業，乃爲《曲臺記》。倉授梁人戴德及德從兄子聖、沛人慶普，於是有大戴、小戴、慶氏三家並立。後漢唯曹充傳慶氏，以授其子褒。然三家雖存並微，相傳不絶。漢末，鄭玄傳小戴之學，後以古經校之，取其於義長者作注，爲鄭氏學。其《喪服》一篇，子夏先傳之，諸儒多爲注解，今又別行。

鄭氏本傳小戴今學，志云「後以古經校之，取其於義長者作注」，則康成定本以古爲主，其害則在雜揉今古也。然自此大小戴、慶氏之學亡矣。

而漢時有李氏得《周官》。

劉歆僞撰《周官》，託出河間，無云李氏得之。此又魏、晉後增造之僞經説也。

《周官》，蓋周公所制官政之法。上於河間獻王，獨闕《冬官》一篇。獻王購以千金不得，遂取《考工記》以補其處，合成六篇，奏之。至王莽時，劉歆始置博士，以行於世。河南緱氏及杜子春受業於歆，因以教授。是後馬融作《周官傳》，以授鄭玄，玄作《周官注》。漢初，河間獻王又得仲尼弟子及後學者所記一百三十一篇獻之，時亦無傳之者。至劉向考校經籍，檢得一百三十篇，向因第而敘之；而又得《明堂陰陽記》三十三篇，《孔子三朝記》七篇，《王氏史氏記》二十一篇，《樂記》二十三篇，凡五經，合二百十四篇。戴德删其煩重，合而記之，爲八十五篇，謂之《大戴記》；而戴聖又删大戴之書爲四十六篇，謂之《小戴記》。漢末，馬融遂傳小戴之學。融又作《月令》一篇、《明堂位》一篇、《樂記》一篇，合四十九篇。而鄭玄受業於融，又爲之注。今《周官》六篇，《古經》十七篇，《小戴記》四十九篇，凡三種，唯鄭《注》立於國學。其餘並多散亡，又無師説。

右辨皆見前。唯此志獨稱「戴聖又删大戴之書爲四十六篇。漢末馬融遂傳小戴之學。融又作《月令》一篇、《明堂位》一篇、《樂記》一篇，合四十九篇」。是二戴相傳經師之學，皆無《月令》、《明堂位》、《樂記》可見。蓋《月令》、《明堂位》僞作於劉歆，《樂記》亦歆所改竄者。《漢書·魏相傳》言「相數表采《易陰陽》及《明堂》、《月令》」，亦歆所竄入者。《禮記·樂記》正義引《别録》作「四十九篇」。《别録》爲歆所作，則四十九篇之名定於歆無疑，特密傳至馬融注《小戴記》始大顯。鄭康成受業於融，爲之作注。千餘年來，鄭注立於學。學者自少習鄭氏，忘《月令》、《明堂位》、《樂記》之所出。賴此志述其源流，猶能見竄僞之迹耳。

《春秋》者，魯史策書之名。昔成周微弱，典章淪廢，魯以周公之故，遺制尚存。仲尼因其舊史，裁而正之，或直書其事以示首惡。故有求名而亡，欲蓋而彰，亂臣賊子於是大懼。其所褒貶，不可具書，皆口授弟子。弟子退而異説。左丘明恐失其真，乃爲之《傳》。遭秦滅學，口説尚存。漢初有公羊、穀梁、鄒氏、夾氏四家並行。王莽之亂，鄒氏無師，夾氏亡。初，齊人胡毋子都傳《公羊春秋》，授東海嬴公，嬴公授東海孟卿，孟卿授魯人眭孟，眭孟授東海嚴彭祖、魯人顔安樂。故後漢《公羊》有嚴氏、顔氏之學，與《穀梁》三家並立。漢末，何休又作《公羊解詁》。❶而《左氏》漢初出於張蒼之家，本無傳者。至文帝時，梁太傅賈誼爲《訓詁》，授趙人貫公。其後劉歆典校經籍，考而正之，欲立於學，諸儒莫應。至建武中，尚書令韓歆請立，而未行。時陳元最明《左傳》，又上書訟之。於是乃以魏郡李封爲《左氏》博士。後羣儒蔽固者，數廷爭之，及封卒，遂罷。然諸儒傳《左氏》者甚衆。永平中，能爲《左氏》者，擢高第爲講郎。其後賈逵、服虔並爲訓解，至魏遂行於世。晉時，杜預又爲《經傳集解》。《穀梁》范甯注、《公羊》何休注、《左氏》服虔、杜預注，俱立國學，然《公羊》、《穀梁》但試讀文，而不能通其義。後學三傳通講，而《左氏》唯傳服義。至隋，杜氏盛行，服義及《公羊》、《穀梁》寖微，今殆無師説。

《左氏》書爲歆僞造，辨見前。蓋歆僞經以《左氏》爲根柢。《左氏》既盛，諸僞經符應皆合，故爲歆之學者爭之最力，自東

❶「詁」，原作「説」，據重刻本改。

漢後遂行。至隋、唐，則《公》、《穀》無師説，其微如此。近人多惜服氏之説亡。然服、杜皆歆僞學，存亡不足計也。《漢書・律曆志》、《匡衡傳》皆以《國語》爲《春秋外傳》，蓋亦歆竄入者。受其學者若賈逵之徒，多以《國語》爲《春秋外傳》。既以左氏《國語》加書法爲《春秋左氏傳》，自以補緝之《國語》爲《春秋外傳》。是「大學士申公隔壁」之銘旌，展轉謬傳，祇供捧腹者也。然劉向五十四篇之《國語》，《隋志》不可見，豈非真亡之乎？

夫孝者，天之經，地之義，人之行。自天子達於庶人，雖尊卑有差，及乎行孝，其義一也。先王因之以治國家，化天下，故能不嚴而順，不肅而成。斯實生靈之至德，王者之要道。孔子既敘六經，題目不同，指意差別，恐斯道離散，故作《孝經》以總會之，明其枝流雖分，本萌於孝者也。遭秦焚書，爲河間人顏芝所藏。漢初，芝子貞出之，凡十八章，而長孫氏、博士江翁、少府后倉、諫議大夫翼奉、安昌侯張禹，皆名其學。又有古文《孝經》，與古文《尚書》同出，而長孫有《閨門》一章，其餘經文大較相似。篇簡缺解，又有衍出三章，并前合爲二十二章，孔安國爲之《傳》。至劉向典校經籍，以顏本比古文，除其繁盛，以十八章爲定，鄭衆、馬融並爲之注。又有鄭氏注，相傳或云鄭玄。其立義與玄所注餘書不同，故疑之。梁代，安國及鄭氏二家並立國學，而安國之本亡於梁亂。陳及周、齊，唯傳鄭氏。至隋，祕書監王劭於京師訪得孔傳，送至河間劉炫。炫因序其得喪，述其議疏，講於人間，漸聞朝廷，後遂著令與鄭氏並立。儒者諠諠，皆云炫自作之，非孔舊本，而祕府又先無其書。又云魏氏遷洛，未達華語，孝文帝命侯伏、侯可、悉陵，以夷言譯《孝經》之旨，教於國人，謂之《國語孝經》。今取以附此篇之末。

《孝經》古文之僞，鄭注之可信，辨見前。山陽丁晏曰：「孔安國之書久亡，其傳者皆僞本，非真古文。《隋志》之説覈矣。邢疏引唐司馬貞議曰：『今文《孝經》是漢河間王所得顔芝本。至劉向以此參校古文，省除煩惑，定此一十八章。其古文二十二章無出《唐會要》、《册府元龜》作「元出」。孔壁。先是安國作《傳》，緣遭巫蠱，未之行也。荀昶集注之時，尚未見孔《傳》。中朝遂亡其本。近儒欲崇古學，妄作傳學，假稱孔氏，輒穿鑿更改，又僞作《閨門》。劉炫詭隨，妄稱其善。且「閨門」之義，近俗之語，必非宣尼正説。按：其文云：「閨門之内具禮矣，《唐會要》「矣」下有「乎」字。嚴親嚴兄，妻子臣妾，繇百姓徒役也。」是比妻子於徒役。文句凡鄙，不合經典。又分《庶人章》從「故自天子已下」別爲一章，仍加「子曰」二字。然「故」者，逮下之辭，既是章首，不合言「故」。是古人既没，後人妄開此等數章以應二十二章之數，非但經文不真，抑亦傳文淺僞。又注「用天之道，分地之利」，其略曰：「脱之《文苑英華》作「脱衣」。應功，暴其肌體，朝暮從事，露髮跣足，少而習之，其心安焉。」此語雖旁出諸子，而引之爲注，何言之鄙俚乎！』小司馬辨古文孔《傳》之僞，説最明確。」《孝經徵文》。唐開元十年，明皇取王肅、劉邵、虞翻、韋昭、陸澄、劉炫之説，親注《孝經》，八分書之，立於國學，所謂《石臺孝經》也。蓋展轉傳謬，歧路有歧，今古雜合，幾於不可詰矣。宋至和元年，司馬光上《古文孝經指解》一卷，則劉炫僞古文之餘波。淳熙十三年，朱子撰《孝經刊誤》一卷，取《古文孝經》分爲經一章，傳十四章，删去「子曰」者二，引《書》者二，引《詩》者四，共二百二十三字，後有《自記》，述胡侍郎、汪端明語。僞中又僞，紛紛竄亂，殆更不足辨矣。按：《史記》述六經不及《孝經》。然出於西漢前，緯書甚尊之。其後得而尊崇類《泰誓》，其文辭義理蓋《禮記》之倫，不解何緣推崇至是？於是劉歆僞爲古文，託爲孔安國之説於前，劉炫僞爲孔安國傳於後，僞中作僞，正與《尚書》同。而劉炫作僞，人能攻之；王肅作僞，千年無人疑之者，抑又少異。而豐蔀雖深，久而必露。至今諸僞真隱盡發，究何益邪！

《論語》者，孔子弟子所録。孔子既敘六經，講於洙、泗之上，門徒三千，達者七十。其與夫子應答及私相講肄，言合於道，或書之於紳，或事之無厭。仲尼既没，遂緝而論之，謂之《論語》。漢初有齊、魯之説，其齊人傳者二十二篇，魯人傳者二十篇。齊則昌邑中尉王吉、少府宗畸、御史大夫貢禹、尚書令五鹿充宗、膠東庸生。魯則常山都尉龔奮、長信少府夏侯勝、韋丞相節侯父子、魯扶卿、前將軍蕭望之、安昌侯張禹，並名其學。張禹本授《魯論》，晚講《齊論》，後遂合而考之，删其煩惑，除去《齊論·問王》《知道》二篇，從《魯論》二十篇爲定，號《張侯論》，當世重之。周氏、包氏爲之章句，馬融又爲之訓。又有《古論語》，與《古文尚書》同出。章句煩省，與《魯論》不異，唯分《子張》爲二篇，故有二十一篇，孔安國爲之傳。

《古論語》爲劉歆僞作，辨見前。按《論衡・正説篇》云：「漢興失亡，至武帝，發取孔子壁中古文，得二十一篇，齊、魯二，河間九篇：三十篇，至昭帝女讀二十一篇。宣帝下太常博士，時尚稱書難曉，名之曰傳，後更隸寫以傳誦。初，孔子孫孔安國以教魯人扶卿，官至荆州刺史，始曰《論語》。今時稱《論語》二十篇，又失齊、魯、河間九篇。本三十篇，分布亡失，或二十一篇。目或多或少，文讃或是或誤。❶ 説《論語》者，但知以剥解之問，以纖微之難，不知存問本根篇數章目。」以此論之，則劉歆所僞爲三十篇與《漢志》不同者，蓋歆作《七略》時，未僞河間之九篇也。此志尚用《漢志》説。

漢末，鄭玄以《張侯論》爲本，參考《齊論》、《古論》，而爲之注。魏司空陳羣、太常王肅、博士周生烈皆爲義説，吏部尚書何晏又爲《集解》。是後諸儒多爲之注。《齊論》遂亡，《古論》先無師説。梁、陳之時，唯鄭玄、何晏立於國學，而鄭氏甚微。周、齊，鄭學獨立。至隋，何、鄭並行，鄭氏盛於人間。其《孔叢》、《家語》，並孔氏所傳仲尼之旨。《爾雅》諸書，解古今之意，并「五經總義」附於此篇。

《漢志》以「五經雜議」、《爾雅》附《孝經》家。《隋志》用其例，又用《經典釋文》例，以《孝經》爲孔子作，移在《論語》先。若夫鄭氏注已參考《古論》，則《論語》已雜亂而「盛於人間」，抑可想矣。何晏更以孔安國爲主，而諸家多皆古學也。許慎

❶ 「文讃或是」，重刻本作「或是文讃」。

《五經異義》，蓋專主僞古學者也。《爾雅》之僞辨見前。《孔叢》、《家語》二書，姚際恒《古今僞書考》已著之，今不及。

《易》曰：「河出圖，洛出書。」然則聖人之受命也，必因積德累業，豐功厚利，誠著天地，澤被生人，萬物之所歸往，神明之所福饗，則有天命之應。蓋龜龍銜負，出於河、洛，以紀易代之徵，其理幽昧，究極神道。先王恐其惑人，祕而不傳。説者又云，孔子既敘六經以明天人之道，知後世不能稽同其意，故别立緯及讖，以遺來世。其書出於前漢，有《河圖》九篇，《洛書》六篇，云自黄帝至周文王所受本文。又别有三十篇，云自初起至於孔子九聖之所增演，以廣其意。又有《七經緯》三十六篇，並云孔子所作，并前合爲八十一篇。而又有《尚書中候》、《洛罪級》、《五行傳》，《詩推度災》、《氾曆樞》、《合神務》，《孝經句命決》、《援神契》，《雜讖》等書。漢代有郗氏、袁氏説。漢末，郎中郗萌集圖、緯、讖、雜占爲五十篇，謂之《春秋災異》，宋均、鄭玄並爲讖律之注。然其文辭淺俗，顛倒舛謬，不類聖人之旨。相傳疑世人造爲之，後或者又加點竄，非其實録。起王莽好符命，光武以圖讖興，遂盛行於世。漢時又詔東平王蒼正五經章句，皆命從讖。俗儒趨時，益爲其學，篇卷第目，轉加增廣。言五經者皆憑讖爲説，唯孔安國、毛公、王璜、賈逵之徒獨非之，相承以爲妖妄，亂中庸之典。故因漢魯共王、河間獻王所得古文，參而考之，以成其義，謂之古學。當世之儒，又非毁之，竟不得行。魏代王肅推引古學以難其義，王弼、杜預從而明之，自是古學稍立。至宋大明中，始禁圖讖。梁天監已後，又重其制。及高祖受禪，禁之踰切。煬帝即位，乃發使四出，搜天下書籍與讖緯涉者，皆焚之；爲吏所糾者，至死。自是無復其學，祕府之内亦多散亡。今録其見存，列於六經之下，以備異説。

緯書雖多誕奇之説，然出西漢以前，與今文博士説合，猶無劉歆僞説也。其時與古説合者，則歆所竄入，大致則與古文絶界分疆者也。孔安國、毛公，歆所僞託。王璜、賈逵，歆之傳衣。微恉在變易今文，故攻緯以爲妖妄，蓋今古學勢不兩立故也。緯與讖異。《漢書·王莽傳》「徵通圖讖者」，是讖乃歆、莽之學。歆所攻者，蓋專在緯也。天監、隋煬兩次禁焚，緯書幾盡。孔子之學，一遇秦焚，再遇隋焚，❶何不幸也！後儒忘緯書之本原，附會歆、逵之説而並黜之，致使今學之説頓盡，而不得與秦焚並歎，豈不惜哉！然志稱「因魯共王、河間獻王所得古文以成古學，世儒又非毁之」，此敘今古學之異；又云「王弼、杜預明之，自是古學稍立」，古學實成於康成，此云「立」者，立於學官也。六朝受鄭學之餘，以古學爲主，而忘今古學之分，久矣。此志猶能别白言之。宋、明至今，罕有識今古學之殊矣。

孔子曰：「必也正名乎！」名謂書字。「名不正則言不順，言不順則事不成。」説者以爲書之所起，起自黄帝、蒼頡。比類象形謂之文，形聲相益謂之字，著於竹帛謂之書，故有象形、諧聲、會意、轉注、假借、處事六義之别。古者童子示而不誑，六年教之數與方名，十歲入小學學書計，二十而冠，始

❶ 「一遇」至「隋焚」，重刻本作「再遇秦焚」。

習先王之道，故能成其德而任事。然自蒼頡訖於漢初，書經五變：一曰古文，即蒼頡所作；二曰大篆，周宣王時史籀所作；三曰小篆，秦時李斯所作；四曰隸書，程邈所作；五曰草書，漢初作。秦世既廢古文，始用八體，有大篆、小篆、刻符、摹印、蟲書、署書、殳書、隸書。漢時以六體教學童，有古文、奇字、篆書、隸書、繆篆、蟲鳥；并槀書、楷書、懸針、垂露、飛白等二十餘種之勢，皆出於上六書，因事生變也。魏世又有八分書。其字義訓讀，有《史籀篇》、《蒼頡篇》、《三蒼》、《埤蒼》、《廣蒼》等諸篇章，《訓詁》、《説文》、《字林》、《音義》、《聲韻》、《體勢》等諸書。自後漢佛法行於中國，又得西域胡書，能以十四字貫一切音，文省而義廣，謂之婆羅門書，與八體六文之義殊别，今取以附「體勢」之下。又後魏初定中原，軍容號令皆以夷語，後染華俗，多不能通，故録其本言，相傳教習，謂之國語，今取以附「音韻」之末。又後漢鐫刻七經，著於石碑，皆蔡邕所書；魏正始中，又立《一字石經》，相承以爲七經正字。後魏之末，齊神武執政，自洛陽徙於鄴都，行至河陽，值岸崩，遂没於水，其得至鄴者不盈大半。至隋開皇六年，又自鄴京載入長安，❶置於祕書内省，議欲補緝，立於國學。尋屬隋亂，事遂寢廢，營造之司，因用爲柱礎。貞觀初，祕書監臣魏徵始收聚之，十不存一。其相承傳拓之本，猶在祕府，并秦帝刻石附於此篇，以備小學。

凡志所録《古今字詁》三卷，《古今字書》十卷，《古文官書》一卷，《古文奇字》一

❶「自」，原作「以」，據《隋書》改。

卷,《六文書》一卷,《古今八體六文書法》一卷,《古今篆隸雜字體》一卷,《古今文等書》一卷,《古今字圖雜録》一卷,蓋歆既作僞,復散所造古文字於天下,至隋、唐時所存,猶若是之多,抑可見矣。

新學僞經考卷十一

弟子韓文舉、陳千秋初校。
弟子林　奎、梁啟超覆校。

新學僞經考卷十二上

僞經傳授表第十二上

劉歆之撰僞經也，託於通人，傳於校書，統一於鄭玄，布濩衍溢於魏、晉、六朝之儒，決定於隋、唐之陸德明、孔穎達、賈公彦，遂至於今。千年中師儒傳授，黌舍講誦，衿纓侁侁，以究以宣，巨萬億千。洋蕩乎域外，日本、高麗、新羅、百濟之區，椎魁、編髮、文身之民，共尊傳之，其浩遠也如此。譬若僞朝，傳統數十，悉主悉臣，巨才鴻智，彌塞恢綸，青史氏不能廢掩焉。今爲之表，著其傳授。自西漢以前，爲歆僞託，不復録。自唐以後，辭章盛而專門之學衰。宋、明儒雖出僞經，而亦無傳經之派。今以陸、孔爲斷限焉。嗚呼！觀僞經所由始及僞經所由終，亦天地間教術之大變矣。按：《後漢書·儒林傳》云：「自是費氏興而京氏遂衰。」《經典釋文》云：「永嘉之亂，施、梁丘之《易》亡，孟、京之《易》，人無傳者。」又云：「《齊詩》久亡，《魯詩》不過江東，《韓詩》雖在，人無傳者。」《北史·儒林傳》云：「《公羊》、《穀梁》二傳，儒者多不厝懷。」蓋今學掃地盡矣。季漢之後，於《易》則有鄭氏、王氏，《書》則鄭氏、孔氏，《詩》則毛、鄭，《禮》則鄭氏、王氏，《春秋》有服氏、杜氏，故魏、晉、六朝之學盡僞經矣。近儒於《易》，以虞爲孟，以陸爲京。今考虞翻謂其先人解經「疏闊」，且以爲漢初以來「讀《易》者解之率少」，而獨與荀、馬、鄭、宋較長，又兼注《國語》，屢引《周官》，是深入歆蔀，出於費《易》而微異者，於其家學則全非矣。陸績與翟玄、姚信、蜀才、干寶之倫，皆爲荀氏《集解》所採，九家以荀爲主，則皆費學；而六日七分、飛伏世應之術，九家咸有者，則歆僞費主張卜筮，已兼採京説也；其以《繫辭》、《文言》十篇解經，則兼施、孟、梁丘説，故鄭、王二派範圍罔外，皆歆學也。夫自京出而孟微，其並稱京、孟者，皆京氏也；費出而京微，其號爲孟、京者，皆費氏也。范蔚宗「費氏興而京氏衰」一言，最足信據，持此以斷，億不失一矣。魏、晉《易》家，源派謬亂，世儒議論紛如，今辨正之，而録入僞費焉。《書》則僞中出僞，歆、玄之學，唯河北一綫存焉，大江南則王肅之學日盛。非歆先作俑焉，肅奚能託於古文哉！今大書王肅以著代興。然肅又與歆異，故爲肅學者不復列焉。其餘《詩》並主毛，《禮》同遵鄭。若《公》、《穀》二傳，唯王、接。范甯。二人，「庭堅不祀忽諸」久矣。其混一之迹，學者共見，不復論列也。綜拔厥緒，劉歆創之以居首，鄭玄行之以居中，孔穎達、賈公彦、陸德明大定之以居終，有傳授可考者敍之，無則以時代次焉。屬門人新會梁啟超搜集羣書，表之如左。首《易》，次《書》，次《詩》，次《禮》、《春秋》，僞經之序也，今亦依之。至《論語》、《孝經》本爲傳記，不當與六藝同科，其以《爾雅》附於《孝經》，小學附於六藝，尤爲巨謬，諸家目録率以爲準，今並革之，釐爲上下二卷，俾勿與經並行，以惑學者。

《論語》、《孝經》，南、北朝學者莫不通習，今唯取有撰述者著焉。文字、聲音、訓詁之學，爲歆創古文所僞造，而二千年來持以代聖統者，其流毒最甚矣，列爲一表。《爾雅》亦改從小學焉。其有達才通人，大有功於僞學者，及所著書爲羣經義者，或學人而無專經不見於諸表者，統名「通學」，别爲一表附於後。

費《易》	劉歆 王璜 劉歆傳業。
古文《尚書》	劉歆 胡常 劉歆傳業。 徐敖 胡常弟子。 王璜 徐敖弟子。 塗惲 徐敖弟子。 桑欽 塗惲弟子。 賈徽 塗惲弟子。
《毛詩》	劉歆 徐敖 劉歆傳業。 陳俠 徐敖弟子。 謝曼卿 陳俠弟子，有《毛詩訓》。 賈徽 謝曼卿弟子。
《周官》 三《禮》附	劉歆 杜子春 劉歆弟子。 陳參 劉歆傳業。 賈徽 劉歆弟子。
《左氏春秋》 《國語》附	劉歆 胡常 劉歆傳業。 賈護 劉歆傳業。 李守 劉歆弟子。 丁隆 劉歆弟子。 賈徽 劉歆弟子。有《左氏條例》。

陳欽

劉歆傳業。

鄭興

劉歆傳業。○按欽、興傳皆不言其傳《易》。然欽爲莽師，興，歆弟子，陳元、鄭衆並傳父業，則元、衆之費《易》，必自欽、興來也。

陳元

陳欽子。

賈逵

賈徽子，有《尚書古文同異》。

杜林

有漆書《古文尚書》。

鄭興

劉歆弟子。

賈逵

賈徽子，有《毛詩雜議難》十卷。

鄭興

劉歆弟子，有《周官解詁》。

賈逵

賈徽子，有《周官解詁》。

陳欽

賈護弟子，王莽師。

鄭興

劉歆弟子，有《春秋條例》、《章句》、《訓詁》。

賈逵

賈徽子，有《左氏傳解詁》三十卷，《春秋左氏長經》二十卷，《春秋釋訓》一卷，《春秋三家經本訓詁》十二卷，《國語解詁》。

陳元

陳欽子，有《春秋訓詁》，《左氏同異》。

鄭衆

鄭興子。

徐宣

按宣爲王莽講《易》大夫，蓋亦歆傳業也，附於此。

衛宏

杜林弟子，有《古文尚書訓旨》。

徐巡

杜林、衛宏弟子。

蘇竟

按竟爲王莽講《書》祭酒，蓋亦歆傳業也，附於此。

鄭衆

鄭興子。

衛宏

謝曼卿弟子，有《毛詩序》。

徐巡

衛宏弟子。

鄭衆

鄭興子，有《周官解詁》。

衛宏

有《周官解詁》。

鄭衆

鄭興子，有《春秋難記條例》九卷，《春秋删》十九卷，《國語章句》。

崔瑗

賈逵弟子。

馬嚴

陳元弟子。

鄭安世

鄭衆子。

賈伯升

賈逵孫。

堂谿典

延篤

賈伯升、堂谿典弟子。

韓歆 按歆建武中請立費氏易博士。 許淑	
蓋豫 周防 蓋豫弟子，有《尚書雜記》二十三篇。	張楷 有《尚書注》。 楊秉 周磐 尹敏 度尚 孫期 劉祐 按以上七人傳授
	尹敏
	呂叔玉
韓歆 按歆建武中請立《左氏春秋》博士。 許淑 有《左氏傳注解》。 李封	寇恂 馮異 周磐 濮陽闓 尹敏 張馴 高彪

無考，其是否治古文不可知，或受於歆弟子也，唯據本傳録之。他放此。	丁鴻 楊倫 孔僖 按以上三人不傳古文，辨見《後漢書·儒林傳》篇。
許伯升 虞俊 陳紀 按以上十人傳授無考，其是否治《左氏》不可知，或受於歆弟子及再傳弟子也。	孔奮 孔奇 孔奮弟。 孔嘉 孔奮子。○按孔奮不傳《左氏》，辨見《後漢書·儒林傳》篇。云奇作《左氏删》，嘉作《左氏説》，亦不足

		張衡
孔喬 孔子建 按古文家每欲託於孔氏，而不知孔氏實無古文也；喬與子建亦爲人所誣耳。	劉陶 有《中文尚書》。	
孔子建 辨同上。		
		張衡 有《周官訓詁》。
信也。 孔喬 辨同上。	劉陶 有《春秋條例》。 士燮 劉陶弟子，有《春秋左氏傳注》十一卷。	

許慎　賈逵弟子。○按慎非孟《易》，詳《後漢書·儒林傳》篇。	
許慎　賈逵弟子。	
許慎　賈逵弟子。	
趙岐 蔡邕　有《明堂月令章句》。 許慎　賈逵弟子。 景鸞　有《禮略》二卷，《月令章句》。	
許慎　賈逵弟子。 服虔　有《春秋左氏傳解義》三十一卷，《春秋左氏膏肓釋痾》十卷，《春秋漢議駁》十一卷，《春秋成長説》九卷，《春秋塞難》三卷，《春秋音隱》一卷。	楊賜

潁容 楊賜弟子，有《春秋左氏條例》。	邊讓 楊俊 邊讓弟子。	謝該 有《左氏釋》。 樂詳 謝該弟子。	孔融 有《春秋雜議難》五卷。 王玢 有《春秋左氏達義》一卷。

荀爽 有《周易注》十一卷,《九家易解》十卷。	馬融 有《周易注》一卷。 鄭玄 馬融弟子,有《周易注》九卷。
荀爽 有《尚書正經》。	張恭祖 馬融 有《尚書注》十一卷。 盧植 馬融弟子,有《尚書章句》。 鄭玄 張恭祖、馬融弟子,有《尚書注》九卷,《尚書音》一卷,《書贊》。
荀爽 有《詩傳》。	馬融 有《毛詩注》十卷。 盧植 馬融弟子。 鄭玄 馬融弟子,有《毛詩箋》二十卷,《毛詩譜》三卷,《毛詩音》。
荀爽 有《禮傳》。	張恭祖 馬融 有《周官禮注》十二卷。 盧植 馬融弟子,有《三禮解詁》。 鄭玄 張恭祖、馬融弟子,有《周官禮注》十二卷,《周禮音》一卷,《三禮音》一
彭汪 有《左氏奇説》。 荀爽 有《春秋條例》。	張恭祖 馬融 有《三傳異同説》。 鄭玄 張恭祖、馬融弟子,有《春秋左氏分野》一卷,《春秋十二公名》一卷,

	程秉　鄭玄弟子，有《周易摘》。	許慈　鄭玄再傳。	孫炎　鄭玄再傳，有《周易例》。		宋忠　有《易注》十卷。
	程秉　鄭玄弟子，有《尚書駁》。	許慈　鄭玄再傳。			
	王基　鄭玄弟子，有《毛詩駁》一卷。	許慈　鄭玄再傳。	孫炎　鄭玄再傳，有《毛詩注》。	劉宣　孫炎弟子。	
卷，《三禮圖》。	鄭小同　鄭玄孫，有《禮義》。	許慈　鄭玄再傳。	孫炎　鄭玄再傳，有《周禮注》。	薛綜　鄭玄再傳，有《述鄭氏禮五宗圖》。	
《駁何氏漢議》二卷，《駁何氏漢議敘》一卷。	王基　鄭玄弟子。	許慈　鄭玄再傳。	孫炎　鄭玄再傳，有《春秋三傳國語注》。	劉宣　孫炎弟子。	宋忠

劉表 有《周易章句》五卷。 李譔 宋忠再傳，有《古文易指歸》。	鍾會 有《周易無互體論》。〇按會與王弼同業，其闢互體，亦弼宗旨，不得謂非費學也。
李譔 有《古文尚書指歸》。	王粲 田瓊 韓益 有《尚書釋問》四卷，粲問，瓊、益正。 范順 劉毅 有《尚書義》二卷，順問，毅答。
李譔 有《毛詩指歸》。	劉楨 有《毛詩義問》十卷。 劉璠 有《毛詩注》四卷，《毛詩箋傳是非》二卷。
李譔 有《三禮指歸》。	李咸 阮諶 有《三禮圖》一卷。 王孫滑
尹默 宋忠弟子。 潘濬 宋忠弟子。 李譔 宋忠再傳，有《左氏指歸》。	關羽 來敏 韓益 李敏

	王朗 有《易傳》。 王肅 王朗子，宋忠弟子，有撰定父朗《易傳》十卷，《易音》。	董遇 有《周易章句》十卷。 劉邠 有《易注》。
董景道 明馬氏《尚書》。	王肅 有《尚書駮議》五卷，《古文尚書注》十一卷。	
董景道 有《三禮通論》。	王肅 有《毛詩注》二十卷，《毛詩義駮》八卷，《毛詩奏事》一卷，《毛詩問難》二卷，《毛詩音》。	徐整 有《毛詩譜》三卷。 太叔裘
	王朗 有《周官傳》。 王肅 王朗子，有《周官禮注》十二卷，《周禮音》一卷。	
董景道	王朗 有《春秋左氏傳注》十二卷，《春秋左氏釋駮》一卷。 王肅 王朗子，宋忠弟子，有《春秋左氏傳注》三十卷，《春秋外傳章句》一卷。	董遇 有《左氏傳章句》。 李典 曹躭

管輅

有《周易通靈決》二卷，《周易通靈要決》一卷，《周易林》四卷。〇按輅等於《易》爲別派，即費氏長於卦筮之流也。

虞翻

有《周易注》九卷，《易律曆》一卷，《周易日月變例》六卷，〇按翻非孟《易》，詳《藝文志》篇。

陸績

有《周易注》十五卷。〇按績在荀

有《毛詩譜注》二卷。

韋昭

朱育

同有《毛詩答雜問》。

陸璣

有《毛詩草木鳥獸蟲魚疏》二卷。

嚴畯

有《春秋左氏音》四卷。

韋昭

有《春秋外傳國語注》二十二卷。

唐固

有《春秋外傳國語注》二十一卷。

虞翻

有《春秋外傳國語注》二十一卷。

周生烈

氏九家中，不得以其注京氏《易傳》而謂非費學也，詳見前。 姚信 有《周易注》十卷。 尚廣 有《周易雜占》九卷。 翟玄 有《易義》。	荀顗 有《難鍾會易無互體論》。	王弼 有《周易注》六卷，
		文立
	荀顗	文立
張紘 徵崇 賈洪 賈逵 高岱	白侯子安 張昭 白侯子安弟子，有《春秋左氏傳解》。	

《周易略例》一卷，《周易窮微論》一卷，《易辨》一卷。

何晏 有《周易私記》二十卷，《周易講説》十三卷。

荀煇 有《周易注》十卷。

阮籍 有《易通論》一卷。

嵇康 有《周易言不盡意論》。

桓玄 有《繫辭注》二卷。

裴秀 有《易論》。

范隆 有《三禮吉凶宗紀》。

杜寬 有《春秋左氏解》。

杜預 有《春秋左氏經傳集解》三十卷，《春秋世譜》七卷，《春秋釋例》十五卷，《春秋左傳音》三卷，《春秋左氏傳評》二卷，《春秋經傳長曆》。

嵇康

劉寔 有《春秋條例》十一卷，《左氏牒例》二十卷，《集解春秋序》一卷。

氾毓

衛瓘 有《易義》。

王宏 有《易義》。

鄒湛 有《周易統略》五卷。

劉兆 有《周易訓注》。

向秀 有《周易義》。

阮咸 有《周易難答論》二卷。

應貞 有《明易論》一卷。

王濟 有《周易義》。

司馬伷 有《周官甯朔新書》。

王懋約 有《周官甯朔新書注》。

有《春秋釋疑》。

虞溥

鍾繇

劉兆 有《春秋三家集解》十一卷，《春秋左氏全綜》，《春秋調人》。

王長文 有《春秋三傳》十二篇。

胡訥 有《春秋三傳評》十卷，《春秋集三

皇甫謐	有《易解》。
阮渾	有《周易論》。
袁準	有《周易傳》。
王廙	有《周易注》三卷。
韓伯	有《繫辭注》二卷。
楊乂	有《周易卦序論》一卷。
郭璞	有《周易》三卷，《周易新林》九卷，《周易林》六卷，

楊乂	有《毛詩辨異》三卷，《毛詩異義》二卷，《毛詩雜義》五卷。
郭璞	有《毛詩拾遺》一卷，《毛詩略》四卷。

袁準	有《周官傳》。

	師難》三卷，《春秋集三傳經解》十卷。
京相璠	有《春秋土地名》三卷。
王接	
范甯	按：接、甯雖注《公》、《穀》，實兼揉三傳，故並列之。

《易立成林》二卷，《周易玄義經》一卷，《易斗圖》一卷，《易八卦命録斗内論》一卷。

荀崧

葛洪 有《周易雜占》十卷。

孫盛 有《易象妙於見形論》。

袁宏 有《周易略譜》一卷。

宣舒 有《通易象論》一卷。

牛寶 有《毛詩音》四卷。

謝沈 有《毛詩外傳》，《毛詩注》二十卷，《毛詩義疏》十卷，《毛詩釋義》十卷。

阮侃 有《毛詩音》。

袁瓌 有《詩注》。

孫毓 有《毛詩異同評》十卷。

陳統

孫毓 有《春秋左氏傳義注》十八卷，《春秋左氏傳賈服異同

張輝 有《易義》。

杜育 有《易義》。

楊瓚 有《易義》。

邢融 有《易義》。

裴藻 有《易義》。

許適 有《易義》。

楊藻 有《易義》。

張璠 有《周易集解》十卷,《略論》一卷。

有《難孫氏毛詩評》四卷,《毛詩表隱》二卷。

傅玄 有《周官論評》十二卷。

陳邵 有《周官禮異同評》十二卷。

略》五卷。

干寶 有《周易注》十卷，《周易宗塗》四卷，《周易爻義》一卷，《周易問難》二卷，《周易玄品》二卷。

殷融 有《象不盡意論》。

黃穎 有《周易注》四卷。

宋岱 有《周易論》一卷。

徐邈 有《周易音》一卷。

范宣 有《易論難》。

徐邈 有《毛詩音》十六卷，又二卷。

干寶 有《周官禮注》十二卷，《答周官駁難》五卷。

孫琦

伊說 有《周官禮注》十二卷。

徐邈 有《周禮音》一卷。

范宣 有《三禮論難》。

干寶 有《春秋左氏函傳義》十五卷，《春秋序論》二卷。

荀訥 有《春秋左氏傳音》四卷。

徐邈 有《春秋左氏傳音》三卷。

李顒 有《周易卦象數音》六卷。	續咸 專鄭氏《易》。	劉和 習鄭氏《易》。	顧夷 有《周易難王輔嗣義》一卷。	李軌 有《周易音》一卷。	宋處宗 有《通易論》一卷。			
袁喬 有《詩注》。	殷仲堪 有《毛詩雜義》四卷。	劉和	蔡謨 有《毛詩疑字》。	江熙 有《詩注》二十卷。	李軌 有《毛詩音》。	江惇 有《毛詩音》。	虞喜 有《毛詩略釋》。	
					李軌 有《周禮音》一卷。		虞喜 有《周官駁難》三卷。	
		劉和			李軌 有《春秋左氏傳音》一卷。	方範 有《春秋經例》十二卷。		

李悅之
有《繫辭注》，《易音》。○《釋文》作「袁悅之」。

沈熊
有《周易譜》一卷，《周易雜音》三卷。

范長生
有《周易注》十卷○即蜀才。

謝萬
有《繫辭注》。

張該
有《講易疏》二十卷。○按以下爲南朝派。

徐廣
有《毛詩背隱義》二卷。○按以下爲南朝派。

裴松之

劉昌宗
有《周禮音》三卷。

孫略
有《周官禮駮難》四卷。

徐廣
有《答禮問》。○按以下爲南朝派。

臧燾

黃容
有《左傳抄》。

謝莊
有《春秋圖》。○按以下爲南朝派。

何始真
有《春秋左氏區別》三十二卷。

荀柔之　有《周易繫辭注》二卷，《易音》。

雷次宗　有《周易注》。

何譔之　有《周易疑通》五卷。

張浩　有《周易占》一卷。

徐爰　有《繫辭注》二卷，《易音》。

范歆　有《周易義》一卷。

卞伯玉　有《周易繫辭注》二卷。

雷次宗　有《毛詩義》一卷。

劉孝孫　有《毛詩正論》十卷。

徐爰　有《毛詩音》。

孫暢之　有《毛詩引辨》一卷，《毛詩序義》一卷。

周續之　有《毛詩序義》。

傅隆

吴苞

杜乾光　有《春秋釋例引序》一卷。

蕭子懋　有《春秋例苑》三十卷。

祖沖之　有《易義》。

顧歡　注王弼《易》、《二繫》。

徐伯珍　有《周易問答》一卷。

周顒　有《周易論》三十卷。

明僧紹　有《繫辭注》。

費元珪　有《周易注》九卷。❶

何偃　有《毛詩釋》一卷。

顧歡　有《毛詩集解序義》一卷。

阮珍之　有《毛詩序注》一卷。

蘇寶

明山賓

王延之　有《春秋旨通》十卷，《春秋左氏經傳通解》四卷。

臧榮緒

---

❶「卷」，原誤「易」，據文意改。

尹濤 有《周易注》六卷。	劉瓛 有《周易乾坤義》二卷，《周易四德例》一卷，《周易繫辭義疏》二卷。 嚴植之 劉瓛弟子。 何胤 劉瓛弟子，有《周易注》十卷。
	劉瓛 有《毛詩序義》二卷，《毛詩篇次義》一卷，《毛詩雜義》一卷。 嚴植之 劉瓛弟子。 何胤 劉瓛弟子，有《毛詩總集》六卷，《毛詩隱義》十卷。
	劉瓛 范縝 劉瓛弟子。 司馬筠 劉瓛弟子。 嚴植之 劉瓛弟子。 何胤 劉瓛弟子，有《禮答問》五十卷。 司馬壽 司馬筠子。 孔僉 何胤弟子。
	嚴植之 劉瓛弟子。

	蕭偉 有《周易幾義》一卷，《周易發義》一卷。 蕭歸 有《周易義記》。 伏曼容 有《周易注》八卷，《周易集林》十二卷。 蕭子政 有《周易義疏》十四卷，《繫辭義疏》二卷。 王承
	謝曇濟 有《毛詩撿漏義》二卷。 伏曼容 崔靈恩 有《集注毛詩》二十四卷。 顧越 有《毛詩旁通義》，《毛詩義疏》。
孔元素 孔僉兄子。	司馬燮 司馬褧 司馬燮子。 許懋 何佟之 崔靈恩 有《集注周官禮》二十卷，《三禮義宗》三十卷。 傅談
	劉之遴 有《春秋大意》，《左氏三傳同異》。 崔靈恩 有《春秋經傳解》六卷，《春秋申先儒論》十卷，《春秋左氏傳立義》十卷，《春秋序》一卷。

	沈驎士 有《周易繫辭訓注》，《易經要略》。 太史叔明 沈驎士弟子。
龔孟舒 舒瑗 有《毛詩義疏》二十卷。	
	沈驎士 沈峻 沈驎士弟子。 沈文阿 沈峻子。 沈宏 沈峻弟子。 沈熊 沈峻弟子。 劉嵒 沈峻弟子。
裴邃 田元休 有《春秋序注》一卷。	沈峻 沈文阿 沈峻子。有《春秋左氏經傳義略》二十五卷。 沈宏 沈峻弟子，有《春秋五辨》二卷，《春秋經傳解》六卷，《春秋文苑》六卷，《春秋嘉語》六卷。

陶弘景 有《易髓》三卷。	賀瑒 有《周易講疏》。
陶弘景 有《毛詩序注》一卷。	
張及 沈峻弟子。 孔子雲 沈峻弟子。 陶弘景 有《三禮目録》一卷。	賀道力 賀損 賀道力子。 賀瑒 賀損子，有《禮講疏》。 賀革 賀瑒子。
王元規 沈文阿弟子，有《續春秋左氏傳義略》十卷，《春秋發題辭》十一卷，《左傳音》三卷。 陸慶 徐伯陽	賀道養 有《春秋序注》一卷。 賀革

周弘正 有《周易義疏》十六卷。 張譏 周弘正弟子，有《周易義》三十卷。 潘徽 張譏弟子。○按徽本北人，以其受譏學，附於此。	卞華 庾詵 有《易林》二十卷。
潘徽 按徽受書於張沖，本爲北派，從其多者，列於此。	
張譏 有《毛詩義》。 施公 潘徽 施公弟子。	
賀琛 賀瑒兄子，有《三禮講説》。 皇侃 賀瑒弟子，有《禮記義》五十卷。 鄭灼 皇侃弟子。 潘徽 鄭灼弟子。○按徽本北人，以其受灼學，附於此。	徐勉 王儉 何承天 有《禮論》三百卷。
	王儉 有《春秋音》二卷。 虞僧誕

朱异　有《集注周易》一百卷，《周易集注》三十卷，《易講疏》。

孔子祛　有《續朱氏集注周易》一百卷。

姚規　有《周易注》七卷。

崔覲　有《周易注》十三卷，《周易統例》十卷。

馬楷　有《周易爻》一卷。

沈林　有《周易義》三卷。

朱异　有《禮講疏》。

王筠

孔子祛　有《續何氏禮論》一百五十卷。

沈洙

陸詡

沈德威

沈不害

孫詳

蔣顯　按詳、顯皆北人而學於南者。

王筠

沈洙

蕭濟

謝貞

武靖　有《易雜占》七卷。 梁蕃　有《周易開題義》十卷，《周易文句義疏》二十卷。 宋褰　有《繫辭注》二卷。 范述曾　有《文言注》。	褚仲都　有《周易講疏》十六卷。 褚脩　褚仲都子。 全緩　褚仲都弟子。
	沈重　有《毛詩義疏》二十八卷，《毛詩音》二卷。 全緩　有《毛詩義疏》。
賀德基	沈重　有《周官禮義疏》四十卷。 張衡　沈重弟子。

		魯弘度 有《易林》一卷。○ 按以下爲北朝派。
		闞康之 有《毛詩義》。○ 按以下爲北朝派。
劉文紹 戚袞 劉文紹弟子，有《周禮音》、《三禮義》。 張崖 劉文紹弟子。	李曾 按以下爲北朝派。 李孝伯 李曾子。 李謐 李孝伯子。	王曉 有《周禮音》一卷。
	李曾 按以下爲北朝派。 李孝伯 李曾子。 李謐 李孝伯子，有《春秋叢林》。	衞冀隆 賈思同

崔浩
有《周易注》十卷。

闞駰
有《集王朗易傳》。

劉昞
有《周易注》。

關朗
有《易傳》一卷。

梁祚

元延明
有《毛詩誼府》三卷。

劉芳
有《毛詩箋音證》十卷。

高允
有《毛詩拾遺》。

元延明
有《三禮宗略》二十卷。

劉芳
有《周官義證》。

宇文愷
有《明堂圖議》。

令狐熙

邢虯

劉休和
有《春秋傳駮》十卷。○按思同爲杜學，蓋北人而南派，以其書合衛冀隆之説而成，故亦次焉。其下姚文安、秦道静亦援此例。

劉芳
有《推韋昭所注國語音》。

高允
有《左氏釋》。

潘叔虔
有《春秋經合三傳》十卷。

衛覬

	牛天祐 張吾貴　牛天祐弟子。 董道貴
	王保安 劉蘭　王保安弟子。 程玄
	王保安 劉蘭　王保安弟子。 酈詮 張吾貴　酈詮弟子。 程玄
陳達 秦道静 姚文安　有《左氏駁妄》。 李崇祖　有《左氏釋謬》。 楊愔 辛子馥　有《春秋三傳總》。	王保安 劉蘭　王保安弟子。 張吾貴　受於劉蘭。 程玄

孫惠蔚 董道貴弟子。

徐遵明 張吾貴弟子。

盧景裕 徐遵明弟子，有《周易注》。

王聰

徐遵明 王聰弟子。○按以下爲北朝派。

盧景裕 徐遵明弟子。

李周仁

劉獻之 程玄弟子，有《毛詩序義》一卷。

王聰

徐遵明 王聰弟子。

盧景裕 徐遵明弟子。

李周仁

孫惠蔚 程玄弟子。

張普惠 程玄弟子。

劉獻之 程玄弟子，有《三禮大義》四卷。

高望崇

董徵 劉獻之、高望崇弟子。

徐遵明 張吾貴弟子。

盧景裕 徐遵明弟子。

孫惠蔚 程玄弟子。

劉獻之 程玄弟子，有《三傳略例》三卷。

徐遵明 有《春秋義章》三十卷。

盧景裕 徐遵明弟子。

李鉉　徐遵明弟子，有《周易義例》。

樂遜　徐遵明弟子。

崔瑾　徐遵明弟子。

呂思禮　徐遵明弟子。

徐遵明弟子。

李鉉　徐遵明弟子。

樂遜　徐遵明弟子。

張文敬　徐遵明弟子。

呂思禮　徐遵明弟子。

劉獻之弟子。

李鉉　徐遵明、李周仁弟子，有《毛詩義疏》。

樂遜　徐遵明弟子。

房虯

李鉉　徐遵明、房虯弟子，有《三禮義疏》。

樂遜　徐遵明弟子。

祖儁　徐遵明弟子。

田元鳳　徐遵明弟子。

紀顯敬　徐遵明弟子。

呂黃龍　徐遵明弟子。

夏懷敬　徐遵明弟子。

鮮于靈馥

李鉉　徐遵明、鮮于靈馥弟子，有《三傳異同》十二卷。

樂遜　徐遵明弟子。

馬敬德　徐遵明弟子。

張奉禮　徐遵明弟子。

張彫武　徐遵明弟子。

鮑長宣　徐遵明弟子。

王元則　徐遵明弟子。

權會

徐遵明、盧景裕弟子。

權會

徐遵明弟子。

權會

徐遵明弟子。

張買奴

徐遵明、李鉉弟子。

鮑季詳

徐遵明、李鉉弟子。

邢峙

徐遵明、李鉉弟子。

劉晝

徐遵明、李鉉弟子。

熊安生

徐遵明、房虬、李鉉弟子。

權會

徐遵明弟子。

馮偉

張買奴

徐遵明弟子。

鮑季詳

徐遵明弟子。

邢峙

徐遵明弟子。

劉晝

徐遵明弟子。

馮偉

郭茂
盧景裕弟子。

郎茂
權會弟子。○按《北史·儒林傳序》兩言郭茂而無《郭茂傳》，又别有郎茂，則受業權會者，「郎」「郭」形近，其爲一人二人不可知，並存之。

董令度
李周仁弟子。

程歸則
李周仁弟子。

張思伯
徐遵明、程歸則弟子，有《毛詩章句》。

郎茂
權會弟子。

劉敬和
程歸則弟子。

劉軌思
程歸則、張思伯、劉敬和弟子，有《毛詩義疏》。

徐遵明弟子。

郎茂
權會弟子。

刁柔
李鉉弟子。

孫靈暉
孫惠蔚曾孫，熊安生弟子。

郭仲堅
熊安生弟子。

徐遵明、李鉉弟子。

張思伯
徐遵明弟子，有《左氏刊例》十卷。

郎茂
張奉禮弟子。

馬元熙
馬敬德子。

解法選

權會弟子。

劉焯

劉炫

劉焯

劉軌思弟子，有《毛詩義疏》。

劉炫

劉軌思弟子，有《毛詩述義》一卷，《詩序注》一卷，《毛詩譜注》二卷。

監伯陽

丁恃德

熊安生弟子。

馬光

熊安生弟子。

劉焯

熊安生弟子。

劉炫

熊安生弟子。

郭懋

劉焯

郭懋弟子。

劉炫

郭懋弟子，有《春秋左傳杜預序集解》一卷，《春秋左氏傳述義》四十卷，《春秋攻昧》十二卷，《春秋規過》三卷，《春秋義囊》二卷。

游肇 有《易集解》。
李平
王貞
房暉遠
何妥 有《周易講疏》十三卷。
王通 有《讚易》十卷。
王又玄 有《周易注》十卷。
王凱沖 有《周易注》十卷。
虔薛 有《周易音注》。

張沖
房暉遠

游肇
李平
王貞
房暉遠
魯世達 有《毛詩章句義疏》四十卷，《毛詩注并音》八卷。
劉醜 有《毛詩義疏》。
王伯興 有《毛詩駁》五卷。
平鑒

游肇
房暉遠
褚暉
明克讓
劉禕
盧光
張文詡
夏侯伏朗 有《三禮圖》。
楊文懿
平鑒

張沖
房暉遠
辛德源 有《春秋三傳集注》三十卷。
庾信
顧啟期 有《大夫譜》十一卷。
元善

顏見遠 顏協之　顏見遠子。 顏之推　顏協之子。 顏師古　顏之推子。 魏徵　有《周易義》六卷。	孔穎達　有《周易正義》十四卷，《周易玄談》六卷。
顏見遠 顏協之　顏見遠子。 顏之推　顏協之子。 顏師古❶　顏之推子。	孔穎達　有《毛詩正義》四十卷。
顏見遠 顏協之　顏見遠子。 顏之推　顏協之子。 顏師古　顏之推子。	孔穎達　有《禮記正義》六十三卷。 賈公彥　孔穎達弟子，有《周禮疏》五十卷。
顏見遠 顏協之　顏見遠子。 顏之推　顏協之子。 顏師古　顏之推子。	孔穎達　有《春秋左氏傳正義》三十六卷。

❶「師」，原作「之」，據重刻本改。

陸德明 有《周易文句義疏》二十四卷，《周易大義》二卷，《周易釋文》一卷。
陸德明 有《毛詩釋文》一卷。
陸德明 有《周禮釋文》二卷。
陸德明 有《春秋左氏傳釋文》六卷。

新學僞經考卷十二上

弟子韓文舉、陳千秋初校。
弟子林　奎、梁啟超覆校。

新學僞經考卷十二下

僞經傳授表第十二下

經	傳授
古《論語》	劉歆　桓譚
古《孝經》	劉歆　桓譚
小學	劉歆　張竦　楊雄（有《蒼頡訓纂》一篇，《方言》十三卷。）　桓譚　郭偉
通學	劉歆　張竦　楊雄　尹咸　房鳳　王龔　桓譚　鄭興　陳欽

鄭衆
有《論語傳》。

鄭衆
有《孝經注》一卷。

杜林
張竦弟子，有《蒼頡訓纂》，《蒼頡故》。

劉棻
劉歆子，楊雄弟子。

侯芭
楊雄弟子。

賈徽

杜子春

崔篆
以上並劉歆傳業。

杜林
張竦弟子。

劉棻
劉歆子，楊雄弟子。

侯芭
楊雄弟子。

鄭衆
鄭興子。

陳元
陳欽子。

賈逵
賈徽子。

許慎

許慎

許沖
許慎子。

衛宏
杜林弟子，有《古文官書》。

許慎
有《説文解字》十五卷。

崔瑗
有《飛龍篇》。

許沖
許慎子。

衛宏
杜林弟子。

徐巡
杜林弟子。

崔駰
崔篆孫。

鄭安世
鄭衆子。

許慎
賈逵弟子，有《五經異義》十卷。

尹珍
賈逵弟子。

崔瑗
崔駰子，賈逵弟子。

許沖
許慎子。

劉珍

有《釋名》三十卷。

班固

有《大甲篇》，《在昔篇》。

蔡邕

有《勸學》、《聖皇篇》、《女史篇》。

周舉

張衡

劉珍

劉陶

劉騊駼

班彪

班固

班彪子。

王充

班彪弟子。

周舉

王符

仲長統

蔡邕

楊彪

韓説

馬融 有《論語解》。	鄭玄
馬融 有《孝經注》一卷。	鄭玄
樊光 有《爾雅注》三卷。 李巡 有《爾雅注》三卷。	鄭玄
陳寔 按寔爲樊英弟子，以英非大師，不列。後以爲例。 荀爽 陳寔弟子。 賈彪 陳寔弟子。 馬融 按融爲摯恂弟子。 盧植 延篤 馬日磾 范冉 楊克 按克亦爲吕叔公、朱叔明、白仲職弟子。	鄭玄

有《論語注》十卷，《古文論語釋義》十卷。

程秉

鄭玄弟子，有《論語弼》。

有《孝經注》一卷。

高誘

有《孝經解》。

按玄爲僞學宗子，其詁訓諸經，皆歆小學也，特列之。

賈魴

有《滂喜篇》。

郭訓

有《雜字旨》一卷，《古文奇字》一卷。

有《六藝論》，《駮五經異義》。○以上並馬融弟子。○按玄亦爲張恭祖弟子。

劉德然

高誘

公孫瓚

以上並盧植弟子。

郗慮

國淵

崔琰

公孫方

孫皓

程秉

趙商

馬昭

張逸

陳羣

有《論語解》。

宋均

鄭玄弟子，有《孝經皇義》一卷。

劉熙

鄭玄弟子，有《釋名》八卷。

王基

任嘏

冷剛

田瓊

氾閣

炅模

焦喬

王權

鮑遺

陳鏗

崇精

劉熙

宋均

以上並鄭玄弟子。

鄭小同

鄭玄孫。

孫炎
有《爾雅注》七卷，《爾雅音》一卷。

服虔
有《通俗文》一卷。

張揖
有《廣雅》四卷，《古今字詁》三卷，《三倉訓詁》三卷，《埤倉》二卷，《難字》一卷，《錯誤字》一卷。

許慈
劉熙弟子。

薛綜
劉熙弟子。

孫炎
以上並鄭玄再傳。

許勛
許慈子。

劉宣
孫炎弟子。○以上並鄭玄三傳。

服虔

宋忠

司馬徽

潘濬
宋忠弟子。

向朗

張昭
有《論語注》。

虞翻
有《論語注》十卷。

王肅
有《論語注》十卷，《論語釋駮》三卷。

周生烈

虞翻
有《孝經注》。

蘇林
有《孝經注》一卷。

劉邵
有《孝經古文注》一卷。

王肅
有《孝經解》一卷。

李登
有《聲類》十卷。

曹彦
有《字義訓音》六卷，《古今字苑》一卷。

項峻

司馬徽弟子。

尹默
宋忠、司馬徽弟子。

李仁
宋忠、司馬徽弟子。

尹宗
尹默子。

李譔
李仁子。

隗禧
有諸經《解》。

王朗

王肅
王朗子，有《聖證論》十二卷。

董遇

周生烈

有《論語注》,《論語義例》。

譙周　有《論語注》十卷。

鄭沖

孫邕

曹羲

荀顗

何晏　有《論語集解》十卷。

王弼　有《論語釋疑》三卷。

衛瓘　有《論語集注》六卷。

徐邈

孫熙　有《孝經注》一卷。

韋昭　有《孝經解讚》一卷。

何晏　有《孝經注》一卷。

嚴畯　有《孝經傳》。

徐整　有《孝經嘿注》一卷。

有《始學篇》十二卷。

韋昭　有《辯釋名》一卷。

束晳　有《發蒙記》一卷。

郭璞　有《爾雅注》五卷,《爾雅圖讚》二卷,《音》一卷,《方言注》十三篇,《三倉注》三卷。

姜維

譙周　有《五經然否論》。

韋昭

傅咸　有《七經詩》。

何晏　有《五經大義》五卷。

束晳　有《五經通論》。

徐苗　有《五經同異評》一卷。

楊方　有《五經鉤沈》十卷。

徐邈

有《論語音》二卷。

崔豹

有《論語集義》八卷。

繆播

有《論語音序》二卷。

郭象

有《論語體略》二卷,《論語隱》一卷。

欒肇

有《論語釋疑》十卷,《論語駁序》二卷。

虞喜

有《論語讚鄭氏注》九卷,《新書對張論語》十卷。

曹毗

有《論語釋》一卷。

謝萬

有《集解孝經》一卷。

荀昶

有《集議孝經》一卷。

袁敬仲

有《集義孝經》一卷。

虞喜

有《孝經注》。

楊泓

有《孝經注》一卷。

李軌

有《小爾雅解》一卷。

陸機

有《吴章》二卷。

樊恭

有《廣倉》一卷。

有《五經音》十卷。

李軌

有諸經《音》。

孔衍

戴逵

有《五經大義》二卷。

周楊

有《五經咨疑》八卷。

應琛

有《論語藏集解》一卷。

庾翼

有《論語釋》一卷。

李充

有《論語集注》十卷，《論語釋》一卷。

范甯

有《論語注》。

孫綽

有《論語集解》十卷。

孟整

有《論語注》十卷。

梁覬

有《論語注釋》十卷。

袁喬

有《論語注釋》十卷。

王延

有《文字音》七卷。

李彤

有《字指》二卷，《單行字》四卷，《字偶》五卷。

葛洪

有《要周字苑》一卷。

周研

有《聲韻》四十一卷。

王義

有《小學章》一卷，《文字要記》三卷。

楊方

有《小學》九卷。

顧愷之

有《啟蒙記》三卷。

呂忱

尹毅

有《論語注釋》六卷。

王濛

有《論語義》一卷。

江熙

有《論語集解》十卷。

蔡謨

袁宏

江惇

蔡系

周懷

王珉

以上六家見皇侃《疏》。

張憑

有《論語注》十卷,《論語釋》一卷。

宋纖

袁宏

有《孝經注》一卷。

殷仲文

有《孝經注》一卷。

車胤

有《孝經注》一卷。

孔光

有《孝經注》一卷。

有《字林》十卷。

殷仲堪

有《常用字訓》一卷。

呂静

有《韻集》六卷。

有《論語注》。

暢惠明

有《論語義注》十卷。

張隱

有《論語釋》一卷。

郄原

有《論語通鄭》一卷。

姜處道

有《論語論釋》一卷。

孔澄之

有《論語注》十卷。

何承天

有《孝經注》一卷。

何約之

有《大明中皇太子講義疏》一卷。

荀昶

有《孝經注》一卷。

嚴植之

有《孝經注》一卷。

謝稚

有《孝經圖》一卷。

何承天

有《纂文》三卷。

謝康樂

有《要字苑》一卷。

顔延之

有《詁幼》一卷,《纂字》六卷。

荀楷

有《廣詁幼》一卷。

段宏

有《韻集》八卷。

吴恭

有《字林音義》五卷。

何承天

按以下爲南朝派。

徐廣

劉瓛

范縝

司馬筠

嚴植之

何胤

以上並劉瓛弟子。

張略
有《論語統》八卷。

王玄載
有《孝經注》一卷。

周顒
有《孝經義疏》。

費沈
有《孝經注》一卷。

陸澄
有《孝經義》。

侯洪伯
有《字類敘評》一卷。

司馬壽
司馬筠子。

孔僉
何胤弟子。

孔元素
孔僉兄子。

鮑泉
有《六經通數》十卷。

陸澄

王儉

朱异

孔子袪

劉之遴

庾黔婁

伏曼容

有《論語義》。

范廙

有《論語別義》十卷。

虞遐

有《論語注》十卷。

沈驎士

有《論語訓注》。

太史叔明

沈驎士弟子，有《論語集

明僧紹

有《孝經注》一卷。

李玉之

有《孝經義疏》二卷。

蕭子顯

有《孝經義疏》一卷，《孝經敬愛義》一卷。

太史叔明

有《孝經義》一卷。

戴規

有《辨字》一卷。

鄒誕生

有《要用字對誤》四卷。

鄒里

有《要用雜字》三卷。

李少通

有《雜字要》三卷，《今字辨疑》三卷。

劉霽

有《釋俗語》八卷。

劉杳

有《要雅》五卷。

阮孝緒

有《文字集略》六卷。

劉歆

有《古今文字序》一卷。

明僧紹

明山賓

明僧紹子。

明寶

明山賓子。

卞華

伏曼容

伏挺

伏曼容子。

崔靈恩

盧廣

沈驎士

太史叔明

沈驎士弟子。

解》十卷。

許容
有《論語注》十卷。

曹思文
有《論語注》十卷。

戴詵
有《論語述議》二十卷。

沈文阿
有《孝經義記》。

王元規
有《孝經義記》二卷。

庾曼倩
有《文字體例》。

范岫
有《字學音訓》。

周興嗣
有《千字文》一卷。

蕭子範
有《千字文》一卷。

蔡薳
有《千字文注》。

蕭子雲
有《千字文注》一卷。

顧野王

沈峻
沈驎士弟子。

沈文阿
沈峻子，有《經典大義》十二卷。

沈宏

沈熊

劉嵒

張及

孔子雲
以上並沈峻弟子。

王元規
沈文阿弟子，有《續經典大義》十四卷。

范述曾

吕道惠

顧野王

陶弘景
有《論語集注》十卷。

褚仲都
有《論語義疏》十卷。

皇侃
有《論語義疏》十卷。

陶弘景
有《集注孝經》一卷。

賀瑒
有《孝經講義》一卷，《孝經義疏》一卷。

曹思文
有《孝經注》一卷。

諸葛循
有《孝經序》一卷。

皇侃
有《孝經義疏》三卷。

江係之
有《孝經注》一卷。

有《爾雅音》，《玉篇》三十一卷。

夏侯詠
有《四聲韻略》十三卷。

周彦倫
有《四聲切韻》。

沈約
有《俗説四聲》一卷。

沈旋
沈約子，有《集注爾雅》十卷。

潘徽
有《萬字文韻纂》三十卷。

陶弘景

賀瑒
有《五經祕表要》十一卷。

賀革
賀瑒子。

賀季
賀瑒子。

賀琛
賀瑒兄子。

皇侃
賀瑒弟子。

鄭灼
皇侃弟子。

潘徽
鄭灼弟子。

張譏
有《論語義》十卷。
張沖
有《論語義疏》二卷。
顧越
有《論語義疏》。

周弘正
有《孝經私記》二卷。
張譏
有《孝經義》八卷。
張沖
有《孝經義》三卷。
顧越
有《孝經義疏》。

王斌
有《四聲論》。
施乾
有《爾雅音》。
謝嶠
有《爾雅音》。
張諒
有《四聲韻林》。
崔浩
有《解急就章》二卷。

周弘正
賀德基
張譏
賀德仁
並周弘正弟子。
孫暢之
有《五經雜義》六卷。
王焕
有《五經決録》五篇。
邯鄲綽
有《五經析疑》二十八卷。
元延明
有《五經宗略》二十三卷。
○按以下爲北朝派。
崔浩

陳奇

有《論語注》。○按奇常非馬、鄭解經失旨，則亦弼、肅、翻、譔之流。但今學久亡，雖好立異，亦以暴易暴耳。

陳奇

有《孝經注》一卷。

江灌

有《爾雅音》八卷，《爾雅圖讚》一卷。

陸暐

有《悟蒙章》。

房景先

有《五經疑問》十卷。

李同軌

封軌

封偉伯

封軌子。

李郁

李彪

王神貴

有《五經辨疑》十卷。

常爽

有《六經略注》。

劉蘭

按蘭爲王保安弟子。

張吾貴

劉蘭弟子。○吾貴亦爲牛天祐、酈詮弟子。

李鉉

有《論語義疏》。

樂遜

有《論語序論》。

樂遜

有《孝經序論》。

江式

有《古今文字》四十卷。

李鉉

有《字辨》。

王聰

程玄

徐遵明

張吾貴、王聰弟子。

孫惠蔚

按惠蔚亦爲董道季弟子。

張普惠

劉獻之

並程玄弟子。

盧景裕

李鉉

按鉉亦爲房虯、鮮于靈馥弟子。

李業興

樂遜

崔瑾

宋世良
有《字略》。

諸葛潁
有《桂苑珠叢》一百卷。

李概
有《修續音韻決疑》十四卷，《音譜》四卷。

楊休之
有《韻略》一卷。

呂思禮
張文敬
祖儁
馬敬德
田元鳳
張奉禮
紀顯敬
張彫武
吕黄龍
鮑長宣
鮑季詳
夏懷敬
王元則
張買奴
權會
馮偉

熊安生

有《孝經義》一卷。

張思伯

邢峙

劉晝

熊安生

以上並徐遵明弟子。

李周仁

徐遵明、劉獻之弟子。

高望崇

董徵

劉獻之弟子。

郭茂

盧景裕弟子。

郎茂

權會、張奉禮弟子。

馬元熙

馬敬德子。

解法選

劉善經

權會弟子。

刁柔

李鉉弟子。

董令度

李周仁弟子。

程歸則

李周仁弟子。

劉軌思

張思伯、程歸則弟子。

孫靈暉

孫惠蔚曾孫，熊安生弟子。

李崇祖

李業興子。

郭仲堅

丁恃德

馬光

並熊安生弟子。

劉炫
有《論語述義》十卷。

徐孝克
有《論語講疏文句義》五卷。

史辟原
有《續注論語》十卷。

劉炫
有《古文孝經述義》五卷。

徐孝克
有《孝經義疏》六卷。

有《四聲指歸》一卷。

陸法言
有《切韻》五卷。

趙文深
有《刊定六體書》。

盧辯
有《稱謂》五卷。

王劭
有《俗語雜字》一卷。

曹壽
有《急就章解》一卷。

劉芳
有《急就篇續注音義證》三卷。

劉焯
有《五經述議》。

劉炫
有《五經正名》。並劉軌思、熊安生弟子。

沈重

樊文深
有《七經義綱》二十九卷，《七經論》三卷，《質疑》一卷。

張鳳
有《五經異同評》十卷。

蘇綽
有《七經論》。

劉芳

辛彦之
有《五經異義》。

賈公彥
有《論語疏》十五卷。
陸德明
有《論語釋文》一卷。

何妥
有《孝經義疏》三卷。
宇文弼
有《孝經注》。
孔穎達
有《孝經義疏》。
賈公彥
有《孝經疏》五卷。
陸德明
有《孝經釋文》一卷。

顔之推
有《訓俗文字略》一卷，《急就章注》一卷。
顔師古
顔之推子，有《匡謬正俗》八卷，《急就章注》一卷。《官様》一卷。
陸德明
有《爾雅釋文》一卷。

蕭該
牛弘
何妥
有《五經大義》五卷。
王頍
有《五經大義》。
顔師古
孔穎達
賈公彥
孔穎達弟子。
陸德明
有《經典釋文》三十卷。

新學僞經考卷十二下

弟子韓文舉、陳千秋初校。
弟子林　奎、梁啟超覆校。

新學僞經考卷十三

書序辨僞第十三《尚書篇目異同真僞表》附

《尚書》二十八篇，爲孔子删定大法，一亂於《泰誓》，再亂於張霸，三亂於劉歆，四亂於王肅。然張、王之僞，人皆知之，《泰誓》後得，人亦知之。若劉歆僞古文，二千年無人知之者。然劉歆之作僞，近儒劉逢禄、邵懿辰亦漸疑之，《書序》之爲歆僞，更無人知之者矣。此關不破，則《舜典》之争有無，篇目之争多少，聚訟紛紜，無能斷其獄者。且百篇之目，本之《禮記》、《左傳》、《史記》、諸子，根據至深，無可搖動。若不知孔子改制之義，則不知孔子之删《書》，而諸篇皆爲未修之《書》；雖有疑者，莫能破焉。竊歎是獄沈淪黑暗，昏翳天日久矣。疾雷破山，飈風振海，歘蕩霹靂，披掃昭蘇，庶走魅奔魑，共睹麗日。爰發其義例，屬門人同縣陳千秋辨之如左，並編《尚書篇目異同真僞表》附焉。《書序》之辨，原爲《漢書・藝文志》而發，以其篇章繁多，故别爲篇，而不附於《古文尚書僞證》中。注明於此。

第一，辨孔子《書》止二十八篇。

孔子定《書》二十八篇，傳在伏生，純備無缺，故博士之説皆以爲備。見《漢書・楚元王傳》。後人惑於《書序》百篇之目，以爲伏生《書》乃亡失之餘，於是洙、泗之遺經，遂爲斷爛之朝報。嘗推究其説，以爲二十八篇即孔門足本，《書序》之目僞妄難信。其證有五:《尚書大傳》引孔子曰:「六誓當作「五誓」,説見後。可以觀義,五誥可以觀仁,《甫刑》可以觀誡,《洪範》可以觀度,《禹貢》可以觀事,《臯陶謨》可以觀治,《堯典》可以觀美。」《尚書大傳》久佚,凡所引者皆據閩縣陳氏輯本。孔子總攬全經,提揭大義。果有百篇,則百篇中尚有《帝告》、《仲虺之誥》、《湯誥》、《康王之誥》,《尚書大傳》又引《揜誥》,何孔子不稱「十誥」,而稱「五誥」乎?何所稱諸篇又絶無一篇在二十八篇之外者乎?其證一也。信百篇之説者,不過因《史記·儒林傳》云「秦時焚書,伏生壁藏之。其後兵大起,流亡。漢定,伏生求其書,亡數十篇,獨得二十九篇」。故不敢致疑耳。不知伏生故秦博士。秦焚書止於民間,博士所職不在焚禁之列。見《史記·秦始皇本紀》。伏生何事藏匿?即何爲散亡?按之情事,顯然不合,其爲僞竄,又何足疑。其證二也。若謂《書序》出孔子,有諸書援引可證,不知篇目之引見諸書者,尚有《尹吉》、《禮記·緇衣》。《高宗》、《禮記·坊記》。《夏訓》、《左傳》襄四年。《伯禽》、《唐誥》、《左傳》定四年。《相年》、《墨子·尚同》。《禹誓》、《墨子·兼愛》、《明鬼》。《湯説》、《墨子·兼愛》。《武觀》、《官刑》、《墨子·非樂》。《大戰》、《揜誥》、《多政》、《尚書大傳》。《大戊》、《史記·殷本紀》。《豐刑》,《漢書·律曆志》。凡十五篇,不在百篇之內。將謂引見諸書必孔子之《書》邪?則此十五篇并不在《書序》內,何也?將謂引見諸書不必孔子之《書》邪?則百篇之目雖有諸書可證,亦不能以爲果孔子之《書》,昭昭矣。其證三也。難者又曰:「《書序》拘於百篇爲孔子之《書》,或不可信,然偏見諸書所引者,烏知其必非孔子之《書》?」曰:《墨子》引今《甘誓》以爲《禹誓》，《明鬼》。再引《禹誓》又不在今《甘誓》中；《兼愛》。引今《湯誓》以爲《湯説》，《兼愛》。別引《湯誓》復不在今《湯誓》內；《尚賢》。則其所見顯非孔《書》，不過如《明鬼》引諸國《春秋》之類。以《墨子》例之，則諸書所引，斷不能以爲即孔子《書》又明矣。其證四也。《漢書·藝文志》言「《詩》遭秦而全，以諷誦，不獨在竹帛」。《春秋》公、穀二傳，亦由口説相授。秦、漢經師，皆藉口誦。伏生經雖偶失，何至全無記誦，撫卷茫然，止《尚書大傳》所引者略記數語？其證五也。要之，《書序》與古文同出，古文爲劉歆之僞，則《書序》亦爲歆僞無疑。漢博士皆祖伏生，而皆以二十八篇爲備，知師師相傳，説本如此。不然，歆方以親近逞權，諸博士縱持門户，豈敢以虛辭相勝邪！

第二，辨今文《尚書》無序。

《書》無百篇，既有確證，《書序》之僞，自不足攻。唯近人於劉歆之學推尊不已，并以《書序》傅之伏生。陳氏壽祺著《今文尚書有序説》，見《左海經辨》。欲申其「伏《書》二十九篇《序》當其一」之説，立爲十七證；繁稱博引，强辭奪理，上誣先師，下誑學者，則不可以不辨。考武帝末，《泰誓》既出，博士讀説，即列於學官。既列學官，則必附入歐陽《書》方能傳教，斷無別本孤行之理。不然，則《漢志》諸書著録，必另列《太誓》三篇矣。武帝時止歐陽《書》立學，故必先附入歐陽《書》，迨夏侯《書》繼立，亦必附入夏侯《書》。蓋三家同爲博士，一則附入，一不附入，斷無此理。且果爾，則三家經文多寡不同，諸書必有言之者矣。果如陳氏「伏生《書》并《序》爲二十九篇」之説，則既增《太誓》，當爲三十篇，何《漢志》載大小夏侯《經》及《章句》、《解故》皆仍二十九卷乎？歐陽《經》及《章句》卷數譌誤，陳氏亦據爲説，辨見下。據此，則陳氏之説不攻而自破。唯近人主今文有《序》者甚多，以陳氏之説最爲强辨。今但録陳説，辭而闢之，餘子不必攻矣。

劉歆、班固、荀悦《漢紀》、袁宏《後漢紀》，並言孔子宅所得古文《尚書》多十六篇，百篇之《序》同出於孔壁。倘亦伏《書》所無，諸家言古文得多者何得不一及之也？

孔壁得多之説雖出於劉歆，然所論者乃經文，何爲并《序》數之乎？

歆所譏「以《尚書》爲備」者，當時學者黨同妒真之辭，彼非果不知《尚書》有百篇也。伏生故爲秦博士，《論衡·正説篇》云「伏生抱百篇藏於山中」，此非未嘗肄業及之者。《尚書大傳》篇目尚有《九共》、《帝告》、《嘉禾》、《臩命》、《揜誥》諸逸《書》之名，爲今學者即未見《書序》，寧皆不讀《大傳》，竟不知二十八篇之非全書邪？

伏生藏《書》之説爲僞竄，辨已見前。王充時百篇之説已行。充見《史記》有藏書之説，因即以爲百篇耳。《尚書大傳》二十八篇外篇目與《書序》合者，雖有《九共》、《帝告》、《説命》、《太誓》、《嘉禾》、《臩命》六篇，然又有《大戰》、《揜誥》、《多政》三篇出《書序》外者，知《大傳》此類不能引爲《書序》之證。博士非不讀《大傳》，而「以二十八篇爲備」，則《大傳》此等師説不以爲孔子《書》又明矣。又，武帝止立施、孟《易》、歐陽《書》、公羊《春秋》博士，宣帝復增立梁丘《易》、大小夏侯《書》、穀梁《春秋》，諸儒未有排之者。至劉歆欲立古文，不獨博士排之，龔勝、師丹，名臣大儒，亦排之。以至新莽之世，公孫禄亦以「顛倒五經」罪之。知西漢博士本不持門户之見，而劉歆古文之僞，確有以招人口實者矣。陳氏猶拾劉歆唾餘，抑何愚而可笑也！

《藝文志》《尚書》家：「歐陽《經》三十二卷。」按：伏生經文二十八篇，增《太誓》三篇，止三十一卷，其一卷必百篇之《序》也。西漢經師不爲《序》作訓，故歐陽《章句》仍止三十一卷矣。或曰：夏侯《經》二十九卷，《章句》亦二十九卷，歐陽何以不然？曰：漢初爲傳訓者皆與經別行。以班《志》覈之，六藝家傳訓多寡，往往不與經符。如《詩經》有序，於《尚書》最爲近，乃魯、齊、韓《詩》皆二十八卷，唯《魯説》、《齊孫氏傳》卷與經合，而《魯故》、《齊孫氏故》、《齊后氏故》、《后氏傳》、《韓故》、《韓内傳》、《韓説》，卷皆與經異。《毛詩》二十九卷，而《毛詩故訓傳》卷亦與經異。齊《詩》有序無序，無以明之。魯、韓、毛之《詩》皆有序，而傳訓卷數參差若是，於歐陽、夏侯之《書》乎何疑？今文有《序》，其證一矣。

《漢志》卷數，誤文、脱文最多，顔師古已言之。其歐陽《經》三十二卷、《章句》三十一卷之數，並難引據。若謂二十八篇增《泰誓》三篇故三十一，考今文《書》凡一篇分爲數篇者，亦止以一篇計之。故漢石經《般庚》有三，據中篇末「建乃家」下、下篇首「般」字上空一格知之。而自來數今文卷數者，亦止以爲一篇。然則《泰誓》三篇增入今文之《書》，亦當以一篇計之，豈有仍爲三篇作三十一卷之理？若謂《泰誓》舊本三篇，不能并爲一以失其舊，然如《般庚》之例，不過篇數爲一而篇章仍三，又何嘗失其舊，而必篇數亦析爲三，以爲是乖剌之例乎？必不然矣。又陳氏據「西漢經師不爲《序》作訓」，以彌縫歐陽《經》、《章句》卷數不合之故。然《漢志》載大小夏侯《經》二十九卷，《章句》、《解故》亦皆二十九卷，豈大小夏侯獨爲《序》作訓邪？大小夏侯不爲《序》作訓，則二十九卷中無《序》可知。大小夏侯與歐陽同出一師，大小夏侯無《序》而歐陽有《序》，有是理乎？陳氏亦自知其不可通，又附會以西漢傳訓卷數不與經符之説。其意以爲大小夏侯《章句》、《解故》二十九卷，實釋二十八篇，非有一卷釋《序》；釋二十八篇而有二十九卷者，猶《魯説》等卷數與經不符之例。然《魯説》等乃卷數與經顯然不符者，大小夏侯《章句》、《解故》乃卷數與《經》顯然相符者。《漢志》所載傳訓卷數與經不符者固多，而符者正復不少。陳氏毫無證據，妄以符者爲不符，可謂拙於舞文矣。

班固稱「司馬遷從孔安國問故。遷書載《堯典》、《禹貢》、《微子》、《洪範》、《金縢》多古文説」。固言如此，則遷書五篇之外，蓋多取今文矣。《史記》載《尚書》逸篇，唯見《湯征》、《湯誥》。《湯征》又在古文逸十六篇外。餘絶無聞，獨於《書序》臚舉十之八九。至於序作《原命》爲「大戊贊伊陟於廟，言弗臣，伊陟讓」；序作《般庚》爲「五遷無定處，殷民咨胥皆怨」，又言「小辛立，殷道復衰，百姓思般庚」；序作《高宗肜日》及《高宗之訓》爲「武丁祭成湯」事，又言「祖庚立，祖己嘉武丁之以祥雉爲德，立其廟爲高宗」；序作《洪範》爲「武王克殷後二年」；序作《臩命》爲「穆王閔文武之道缺，乃命伯臩申戒太僕國之政」；序《文侯之命》爲「襄王使王子虎命晉文公」；序作《秦誓》爲「穆公封殽尸」後事；又序《夏社》在《典寶》後，序《咸有一德》在成湯時，以「太甲」爲「太甲訓」，以「伊陟」爲「太戊」，以「分器」爲「分殷之器物」，以「康王之誥」爲「康誥」；其他「女方」爲「女房」，「大坰」爲「泰卷」，「仲虺」爲「中𤳳」，「遷囂」爲「遷隞」，「圮於耿」爲「遷於邢」，「升鼎耳」爲「登鼎耳」，「鼌」爲「飢」，「歸狩」爲「行狩」，❶「異畝」爲「異母」，「歸禾」爲「餽禾」，「旅天子命」爲「魯天子命」，「無逸」爲「毋逸」，「肅慎」爲「息慎」，「俾榮伯」爲「賜榮伯」，「伯冏」爲「伯臩」，「粊誓」爲「獮誓」，「吕刑」爲「甫刑」；説義文字往往與古文異，則顯然兼取之伏《書》也。且《尚書》古文、今文之《序》，或同或否，師傳則然。如《韓詩》之《序》可考者，「《關雎》，刺時也」，「《芣苢》，傷夫有惡疾也」，「《漢廣》，悦人也」，「《汝墳》，辭家也」，「《蝃蝀》，刺奔女也」，「《雞鳴》，讒人也」，「《夫栘》，燕兄弟也」，「《賓之初筵》，衞武公飲酒悔過也」，與《毛詩序》互有同異。此今古文《書序》異同之例也。今文有《序》，其證二矣。《史記》與《書序》同者，乃《書序》勦《史記》，非《史記》采《書序》。辨見後。《書序》既勦《史記》，復作異同者，蓋故作參差以彌縫其剽竊之迹，猶僞孔古文既勦諸書，仍作異同耳。辨亦見後。且即以爲《史記》采《書序》，其間聲音之少譌，訓詁之相代，文句之互有詳略，先後之少有差忒，乃《史記》引書之常例，觸處皆然，不可枚舉。然則其他諸書，豈亦有今古文之分乎？陳氏又引《詩》韓、毛異序，

❶「歸狩」，《書序》作「歸獸」。

以爲《書》今古文異序之證。不知今文本無《序》，韓、毛自異，與《書》何關？且考《詩》四家異序，皆文字懸絶，未有如此之少少異同，即大義不同而辭語仍相放者。陳氏無聊之附會，尤不必也。

《論衡·佚文篇》曰：「東海張霸通《左氏春秋》，按百篇《序》，以《左氏》訓詁造作百二篇。」《漢書·儒林傳》曰：張霸「分析合二十九篇以爲數十，又采《左氏傳》、《書序》爲作首尾，凡百二篇。成帝時求治古文者，霸以能爲《百兩》徵。以中書校之，非是」。夫霸所分合者，夏侯《經》二十九篇，其所采《書序》即出今文，非古文也。何言之？孔氏古文，天漢後獻，遂秘於中，外不得見。庸生孤傳，衰微特甚。霸但見今文有百篇之《序》而不見孔書，故竊之作《百兩篇》以欺世。如所采《書序》出古文，是霸見孔壁之本矣，寧不知孔氏古文，天子自有中書可校，而敢更作之而遽獻之於朝哉？且霸見孔壁之本，則見其中逸《書》二十四篇，攟拾較易，乃不并取以爲《百兩篇》，而轉取《左氏傳》，何哉？故知霸所取《書序》出今文也。今文有《序》，其證三矣。

王充生劉歆之後，故祖述《漢書·儒林傳》之説，以爲張霸僞《書》實采《書序》。不知據張霸《書》有《百兩篇》，是即張霸不采《書序》，并霸時未有《書序》之明證。據葛洪《西京雜記跋》，班固《漢書》全本劉歆之舊，則《漢書·儒林傳》張霸采《書序》《左傳》、成帝求治古文、以中書校《百兩篇》等説，尚足信邪？若霸時果已有《書序》而采之，則經師傳本，百篇之目顯然。霸方僞《書》取信，安敢顯悖百篇之目，造爲《百兩篇》，悍然不顧以動天下之兵乎？緯書有百二篇之説。緯書僞起哀、平，在張霸後，蓋采霸說爲之。

孔穎達《尚書正義》曰：「伏生二十九卷，而《序》在外。」夫二十九卷而《序》在外者，夏侯之《書》，非伏生元本也。然言有《序》則可信。按《隋書·經籍志》、《唐書·藝文志》，皆「一字石經《尚書》六卷」，又云「相承傳拓之本猶在祕府」，則唐人於拓本漢石經《尚書》及見之也。穎達謂「今文則夏侯、歐陽所傳及蔡邕所勒石經」，是故於《堯典》篇首《正義》嘗引石經。其云「二十九卷而《序》在外」者，必見石經《尚書》有百篇之《序》，故爲是言耳。今文有《序》，其證四矣。

陳氏此說，❶最不足據。果如其說，二十九卷外尚有《序》一卷，則《漢書·藝文志》載大小夏侯《經》文當曰「三十卷」矣，何以仍曰「二十九卷」乎？孔既曰「《序》在外」，則二十九卷斷不能以爲并《序》數之，是二十九卷乃既增《泰誓》之數。《志》并《泰誓》亦惟曰「二十九」，則大小夏侯之無《序》，斷矣。歐陽《經》及《章句》卷數難明。然夏侯無序，則歐陽亦無《序》審矣。歐陽、大小夏侯《尚書》亡於永嘉之亂，今無可考。請以《尚書大傳》徵之。《周書·成王政》序曰：「成王東伐淮夷，遂踐奄。」《尚書音義》曰：「踐，《尚書大傳》云『籍也』。」《詩·豳風·破斧》正義引《書傳》云：「『遂踐奄。』踐之者，籍之也。籍之，謂殺其身，執其家，豬其宮。」按，《將蒲姑》序言「成王踐奄，遷其君於蒲姑」，是奄君猶存。《書傳》謂「殺其身」，此今文說之異。蓋《書傳》體近《韓詩外傳》，往往旁臚異聞，非盡釋

❶「陳」，原作「孔」，據重刻本改。

經。然而「遂踐奄」三字，則明出於《成王政》之序。今文有《序》，其證五矣。

《尚書大傳》未嘗曰「書序」。且《大傳》「殺其身」之説，顯與《序》異，是即其非據《書序》之明驗。今、古文異序之説不足信，辨見上。或更謂《大傳》云「『遂踐奄』，踐之者，籍之也」，如非據《書序》，何以釋之？不知自爲申釋，古書有此體。如《孟子》「夏曰校，殷曰序，周曰庠。庠者，養也；校者，教也；序者，射也」，是亦其例。不然，西漢經師不爲《序》作訓，豈伏生獨異邪？

《周書·亳姑》序曰：「周公在豐，將殁，欲葬成周。公薨，成王葬之於畢，告周公。」《尚書大傳》曰：「周公致政封魯，三年之後，老於豐，心不敢遠成王，而欲事文、武之廟。周公疾，曰：『吾死，必葬於成周，示天下臣於成王。』周公薨，成王欲葬之於成周，天乃雷雨以風，禾盡偃，大木斯拔，國人大恐。王與大夫開金縢之書，執書以泣曰：『周公勤勞王家，予幼人弗及知。』乃不葬於成周，而葬之於畢，示天下不敢臣也。」《書傳》言葬周公事，本於《亳姑》序也。《論衡·感類篇》引《書》「乃得周公死自以爲功代武王之説」。蓋古文「所」字，今文作「死」，形近致譌。故以《金縢》之事，與《亳姑》之事聯爲一也。今文有《序》，其證六矣。然難者猶謂與《書序》有兩端也。《大傳》又曰：「武丁祭成湯，有雉飛升鼎耳而雊。」此出《商書·高宗肜日》之序也。今文有《序》，其證七矣。《大傳》又曰：「成王在豐，欲宅洛邑，使召公先相宅。」此述《周書·召誥》之序也。其下即述經文云：「六月乙未，王朝步自周，至於豐，唯太保先周公相宅。」今文有《序》，其證八矣。《大傳》又曰：「夏刑三千條。」此本《周書・甫刑》之序也。《甫刑》序曰：「穆王訓夏贖刑，作《吕刑》。」按經曰「五刑之屬三千」，不言「夏」；《吕氏春秋・孝行覽》云，《商書》曰「刑三百，罪莫大於不孝」，亦不及「夏」；《左氏傳》曰「夏有亂政而作《禹刑》」，雖言夏刑而不舉其目。若非見《書序》「訓夏贖刑」之文，何以知三千條爲夏刑也？今文有《序》，其證九矣。

《尚書大傳》不明曰「書序」。陳氏必以爲據《書序》，已屬武斷。《書序》之作，攟拾諸書爲之。《亳姑》序與《史記・魯世家》文更類，當即采《史記》。《高宗肜日》、《召誥》序，蓋即采《大傳》耳。《高宗肜日》序，亦見《史記・殷本紀》，當並采之。《大傳》言「夏刑三千條」，伏生去古未遠，古籍之舊文，先師之遺説，考見尚多。陳氏律以今人之耳目，以爲「非見《書序》何以知之」，尤爲不可。要之，《書序》之僞，既有明徵，諸書之與合者，正可以考其剽竊之迹。果如陳氏之説，則《荀子・解蔽篇》「人心之危」數語亦與僞孔《書》同，亦可以爲《荀子》采僞孔《書》乎？

《大傳》篇目有《九共》、《帝告》、《嫛命》，《序》又有《嘉禾》、《揜誥》，此皆在二十九篇外。若非見《書序》，何以得此篇名也？今文有《序》，其證十矣。

《尚書大傳》中《大戰》、《揜誥》、《多政》三篇，不見於《書序》。若以爲《大傳》二十八篇外篇名據《書序》采入，則此三篇又何處得來邪？

《書傳》既有明文，請更徵之《白虎通》。《白虎通》引《尚書》悉用今文家説。《誅伐篇》

稱《尚書序》曰「武王伐紂」，此《周書・太誓》序及《武成》序之文也。其引《尚書》用今文，則《序》亦出之今文無疑。今文有《序》，其證十一矣。

《白虎通》雖用今文，然亦有用古文者。他不徵引，即如《爵篇》引《書・亡逸篇》，《社稷篇》引《尚書》逸篇之類，獨非古文邪？《書序》、逸《書》同出劉歆之手。《白虎通》既引逸《書》，何以知其必不引《書序》乎？虎觀諸儒如賈逵之等乃治古文者，班固之學亦雜揉今古，其引古文，何足怪也！

《漢書・孫寶傳》：「平帝立，寶爲大司農，孔光、馬宮等咸稱王莽功德比周公。寶曰：『周公上聖，召公大賢，尚猶有不相說，著於經典。』」此引《周書・君奭》之序也。考《儒林傳》，平帝時立古文《尚書》，《王莽傳》元始四年益博士員，而寶爲大司農在元始二年。是時古文未立，寶受公羊顏氏《春秋》於筦路，成帝初以明經爲郡吏，亦非爲古學者，則其所誦之經亦今文也。古文《毛詩》，平帝已立，而康成注《禮》時尚未之見，則孫寶之不見古文《尚書》，不足疑也。今文有《序》，其證十二矣。

《列子・楊朱篇》曰：「周公攝天子之政，邵公不悦，四國流言。」然則孫寶所謂「著於經典」者，自指《君奭》一篇，而所謂「不説」者，何以知其必據《書序》乎？

《後漢書・楊震傳》：「曾孫彪議遷都，曰：『般庚五遷，殷民胥怨。』」此引《商書・般庚》之序也。彪世傳歐陽《尚書》，所據乃其本經。今文有《序》，其證十三矣。

後漢古文之學盛行。楊彪雖世傳今文，偶引古文不足異。若謂學者一習今文，即古文一字不得寓目，有其理邪？如《儒林傳》載李育傳《公羊》，而亦嘗讀《左傳》，是即今文家兼讀古文之明證。彪生當賈、馬大盛之後，其引《書序》宜也。左海安得知此？

《法言·問神篇》曰：「《易》損其一，雖蠢知闕焉。至《書》之不備過半矣，而習者不知。惜乎！《書序》之不如《易》也。」按，楊子雲引《書》皆用今文。「《書》不備過半」，唯今文唯然。❶ 若古文則前漢存者五十八篇，不得云爾。今文有序，其證十四矣。《法言》又曰：「古之説《書》者序以百，而《酒誥》之篇俄空焉，今亡矣夫！」按《酒誥》唯今文有脱簡，故其言如此。今文有《序》，其證十五矣。

楊雄乃劉歆之徒。《後漢書·桓譚傳》言「譚尤好古學，數從劉歆、楊雄辨析疑異」，則雄正古學家。故攻《書》二十八篇之不備，與劉歆同，蓋從歆學者。其據《書序》，乃其宜也。且雄二説乃攻今文，烏知其非如劉歆之故智，以古文攻今文乎？左海未知今古派别，宜其妄也。

《論衡·正説篇》駁或説《尚書》二十九篇「法斗七宿」曰：「按百篇之序，闕遺者七十一篇，獨爲二十九篇立法，如何？」《論衡》此篇所引或説，乃今文家言。其駁詰亦據今文爲説。若古文，則按百篇之序，二十九篇外尚有逸《書》二十四篇，不得云「闕遺者七十一篇」。今文有《序》，其證十六矣。王充亦以古文駁今文，其云「獨爲二十九篇立法，如何」，蓋謂二十九篇何足立法耳。未見其必據今文《序》駁詰之也。

❶ 下「唯」字，依文意，疑當作「爲」。

杜預《春秋左傳後序》曰：「『《紀年》稱伊尹放太甲於桐，乃自立也。伊尹即位於太甲十年，太甲潛出自桐，殺伊尹。』此爲大與《尚書序》説太甲事乖異。不知老叟之伏生或致昏忘，將此古書亦當時雜記，未足以取審也。」詳預此言，直以《書序》爲出自伏生。預時三家《尚書》見存，目驗援據，致爲明確。今文有《序》，其證十七矣。

杜預時，劉歆《書序》盛行久矣。預不過以伏生乃首傳《書》之人，故凡《書》即歸之伏生耳。伏生無《序》，證驗如此之確，且兩漢人皆無謂伏生有《序》者。預時代在後，從何得此説邪？

第三，辨秦漢經傳諸子引《書》篇名皆孔子不修之《書》。

秦、漢經傳、諸子引《書》篇名，所在散布，主張《書序》者愈有藉口。不知諸篇皆孔子不修之《書》也。蓋孔子制作五經，陰寓改制，苟不關改制之事者，雖詳勿録。故《詩》三千篇而唯取三百五，見《史記·孔子世家》。禮經三百、威儀三千而唯取十七。❶其別裁獨斷如此。❷《詩》、《禮》如此，《尚書》可知。故《尚書緯》云：「孔子求《書》，得黄帝玄孫帝魁之書，迄於秦穆公，凡三千二百四十篇，斷遠取近，定可以爲世法者百二十篇，以百二篇爲《尚書》，十八篇爲《中候》。」《尚書正義》一引。緯書雖僞，要皆本西漢前説而附會之，如「百二篇」之説即本張霸。則「帝魁」之説雖不可信，而孔子定《書》多所去取，其説非全無據矣。以此故逸《詩》、逸《書》雜

❶「十七」，重刻本作「十六」，下注：「孔子經十六篇，《喪服》乃傳，別有説。」

❷「其別」至「如此」，重刻本無此七字。

見羣書，以考今本，率多岨峿。若謂諸書引《書》篇名果皆出孔子，則何以解於《墨子》之以《甘誓》爲《禹誓》，《湯誓》爲《湯説》乎？此猶可諉曰篇名之偶異也。若《墨子》他引《禹誓》不在今《甘誓》內，他引《湯誓》不在今《湯誓》內；今《甘誓》、《湯誓》文完無缺，必非佚文。然則《墨子》所據將何書邪？且今《甘誓》啟事，而以爲禹。《湯誓》、《湯説》本自並引，尤不能以尋常篇名異同論之。據《墨子》如此，則雖謂諸書引《書》篇名皆孔子《書》，矇瞽不信也。或曰：孔子有不修之《書》固矣，然孟子爲孔子嫡傳，《禮記》出七十後學，豈所讀之《書》亦非孔《書》？曰：「不修《春秋》」述於《公羊》，莊七年。曲引旁稱，聖門不廢。若以爲不修《春秋》，公羊能引之，不修《書》、《禮記》，孟子不能引之，豈通人之論乎？荀子亦孔子嫡傳，兼爲《詩》、《禮》大宗，而引逸《詩》，亦其證也。

第四，辨《尚書大傳》內《九共》諸篇亦孔子不修之《書》。

或難曰：子以爲伏生《書》二十八篇即孔門足本，而斥亡失數十篇之説爲僞，今考《尚書大傳》有《九共》、《帝告》、《説命》、《太誓》、《大戰》、《嘉禾》、《揜誥》、《多政》、《臩命》九篇，苟非伏生所有，何以引之？答曰：《大傳》又稱孔子告子夏，言「六誓可以觀義，五誥可以觀仁，《甫刑》可以觀誡，《洪範》可以觀度，《禹貢》可以觀事，《臯陶謨》可以觀治，《堯典》可以觀美」，《大傳》述孔子自稱亦止二十八篇，中「六誓」當作「五誓」，辨見後。則其餘非孔子《書》，而爲孔子不修之《書》可知。伏生之言，還以伏生之言定之，《九共》諸篇何足爲難乎？伏生傳授孔《經》而兼引他書，亦猶《公羊》引不修《春秋》之例。彼大惑不解者，豈非知二五而不知十哉！

第五，辨《史記》所載篇目，乃《書序》襲《史記》，非《史記》采《書序》。

僞撰古書，必有依據，乃易附會。故王肅之《書》、《周官》之禮，皆陰摭舊文，自創新制。《書序》之作，何獨不然！而後人見《史記》之文與《書序》多同，以爲史公已據《書序》，不知此《書序》之襲《史記》也。請以七證明之。《序》以爲「般庚五遷，將治亳，殷民咨胥怨，作《般庚》三篇」。《殷本紀》則以爲「帝般庚崩，百姓思般庚，乃作《般庚》三篇」。若謂《史記》所載本於《書序》，何與《書序》又自乖異？今、古文異《序》之說不足信，辨見前。《史記》非采《書序》，證一。《序》以爲「秦穆公伐晉，襄公帥師敗諸殽，還歸，作《秦誓》」。《秦本紀》則以爲繆公敗於殽，「復益厚孟明等，使將兵伐晉，以報殽之役，晉人皆城守不敢出。於是繆公乃自茅津渡河，封殽中尸，爲發喪，哭之三日，乃誓於軍，以申思不用蹇叔、百里傒之謀，故作此誓」。亦與《書序》不合。《史記》非采《書序》，證二。《序》以爲「祖己訓諸王，作《高宗肜日》、《高宗之訓》」。《殷本紀》則以爲武丁崩，「祖己嘉武丁之以祥雉爲德，立其廟爲高宗，遂作《高宗肜日》及《訓》」。亦與《書序》不合。《史記》非采《書序》，證三。《序》以爲「平王錫晉文侯秬鬯、圭瓚，作《文侯之命》」。《晉世家》則以爲晉文公重耳獻楚俘於王，王「命晉侯爲伯，賜大路，彤弓矢百，玈弓矢千，秬鬯一卣，珪瓚，虎賁三百人，作《晉文侯命》」，亦與《書序》不合。《史記》非采《書序》，證四。《書序》無《大戊》而《殷本紀》有之。《史記》若采《書序》，此篇又從何來？ 據此篇非采《書序》，則其他可以例推。《史記》非采《書序》，證五。 若謂《本紀》、《世家》層疊引用，如非孔子之《書》，何以詳載？ 不知《史記》雜采諸書，如《逸周書》之類，不乏引用。 即《湯征》，據劉歆所造逸篇亦無之，而《殷本紀》明載其文。 知史公經典之外多所援用。《史記》非采《書序》，證六。《湯誥》一篇，古文逸篇有之，然不過劉歆所爲，真《書》中安得有此？而《殷本紀》乃載其文，是亦史公不必定據經典之明證。《史記》非采《書序》，證七。觀此七證，彼猶張國師之壘者，亦可以少息也夫！

第六，辨孔子作《書序》之説，始於劉歆，《史記》無此説。

《書序》一書，附會剽竊，汩亂經義，且傅之孔子，託體愈尊，惑衆愈甚。 然孔子作《書序》之説，自來所無。 一見於《漢書・藝文志》，再見於《漢書・楚元王傳》，三見於《漢書・儒林傳》。《藝文志》、《楚元王傳》，皆劉歆之言。 班固亦在歆後，其即歆僞説，又復何疑？ 考其所以敢創此説者，蓋以《史記・三代世表》云：「孔子因史文，次《春秋》，紀元年，正時月日，蓋其詳哉！ 至於敘《尚書》，則略無年月。」《孔子世家》又云：「序《書傳》。」兩文皆有「序」字，故得影造其説。 然考《史記》所謂「序」者，不過次序之謂。《孔子世家》又云：「孔子晚而喜《易》，序《彖》、《繫》、《象》、《説卦》、《文言》。」此豈亦「作序」之「序」？ 尤其明證。且《世表》所謂「正時月日」者，指《春秋》本經。 上下文義相承，則所謂「略無年月」者，亦指《尚書》本經，無所謂「序」明甚。 然則「孔子作《書序》」，《史記》本無其文，後人紛紛附會，誣史公甚矣。

第七，辨孔子《書》并無《太誓序》，此篇亦僞。

今據伏生傳《書》二十八篇，以爲孔子全經篇數止此，而近人每持伏《書》有《太誓》之說。請得條其說而辨之。《太誓》後得，漢人劉向、《尚書正義》一引《别録》。劉歆、《漢書·楚元王傳》、《文選注》引《七略》。王充、《論衡·正説》。馬融、《尚書正義》一引。鄭康成、《尚書正義》一引《書論》。趙岐、《孟子·滕文公》章句。房宏等《尚書正義》一引。皆同此說。王充、房宏等以爲宣帝時得，爲小異。衆口一辭，未必舉國盡誤。伏《書》之無《太誓》，一。《史記·儒林傳》稱「伏生獨得二十九篇」，語已僞竄。辨見前。然即二十九篇之説論之，亦不過如孔沖遠「武帝世見《太誓》入伏生《書》內，故并云伏生所出」之說耳。不然，《史記》非僻書，諸儒豈未之見？事關經文增減，諸儒縱不能援《史記》以折異說，亦豈敢蔑《史記》而搆虛辭？又《史記》「伏生獨得二十九篇」之説，《漢書·儒林傳》亦襲之。馬融嘗從曹大家受《漢書》業，豈得不知？而「《太誓》後得」之說，馬融持之尤力，知「獨得二十九篇」之説，諸儒固知其非，故不援據。伏《書》之無《太誓》，二。《漢書·藝文志》《書》家「《經》二十九卷」，自注曰：「大小夏侯二家。歐陽《經》三十二卷。」蓋《太誓》，博士讀説傳教之後，即附入歐陽、大小夏侯《書》，辨見前。既附入歐陽、大小夏侯《書》，則經文卷數自當并數之。《志》載大小夏侯《經》二十九卷，即由於此。歐陽《經》卷數難明，無可考據，辨見前。王氏《經義述聞》以爲「皆當作三十三卷」，然無明據而改古本，學者豈信之乎！或謂《志》載大小夏侯《經》二十九卷中有後得《太誓》一卷，何以不別白其說？不知《藝文志》即劉歆《七略》之舊。《七略》又言「武帝末，民間得《太誓》」，《文選注》引。則固已別白其說。《志》引《七略》，其辭未盡耳。伏《書》之無《太誓》，三。《尚書大傳》雖有《太誓》，然《大傳》所載亦不盡伏生之《書》。辨見前。《大傳》又有「六誓可以觀義」及「《周書》自《太誓》就《召誥》而盛於《洛誥》」之言，以《太誓》與二十八篇並稱，似爲真孔子《書》。考《大傳》稱「六誓觀義」，乃引孔子告子夏之言。漢儒淳樸，附益古書則有之，斷不敢假託古人之語，然必後人據既增《太誓》，改「五」爲「六」。至「《周書》自《太誓》」一語，更後人據既增《太誓》竄入無疑。否則伏《書》二十九篇有《大傳》爲據，《大傳》之書，人所誦習，鄭康成并爲之注，豈得皆不知而猶以爲《太誓》後得乎？知《大傳》以《太誓》與二十八篇並稱，當時固知其非矣。伏《書》之無《太誓》，四。《史記·周本紀》雖載有《太誓》，然《史記》網羅放失，非純據伏生之《書》。辨見前。如《周本紀》下文「斬紂頭」及「武王至於周，自夜不寐」之類，即引《逸周書》。其引《太誓》，烏知其必據伏《書》？伏《書》之無《太誓》，五。《漢書·董仲舒傳》，仲舒對策引「《書》曰」，即《太誓》之文。仲舒對策未及武帝之末，似伏《書》無《太誓》，何由引之？不知《春秋繁露》引《君陳》文亦稱「《書》曰」。若仲舒引「《書》曰」者必伏《書》，豈《君陳》亦伏《書》所有乎？伏《書》之無《太誓》，六。《漢書·武帝紀》，元朔元年，有司奏議曰「附下罔上者死」云云，文見《說苑·臣術篇》引《太誓》；又終軍白麟奇木之對，司馬相如封禪之奏，見《漢書·終軍傳》、《司馬相如傳》。皆未及武帝末年而皆已引《太誓》，似非據伏《書》而何？然諸所引不明言《太誓》。即以爲《太誓》，亦不過如董仲舒對策所引之例，未必即伏生《書》。伏《書》之無《太誓》，七。平當習歐陽《書》，見《漢書·儒林傳》。班伯習小夏侯《書》，見《漢書·儒林傳》、《敘傳》。而《漢書·平當傳》、《敘傳》，二家嘗引《太誓》。歐陽、大小夏侯即伏生所傳，似伏《書》當有《太誓》。然二家皆元、成以後人，爾時《太誓》入歐陽、大小夏侯《書》已久；二家既習歐陽、小夏侯《書》，自當肄業及之，其引《太誓》何足爲異？伏《書》之無《太誓》，八。《毛詩·思文》正義引《太誓》，曰：「有火自上復於下，至於王屋，流之爲雕。」《鄭注》曰：「『雕』當爲『雅』。」《史記·周本紀》作「流爲烏」，王氏《經義述聞》以爲作「雕」古文，作「烏」伏生今文。然考《史記》引《書》，每多改易其字，見於諸篇者班班可考，其作「烏」者，何以知其爲今文？伏《書》之無《太誓》，九。《漢書·藝文志》云：「劉向以中古文校歐陽、大小夏侯三家經文，《酒誥》脱簡一，《召誥》脱簡二，文字異者七百有餘，脱字數十。」似伏《書》無《太誓》，更當脱《太誓》一篇，何得止曰「脱簡」、「脱字」而已？不知劉向以古文校三家之説，乃劉歆所造。然即如其説，向校書在三家增《太誓》後，三家並有《太誓》，何得復以爲脱？伏《書》之無《太誓》，十。或謂古文雖劉歆所僞，然伏生篇數，歆必知之。伏《書》誠止二十八篇，則古文《太誓》并爲伏生所無，歆當以爲孔安國考二十八篇得多十七篇。今曰「考二十九篇得多十六篇」，以上據《漢書·藝文志》。《藝文志》即劉歆之言也。則伏《書》有《太誓》審矣。曰：其人之言，必當還以其人之言解之，方不鑿枘。歆之説以爲「共王得《書》」、「安國考二十九篇」皆在武帝之末。亦據《漢書·藝文志》，即爲劉歆之言。武帝末《太誓》既入博士《書》，故歆以「爲考二十九篇得多十六篇」。不然，「考二十九篇得多十六篇」及「《太誓》後得」皆歆《七略》之言，歆雖荒謬，何至矛盾若是乎？伏《書》之無《太誓》，十一。以十一説觀之，《書》二十八篇之爲全經益明，《序》百篇之爲僞作愈顯矣。

《書序》條辨

昔在帝堯，聰明文思，光宅天下，將遜於位，讓於虞舜。作《堯典》。

據今《堯典》，「月正元日」以下皆舜即位後事，經文班班可考。《序》唯言「將遜於位，讓於虞舜」，止及堯事，顯違經文。曾是出於孔門而有是邪？《正義》引鄭注以爲「舜之美事，在於堯時」。不知「月正元日」以下皆堯殂落後事。其堯時與否，豈鄭氏所能顛倒其説？蓋劉歆將別造《舜典》一篇，故於《堯典序》抹殺舜事一節，以彌縫其説。王肅所僞古文遂截「往欽哉」以上爲《堯典》，而別析「慎徽五典」以下爲《舜典》以求合《序》説，亦可謂幻中出幻矣。

虞舜側微，堯聞之聰明，將使嗣位，歷試諸難。作《舜典》。

古止有《堯典》，而無《舜典》。其《舜典》一篇，止見於古文及《書序》。其可疑有三。今《堯典》備載舜事，并總敘「徵庸」、「在位」生死年數以結之，是舜之事實已完，何得別有紀載？可疑一。《大學》引《堯典》作「帝典」。《孔叢子·論書篇》同。堯、舜同德，故紀録同篇。其《孟子》及伏生稱「堯典」者，蓋堯、舜同篇，而篇首曰「粤若稽古帝堯」，故即舉堯該之。否則堯、舜兩典各有其篇，《大學》單稱「帝典」，何以分别乎？可疑二。古文《舜典》雖不可見，然據《序》説如此。夫既謂之「典」，則一朝實録，徵信所關，豈有實事强羼先帝之篇，而本紀唯書勸進之事？蓋舜事既具《堯典》，不能重出，故作僞時敷衍遜位之事，以充其數。可疑三。以此觀之，《書序》之矯誣，尚足辨邪！《尚書中候·考河命》云：「曰若稽古帝舜，曰重華，欽翼皇象，授政改朔。」《太平御覽·皇王部》引。魏高堂隆《改朔議》，亦引《書》「粤若稽古帝舜，曰重華，建皇授政改朔」。見《宋書·禮志》。按：魏時劉歆古文傳布已久，所引當即歆古文；且歆總領圖讖，時竄僞經於緯候中以自證應，《中候》此文與十六篇逸《書》有《舜典》合，益可見其僞也。趙臺卿《孟子·萬章》章句并謂「《孟子》諸所言舜事，皆《舜典》及逸《書》所載」。然據《堯典》，則舜在下之時已有「蒸蒸艾不格姦」之效，豈有被舉之後，尚有殺舜及禁不得娶之事？此蓋戰國時人妄説而孟子未闢之。顧氏《日知録》已言之。乃近人猶惑於趙氏之説，取《孟子》所引以補《舜典》，顯然與《堯典》剌謬而不顧，豈非無目人哉！

《尚書大傳》之目，有《唐傳》、《虞傳》、《虞夏傳》、《夏傳》。《大傳》説《堯典》謂之《唐傳》，陳氏喬樅《今文尚書經説考》因謂「伏生以《舜典》爲《虞書》」。然《大傳》諸家所引者，無《舜典》一篇，且伏生不過以説唐事者謂之「唐」，説虞事者謂之

「虞」，合説虞、夏事者謂之「虞夏」，説夏事者謂之「夏」，隨事分合，文無定稱，無以見其有「舜典」也。

帝釐下土，方設居方，別生分類。作《汩作》、《九共》九篇、《槀飫》。

《尚書大傳》有《九共篇》，即劉歆所本。歆僞《左傳》所謂「八索九丘」，亦同此蹈襲也。《汩作》、《槀飫》今不可考，或歆時別有所本，未可知也。《大傳·九共篇》，非孔子《書》，辨見前。

皋陶矢厥謨，禹成厥功，帝舜申之。作《大禹》、《皋陶謨》、《棄稷》。

禹別九州，隨山濬川，任土作貢。

《史記·河渠書》云：「以別九州，隨山浚川，任土作貢。」即劉歆所本。《序》本《史記》，文字仍有異同，蓋有意爲之以泯其迹。今但明其勦襲，小小異同，不暇詳也。

啟與有扈，戰於甘之野。作《甘誓》。

《史記·夏本紀》云：「有扈氏不服，啟伐之，大戰於甘，將戰，作《甘誓》。」即劉歆所本。

太康失邦，兄弟五人須於洛汭。作《五子之歌》。

《史記·夏本紀》云：「帝太康失國，昆弟五人須於雒汭，作《五子之歌》。」即劉歆所本。

羲和湎淫，廢時亂日，胤往征之。作《胤征》。

《史記·夏本紀》云：「帝中康時，羲和湎淫，廢時亂日，胤往征之，作《胤征》。」即劉歆所本。

自契至於成湯八遷，湯始居亳，從先王居，作《帝告》、《釐沃》。

《史記·殷本紀》云：「成湯，自契至湯八

遷，湯始居亳，從先王居，作《帝誥》。」即劉歆所本。《序》有《釐沃》，而《史記》無之。歆或採自他書增之以足百篇之數者也。

湯征諸侯，葛伯不祀，湯始征之。作《湯征》。

《史記・殷本紀》云：「湯征諸侯。葛伯不祀，湯始伐之。作《湯征》。」即劉歆所本。

伊尹去亳適夏，既醜有夏，復歸於亳，入自北門，乃遇汝鳩、汝方。作《汝鳩》、《汝方》。

《史記・殷本紀》云：「伊尹去湯適夏，既醜有夏，復歸於亳，入自北門，遇女鳩、女房。作《女鳩》、《女房》。」即劉歆所本。

湯既勝夏，欲遷其社，不可。作《夏社》、《疑至》、《臣扈》。

《史記・殷本紀》云：「湯既勝夏，欲遷其社，不可，作《夏社》。」即劉歆所本。《序》有《疑至》、《臣扈》，而《史記》無之，亦歆增之以足百篇之數者也。

伊尹相湯伐桀，升自陑，遂與桀戰於鳴條之野。作《湯誓》。

《史記・殷本紀》云：「伊尹從湯，湯自把鉞以伐昆吾，遂伐桀。作《湯誓》。」即劉歆所本。

夏師敗績，湯遂從之。遂伐三朡，俘厥寶玉。誼伯、仲伯作《典寶》。

《史記・殷本紀》云：「夏師敗績，湯遂伐三朡，俘厥寶玉，義伯、仲伯作《典寶》。」即劉歆所本。

湯歸自夏，至於大坰，中虺作誥。

《史記・殷本紀》云：「湯歸至於泰卷陶，中𤳳作誥。」即劉歆所本。

湯既黜夏，命復歸於亳。作《湯誥》。

《史記·殷本紀》云：「既黜夏命，還亳，作《湯誥》。」即劉歆所本。

伊尹作《咸有一德》。

《史記·殷本紀》云：「伊尹作《咸有一德》。」即劉歆所本。

咎單作《明居》。

《史記·殷本紀》云：「咎單作《明居》。」即劉歆所本。

成湯既没，太甲元年，伊尹作《伊訓》、《肆命》、《徂后》。

《史記·殷本紀》云：「帝太甲元年，伊尹作《伊訓》，作《肆命》，作《徂后》。」即劉歆所本。

太甲既立，不明，伊尹放諸桐，三年，復歸於亳，思庸。伊尹作《太甲》三篇。

《史記·殷本紀》云：「帝太甲既立三年，不明，暴虐不遵湯法，亂德。於是伊尹放之於桐宮，三年。伊尹攝行政當國，以朝諸侯。帝太甲修德，諸侯咸歸殷，百姓以寧。伊尹嘉之，迺作《太甲訓》三篇。」即劉歆所本。

沃丁既葬伊尹於亳，咎單遂訓伊尹事，作《沃丁》。

《史記·殷本紀》云：「帝沃丁之時，伊尹卒。既葬伊尹於亳，咎單遂訓伊尹事，作《沃丁》。」即劉歆所本。

伊陟相大戊，亳有祥，桑穀共生於朝，伊陟贊於巫咸，作《咸乂》四篇。

《史記·殷本紀》云：「帝太戊立，伊陟爲相，亳有祥，桑穀共生於朝，一暮大拱。帝太戊懼，問伊陟，伊陟曰：『臣聞妖不勝德，帝之政其有闕與？帝其修德。』太戊從之，而祥桑枯死而去。伊陟贊言於巫咸。巫咸治王家有成，作《咸艾》、作

《太戊》。」即劉歆所本。《史記》有《太戊》而《序》無之，是即《史記》非采《書序》之明證。彼猶固執《史記》采《書序》之説者，妄也。辨亦見前。

太戊贊於伊陟，作《伊陟》、《原命》。

《史記·殷本紀》云：「太戊贊伊陟於廟，言弗臣，伊陟讓。作《原命》。」即劉歆所本。《序》有《伊陟》而《史記》無之，亦歆增之以足百篇之數者也。

仲丁遷於囂，作《仲丁》。

《史記·殷本紀》云：「帝仲丁遷於隞。」即劉歆所本。

河亶甲居相，作《河亶甲》。

《史記·殷本紀》云：「河亶甲居相。」即劉歆所本。

祖乙圮於耿，作《祖乙》。

《史記·殷本紀》云：「祖乙遷於邢。」即劉歆所本。

盤庚五遷，將治亳，殷民咨胥怨。作《盤庚》三篇。

《史記·殷本紀》云：「帝盤庚之時，殷已都河北。盤庚渡河南，復居成湯之故居。殷民咨胥皆怨，不欲徙。盤庚乃誥喻諸侯大臣曰：『昔高后成湯，與爾之先祖俱定天下，法則可修，舍而弗勉，何以成德！』乃遂涉河，南治亳，行湯之政。然後百姓由寧，殷道復興，諸侯來朝，以其遵成湯之德也。帝盤庚崩，百姓思盤庚，乃作《盤庚》三篇。」《序》以爲遷時作，《史記》以爲盤庚崩後作，顯然不同。《史記》非采《書序》，亦其證也。《序》與《史記》異者，《盤庚》、《高宗肜日》、《高宗之訓》、二篇合序。《文侯之命》、《秦誓》五篇。《序》本《史記》，而復有異同者，蓋作僞時故爲錯迕，以泯其迹。猶王肅所僞古文勦襲諸書，仍故作異同耳，不足爲異。難者或曰：《序》采《史記》可有異同，然則《史記》采《序》，何以不可有異同？答曰：《序》采《史記》而有異同，蓋由有意爲之，以泯其勦襲。若《史記》采摭古書，方求徵信，聲音訓詁之通借，先後詳略之同異，則或有之，何嫌何疑，使之剌謬至此乎？《史記》之非采《書序》，斷矣。

高宗夢得說，使百工營求諸野，得諸傅巖。作《說命》三篇。

《史記·殷本紀》云：「武丁夜夢得聖人，名曰說，以夢所見視羣臣百吏，皆非也。於是迺使百工營求之野，得說於傅險中。」即劉歆所本。

高宗祭成湯，有飛雉升鼎耳而雊，祖己訓諸王，作《高宗肜日》、《高宗之訓》。

《尚書大傳》云：「武丁祭成湯，有飛雉升鼎耳而雊。」《史記·殷本紀》云：「帝武丁祭成湯，明日，有飛雉登鼎耳而呴，祖己乃訓王。武丁修政行德，殷道復興。帝武丁崩，祖己嘉武丁之以祥雉爲德，立其廟爲高宗，遂作《高宗肜日》及《訓》。」《序》以爲祖己訓王時作，《史記》以爲武丁崩後作，不同，《史記》非采《書序》，亦其證也。

殷始咎周，周人乘黎。祖伊恐，奔告於受。作《西伯戡黎》。

《史記·殷本紀》云：「西伯伐飢國，滅之，紂之臣祖伊聞之而咎周，恐，奔告紂。」即劉歆所本。

殷既錯天命，微子作誥，父師、少師。

唯十有一年，武王伐殷。一月戊午，師渡孟津。作《太誓》三篇。

《史記・周本紀》云：「以東伐紂。十一年十二月戊午，師畢渡盟津。武王乃作《太誓》。」即劉歆所本。唯《史記》作「十二月」而《序》作「一月」，蓋殷之十二月即周之正月，《序》用周正。然既改十二月爲一月，自當稱爲十二年。《吕氏春秋・首時篇》，武王立十二年而成甲子之事，蓋以周正計。《序》仍曰「十一年」，此其妄也。《漢書・律曆志》引《書序》亦作「十一年」，知非傳寫之誤。

武王戎車三百兩，虎賁三百人，與受戰於牧野。作《牧誓》。

《史記・周本紀》云：「遂率戎車三百乘，虎賁三千人，甲士四萬五千人，以東伐紂。二月甲子昧爽，武王朝至於商郊牧野，乃誓。」即劉歆所本。唯《序》「虎賁三百人」，《史記》作「三千人」。《孟子・盡心篇》亦作「三千人」。考《後漢書・順帝紀》注引《漢官儀》曰：「《書》稱虎賁三百人。」《漢官儀》之説即本《書序》。又，《墨子・明鬼篇》以爲「武王虎賁之卒四百人」，《風俗通・三王篇》以爲「《尚書》武王虎賁八百人」，是古虎賁之數，最多異説，《書序》改「三千」爲「三百」，未可遽以爲後來傳寫之譌。孫氏星衍《尚書今古文注疏》云：「《司馬法》云『革車一乘，士十人』，《樂記》云『虎賁之士説劍』，則虎賁即士也。一乘十人，三百兩則三千人矣。」據此，則《序》之作「虎賁三百人」者，謬也。

武王伐殷，往伐歸獸，識其政事。作《武成》。

《史記・周本紀》云：「乃罷兵西歸，行狩，記政事，作《武成》。」即劉歆所本。

武王勝殷殺受，立武庚，以箕子歸。作《洪範》。

《史記・周本紀》云：「乃出，封商紂子禄父殷之餘民。已而命召公釋箕子之囚。武王已克殷後二年，問箕子殷所以亡，箕子不忍言殷惡，以存亡國宜告。武王亦醜，故問以天道。」《宋世家》云：「武王封紂子武庚、禄父以續殷祀。武王既克殷，訪問箕子。」即劉歆所本。

武王既勝殷，邦諸侯，班宗彝。作《分器》。

《史記・周本紀》云：「封諸侯，班賜宗彝，作《分殷之器物》。」即劉歆所本。

西旅獻獒，太保作《旅獒》。

巢伯來朝，芮伯作《旅巢命》。

武王有疾，周公作《金縢》。

《史記・魯世家》云：「武王有疾不豫，周公於是乃自以爲質，告於太王、王季、文王。周公藏其策金縢匱中。」即劉歆所本。

武王崩，三監及淮夷叛，周公相成王，將黜殷。作《大誥》。

《史記・周本紀》云：「管叔、蔡叔羣弟疑周公，與武庚作亂畔周，周公奉成王命伐誅武庚、管叔，放蔡叔。故初作《大誥》。」《魯世家》云：「管、蔡、武庚等果率淮夷而反，周公乃奉成王命興師東伐，作《大誥》。」即劉歆所本。

成王既黜殷命，殺武庚，命微子啟代殷後，作《微子之命》。

《史記・周本紀》云：「周公奉成王命伐誅武庚，以微子開代殷後。作《微子之命》。」《宋世家》云：「周公既承成王命誅武庚，乃命微子開代殷後，作《微子之命》以申之。」即劉歆所本。

唐叔得禾，異畝同穎，獻諸天子，王命唐叔歸周公於東，作《歸禾》。

《史記·周本紀》云：「晉唐叔得嘉穀，獻之成王，成王以歸周公於兵。所作《歸禾》。」《魯世家》云：「唐叔得禾，異母同穎，獻之成王，成王命唐叔以餽周公於東土，作《餽禾》。」即劉歆所本。

周公既得命禾，旅天子之命，作《嘉禾》。

《史記·周本紀》云：「周公受禾東土，魯天子之命。作《嘉禾》。」《魯世家》云：「周公既受命禾，嘉天子命，作《嘉禾》。」即劉歆所本。

成王既伐管叔、蔡叔，以殷餘民封康叔。作《康誥》、《酒誥》、《梓材》。

《史記·衛世家》云：「周公旦以成王命興師伐殷，殺武庚、禄父、管叔，放蔡叔，以武庚殷餘民封康叔爲衛君，乃申告康叔。故謂之《康誥》、《酒誥》、《梓材》以命之。」即劉歆所本。

成王在豐，欲宅洛邑，使召公先相宅。作《召誥》。

《尚書大傳》云：「成王在豐，欲宅洛邑，使召公先相宅。」《史記·周本紀》云：「成王在豐，使召公復營洛邑。作《召誥》。」即劉歆所本。

召公既相宅，周公往營成周，使來告卜。作《洛誥》。

《史記·周本紀》云：「周公復卜，申視卒營築。作《洛誥》。」即劉歆所本。

成周既成，遷殷頑民，周公以王命誥，作《多士》。

周公作《無逸》。

《史記·周本紀》云：「成王既遷殷遺民，周公以王命告。作《多士》、《無佚》。」《魯世家》云：「乃作《多士》，作《毋逸》。」即劉歆所本。

召公爲保，周公爲師，相成王爲左右，召公不說，周公作《君奭》。

《史記·周本紀》云：「召公爲保，周公爲師。」《燕世家》云：「成王既幼，周公攝政，當國踐祚，召公疑之。作《君奭》。」《列子·楊朱篇》云：「周公攝天子之政，召公不悅，四國流言。」即劉歆所本。

成王東伐淮夷，遂踐奄，作《成王征》。

《尚書大傳》云：「遂踐奄。」《史記·周本紀》云：「東伐淮夷，殘奄。」即劉歆所本。

成王既踐奄，將遷其君於蒲姑，周公告召公。作《將蒲姑》。

《史記·周本紀》云：「東伐淮夷，殘奄，遷其君薄姑。」即劉歆所本。

成王歸自奄，在宗周，誥庶邦。作《多方》。

《史記·周本紀》云：「成王自奄歸，在宗周，作《多方》。」即劉歆所本。

成王既黜殷命，滅淮夷，還歸在豐。作《周官》。

《史記·周本紀》云：「既黜殷命，襲淮夷，歸在豐，作《周官》。」《魯世家》云：「成王在豐，天下已安，周之官政未次序，於是周公作《周官》。」即劉歆所本。

周公作《立政》。

《史記·魯世家》云：「官別其宜，作《立政》。」即劉歆所本。

成王既伐東夷，肅慎來賀，王俾榮伯，作《賄肅慎之命》。

《史記·周本紀》云：「成王既伐東夷，息慎來賀，王賜榮伯，作《賄息慎之命》。」即劉歆所本。

周公在豐，將沒，欲葬成周。公薨，成王葬於畢，告周公。作《亳姑》。

《尚書大傳》云：「周公致政封魯。三年

之後，周公老於豐，心不敢遠成王，而欲事文、武之廟。然後周公疾，曰：『吾死必葬於成周，示天下臣於成王。』成王曰：『周公生欲事宗廟，死欲聚骨於畢。』畢者，文王之墓也。故周公薨，成王不葬於成周，而葬之於畢，示天下不敢臣也。」《史記·魯世家》云：「周公在豐，病，將歿，曰：『必葬我成周，以明吾不敢離成王。』周公既卒，成王亦讓，葬周公於畢。」即劉歆所本。

周公既没，命君陳分正東郊成周。作《君陳》。

《禮記·坊記》、《緇衣》引《君陳》，即劉歆所本。

成王將崩，命召公、畢公率諸侯相康王。作《顧命》。

《史記·周本紀》云：「成王將崩，乃命召公、畢公率諸侯以相太子而立之。作《顧命》。」即劉歆所本。

康王既尸天子，遂誥諸侯。作《康王之誥》。

《史記·周本紀》云：「康王即位，徧告諸侯。作《康誥》。」即劉歆所本。

康王命作册畢，分居里，成周郊。作《畢命》。

《史記·周本紀》云：「康王命作策畢公，分居里，成周郊，作《畢命》。」即劉歆所本。

穆王命君牙爲周大司徒，作《君牙》。

《禮記·緇衣》引《君雅》，即劉歆所本。

穆王命伯冏爲周大僕正，作《冏命》。

《史記·周本紀》云：「穆王閔文、武之道缺，乃命伯臩申誡太僕國之政，作《臩命》。」即劉歆所本。

蔡叔既没，王命蔡仲踐諸侯位。作《蔡仲之

命》。

《史記·管蔡世家》云：「蔡叔度既遷而死，其子曰胡。胡乃改行，率德馴善。周公聞之，而舉胡以爲魯卿士，魯國治。於是言於成王，復封胡於蔡，以奉蔡叔之祀，是爲蔡仲。」《左傳》定四年云：「見諸王而命之以蔡。」即劉歆所本。

魯侯伯禽宅曲阜，徐夷並興，東郊不開。作《費誓》。

《史記·魯世家》云：「伯禽即位之後，有管、蔡等反也。淮夷、徐戎亦並興，反。於是伯禽率師伐之於肹，作《肹誓》。」即劉歆所本。

呂命，穆王訓夏贖刑。作《呂刑》。

《史記·周本紀》云：「甫侯言於王，作修刑辟。命曰《甫刑》。」即劉歆所本。

平王錫晉文侯秬鬯、圭瓚。作《文侯之命》。

《史記·晉世家》云：「天子使王子虎命晉侯爲伯，賜大輅，彤弓矢百，玈弓矢千，秬鬯一卣，珪瓚，虎賁三百人。周作《晉文侯命》。」《序》以爲平王錫晉文侯，《史記》以爲襄王錫晉文公，彼此不同。《史記》非采《書序》，亦其證也。

《經典釋文》云：「馬本無『平』字。」然《正義》引鄭注云：「『義』讀爲『儀』，儀、仇皆訓匹也，故名『仇』，字『儀』。」據此，則鄭本有「平」字，文侯非重耳，與《史記》異矣。鄭本亦出於杜林，爲劉歆以來相傳之本。且鄭注明謂文侯爲仇，如非杜、賈以來有此説，鄭氏何以稱之？《正義》引王肅云：「遭天之大愆，謂幽王爲犬戎所殺。」肅亦古文之學，兼好與鄭爲難，如非杜、賈舊説如此，何以亦同此説？馬本無「平」字，特其偶漏耳。馬注今引見諸書者，亦無以爲晉文公重耳明文。考《新序·善謀篇》亦以爲晉文公重耳，《史記》亦無平王錫晉文侯事，知西漢以前本無異論。其以爲平王錫晉文侯者，特《書序》之妄耳。據《史記·秦本紀》，犬戎之難，平王室者唯秦襄公。《周本紀》、《晉世家》皆無晉文侯勤王之事，文侯何功德於周而受此錫命？唯《左傳》隱六年云「周之東遷，晉、鄭焉依」，《國語·鄭語》云「晉文侯於是乎定天子」，與《書序》合。《書序》、《左傳》、《國語》皆劉歆之學，其爲一綫，又何疑乎？

秦穆公伐鄭，晉襄公帥師敗諸崤。還歸，作《秦誓》。

《史記·秦本紀》云：「繆公復益厚孟明等，使將兵伐晉，以報殽之役。晉人皆城守不敢出。於是繆公乃自茅津渡河，封殽中尸，爲發喪，哭之三日，乃誓於軍，以申思不用蹇叔、百里傒之謀，故作此誓。」《序》以爲敗殽還歸即誓，《史記》以爲報殽役封尸後乃誓，兩說不同。《史記》非采《書序》，亦其證也。又《序》敗殽還歸即誓之說與《左傳》同。《書序》、《左傳》皆出於劉歆，其爲一手僞造，斷然矣。

《尚書》篇目異同真僞表

《書序》之僞明，百篇之妄袪矣。然篇目真僞雜出，今古淆亂。且真《書》中亦自有辨，有孔子之《書》，有孔子未修之《書》，異說繽紛。學者耳目猶易惑焉，今以伏生所傳二十八篇，爲孔子定制之《書》，經傳諸子及《史記》所引篇名，爲孔子未修之《書》。《書序》暨十六篇僞古文之目附於下，分而表之。劉歆以後，《書序》大行，諸儒徵引均祖之。既明《書序》之僞，根本既除，枝葉自去，今置不議。其王肅所僞古文，辨之皆明，亦不復列焉。

伏生書篇目	經傳諸子引書篇目	史記引書篇目	書序篇目	十六篇僞古文篇目
堯典第一	堯典《孟子・萬章》。○《禮記・大學》作「帝典」。		堯典第一	
			舜典第二	舜典
			汩作第三	汩作
	九共《尚書大傳》。		九共九篇第四	九共九篇
			槀飫第五	
			大禹謨第六	大禹謨
皋陶謨第二			皋陶謨第七	
			棄稷第八	
禹貢第三			禹貢第九	
甘誓第四		甘誓《夏本紀》。	甘誓第十	

		五子之歌《夏本紀》。	五子之歌第十一	
		胤征《夏本紀》。	胤征第十二	胤征
	帝告《尚書大傳》。	帝誥《殷本紀》。	帝告第十三	
			釐沃第十四	
		湯征《殷本紀》。	湯征第十五	
		女鳩《殷本紀》。	汝鳩第十六	
		女房《殷本紀》。	汝方第十七	
		夏社《殷本紀》。	夏社第十八	
			疑至第十九	
			臣扈第二十	
湯誓第五	湯誓《孟子・梁惠王》，《國語・周語》，《墨子・尚賢》。○説見前。	湯誓《殷本紀》。	湯誓第二十一	

		典寶《殷本紀》。	典寶第二十二	
	仲虺之告《墨子·非命》。○《左傳》襄三十年作「仲虺之志」。	中𤳳之誥《殷本紀》。	仲虺之誥第二十三	
		湯誥《殷本紀》。	湯誥第二十四	湯誥
		咸有一德《殷本紀》。	咸有一德第二十五	
		明居《殷本紀》。	明居第二十六	
	伊訓《孟子·萬章》。	伊訓《殷本紀》。	伊訓第二十七	伊訓
		肆命《殷本紀》。	肆命第二十八	
		徂后《殷本紀》。	徂后第二十九	
	太甲《禮記·表記》、《緇衣》、《大學》,《孟子·公孫丑》、《離婁》,	太甲訓三篇《殷本紀》。	太甲三篇第三十	

	《説苑·敬慎》。〇西漢伏《書》既定一尊，諸儒引者咸本之。今既録伏《書》，且以文繁悉不載，唯取在伏《書》外者録之。			
		沃丁《殷本紀》。	沃丁第三十一	
		咸艾《殷本紀》。	咸乂四篇第三十二	
			伊陟第三十三	
		原命《殷本紀》。	原命第三十四	
			仲丁第三十五	
			河亶甲第三十六	
			祖乙第三十七	

般庚第六	盤庚之誥《左傳》哀十一年。	盤庚三篇《殷本紀》。○《吴世家》作「盤庚之誥」。	盤庚三篇第三十八	
	兑命《禮記・文王世子》、《學記》、《表記》、《緇衣》。○《尚書大傳》作「説命」。		説命三篇第三十九	
高宗肜日第七		高宗肜日《殷本紀》。	高宗肜日第四十	
		高宗之訓《殷本紀》。	高宗之訓第四十一	
西伯戡耆第八			西伯戡黎第四十二	
微子第九			微子第四十三	
	太誓《禮記・坊記》,《左傳》成二年、	太誓《周本紀》,《齊世家》。	太誓三篇第四十四	

	昭元年、二十四年，《孟子·滕文公》，《萬章》，《國語·周語》、《鄭語》，《荀子·議兵》，《管子·法禁》，《墨子·尚同》、《兼愛》、《天志》、《非命》，《尚書大傳》，《説苑·臣術》。			
牧誓第十		牧誓《魯世家》。	牧誓第四十五	
	武成《孟子·盡心》。	武成《周本紀》。	武成第四十六	武成
洪範第十一			洪範第四十七	
		分殷之器物《周本紀》。	分器第四十八	
			旅獒第四十九	
			旅巢命第五十	

大誥第十二今文 《大誥》在《金縢》前，與《書序》不同。		大誥《周本紀》、《魯世家》。	金縢第五十一	
金縢第十三			大誥第五十二	
		微子之命《周本紀》，《宋世家》。	微子之命第五十三	
		歸禾《周本紀》。○《魯世家》作「餽禾」。	歸禾第五十四	
	嘉禾《尚書大傳》。	嘉禾《周本紀》，《魯世家》。	嘉禾第五十五	
康誥第十四	康誥《禮記·緇衣》、《大學》，《左傳》僖三十三年、昭二十年、定四年，《孟子·萬章》，《荀子·富國》。	康誥《周本紀》，《衛世家》。	康誥第五十六	

酒誥第十五		酒誥《周本紀》,《衛世家》。	酒誥第五十七	
梓材第十六		梓材《周本紀》,《衛世家》。	梓材第五十八	
召誥第十七		召誥《周本紀》。	召誥第五十九	
雒誥第十八		洛誥《周本紀》。	洛誥第六十	
多士第十九		多士《周本紀》,《魯世家》。	多士第六十一	
毋佚第二十		無佚《周本紀》。○《魯世家》作「毋逸」。	無逸第六十二	
君奭第二十一	君奭《禮記・緇衣》。	君奭《燕世家》。	君奭第六十三	
			成王征第六十四	

			將蒲姑第六十五	
多方第二十二		多方《周本紀》。	多方第六十六	
		周官《周本紀》，《魯世家》。	周官第六十七	
立政第二十三		立政《魯世家》。	立政第六十八	
		賄息慎之命《周本紀》。	賄肅慎之命第六十九	
			亳姑第七十	
	君陳《禮記·坊記》、《緇衣》。		君陳第七十一	
顧命第二十四		顧命《周本紀》。	顧命第七十二	
		康誥《周本紀》。○《書序》「康王之誥」，《史記》本作「康誥」。	康王之誥第七十三	

		畢命《周本紀》。	畢命第七十四	
	君雅《禮記·緇衣》。		君牙第七十五	
	臩命《尚書大傳》。	臩命《周本紀》。	冏命第七十六	冏命
	蔡仲之命《左傳》定四年。		蔡仲之命第七十七	
鮮誓第二十五		肹誓《魯世家》。	費誓第七十八	
甫刑第二十六	甫刑《禮記·表記》、《緇衣》，《孝經》。○《墨子·尚賢》、《尚同》作「吕刑」。	甫刑《周本紀》。	吕刑第七十九	
文侯之命第二十七		晉文侯命《晉世家》。	文侯之命第八十	
秦誓第二十八	秦誓《禮記·大學》。	秦誓《秦本紀》。	秦誓第八十一	

	禹誓《墨子·兼愛》、《明鬼》。○説見前。	太戊《殷本紀》。此篇《書序》無。		
	夏訓《左傳》襄四年。			
	武觀《墨子·非樂》。			
	湯説《墨子·兼愛》。○説見前。			
	官刑《墨子·非樂》。			
	尹吉《禮記·緇衣》。○鄭注「吉」當爲「告」,《書序》以爲「咸有一德」。按所引雖有「咸有一德」之言,而明日「尹吉」,篇名顯異。即以「吉」爲「告」,亦不能以辭句偶同,即斷			

爲《咸有一德》。鄭注不足據。

高宗《禮記·坊記》。○按所引非高宗之言，而曰「高宗云」，其爲篇名可知。人名名篇，《太甲》即其例，未必即《高宗之訓》也。

大戰《尚書大傳》。

伯禽《左傳》定四年。

唐誥《左傳》定四年。

揜誥《尚書大傳》。

多政《尚書大傳》。

	右凡二十八篇	
相年《墨子・尚同》。	右凡三十三篇	
	右凡五十三篇	
	右凡百篇	豐刑《漢書・律曆志》。○劉歆以後引《書》篇名者，率本《書序》，兹不復載。唯《律曆志》引此篇出《書序》外，故并録之，附於《書序》篇目後，從其類也。
	右凡十六篇	

新學僞經考卷十三終

弟子韓文舉、陳千秋初校。
弟子林　奎、梁啟超覆校。

新學僞經考卷十四

劉向經説足證僞經考第十四

漢大儒領袖當時，傳書今日者，自史遷外，董仲舒、劉向而已。孔子改制，統於《春秋》。仲舒傳《公羊》，向傳《穀梁》，皆博極羣書，兼通六藝，得孔子之學者也。然考孔子真經之學，必自董子爲入門；考劉歆僞經之學，必以劉向爲親證。二子者各有宜焉。蓋人以爲《七略》出於劉向而信之，不知其盡出於歆也；又以爲《别録》出於劉向而信之，不知其亦僞於歆也。然歆之作僞，自龔勝、公孫禄以來，人多疑之，但不知其徧僞羣經。故東漢校書高才，莫不尊信，終以託於中祕，莫得而攻焉。今爲之證其僞曰：歆任校書，向亦任校書，凡歆所見之書，向亦見之，歆不能出向外也。以向説考歆，無不鑿枘。向則今學説也，歆則古學説也，則真僞具白矣。歆早料天下將以向之説攻之，故於僞造《左傳》，則云「向不能難」，於僞造《周官》，則云「向不能識」。所以拒塞天下之口者，防之早密矣。夫向之陳外家封事也，折王氏，而歆以宗室子，佐莽篡漢。向之尊述六經也，守孔學，而歆以世儒業，而抑儒篡孔。向之持守《魯詩》也，奉元王，而歆以作僞經，而誣父悖祖。其爲臣、爲弟、爲子，果何如也？今採《向傳》及《五行志》、《説苑》、《新序》、《列女傳》

屬門人新會梁啟超剌取經說，與歆僞經顯相違忤者，録著於篇。倘以歆之說爲可信乎，則向說其反僞邪非歟！

周大夫祭伯乖離不和，出奔於魯，而《春秋》爲諱，不言來奔。

《左傳》：「祭伯來，非王命也。」不以爲出奔。

是後尹氏世卿而專恣。

僞《左傳》欲没《春秋》譏世卿之義，而改「尹氏」爲「君氏」，以王朝大夫爲侯國夫人，可哂極矣。見《左傳僞證》。

周室多禍，晉敗其師於貿戎。

成元年：「秋，王師敗績於貿戎。」《公羊傳》：「孰敗之？蓋晉敗之也。」僞《左傳》乃以爲「戎敗之」。

王者必通三統。

此《公羊》大義，《春秋繁露·三代改制質文篇》發之至詳。僞《左》無之。

以上《漢書·劉向傳》。按《向傳》有「上方精於《詩》、《書》，觀古文」，此是歆僞竄者，向時無古文。

田狩有三驅之制。

師古曰：「三驅之禮，一爲乾豆，二爲賓客，三爲充君之庖。」此《王制》、《公》、《穀》之禮。

《春秋》桓公十四年：「八月壬申，御廩災。」劉向以爲：「御廩，夫人八妾所舂米，藏之以奉宗廟者也。❶時夫人有淫行，挾逆心，天戒若曰：『夫人不可以奉宗廟。』桓不寤，與夫人俱會齊。夫人譖桓公於齊侯，齊侯殺桓公。」劉歆以爲：「御廩，公所親耕藉田以奉粢盛者也，棄法度亡禮之應也。」

❶「藏之」，《漢書·五行志上》作「之臧」，從上讀。

按：劉向説「夫人八妾」，亦「一娶九女」之證。

釐公二十五年：❶「五月己酉，❷西宮災。」劉向以爲：「釐立妾母爲夫人，以入宗廟，故天災愍宮。」《左氏》以爲：「西宮者，公宮也，言西，知有東。」

向説與《孟子》「毋以妾爲妻」同，孔子大義也。歆説杜撰。

宣公十六年：「夏，成周宣榭火。」劉向以爲：「十五年，王札子殺召伯、毛伯，天子不能誅。天戒若曰：『不能行政令，何以禮樂爲而藏之？』」《左氏經》曰：「成周宣榭火，人火也。人火曰火，天火曰災。榭者，講武之坐屋。」

「火」與「災」，《公羊》無兩義，❸歆爲僞《左》妄説。

桓公元年：❹「秋，大水。」劉向以爲：「桓弑兄隱公，民臣痛隱而賤桓。後宋督弑其君，諸侯會，將討之，桓受宋賂而歸，又背宋，諸侯由是伐魯。」劉歆以爲：「桓易許田，不祀周公。」

歆每事必與向反，而最惡《春秋》之誅亂賊。至其所尊者，則周公也。許田爲魯朝宿邑，實王田，不得有周公廟，即有，亦爲別廟。安有因易田而不祀周公者乎？詳見《左氏僞證》。

隱公九年：「三月癸酉，大雨，震電。庚辰，大雨雪。」大雨，雨水也；震，雷也。劉歆以爲：「三月癸酉，於曆數春分後一日，始震

❶「二十五年」，《漢書補注·五行志》無「五」字，當是。

❷「己酉」，據錢大昭《漢書辨疑》、《左傳》及南雍本、閩本《漢書》俱作「乙巳」。

❸「公羊」，重刻本作「公穀」。

❹「元」，原作「二」，據《春秋》及《漢書·五行志》改。

雹之時，當雨，而不當大雨。大雨，常雨之罰也。」劉向以爲：「周三月，今正月也，當雨水，雪雜雨，雷電未可以發也。」

釐公十五年：「九月己卯晦，震夷伯之廟。」劉向以爲：「晦，暝也。震，雷也。夷伯，世大夫，正晝雷其廟獨冥，❶天戒若曰：『勿使大夫世官，將專事，暝晦。』明年，公子季友卒，果世官。劉歆以爲：「《春秋》及朔言朔，及晦言晦，人道所不及，則天震之。展氏有隱慝，故天加誅於其祖夷伯之廟，以譴告之也。」

歆最惡《春秋》之義。故向屢言譏世卿，而歆必易之。

宣公三年：「郊牛之口傷，改卜牛，牛死。」劉向以爲：「近牛禍也。是時宣公與公子遂謀共殺子赤而立，又以喪娶。」

宣元年《左傳》云：「公子遂如齊逆女，尊君命也，遂以夫人婦姜至自齊，尊夫人也。」欲没《春秋》譏喪娶之義。歆非爲墨，何至主張喪娶？可謂全無人心者矣。

成公五年：「夏，梁山崩。」劉向以爲：「梁山在晉地，自晉始而及天下也。」劉歆以爲：「梁山，晉望也。古者三代命祀，祭不越望，吉凶禍福，不是過也。」

隱公三年：「二月己巳，日有食之。」《穀梁傳》曰：「言日不言朔，食晦。」《公羊傳》曰：「食二日。」劉向以爲：「其後戎執天子之使，鄭獲魯隱，滅戴，衛、魯、宋咸殺君。」《左氏》、劉歆以爲：「正月二日，燕、越之分野也。凡日所躔而有變，❷則分野之國失政者

❶ 「晝」，原作「書」，據《漢書·五行志》改。

❷ 「躔」，原作「纏」，據《漢書·五行志下》改。

受之。周衰，天子不班朔，魯曆不正，置閏不得其月，月大小不得其度。史記日食，或言朔而實非朔，或不言朔而實朔，或脱不書朔與日，皆官失之也。」

歆以《春秋》爲斷爛朝報，故屢有此説。

桓公三年：「七月壬辰，日有食之，既。」劉向以爲：「前事已大，後事將至者又大，則既。先是魯、宋弑君，魯又成宋亂，易許田，亡事天子之心；楚僭稱王。後鄭拒王師，射桓王；又二君相簒。」劉歆以爲：「六月，趙與晉分。先是晉曲沃伯再弑晉侯，是歲晉大亂，滅其宗國。」

十七年：「十月朔，日有食之。」劉向以爲：「是時衛侯朔有罪出奔齊，天子更立衛君。朔藉助五國，舉兵伐之而自立，王命遂壞。魯夫人淫失於齊，卒殺威公。」劉歆以爲：「楚、鄭分。」

嚴公十八年：「三月，日有食之。」劉向以爲：「周天子不明，齊桓將奪其威。」劉歆以爲：「晦，魯、衛分。」

二十六年：「十二月癸亥朔，日有食之。」劉向以爲：「時戎侵曹，魯夫人淫於慶父、叔牙，將以弑君，故比年再蝕以見戒。」劉歆以爲：「十月二日，楚、鄭分。」

三十年：「九月庚午朔，日有食之。」劉向以爲：「後魯二君弑，夫人誅，兩弟死，狄滅邢，徐取舒，晉殺世子，楚滅弦。」劉歆以爲：「八月，秦、周分。」

僖公五年：「九月戊申朔，日有食之。」劉向以爲：「晉滅虢，楚圍許，諸侯伐鄭，晉弑二君，狄滅温，楚伐黃，齊桓不能救。」劉歆以爲：「七月，秦、晉分。」

十二年：「三月庚午朔，日有食之。」劉向以爲：「是時楚滅黃，狄侵衛、鄭，莒侯滅杞。」

劉歆以爲：「三月，齊、衛分。」

十五年：「五月，日有食之。」劉向以爲：「象晉文公將行伯道。」劉歆以爲：「二月朔，齊、越分。」

文公元年：「二月癸亥，日有食之。」劉向以爲：「先是大夫始執國政，公子遂如京師；後楚世子商臣殺父，齊公子商人弒君，皆自立；宋子哀出奔，晉滅江，楚滅六，大夫公孫敖、叔彭生並專會盟。」劉歆以爲：「正月朔，燕、越分。」

十五年：「六月辛丑朔，日有食之。」劉向以爲：「後宋、齊、莒、晉、鄭八年之間，五君殺死，楚滅舒、蓼。」劉歆以爲：「四月二日，魯、衛分。」

宣公十年：「四月丙辰，日有食之。」劉向以爲：「後陳夏徵舒弒其君，楚滅蕭，晉滅二國，王札子殺召伯、毛伯。」劉歆以爲：「二月，魯、衛分。」

十七年：「六月癸卯，日有食之。」劉向以爲：「後邾支解鄫子，晉敗王師於貿戎，敗齊於鞌。」劉歆以爲：「三月晦，朓，魯、衛分。」

此但云「邾支解鄫子」，於宋無與。僞《左》欲没宋襄之讓德而文致其罪，故云「宋使之」。

成公十六年：「六月丙寅朔，日有食之。」劉向以爲：「後晉敗楚、鄭於鄢陵，執魯侯。」劉歆以爲：「四月二日，魯、衛分。」

十七年：「十二月丁巳朔，日有食之。」劉向以爲：「後楚滅舒、庸，晉弒其君，宋魚石因楚奪君邑，莒滅鄫，齊滅萊，鄭伯弒死。」劉歆以爲：「九月，周、楚分。」

襄公十四年：「二月乙未朔，日有食之。」劉向以爲：「後衛大夫孫、甯共逐獻公，立孫剽。」劉歆以爲：「前年十二月二日，宋、燕分。」

十五年：「八月丁巳，日有食之。」劉向以爲：「先是晉爲雞澤之會，諸侯盟，又大夫盟，後爲溴梁之會，諸侯在而大夫獨相與盟，君若綴斿，不能舉手。」劉歆以爲：「五月二日，魯、趙分。」

二十年：「十月丙辰朔，日有食之。」劉歆以爲：「八月，秦、周分。」

二十一年：「九月庚戌朔，日有食之。」劉歆以爲：「七月，秦、晉分。」

「十月庚辰朔，日有食之。」劉歆以爲：「八月，秦、周分。」

二十三年：「二月癸酉朔，日有食之。」劉歆以爲：「前年十二月二日，宋、燕分。」

二十四年：「七月甲子朔，日有食之，既。」劉歆以爲：「五月，魯、趙分。」

「八月癸巳朔，日有食之。」劉歆以爲：「六月，晉、趙分。」

二十七年：「十二月乙亥朔，日有食之。」劉向以爲：「自二十年至此歲，八年間日食七作，禍亂將重起，故天仍見戒也。後齊崔杼弒君，宋殺世子，北燕伯出奔，鄭大夫自外入而簒位。」劉歆以爲：「九月，周、楚分。」

昭公七年：「四月甲辰朔，日有食之。」劉向以爲：「先是楚靈王弒君而立，會諸侯，執徐子，滅賴，後陳公子招殺世子，楚因而滅之，又滅蔡，後靈王亦弒死。」❶劉歆以爲：「二月，魯、衛分。」傳曰：「晉侯問於士文伯，曰：『誰將當日食？』對曰：『魯、衛惡之，衛大，魯小。』公曰：『何故？』對曰：『去衛地，如魯地，於是有災，其衛君乎？魯將

❶「弒」，原作「殺」，據《漢書・五行志》改。

上卿。』是歲八月，衛襄公卒，十一月，魯季孫宿卒。」

十五年：「六月丁巳，朔，日有食之。」劉歆以爲：「三月，魯、衛分。」

十七年：「六月甲戌朔，日有食之。」劉歆以爲：「六月二日，魯、趙分。」

二十一年：「七月壬午朔，日有食之。」劉歆以爲：「五月二日，魯、趙分。」

二十二年：「十二月癸酉朔，日有食之。」劉歆以爲：「十月，楚、鄭分。」

二十四年：「五月乙未朔，日有食之。」劉向以爲：「自十五年至此歲，十年間天戒七見，人君猶不寤。後楚殺戎蠻子，晉滅陸渾戎，盜殺衛侯兄，蔡、莒之君出奔，吴滅巢，公子光殺王僚，宋三臣以邑叛其君。」劉歆以爲：「二日，魯、趙分。」

三十一年：「十二月辛亥朔，日有食之。」劉向以爲：「時吴滅徐而蔡滅沈，楚圍蔡，吴敗楚入郢，昭王走出。」劉歆以爲：「二日，宋、燕分。」

定公五年：「三月辛亥朔，日有食之。」劉向以爲：「後鄭滅許，魯陽虎作亂，竊寶玉大弓，季桓子退仲尼，宋三臣以邑叛。」劉歆以爲：「正月二日，燕、趙分。」

十二年：「十一月丙寅朔，日有食之。」劉向以爲：「後晉三大夫以邑叛，薛弒其君，楚滅頓、胡，越敗吴，衛逐世子。」劉歆以爲：「十二月二日，楚、鄭分。」

十五年：「八月庚辰朔，日有食之。」劉向以爲：「盜殺蔡侯，齊陳乞弒其君而立陽生，孔子終不用。」劉歆以爲：「六月，晉、趙分。」

歆造分野之說，散布《周禮》、《左氏》、《國語》諸書，并入之費《易》，其徵應可謂多矣。向上封事歷敘災異，而云「當是時禍亂輒應，故弑君三十六，亡國五十二」云云。故其《五行傳》，屬辭比事，一一不爽。歆欲獎借逆篡，故爲此例以攙亂之，務使與經所書方圓不入而已。此與《向傳》所載「恭、顯等言日變歸罪堪、猛」，同一小人心事。《志》稱：「孝武時，夏侯始昌通五經，善推《五行傳》，以傳族子勝，下及許商，皆以教所賢弟子。其傳與劉向同。唯劉歆爲異。」若以歆爲是，則自董子、夏侯以下逮於子政，其皆非矣。今並列之，學者自擇焉。

以上《漢書・五行志》。

棄母姜嫄者，邰侯之女也。當堯之時，行見巨人跡，好而履之，歸而有娠，寖以益大。心怪惡之，卜筮禋祀，以求無子。終生子，以爲不祥，而棄之隘巷，牛羊避而不踐。乃送之平林之中，後伐平林者咸薦之覆之。乃取置寒冰之上，飛鳥傴翼之。姜嫄以爲異，乃收以歸，因命曰棄。《棄母姜嫄傳》。

契母簡狄者，有娀氏之長女也。當堯之時，與其妹娣浴於玄丘之水。有玄鳥銜卵，過而墜之，五色甚好，簡狄與其妹娣競往取之。簡狄得而含之，誤而吞之，遂生契焉。《契母簡狄傳》。

《五經異義》云：「《詩》齊、魯、韓說聖人，皆無父，感天而生。」《毛詩正義》引。《史記・三代世表》褚先生說、《春秋繁露・三代改制質文篇》並同。蓋相傳舊說無不如是，僞學出後始有異義耳。別詳《毛詩僞證》中。

有㜪之妃湯也，統領九嬪，後宮有序，咸無妒媢逆理之人，卒致王功。君子謂妃明而有序。《詩》云：「窈窕淑女，君子好逑。」言賢女爲君子和好衆妾，其有䙳之謂也。《湯妃有䙳傳》。

按：此與《毛傳》逑匹之訓不合。《鄭箋》亦云：「能爲君子和好衆妾之怨。」鄭用韓說，三家同義也。以九嬪爲衆妾，亦歆僞說。此文有羼亂也，辨見下。

衛姑定姜者，衛定公之夫人，公子之母也。公子既娶而死，其婦無子，畢三年之喪。定姜歸，其婦自送之至於野，恩愛哀思，悲心感慟，立而望之，揮泣垂涕。乃賦《詩》曰：「燕燕于飛，差池其羽。之子于歸，遠送於野。瞻望不及，泣涕如雨。」送去，歸，泣而望之。又作《詩》曰：「先君之思，以畜寡人。」《衛姑定姜傳》。

《坊記》：《詩》云：「先君之思，以畜寡人。」注：「此衛夫人定姜之詩也。」鄭用韓說，三家同義。閩縣陳喬樅引《後漢書・和熹鄧皇后紀》「《燕燕》之詩，曷能喻焉」，以爲送娣之證。見《三家詩遺說考》。不知賦詩斷章，安必其事盡同，不足爲難也。僞說之謬，別詳《毛詩僞證》、《左氏僞證》中。

傅母者，齊女之傅母也。女爲衛莊公夫人，號曰莊姜。姜交好，始往，操行衰惰，有冶容之行，淫泆之心。傅母見其婦道不正，喻之云：「子之家世世尊榮，當爲民法則。子之質聰達於事，當爲人表式。儀貌壯麗，不可不自修整，衣錦絅裳，飾在輿馬，是不貴德也。」乃作《詩》曰：「碩人其頎，衣錦絅衣。齊侯之子，衛侯之妻，東宮之妹，邢侯之姨，譚公維私。」砥厲女之心以高節，以爲人君之子弟，爲國君之夫人，尤不可有邪僻之行焉。女遂感而自修。君子善傅母之防未然也。莊姜者，東宮得臣之妹也，無子，姆戴嬀之子桓公。公子州吁，嬖人之子也，有寵，驕而好兵，莊公弗禁，後州吁果殺桓公。《詩》曰：「毋教猱升木」，此之謂也。《齊女傅母傳》。

按：僞《毛傳》以《碩人》詩爲衛人閔莊姜而作，違戾古義，辨見《毛詩僞證》、《左氏僞證》。此題爲「齊女傅母」，何緣忽另敘莊姜、戴嬀之事，與上下文不應？此爲《左傳》文，當爲歆竄。將此節删去，則引《詩》「毋教猱升木」，正與防未然之義相屬。歆每改易父書以申己説，見於《別録》者不可悉數，此亦其羼入之顯迹也。

魯季敬姜者，莒女也，號戴己，魯大夫公父穆伯之妻，文伯之母，季康子之從祖叔母也。《魯季敬姜傳》。

《左傳》以戴己爲別是一人，公孫敖之妻，文伯穀之母，敖亦謚穆伯，則與向説異。蓋歆所改也。

《詩》不云乎：「好樂無荒，良士休休。」言不失和也。《楚子發母傳》。

《毛詩》：「休休，樂道之心。」

晉人殺懷公而立公子重耳，是爲文公，迎齊姜以爲夫人。《晉文齊姜傳》。

《左傳》無迎齊姜之事。襄三十三年云「文嬴請三帥」。文六年云：「杜祁以君故讓偪姞而上之，以狄故讓季隗而己次之，故班在四。」然則一文嬴，二偪姞，三季隗，四杜祁，無復齊姜位置矣，其有意顛倒如是。

夫禮：天子十二，諸侯九，卿大夫三，士二。《宋鮑女宗傳》。

天子一娶十二女，諸侯一娶九女，古傳記並同。《昏義》：「古者天子后立六宫，三夫人，九嬪，二十七世婦，八十一御妻，以聽天子之内治，以明章婦順。」此自指公、卿、大夫、士之命婦而言。劉歆牽合以爲後宫之制，乃大謬也。詳見《劉歆王莽傳辨僞》中。

許穆夫人者，衛懿公之女，許穆公之夫人也。《許穆夫人傳》。

《左傳》、《毛詩》皆言許穆夫人爲公子頑烝於宣姜所生，而此《傳》及《史記》不然。烝淫何事，妄誣古人，顛倒是非至此。詳《左傳僞證》、《毛詩僞證》中。

齊靈仲子者，宋侯之女，齊靈公之夫人也。初，靈公娶於魯，聲姬生子光，以爲太子。夫人仲子與其娣戎子皆嬖於公，仲子生子牙。戎子請以牙爲太子，代光，公許之，仲子不可。《齊靈仲子傳》。

按：《左傳》作「齊侯娶於魯，曰顔懿姬，無子，其姪鬷聲姬生光」。「夫人仲子」又作「諸子」，與此不同。此事與「惠公元妃孟子」一條相近，或歆竊此聲子、仲子之名入之於彼，而復點竄此傳歟！

周之康王夫人晏出朝，《關雎》預見，思得淑女以配君子。夫雎鳩之鳥，猶未嘗見乘居而匹處也。《魏曲沃負傳》。

《關雎》之義有三：《論語》云：「師摯之始，《關雎》之亂。」三家亦皆以爲刺時，此作詩者之意也。《史記》云：「《關雎》爲《風》始。」四始皆爲文王之詩，此編詩者之意也。《列女傳》云：「夫人晏出，《關雎》預見。」《漢書·杜欽傳》云：「佩玉晏鳴，《關雎》歎之。」李奇注：「詩人歌而傷之。」此誦詩者之意也。毛於三義皆不合，詳見《毛詩僞證》。此篇「思得淑女以配君子」，爲歌詩者「思得」。《毛序》「樂得淑女以配君子」，爲君子「樂得」。襲此文而失其意，亦可哂矣。

召南申女者，申人之女也。既許家於酆，夫家禮不備而欲迎之。女與其人言，以爲：「夫婦者人倫之始也，不可不正。《傳》曰：『正其本則萬物理，失之豪氂，差之千里。』是以本立而道生，源治而流清。故嫁娶者，所以承重傳業，繼續先祖，爲宗廟主也。夫家輕禮違制，不可以行。」遂不肯往。夫家訟之於理，致之於獄，女終以一物不具，一禮不備，守節持義，必死不往。而作詩曰：「雖速我獄，室家不足。」言夫家之禮不備足也。君子以爲得婦道之儀，故舉而揚之，傳而法之，以絶無禮之求，防淫慾之行焉。又曰「雖速我訟，亦不女從」，此之謂也。《召南申女傳》。

《韓詩外傳》、《易林》義同。作僞者見有「絶無禮之求，防淫慾之行」及《易林》「貞女不行」之文，遂以爲强暴不能侵陵，以次在《甘棠》之後，故以爲召伯聽訟也。詳《毛詩僞證》。

伯姬者，魯宣公之女，成公之妹也。其母曰繆姜，嫁伯姬於宋恭公。恭公不親迎，伯姬迫於父母之命而行。既入宋，三月，廟見，當行夫婦之道。伯姬以恭公不親迎，故不肯聽命。宋人告魯，魯使大夫季文子於宋，致命於伯姬。還復命，公享之。繆姜出於房，再拜曰：「大夫勤勞於遠道，辱送小子，不忘先君以及後嗣。使下而有知，先君猶有望也，敢再拜大夫之辱。」伯姬既嫁於恭公，十年，恭公卒，伯姬寡。至景公時，伯姬嘗遇夜失火。左右曰：「夫人少避火。」伯姬曰：「婦人之義，保傅不俱，夜不下堂，待保傅來也。」保母至矣，傅母未至也，左右又曰：「夫人少避火。」伯姬曰：「婦人之義，傅母不至，夜不可下堂。越義而生，不如守義而死。」遂逮於火而死。《春秋》詳録其事，爲賢伯姬，以爲婦人以貞爲行者也，伯姬之婦道盡矣。當此之時，諸侯聞之，莫不悼痛，以爲死者不可以生，財物猶可復故，相與聚會於澶淵，償宋之所喪，《春秋》善之。君子曰：「禮，婦人不得傅母，夜不下堂，行必以燭。」伯姬之謂也。《詩》云：「淑慎爾止，不愆於儀。」伯姬可謂不失儀矣。《宋恭伯姬傳》。

歆作僞經，首欲奪《春秋》之義，故每事必彌縫周内之。譏不親迎，孔子之通禮。歆抑《禮經》爲士禮，以爲不得推之天子、諸侯、卿大夫，於是爲「上卿逆夫人」之説。成九年傳「季文子如宋致女」一條，録此文而删其「以恭公不親迎，故不肯聽命」云云，豈知魯以恭姬之故，特使季文子致命，故穆姜出房拜勞，《左氏》删竄之，豈復成文義邪？《春秋》書伯姬之事凡八，二傳皆以爲賢伯姬，聖人之情見乎辭矣。《左氏》譏以爲「女而不婦」，而於其餘皆没之。澶淵之會，二傳善之而《左氏》尤之，與聖人同好惡者，固如是邪？

餘説詳《左氏僞證》中。

夫人者，齊侯之女也。嫁於衛，至城門，而衛君死。保母曰：「可以還矣。」女不聽，遂入，持三年之喪畢。弟立，請曰：「衛，小國也，不容二庖，願請同庖。」夫人曰：「唯夫婦同庖。」終不聽。衛君使人愬於齊兄弟。齊兄弟皆欲與後君，使人告女。女終不聽，乃作詩曰：「我心匪石，不可轉也。我心匪席，不可卷也。」厄窮而不閔，勞辱而不苟，然後能自致也；言不失也，然後可以濟難矣。《詩》曰：「威儀棣棣，不可選也。」言其左右無賢臣，皆順其君之意也。君子美其貞壹，故舉而列之於《詩》也。《衛寡夫人傳》。

衛寡夫人高節如此，僞毛謂「《柏舟》仁而不遇」，非獨望文生義，意在掩抑節義也。詳《毛詩僞證》。

蔡人之妻者，宋人之女也。既嫁於蔡，而夫有惡疾。其母將改嫁之。女曰：「夫不幸，乃妾之不幸也，奈何去之？適人之道，壹與之醮，終身不改。不幸遇惡疾，不改其意。且夫采采芣苢之草，雖其臭惡，猶始於捋采之，終於懷擷之，寖以益親，況於夫婦之道乎！彼無大故，又不遣妾，何以得去？」終不聽其母，乃作《芣苢》之詩。君子曰：宋女之意甚貞而壹也。《蔡人之妻傳》。

《毛詩》，凡《周南》皆以爲后妃之所致，已爲無理。《辨命論》「冉耕歌其芣苢」，皆以芣苢爲臭草，而以爲「宜子」，何其謬乎！詳《毛詩僞證》。

黎莊夫人者，衛侯之女，黎莊公之夫人也。既往而不同欲，所務者異，未嘗得見，甚不得意。其傅母閔夫人賢，公反不納，憐其失意，又恐其已見遣而不以時去，謂夫人曰：「夫婦之道，有義則合，無義則去，今不得意，胡不去乎？」乃作詩曰：「式微式微，胡不歸？」夫人曰：「婦人之道，壹而已矣，彼雖不吾以，吾何可以離於婦道乎！」乃作詩曰：「微君之故，胡爲乎中路？」終執貞壹，不違婦道，以俟君命。君子故序之以編《詩》。《黎莊夫人傳》。

按此詩一問一答，即後世聯句之祖。僞毛以爲黎侯寓於衛，其臣勸以歸。不知黎侯正是思歸不得。如有可歸，豈待羣臣之勸邪？可謂無稽之言。「泥中，衛邑」，亦嚮壁虛造也。

夫人者，息君之夫人也。楚伐息，破之，虜其君，使守門，將妻其夫人而納之於宫。楚王出游，夫人遂出見息君，謂之曰：「人生要一死而已，何至自苦！妾無須臾而忘君也，終不以身更貳醮。生離於地上，豈如死歸於地下哉！」乃作詩曰：「穀則異室，死則同穴。謂予不信，有如皎日！」息君止之。夫人不聽，遂自殺，息君亦自殺，同日俱死。楚王賢其夫人守節有義，乃以諸侯之禮合而葬之。君子謂夫人説於行善，故序之於《詩》。夫義動君子，利動小人，息君夫人不爲利動矣。《詩》云：「德音莫違，及爾同死。」此之謂也。《息君夫人傳》。

此是息詩，而序之《王風》者。王得統諸國，故息繫之也。歆事二君，於義當爲《春秋》所誅絶，故凡於名節之事，務湮滅之，排擠之，如譏孔父、仇牧，貶宋恭姬之類皆是。息夫人尤以烈顯，故其《左傳》深文誣之，以爲一婦人而事二夫，可謂悍然不顧而敢於與孔子爲難者矣。僞《左》盛行，息夫人遂爲千古口實，後世桃花夫人之廟，瀆媟嫚神，問諸淫昏之鬼，誰使然乎？真令人拔劍髮指也！謂《大車》爲刺周大夫，亦望文生義。詳《左氏僞證》、《毛詩僞證》中。

君子謂懷嬴善處夫婦之間。《晉圉懷嬴傳》。

此傳，子政入之節義中，亦不言其有後事。然則《左氏》所言「懷嬴與焉」，「辰嬴嬖於二君」，亦與抑息夫人同意。

宣姜者，齊侯之女，衛宣公之夫人也。初，宣公夫人夷姜生伋子，以爲太子，又娶於齊曰宣姜，生壽及朔。《衛宣公姜傳》。

《左傳》以爲「衛宣公烝於夷姜」，又云「爲伋取於齊而美，公取之」，與此傳及《史記·衛世家》不合。誣宣公爲烝，又與誣懷嬴淫同。古人名節皆顛倒於歆手，後世以爲實事。若非今日其僞發露，古人之誣，竟無日申矣。詳《左氏僞證》中。

公使大夫宗婦用幣見大夫，夏甫不忌曰。《魯莊哀姜傳》。

《左傳》「夏甫不忌」作「御孫」。

以上《列女傳》。

是以《詩》正《關雎》，而《春秋》褒伯姬也。《雜事第一》。

《關雎》、伯姬之義並見前。

哀公曰：「然則五帝有師乎？」子夏曰：「有。臣聞黄帝學乎大真，顓頊學乎緑圖，帝嚳學乎赤松子，堯學乎尹壽，舜學乎務成。」《雜事第五》。

五帝與《大戴禮》、《史記》同。西漢以前無不如是，無以黄帝爲皇而添入少昊者也。

辨見《史記經説足證僞經考》中。

子臧讓千乘之國，可謂賢矣，故《春秋》賢而褒其後。《節士第七》。

此《公羊》説也。子政習《穀梁》而用之，不得以「安其所習」相誣矣。《左氏》於「公孫會自鄸出奔宋」條下無傳，欲没「《春秋》賢讓國」與「善善從長」之義也。

許悼公疾瘧，飲藥，毒而死。太子止自責，不嘗藥，不立其位，與弟緯專哭泣，啜餰粥，嗌不容粒，痛己之不嘗藥，未逾年而死。故《春秋》義之。《節士第七》。

《左氏》曰「飲太子止之藥卒，太子奔晉」，則止之獄成矣。欲没《春秋》惡惡從短之義也。詳《左氏僞證》中。

衛宣公之子，伋也，壽也，朔也。伋，前母子也；壽與朔，後母子也。壽之母與朔謀，欲殺太子伋而立壽也，使人與伋乘舟於河中，將沈而殺之。壽知不能止也，因與之同舟，舟人不得殺伋。方乘舟時，伋傅母恐其死也，閔而作詩，《二子乘舟》之詩是也。其詩曰：「二子乘舟，汎汎其景，願言思子，中心養養。」於是壽閔其兄之且見害，作憂思之詩，《黍離》之詩是也。其詩曰：「行邁靡靡，中心搖搖，知我者謂我心憂，不知我者謂我何求。悠悠蒼天，此何人哉！」《節士第七》。

按：韓《詩》以《黍離》爲尹吉甫信後妻之讒而殺孝子伯奇，其弟伯封求而不得作。《太平御覽·人百一十》、《百穀六》、《羽族十》三引。義雖不同，而其事正與此絕類。故《說苑·奉使篇》、《韓詩外傳》八並引魏太子擊好《黍離》事。蓋於父子間借以爲諷，古義相傳，大略同也。至《毛詩》列於《王風》，韓以爲尹吉甫之《詩》，則毛編之《王風》或本韓舊歟。而以爲憫宗周，乃大謬矣。以《二子乘舟》爲伋、壽死後國人追憫之詩，亦不實。詳見《毛詩僞證》。

魯宣公者，魯文公之弟也。文公薨，文公之子子赤立爲魯侯。宣公殺子赤而奪之國，立爲魯侯。公子肸者，宣公之同母弟也。宣公殺子赤而肸非之。宣公與之祿，則曰：「我足矣，何以兄之食爲哉？」織屨而食，終身不食宣公之食。❶其仁恩厚矣，其守節也固矣。故《春秋》美而貴之。《節士第七》。

《左氏》宣十七年傳云：「冬，公弟叔肸卒，公母弟也。凡太子之母弟，公在曰公子，不在曰弟。凡稱弟，皆母弟也。」僅釋一「弟」字，而於此事若不知者，欲没《公

❶「宣」，原作「襄」，據《新序》改。

羊》「興滅繼絶」之義也。《春秋》最重禮讓節義之士，故孔父、仇牧、荀息、蔡季、叔武、子臧、叔術、季札、叔肹皆詳録之。兩漢《公》、《穀》之學盛行，故上有伏節死義之臣，下多砥行立名之士，風俗淳厚，職此之由。《左氏》一出，於此等高節，大則加以譏彈，小則没其情實，而所録者乃唯是争奪相殺之事，奬借逆篡之謀，於是二千年之人心變壞極矣。子政《節士》一篇，斤斤言之，喪心子亦何以見若翁於地下乎！

仇牧聞君死，趨而至，遇萬於門，攜劍而叱之。萬臂擊仇牧而殺之，齒著於門闔。仇牧可謂不畏彊禦矣，趨君之難，顧不旋踵。《義勇第八》。

《左氏》於仇牧不下一褒語，而擠之與宋督並列，惡其不事二君也。《杜注》：「宋督不書，宋不以告。」猶欲假「赴告必書」之例以蔽曶大義，尤令人憤絶。

崔杼弑莊公，令士大夫盟者皆脱劍而入。言不疾、指不至盟者，死，所殺十人。次及晏子，晏子奉桮血，仰天歎曰：「惡乎！崔子將爲無道，殺其君。」盟者皆視之。崔杼謂晏子曰：「子與我，我與子分國；子不吾與，吾將殺子。直兵將推之，曲兵將鉤之，唯子圖之！」晏子曰：「嬰聞回以利而背其君者，非仁也；刼以刃而失其志者，非勇也。」《詩》云：「愷悌君子，求福不回。」嬰可謂不回矣。直兵推之，曲兵鉤之，嬰不之回也。崔子舍之。晏子趨出，授綏而垂。其僕將馳，晏子拊其手曰：「虎豹在山林，其命在庖厨。馳不益生，緩不益死。」按之成節，然後去之。《詩》云：「彼已之子，舍命不渝」，晏子之謂也。《義勇第八》。

《左傳》敘晏子事，與此文有勇怯之別矣。故由《左氏》而言之，則晏子一懦夫也，荀息一僉人也，孔父因妻得禍，無形色之義也，仇牧至門遇害，無叱萬之事也。贊趙盾之越竟乃免，託於孔子之言，謂篡逆之可末減也。實許止之行弒，欲因《春秋》之書葬，謂亂賊亦有時而不誅絶也。貶宋共姬，爲其由禮也，誣息夫人，爲其守節也。是皆明目張膽與孔子爲難，欲使萬世之名節埽地以盡，以文其貳君之罪也。

其後三年，文公遂再會諸侯以朝天子。天子錫之弓矢秬鬯，以爲方伯，《晉文公之命》是也。《權謀第九》。

按：此與《史記·晉世家》合。《書序》以爲平王錫文侯者，妄也。詳見《書序辨僞》中。

四嶽三塗。《權謀第九》。

此與《左氏》昭三年傳同，蓋《國語》原文尚無五嶽之謬説。

古者諸侯百里。《善謀第十》。

此與今文諸傳記合，無五百里、四百里、三百里、二百里之謬説也。

以上《新序》。

周公踐天子之位，布德施惠，遠而逾明。《君道》。

周公踐天子之位，皆歆杜撰以媚莽者，不足信。《史記·魯世家》、《列子·楊朱篇》皆有竄亂，辨見《古文尚書僞證》。歆本佞人，其自作傳，誣爲「以《左氏》難向，向不能非間」，蓋無父也甚矣。改易父書以申己説，乃其常事耳。

湯問伊尹曰：「三公，九卿，二十七大夫，八十一元士，知之有道乎？」《君道》。

此皆今學家言，非《周官》六卿之制也。

孔子曰：「文王似『元年』，武王似『春王』，周公似『正月』。文王以王季爲父，以太任爲母，以太姒爲妃，以武王、周公爲子，以泰顛、閎夭爲臣，其本美矣。武王正其身以正其國，正其國以正天下，伐無道，刑有罪，一動而天下正，其事正矣。春致其時，萬物皆及生。君致其道，萬人皆及治。周公戴己而天下順之，其成至矣。」《君道》。

《春秋》爲明義之書，非斷爛朝報也。「春王正月」之義，二傳備矣，未有若僞《左》之無理者。詳見《左傳僞證》。

三公者，所以參五事也。九卿者，所以參三公也。大夫者，所以參九卿也。列士者，所以參大夫也。故參而有參，是謂事宗。《臣術》。

辨見前。

周召公年十九，見正而冠。冠則可以爲方伯、諸侯矣。《建本》。

卿大夫無冠禮，天下無生而貴者。辨見《古文禮僞證》。

今隱公貪利而身自漁濟上，而行八佾。《貴德》。

按：「八」字當爲「六」字。《公羊傳》：「天子八佾，諸公六，諸侯四。」《左傳》以六佾爲合禮，僞説之妄也。

以宋殤公不知孔父之賢乎？安知孔父死，己必死，趨而救之？趨而救之者，是知其賢也。《尊賢》。

《左氏》欲掩孔父之義，故云「孔父爲司馬，十年十一戰」，又云「督攻孔氏，殺孔父而取其妻」。百般舞文，惡孔父之爲君子而已。以賢爲不賢，倒亂天常，疑惑後世，且誣孔子自貶其正直之祖父。無怪公孫禄請誅以慰天下也。

《春秋》之辭有相反者四。既曰「大夫無遂事，不得擅生事」矣，又曰「出竟可以安社稷、利國家者，則專之可也」。既曰「大夫以君命出，進退在大夫」矣，又曰「以君命出，聞喪徐行而不反」者。何也？曰：此四者各止其科，不轉移也。「不得擅生事」者，謂平生常經也；「專之可」者，謂救危除患也；「進退在大夫」，謂將帥用兵也；「徐行而不反」者，謂出使道聞君親之喪也。公子結擅生事，《春秋》不非，以爲救莊公危也。公子遂擅生事，《春秋》譏之，以爲僖公無危事也。故君有危而不專救，是不忠也。君無危而擅生事，是不臣也。傳曰：「《詩》無通故，《易》無通占，《春秋》無通義。」此之謂也。《奉使》。

此文本《春秋繁露·精華篇》，蓋公羊家説。《左氏》唯不知此義，故於宋之盟，貶叔孫豹爲違命也。夫《春秋》之義賾矣，曲學阿世之劉歆，烏足以知之？

文侯曰：「子之君何業？」倉唐曰：「業《詩》。」文侯曰：「於《詩》何好？」倉唐曰：「好《晨風》、《黍離》。」文侯自讀《晨風》，曰：「鴥彼晨風，鬱彼北林。未見君子，憂心欽欽。如何如何？忘我實多。」文侯曰：「子之君以我忘之乎？」倉唐曰：「不敢，時思耳。」文侯復讀《黍離》，曰：「彼黍離離，彼稷之苗。行邁靡靡，中心摇摇。知我者謂我心憂，不知我者謂我何求。悠悠蒼天，此何人哉！」文侯曰：「子之君怨乎？」倉唐曰：「不敢，時思耳。」《奉使》。

《黍離》非憫宗周《詩》。辨見前。

夫子行説七十諸侯，無定處，意欲使天下之民各得其所，而道不行，退而修《春秋》。采毫毛之善，貶纖介之惡，人事浹，王道備，精和聖制，上通於天而麟至。《至公》。

孔子改制應天之誼大矣。歆欲抑以斷爛朝報，❶蓋唯恐《春秋》之道不滅也。其不著此說也固宜。

八荒之内有四海，四海之内有九州，天子處中州而制八方耳。兩河間曰冀州，河南曰豫州，河西曰雍州，漢南曰荊州，江南曰揚州，濟南間曰兖州，濟東曰徐州，燕曰幽州，❷齊曰青州。《辨物》。

古祇有九州，其言十二州者，僞說也。辨見《漢書·王莽傳》。

五嶽者，何謂也？泰山，東嶽也；霍山，南嶽也；華山，西嶽也；常山，北嶽也；嵩高山，中嶽也。《辨物》。

古經傳皆言四嶽，其言五嶽者，僞說或竄入也。別詳《周官僞證》中。此亦其竄入者。

大旱則雩祭而請雨。《辨物》。

《公羊傳》「雩，旱祭也」，今文家說皆同。《左傳》「龍見而雩」，僞禮也。

《春秋》乃正天下之位，徵陰陽之失，直責逆者不避其難，是亦《春秋》之不畏强禦也。故刧嚴社而不爲驚靈，出天王而不爲不尊上，辭蒯聵之命而不爲不聽其父，絶文姜之屬而不爲不愛其母。其義之盡邪！其義之盡邪！《辨物》。

此《春秋》非常異義，所謂不可著之竹帛者也。漢大儒唯董仲舒、劉子政深知之。僞《左》摭拾皮毛，顛倒師說，芟夷大義如草木焉，而以云「義深於君父」，不亦

❶「報」，原作「服」，據文意改。
❷「幽」，原作「函」，據《說苑》改。

妄乎！

夏，公如齊逆女，何以書？親迎，禮也。《修文》。

《左氏》此經無傳。《左氏》以爲「卿爲君逆，禮也」。

《春秋》曰：「正月，公狩於郎。」傳曰：「春曰蒐，夏曰苗，秋曰獮，冬曰狩。」苗者奈何？曰：苗者，毛也，取之不圍澤，不揜羣，取禽不麛卵，不殺孕重者。春蒐者，不殺小麛及孕重者。冬狩皆取之。百姓皆出，不失其馳，不抵禽，不詭遇，逐不出防。此苗、獮、蒐、狩之義也。故苗、獮、蒐、狩之禮，簡其戎事也。故苗者毛取之，蒐者搜索之，狩者守留之。夏不田何也？曰：天地陰陽盛長之時，猛獸不攫，鷙鳥不搏，蝮蠆不螫。鳥獸蟲蛇且知應天，而況人乎哉！《修文》。

此篇明言「夏不田」，又再釋名義皆不釋「獮」字，則本爲三田可知矣。作僞者以《左傳》之説羼入之，而不能彌縫其隙，蓋心勞日拙矣。觀此可信向書有爲歆竄亂者。

天子諸侯無事，則歲三田。一爲乾豆，二爲賓客，三爲充君之庖。《修文》。

三田之制，《公羊傳》兼采兩義，蓋皆古説也。詳見《左傳僞證》中。

以上《説苑》。

按：向、歆同校書。古文，向在前不見，歆在後乃見之，其僞固不待辨矣。難者曰：「向習《魯詩》、《穀梁》。漢人引經最重家法，則《毛詩》、《左傳》，向不引者，乃其家法之不同，非其耳目之未及也。」釋之曰：向本通學，無家法之可言。故向習《魯詩》而引《韓詩外傳》者甚多，習《穀梁》而引《公羊》者亦甚多。如《新序・節士篇》「子臧」一條即《公羊》之義，《義勇篇》「仇牧」一條即《公羊》之文。如向果以《毛詩》、《左傳》爲背家法故不引用，則《韓詩》、《穀梁》獨非背家法，而引用者何邪？向《魯詩》、《穀梁》之外兼引《韓詩》、《公羊》，而不及《毛詩》、《左傳》，則《毛》、《左》爲向時未有，斷斷矣。且向書時引《左傳》，其文同而義異者，如《新序·義勇篇》「晏子」事、《列女傳》四「伯姬」事之類。其同一事而文有小同異者，尤不可勝數。是向並非不見《左氏》，而與歆乖異如此，蓋向所采爲《國語》舊文，非歆改竄之《左傳》，情事最爲明確。而二千年無人細心剖析者，蓋僞書之難辨久矣。

新學僞經考卷十四

弟子韓文舉、陳千秋初校。
弟子林　奎、梁啟超覆校。

附録：重刻僞經考後序

人無教則爲禽獸，故宜有教。孔子之教不遠人以爲道，故不可離。既爲人身矣，莫宜于孔子之教。孔子之教何在？在六經。内之窮理盡性以至于命，外之修身以至家國天下，及于鬼神山川草木咸得其所，故學者莫不宜爲經學。

雖然，今之談經者，浩浩若溟海，茫茫如沙漠，迷亂如《八陣圖》，乖迕無所從，障塞無所入，愈行而去愈遠。故青年授簡，白首窮經而未之能通，良有以也。于是弱者中廢，疑者徙居，悍者反攻。至于今也，並二千年教主之孔子而攻之，何有于所作之經！即未攻孔子，而政府布令于學官，已廢讀經，何有于經説！蓋孔教衰，人道廢，固由政俗致之。

方今四海棣通，百國寶書並出，新學有精深以利用前民、多中國所無而爲學者所必從事者，後生學子，分功並騖，既寡暇日，若又責以講汗牛充棟、浩如烟海、乖迂錯亂、❶迷如沙漠之經學，有以知其不能也。加以經生宿儒，日就凋謝，傳授無自，向若興歎，雖有好學者，不得其門而入，則厭倦乘之，終歸于廢盡經學而已。經學廢盡，則孔教毁，人道亡，吾滋懼焉。

夫推經學所以迷亂乖迕之由，蓋出于劉歆僞爲古學以亂真經之故。以劉歆僞經寫以古文，遂目真經爲今文，自漢季來，經學遂有「今文」「古文」之異。今文者，西漢

❶「迂」，據下文，疑當作「迕」。

世立于學官，若《詩》則齊、魯、韓，《書》則歐陽、大小夏侯，《禮》則《儀禮》、大小戴《記》，《易》則施、孟、梁丘，《春秋》則《公羊》、《穀梁》，與夫齊、魯《論》，凡此皆孔子之真經，七十子後學之口説傳授；今雖有竄亂，然大較至可信據者也。古文者，毛氏《詩》，孔氏《書》，費氏《易》，《周禮》與《左氏春秋》，與其他名古文者及與古文證合者，皆劉歆所僞撰而竄改者也。鄭康成不辨今、古之真僞，和合今古，雜揉真僞，號爲經學之集成，實則僞古行而今文廢。于是孔子之微言絶，大義乖，大同太平之道闇塞而不明，孔經雖未全亡，然變亂喪失亦已甚矣。故宋人求之經，已有疑之，乃舍棄經而求之傳，得《論語》、《孟子》，至朱子選最粹之《大學》、《中庸》合爲《四書》，祧六經而代之，以教天下，垂範幾千年，雖多今文傳説，然實同于一隅割據偏安，迥非大一統之舊觀矣。及國朝高談漢學，祖述許、鄭，則不過揚僞古文之殘灰而已，于今文之真經説乃多疑難，豈非所謂「盗憎主人」耶！暨道、咸後，今學萌芽，然與僞經並行尊信，未能別白真僞，決定是非，令學者舍僞從真而知所從事也。

吾鄉亦受古文經説，然自劉申受、魏默深、龔定菴以來，疑攻劉歆之作僞多矣，吾蓄疑于心久矣。吾居西樵山之北銀塘之鄉，讀書澹如之樓，卧七檜之下，碧陰茂對，籐牀偃息，藏書連屋，拾取《史記》，聊以遮目，非以考古也。偶得《河間獻王傳》、《魯共王傳》讀之，乃無「得古文經」一事，大驚疑；乃取《漢書·河間獻王》、《魯共王傳》對較《史記》讀之，又取《史記》、《漢書》兩《儒林傳》對讀之，則《漢書》詳言古文事，與

《史記》大反，乃益大驚大疑。又取《太史公自序》讀之，子長自偁「天下郡國羣書皆寫副集于太史公，太史公仍世父子纂其業，乃紬金匱石室之藏，厥協六經異傳，整齊百家雜語」。則子長於中祕之書，郡國人間之藏，蓋無所不見；其生又當河間獻王、魯共王之後，有獻書開壁事，更無所不知；子長對此孔經大事，更無所不紀。然而《史記》無之，則爲劉歆之僞竄無疑也。加以師丹大怒，公孫禄、范升嚴劾，龔勝偁病，諸博士嚴拒，乃知古文之全爲僞，駭然以解矣。于是以《史記》爲主，徧考《漢書》而辨之；以今文爲主，徧考古文而辨之。徧考周、秦、西漢羣書，無不合者。雖間有竄亂，或傿家以外雜史有之，則劉歆採擷之所自出也。于是渙然冰釋，怡然理順，萬理千條，縱横皆合矣。吾憂天下學者窮經之入迷途而苦難也，乃先撰《僞經考》，粗發其大端，俾學者明辨之，舍古文而從今文，辨僞經而得真經。

夫今文經説甚少，同條而不亂，一致而無歧，學者通之，至易至簡，讀三數月可通一經，數歲可通羣今文經，通不過十餘種，所謂用力少而畜德多，孔子之微言大義昭然發矇矣。視向之爲經學者，徧讀正、續《皇清經解》、《經義考》、《通志堂經解》、《經苑》及《四庫全書提要·經部》諸書凡萬千種，其倍于今文經説以千百計，窮年不能畢其業，皓首不能言其故，迷亂支離，乖迕不可究詰，較其所得，豈不遠哉！

今世亦有好學深思之士，談今古之辨，或闇有相合者。惜其一面尊今文而攻古文，一面尊信僞《周官》以爲皇帝王霸之運，矛盾自陷，界畛自亂，其他所在多有，脈絡不清，條理不晰，其爲半明半昧之識，與前儒雜揉今古者無異。何以明真教而導後士！或者不察，聽其所言，則觀其尊僞《周禮》一事，而知其道不相謀，翩其反而也。

當《僞經考》初出時，海内風行，上海及各直省翻印五版。徐研甫編修仁鑄督湖南學，以之試士。時湘士莫不誦讀，或攜入場屋，又有以分贈英、美、日本書藏，吾亦以之進呈睿覽矣。然篤守許、鄭之徒則怒而相攻，甚至朝野譁然。時吾尚以諸生試場屋，侍郎汪鳴鑾，于典粵試者授以《僞經考》，令其途中熟讀，遇持是説者則黜勿中，而吾持説不改。張文襄請吾勿攻古文，願養弟子以萬鍾，辨達旦。吾謂「置總督于古今經學中，不能比太倉之一粟，吾豈能以大教真經所繫易之也！」于是御史褚成博草疏，交給事中余聯沅劾于朝，請焚《僞經考》，革舉人，且禁吾講學，比于太公之誅華士，❶孔子之誅少正卯。章下粵督李瀚章查辦。李文忠公、翁文恭公及故人黄紹基仲弢、文廷式道希兩學士、沈郎中曾植子培與夫曾編修廣鈞重伯，多爲余緩頰，乃僅得免，然猶燒版。已而戊戌難作，僞旨特毁此書版。及庚子，將立溥雋，廢德宗，又再奉僞旨毁此書版。于是此書絶迹于天下蓋二十年矣。

丁巳，復辟既敗，幽居于美森院。悼經學之墮地，憂僞古之亂真，慮後學之迷難，乃搜訪原本，重刻是書而敘其本末。夫古今一書之成，寡有忤朝意歷三焚者。凡物所遇至險難，其所發亦至久。嗚呼！

❶「太公」，原作「太史公」，據文意改。

今何時耶，其可援此例耶！ 然苟孔教猶存，聖經具在，則吾此考必爲後士信據，必不能滅。

孔子二千四百六十八年丁巳十月，康有爲序于京師美使館之美森院。

鳴　謝

《儒藏》精華編惠蒙善助，共襄斯文；謹列如左，用伸謝忱。

本焕法師　壹佰萬元

智海企業集團董事長　馮建新先生　壹佰萬元

NE·TIGER時裝有限公司董事長　張志峰先生　壹佰萬元

張貞書女士　壹佰萬元

北京大學《儒藏》編纂與研究中心

本册审稿人　陳　新　劉立志

本册責任編委　沙志利

圖書在版編目(CIP)數據

儒藏.精華編.一〇三/北京大學《儒藏》編纂與研究中心編.—北京：北京大學出版社，2018.11

ISBN 978-7-301-11821-4

Ⅰ.①儒… Ⅱ.①北… Ⅲ.①儒家 Ⅳ.①B222

中國版本圖書館CIP數據核字（2018）第264274號

書　　名	儒藏（精華編一〇三） RUZANG
著作責任者	北京大學《儒藏》編纂與研究中心　編
責任編輯	吴冰妮　童　祁　沈瑩瑩
標準書號	ISBN 978-7-301-11821-4
出版發行	北京大學出版社
地　　址	北京市海淀區成府路205號　100871
網　　址	http://www.pup.cn　　新浪微博:@北京大學出版社
電子信箱	dianjiwenhua@163.com
電　　話	郵購部010-62752015　發行部010-62750672　編輯部010-62756449
印 刷 者	北京中科印刷有限公司
經 銷 者	新華書店
	787毫米×1092毫米　16開本　62.25印張　603千字 2018年11月第1版　2018年11月第1次印刷
定　　價	1200.00元

ISBN 978-7-301-11821-4

9 787301 118214 >

定價:1200.00元